民法典关联法规与权威案例提要丛书
丛书主编 / 王　竹

民法典关联法规与权威案例提要

总则编、人格权编、附则编

MINFADIAN GUANLIAN FAGUI YU
QUANWEI ANLI TIYAO

ZONGZEBIAN RENGEQUANBIAN FUZEBIAN

主　编　杨亦晨
副主编　吴　涛　郑　聪

中国法制出版社
CHINA LEGAL PUBLISHING HOUSE

《民法典关联法规与权威案例提要丛书》

前 言

我一直觉得，动手整理并坚持不懈，是最好的学习方法之一。从 2004 年开始攻读硕士学位至今，我就一直在做两方面的整理工作：第一，整理现行民事法律体系，作为自己学习民法的一种积累，先后编写出版了《民法通则一本通》《婚姻家庭法一本通》《侵权责任法一本通》《物权法配套规定》《继承法配套规定》《婚姻法配套规定》《侵权责任法配套规定》，《民法总则》出台后又出版了《〈中华人民共和国民法总则〉编纂对照表与条文释义》。第二，整理《最高人民法院公报》刊载的案例，做到民事案例全阅读、侵权法案例细品味；最高人民法院发布指导性案例之后，又将其纳入研习范围，并将这两类权威案例作为我主持的国家重点研发计划项目中“类案精准推荐”课题的核心标注和检索内容之一。

在上述两项工作坚持了十年之后，加之 2014 年党的十八届四中全会通过的《中共中央关于全面推进依法治国若干重大问题的决定》正式决定“编纂民法典”，我就开始着手编写一套能够将我国现行民事法律体系和权威案例全面整合的丛书，实现中国民法的体系整合。很高兴能够和中国法制出版社达成合作意向，并且最终付诸实践。本书的体例设计如下：

第一，每个条文都编写了一个“条文主旨”。部分条文实质上包含两个以上民法规则，并且在我主持的“马工程”《民法学》教材配套慕课中作为两个不同的知识点进行讲授的，则在条文主旨中用分号隔开。

第二，每个条文都设置“条文对比”部分。考虑到《民法典》刚通过不久，以“编纂”的标准选取民事单行法、特别法和司法解释中的“编纂对象”，参考民法典条文进行对比，便于读者理解民事基本法的变迁。随着民事基本法变化过渡期的结束，该部分将在未来新版的合适阶段予以删除。

第三，每个条文都设置“关联法规”部分。将每个条文在学理和实务上相关的法律、法律解释、行政法规、司法解释和重要部门规章以及国际公约的对应条文按照上述类别和同一类别中的时间逆序排列，对《民法典》内部的关联条文分编列出以方便读者与原民事单行法对照。随着民事基本法变化过渡期的结束，未来新版的合适阶段在关联法规部分将不区分《民法典》各编。全套丛书合计列出关联法规966部，未来将持续更新。

第四，部分条文设置了“权威案例”部分。将民事指导性案例和2004年之后*的公报案例纳入最相关的条文中，并按照时间逆序排列。全套丛书合计列出指导性案例50个，公报案例384个，未来将持续更新。

本套丛书的编写团队基于《民法典》条文和编纂对象的“条文对比”，对“关联法规”中引用的法律法规和“权威案例”进行了逐条、逐个研究，首批提出了28条建议废止意见，其中建议废止法律法规24条、公报案例4个，以脚注形式提出废止建议，简要说明废止理由。未来将根据我国法律体系的变迁，持续跟进这一学理性工作，促进我国民事法律体系和权威案例体系的整合更新。

为节约篇幅，本书对常用关联法规统一使用“简称”，并在书后附有《法律法规文件简称—全称对照表》。为便于检索权威案例，书后附有按照指导性案例序号和公报案例发布时间逆序排列的《权威案例检索表》。

为保证本套丛书后续更新的可持续性，我邀请了四川大学法学院参与“马工程”《民法学》教材配套慕课制作的五位同事担任五本分册的主编，并组织30多位博士生和硕士生参与到本书各个阶段的编写和未来的更新工作中来。本书的写作得到了国家重点研发计划“高质高效的审判支撑关键技术及装备研究”（2018YFC0830300）的资助，特此一并致谢！

尽管编写团队本着使命感，已经尽了最大努力，但不免仍有疏漏，请读者见谅。欢迎读者在“马工程民法学教材配套慕课”微信公众号（minfadian）留言向我们反馈，我们将在新版中予以更正补充。

王竹　法学博士

四川大学法学院教授、博士生导师

四川大学市场经济法治研究所所长

中国人民大学民商事法律科学研究中心法治大数据研究所所长

wangzhu@ scu. edu. cn

庚子年　立夏　于　成都·白鹿镇

* 2004年之前的公报案例没有裁判摘要部分，因此没有纳入。

目　　录

Contents

总则编

第三章 法 人

第四章　非法人组织

第五章　民事权利

第九章 诉讼时效

第十章 期间计算

人格权编

第一章 一般规定

第二章 生命权、身体权和健康权

总 则 编

第一章　基本规定

第一条　【立法目的】* 为了保护民事主体的合法权益，调整民事关系，维护社会和经济秩序，适应中国特色社会主义发展要求，弘扬社会主义核心价值观，根据宪法，制定本法。

条文对比**

《民法典总则编》	《民法通则》
第一条　为了保护民事主体的合法权益，调整民事关系，**维护社会和经济秩序**，适应**中国特色**社会主义发展要求，**弘扬社会主义核心价值观**，根据宪法，制定本法。	**第一条**　为了保障公民、法人的合法~~的民事~~权益，~~正确~~调整民事关系，适应社会主义~~现代化建设事业~~发展~~的~~需要，根据宪法~~和我国实际情况~~，~~总结民事活动的实践经验，~~制定本法。

第二条　【调整对象】 民法调整平等主体的自然人、法人和非法人组织之间的人身关系和财产关系。

---

* 条文主旨为编者所加，下同。

** 此部分表格中左栏黑体部分为增加的内容，右栏删除线部分为删除的内容，两栏下划线部分为修改的内容，下同。

条文对比

《民法典总则编》	《民法通则》
第二条 民法调整平等主体的**自然人、法人和非法人组织**之间的<u>人身关系</u>和<u>财产关系</u>。	**第二条** ~~中华人民共和国~~民法调整平等主体的~~公民之间、法人之间、公民和法人~~之间的<u>财产关系</u>和<u>人身关系</u>。

关联法规

▶《民法典合同编》

第四百六十四条 合同是民事主体之间设立、变更、终止民事法律关系的协议。

婚姻、收养、监护等有关身份关系的协议，适用有关该身份关系的法律规定；没有规定的，可以根据其性质参照适用本编规定。

▶《民事诉讼法》

第三条 人民法院受理公民之间、法人之间、其他组织之间以及他们相互之间因财产关系和人身关系提起的民事诉讼，适用本法的规定。

▶《票据纠纷案件规定》

第六十三条 人民法院审理票据纠纷案件，适用票据法的规定；票据法没有规定的，适用《中华人民共和国民法通则》、《中华人民共和国合同法》、《中华人民共和国担保法》等民商事法律以及国务院制定的行政法规。

中国人民银行制定并公布施行的有关行政规章与法律、行政法规不抵触的，可以参照适用。

▶《最高人民法院关于长春文化教育书刊经销中心与长春市邮政局赔偿案如何适用法律的复函》

吉林省高级人民法院：

你院〔1992〕吉高民终字第17号“关于长春市邮政局与长春文化教育书刊经销中心赔偿一案的审理报告”收悉。经研究，我们认为，本案是邮政企业在办理邮政业务中与邮政用户之间发生的赔偿纠纷，应当依照《中华人民共和国邮政法》、《中华人民共和国邮政法实施细则》的有关规定和参照邮政主管部门的有关规定处理。

▶《最高人民法院关于军队离退休干部腾退军产房纠纷法院是否受理的复函》

天津市高级人民法院：

你院津高法〔1990〕68号《关于中国人民解放军某部队诉林学华等五人军产腾房案是否受理的请示报告》收悉。经研究认为，因军队离退休干部安置、腾迁、对换住房等而发生的纠纷，属于军队离退休干部转由地方安置管理工作中的遗留问题，由军队和地方政府通过行政手段解决为妥。故我们同意你院审判委员会的倾向性意见，即此类纠纷人民法院不宜受理。

▶《最高人民法院民事审判庭关于翟忠元与巴彦淖尔盟运输公司宅基地纠纷案的电话答复》

内蒙古自治区高级法院：

你院请示的翟忠元与巴彦淖尔盟运输公司宅基地纠纷一案，经研究并征求有关部门意见，提出如下处理意见：

首先，要理顺本案的法律关系，把民事法律关系和行政法律关系分开，把已经能够形成诉讼的民事关系和尚未形成诉讼的民事关系分开。其次，目前第二审只宜判决：①双方争议宅基地归盟运输公司使用；②翟忠元赔偿损坏运输公司厕所、油库等设施的维修费五十元；③撤销第一审其他判决内容。再次，告知第一审法院、运输公司、翟忠元、临河城建局、临河供电局：①征地拆迁问题，按国家征地拆迁法规由有关部门处理，对于处理决定不服依法可以起诉的，法院可立案受理；②房屋买卖尚未涉及诉讼，法院可不处理；③临河城建局工作失误造成运输公司、翟忠元的损失，由受损失人向上级城建部门申请解决，对于上级主管部门处理决定不服、依法可以向人民法院提起行政诉讼的，由行政审判庭受理。

权威案例

《大庆市振富房地产开发有限公司与大庆市人民政府债务纠纷案》，《最高人民法院公报》2007年第4期

裁判摘要：根据《中华人民共和国合同法》第二条的规定，合同是平等主体的自然人、法人、其他组织之间设立、变更、终止民事权利义务关系的协议。法人响应政府号召，以向政府书面请示报告并经政府审批同意的形式介入市政建设，政府在不通知法人参加的情况下单方就法人介入市政建设而享有的优惠政策作出决定，法人只能按照政府决定执行的，法人与政府之间并非民法意义

上的平等主体关系，双方亦没有就此形成民事合同关系。因此发生纠纷的，尽管双方之间的纠纷具有一定的民事因素，亦不属于人民法院受理民事案件的范围。

第三条　【合法权益受法律保护原则】民事主体的人身权利、财产权利以及其他合法权益受法律保护，任何组织或者个人不得侵犯。

条文对比

《民法典总则编》	《民法通则》
第三条　民事主体的**人身权利、财产权利以及其他**合法权益受法律保护，任何组织或者个人不得侵犯。	**第五条**　公民、法人的合法~~的民事~~权益受法律保护，任何组织和个人不得侵犯。

关联法规

▶《宪法》

第八条　农村集体经济组织实行家庭承包经营为基础、统分结合的双层经营体制。农村中的生产、供销、信用、消费等各种形式的合作经济，是社会主义劳动群众集体所有制经济。参加农村集体经济组织的劳动者，有权在法律规定的范围内经营自留地、自留山、家庭副业和饲养自留畜。

城镇中的手工业、工业、建筑业、运输业、商业、服务业等行业的各种形式的合作经济，都是社会主义劳动群众集体所有制经济。

国家保护城乡集体经济组织的合法的权利和利益，鼓励、指导和帮助集体经济的发展。

第十一条　在法律规定范围内的个体经济、私营经济等非公有制经济，是社会主义市场经济的重要组成部分。

国家保护个体经济、私营经济等非公有制经济的合法的权利和利益。国家鼓励、支持和引导非公有制经济的发展，并对非公有制经济依法实行监督和管理。

第十三条 公民的合法的私有财产不受侵犯。

国家依照法律规定保护公民的私有财产权和继承权。

国家为了公共利益的需要，可以依照法律规定对公民的私有财产实行征收或者征用并给予补偿。

▶《民法典总则编》

第一百零九条 自然人的人身自由、人格尊严受法律保护。

第一百一十一条 自然人的个人信息受法律保护。任何组织或者个人需要获取他人个人信息的，应当依法取得并确保信息安全，不得非法收集、使用、加工、传输他人个人信息，不得非法买卖、提供或者公开他人个人信息。

第一百一十二条 自然人因婚姻家庭关系等产生的人身权利受法律保护。

第一百一十三条 民事主体的财产权利受法律平等保护。

第一百二十七条 法律对数据、网络虚拟财产的保护有规定的，依照其规定。

第一百二十八条 法律对未成年人、老年人、残疾人、妇女、消费者等的民事权利保护有特别规定的，依照其规定。

▶《民法典物权编》

第二百零七条 国家、集体、私人的物权和其他权利人的物权受法律平等保护，任何组织或者个人不得侵犯。

▶《民法典合同编》

第四百六十五条 依法成立的合同，受法律保护。

依法成立的合同，仅对当事人具有法律约束力，但是法律另有规定的除外。

权威案例

指导案例30号：兰建军、杭州小拇指汽车维修科技股份有限公司诉天津市小拇指汽车维修服务有限公司等侵害商标权及不正当竞争纠纷案

裁判要点：1. 经营者是否具有超越法定经营范围而违反行政许可法律法规的行为，不影响其依法行使制止商标侵权和不正当竞争的民事权利。

2. 反不正当竞争法并未限制经营者之间必须具有直接的竞争关系，也没有要求其从事相同行业。经营者之间具有间接竞争关系，行为人违背反不正当竞争法的规定，损害其他经营者合法权益的，也应当认定为不正当竞争行为。

第四条　【平等原则】民事主体在民事活动中的法律地位一律平等。

条文对比

《民法典总则编》	《民法通则》
第四条　民事主体在民事活动中的**法律**地位**一律**平等。	**第三条**　当事人在民事活动中的地位平等。

关联法规

▶《宪法》

第三十三条　凡具有中华人民共和国国籍的人都是中华人民共和国公民。

中华人民共和国公民在法律面前一律平等。

国家尊重和保障人权。

任何公民享有宪法和法律规定的权利，同时必须履行宪法和法律规定的义务。

▶《民法典总则编》

第十四条　自然人的民事权利能力一律平等。

第一百一十三条　民事主体的财产权利受法律平等保护。

▶《民法典物权编》

第二百零六条　国家坚持和完善公有制为主体、多种所有制经济共同发展，按劳分配为主体、多种分配方式并存，社会主义市场经济体制等社会主义基本经济制度。

国家巩固和发展公有制经济，鼓励、支持和引导非公有制经济的发展。

国家实行社会主义市场经济，保障一切市场主体的平等法律地位和发展权利。

▶《民法典婚姻家庭编》

第一千零四十一条　婚姻家庭受国家保护。

实行婚姻自由、一夫一妻、男女平等的婚姻制度。

保护妇女、未成年人、老年人、残疾人的合法权益。

▶《民法典继承编》

第一千一百二十六条 继承权男女平等。

▶《证券法》

第三条 证券的发行、交易活动，必须实行公开、公平、公正的原则。

▶《义务教育法》

第四条 凡具有中华人民共和国国籍的适龄儿童、少年，不分性别、民族、种族、家庭财产状况、宗教信仰等，依法享有平等接受义务教育的权利，并履行接受义务教育的义务。

第二十九条 教师在教育教学中应当平等对待学生，关注学生的个体差异，因材施教，促进学生的充分发展。

教师应当尊重学生的人格，不得歧视学生，不得对学生实施体罚、变相体罚或者其他侮辱人格尊严的行为，不得侵犯学生合法权益。

▶《妇女权益保障法》

第二条 妇女在政治的、经济的、文化的、社会的和家庭的生活等各方面享有同男子平等的权利。

实行男女平等是国家的基本国策。国家采取必要措施，逐步完善保障妇女权益的各项制度，消除对妇女一切形式的歧视。

国家保护妇女依法享有的特殊权益。

禁止歧视、虐待、遗弃、残害妇女。

第三十条 国家保障妇女享有与男子平等的财产权利。

第三十二条 妇女在农村土地承包经营、集体经济组织收益分配、土地征收或者征用补偿费使用以及宅基地使用等方面，享有与男子平等的权利。

第三十四条 妇女享有的与男子平等的财产继承权受法律保护。在同一顺序法定继承人中，不得歧视妇女。

丧偶妇女有权处分继承的财产，任何人不得干涉。

第三十六条 国家保障妇女享有与男子平等的人身权利。

第四十三条 国家保障妇女享有与男子平等的婚姻家庭权利。

第四十七条 妇女对依照法律规定的夫妻共同财产享有与其配偶平等的占

有、使用、收益和处分的权利，不受双方收入状况的影响。

夫妻书面约定婚姻关系存续期间所得的财产归各自所有，女方因抚育子女、照料老人、协助男方工作等承担较多义务的，有权在离婚时要求男方予以补偿。

第四十九条 父母双方对未成年子女享有平等的监护权。

父亲死亡、丧失行为能力或者有其他情形不能担任未成年子女的监护人的，母亲的监护权任何人不得干涉。

▶《消费者权益保护法》

第四条 经营者与消费者进行交易，应当遵循自愿、平等、公平、诚实信用的原则。

▶《合伙企业法》

第五条 订立合伙协议、设立合伙企业，应当遵循自愿、平等、公平、诚实信用原则。

▶《全国人民代表大会常务委员会关于批准〈1958 年消除就业和职业歧视公约〉的决定》

第一条

一、就本公约而言，“歧视”一词包括：

（一）基于种族、肤色、性别、宗教、政治见解、民族血统或社会出身等原因，具有取消或损害就业或职业机会均等或待遇平等作用的任何区别、排斥或优惠；

（二）有关会员国经与有代表性的雇主组织和工人组织（如存在此种组织）以及其他适当机构协商后可能确定的、具有取消或损害就业或职业机会均等或待遇平等作用的其他此种区别、排斥或优惠。

二、对一项特定职业基于其内在需要的任何区别、排斥或优惠不应视为歧视。

三、就本公约而言，“就业”和“职业”二词所指包括获得职业培训、获得就业和特定职业，以及就业条款和条件。

第二条

凡本公约生效的会员国，承诺宣布和遵循一项旨在以符合国家条件和惯例的方法促进就业和职业机会均等和待遇平等的国家政策，以消除这方面的任何歧视。

第五条 【意思自治原则】 民事主体从事民事活动，应当遵循自愿原则，按照自己的意思设立、变更、终止民事法律关系。

条文对比

《民法典总则编》	《民法通则》
第五条 民事主体从事民事活动，应当遵循自愿原则，**按照自己的意思设立、变更、终止民事法律关系**。	**第四条** 民事活动应当遵循自愿、公平、等价有偿、诚实信用的原则。

关联法规

▶《民法典婚姻家庭编》

第一千零四十六条 结婚应当男女双方完全自愿，禁止任何一方对另一方加以强迫，禁止任何组织或者个人加以干涉。

▶《证券法》

第四条 证券发行、交易活动的当事人具有平等的法律地位，应当遵守自愿、有偿、诚实信用的原则。

▶《反不正当竞争法》

第二条 经营者在生产经营活动中，应当遵循自愿、平等、公平、诚信的原则，遵守法律和商业道德。

本法所称的不正当竞争行为，是指经营者在生产经营活动中，违反本法规定，扰乱市场竞争秩序，损害其他经营者或者消费者的合法权益的行为。

本法所称的经营者，是指从事商品生产、经营或者提供服务（以下所称商品包括服务）的自然人、法人和非法人组织。

▶《对外贸易法》

第四条 国家实行统一的对外贸易制度，鼓励发展对外贸易，维护公平、自由的对外贸易秩序。

权威案例

《苏州工业园区海富投资有限公司与甘肃世恒有色资源再利用有限公司、香港迪亚有限公司、陆波增资纠纷案》，《最高人民法院公报》2014 年第 8 期

裁判摘要：在民间融资投资活动中，融资方和投资者设置估值调整机制（即投资者与融资方根据企业将来的经营情况调整投资条件或给予投资者补偿）时要遵守公司法和合同法的规定。投资者与目标公司本身之间的补偿条款如果使投资者可以取得相对固定的收益，则该收益会脱离目标公司的经营业绩，直接或间接地损害公司利益和公司债权人利益，故应认定无效。但目标公司股东对投资者的补偿承诺不违反法律法规的禁止性规定，是有效的。在合同约定的补偿条件成立的情况下，根据合同当事人意思自治、诚实信用的原则，引资者应信守承诺，投资者应当得到约定的补偿。

《深圳市启迪信息技术有限公司与郑州国华投资有限公司、开封市豫信企业管理咨询有限公司、珠海科美教育投资有限公司股权确认纠纷案》，《最高人民法院公报》2012 年第 1 期

裁判摘要：在公司注册资本符合法定要求的情况下，各股东的实际出资数额和持有股权比例应属于公司股东意思自治的范畴。股东持有股权的比例一般与其实际出资比例一致，但有限责任公司的全体股东内部也可以约定不按实际出资比例持有股权，这样的约定并不影响公司资本对公司债权担保等对外基本功能实现。如该约定是各方当事人的真实意思表示，且未损害他人的利益，不违反法律和行政法规的规定，应属有效，股东按照约定持有的股权应当受到法律的保护。

第六条　【公平原则】民事主体从事民事活动，应当遵循公平原则，合理确定各方的权利和义务。

条文对比

《民法典总则编》	《民法通则》《合同法》
第六条　民事主体从事民事活动，应当遵循公平原则，**合理**确定各方的权利和义务。	《民法通则》 **第四条**　民事活动应当遵循自愿、公平、等价有偿、诚实信用的原则。 《合同法》 第五条　~~当事人~~应当遵循公平原则确定各方的权利和义务。

关联法规

《民法典合同编》

第四百九十六条　格式条款是当事人为了重复使用而预先拟定，并在订立合同时未与对方协商的条款。

采用格式条款订立合同的，提供格式条款的一方应当遵循公平原则确定当事人之间的权利和义务，并采取合理的方式提示对方注意免除或者减轻其责任等与对方有重大利害关系的条款，按照对方的要求，对该条款予以说明。提供格式条款的一方未履行提示或者说明义务，致使对方没有注意或者理解与其有重大利害关系的条款的，对方可以主张该条款不成为合同的内容。

《民法典侵权责任编》

第一千一百八十六条　受害人和行为人对损害的发生都没有过错的，依照法律的规定由双方分担损失。

《证券法》

第三条　证券的发行、交易活动，必须遵循公开、公平、公正的原则。

《公司法》

第一百二十六条　股份的发行，实行公平、公正的原则，同种类的每一股份应当具有同等权利。

同次发行的同种类股票，每股的发行条件和价格应当相同；任何单位或者个人所认购的股份，每股应当支付相同价额。

▶《拍卖法》

第四条 拍卖活动应当遵守有关法律、行政法规，遵循公开、公平、公正、诚实信用的原则。

▶《渔业法》

第二十二条 国家根据捕捞量低于渔业资源增长量的原则，确定渔业资源的总可捕捞量，实行捕捞限额制度。国务院渔业行政主管部门负责组织渔业资源的调查和评估，为实行捕捞限额制度提供科学依据。中华人民共和国内海、领海、专属经济区和其他管辖海域的捕捞限额总量由国务院渔业行政主管部门确定，报国务院批准后逐级分解下达；国家确定的重要江河、湖泊的捕捞限额总量由有关省、自治区、直辖市人民政府确定或者协商确定，逐级分解下达。捕捞限额总量的分配应当体现公平、公正的原则，分配办法和分配结果必须向社会公开，并接受监督。

国务院渔业行政主管部门和省、自治区、直辖市人民政府渔业行政主管部门应当加强对捕捞限额制度实施情况的监督检查，对超过上级下达的捕捞限额指标的，应当在其次年捕捞限额指标中予以核减。

权威案例

《朱兆龙诉东台市许河安全器材厂侵权责任纠纷案》，《最高人民法院公报》2020年第2期

裁判摘要：个人经营的淘宝网店绑定企业营业执照后变更为企业性质网店的，虽仍由个人经营，但因淘宝店披露的信息均为该企业信息，导致该淘宝店实际已经属企业所有权的权利外观。在企业不再允许该绑定，且绑定不能被取消的情况下，企业径自取得该淘宝店经营权的，并不构成对个人经营权的侵权。鉴于个人对网店信用升级有一定贡献，企业将店铺经营权收回的同时，根据公平理念和利益平衡原则，应当对原经营者给予适当的补偿。

《上海美术电影制片厂与电子工业出版社、曲建方著作权权属、侵权纠纷案》，《最高人民法院公报》2018年第10期

裁判摘要：特定历史时期职务作品的著作权归属不宜直接适用现行《著作权法》对职务作品的权利归属所确定的判断标准进行判定。本案上海美术电影制片厂（以下简称美影厂）和曲建方通过诉讼主张涉案角色造型作品著作权的归属是在涉案作品创作完成的三十余年后，期间，美影厂与曲建方各

自使用涉案作品的共存状态是客观存在的事实，且双方都为涉案角色造型的社会影响力提高、品牌价值力提升等方面做出了贡献。在此种情况下若将涉案作品的著作权财产权归属一方当事人单独享有，显然会导致权利失衡，也有违公平原则。

第七条 【诚实信用原则】民事主体从事民事活动，应当遵循诚信原则，秉持诚实，恪守承诺。

条文对比

《民法典总则编》	《民法通则》《合同法》
第七条　民事主体从事民事活动，应当遵循诚信原则，**秉持诚实，恪守承诺**。	《民法通则》 **第四条**　民事活动应当遵循自愿、公平、等价有偿、诚实信用的原则。 《合同法》 **第六条**　~~当事人行使权利、履行义务~~应当遵循诚实信用原则。

关联法规

▶《民法典合同编》

第四百六十六条　当事人对合同条款的理解有争议的，应当依据本法第一百四十二条第一款的规定，确定争议条款的含义。

合同文本采用两种以上文字订立并约定具有同等效力的，对各文本使用的词句推定具有相同含义。各文本使用的词句不一致的，应当根据合同的相关条款、性质、目的以及诚信原则等予以解释。

第五百条　当事人在订立合同过程中有下列情形之一，造成对方损失的，应当承担赔偿责任：

（一）假借订立合同，恶意进行磋商；

（二）故意隐瞒与订立合同有关的重要事实或者提供虚假情况；

（三）有其他违背诚信原则的行为。

第五百零九条 当事人应当按照约定全面履行自己的义务。

当事人应当遵循诚信原则，根据合同的性质、目的和交易习惯履行通知、协助、保密等义务。

当事人在履行合同过程中，应当避免浪费资源、污染环境和破坏生态。

▶《反不正当竞争法》

第二条 经营者在生产经营活动中，应当遵循自愿、平等、公平、诚信的原则，遵守法律和商业道德。

本法所称的不正当竞争行为，是指经营者在生产经营活动中，违反本法规定，扰乱市场竞争秩序，损害其他经营者或者消费者的合法权益的行为。

本法所称的经营者，是指从事商品生产、经营或者提供服务（以下所称商品包括服务）的自然人、法人和非法人组织。

▶《拍卖法》

第四条 拍卖活动应当遵守有关法律、行政法规，遵循公开、公平、公正、诚实信用的原则。

▶《最高人民法院民事审判第三庭关于转发〔2004〕民三他字第10号函的通知》

二、对违反诚实信用原则，使用与他人注册商标中的文字相同或者近似的企业字号，足以使相关公众对其商品或者服务的来源产生混淆的，根据当事人的诉讼请求，可以依照民法通则有关规定以及反不正当竞争法第二条第一、二款规定，审查是否构成不正当竞争行为，追究行为人的民事责任。

权威案例

《北京福联升鞋业有限公司与国家工商行政管理总局商标评审委员会、北京内联升鞋业有限公司商标异议复审行政纠纷案》，《最高人民法院公报》2016年第6期

裁判摘要：被异议商标申请人作为同地域的同业竞争者，理应对引证商标的知名度和显著性有相当程度的认识。因此，被异议商标申请人在同类商品上注册、使用有关商标时，应当遵守诚实信用原则，注意合理避让而不是恶意攀附引证商标的知名度和良好商誉，从而造成相关公众混淆误认。

虽然被异议商标经过一定时间和范围的使用在客观上形成了一定的市场规模，但是，有关被异议商标的使用行为大多是在被异议商标申请日之后，尚未

核准注册的情况下发生的。被异议商标申请人在其大规模使用被异议商标之前，理应认识到由于被异议商标与引证商标近似，并且引证商标具有较高的知名度和显著性，故存在被异议商标不被核准注册，乃至因使用被异议商标导致侵犯引证商标注册商标权的法律风险。被异议商标申请人未能尽到合理的注意和避让义务，仍然申请注册并大规模使用被异议商标，由此带来的不利后果理应自行承担。

《韩龙梅等诉阳光人寿保险股份有限公司江苏分公司保险合同纠纷案》，《最高人民法院公报》2010 年第 5 期

裁判摘要：保险法第十七条第一款规定："订立保险合同，保险人应当向投保人说明保险合同的条款内容，并可以就保险标的或者被保险人的有关情况提出询问，投保人应当如实告知。"保险人或其委托的代理人出售"自助式保险卡"未尽说明义务，又未对相关事项向投保人提出询问，自行代替投保人激活保险卡形成数据电文形式的电子保险单，在保险合同生效后，保险人以电子保险单内容不准确，投保人违反如实告知义务为由主张解除保险合同的，人民法院不予支持。

《江苏外企公司诉上海丰泰保险公司海上货物运输保险合同纠纷案》，《最高人民法院公报》2005 年第 11 期

裁判摘要：被保险人在投保时至保险合同成立前，未向保险人告知其所知或者在通常业务过程中应知的、足以影响保险人作出是否承保以及如何确定保险费决定的一切重要情况，违反了最大诚信原则，保险人可以因此宣告保险合同无效。

《勋怡公司诉瑞申公司财产权属纠纷案》，《最高人民法院公报》2004 年第 3 期

裁判摘要：双方当事人恶意串通，隐瞒事实、编织理由进行诉讼，违反了《中华人民共和国民法通则》第四条规定的诚实信用原则，应承担相应的法律责任。

第八条　【禁止违反法律和公序良俗原则】民事主体从事民事活动，不得违反法律，不得违背公序良俗。

条文对比

《民法典总则编》	《民法通则》《合同法》《物权法》
第八条　民事主体从事民事活动，不得**违反法律**，不得违背公序良俗。	《民法通则》 **第七条**　民事活动应当~~尊重社会公德~~，不得损害社会公共利益，扰乱社会经济秩序。 《合同法》 **第七条**　当事人订立、履行合同，应当遵守法律、行政法规，尊重社会公德，不得扰乱社会经济秩序，损害社会公共利益。 《物权法》 **第七条**　物权的取得和行使，应当遵守法律，尊重社会公德，不得损害公共利益和他人合法权益。

关联法规

▶《民法典总则编》

第十条　处理民事纠纷，应当依照法律；法律没有规定的，可以适用习惯，但是不得违背公序良俗。

▶《公司法》

第五条　公司从事经营活动，必须遵守法律、行政法规，遵守社会公德、商业道德，诚实守信，接受政府和社会公众的监督，承担社会责任。

公司的合法权益受法律保护，不受侵犯。

▶《妇女权益保障法》

第五条　国家鼓励妇女自尊、自信、自立、自强，运用法律维护自身合法权益。妇女应当遵守国家法律，尊重社会公德，履行法律所规定的义务。

▶《保险法》

第四条　从事保险活动必须遵守法律、行政法规，尊重社会公德，不得损害社会公共利益。

第九条 【绿色原则】民事主体从事民事活动，应当有利于节约资源、保护生态环境。

条文对比

《民法典总则编》	《环境保护法》
第九条 民事主体从事民事活动，应当有利于节约资源、保护生态环境。	**第四条** 保护环境是国家的基本国策。 国家采取有利于节约和循环利用资源、保护和改善环境、促进人与自然和谐的经济、技术政策和措施，使经济社会发展与环境保护相协调。

关联法规

▶《宪法》

第九条 矿藏、水流、森林、山岭、草原、荒地、滩涂等自然资源，都属于国家所有，即全民所有；由法律规定属于集体所有的森林和山岭、草原、荒地、滩涂除外。

国家保障自然资源的合理利用，保护珍贵的动物和植物。禁止任何组织或者个人用任何手段侵占或者破坏自然资源。

▶《民法典物权编》

第三百四十六条 设立建设用地使用权，应当符合节约资源、保护生态环境的要求，遵守法律、行政法规关于土地用途的规定，不得损害已经设立的用益物权。

▶《民法典合同编》

第五百零九条 当事人应当按照约定全面履行自己的义务。

当事人应当遵循诚信原则，根据合同的性质、目的和交易习惯履行通知、协助、保密等义务。

当事人在履行合同过程中，应当避免浪费资源、污染环境和破坏生态。

第五百五十八条 债权债务终止后，当事人应当遵循诚信等原则，根据交易习惯履行通知、协助、保密、旧物回收等义务。

▶《民法典侵权责任编》

第一千二百二十九条 因污染环境、破坏生态造成他人损害的，侵权人应当承担侵权责任。

▶《森林法》

第三条 保护、培育、利用森林资源应当尊重自然、顺应自然，坚持生态优先、保护优先、保育结合、可持续发展的原则。

▶《土地管理法》

第三十九条 国家鼓励单位和个人按照土地利用总体规划，在保护和改善生态环境、防止水土流失和土地荒漠化的前提下，开发未利用的土地；适宜开发为农用地的，应当优先开发成农用地。

国家依法保护开发者的合法权益。

▶《环境噪声污染防治法》

第七条 任何单位和个人都有保护声环境的义务，并有权对造成环境噪声污染的单位和个人进行检举和控告。

▶《野生动物保护法》

第六条 任何组织和个人都有保护野生动物及其栖息地的义务。禁止违法猎捕野生动物、破坏野生动物栖息地。

任何组织和个人都有权向有关部门和机关举报或者控告违反本法的行为。野生动物保护主管部门和其他有关部门、机关对举报或者控告，应当及时依法处理。

▶《大气污染防治法》

第七条 企业事业单位和其他生产经营者应当采取有效措施，防止、减少大气污染，对所造成的损害依法承担责任。

公民应当增强大气环境保护意识，采取低碳、节俭的生活方式，自觉履行大气环境保护义务。

▶《节约能源法》

第九条 任何单位和个人都应当依法履行节能义务，有权检举浪费能源的行为。

新闻媒体应当宣传节能法律、法规和政策，发挥舆论监督作用。

▶《防沙治沙法》

第六条 使用土地的单位和个人，有防止该土地沙化的义务。

使用已经沙化的土地的单位和个人，有治理该沙化土地的义务。

▶《循环经济促进法》

第十条 公民应当增强节约资源和保护环境意识，合理消费，节约资源。

国家鼓励和引导公民使用节能、节水、节材和有利于保护环境的产品及再生产品，减少废物的产生量和排放量。

公民有权举报浪费资源、破坏环境的行为，有权了解政府发展循环经济的信息并提出意见和建议。

▶《土壤污染防治法》

第四条 任何组织和个人都有保护土壤、防止土壤污染的义务。

土地使用权人从事土地开发利用活动，企业事业单位和其他生产经营者从事生产经营活动，应当采取有效措施，防止、减少土壤污染，对所造成的土壤污染依法承担责任。

▶《海洋环境保护法》

第四条 一切单位和个人都有保护海洋环境的义务，并有权对污染损害海洋环境的单位和个人，以及海洋环境监督管理人员的违法失职行为进行监督和检举。

▶《水污染防治法》

第十一条第一款 任何单位和个人都有义务保护水环境，并有权对污染损害水环境的行为进行检举。

▶《固体废物污染环境防治法》

第十二条 各级人民政府对在固体废物污染环境防治工作以及相关的综合利用活动中做出显著成绩的单位和个人，按照国家有关规定给予表彰、奖励。

第三十一条第一款 任何单位和个人都有权对造成固体废物污染环境的单位和个人进行举报。

第一百条第一款 国家鼓励单位和个人购买、使用综合利用产品和可重复使用产品。

▶《煤炭法》

第十一条 开发利用煤炭资源，应当遵守有关环境保护的法律、法规，防治污染和其他公害，保护生态环境。

▶《水法》

第八条 国家厉行节约用水，大力推行节约用水措施，推广节约用水新技术、新工艺，发展节水型工业、农业和服务业，建立节水型社会。

各级人民政府应当采取措施，加强对节约用水的管理，建立节约用水技术开发推广体系，培育和发展节约用水产业。

单位和个人有节约用水的义务。

▶《环境保护法》

第六条 一切单位和个人都有保护环境的义务。

地方各级人民政府应当对本行政区域的环境质量负责。

企业事业单位和其他生产经营者应当防止、减少环境污染和生态破坏，对所造成的损害依法承担责任。

公民应当增强环境保护意识，采取低碳、节俭的生活方式，自觉履行环境保护义务。

▶《草原法》

第五条 任何单位和个人都有遵守草原法律法规、保护草原的义务，同时享有对违反草原法律法规、破坏草原的行为进行监督、检举和控告的权利。

第三十三条 草原承包经营者应当合理利用草原，不得超过草原行政主管部门核定的载畜量；草原承包经营者应当采取种植和储备饲草饲料、增加饲草饲料供应量、调剂处理牲畜、优化畜群结构、提高出栏率等措施，保持草畜平衡。

草原载畜量标准和草畜平衡管理办法由国务院草原行政主管部门规定。

第三十四条 牧区的草原承包经营者应当实行划区轮牧，合理配置畜群，均衡利用草原。

▶《清洁生产促进法》

第十八条 新建、改建和扩建项目应当进行环境影响评价，对原料使用、资源消耗、资源综合利用以及污染物产生与处置等进行分析论证，优先采用资源利用率高以及污染物产生量少的清洁生产技术、工艺和设备。

第十九条 企业在进行技术改造过程中，应当采取以下清洁生产措施：

（一）采用无毒、无害或者低毒、低害的原料，替代毒性大、危害严重的原料；

（二）采用资源利用率高、污染物产生量少的工艺和设备，替代资源利用率低、污染物产生量多的工艺和设备；

（三）对生产过程中产生的废物、废水和余热等进行综合利用或者循环使用；

（四）采用能够达到国家或者地方规定的污染物排放标准和污染物排放总量控制指标的污染防治技术。

第二十条 产品和包装物的设计，应当考虑其在生命周期中对人类健康和环境的影响，优先选择无毒、无害、易于降解或者便于回收利用的方案。

企业对产品的包装应当合理，包装的材质、结构和成本应当与内装产品的质量、规格和成本相适应，减少包装性废物的产生，不得进行过度包装。

第二十三条 餐饮、娱乐、宾馆等服务性企业，应当采用节能、节水和其他有利于环境保护的技术和设备，减少使用或者不使用浪费资源、污染环境的消费品。

第二十四条 建筑工程应当采用节能、节水等有利于环境与资源保护的建筑设计方案、建筑和装修材料、建筑构配件及设备。

建筑和装修材料必须符合国家标准。禁止生产、销售和使用有毒、有害物质超过国家标准的建筑和装修材料。

第二十五条 矿产资源的勘查、开采，应当采用有利于合理利用资源、保护环境和防止污染的勘查、开采方法和工艺技术，提高资源利用水平。

▶《水土保持法》

第八条 任何单位和个人都有保护水土资源、预防和治理水土流失的义务，并有权对破坏水土资源、造成水土流失的行为进行举报。

▶《矿产资源法》

第三十二条 开采矿产资源，必须遵守有关环境保护的法律规定，防止污染环境。开采矿产资源，应当节约用地。耕地、草原、林地因采矿受到破坏的，矿山企业应当因地制宜地采取复垦利用、植树种草或者其他利用措施。开采矿产资源给他人生产、生活造成损失的，应当负责赔偿，并采取必要的补救措施。

权威案例

指导案例75号：中国生物多样性保护与绿色发展基金会诉宁夏瑞泰科技股份有限公司环境污染公益诉讼案

裁判要点：1. 社会组织的章程虽未载明维护环境公共利益，但工作内容属于保护环境要素及生态系统的，应认定符合《最高人民法院关于审理环境民事公益诉讼案件适用法律若干问题的解释》（以下简称《解释》）第四条关于"社会组织章程确定的宗旨和主要业务范围是维护社会公共利益"的规定。

2.《解释》第四条规定的"环境保护公益活动"，既包括直接改善生态环境的行为，也包括与环境保护相关的有利于完善环境治理体系、提高环境治理能力、促进全社会形成环境保护广泛共识的活动。

3. 社会组织起诉的事项与其宗旨和业务范围具有对应关系，或者与其所保护的环境要素及生态系统具有一定联系的，应认定符合《解释》第四条关于"与其宗旨和业务范围具有关联性"的规定。

《北京市朝阳区自然之友环境研究所、中华环保联合会与中国石油天然气股份有限公司、中国石油天然气股份有限公司吉林油田分公司环境污染公益诉讼案》，《最高人民法院公报》2019年第4期

裁判摘要：环境民事公益诉讼案件中，社会组织将实施环境污染行为的法人分支机构以及设立该分支机构的法人一并列为被告提起诉讼，应当确认该法人系适格被告。在数个法院对案件有管辖权时，应当遵循环境公益诉讼的特殊规律，将案件交由污染行为实施地、损害结果地人民法院管辖，以便准确查明事实，依法确定责任，保障受损生态环境得到及时有效修复。

第十条　【民法法源及顺序】处理民事纠纷，应当依照法律；法律没有规定的，可以适用习惯，但是不得违背公序良俗。

条文对比

《民法典总则编》	《民法通则》
第十条　处理民事纠纷，应当依照法律；法律没有规定的，**可以适用习惯，但是不得违背公序良俗。**	**第六条**　民事活动必须遵守法律，法律没有规定的，~~应当遵守国家政策~~。

关联法规

《民法典物权编》

第二百八十九条　法律、法规对处理相邻关系有规定的，依照其规定；法律、法规没有规定的，可以按照当地习惯。

《民法典合同编》

第四百六十六条　当事人对合同条款的理解有争议的，应当依据本法第一百四十二条第一款的规定，确定争议条款的含义。

合同文本采用两种以上文字订立并约定具有同等效力的，对各文本使用的词句推定具有相同含义。各文本使用的词句不一致的，应当根据合同的相关条款、性质、目的以及诚信原则等予以解释。

第四百八十条　承诺应当以通知的方式作出；但是，根据交易习惯或者要约表明可以通过行为作出承诺的除外。

第四百八十四条　以通知方式作出的承诺，生效的时间适用本法第一百三十七条的规定。

承诺不需要通知的，根据交易习惯或者要约的要求作出承诺的行为时生效。

第五百零九条　当事人应当按照约定全面履行自己的义务。

当事人应当遵循诚信原则，根据合同的性质、目的和交易习惯履行通知、协助、保密等义务。

当事人在履行合同过程中，应当避免浪费资源、污染环境和破坏生态。

第五百一十条　合同生效后，当事人就质量、价款或者报酬、履行地点等内容没有约定或者约定不明确的，可以协议补充；不能达成补充协议的，按照合同相关条款或者交易习惯确定。

第五百五十八条　债权债务终止后，当事人应当遵循诚信等原则，根据交易习惯履行通知、协助、保密、旧物回收等义务。

第五百九十九条 出卖人应当按照约定或者交易习惯向买受人交付提取标的物单证以外的有关单证和资料。

第八百一十四条 客运合同自承运人向旅客出具客票时成立，但是当事人另有约定或者另有交易习惯的除外。

第八百九十一条 寄存人向保管人交付保管物的，保管人应当出具保管凭证，但是另有交易习惯的除外。

▶《证券法》

第五条 证券的发行、交易活动，必须遵守法律、行政法规；禁止欺诈、内幕交易和操纵证券市场的行为。

▶《公司法》

第五条 公司从事经营活动，必须遵守法律、行政法规，遵守社会公德、商业道德，诚实守信，接受政府和社会公众的监督，承担社会责任。

公司的合法权益受法律保护，不受侵犯。

▶《裁判文书引用法律、法规等规范性法律文件规定》

第四条 民事裁判文书应当引用法律、法律解释或者司法解释。对于应当适用的行政法规、地方性法规或者自治条例和单行条例，可以直接引用。

▶《合同法司法解释二》

第七条 下列情形，不违反法律、行政法规强制性规定的，人民法院可以认定为合同法所称“交易习惯”：

（一）在交易行为当地或者某一领域、某一行业通常采用并为交易对方订立合同时所知道或者应当知道的做法；

（二）当事人双方经常使用的习惯做法。

对于交易习惯，由提出主张的一方当事人承担举证责任。

权威案例

《李金华诉立融典当公司典当纠纷案》，《最高人民法院公报》2006 年第 1 期

裁判摘要：绝当后，消灭当户基于典当合同对当物的回赎权，既不违反法律规定，也符合典当行业的惯例和社会公众的一般理解。

第十一条 【特别法优先】其他法律对民事关系有特别规定的，依照其规定。

条文对比

《民法典总则编》	《物权法》《侵权责任法》《合同法》
第十一条 其他法律对民事关系有特别规定的，依照其规定。	《物权法》 **第八条** 其他相关法律对物权另有特别规定的，依照其规定。 《侵权责任法》 **第五条** 其他法律对侵权责任另有特别规定的，依照其规定。 《合同法》 **第一百二十三条** 其他法律对合同另有规定的，依照其规定。

关联法规

《立法法》

第九十二条 同一机关制定的法律、行政法规、地方性法规、自治条例和单行条例、规章，特别规定与一般规定不一致的，适用特别规定；新的规定与旧的规定不一致的，适用新的规定。

第九十四条 法律之间对同一事项的新的一般规定与旧的特别规定不一致，不能确定如何适用时，由全国人民代表大会常务委员会裁决。

行政法规之间对同一事项的新的一般规定与旧的特别规定不一致，不能确定如何适用时，由国务院裁决。

《涉外民事关系法律适用法》

第二条 涉外民事关系适用的法律，依照本法确定。其他法律对涉外民事关系法律适用另有特别规定的，依照其规定。

本法和其他法律对涉外民事关系法律适用没有规定的，适用与该涉外民事关系有最密切联系的法律。

▶《票据法》

第九十六条 票据债务人的民事行为能力，适用其本国法律。票据债务人的民事行为能力，依照其本国法律为无民事行为能力或者为限制民事行为能力而依照行为地法律为完全民事行为能力的，适用行为地法律。

第十二条 【民法的地域效力】中华人民共和国领域内的民事活动，适用中华人民共和国法律。法律另有规定的，依照其规定。

条文对比

《民法典总则编》	《民法通则》
第十二条 中华人民共和国领域内的民事活动，适用中华人民共和国法律。法律另有规定的，依照其规定。	**第八条第一款** 在中华人民共和国领域内的民事活动，适用中华人民共和国法律，法律另有规定的除外。

关联法规

▶《涉外民事关系法律适用法》

第三条 当事人依照法律规定可以明示选择涉外民事关系适用的法律。

▶《票据法》

第九十六条 票据债务人的民事行为能力，适用其本国法律。

票据债务人的民事行为能力，依照其本国法律为无民事行为能力或者为限制民事行为能力而依照行为地法律为完全民事行为能力的，适用行为地法律。

权威案例

指导案例107号：中化国际（新加坡）有限公司诉蒂森克虏伯冶金产品有限责任公司国际货物买卖合同纠纷案

裁判要点：1. 国际货物买卖合同的当事各方所在国为《联合国国际货物销售合同公约》的缔约国，应优先适用公约的规定，公约没有规定的内容，适用合同中约定适用的法律。国际货物买卖合同中当事人明确排除适用《联合国国际货物销售合同公约》的，则不应适用该公约。

2. 在国际货物买卖合同中，卖方交付的货物虽然存在缺陷，但只要买方经过合理努力就能使用货物或转售货物，不应视为构成《联合国国际货物销售合同公约》规定的根本违约的情形。

《黄艺明、苏月弟与周大福代理人有限公司、亨满发展有限公司以及宝宜发展有限公司合同纠纷案》，《最高人民法院公报》2016年第7期

裁判摘要：涉港民商事纠纷案件中，应当参照我国国际私法冲突规范的规定以及国际私法理论，针对涉及的不同问题采用分割方法确定应当适用的法律。本案涉及的定性、程序事项适用法院地法——内地法律；先决问题因涉及法定继承、夫妻财产关系，根据我国冲突规范的指引，适用内地法律；合同争议本身以及诉讼时效问题，根据我国冲突规范的规定，适用当事人选择的香港法律。当事人有义务向法院提供其选择适用的香港法律。

《中化国际（新加坡）有限公司与蒂森克虏伯冶金产品有限责任公司国际货物买卖合同纠纷案》，《最高人民法院公报》2015年第8期

裁判摘要：一、关于准据法的适用问题。该国际货物买卖合同纠纷的双方当事人营业地分别位于新加坡和德国，当事人在合同中约定适用美国法律。新加坡、德国、美国均为《联合国国际货物销售合同公约》缔约国，当事人未排除公约的适用，因此本案的审理应首先适用《联合国国际货物销售合同公约》。对于审理案件中涉及到的问题公约没有规定的，例如合同效力问题、所有权转移问题，应当适用当事人选择的美国法律。

二、适用《联合国国际货物销售合同公约》对根本性违约的认定问题。在国际货物买卖合同中，卖方交付的货物虽然存在缺陷，但只要买方在不存在不合理的麻烦的情况下，能使用货物或转售货物，甚至打些折扣，质量不符不应视为构成《联合国国际货物销售合同公约》规定的根本违约的情形。

第二章 自然人

第一节 民事权利能力和民事行为能力

第十三条 【民事权利能力的起止时间】 自然人从出生时起到死亡时止，具有民事权利能力，依法享有民事权利，承担民事义务。

条文对比

《民法典总则编》	《民法通则》
第十三条 自然人从出生时起到死亡时止，具有民事权利能力，依法享有民事权利，承担民事义务。	**第九条** 公民从出生时起到死亡时止，具有民事权利能力，依法享有民事权利，承担民事义务。

关联法规

▶ **《民法典继承编》**

第一千一百二十一条 继承从被继承人死亡时开始。

相互有继承关系的数人在同一事件中死亡，难以确定死亡时间的，推定没有其他继承人的人先死亡。都有其他继承人，辈份不同的，推定长辈先死亡；辈份相同的，推定同时死亡，相互不发生继承。

▶ **《涉外民事关系法律适用法》**

第十一条 自然人的民事权利能力，适用经常居所地法律。

▶《民通意见》

1. 公民的民事权利能力自出生时开始。出生的时间以户籍证明为准；没有户籍证明的，以医院出具的出生证明为准。没有医院证明的，参照其他有关证明认定。

▶《最高人民法院关于违反计划生育政策的超生子女可否列为职工的供养直系亲属等问题的复函》

劳动部保险福利司：

你司劳险司函字〔1990〕23号函收悉。经研究我们认为：

一、关于违反计划生育政策的超生子女是否可以列为职工的供养直系亲属，应否计入家庭人口的问题。根据我国婚姻法和民法通则的有关规定，婴儿自出生时起，即为父母的直系亲属，是家庭中的一员，由父母抚养至独立生活时止，这既是子女在法律上享有的权利，也是既存的事实。因此，将超生子女排除于职工的供养直系亲属和家庭人口之外的作法，仅就法律而言，似缺依据。

二、关于违反计划生育政策的超生子女是否可计入家庭人口，享受生活困难补助，以及职工因工或非因工死亡后是否可按供养直系亲属享受丧葬费、抚恤费、救济费等待遇的问题。由于（一）所述理由，原则上似以认可超生子女有权享受上述待遇为妥，但应与执行计划生育政策的情况有所区别，尤其对申请困难补助的情况应从严掌握。

以上意见仅供参考。

第十四条　【民事权利能力平等】 自然人的民事权利能力一律平等。

条文对比

《民法典总则编》	《民法通则》
第十四条　自然人的民事权利能力一律平等。	**第十条**　公民的民事权利能力一律平等。

关联法规

▶《宪法》

第三十三条第二款 中华人民共和国公民在法律面前一律平等。

▶《民法典总则编》

第四条 民事主体在民事活动中的法律地位一律平等。

第十五条 【出生和死亡时间的认定】 自然人的出生时间和死亡时间，以出生证明、死亡证明记载的时间为准；没有出生证明、死亡证明的，以户籍登记或者其他有效身份登记记载的时间为准。有其他证据足以推翻以上记载时间的，以该证据证明的时间为准。

条文对比

《民法典总则编》	《民通意见》
第十五条 自然人的出生时间和死亡时间，以出生证明、死亡证明记载的时间为准；没有出生证明、死亡证明的，以户籍登记或者其他有效身份登记记载的时间为准。有其他证据足以推翻以上记载时间的，以该证据证明的时间为准。	1. 公民的~~民事权利能力自出生时开始。~~出生的时间以户籍证明为准；没有户籍证明的，以医院出具的出生证明为准。没有医院证明的，参照其他有关证明认定。

关联法规

▶《母婴保健法》

第二十三条 医疗保健机构和从事家庭接生的人员按照国务院卫生行政部门的规定，出具统一制发的新生儿出生医学证明；有产妇和婴儿死亡以及新生儿出生缺陷情况的，应当向卫生行政部门报告。

▶《执业医师法》

第二十一条 医师在执业活动中享有下列权利：

（一）在注册的执业范围内，进行医学诊查、疾病调查、医学处置、出具相应的医学证明文件，选择合理的医疗、预防、保健方案；

（二）按照国务院卫生行政部门规定的标准，获得与本人执业活动相当的医疗设备基本条件；

（三）从事医学研究、学术交流，参加专业学术团体；

（四）参加专业培训，接受继续医学教育；

（五）在执业活动中，人格尊严、人身安全不受侵犯；

（六）获取工资报酬和津贴，享受国家规定的福利待遇；

（七）对所在机构的医疗、预防、保健工作和卫生行政部门的工作提出意见和建议，依法参与所在机构的民主管理。

第二十三条 医师实施医疗、预防、保健措施，签署有关医学证明文件，必须亲自诊查、调查，并按照规定及时填写医学文书，不得隐匿、伪造或者销毁医学文书及有关资料。医师不得出具与自己执业范围无关或者与执业类别不相符的医学证明文件。

▶《户口登记条例》

第七条 婴儿出生后一个月以内，由户主、亲属、抚养人或者邻居向婴儿常住地户口登记机关申报出生登记。

弃婴，由收养人或者育婴机关向户口登记机关申报出生登记。

第八条 公民死亡，城市在葬前，农村在一个月以内，由户主、亲属、抚养人或者邻居向户口登记机关申报死亡登记，注销户口。公民如果在暂住地死亡，由暂住地户口登记机关通知常住地户口登记机关注销户口。

公民因意外事故致死或者死因不明，户主、发现人应当立即报告当地公安派出所或者乡、镇人民委员会。

▶《医疗机构管理条例》

第三十二条 未经医师（士）亲自诊查病人，医疗机构不得出具疾病诊断书、健康证明书或者死亡证明书等证明文件；未经医师（士）、助产人员亲自接产，医疗机构不得出具出生证明书或者死产报告书。

▶《继承法意见》

2. 相互有继承关系的几个人在同一事件中死亡，如不能确定死亡先后时间的，推定没有继承人的人先死亡。死亡人各自都有继承人的，如几个死亡人辈分不同，推定长辈先死亡；几个死亡人辈分相同，推定同时死亡，彼此不发生继承，由他们各自的继承人分别继承。

第十六条 【胎儿的部分民事权利能力】 涉及遗产继承、接受赠与等胎儿利益保护的，胎儿视为具有民事权利能力。但是，胎儿娩出时为死体的，其民事权利能力自始不存在。

条文对比

《民法典总则编》	《继承法》
第十六条　涉及遗产继承、接受赠与等胎儿利益保护的，胎儿视为具有民事权利能力。但是，胎儿娩出时为死体的，其民事权利能力自始不存在。	第二十八条　遗产分割时，应当保留胎儿的继承份额。胎儿出生时是死体的，保留的份额按照法定继承办理。

关联法规

▶《民法典总则编》

第十三条　自然人从出生时起到死亡时止，具有民事权利能力，依法享有民事权利，承担民事义务。

▶《继承法意见》

45. 应当为胎儿保留的遗产份额没有保留的应从继承人所继承的遗产中扣回。

为胎儿保留的遗产份额，如胎儿出生后死亡的，由其继承人继承；如胎儿出生时就是死体的，由被继承人的继承人继承。

权威案例

《王德钦诉杨德胜、泸州市汽车二队交通事故损害赔偿纠纷案》，《最高人民法院公报》2006年第3期

裁判摘要：《民法通则》第一百一十九条规定的“死者生前扶养的人”，既

包括死者生前实际扶养的人，也包括应当由死者抚养，但因为死亡事故发生，死者尚未抚养的子女。

第十七条　【成年时间】十八周岁以上的自然人为成年人。不满十八周岁的自然人为未成年人。

条文对比

《民法典总则编》	《民法通则》
第十七条　十八周岁以上的自然人为成年人。**不满十八周岁的自然人为未成年人。**	**第十一条第一款**　十八周岁以上的公民是成年人，~~具有完全民事行为能力，~~可以独立进行民事活动，是完全民事行为能力人。

关联法规

▶《宪法》

第三十四条　中华人民共和国年满十八周岁的公民，不分民族、种族、性别、职业、家庭出身、宗教信仰、教育程度、财产状况、居住期限，都有选举权和被选举权；但是依照法律被剥夺政治权利的人除外。

▶《未成年人保护法》

第二条　本法所称未成年人是指未满十八周岁的公民。

第十八条　【完全民事行为能力人】成年人为完全民事行为能力人，可以独立实施民事法律行为。

十六周岁以上的未成年人，以自己的劳动收入为主要生活来源的，视为完全民事行为能力人。

条文对比

《民法典总则编》	《民法通则》
第十八条　成年人为完全民事行为能力人，可以独立实施民事法律行为。 十六周岁以上的未成年人，以自己的劳动收入为主要生活来源的，视为完全民事行为能力人。	**第十一条**　十八周岁以上的公民是成年人，~~具有完全民事行为能力，~~可以独立进行民事活动，是完全民事行为能力人。 十六周岁以上~~不满十八周岁~~的公民，以自己的劳动收入为主要生活来源的，视为完全民事行为能力人。

关联法规

▶《民法典总则编》

第十七条　十八周岁以上的自然人为成年人。不满十八周岁的自然人为未成年人。

▶《民法典侵权责任编》

第一千一百九十条　完全民事行为能力人对自己的行为暂时没有意识或者失去控制造成他人损害有过错的，应当承担侵权责任；没有过错的，根据行为人的经济状况对受害人适当补偿。

完全民事行为能力人因醉酒、滥用麻醉药品或者精神药品对自己的行为暂时没有意识或者失去控制造成他人损害的，应当承担侵权责任。

▶《劳动法》

第十五条　禁止用人单位招用未满十六周岁的未成年人。

文艺、体育和特种工艺单位招用未满十六周岁的未成年人，必须遵守国家有关规定，并保障其接受义务教育的权利。

▶《预防未成年人犯罪法》

第十二条　对于已满十六周岁不满十八周岁准备就业的未成年人，职业教育培训机构、用人单位应当将法律知识和预防犯罪教育纳入职业培训的内容。

▶《民通意见》

2. 十六周岁以上不满十八周岁的公民，能够以自己的劳动取得收入，并能维持当地群众一般生活水平的，可以认定为以自己的劳动收入为主要生活来源的完全民事行为能力人。

第十九条 【限制民事行为能力人的年龄标准及能力限制】 八周岁以上的未成年人为限制民事行为能力人，实施民事法律行为由其法定代理人代理或者经其法定代理人同意、追认；但是，可以独立实施纯获利益的民事法律行为或者与其年龄、智力相适应的民事法律行为。

条文对比

《民法典总则编》	《民法通则》
第十九条 八周岁以上的未成年人为限制民事行为能力人，实施民事法律行为由其法定代理人代理或者经其法定代理人同意、追认；**但是，可以独立实施纯获利益的民事法律行为或者**与其年龄、智力相适应的民事法律行为。	**第十二条第一款** 十周岁以上的未成年人是限制民事行为能力人，可以~~进行~~与他的年龄、智力相适应的民事活动；其他民事活动由他的法定代理人代理~~，~~或者征得他的法定代理人~~的~~同意。

关联法规

▶《民法典总则编》

第一百四十五条 限制民事行为能力人实施的纯获利益的民事法律行为或者与其年龄、智力、精神健康状况相适应的民事法律行为有效；实施的其他民事法律行为经法定代理人同意或者追认后有效。

相对人可以催告法定代理人自收到通知之日起三十日内予以追认。法定代理人未作表示的，视为拒绝追认。民事法律行为被追认前，善意相对人有撤销的权利。撤销应当以通知的方式作出。

▶《民法典婚姻家庭编》

第一千一百零四条 收养人收养与送养人送养，应当双方自愿。收养八周岁以上未成年人的，应当征得被收养人的同意。

第一千一百一十四条 收养人在被收养人成年以前，不得解除收养关系，但是收养人、送养人双方协议解除的除外。养子女八周岁以上的，应当征得本人同意。

收养人不履行抚养义务，有虐待、遗弃等侵害未成年养子女合法权益行为的，送养人有权要求解除养父母与养子女间的收养关系。送养人、收养人不能达成解除收养关系协议的，可以向人民法院提起诉讼。

▶ 《民法典继承编》

第一千一百四十三条 无民事行为能力人或者限制民事行为能力人所立的遗嘱无效。

遗嘱必须表示遗嘱人的真实意思，受欺诈、胁迫所立的遗嘱无效。

伪造的遗嘱无效。

遗嘱被篡改的，篡改的内容无效。

▶ 《广告法》

第三十三条 广告主或者广告经营者在广告中使用他人名义或者形象的，应当事先取得其书面同意；使用无民事行为能力人、限制民事行为能力人的名义或者形象的，应当事先取得其监护人的书面同意。

▶ 《公证法》

第三十一条 有下列情形之一的，公证机构不予办理公证：

（一）无民事行为能力人或者限制民事行为能力人没有监护人代理申请办理公证的；

（二）当事人与申请公证的事项没有利害关系的；

（三）申请公证的事项属专业技术鉴定、评估事项的；

（四）当事人之间对申请公证的事项有争议的；

（五）当事人虚构、隐瞒事实，或者提供虚假证明材料的；

（六）当事人提供的证明材料不充分或者拒绝补充证明材料的；

（七）申请公证的事项不真实、不合法的；

（八）申请公证的事项违背社会公德的；

（九）当事人拒绝按照规定支付公证费的。

▶ 《保险法》

第三十九条 人身保险的受益人由被保险人或者投保人指定。

投保人指定受益人时须经被保险人同意。投保人为与其有劳动关系的劳动者投保人身保险，不得指定被保险人及其近亲属以外的人为受益人。

被保险人为无民事行为能力人或者限制民事行为能力人的，可以由其监护人指定受益人。

▶《婚姻登记条例》

第十二条 办理离婚登记的当事人有下列情形之一的，婚姻登记机关不予受理：

（一）未达成离婚协议的；

（二）属于无民事行为能力人或者限制民事行为能力人的；

（三）其结婚登记不是在中国内地办理的。

第二十条 【无民事行为能力人的年龄标准及能力限制】 不满八周岁的未成年人为无民事行为能力人，由其法定代理人代理实施民事法律行为。

条文对比

《民法典总则编》	《民法通则》
第二十条 不满八周岁的未成年人为无民事行为能力人，由其法定代理人代理**实施**民事法律行为。	**第十二条第二款** 不满十周岁的未成年人是无民事行为能力人，由他的法定代理人代理民事活动。

关联法规

▶《民法典总则编》

第一百四十四条 无民事行为能力人实施的民事法律行为无效。

▶《票据纠纷案件规定》

第四十六条 票据的背书人、承兑人、保证人在票据上的签章不符合票据法以及《票据管理实施办法》规定的，或者无民事行为能力人、限制民事行为能力人在票据上签章的，其签章无效，但不影响人民法院对票据上其他签章效力的认定。

▶《民事诉讼法执行程序司法解释》

第三十七条 被执行人为单位的，可以对其法定代表人、主要负责人或者影响债务履行的直接责任人员限制出境。

被执行人为无民事行为能力人或者限制民事行为能力人的，可以对其法定代理人限制出境。

▶《民事案件诉讼时效规定》

第二十条 有下列情形之一的，应当认定为民法通则第一百三十九条规定的“其他障碍”，诉讼时效中止：

（一）权利被侵害的无民事行为能力人、限制民事行为能力人没有法定代理人，或者法定代理人死亡、丧失代理权、丧失行为能力；

（二）继承开始后未确定继承人或者遗产管理人；

（三）权利人被义务人或者其他人控制无法主张权利；

（四）其他导致权利人不能主张权利的客观情形。

第二十一条 【无民事行为能力人的心智标准及能力限制】 不能辨认自己行为的成年人为无民事行为能力人，由其法定代理人代理实施民事法律行为。

八周岁以上的未成年人不能辨认自己行为的，适用前款规定。

条文对比

《民法典总则编》	《民法通则》
第二十一条 不能辨认自己行为的成年人为无民事行为能力人，由其法定代理人代理**实施**民事法律行为。 **八周岁以上的未成年人不能辨认自己行为的，适用前款规定。**	**第十三条第一款** 不能辨认自己行为的精神病人是无民事行为能力人，由他的法定代理人代理民事活动。

关联法规

《民法典总则编》

第一百四十四条 无民事行为能力人实施的民事法律行为无效。

《民法典继承编》

第一千一百四十三条 无民事行为能力人或者限制民事行为能力人所立的遗嘱无效。

遗嘱必须表示遗嘱人的真实意思，受欺诈、胁迫所立的遗嘱无效。

伪造的遗嘱无效。

遗嘱被篡改的，篡改的内容无效。

《精神卫生法》

第八十三条 本法所称精神障碍，是指由各种原因引起的感知、情感和思维等精神活动的紊乱或者异常，导致患者明显的心理痛苦或者社会适应等功能损害。

本法所称严重精神障碍，是指疾病症状严重，导致患者社会适应等功能严重损害、对自身健康状况或者客观现实不能完整认识，或者不能处理自身事务的精神障碍。

本法所称精神障碍患者的监护人，是指依照民法通则的有关规定可以担任监护人的人。

《民通意见》

5. 精神病人（包括痴呆症人）如果没有判断能力和自我保护能力，不知其行为后果的，可以认定为不能辨认自己行为的人；对于比较复杂的事物或者比较重大的行为缺乏判断能力和自我保护能力，并且不能预见其行为后果的，可以认定为不能完全辨认自己行为的人。

7. 当事人是否患有精神病，人民法院应当根据司法精神病学鉴定或者参照医院的诊断、鉴定确认。在不具备诊断、鉴定条件的情况下，也可以参照群众公认的当事人的精神状态认定，但应以利害关系人没有异议为限。

8. 在诉讼中，当事人及利害关系人提出一方当事人患有精神病（包括痴呆症），人民法院认为确有必要认定的，应当按照民事诉讼法（试行）规定的特别程序，先作出当事人有无民事行为能力的判决。

确认精神病人（包括痴呆症人）为限制民事行为能力人的，应当比照民事诉讼法（试行）规定的特别程序进行审理。

《民政部办公厅关于如何确定离婚当事人李玲是否具有民事行为能力的复函》

山东省民政厅：

你厅《关于如何确定离婚当事人李玲是否具有民事行为能力的请示》收悉。经研究，答复如下：

一、《中华人民共和国民法通则》第十三条规定，不能辨认自己行为的精神病人是无民事行为能力人，由他的法定代理人代理民事活动。不能完全辨认自己行为的精神病人是限制民事行为能力人，可以进行与他的精神健康状况相适应的民事活动，其他民事活动由他的法定代理人代理，或征得法定代理人同意。

二、确认离婚当事人是否是无民事行为能力人或限制民事行为能力人，应由其利害关系人依法向司法机关申请确认，由司法机关出具其是否是无民事行为能力人或限制民事行为能力人的司法文件。

三、婚姻登记管理机关受理当事人的离婚证登记申请后，到颁发离婚证之前的审查期间，当事人的利害关系人，对当事人的民事行为能力提出异议的，利害关系人能够提供经司法机关出具的，能证明当事人此期间是无民事行为能力人或限制民事行为能力人的司法鉴定的，婚姻登记管理机关应依据司法机关的司法鉴定，终止办理离婚登记。如利害关系人未提供司法鉴定的，应由利害关系人依法向司法机关申请确认，待司法机关出具司法鉴定后，婚姻登记管理机关可依据司法鉴定作出是否办理离婚登记的决定。如果利害关系人在一定期限内不向司法机关申请确认，婚姻登记管理机关未发现离婚当事人有民事行为障碍的，则可办理离婚登记。在李玲离婚案中，李玲的父母在李与贾申请离婚登记10天后，到济南市婚姻登记管理机关反映李玲患心因性精神病，并出示1996年1月16日《交通道路事故损害赔偿责任书》复印件。在离婚当事人的利害关系人提出异议的情况下，济南市婚姻登记管理处应告知当事人提供司法机关出具的司法文件，请你们根据以上原则，妥善处理，做好善后工作。

第二十二条 【成年限制民事行为能力人的心智标准及能力限制】不能完全辨认自己行为的成年人为限制民事行为能力人，实施民事法律行为由其法定代理人代理或者经其法定代理人同意、追认；但是，可以独立实施纯获利益的民事法律行为或者与其智力、精神健康状况相适应的民事法律行为。

条文对比

《民法典总则编》	《民法通则》
第二十二条 不能完全辨认自己行为的成年人为限制民事行为能力人，实施民事法律行为由其法定代理人代理或者经其法定代理人同意、**追认；但是，可以独立实施纯获利益的民事法律行为或者**与其智力、精神健康状况相适应的民事法律行为。	**第十三条第二款** 不能完全辨认自己行为的精神病人是限制民事行为能力人，可以进行与他的精神健康状况相适应的民事活动；其他民事活动由他的法定代理人代理，或者征得他的法定代理人的同意。

关联法规

▶《民法典总则编》

第一百四十五条 限制民事行为能力人实施的纯获利益的民事法律行为或者与其年龄、智力、精神健康状况相适应的民事法律行为有效；实施的其他民事法律行为经法定代理人同意或者追认后有效。

相对人可以催告法定代理人自收到通知之日起三十日内予以追认。法定代理人未作表示的，视为拒绝追认。民事法律行为被追认前，善意相对人有撤销的权利。撤销应当以通知的方式作出。

▶《精神卫生法》

第八十三条 本法所称精神障碍，是指由各种原因引起的感知、情感和思维等精神活动的紊乱或者异常，导致患者明显的心理痛苦或者社会适应等功能损害。

本法所称严重精神障碍，是指疾病症状严重，导致患者社会适应等功能严重损害、对自身健康状况或者客观现实不能完整认识，或者不能处理自身事务的精神障碍。

本法所称精神障碍患者的监护人，是指依照民法通则的有关规定可以担任监护人的人。

▶《民通意见》

3. 十周岁以上的未成年人进行的民事活动是否与其年龄、智力状况相适应，可以从行为与本人生活相关联的程度、本人的智力能否理解其行为，并预见相应的行为后果，以及行为标的数额等方面认定。

4. 不能完全辨认自己行为的精神病人进行的民事活动，是否与其精神健康状态相适应，可以从行为与本人生活相关联的程度、本人的精神状态能否理解其行为，并预见相应的行为后果，以及行为标的数额等方面认定。

5. 精神病人（包括痴呆症人）如果没有判断能力和自我保护能力，不知其行为后果的，可以认定为不能辨认自己行为的人；对于比较复杂的事物或者比较重大的行为缺乏判断能力和自我保护能力，并且不能预见其行为后果的，可以认定为不能完全辨认自己行为的人。

第二十三条　【非完全民事行为能力人的法定代理人】无民事行为能力人、限制民事行为能力人的监护人是其法定代理人。

条文对比

《民法典总则编》	《民法通则》
第二十三条　无民事行为能力人、限制民事行为能力人的监护人是<u>其</u>法定代理人。	**第十四条**　无民事行为能力人、限制民事行为能力人的监护人是<u>他的</u>法定代理人。

关联法规

▶《民法典总则编》

第三十四条　监护人的职责是代理被监护人实施民事法律行为，保护被监护人的人身权利、财产权利以及其他合法权益等。

监护人依法履行监护职责产生的权利，受法律保护。

监护人不履行监护职责或者侵害被监护人合法权益的，应当承担法律责任。

因发生突发事件等紧急情况，监护人暂时无法履行监护职责，被监护人的生活处于无人照料状态的，被监护人住所地的居民委员会、村民委员会或者民政部门应当为被监护人安排必要的临时生活照料措施。

▶《民法典婚姻家庭编》

第一千零六十八条 父母有教育、保护未成年子女的权利和义务。未成年子女造成他人损害的，父母应当依法承担民事责任。

▶《民事诉讼法》

第五十七条 无诉讼行为能力人由他的监护人作为法定代理人代为诉讼。法定代理人之间互相推诿代理责任的，由人民法院指定其中一人代为诉讼。

第二十四条 【成年人民事行为能力的认定及恢复】不能辨认或者不能完全辨认自己行为的成年人，其利害关系人或者有关组织，可以向人民法院申请认定该成年人为无民事行为能力人或者限制民事行为能力人。

被人民法院认定为无民事行为能力人或者限制民事行为能力人的，经本人、利害关系人或者有关组织申请，人民法院可以根据其智力、精神健康恢复的状况，认定该成年人恢复为限制民事行为能力人或者完全民事行为能力人。

本条规定的有关组织包括：居民委员会、村民委员会、学校、医疗机构、妇女联合会、残疾人联合会、依法设立的老年人组织、民政部门等。

条文对比

《民法典总则编》	《民法通则》
第二十四条 不能辨认或者不能完全辨认自己行为的成年人，其利害关系人**或者有关组织**，可以向人民法院申请认定该成年人为无民事行为能力人或者限制民事行为能力人。	**第十九条** 精神病人的利害关系人，可以向人民法院申请宣告精神病人为无民事行为能力人或者限制民事行为能力人。 被人民法院宣告为无民事行为能力人或者限制民事行为能力人的，根据他健康恢复

《民法典总则编》	《民法通则》
被人民法院认定为无民事行为能力人或者限制民事行为能力人的，经本人、利害关系人或者有关组织申请，人民法院可以根据其智力、精神健康恢复的状况，认定该成年人恢复为限制民事行为能力人或者完全民事行为能力人。 **本条规定的有关组织包括：居民委员会、村民委员会、学校、医疗机构、妇女联合会、残疾人联合会、依法设立的老年人组织、民政部门等。**	的状况，经本人或者利害关系人申请，人民法院可以宣告他为限制民事行为能力人或者完全民事行为能力人。

关联法规

《民事诉讼法》

第一百八十七条 申请认定公民无民事行为能力或者限制民事行为能力，由其近亲属或者其他利害关系人向该公民住所地基层人民法院提出。

申请书应当写明该公民无民事行为能力或者限制民事行为能力的事实和根据。

第一百八十八条 人民法院受理申请后，必要时应当对被请求认定为无民事行为能力或者限制民事行为能力的公民进行鉴定。申请人已提供鉴定意见的，应当对鉴定意见进行审查。

第一百八十九条 人民法院审理认定公民无民事行为能力或者限制民事行为能力的案件，应当由该公民的近亲属为代理人，但申请人除外。近亲属互相推诿的，由人民法院指定其中一人为代理人。该公民健康情况许可的，还应当询问本人的意见。

人民法院经审理认定申请有事实根据的，判决该公民为无民事行为能力或者限制民事行为能力人；认定申请没有事实根据的，应当判决予以驳回。

第一百九十条 人民法院根据被认定为无民事行为能力人、限制民事行为能力人或者他的监护人的申请，证实该公民无民事行为能力或者限制民事行为能力的原因已经消除的，应当作出新判决，撤销原判决。

《民事诉讼法司法解释》

第三百五十二条 申请认定公民无民事行为能力或者限制民事行为能力的

案件，被申请人没有近亲属的，人民法院可以指定其他亲属为代理人。被申请人没有亲属的，人民法院可以指定经被申请人所在单位或者住所地的居民委员会、村民委员会同意，且愿意担任代理人的关系密切的朋友为代理人。

没有前款规定的代理人的，由被申请人所在单位或者住所地的居民委员会、村民委员会或者民政部门担任代理人。

代理人可以是一人，也可以是同一顺序中的两人。

▶《军事法院管辖民事案件规定》

第二条 下列民事案件，地方当事人向军事法院提起诉讼或者提出申请的，军事法院应当受理：

（一）军人或者军队单位执行职务过程中造成他人损害的侵权责任纠纷案件；

（二）当事人一方为军人或者军队单位，侵权行为发生在营区内的侵权责任纠纷案件；

（三）当事人一方为军人的婚姻家庭纠纷案件；

（四）民事诉讼法第三十四条规定的不动产所在地、港口所在地、被继承人死亡时住所地或者主要遗产所在地在营区内，且当事人一方为军人或者军队单位的案件；

（五）申请宣告军人失踪或者死亡的案件；

（六）申请认定军人无民事行为能力或者限制民事行为能力的案件。

▶《民通意见》

7. 当事人是否患有精神病，人民法院应当根据司法精神病学鉴定或者参照医院的诊断、鉴定确认。在不具备诊断、鉴定条件的情况下，也可以参照群众公认的当事人的精神状态认定，但应以利害关系人没有异议为限。

8. 在诉讼中，当事人及利害关系人提出一方当事人患有精神病（包括痴呆症），人民法院认为确有必要认定的，应当按照民事诉讼法（试行）规定的特别程序，先作出当事人有无民事行为能力的判决。

确认精神病人（包括痴呆症人）为限制民事行为能力人的，应当比照民事诉讼法（试行）规定的特别程序进行审理。

第二十五条 【自然人的住所】 自然人以户籍登记或者其他有效身份登记记载的居所为住所；经常居所与住所不一致的，经常居所视为住所。

条文对比

《民法典总则编》	《民法通则》
第二十五条 自然人以户籍登记**或者其他有效身份登记记载**的居所为住所；经常居所与住所不一致的，经常居所视为住所。	**第十五条** 公民以~~他的~~户籍所在地的居住地为住所，经常居住地与住所不一致的，经常居住地视为住所。

关联法规

▶《民事诉讼法》

第二十一条 对公民提起的民事诉讼，由被告住所地人民法院管辖；被告住所地与经常居住地不一致的，由经常居住地人民法院管辖。

对法人或者其他组织提起的民事诉讼，由被告住所地人民法院管辖。

同一诉讼的几个被告住所地、经常居住地在两个以上人民法院辖区的，各该人民法院都有管辖权。

第二十二条 下列民事诉讼，由原告住所地人民法院管辖；原告住所地与经常居住地不一致的，由原告经常居住地人民法院管辖：

（一）对不在中华人民共和国领域内居住的人提起的有关身份关系的诉讼；

（二）对下落不明或者宣告失踪的人提起的有关身份关系的诉讼；

（三）对被采取强制性教育措施的人提起的诉讼；

（四）对被监禁的人提起的诉讼。

▶《反家庭暴力法》

第二十九条 人身安全保护令可以包括下列措施：

（一）禁止被申请人实施家庭暴力；

（二）禁止被申请人骚扰、跟踪、接触申请人及其相关近亲属；

（三）责令被申请人迁出申请人住所；

（四）保护申请人人身安全的其他措施。

《民通意见》

9. 公民离开住所地最后连续居住一年以上的地方，为经常居住地。但住医院治疗的除外。

公民由其户籍所在地迁出后至迁入另一地之前，无经常居住地的，仍以其原户籍所在地为住所。

《最高人民法院印发〈关于进一步加强民事送达工作的若干意见〉的通知》

九、依第八条规定仍不能确认送达地址的，自然人以其户籍登记的住所或者在经常居住地登记的住址为送达地址，法人或者其他组织以其工商登记或其他依法登记、备案的住所地为送达地址。

《最高人民法院、香港特别行政区政府关于内地与香港特别行政区法院相互认可和执行婚姻家庭民事案件判决的安排》

第四条 申请认可和执行本安排规定的判决：

（一）在内地向申请人住所地、经常居住地或者被申请人住所地、经常居住地、财产所在地的中级人民法院提出；

（二）在香港特别行政区向区域法院提出。申请人应当向符合前款第一项规定的其中一个人民法院提出申请。向两个以上有管辖权的人民法院提出申请的，由最先立案的人民法院管辖。

第六条 申请书应当载明下列事项：

（一）当事人的基本情况，包括姓名、住所、身份证件信息、通讯方式等；

（二）请求事项和理由，申请执行的，还需提供被申请人的财产状况和财产所在地；

（三）判决是否已在其他法院申请执行和执行情况。

第二节 监　护

第二十六条　【父母与子女之间的义务】父母对未成年子女负有抚养、教育和保护的义务。

成年子女对父母负有赡养、扶助和保护的义务。

条文对比

《民法典总则编》	《婚姻法》
第二十六条　父母对**未成年**子女**负**有抚养、教育和保护的义务。 **成年**子女对父母**负**有赡养、扶助和保护的义务。	**第二十一条第一款**　父母对子女有抚养教育的义务；子女对父母有赡养扶助的义务。 **第二十三条**　父母有保护和教育未成年子女的~~权利和~~义务。~~在未成年子女对国家、集体或他人造成损害时，父母有承担民事责任的义务。~~

关联法规

▶ **《宪法》**

第四十九条　婚姻、家庭、母亲和儿童受国家的保护。

夫妻双方有实行计划生育的义务。

父母有抚养教育未成年子女的义务，成年子女有赡养扶助父母的义务。

禁止破坏婚姻自由，禁止虐待老人、妇女和儿童。

▶ **《民法典总则编》**

第一百一十二条　自然人因婚姻家庭关系等产生的人身权利受法律保护。

▶ **《民法典婚姻家庭编》**

第一千零四十三条　家庭应当树立优良家风，弘扬家庭美德，重视家庭文明建设。

夫妻应当互相忠实，互相尊重，互相关爱；家庭成员应当敬老爱幼，互相帮助，维护平等、和睦、文明的婚姻家庭关系。

第一千零五十八条 夫妻双方平等享有对未成年子女抚养、教育和保护的权利，共同承担对未成年子女抚养、教育和保护的义务。

第一千零六十七条 父母不履行抚养义务的，未成年子女或者不能独立生活的成年子女，有要求父母给付抚养费的权利。

成年子女不履行赡养义务的，缺乏劳动能力或者生活困难的父母，有要求成年子女给付赡养费的权利。

第一千零六十八条 父母有教育、保护未成年子女的权利和义务。未成年子女造成他人损害的，父母应当依法承担民事责任。

▶ **《老年人权益保障法》**

第十三条 老年人养老以居家为基础，家庭成员应当尊重、关心和照料老年人。

第十四条 赡养人应当履行对老年人经济上供养、生活上照料和精神上慰藉的义务，照顾老年人的特殊需要。

赡养人是指老年人的子女以及其他依法负有赡养义务的人。

赡养人的配偶应当协助赡养人履行赡养义务。

第十五条 赡养人应当使患病的老年人及时得到治疗和护理；对经济困难的老年人，应当提供医疗费用。

对生活不能自理的老年人，赡养人应当承担照料责任；不能亲自照料的，可以按照老年人的意愿委托他人或者养老机构等照料。

第十六条 赡养人应当妥善安排老年人的住房，不得强迫老年人居住或者迁居条件低劣的房屋。

老年人自有的或者承租的住房，子女或者其他亲属不得侵占，不得擅自改变产权关系或者租赁关系。

老年人自有的住房，赡养人有维修的义务。

第十七条 赡养人有义务耕种或者委托他人耕种老年人承包的田地，照管或者委托他人照管老年人的林木和牲畜等，收益归老年人所有。

第十八条 家庭成员应当关心老年人的精神需求，不得忽视、冷落老年人。

与老年人分开居住的家庭成员，应当经常看望或者问候老年人。

用人单位应当按照国家有关规定保障赡养人探亲休假的权利。

第十九条 赡养人不得以放弃继承权或者其他理由，拒绝履行赡养义务。

赡养人不履行赡养义务，老年人有要求赡养人付给赡养费等权利。

赡养人不得要求老年人承担力不能及的劳动。

第二十条 经老年人同意，赡养人之间可以就履行赡养义务签订协议。赡养协议的内容不得违反法律的规定和老年人的意愿。

基层群众性自治组织、老年人组织或者赡养人所在单位监督协议的履行。

第二十一条 老年人的婚姻自由受法律保护。子女或者其他亲属不得干涉老年人离婚、再婚及婚后的生活。

赡养人的赡养义务不因老年人的婚姻关系变化而消除。

第二十二条 老年人对个人的财产，依法享有占有、使用、收益和处分的权利，子女或者其他亲属不得干涉，不得以窃取、骗取、强行索取等方式侵犯老年人的财产权益。

老年人有依法继承父母、配偶、子女或者其他亲属遗产的权利，有接受赠与的权利。子女或者其他亲属不得侵占、抢夺、转移、隐匿或者损毁应当由老年人继承或者接受赠与的财产。

老年人以遗嘱处分财产，应当依法为老年配偶保留必要的份额。

第二十三条 老年人与配偶有相互扶养的义务。

由兄、姐扶养的弟、妹成年后，有负担能力的，对年老无赡养人的兄、姐有扶养的义务。

第二十四条 赡养人、扶养人不履行赡养、扶养义务的，基层群众性自治组织、老年人组织或者赡养人、扶养人所在单位应当督促其履行。

第二十五条 禁止对老年人实施家庭暴力。

第三十三条 国家建立和完善老年人福利制度，根据经济社会发展水平和老年人的实际需要，增加老年人的社会福利。

国家鼓励地方建立八十周岁以上低收入老年人高龄津贴制度。

国家建立和完善计划生育家庭老年人扶助制度。

农村可以将未承包的集体所有的部分土地、山林、水面、滩涂等作为养老基地，收益供老年人养老。

第三十六条 老年人可以与集体经济组织、基层群众性自治组织、养老机构等组织或者个人签订遗赠扶养协议或者其他扶助协议。

负有扶养义务的组织或者个人按照遗赠扶养协议，承担该老年人生养死葬的义务，享有受遗赠的权利。

▶《教育法》

第五十条 未成年人的父母或者其他监护人应当为其未成年子女或者其他被监护人受教育提供必要条件。

未成年人的父母或者其他监护人应当配合学校及其他教育机构，对其未成年子女或者其他被监护人进行教育。

学校、教师可以对学生家长提供家庭教育指导。

▶《未成年人保护法》

第十条 父母或者其他监护人应当创造良好、和睦的家庭环境，依法履行对未成年人的监护职责和抚养义务。

禁止对未成年人实施家庭暴力，禁止虐待、遗弃未成年人，禁止溺婴和其他残害婴儿的行为，不得歧视女性未成年人或者有残疾的未成年人。

第十二条 父母或者其他监护人应当学习家庭教育知识，正确履行监护职责，抚养教育未成年人。

有关国家机关和社会组织应当为未成年人的父母或者其他监护人提供家庭教育指导。

▶《残疾人教育条例》

第八条 残疾人家庭应当帮助残疾人接受教育。

残疾儿童、少年的父母或者其他监护人应当尊重和保障残疾儿童、少年接受教育的权利，积极开展家庭教育，使残疾儿童、少年及时接受康复训练和教育，并协助、参与有关教育机构的教育教学活动，为残疾儿童、少年接受教育提供支持。

▶《民通意见》

10. 监护人的监护职责包括：保护被监护人的身体健康，照顾被监护人的生活，管理和保护被监护人的财产，代理被监护人进行民事活动，对被监护人进行管理和教育，在被监护人合法权益受到侵害或者与人发生争议时，代理其进行诉讼。

第二十七条 【未成年人的监护人】 父母是未成年子女的监护人。

未成年人的父母已经死亡或者没有监护能力的，由下列有监护能力的人按顺序担任监护人：

（一）祖父母、外祖父母；

（二）兄、姐；

（三）其他愿意担任监护人的个人或者组织，但是须经未成年人住所地的居民委员会、村民委员会或者民政部门同意。

条文对比

《民法典总则编》	《民法通则》
第二十七条 父母是未成年子女的监护人。 未成年人的父母已经死亡或者没有监护能力的，由下列有监护能力的人**按顺序**担任监护人： （一）祖父母、外祖父母； （二）兄、姐； （三）其他愿意**担任监护人的**个人**或者组织，但是须**经未成年人住所地的居民委员会、村民委员会**或者民政部门**同意。	**第十六条第一款、第二款** ~~未成年人的~~父母是未成年人的监护人。 未成年人的父母已经死亡或者没有监护能力的，由下列~~人员中~~有监护能力的人担任监护人： （一）祖父母、外祖父母； （二）兄、姐； （三）~~关系密切的~~其他亲属、朋友愿意承担监护责任，经~~未成年人的父、母的所在单位或者~~未成年人住所地的居民委员会、村民委员会同意~~的~~。

关联法规

▶《民法典总则编》

第三十二条 没有依法具有监护资格的人的，监护人由民政部门担任，也可以由具备履行监护职责条件的被监护人住所地的居民委员会、村民委员会担任。

▶《民通意见》

11. 认定监护人的监护能力，应当根据监护人的身体健康状况、经济条件，以及与被监护人在生活上的联系状况等因素确定。

13. 为患有精神病的未成年人设定监护人，适用民法通则第十六条的规定。

23. 夫妻一方死亡后，另一方将子女送给他人收养，如收养对子女的健康成长并无不利，又办了合法收养手续的，认定收养关系成立。其他有监护资格的人不得以收养未经其同意而主张收养关系无效。

权威案例

《张琴诉镇江市姚桥镇迎北村村民委员会撤销监护人资格纠纷案》，《最高人民法院公报》2015 年第 8 期

裁判摘要：认定监护人的监护能力，应当根据监护人的身体健康状况、经济条件，以及与被监护人在生活上的联系状况等综合因素确定。未成年人的近亲属没有监护能力，亦无关系密切的其他亲属、朋友愿意承担监护责任的，人民法院可以根据对被监护人有利的原则，直接指定具有承担社会救助和福利职能的民政部门担任未成年人的监护人，履行监护职责。

第二十八条　【非完全民事行为能力成年人的监护人】无民事行为能力或者限制民事行为能力的成年人，由下列有监护能力的人按顺序担任监护人：

（一）配偶；

（二）父母、子女；

（三）其他近亲属；

（四）其他愿意担任监护人的个人或者组织，但是须经被监护人住所地的居民委员会、村民委员会或者民政部门同意。

条文对比

《民法典总则编》	《民法通则》
第二十八条 无民事行为能力或者限制民事行为能力的成年人，由下列有监护能力的人**按顺序**担任监护人： （一）配偶； （二）父母、子女； （三）其他近亲属； （四）其他愿意担任监护人的个人**或者组织，但是须**经被监护人住所地的居民委员会、村民委员会**或者民政部门**同意。	**第十七条第一款** 无民事行为能力或者限制民事行为能力的精神病人，由下列人员担任监护人： （一）配偶； （二）父母； ~~（三）成年~~子女； （四）其他近亲属； （五）关系密切的其他亲属、朋友愿意承担监护责任，经精神病人的~~所在单位或者~~住所地的居民委员会、村民委员会同意~~的~~。

关联法规

《民法典总则编》

第三十一条 对监护人的确定有争议的，由被监护人住所地的居民委员会、村民委员会或者民政部门指定监护人，有关当事人对指定不服的，可以向人民法院申请指定监护人；有关当事人也可以直接向人民法院申请指定监护人。

居民委员会、村民委员会、民政部门或者人民法院应当尊重被监护人的真实意愿，按照最有利于被监护人的原则在依法具有监护资格的人中指定监护人。

依据本条第一款规定指定监护人前，被监护人的人身权利、财产权利以及其他合法权益处于无人保护状态的，由被监护人住所地的居民委员会、村民委员会、法律规定的有关组织或者民政部门担任临时监护人。

监护人被指定后，不得擅自变更；擅自变更的，不免除被指定的监护人的责任。

第三十二条 没有依法具有监护资格的人的，监护人由民政部门担任，也可以由具备履行监护职责条件的被监护人住所地的居民委员会、村民委员会担任。

《民通意见》

11. 认定监护人的监护能力，应当根据监护人的身体健康状况、经济条件，以及与被监护人在生活上的联系状况等因素确定。

12. 民法通则中规定的近亲属，包括配偶、父母、子女、兄弟姐妹、祖父母、外祖父母、孙子女、外孙子女。

▶《最高人民法院民事审判庭关于监护责任两个问题的电话答复》（1990年5月4日）

吉林省高级人民法院：

你院（89）51号“关于监护责任两个问题的请示”收悉。

关于对患精神病的人，其监护人应从何时起承担监护责任的问题。经我们研究认为，此问题情况比较复杂，我国现行法律无明文规定，也不宜作统一规定。在处理这类案件时，可根据《民法通则》有关规定精神，结合案件具体情况，合情合理地妥善处理。

我们原则上认为：成年人丧失行为能力时，监护人即应承担其监护责任。监护人对精神病人的监护责任是基于法律规定而设立的，当成年人因患精神病，丧失行为能力时，监护人应按照法律规定的监护顺序承担监护责任。如果监护人确实不知被监护人患有精神病的，可根据具体情况，参照《民法通则》第一百三十三条规定精神，适当减轻民事责任。

精神病人在发病时给他人造成的经济损失，如行为人个人财产不足补偿或无个人财产的，其监护人应适当承担赔偿责任。这样处理，可促使监护人自觉履行监护责任，维护被监护人和其他公民的合法权益，也有利于社会安定。

关于侵权行为人在侵权时不满18周岁，在诉讼时已满18周岁，且本人无经济赔偿能力，其原监护人的诉讼法律地位应如何列的问题。

我们认为：原监护人应列为本案第三人，承担民事责任。因原监护人对本案的诉讼标的无独立请求权，只是案件处理结果同本人有法律上的利害关系，因此，系无独立请求权的第三人。

第二十九条　【遗嘱指定监护】被监护人的父母担任监护人的，可以通过遗嘱指定监护人。

条文对比

《民法典总则编》	新增条文
第二十九条　被监护人的父母担任监护人的，可以通过遗嘱指定监护人。	

关联法规

▶《民法典总则编》

第二十七条 父母是未成年子女的监护人。

未成年人的父母已经死亡或者没有监护能力的，由下列有监护能力的人按顺序担任监护人：

（一）祖父母、外祖父母；

（二）兄、姐；

（三）其他愿意担任监护人的个人或者组织，但是须经未成年人住所地的居民委员会、村民委员会或者民政部门同意。

第二十八条 无民事行为能力或者限制民事行为能力的成年人，由下列有监护能力的人按顺序担任监护人：

（一）配偶；

（二）父母、子女；

（三）其他近亲属；

（四）其他愿意担任监护人的个人或者组织，但是须经被监护人住所地的居民委员会、村民委员会或者民政部门同意。

第三十二条 没有依法具有监护资格的人的，监护人由民政部门担任，也可以由具备履行监护职责条件的被监护人住所地的居民委员会、村民委员会担任。

▶《民法典继承编》

第一千一百二十三条 继承开始后，按照法定继承办理；有遗嘱的，按照遗嘱继承或者遗赠办理；有遗赠扶养协议的，按照协议办理。

第三十条 【协议监护】依法具有监护资格的人之间可以协议确定监护人。协议确定监护人应当尊重被监护人的真实意愿。

条文对比

《民法典总则编》	《民通意见》
第三十条　依法具有监护资格的人之间可以协议确定监护人。**协议确定监护人应当尊重被监护人的真实意愿。**	15. 有监护资格的人之间协议确定监护人~~的，应当由协议确定的监护人对被监护人承担监护责任~~。

关联法规

▶《民法典总则编》

第二十七条　父母是未成年子女的监护人。

未成年人的父母已经死亡或者没有监护能力的，由下列有监护能力的人按顺序担任监护人：

（一）祖父母、外祖父母；

（二）兄、姐；

（三）其他愿意担任监护人的个人或者组织，但是须经未成年人住所地的居民委员会、村民委员会或者民政部门同意。

第二十八条　无民事行为能力或者限制民事行为能力的成年人，由下列有监护能力的人按顺序担任监护人：

（一）配偶；

（二）父母、子女；

（三）其他近亲属；

（四）其他愿意担任监护人的个人或者组织，但是须经被监护人住所地的居民委员会、村民委员会或者民政部门同意。

第三十一条　**【指定监护】**对监护人的确定有争议的，由被监护人住所地的居民委员会、村民委员会或者民政部门指定监护人，有关当事人对指定不服的，可以向人民法院申请指定监护人；有关当事人也可以直接向人民法院申请指定监护人。

居民委员会、村民委员会、民政部门或者人民法院应当尊重被监护人的真实意愿，按照最有利于被监护人的原则在依法具有监护资格的人中指定监护人。

依据本条第一款规定指定监护人前，被监护人的人身权利、财产权利以及其他合法权益处于无人保护状态的，由被监护人住所地的居民委员会、村民委员会、法律规定的有关组织或者民政部门担任临时监护人。

监护人被指定后，不得擅自变更；擅自变更的，不免除被指定的监护人的责任。

条文对比

《民法典总则编》	《民法通则》
第三十一条 对监护人的确定有争议的，由被监护人住所地的居民委员会、村民委员会或者民政部门指定监护人，有关当事人对指定不服的，可以向人民法院申请指定监护人；有关当事人也可以直接向人民法院申请指定监护人。 居民委员会、村民委员会、民政部门或者人民法院应当尊重被监护人的真实意愿，按照最有利于被监护人的原则在依法具有监护资格的人中指定监护人。 依据本条第一款规定指定监护人前，被监护人的人身权利、财产权利以及其他合法权益处于无人保护状态的，由被监护人住所地的居民委员会、村民委员会、法律规定的有关组织或者民政部门担任临时监护人。 监护人被指定后，不得擅自变更；擅自变更的，不免除被指定的监护人的责任。	**第十六条第三款** 对担任监护人有争议的，由未成年人~~的父、母的所在单位或者未成年人~~住所地的居民委员会、村民委员会~~在近亲属中~~指定。对指定不服提起诉讼的，由人民法院裁决。 **第十七条第二款** 对担任监护人有争议的，由精神病人~~的所在单位或者~~住所地的居民委员会、村民委员会~~在近亲属中~~指定。对指定不服提起诉讼的，由人民法院裁决。

关联法规

《民法典总则编》

第二十七条 父母是未成年子女的监护人。

未成年人的父母已经死亡或者没有监护能力的，由下列有监护能力的人按顺序担任监护人：

（一）祖父母、外祖父母；

（二）兄、姐；

（三）其他愿意担任监护人的个人或者组织，但是须经未成年人住所地的居民委员会、村民委员会或者民政部门同意。

第二十八条 无民事行为能力或者限制民事行为能力的成年人，由下列有监护能力的人按顺序担任监护人：

（一）配偶；

（二）父母、子女；

（三）其他近亲属；

（四）其他愿意担任监护人的个人或者组织，但是须经被监护人住所地的居民委员会、村民委员会或者民政部门同意。

《民通意见》

11. 认定监护人监护能力，应当根据监护人的身体健康状况、经济条件，以及与被监护人在 生活上的联系状况等因素确定。

14. 人民法院指定监护人时，可以将民法通则第十六条第二款中的（一）、（二）、（三）项或第十七条第一款中的（一）、（二）、（三）、（四）、（五）项规定视为指定监护人的顺序。前一顺序有监护资格的人无监护能力或者对被监护人明显不利的，人民法院可以根据对被监护人有利的原则从后一顺序有监护资格的人中择优确定。被监护人有识别能力的，应视情况征求被监护人的意见。

监护人可以是一人，也可以是同一顺序中的数人。

16. 对于担任监护人有争议的，应当按照民法通则第十六条第三款或者第十七条第二款的规定，由有关组织予以指定。未经指定而向人民法院起诉的，人民法院不予受理。

17. 有关组织依照民法通则规定指定监护人，以书面或者口头通知了被指定人的，应当认定指定成立。被指定人不服的，应当在接到通知的次日起三十日内向人民法院起诉。逾期起诉的，按变更监护关系处理。

18. 监护人被指定后，不得自行变更。擅自变更的，由原被指定的监护人和变更后的监护人承担监护责任。

19. 被指定人对指定不服提起诉讼的，人民法院应当根据本意见第十四条的规定，作出维持或者撤销指定监护人的判决。如果判决是撤销原指定的，可以同时另行指定监护人。此类案件，比照民事诉讼法（试行）规定的特别程序进行审理。

在人民法院作出判决前的监护责任，一般应当按照指定监护人的顺序由有监护资格的人承担。

▶《最高人民法院印发〈关于执行款物管理工作的规定〉的通知》

第十六条 有下列情形之一，不能在规定期限内发放执行款的，人民法院可以将执行款提存：

（一）申请执行人无正当理由拒绝领取的；

（二）申请执行人下落不明的；

（三）申请执行人死亡未确定继承人或者丧失民事行为能力未确定监护人的；

（四）按照申请执行人提供的联系方式无法通知其领取的；

（五）其他不能发放的情形。

第三十二条 【单位监护人】没有依法具有监护资格的人的，监护人由民政部门担任，也可以由具备履行监护职责条件的被监护人住所地的居民委员会、村民委员会担任。

条文对比

《民法典总则编》	《民法通则》
第三十二条 没有依法具有监护资格的人的，监护人由民政部门担任，也可以由**具备履行监护职责条件的**被监护人住所地的居民委员会、村民委员会担任。	**第十六条第四款** 没有第一款、第二款规定的监护人的，由~~未成年人的父、母的所在单位或者~~未成年人住所地的居民委员会、村民委员会或者民政部门担任监护人。

《民法典总则编》	《民法通则》
	第十七条第三款 没有第一款规定的监护人的，由~~精神病人的所在单位或者~~住所地的居民委员会、村民委员会或者民政部门担任监护人。

关联法规

《民法典总则编》

第二十七条 父母是未成年子女的监护人。

未成年人的父母已经死亡或者没有监护能力的，由下列有监护能力的人按顺序担任监护人：

（一）祖父母、外祖父母；

（二）兄、姐；

（三）其他愿意担任监护人的个人或者组织，但是须经未成年人住所地的居民委员会、村民委员会或者民政部门同意。

第二十八条 无民事行为能力或者限制民事行为能力的成年人，由下列有监护能力的人按顺序担任监护人：

（一）配偶；

（二）父母、子女；

（三）其他近亲属；

（四）其他愿意担任监护人的个人或者组织，但是须经被监护人住所地的居民委员会、村民委员会或者民政部门同意。

《反家庭暴力法》

第十五条 公安机关接到家庭暴力报案后应当及时出警，制止家庭暴力，按照有关规定调查取证，协助受害人就医、鉴定伤情。

无民事行为能力人、限制民事行为能力人因家庭暴力身体受到严重伤害、面临人身安全威胁或者处于无人照料等危险状态的，公安机关应当通知并协助民政部门将其安置到临时庇护场所、救助管理机构或者福利机构。

《最高人民法院、中央综治办、最高人民检察院等关于建立家事审判方式和工作机制改革联席会议制度的意见》

三、最高人民检察院 指导全国检察机关充分履行检察职能，强化对公安、法院以及其他相关部门开展妇女儿童老年人权益保护工作的法律监督。依法惩处各类侵害家庭成员的犯罪，依法追究侵害人的法律责任。对监护人因监护侵害行为被提起公诉的案件，应当书面告知被监护人及其近亲属或者书面建议民政部门依法申请撤销监护人资格。

▶《依法处理监护人侵害未成年人权益行为意见》

15. 未成年人救助保护机构应当接收公安机关护送来的受监护侵害的未成年人，履行临时监护责任。

未成年人救助保护机构履行临时监护责任一般不超过一年。

16. 未成年人救助保护机构可以采取家庭寄养、自愿助养、机构代养或者委托政府指定的寄宿学校安置等方式，对未成年人进行临时照料，并为未成年人提供心理疏导、情感抚慰等服务。

未成年人因临时监护需要转学、异地入学接受义务教育的，教育行政部门应当予以保障。

第三十三条　【意定监护】具有完全民事行为能力的成年人，可以与其近亲属、其他愿意担任监护人的个人或者组织事先协商，以书面形式确定自己的监护人，在自己丧失或者部分丧失民事行为能力时，由该监护人履行监护职责。

条文对比

《民法典总则编》	《老年人权益保障法》
第三十三条　具有完全民事行为能力的成年人，可以与其近亲属、其他愿意担任监护人的个人或者组织**事先**协商，**以书面形式**确定自己的监护人，在自己丧失或者部分丧失民事行为能力时，由该监护人履行监护职责。	**第二十六条**　具备完全民事行为能力的老年人，可以在近亲属或者其他~~与自己关系密切、~~愿意承担监护责任的个人、组织~~中~~协商确定自己的监护人。监护人在老年人丧失或者部分丧失民事行为能力时，依法承担监护责任。 ~~老年人未事先确定监护人的，其丧失或者部分丧失民事行为能力时，依照有关法律的规定确定监护人。~~

关联法规

▶《民法典合同编》

第四百六十四条 合同是民事主体之间设立、变更、终止民事法律关系的协议。

婚姻、收养、监护等有关身份关系的协议，适用有关该身份关系的法律规定；没有规定的，可以根据其性质参照适用本编规定。

第三十四条 【监护职责】 监护人的职责是代理被监护人实施民事法律行为，保护被监护人的人身权利、财产权利以及其他合法权益等。

监护人依法履行监护职责产生的权利，受法律保护。

监护人不履行监护职责或者侵害被监护人合法权益的，应当承担法律责任。

因发生突发事件等紧急情况，监护人暂时无法履行监护职责，被监护人的生活处于无人照料状态的，被监护人住所地的居民委员会、村民委员会或者民政部门应当为被监护人安排必要的临时生活照料措施。

条文对比

《民法典总则编》	《民法总则》
第三十四条 监护人的职责是代理被监护人实施民事法律行为，保护被监护人的人身权利、财产权利以及其他合法权益等。 监护人依法履行监护职责产生的权利，受法律保护。 监护人不履行监护职责或者侵害被监护人合法权益的，应当承担法律责任。 **因发生突发事件等紧急情况，监护人暂时无法履行监护职责，被监护人的生活处于**	**第三十四条** 监护人的职责是代理被监护人实施民事法律行为，保护被监护人的人身权利、财产权利以及其他合法权益等。 监护人依法履行监护职责产生的权利，受法律保护。 监护人不履行监护职责或者侵害被监护人合法权益的，应当承担法律责任。

《民法典总则编》	《民法总则》
无人照料状态的，被监护人住所地的居民委员会、村民委员会或者民政部门应当为被监护人安排必要的临时生活照料措施。	

关联法规

《民法典婚姻家庭编》

第一千零六十八条 父母有教育、保护未成年子女的权利和义务。未成年子女造成他人损害的，父母应当依法承担民事责任。

《民法典侵权责任编》

第一千一百八十八条 无民事行为能力人、限制民事行为能力人造成他人损害的，由监护人承担侵权责任。监护人尽到监护职责的，可以减轻其侵权责任。

有财产的无民事行为能力人、限制民事行为能力人造成他人损害的，从本人财产中支付赔偿费用；不足部分，由监护人赔偿。

《广告法》

第三十三条 广告主或者广告经营者在广告中使用他人名义或者形象的，应当事先取得其书面同意；使用无民事行为能力人、限制民事行为能力人的名义或者形象的，应当事先取得其监护人的书面同意。

《精神卫生法》

第四十九条 精神障碍患者的监护人应当妥善看护未住院治疗的患者，按照医嘱督促其按时服药、接受随访或者治疗。村民委员会、居民委员会、患者所在单位等应当依患者或者其监护人的请求，对监护人看护患者提供必要的帮助。

《母婴保健法》

第十九条 依照本法规定施行终止妊娠或者结扎手术，应当经本人同意，并签署意见。本人无行为能力的，应当经其监护人同意，并签署意见。

依照本法规定施行终止妊娠或者结扎手术的，接受免费服务。

《反家庭暴力法》

第十二条 未成年人的监护人应当以文明的方式进行家庭教育，依法履行监护和教育职责，不得实施家庭暴力。

▶《教育法》

第十九条 国家实行九年制义务教育制度。各级人民政府采取各种措施保障适龄儿童、少年就学。适龄儿童、少年的父母或者其他监护人以及有关社会组织和个人有义务使适龄儿童、少年接受并完成规定年限的义务教育。

▶《未成年人保护法》

第十一条 父母或者其他监护人应当关注未成年人的生理、心理状况和行为习惯，以健康的思想、良好的品行和适当的方法教育和影响未成年人，引导未成年人进行有益身心健康的活动，预防和制止未成年人吸烟、酗酒、流浪、沉迷网络以及赌博、吸毒、卖淫等行为。

第十三条 父母或者其他监护人应当尊重未成年人受教育的权利，必须使适龄未成年人依法入学接受并完成义务教育，不得使接受义务教育的未成年人辍学。

▶《残疾预防和残疾人康复条例》

第十六条 国家鼓励公民学习残疾预防知识和技能，提高自我防护意识和能力。

未成年人的监护人应当保证未成年人及时接受政府免费提供的疾病和残疾筛查，努力使有出生缺陷或者致残性疾病的未成年人及时接受治疗和康复服务。未成年人、老年人的监护人或者家庭成员应当增强残疾预防意识，采取有针对性的残疾预防措施。

▶《残疾人教育条例》

第八条 残疾人家庭应当帮助残疾人接受教育。

残疾儿童、少年的父母或者其他监护人应当尊重和保障残疾儿童、少年接受教育的权利，积极开展家庭教育，使残疾儿童、少年及时接受康复训练和教育，并协助、参与有关教育机构的教育教学活动，为残疾儿童、少年接受教育提供支持。

▶《烟花爆竹安全管理条例》

第二十九条 各级人民政府和政府有关部门应当开展社会宣传活动，教育公民遵守有关法律、法规和规章，安全燃放烟花爆竹。

广播、电视、报刊等新闻媒体，应当做好安全燃放烟花爆竹的宣传、教育工作。

未成年人的监护人应当对未成年人进行安全燃放烟花爆竹的教育。

▶《民通意见》

10. 监护人的监护职责包括：保护被监护人的身体健康，照顾被监护人的生活，管理和保护被监护人的财产，代理被监护人进行民事活动，对被监护人进行管理和教育，在被监护人合法权益受到侵害或者与人发生争议时，代理其进行诉讼。

22. 监护人可以将监护职责部分或者全部委托给他人。因被监护人的侵权行为需要承担民事责任的，应当由监护人承担，但另有约定的除外；被委托人确有过错的，负连带责任。

30. 人民法院指定失踪人的财产代管人，应当根据有利于保护失踪人财产的原则指定。没有民法通则第二十一条规定的代管人，或者他们无能力作代管人，或者不宜作代管人的，人民法院可以指定公民或者有关组织为失踪人的财产代管人。

无民事行为能力人、限制民事行为能力人失踪的，其监护人即为财产代管人。

▶《依法处理监护人侵害未成年人权益行为意见》

1. 本意见所称监护侵害行为，是指父母或者其他监护人（以下简称监护人）性侵害、出卖、遗弃、虐待、暴力伤害未成年人，教唆、利用未成年人实施违法犯罪行为，胁迫、诱骗、利用未成年人乞讨，以及不履行监护职责严重危害未成年人身心健康等行为。

2. 处理监护侵害行为，应当遵循未成年人最大利益原则，充分考虑未成年人身心特点和人格尊严，给予未成年人特殊、优先保护。

3. 对于监护侵害行为，任何组织和个人都有权劝阻、制止或者举报。

公安机关应当采取措施，及时制止在工作中发现以及单位、个人举报的监护侵害行为，情况紧急时将未成年人带离监护人。

民政部门应当设立未成年人救助保护机构（包括救助管理站、未成年人救助保护中心），对因受到监护侵害进入机构的未成年人承担临时监护责任，必要时向人民法院申请撤销监护人资格。

人民法院应当依法受理人身安全保护裁定申请和撤销监护人资格案件并作出裁判。

人民检察院对公安机关、人民法院处理监护侵害行为的工作依法实行法律监督。

人民法院、人民检察院、公安机关设有办理未成年人案件专门工作机构的，应当优先由专门工作机构办理监护侵害案件。

第三十五条 【履行监护职责应遵循的原则】监护人应当按照最有利于被监护人的原则履行监护职责。监护人除为维护被监护人利益外，不得处分被监护人的财产。

未成年人的监护人履行监护职责，在作出与被监护人利益有关的决定时，应当根据被监护人的年龄和智力状况，尊重被监护人的真实意愿。

成年人的监护人履行监护职责，应当最大程度地尊重被监护人的真实意愿，保障并协助被监护人实施与其智力、精神健康状况相适应的民事法律行为。对被监护人有能力独立处理的事务，监护人不得干涉。

条文对比

《民法典总则编》	《民法通则》
第三十五条　监护人应当按照最有利于被监护人的原则履行监护职责。监护人除为维护被监护人利益外，不得处分被监护人的财产。 未成年人的监护人履行监护职责，在作出与被监护人利益有关的决定时，应当根据被监护人的年龄和智力状况，尊重被监护人的真实意愿。 成年人的监护人履行监护职责，应当最大程度地尊重被监护人的真实意愿，保障并协助被监护人实施与其智力、精神健康状况相适应的民事法律行为。对被监护人有能力独立处理的事务，监护人不得干涉。	第十八条　监护人应当履行监护职责，保护被监护人的人身、财产及其他合法权益，除为被监护人的利益外，不得处理被监护人的财产。 监护人依法履行监护的权利，受法律保护。 监护人不履行监护职责或者侵害被监护人的合法权益的，应当承担责任；给被监护人造成财产损失的，应当赔偿损失。人民法院可以根据有关人员或者有关单位的申请，撤销监护人的资格。

关联法规

▶《未成年人保护法》

第十四条 父母或者其他监护人应当根据未成年人的年龄和智力发展状况，在作出与未成年人权益有关的决定时告知其本人，并听取他们的意见。

▶《民通意见》

10. 监护人的监护职责包括：保护被监护人的身体健康，照顾被监护人的生活，管理和保护被监护人的财产，代理被监护人进行民事活动，对被监护人进行管理和教育，在被监护人合法权益受到侵害或者与人发生争议时，代理其进行诉讼。

20. 监护人不履行监护职责，或者侵害了被监护人的合法权益，民法通则第十六条、第十七条规定的其他有监护资格的人或者单位向人民法院起诉要求监护人承担民事责任的，按照普通程序审理；要求变更监护关系的，按照特别程序审理；既要求承担民事责任，又要求变更监护关系的，分别审理。

22. 监护人可以将监护职责部分或者全部委托给他人。因被监护人的侵权行为需要承担民事责任的，应当由监护人承担，但另有约定的除外；被委托人确有过错的，负连带责任。

158. 夫妻离婚后，未成年子女侵害他人权益的，同该子女共同生活的一方应当承担民事责任；如果独立承担民事责任确有困难的，可以责令未与该子女共同生活的一方共同承担民事责任。

159. 被监护人造成他人损害的，有明确的监护人时，由监护人承担民事责任；监护人不明确的，由顺序在前的有监护能力的人承担民事责任。

160. 在幼儿园、学校生活、学习的无民事行为能力人或者在精神病院治疗的精神病人，受到伤害或者给他人造成损害，单位有过错的，可以责令这些单位适当给予赔偿。

161. 侵权行为发生时行为人不满十八周岁，在诉讼时已满十八周岁，并有经济能力的，应当承担民事责任；行为人没有经济能力的，应当由原监护人承担民事责任。

行为人致人损害时年满十八周岁的，应当由本人承担民事责任；没有经济收入的，由扶养人垫付，垫付有困难的，也可以判决或者调解延期给付。

第三十六条　【监护人资格的撤销与重新指定】 监护人有下列情形之一的，人民法院根据有关个人或者组织的申请，撤销其监护人资格，安排必要的临时监护措施，并按照最有利于被监护人的原则依法指定监护人：

（一）实施严重损害被监护人身心健康的行为；

（二）怠于履行监护职责，或者无法履行监护职责且拒绝将监护职责部分或者全部委托给他人，导致被监护人处于危困状态；

（三）实施严重侵害被监护人合法权益的其他行为。

本条规定的有关个人、组织包括：其他依法具有监护资格的人，居民委员会、村民委员会、学校、医疗机构、妇女联合会、残疾人联合会、未成年人保护组织、依法设立的老年人组织、民政部门等。

前款规定的个人和民政部门以外的组织未及时向人民法院申请撤销监护人资格的，民政部门应当向人民法院申请。

条文对比

《民法典总则编》	新增条文
第三十六条　监护人有下列情形之一的，人民法院根据有关个人或者组织的申请，撤销其监护人资格，安排必要的临时监护措施，并按照最有利于被监护人的原则依法指定监护人： （一）实施严重损害被监护人身心健康的行为； （二）怠于履行监护职责，或者无法履行监护职责且拒绝将监护职责部分或者全部委托给他人，导致被监护人处于危困状态； （三）实施严重侵害被监护人合法权益的其他行为。 本条规定的有关个人、组织包括：其他依法具有监护资格的人，居民委员会、村民	

《民法典总则编》	新增条文
委员会、学校、医疗机构、妇女联合会、残疾人联合会、未成年人保护组织、依法设立的老年人组织、民政部门等。 前款规定的个人和民政部门以外的组织未及时向人民法院申请撤销监护人资格的，民政部门应当向人民法院申请。	

关联法规

《民法典婚姻家庭编》

第一千零九十六条 监护人送养孤儿的，应当征得有抚养义务的人同意。有抚养义务的人不同意送养、监护人不愿意继续履行监护职责的，应当依照本法第一编的规定另行确定监护人。

《反家庭暴力法》

第二十一条第一款 监护人实施家庭暴力严重侵害被监护人合法权益的，人民法院可以根据被监护人的近亲属、居民委员会、村民委员会、县级人民政府民政部门等有关人员或者单位的申请，依法撤销其监护人资格，另行指定监护人。

《未成年人保护法》

第六条 保护未成年人，是国家机关、武装力量、政党、社会团体、企业事业组织、城乡基层群众性自治组织、未成年人的监护人和其他成年公民的共同责任。

对侵犯未成年人合法权益的行为，任何组织和个人都有权予以劝阻、制止或者向有关部门提出检举或者控告。

国家、社会、学校和家庭应当教育和帮助未成年人维护自己的合法权益，增强自我保护的意识和能力，增强社会责任感。

第五十三条 父母或者其他监护人不履行监护职责或者侵害被监护的未成年人的合法权益，经教育不改的，人民法院可以根据有关人员或者有关单位的申请，撤销其监护人的资格，依法另行指定监护人。被撤销监护资格的父母应当依法继续负担抚养费用。

▶《民事诉讼法司法解释》

第十条 不服指定监护或者变更监护关系的案件，可以由被监护人住所地人民法院管辖。

▶《婚姻法司法解释三》

第八条 无民事行为能力人的配偶有虐待、遗弃等严重损害无民事行为能力一方的人身权利或者财产权益行为，其他有监护资格的人可以依照特别程序要求变更监护关系；变更后的监护人代理无民事行为能力一方提起离婚诉讼的，人民法院应予受理。

▶《民通意见》

20. 监护人不履行监护职责，或者侵害了被监护人的合法权益，民法通则第十六条、第十七条规定的其他有监护资格的人或者单位向人民法院起诉要求监护人承担民事责任的，按照普通程序审理，要求变更监护关系的，按照特别程序审理；既要求承担民事责任，又要求变更监护关系的，分别审理。

21. 夫妻离婚后，与子女共同生活的一方无权取消对方对该子女的监护权。但是未与该子女共同生活的一方，对该子女有犯罪行为、虐待行为或者对该子女明显不利的，人民法院认为可以取消的除外。

22. 监护人可以将监护职责部分或者全部委托给他人。因被监护人的侵权行为需要承担民事责任的，应当由监护人承担，但另有约定的除外；被委托人确有过错的，负连带责任。

▶《依法处理监护人侵害未成年人权益行为意见》

27. 下列单位和人员（以下简称有关单位和人员）有权向人民法院申请撤销监护人资格：

（一）未成年人的其他监护人，祖父母、外祖父母、兄、姐，关系密切的其他亲属、朋友；

（二）未成年人住所地的村（居）民委员会，未成年人父、母所在单位；

（三）民政部门及其设立的未成年人救助保护机构；

（四）共青团、妇联、关工委、学校等团体和单位。

申请撤销监护人资格，一般由前款中负责临时照料未成年人的单位和人员提出，也可以由前款中其他单位和人员提出。

28. 有关单位和人员向人民法院申请撤销监护人资格的，应当提交相关证据。

有包含未成年人基本情况、监护存在问题、监护人悔过情况、监护人接受教育辅导情况、未成年人身心健康状况以及未成年人意愿等内容的调查评估报告的，应当一并提交。

29. 有关单位和人员向公安机关、人民检察院申请出具相关案件证明材料的，公安机关、人民检察院应当提供证明案件事实的基本材料或者书面说明。

30. 监护人因监护侵害行为被提起公诉的案件，人民检察院应当书面告知未成年人及其临时照料人有权依法申请撤销监护人资格。

对于监护侵害行为符合本意见第35条规定情形而相关单位和人员没有提起诉讼的，人民检察院应当书面建议当地民政部门或者未成年人救助保护机构向人民法院申请撤销监护人资格。

31. 申请撤销监护人资格案件，由未成人住所地、监护人住所地或者侵害行为地基层人民法院管辖。

人民法院受理撤销监护人资格案件，不收取诉讼费用。

35. 被申请人有下列情形之一的，人民法院可以判决撤销其监护人资格：

（一）性侵害、出卖、遗弃、虐待、暴力伤害未成年人，严重损害未成年人身心健康的；

（二）将未成年人置于无人监管和照看的状态，导致未成年人面临死亡或者严重伤害危险，经教育不改的；

（三）拒不履行监护职责长达六个月以上，导致未成年人流离失所或者生活无着的；

（四）有吸毒、赌博、长期酗酒等恶习无法正确履行监护职责或者因服刑等原因无法履行监护职责，且拒绝将监护职责部分或者全部委托给他人，致使未成年人处于困境或者危险状态的；

（五）胁迫、诱骗、利用未成年人乞讨，经公安机关和未成年人救助保护机构等部门三次以上批评教育拒不改正，严重影响未成年人正常生活和学习的；

（六）教唆、利用未成年人实施违法犯罪行为，情节恶劣的；

（七）有其他严重侵害未成年人合法权益行为的。

36. 判决撤销监护人资格，未成年人有其他监护人的，应当由其他监护人承担监护职责。其他监护人应当采取措施避免未成年人继续受到侵害。

没有其他监护人的，人民法院根据最有利于未成年人的原则，在民法通则第十六条第二款、第四款规定的人员和单位中指定监护人。指定个人担任监护人的，应当综合考虑其意愿、品行、身体状况、经济条件、与未成年人的生活情感联系以及有表达能力的未成年人的意愿等。

没有合适人员和其他单位担任监护人的，人民法院应当指定民政部门担任监护人，由其所属儿童福利机构收留抚养。

37. 判决不撤销监护人资格的，人民法院可以根据需要走访未成年人及其家庭，也可以向当地民政部门、辖区公安派出所、村（居）民委员会、共青团、妇联、未成年人所在学校、监护人所在单位等发出司法建议，加强对未成年人的保护和对监护人的监督指导。

▶《生活无着的流浪乞讨人员救助管理机构工作规程》

第四十三条 流出地救助管理机构应当对受助未成年人的家庭监护情况进行调查评估：对确无监护能力的，由救助管理机构协助监护人及时委托其他人员代为监护；对拒不履行监护责任、经反复教育不改的，由救助管理机构向人民法院提出申请撤销其监护人资格，依法另行指定监护人。

第三十七条 【监护人资格撤销后的义务】 依法负担被监护人抚养费、赡养费、扶养费的父母、子女、配偶等，被人民法院撤销监护人资格后，应当继续履行负担的义务。

条文对比

《民法典总则编》	新增条文
第三十七条 依法负担被监护人抚养费、赡养费、扶养费的父母、子女、配偶等，被人民法院撤销监护人资格后，应当继续履行负担的义务。	

关联法规

▶《民法典婚姻家庭编》

第一千零五十九条 夫妻有相互扶养的义务。

需要扶养的一方，在另一方不履行扶养义务时，有要求其给付扶养费的权利。

第一千零六十七条 父母不履行抚养义务的，未成年子女或者不能独立生活的成年子女，有要求父母给付抚养费的权利。

成年子女不履行赡养义务的，缺乏劳动能力或者生活困难的父母，有要求成年子女给付赡养费的权利。

第一千零七十二条 继父母与继子女间，不得虐待或者歧视。

继父或者继母和受其抚养教育的继子女间的权利义务关系，适用本法关于父母子女关系的规定。

第一千零七十四条 有负担能力的祖父母、外祖父母，对于父母已经死亡或者父母无力抚养的未成年孙子女、外孙子女，有抚养的义务。

有负担能力的孙子女、外孙子女，对于子女已经死亡或者子女无力赡养的祖父母、外祖父母，有赡养的义务。

第一千零七十五条 有负担能力的兄、姐，对于父母已经死亡或者父母无力抚养的未成年弟、妹，有扶养的义务。

由兄、姐扶养长大的有负担能力的弟、妹，对于缺乏劳动能力又缺乏生活来源的兄、姐，有扶养的义务。

▶《反家庭暴力法》

第二十一条 监护人实施家庭暴力严重侵害被监护人合法权益的，人民法院可以根据被监护人的近亲属、居民委员会、村民委员会、县级人民政府民政部门等有关人员或者单位的申请，依法撤销其监护人资格，另行指定监护人。

被撤销监护人资格的加害人，应当继续负担相应的赡养、扶养、抚养费用。

▶《未成年人保护法》

第五十三条 父母或者其他监护人不履行监护职责或者侵害被监护的未成年人的合法权益，经教育不改的，人民法院可以根据有关人员或者有关单位的申请，撤销其监护人的资格，依法另行指定监护人。被撤销监护资格的父母应当依法继续负担抚养费用。

▶《婚姻法司法解释一》

第二十条 婚姻法第二十一条规定的“不能独立生活的子女”，是指尚在校接受高中及其以下学历教育，或者丧失或未完全丧失劳动能力等非因主观原因而无法维持正常生活的成年子女。

▶《民通意见》

12. 民法通则中规定的近亲属，包括配偶、父母、子女、兄弟姐妹、祖父母、外祖父母、孙子女、外孙子女。

▶《依法处理监护人侵害未成年人权益行为意见》

42. 被撤销监护人资格的父、母应当继续负担未成年人的抚养费用和因监护侵害行为产生的各项费用。相关单位和人员起诉的，人民法院应予支持。

第三十八条　【监护人资格的恢复】被监护人的父母或者子女被人民法院撤销监护人资格后，除对被监护人实施故意犯罪的外，确有悔改表现的，经其申请，人民法院可以在尊重被监护人真实意愿的前提下，视情况恢复其监护人资格，人民法院指定的监护人与被监护人的监护关系同时终止。

条文对比

《民法典总则编》	新增条文
第三十八条　被监护人的父母或者子女被人民法院撤销监护人资格后，除对被监护人实施故意犯罪的外，确有悔改表现的，经其申请，人民法院可以在尊重被监护人真实意愿的前提下，视情况恢复其监护人资格，人民法院指定的监护人与被监护人的监护关系同时终止。	

关联法规

▶《继承法意见》

13. 继承人虐待被继承人情节严重的，或者遗弃被继承人的，如以后确有悔改表现，而且被虐待人、被遗弃人生前又表示宽恕，可不确认其丧失继承权。

▶《依法处理监护人侵害未成年人权益行为意见》

38. 被撤销监护人资格的侵害人，自监护人资格被撤销之日起三个月至一年内，可以书面向人民法院申请恢复监护人资格，并应当提交相关证据。

人民法院应当将前款内容书面告知侵害人和其他监护人、指定监护人。

39. 人民法院审理申请恢复监护人资格案件，按照变更监护关系的案件审理程序进行。

人民法院应当征求未成年人现任监护人和有表达能力的未成年人的意见，并可以委托申请人住所地的未成年人救助保护机构或者其他未成年人保护组织，对申请人监护意愿、悔改表现、监护能力、身心状况、工作生活情况等进行调查，形成调查评估报告。

申请人正在服刑或者接受社区矫正的，人民法院应当征求刑罚执行机关或者社区矫正机构的意见。

40. 人民法院经审理认为申请人确有悔改表现并且适宜担任监护人的，可以判决恢复其监护人资格，原指定监护人的监护人资格终止。

申请人具有下列情形之一的，一般不得判决恢复其监护人资格：

（一）性侵害、出卖未成年人的；

（二）虐待、遗弃未成年人六个月以上、多次遗弃未成年人，并且造成重伤以上严重后果的；

（三）因监护侵害行为被判处五年有期徒刑以上刑罚的。

第三十九条　【监护关系的终止】 有下列情形之一的，监护关系终止：

（一）被监护人取得或者恢复完全民事行为能力；

（二）监护人丧失监护能力；

（三）被监护人或者监护人死亡；

（四）人民法院认定监护关系终止的其他情形。

监护关系终止后，被监护人仍然需要监护的，应当依法另行确定监护人。

条文对比

《民法典总则编》	新增条文
第三十九条　有下列情形之一的，监护关系终止： （一）被监护人取得或者恢复完全民事行为能力； （二）监护人丧失监护能力； （三）被监护人或者监护人死亡； （四）人民法院认定监护关系终止的其他情形。 监护关系终止后，被监护人仍然需要监护的，应当依法另行确定监护人。	

关联法规

▶《民法典总则编》

第十五条　自然人的出生时间和死亡时间，以出生证明、死亡证明记载的时间为准；没有出生证明、死亡证明的，以户籍登记或者其他有效身份登记记载的时间为准。有其他证据足以推翻以上记载时间的，以该证据证明的时间为准。

第二十四条　不能辨认或者不能完全辨认自己行为的成年人，其利害关系人或者有关组织，可以向人民法院申请认定该成年人为无民事行为能力人或者限制民事行为能力人。

被人民法院认定为无民事行为能力人或者限制民事行为能力人的，经本人、利害关系人或者有关组织申请，人民法院可以根据其智力、精神健康恢复的状况，认定该成年人恢复为限制民事行为能力人或者完全民事行为能力人。

本条规定的有关组织包括：居民委员会、村民委员会、学校、医疗机构、妇女联合会、残疾人联合会、依法设立的老年人组织、民政部门等。

第一百七十五条　有下列情形之一的，法定代理终止：

（一）被代理人取得或者恢复完全民事行为能力；

（二）代理人丧失民事行为能力；

（三）代理人或者被代理人死亡；

（四）法律规定的其他情形。

▶《民通意见》

11. 认定监护人的监护能力，应当根据监护人的身体健康状况、经济条件，以及与被监护人在生活上的联系状况等因素确定。

190. 监护的设立、变更和终止，适用被监护人的本国法律。但是，被监护人在我国境内有住所的，适用我国的法律。

第三节　宣告失踪和宣告死亡

第四十条　【宣告失踪】自然人下落不明满二年的，利害关系人可以向人民法院申请宣告该自然人为失踪人。

条文对比

《民法典总则编》	《民法通则》
第四十条　自然人下落不明满二年的，利害关系人可以向人民法院申请宣告该自然人为失踪人。	**第二十条第一款**　公民下落不明满二年的，利害关系人可以向人民法院申请宣告他为失踪人。

关联法规

▶《民事诉讼法》

第一百八十三条　公民下落不明满二年，利害关系人申请宣告其失踪的，向下落不明人住所地基层人民法院提出。

申请书应当写明失踪的事实、时间和请求，并附有公安机关或者其他有关机关关于该公民下落不明的书面证明。

第一百八十五条　人民法院受理宣告失踪、宣告死亡案件后，应当发出寻找下落不明人的公告。宣告失踪的公告期间为三个月，宣告死亡的公告期间为一年。因意外事故下落不明，经有关机关证明该公民不可能生存的，宣告死亡的公告期间为三个月。

公告期间届满，人民法院应当根据被宣告失踪、宣告死亡的事实是否得到确认，作出宣告失踪、宣告死亡的判决或者驳回申请的判决。

▶《涉外民事关系法律适用法》

第十三条 宣告失踪或者宣告死亡，适用自然人经常居所地法律。

▶《民事诉讼法司法解释》

第三百四十七条 寻找下落不明人的公告应当记载下列内容：

（一）被申请人应当在规定期间内向受理法院申报其具体地址及其联系方式。否则，被申请人将被宣告失踪、宣告死亡；

（二）凡知悉被申请人生存现状的人，应当在公告期间内将其所知道情况向受理法院报告。

▶《民通意见》

24. 申请宣告失踪的利害关系人，包括被申请宣告失踪人的配偶、父母、子女、兄弟姐妹、祖父母、外祖父母、孙子女、外孙子女以及其他与被申请人有民事权利义务关系的人。

26. 下落不明是指公民离开最后居住地后没有音讯的状况。对于在台湾或者在国外，无法正常通讯联系的，不得以下落不明宣告死亡。

28. 民法通则第二十条第一款、第二十三条第一款第一项中的下落不明的起算时间，从公民音讯消失之次日起算。

宣告失踪的案件，由被宣告失踪人住所地的基层人民法院管辖。住所地与居住地不一致的，由最后居住地的基层人民法院管辖。

34. 人民法院审理宣告失踪的案件，比照民事诉讼法（试行）规定的特别程序进行。

人民法院审理宣告失踪的案件，应当查清被申请宣告失踪人的财产，指定临时管理人或者采取诉讼保全措施，发出寻找失踪人的公告，公告期间为半年。公告期间届满，人民法院根据被宣告失踪人失踪的事实是否得到确认，作出宣告失踪的判决或者终结审理的裁定。如果判决宣告为失踪人，应当同时指定失踪人的财产代管人。

第四十一条　【下落不明的起算时间】自然人下落不明的时间自其失去音讯之日起计算。战争期间下落不明的，下落不明的时间自战争结束之日或者有关机关确定的下落不明之日起计算。

条文对比

《民法典总则编》	《民法通则》
第四十一条　自然人下落不明的时间自其失去音讯之日起计算。战争期间下落不明的，下落不明的时间自战争结束之日**或者有关机关确定的下落不明之日**起计算。	**第二十条第二款**　战争期间下落不明的，下落不明的时间从战争结束之日起计算。

关联法规

▶《民通意见》

26. 下落不明是指公民离开最后居住地后没有音讯的状况。对于在台湾或者在国外，无法正常通讯联系的，不得以下落不明宣告死亡。

27. 战争期间下落不明的，申请宣告死亡的期间适用民法通则第二十三条第一款第一项的规定。

28. 民法通则第二十条第一款、第二十三条第一款第一项中的下落不明的起算时间，从公民音讯消失之次日起算。

宣告失踪的案件，由被宣告失踪人住所地的基层人民法院管辖。住所地与居住地不一致的，由最后居住地的基层人民法院管辖。

第四十二条　【财产代管人】失踪人的财产由其配偶、成年子女、父母或者其他愿意担任财产代管人的人代管。

代管有争议，没有前款规定的人，或者前款规定的人无代管能力的，由人民法院指定的人代管。

条文对比

《民法典总则编》	《民法通则》
第四十二条 失踪人的财产由其配偶、成年子女、父母或者其他愿意担任财产代管人的人代管。 代管有争议，没有前款规定的人，或者前款规定的人无代管能力的，由人民法院指定的人代管。	**第二十一条第一款** 失踪人的财产由他的配偶、父母、成年子女或者关系密切的其他亲属、朋友代管。代管有争议的，没有以上规定的人或者以上规定的人无能力代管的，由人民法院指定的人代管。

关联法规

《民事诉讼法司法解释》

第三百四十三条 宣告失踪或者宣告死亡案件，人民法院可以根据申请人的请求，清理下落不明人的财产，并指定案件审理期间的财产管理人。公告期满后，人民法院判决宣告失踪的，应当同时依照民法通则第二十一条第一款的规定指定失踪人的财产代管人。

《民通意见》

30. 人民法院指定失踪人的财产代管人，应当根据有利于保护失踪人财产的原则指定。没有民法通则第二十一条规定的代管人，或者他们无能力作代管人，或者不宜作代管人的，人民法院可以指定公民或者有关组织为失踪人的财产代管人。

无民事行为能力人、限制民事行为能力人失踪的，其监护人即为财产代管人。

34. 人民法院审理宣告失踪的案件，比照民事诉讼法（试行）规定的特别程序进行。

人民法院审理宣告失踪的案件，应当查清被申请宣告失踪人的财产，指定临时管理人或者采取诉讼保全措施，发出寻找失踪人的公告。公告期间为半年。公告期间届满，人民法院根据被宣告失踪人失踪的事实是否得到确认，作出宣告失踪的判决或者终结审理的裁定。如果判决宣告为失踪人，应当同时指定失踪人的财产代管人。

第四十三条　【财产代管人的职责】财产代管人应当妥善管理失踪人的财产，维护其财产权益。

失踪人所欠税款、债务和应付的其他费用，由财产代管人从失踪人的财产中支付。

财产代管人因故意或者重大过失造成失踪人财产损失的，应当承担赔偿责任。

条文对比

《民法典总则编》	《民法通则》
第四十三条　财产代管人应当妥善管理失踪人的财产，维护其财产权益。 失踪人所欠税款、债务和应付的其他费用，由**财产**代管人从失踪人的财产中支付。 **财产代管人因故意或者重大过失造成失踪人财产损失的，应当承担赔偿责任。**	**第二十一条第二款**　失踪人所欠税款、债务和应付的其他费用，由代管人从失踪人的财产中支付。

关联法规

《民事诉讼法》

第一百八十五条　人民法院受理宣告失踪、宣告死亡案件后，应当发出寻找下落不明人的公告。宣告失踪的公告期间为三个月，宣告死亡的公告期间为一年。因意外事故下落不明，经有关机关证明该公民不可能生存的，宣告死亡的公告期间为三个月。

公告期间届满，人民法院应当根据被宣告失踪、宣告死亡的事实是否得到确认，作出宣告失踪、宣告死亡的判决或者驳回申请的判决。

《民通意见》

31. 民法通则第二十一条第二款中的“其他费用”，包括赡养费、扶养费、抚育费和因代管财产所需的管理费等必要的费用。

32. 失踪人的财产代管人拒绝支付失踪人所欠的税款、债务和其他费用，债权人提起诉讼的，人民法院应当将代管人列为被告。

失踪人的财产代管人向失踪人的债务人要求偿还债务的，可以作为原告提起诉讼。

33. 债务人下落不明，但未被宣告失踪，债权人起诉要求清偿债务的，人民法院可以在公告传唤后缺席判决或者按中止诉讼处理。

34. 人民法院审理宣告失踪的案件，比照民事诉讼法（试行）规定的特别程序进行。

人民法院审理宣告失踪的案件，应当查清被申请宣告失踪人的财产，指定临时管理人或者采取诉讼保全措施，发出寻找失踪人的公告，公告期间为半年。公告期间届满，人民法院根据被宣告失踪人失踪的事实是否得到确认，作出宣告失踪的判决或者终结审理的裁定。如果判决宣告为失踪人，应当同时指定失踪人的财产代管人。

35. 失踪人的财产代管人以无力履行代管职责，申请变更代管人的，人民法院比照特别程序进行审理。

失踪人的财产代管人不履行代管职责或者侵犯失踪人财产权益的，失踪人的利害关系人可以向人民法院请求财产代管人承担民事责任。如果同时申请人民法院变更财产代管人的，变更之诉比照特别程序单独审理。

第四十四条　【财产代管人的变更】财产代管人不履行代管职责、侵害失踪人财产权益或者丧失代管能力的，失踪人的利害关系人可以向人民法院申请变更财产代管人。

财产代管人有正当理由的，可以向人民法院申请变更财产代管人。

人民法院变更财产代管人的，变更后的财产代管人有权请求原财产代管人及时移交有关财产并报告财产代管情况。

条文对比

《民法典总则编》	新增条文
第四十四条　财产代管人不履行代管职责、侵害失踪人财产权益或者丧失代管能力的，失踪人的利害关系人可以向人民法院申请变更财产代管人。	

《民法典总则编》	新增条文
财产代管人有正当理由的，可以向人民法院申请变更财产代管人。 人民法院变更财产代管人的，变更后的财产代管人有权请求原财产代管人及时移交有关财产并报告财产代管情况。	

关联法规

《民法典总则编》

第四十二条 失踪人的财产由其配偶、成年子女、父母或者其他愿意担任财产代管人的人代管。

代管有争议，没有前款规定的人，或者前款规定的人无代管能力的，由人民法院指定的人代管。

《民事诉讼法司法解释》

第三百四十四条 失踪人的财产代管人经人民法院指定后，代管人申请变更代管的，比照民事诉讼法特别程序的有关规定进行审理。申请理由成立的，裁定撤销申请人的代管人身份，同时另行指定财产代管人；申请理由不成立的，裁定驳回申请。

失踪人的其他利害关系人申请变更代管的，人民法院应当告知其以原指定的代管人为被告起诉，并按普通程序进行审理。

第四十五条 **【失踪宣告的撤销】**失踪人重新出现，经本人或者利害关系人申请，人民法院应当撤销失踪宣告。

失踪人重新出现，有权请求财产代管人及时移交有关财产并报告财产代管情况。

条文对比

《民法典总则编》	《民法通则》
第四十五条 失踪人重新出现，经本人或者利害关系人申请，人民法院应当撤销失踪宣告。 **失踪人重新出现，有权请求财产代管人及时移交有关财产并报告财产代管情况。**	**第二十二条** 被宣告失踪的人重新出现~~或者确知他的下落~~，经本人或者利害关系人申请，人民法院应当撤销~~对他的~~失踪宣告。

关联法规

▶《民事诉讼法》

第一百八十六条 被宣告失踪、宣告死亡的公民重新出现，经本人或者利害关系人申请，人民法院应当作出新判决，撤销原判决。

第四十六条 【宣告死亡】 自然人有下列情形之一的，利害关系人可以向人民法院申请宣告该自然人死亡：

（一）下落不明满四年；

（二）因意外事件，下落不明满二年。

因意外事件下落不明，经有关机关证明该自然人不可能生存的，申请宣告死亡不受二年时间的限制。

条文对比

《民法典总则编》	《民法通则》《民事诉讼法》
第四十六条 自然人有下列情形之一的，利害关系人可以向人民法院申请宣告该自然人死亡： （一）下落不明满四年； （二）因意外事件，下落不明满二年。 因意外事件下落不明，经有关机关证明	**《民法通则》** **第二十三条** 公民有下列情形之一的，利害关系人可以向人民法院申请宣告他死亡： （一）下落不明满四年~~的~~； （二）因意外事故下落不明~~，从事故发~~

《民法典总则编》	《民法通则》《民事诉讼法》
该自然人不可能生存的，**申请宣告死亡不受二年时间的限制。**	~~生之日起~~满二年的。 ~~战争期间下落不明的，下落不明的时间从战争结束之日起计算。~~ **《民事诉讼法》** **第一百八十四条** 公民下落不明满四年，或者因意外事故下落不明满二年，或者因意外事故下落不明，经有关机关证明该公民不可能生存，利害关系人申请宣告其死亡的，向下落不明人住所地基层人民法院提出。 申请书应当写明下落不明的事实、时间和请求，并附有公安机关或者其他有关机关关于该公民下落不明的书面证明。

关联法规

▶《民法典总则编》

第四十七条 对同一自然人，有的利害关系人申请宣告死亡，有的利害关系人申请宣告失踪，符合本法规定的宣告死亡条件的，人民法院应当宣告死亡。

▶《民事诉讼法》

第一百八十五条 人民法院受理宣告失踪、宣告死亡案件后，应当发出寻找下落不明人的公告。宣告失踪的公告期间为三个月，宣告死亡的公告期间为一年。因意外事故下落不明，经有关机关证明该公民不可能生存的，宣告死亡的公告期间为三个月。

公告期间届满，人民法院应当根据被宣告失踪、宣告死亡的事实是否得到确认，作出宣告失踪、宣告死亡的判决或者驳回申请的判决。

▶《民通意见》

25. 申请宣告死亡的利害关系人的顺序是：

（一）配偶；

（二）父母、子女；

（三）兄弟姐妹、祖父母、外祖父母、孙子女、外孙子女；

（四）其他有民事权利义务关系的人。

申请撤销死亡宣告不受上列顺序限制。

26. 下落不明是指公民离开最后居住地后没有音讯的状况。对于在台湾或者在国外，无法正常通讯联系的，不得以下落不明宣告死亡。

27. 战争期间下落不明的，申请宣告死亡的期间适用民法通则第二十三条第一款第一项的规定。

第四十七条 【宣告失踪与宣告死亡请求的竞合】 对同一自然人，有的利害关系人申请宣告死亡，有的利害关系人申请宣告失踪，符合本法规定的宣告死亡条件的，人民法院应当宣告死亡。

条文对比

《民法典总则编》	《民通意见》
第四十七条　对同一自然人，有的利害关系人申请宣告死亡，有的利害关系人申请宣告失踪，**符合本法规定的宣告死亡条件的，人民法院**应当宣告死亡。	29. ~~宣告失踪不是宣告死亡的必须程序。公民下落不明，符合申请宣告死亡的条件，利害关系人可以不经申请宣告失踪而直接申请宣告死亡。但利害关系人只申请宣告失踪的，应当宣告失踪~~；~~同一顺序的~~利害关系人~~，有的~~申请宣告死亡，有的不同意宣告死亡，~~则~~应当宣告死亡。

关联法规

▶《民法典总则编》

第四十条 自然人下落不明满二年的，利害关系人可以向人民法院申请宣告该自然人为失踪人。

第四十六条 自然人有下列情形之一的，利害关系人可以向人民法院申请宣告该自然人死亡：

（一）下落不明满四年；

（二）因意外事件，下落不明满二年。

因意外事件下落不明，经有关机关证明该自然人不可能生存的，申请宣告死亡不受二年时间的限制。

第四十八条　【死亡日期的确定】被宣告死亡的人，人民法院宣告死亡的判决作出之日视为其死亡的日期；因意外事件下落不明宣告死亡的，意外事件发生之日视为其死亡的日期。

条文对比

《民法典总则编》	《民通意见》
第四十八条　被宣告死亡的人，**人民法院**宣告死亡的判决作出之日视为其死亡的日期；**因意外事件下落不明宣告死亡的，意外事件发生之日视为其死亡的日期。**	**第36条第1款**　被宣告死亡的人，判决宣告之日为其死亡的日期。~~判决书除发给申请人外，还应当在被宣告死亡的人住所地和人民法院所在地公告。~~

关联法规

▶《保险法司法解释三》

第二十四条　投保人为被保险人订立以死亡为给付保险金条件的保险合同，被保险人被宣告死亡后，当事人要求保险人按照保险合同约定给付保险金的，人民法院应予支持。

被保险人被宣告死亡之日在保险责任期间之外，但有证据证明下落不明之日在保险责任期间之内，当事人要求保险人按照保险合同约定给付保险金的，人民法院应予支持。

▶《继承法意见》

1. 继承从被继承人生理死亡或被宣告死亡时开始。

失踪人被宣告死亡的，以法院判决中确定的失踪人的死亡日期，为继承开始的时间。

第四十九条　【被宣告死亡人实际生存时的行为效力】自然人被宣告死亡但是并未死亡的，不影响该自然人在被宣告死亡期间实施的民事法律行为的效力。

条文对比

《民法典总则编》	《民法通则》
第四十九条 自然人被宣告死亡但是并未死亡的，不影响该自然人在被宣告死亡期间实施的民事法律行为**的效力**。	**第二十四条第二款** 有民事行为能力人在被宣告死亡期间实施的民事法律行为~~有效~~。

关联法规

《民通意见》

36. 被宣告死亡的人，判决宣告之日为其死亡的日期。判决书除发给申请人外，还应当在被宣告死亡的人住所地和人民法院所在地公告。

被宣告死亡和自然死亡的时间不一致的，被宣告死亡所引起的法律后果仍然有效，但自然死亡前实施的民事法律行为与被宣告死亡引起的法律后果相抵触的，则以其实施的民事法律行为为准。

第五十条 【死亡宣告的撤销】被宣告死亡的人重新出现，经本人或者利害关系人申请，人民法院应当撤销死亡宣告。

条文对比

《民法典总则编》	《民法通则》
第五十条 被宣告死亡的人重新出现，经本人或者利害关系人申请，人民法院应当撤销死亡宣告。	**第二十四条第一款** 被宣告死亡的人重新出现~~或者确知他没有死亡~~，经本人或者利害关系人申请，人民法院应当撤销~~对他的~~死亡宣告。

关联法规

《民事诉讼法》

第一百八十六条 被宣告失踪、宣告死亡的公民重新出现，经本人或者利害关系人申请，人民法院应当作出新判决，撤销原判决。

第五十一条　【宣告死亡及其撤销后婚姻关系的效力】 被宣告死亡的人的婚姻关系，自死亡宣告之日起消除。死亡宣告被撤销的，婚姻关系自撤销死亡宣告之日起自行恢复。但是，其配偶再婚或者向婚姻登记机关书面声明不愿意恢复的除外。

条文对比

《民法典总则编》	《民法总则》
第五十一条　被宣告死亡的人的婚姻关系，自死亡宣告之日起消除。死亡宣告被撤销的，婚姻关系自撤销死亡宣告之日起自行恢复。但是，其配偶再婚或者向婚姻登记机关书面声明不愿意恢复的除外。	**第五十一条**　被宣告死亡的人的婚姻关系，自死亡宣告之日起消灭。死亡宣告被撤销的，婚姻关系自撤销死亡宣告之日起自行恢复，但是其配偶再婚或者向婚姻登记机关书面声明不愿意恢复的除外。

关联法规

▶《民法典总则编》

第四十六条　自然人有下列情形之一的，利害关系人可以向人民法院申请宣告该自然人死亡：

（一）下落不明满四年；

（二）因意外事件，下落不明满二年。

因意外事件下落不明，经有关机关证明该自然人不可能生存的，申请宣告死亡不受二年时间的限制。

▶《民法典婚姻家庭编》

第一千零七十九条　夫妻一方要求离婚的，可以由有关组织进行调解或者直接向人民法院提起离婚诉讼。

人民法院审理离婚案件，应当进行调解；如果感情确已破裂，调解无效的，应当准予离婚。

有下列情形之一，调解无效的，应当准予离婚：

（一）重婚或者与他人同居；

（二）实施家庭暴力或者虐待、遗弃家庭成员；

（三）有赌博、吸毒等恶习屡教不改；

（四）因感情不和分居满二年；

（五）其他导致夫妻感情破裂的情形。

一方被宣告失踪，另一方提起离婚诉讼的，应当准予离婚。

经人民法院判决不准离婚后，双方又分居满一年，一方再次提起离婚诉讼的，应当准予离婚。

第五十二条　【死亡宣告撤销后子女被收养的效力】被宣告死亡的人在被宣告死亡期间，其子女被他人依法收养的，在死亡宣告被撤销后，不得以未经本人同意为由主张收养行为无效。

条文对比

《民法典总则编》	《民通意见》《民法总则》
第五十二条　被宣告死亡的人在被宣告死亡期间，其子女被他人依法收养的，在死亡宣告被撤销后，不得以未经本人同意为由主张收养行为无效。	**《民通意见》** 38. 被宣告死亡的人在被宣告死亡期间，其子女被他人依法收养，~~被宣告死亡的人~~在死亡宣告被撤销后，仅以未经本人同意而主张收养关系无效的，一般不应准许，但收养人和被收养人同意的除外。 **《民法总则》** **第五十二条**　被宣告死亡的人在被宣告死亡期间，其子女被他人依法收养的，在死亡宣告被撤销后，不得以未经本人同意为由主张收养关系无效。

关联法规

▶《民法典婚姻家庭编》

第一千零九十三条　下列未成年人，可以被收养：

（一）丧失父母的孤儿；

（二）查找不到生父母的未成年人；

（三）生父母有特殊困难无力抚养的子女。

第一千一百零七条 孤儿或者生父母无力抚养的子女，可以由生父母的亲属、朋友抚养；抚养人与被抚养人的关系不适用本章规定。

第一千一百一十一条 自收养关系成立之日起，养父母与养子女间的权利义务关系，适用本法关于父母子女关系的规定；养子女与养父母的近亲属间的权利义务关系，适用本法关于子女与父母的近亲属关系的规定。

养子女与生父母以及其他近亲属间的权利义务关系，因收养关系的成立而消除。

▶《中国公民收养子女登记办法》

第六条 送养人应当向收养登记机关提交下列证件和证明材料：

（一）送养人的居民户口簿和居民身份证（组织作监护人的，提交其负责人的身份证件）；

（二）收养法规定送养时应当征得其他有抚养义务的人同意的，并提交其他有抚养义务的人同意送养的书面意见。

社会福利机构为送养人的，并应当提交弃婴、儿童进入社会福利机构的原始记录，公安机关出具的捡拾弃婴、儿童报案的证明，或者孤儿的生父母死亡或者宣告死亡的证明。

监护人为送养人的，并应当提交实际承担监护责任的证明，孤儿的父母死亡或者宣告死亡的证明，或者被收养人生父母无完全民事行为能力并对被收养人有严重危害的证明。

生父母为送养人的，并应当提交与当地计划生育部门签订的不违反计划生育规定的协议；有特殊困难无力抚养子女的，还应当提交送养人有特殊困难的声明。其中，因丧偶或者一方下落不明由单方送养的，还应当提交配偶死亡或者下落不明的证明。对送养人有特殊困难的声明，登记机关可以进行调查核实；子女由三代以内同辈旁系血亲收养的，还应当提交公安机关出具的或者经过公证的与收养人有亲属关系的证明。

被收养人是残疾儿童的，并应当提交县级以上医疗机构出具的该儿童的残疾证明。

▶《外国人在中华人民共和国收养子女登记办法》

第五条 送养人应当向省、自治区、直辖市人民政府民政部门提交本人的居民户口簿和居民身份证（社会福利机构作送养人的，应当提交其负责人的身份证件）、被收养人的户簿证明等情况证明，并根据不同情况提交下列有关证明材料：

（一）被收养人的生父母（包括已经离婚的）为送养人的，应当提交生父母有特殊困难无力抚养的证明和生父母双方同意送养的书面意见；其中，被收养人的生父或者生母因丧偶或者一方下落不明，由单方送养的，并应当提交配偶死亡或者下落不明的证明以及死亡的或者下落不明的配偶的父母不行使优先抚养权的书面声明；

（二）被收养人的父母均不具备完全民事行为能力，由被收养人的其他监护人作送养人的，应当提交被收养人的父母不具备完全民事行为能力且对被收养人有严重危害的证明以及监护人有监护权的证明；

（三）被收养人的父母均已死亡，由被收养人的监护人作送养人的，应当提交其生父母的死亡证明、监护人实际承担监护责任的证明，以及其他有抚养义务的人同意送养的书面意见；

（四）由社会福利机构作送养人的，应当提交弃婴、儿童被遗弃和发现的情况证明以及查找其父母或者其他监护人的情况证明；被收养人是孤儿的，应当提交孤儿父母的死亡或者宣告死亡证明，以及有抚养孤儿义务的其他人同意送养的书面意见。

送养残疾儿童的，还应当提交县级以上医疗机构出具的该儿童的残疾证明。

第五十三条　【死亡宣告撤销后的财产返还与赔偿责任】被撤销死亡宣告的人有权请求依照本法第六编取得其财产的民事主体返还财产；无法返还的，应当给予适当补偿。

利害关系人隐瞒真实情况，致使他人被宣告死亡而取得其财产的，除应当返还财产外，还应当对由此造成的损失承担赔偿责任。

条文对比

《民法典总则编》	《民法通则》《民通意见》
第五十三条 被撤销死亡宣告的人有权请求**依照本法第六编**取得**其财产的**民事主体返还财产；无法返还的，**应当**给予适当补偿。 利害关系人隐瞒真实情况，**致**使他人被宣告死亡而取得其财产的，除应当返还财产外，还应当对**由此**造成的损失承担赔偿责任。	《民法通则》 **第二十五条** 被撤销死亡宣告的人有权请求返还财产。依照~~继承法~~取得他的财产的公民或者组织~~，应当返还原物；~~原物不存在的，给予适当补偿。 《民通意见》 39. 利害关系人隐瞒真实情况使他人被宣告死亡而取得其财产的，除应返还原物及孳息外，还应对造成的损失予以赔偿。

关联法规

▶《民通意见》

40. 被撤销死亡宣告的人请求返还财产，其原物已被第三人合法取得的，第三人可不予返还。但依继承法取得原物的公民或者组织，应当返还原物或者给予适当补偿。

第四节　个体工商户和农村承包经营户

第五十四条　【个体工商户】 自然人从事工商业经营，经依法登记，为个体工商户。个体工商户可以起字号。

条文对比

《民法典总则编》	《民法通则》
第五十四条 自然人从事工商业经营，经依法登记，为个体工商户。个体工商户可以起字号。	**第二十六条** 公民~~在法律允许的范围内，~~依法经核准登记，从事工商业经营的，为个体工商户。个体工商户可以起字号。

关联法规

《个体工商户条例》

第二条 有经营能力的公民，依照本条例规定经工商行政管理部门登记，从事工商业经营的，为个体工商户。

个体工商户可以个人经营，也可以家庭经营。

个体工商户的合法权益受法律保护，任何单位和个人不得侵害。

《现金管理暂行条例》

第十三条 对个体工商户、农村承包经营户发放的贷款，应当以转帐方式支付。对确需在集市使用现金购买物资的，经开户银行审核后，可以在贷款金额内支付现金。

第十四条 在开户银行开户的个体工商户、农村承包经营户异地采购所需货款，应当通过银行汇兑方式支付。因采购地点不固定，交通不便必须携带现金的，由开户银行根据实际需要，予以支付现金。

未在开户银行开户的个体工商户、农村承包经营户异地采购所需货款，可以通过银行汇兑方式支付。凡加盖“现金”字样的结算凭证，汇入银行必须保证支付现金。

《民通意见》

41. 起字号的个体工商户，在民事诉讼中，应以营业执照登记的户主（业主）为诉讼当事人，在诉讼文书中注明系某字号的户主。

49. 个人合伙或者个体工商户，虽经工商行政管理部门错误地登记为集体所有制的企业，但实际为个人合伙或者个体工商户的，应当按个人合伙或者个体工商户对待。

《工商总局对浙工商法〔1995〕25号请示的答复》

二、持有公安部门发放的居留证或临时居留证的外国公民，申请进入当地商品交易市场从事经营活动的，应当按照《中华人民共和国民法通则》第二十六条、第八条的原则办理登记。

第五十五条　【农村承包经营户】农村集体经济组织的成员，依法取得农村土地承包经营权，从事家庭承包经营的，为农村承包经营户。

条文对比

《民法典总则编》	《民法通则》
第五十五条　农村集体经济组织的成员，依法取得农村土地承包经营权，从事家庭承包经营的，为农村承包经营户。	**第二十七条**　农村集体经济组织的成员，在法律允许的范围内，按照承包合同规定从事商品经营的，为农村承包经营户。

关联法规

▶《农村土地承包法》

第五条　农村集体经济组织成员有权依法承包由本集体经济组织发包的农村土地。

任何组织和个人不得剥夺和非法限制农村集体经济组织成员承包土地的权利。

第十六条　家庭承包的承包方是本集体经济组织的农户。

农户内家庭成员依法平等享有承包土地的各项权益。

第十七条　承包方享有下列权利：

（一）依法享有承包地使用、收益的权利，有权自主组织生产经营和处置产品；

（二）依法互换、转让土地承包经营权；

（三）依法流转土地经营权；

（四）承包地被依法征收、征用、占用的，有权依法获得相应的补偿；

（五）法律、行政法规规定的其他权利。

▶《农村土地承包经营纠纷调解仲裁案件司法解释》

第一条　农村土地承包仲裁委员会根据农村土地承包经营纠纷调解仲裁法第十八条规定，以超过申请仲裁的时效期间为由驳回申请后，当事人就同一纠纷提起诉讼的，人民法院应予受理。

第二条 当事人在收到农村土地承包仲裁委员会作出的裁决书之日起三十日后或者签收农村土地承包仲裁委员会作出的调解书后，就同一纠纷向人民法院提起诉讼的，裁定不予受理；已经受理的，裁定驳回起诉。

第三条 当事人在收到农村土地承包仲裁委员会作出的裁决书之日起三十日内，向人民法院提起诉讼，请求撤销仲裁裁决的，人民法院应当告知当事人就原纠纷提起诉讼。

第四条 农村土地承包仲裁委员会依法向人民法院提交当事人财产保全申请的，申请财产保全的当事人为申请人。

农村土地承包仲裁委员会应当提交下列材料：

（一）财产保全申请书；

（二）农村土地承包仲裁委员会发出的受理案件通知书；

（三）申请人的身份证明；

（四）申请保全财产的具体情况。

人民法院采取保全措施，可以责令申请人提供担保，申请人不提供担保的，裁定驳回申请。

第五条 人民法院对农村土地承包仲裁委员会提交的财产保全申请材料，应当进行审查。符合前条规定的，应予受理；申请材料不齐全或不符合规定的，人民法院应当告知农村土地承包仲裁委员会需要补齐的内容。

人民法院决定受理的，应当于三日内向当事人送达受理通知书并告知农村土地承包仲裁委员会。

第六条 人民法院受理财产保全申请后，应当在十日内作出裁定。因特殊情况需要延长的，经本院院长批准，可以延长五日。

人民法院接受申请后，对情况紧急的，必须在四十八小时内作出裁定；裁定采取保全措施的，应当立即开始执行。

第七条 农村土地承包经营纠纷仲裁中采取的财产保全措施，在申请保全的当事人依法提起诉讼后，自动转为诉讼中的财产保全措施，并适用《最高人民法院关于人民法院民事执行中查封、扣押、冻结财产的规定》第二十九条关于查封、扣押、冻结期限的规定。

第八条 农村土地承包仲裁委员会依法向人民法院提交当事人证据保全申请的，应当提供下列材料：

（一）证据保全申请书；

（二）农村土地承包仲裁委员会发出的受理案件通知书；

（三）申请人的身份证明；

（四）申请保全证据的具体情况。

对证据保全的具体程序事项，适用本解释第五、六、七条关于财产保全的规定。

第九条 农村土地承包仲裁委员会作出先行裁定后，一方当事人依法向被执行人住所地或者被执行的财产所在地基层人民法院申请执行的，人民法院应予受理和执行。

申请执行先行裁定的，应当提供以下材料：

（一）申请执行书；

（二）农村土地承包仲裁委员会作出的先行裁定书；

（三）申请执行人的身份证明；

（四）申请执行人提供的担保情况；

（五）其他应当提交的文件或证件。

第十条 当事人根据农村土地承包经营纠纷调解仲裁法第四十九条规定，向人民法院申请执行调解书、裁决书，符合《最高人民法院关于人民法院执行工作若干问题的规定（试行）》第十八条规定条件的，人民法院应予受理和执行。

第十一条 当事人因不服农村土地承包仲裁委员会作出的仲裁裁决向人民法院提起诉讼的，起诉期从其收到裁决书的次日起计算。

第十二条 本解释施行后，人民法院尚未审结的一审、二审案件适用本解释规定。本解释施行前已经作出生效裁判的案件，本解释施行后依法再审的，不适用本解释规定。

▶《劳动争议案件司法解释二》

第七条 下列纠纷不属于劳动争议：

（一）劳动者请求社会保险经办机构发放社会保险金的纠纷；

（二）劳动者与用人单位因住房制度改革产生的公有住房转让纠纷；

（三）劳动者对劳动能力鉴定委员会的伤残等级鉴定结论或者对职业病诊断鉴定委员会的职业病诊断鉴定结论的异议纠纷；

（四）家庭或者个人与家政服务人员之间的纠纷；

（五）个体工匠与帮工、学徒之间的纠纷；

（六）农村承包经营户与受雇人之间的纠纷。

第五十六条　【“两户”的债务承担】个体工商户的债务，个人经营的，以个人财产承担；家庭经营的，以家庭财产承担；无法区分的，以家庭财产承担。

农村承包经营户的债务，以从事农村土地承包经营的农户财产承担；事实上由农户部分成员经营的，以该部分成员的财产承担。

条文对比

《民法典总则编》	《民法通则》
第五十六条　个体工商户的债务，个人经营的，以个人财产承担；家庭经营的，以家庭财产承担；**无法区分的，以家庭财产承担。** 农村承包经营户的债务，**以从事农村土地承包经营的农户财产承担；事实上由农户部分成员经营的，以该部分成员的财产承担。**	**第二十九条**　个体工商户、农村承包经营户的债务，个人经营的，以个人财产承担；家庭经营的，以家庭财产承担。

关联法规

▶《婚姻法司法解释二》

第二十四条　债权人就婚姻关系存续期间夫妻一方以个人名义所负债务主张权利的，应当按夫妻共同债务处理。但夫妻一方能够证明债权人与债务人明确约定为个人债务，或者能够证明属于婚姻法第十九条第三款规定情形的除外。

夫妻一方与第三人串通，虚构债务，第三人主张权利的，人民法院不予支持。

夫妻一方在从事赌博、吸毒等违法犯罪活动中所负债务，第三人主张权利的，人民法院不予支持。

《民通意见》

42. 以公民个人名义申请登记的个体工商户和个人承包的农村承包经营户，用家庭共有财产投资，或者收益的主要部分供家庭成员享用的，其债务应以家庭共有财产清偿。

43. 在夫妻关系存续期间，一方从事个体经营或者承包经营的，其收入为夫妻共有财产，债务亦应以夫妻共有财产清偿。

44. 个体工商户、农村承包经营户的债务，如以其家庭共有财产承担责任时，应当保留家庭成员的生活必需品和必要的生产工具。

《最高人民法院关于曹彩凤等诉许莉债务案如何适用法律问题的复函》

上海市高级人民法院：

你院关于曹彩凤、曹景凤、汪潜等诉许莉债务纠纷案的请示报告收悉。经研究，答复如下：

根据《中华人民共和国民法通则》第二十九条、第七十八条和最高人民法院《关于贯彻执行〈中华人民共和国民法通则〉若干问题的意见（试行）》第四十三条的规定，赵海平在从事承包经营期间所欠债务为夫妻共同债务，赵海平死亡后，其妻许莉作为连带债务人有义务继续清偿全部债务。

以上意见，供参考。

第三章　法　　人

第一节　一 般 规 定

第五十七条　【法人的概念】法人是具有民事权利能力和民事行为能力，依法独立享有民事权利和承担民事义务的组织。

条文对比

《民法典总则编》	《民法通则》
第五十七条　法人是具有民事权利能力和民事行为能力，依法独立享有民事权利和承担民事义务的组织。	**第三十六条第一款**　法人是具有民事权利能力和民事行为能力，依法独立享有民事权利和承担民事义务的组织。

关联法规

▶《公司法》

第三条　公司是企业法人，有独立的法人财产，享有法人财产权。公司以其全部财产对公司的债务承担责任。

有限责任公司的股东以其认缴的出资额为限对公司承担责任；股份有限公司的股东以其认购的股份为限对公司承担责任。

▶《最高人民法院关于南京摩托车总公司是否具备法人条件问题的复函》

江苏省高级人民法院：

你院〔1991〕经请字第1号请示收悉。

经研究，同意你院第二种意见，即南京摩托车总公司具备法人条件。因为它符合《中华人民共和国民法通则》第三十六、三十七条之规定，并经工商行政管理机关核准依法领取有企业法人的营业执照。

此复

第五十八条　【法人的成立】法人应当依法成立。

法人应当有自己的名称、组织机构、住所、财产或者经费。法人成立的具体条件和程序，依照法律、行政法规的规定。

设立法人，法律、行政法规规定须经有关机关批准的，依照其规定。

条文对比

《民法典总则编》	《民法通则》
第五十八条　法人应当依法成立。 **法人应当**有自己的名称、组织机构、住所、财产或者经费。**法人成立的具体条件和程序，依照法律、行政法规的规定。** **设立法人，法律、行政法规规定须经有关机关批准的，依照其规定。**	**第三十七条**　法人应当~~具备下列条件~~： ~~（一）~~依法成立； ~~（二）有必要的~~财产或者经费； ~~（三）~~有自己的名称、组织机构和场所； ~~（四）能够独立承担民事责任。~~

关联法规

《行政许可法》

第十二条　下列事项可以设定行政许可：

（一）直接涉及国家安全、公共安全、经济宏观调控、生态环境保护以及直接关系人身健康、生命财产安全等特定活动，需要按照法定条件予以批准的事项；

（二）有限自然资源开发利用、公共资源配置以及直接关系公共利益的特定行业的市场准入等，需要赋予特定权利的事项；

（三）提供公众服务并且直接关系公共利益的职业、行业，需要确定具备特殊信誉、特殊条件或者特殊技能等资格、资质的事项；

（四）直接关系公共安全、人身健康、生命财产安全的重要设备、设施、产品、物品，需要按照技术标准、技术规范，通过检验、检测、检疫等方式进行审定的事项；

（五）企业或者其他组织的设立等，需要确定主体资格的事项；

（六）法律、行政法规规定可以设定行政许可的其他事项。

《公司法》

第六条 设立公司，应当依法向公司登记机关申请设立登记。符合本法规定的设立条件的，由公司登记机关分别登记为有限责任公司或者股份有限公司；不符合本法规定的设立条件的，不得登记为有限责任公司或者股份有限公司。

法律、行政法规规定设立公司必须报经批准的，应当在公司登记前依法办理批准手续。

公众可以向公司登记机关申请查询公司登记事项，公司登记机关应当提供查询服务。

第七条 依法设立的公司，由公司登记机关发给公司营业执照。公司营业执照签发日期为公司成立日期。

公司营业执照应当载明公司的名称、住所、注册资本、经营范围、法定代表人姓名等事项。

公司营业执照记载的事项发生变更的，公司应当依法办理变更登记，由公司登记机关换发营业执照。

第八条 依照本法设立的有限责任公司，必须在公司名称中标明有限责任公司或者有限公司字样。

依照本法设立的股份有限公司，必须在公司名称中标明股份有限公司或者股份公司字样。

第二十三条 设立有限责任公司，应当具备下列条件：

（一）股东符合法定人数；

（二）有符合公司章程规定的全体股东认缴的出资额；

（三）股东共同制定公司章程；

（四）有公司名称，建立符合有限责任公司要求的组织机构；

（五）有公司住所。

《注册会计师法》

第二十四条 会计师事务所符合下列条件的，可以是负有限责任的法人：

（一）不少于三十万元的注册资本；

（二）有一定数量的专职从业人员，其中至少有五名注册会计师；

（三）国务院财政部门规定的业务范围和其他条件。

负有限责任的会计师事务所以其全部资产对其债务承担责任。

第二十五条 设立会计师事务所，由省、自治区、直辖市人民政府财政部门批准。

申请设立会计师事务所，申请者应当向审批机关报送下列文件：

（一）申请书；

（二）会计师事务所的名称、组织机构和业务场所；

（三）会计师事务所章程，有合伙协议的并应报送合伙协议；

（四）注册会计师名单、简历及有关证明文件；

（五）会计师事务所主要负责人、合伙人的姓名、简历及有关证明文件；

（六）负有限责任的会计师事务所的出资证明；

（七）审批机关要求的其他文件。

第二十六条 审批机关应当自收到申请文件之日起三十日内决定批准或者不批准。

省、自治区、直辖市人民政府财政部门批准的会计师事务所，应当报国务院财政部门备案。国务院财政部门发现批准不当的，应当自收到备案报告之日起三十日内通知原审批机关重新审查。

第二十七条 会计师事务所设立分支机构，须经分支机构所在地的省、自治区、直辖市人民政府财政部门批准。

《社会团体登记管理条例》

第三条 成立社会团体，应当经其业务主管单位审查同意，并依照本条例的规定进行登记。

社会团体应当具备法人条件。

下列团体不属于本条例规定登记的范围：

（一）参加中国人民政治协商会议的人民团体；

（二）由国务院机构编制管理机关核定，并经国务院批准免于登记的团体；

（三）机关、团体、企业事业单位内部经本单位批准成立、在本单位内部活动的团体。

第九条 申请成立社会团体，应当经其业务主管单位审查同意，由发起人向登记管理机关申请登记。

筹备期间不得开展筹备以外的活动。

第五十九条 【法人的民事权利能力和民事行为能力】 法人的民事权利能力和民事行为能力，从法人成立时产生，到法人终止时消灭。

条文对比

《民法典总则编》	《民法通则》
第五十九条 法人的民事权利能力和民事行为能力，从法人成立时产生，到法人终止时消灭。	**第三十六条第二款** 法人的民事权利能力和民事行为能力，从法人成立时产生，到法人终止时消灭。

关联法规

▶《民法典总则编》

第七十二条 清算期间法人存续，但是不得从事与清算无关的活动。

法人清算后的剩余财产，按照法人章程的规定或者法人权力机构的决议处理。法律另有规定的，依照其规定。

清算结束并完成法人注销登记时，法人终止；依法不需要办理法人登记的，清算结束时，法人终止。

第七十五条 设立人为设立法人从事的民事活动，其法律后果由法人承受；法人未成立的，其法律后果由设立人承受，设立人为二人以上的，享有连带债权，承担连带债务。

设立人为设立法人以自己的名义从事民事活动产生的民事责任，第三人有权选择请求法人或者设立人承担。

权威案例

《广西北生集团有限责任公司与北海市威豪房地产开发公司、广西壮族自治区畜产进出口北海公司土地使用权转让合同纠纷案》，《最高人民法院公报》2006 年第 9 期

裁判摘要：一、《中华人民共和国民法通则》第三十六条规定："……法人的民事权利能力和民事行为能力，从法人成立时产生，到法人终止时消灭。"《中华人民共和国公司登记管理条例》第三十八条规定，"经公司登记机关核准注销登记，公司终止。"因此，法人被依法吊销营业执照后没有进行清算，也没有办理注销登记的，不属于法人终止，依法仍享有民事诉讼的权利能力和行为能力。此类法人与他人产生合同纠纷的，应当以自己的名义参加民事诉讼。其开办单位因不是合同当事人，不具备诉讼主体资格。

二、只有人民法院和仲裁机构有权确认合同是否有效，合同当事人不享有确认合同效力的权利。合同无效系自始无效，当事人请求确认合同无效的，不应受诉讼时效期间的限制，而合同经确认无效后，当事人请求返还财产及赔偿损失的，应当适用法律关于诉讼时效的规定。

第六十条　【法人的责任财产】法人以其全部财产独立承担民事责任。

条文对比

《民法典总则编》	《民法通则》
第六十条　法人以其全部财产独立承担民事责任。	**第四十八条**　全民所有制企业法人以国家授予它经营管理的财产承担民事责任。集体所有制企业法人以企业所有的财产承担民事责任。中外合资经营企业法人、中外合作经营企业法人和外资企业法人以企业所有的财产承担民事责任，法律另有规定的除外。

关联法规

▶《公司法》

第三条 公司是企业法人，有独立的法人财产，享有法人财产权。公司以其全部财产对公司的债务承担责任。

有限责任公司的股东以其认缴的出资额为限对公司承担责任；股份有限公司的股东以其认购的股份为限对公司承担责任。

第十四条 公司可以设立分公司。设立分公司，应当向公司登记机关申请登记，领取营业执照。分公司不具有法人资格，其民事责任由公司承担。

公司可以设立子公司，子公司具有法人资格，依法独立承担民事责任。

▶《商业银行法》

第四条 商业银行以安全性、流动性、效益性为经营原则，实行自主经营，自担风险，自负盈亏，自我约束。

商业银行依法开展业务，不受任何单位和个人的干涉。

商业银行以其全部法人财产独立承担民事责任。

▶《企业破产法》

第三十条 破产申请受理时属于债务人的全部财产，以及破产申请受理后至破产程序终结前债务人取得的财产，为债务人财产。

第三十一条 人民法院受理破产申请前一年内，涉及债务人财产的下列行为，管理人有权请求人民法院予以撤销：

（一）无偿转让财产的；

（二）以明显不合理的价格进行交易的；

（三）对没有财产担保的债务提供财产担保的；

（四）对未到期的债务提前清偿的；

（五）放弃债权的。

第三十二条 人民法院受理破产申请前六个月内，债务人有本法第二条第一款规定的情形，仍对个别债权人进行清偿的，管理人有权请求人民法院予以撤销。但是，个别清偿使债务人财产受益的除外。

第三十三条 涉及债务人财产的下列行为无效：

（一）为逃避债务而隐匿、转移财产的；

（二）虚构债务或者承认不真实的债务的。

第三十四条 因本法第三十一条、第三十二条或者第三十三条规定的行为而取得的债务人的财产，管理人有权追回。

第三十五条 人民法院受理破产申请后，债务人的出资人尚未完全履行出资义务的，管理人应当要求该出资人缴纳所认缴的出资，而不受出资期限的限制。

第三十六条 债务人的董事、监事和高级管理人员利用职权从企业获取的非正常收入和侵占的企业财产，管理人应当追回。

▶《企业破产法司法解释二》

第一条 除债务人所有的货币、实物外，债务人依法享有的可以用货币估价并可以依法转让的债权、股权、知识产权、用益物权等财产和财产权益，人民法院均应认定为债务人财产。

第二条 下列财产不应认定为债务人财产：

（一）债务人基于仓储、保管、承揽、代销、借用、寄存、租赁等合同或者其他法律关系占有、使用的他人财产；

（二）债务人在所有权保留买卖中尚未取得所有权的财产；

（三）所有权专属于国家且不得转让的财产；

（四）其他依照法律、行政法规不属于债务人的财产。

第三条 债务人已依法设定担保物权的特定财产，人民法院应当认定为债务人财产。

对债务人的特定财产在担保物权消灭或者实现担保物权后的剩余部分，在破产程序中可用以清偿破产费用、共益债务和其他破产债权。

第四条 债务人对按份享有所有权的共有财产的相关份额，或者共同享有所有权的共有财产的相应财产权利，以及依法分割共有财产所得部分，人民法院均应认定为债务人财产。

人民法院宣告债务人破产清算，属于共有财产分割的法定事由。人民法院裁定债务人重整或者和解的，共有财产的分割应当依据物权法第九十九条的规定进行；基于重整或者和解的需要必须分割共有财产，管理人请求分割的，人民法院应予准许。

因分割共有财产导致其他共有人损害产生的债务，其他共有人请求作为共益债务清偿的，人民法院应予支持。

权威案例

《江苏万丰光伏有限公司诉上海广力投资管理有限公司、丁烜焜等买卖合同纠纷案》，《最高人民法院公报》2018 年第 12 期

裁判摘要：注册资本作为公司资产的重要组成部分，既是公司从事生产经营活动的经济基础，亦是公司对外承担民事责任的担保。注册资本的不当减少将直接影响公司对外偿债能力，危及债权人的利益。公司在股东认缴的出资期限届满前，作出减资决议而未依法通知债权人，免除了股东认缴但尚未履行的出资义务，损害了债权人利益。债权人起诉请求股东对公司债务在减资范围内承担补充赔偿责任的，人民法院应予支持。

《上海德力西集团有限公司诉江苏博恩世通高科有限公司、冯军、上海博恩世通光电股份有限公司买卖合同纠纷案》，《最高人民法院公报》2017 年第 11 期

裁判摘要：一、公司减资时对已知或应知的债权人应履行通知义务，不能在未先行通知的情况下直接以登报公告形式代替通知义务。

二、公司减资时未依法履行通知已知或应知的债权人的义务，公司股东不能证明其在减资过程中对怠于通知的行为无过错的，当公司减资后不能偿付减资前的债务时，公司股东应就该债务对债权人承担补充赔偿责任。

《美国矿产金属有限公司与厦门联合发展（集团）有限公司债务纠纷案》，《最高人民法院公报》2005 年第 12 期

裁判摘要：经国家主管部门核准登记的具有法人资格的企业，依法应当独立承担民事责任。确定该企业的开办单位是否应当对该企业的债务承担民事责任，应严格审查开办单位对该企业的出资情况以及开办单位有无抽逃该企业注册资本、有无恶意转移该企业财产等情形。开办单位在上述方面无过错的，不应对该企业的债务承担连带赔偿责任。

第六十一条　【法定代表人】依照法律或者法人章程的规定，代表法人从事民事活动的负责人，为法人的法定代表人。

法定代表人以法人名义从事的民事活动，其法律后果由法人承受。

法人章程或者法人权力机构对法定代表人代表权的限制，不得对抗善意相对人。

条文对比

《民法典总则编》	《民法通则》
第六十一条 依照法律或者法人章程的规定，代表法人从事民事活动的负责人，为法人的法定代表人。 **法定代表人以法人名义从事的民事活动，其法律后果由法人承受。** **法人章程或者法人权力机构对法定代表人代表权的限制，不得对抗善意相对人。**	**第三十八条** 依照法律或者法人~~组织~~章程规定，代表法人行使职权的负责人，是法人的法定代表人。

关联法规

《民法典总则编》

第一百七十条 执行法人或者非法人组织工作任务的人员，就其职权范围内的事项，以法人或者非法人组织的名义实施的民事法律行为，对法人或者非法人组织发生效力。

法人或者非法人组织对执行其工作任务的人员职权范围的限制，不得对抗善意相对人。

《民法典合同编》

第五百零四条 法人的法定代表人或者非法人组织的负责人超越权限订立的合同，除相对人知道或者应当知道其超越权限外，该代表行为有效，订立的合同对法人或者非法人组织发生效力。

《证券法》

第一百零二条 实行会员制的证券交易所设理事会、监事会。

证券交易所设总经理一人，由国务院证券监督管理机构任免。

▶《民办教育促进法》

第二十三条 民办学校的法定代表人由理事长、董事长或者校长担任。

▶《高等教育法》

第三十条 高等学校自批准设立之日起取得法人资格。高等学校的校长为高等学校的法定代表人。

高等学校在民事活动中依法享有民事权利，承担民事责任。

▶《公司法》

第十三条 公司法定代表人依照公司章程的规定，由董事长、执行董事或者经理担任，并依法登记。公司法定代表人变更，应当办理变更登记。

▶《农民专业合作社法》

第三十三条第一款 农民专业合作社设理事长一名，可以设理事会。理事长为本社的法定代表人。

▶《民事诉讼法》

第四十八条 公民、法人和其他组织可以作为民事诉讼的当事人。

法人由其法定代表人进行诉讼。其他组织由其主要负责人进行诉讼。

▶《全民所有制工业企业法》

第四十五条第一款 厂长是企业的法定代表人。

▶《社会团体登记管理条例》

第十二条 登记管理机关应当自收到本条例第十一条所列全部有效文件之日起60日内，作出准予或者不予登记的决定。准予登记的，发给《社会团体法人登记证书》；不予登记的，应当向发起人说明理由。

社会团体登记事项包括：名称、住所、宗旨、业务范围、活动地域、法定代表人、活动资金和业务主管单位。

社会团体的法定代表人，不得同时担任其他社会团体的法定代表人。

▶《城镇集体所有制企业条例》

第三十一条 集体企业实行厂长（经理）负责制。厂长（经理）对企业职工（代表）大会负责，是集体企业的法定代表人。

第六十二条　【法定代表人职务行为的法律责任】法定代表人因执行职务造成他人损害的，由法人承担民事责任。

法人承担民事责任后，依照法律或者法人章程的规定，可以向有过错的法定代表人追偿。

条文对比

《民法典总则编》	《民法通则》
第六十二条　法定代表人因执行职务造成他人损害的，由法人承担民事责任。 **法人承担民事责任后，依照法律或者法人章程的规定，可以向有过错的法定代表人追偿。**	**第四十三条**　企业法人对它的法定代表人~~和其他工作人员~~的经营活动，承担民事责任。

关联法规

▶ **《民法典侵权责任编》**

第一千一百九十一条　用人单位的工作人员因执行工作任务造成他人损害的，由用人单位承担侵权责任。用人单位承担侵权责任后，可以向有故意或者重大过失的工作人员追偿。

劳务派遣期间，被派遣的工作人员因执行工作任务造成他人损害的，由接受劳务派遣的用工单位承担侵权责任；劳务派遣单位有过错的，承担相应的责任。

▶ **《公司法》**

第一百四十九条　董事、监事、高级管理人员执行公司职务时违反法律、行政法规或者公司章程的规定，给公司造成损失的，应当承担赔偿责任。

▶ **《保险法》**

第八十三条　保险公司的董事、监事、高级管理人员执行公司职务时违反法律、行政法规或者公司章程的规定，给公司造成损失的，应当承担赔偿责任。

▶《企业国有资产法》

第七十一条 国家出资企业的董事、监事、高级管理人员有下列行为之一，造成国有资产损失的，依法承担赔偿责任；属于国家工作人员的，并依法给予处分：

（一）利用职权收受贿赂或者取得其他非法收入和不当利益的；

（二）侵占、挪用企业资产的；

（三）在企业改制、财产转让等过程中，违反法律、行政法规和公平交易规则，将企业财产低价转让、低价折股的；

（四）违反本法规定与本企业进行交易的；

（五）不如实向资产评估机构、会计师事务所提供有关情况和资料，或者与资产评估机构、会计师事务所串通出具虚假资产评估报告、审计报告的；

（六）违反法律、行政法规和企业章程规定的决策程序，决定企业重大事项的；

（七）有其他违反法律、行政法规和企业章程执行职务行为的。

国家出资企业的董事、监事、高级管理人员因前款所列行为取得的收入，依法予以追缴或者归国家出资企业所有。

履行出资人职责的机构任命或者建议任命的董事、监事、高级管理人员有本条第一款所列行为之一，造成国有资产重大损失的，由履行出资人职责的机构依法予以免职或者提出免职建议。

▶《人身损害赔偿司法解释》

第八条 法人或者其他组织的法定代表人、负责人以及工作人员，在执行职务中致人损害的，依照民法通则第121条的规定，由该法人或者其他组织承担民事责任。上述人员实施与职务无关的行为致人损害的，应当由行为人承担赔偿责任。

属于《国家赔偿法》赔偿事由的，依照《国家赔偿法》的规定处理。

▶《民通意见》

58. 企业法人的法定代表人和其他工作人员，以法人名义从事的经营活动，给他人造成经济损失的，企业法人应当承担民事责任。

▶《最高人民法院经济审判庭关于企业设置的办事机构对外所签订的购销合同是否一律认定为无效合同问题的电话答复》

福建省高级人民法院：

你院〔1988〕闽法经字第29号“关于企业设置的办事机构对外所签订的购销合同是否一律认定为无效合同的请示”收悉。经研究答复如下：

三明市对外贸易公司福州办事处（以下简称办事处）是三明市对外贸易公司的办事机构，没有申报营业执照，对外无权从事经营活动。办事处擅自以自己的名义与宁德地区生产资料贸易公司签订的购销合同，应认定无效。虽然三明市对外贸易公司对办事处在履行合同中有时以公司的名义进行信、电往来的行为，未提出异议，但因该合同是办事处对外签订的，因此，不应视为三明市对外贸易公司事后追认了办事处的代理权。参照民法通则第四十三条规定，三明市对外贸易公司办事处的经营活动，应当承担民事责任。

此复

权威案例

《香港新建业有限公司等诉上海新建业有限公司等欠款担保纠纷案》，《最高人民法院公报》2004年第1期

裁判摘要：一、涉外经济合同的当事人以书面形式另行约定或确认法律适用条款的，依法应确认有效。

二、企业法定代表人虽已免职但尚未在政府企业登记机关办理变更登记前，如不违反企业利益，仍可对外行使相应职权。

第六十三条　【法人的住所】法人以其主要办事机构所在地为住所。依法需要办理法人登记的，应当将主要办事机构所在地登记为住所。

条文对比

《民法典总则编》	《民法通则》
第六十三条　法人以其主要办事机构所在地为住所。**依法需要办理法人登记的，应当将主要办事机构所在地登记为住所。**	**第三十九条**　法人以它的主要办事机构所在地为住所。

关联法规

▶《民法典总则编》

第六十五条 法人的实际情况与登记的事项不一致的，不得对抗善意相对人。

▶《公司法》

第十条 公司以其主要办事机构所在地为住所。

▶《公司登记管理条例》

第十二条 公司的住所是公司主要办事机构所在地。经公司登记机关登记的公司的住所只能有一个。公司的住所应当在其公司登记机关辖区内。

▶《民事诉讼法司法解释》

第三条第一款 公民的住所地是指公民的户籍所在地，法人或者其他组织的住所地是指法人或者其他组织的主要办事机构所在地。

▶《公司法司法解释二》

第二十四条 解散公司诉讼案件和公司清算案件由公司住所地人民法院管辖。公司住所地是指公司主要办事机构所在地。公司办事机构所在地不明确的，由其注册地人民法院管辖。

基层人民法院管辖县、县级市或者区的公司登记机关核准登记公司的解散诉讼案件和公司清算案件；中级人民法院管辖地区、地级市以上的公司登记机关核准登记公司的解散诉讼案件和公司清算案件。

第六十四条 【法人的变更登记】法人存续期间登记事项发生变化的，应当依法向登记机关申请变更登记。

条文对比

《民法典总则编》	《民法通则》
第六十四条 法人**存续期间登记**事项发生变化的，应当**依法**向登记机关申请**变更**登记。	**第四十四条第一款** ~~企业~~法人~~分立、合并或者有其他重要~~事项变更，应当向登记机关办理登记~~并公告~~。

关联法规

▶《民法典总则编》

第六十五条 法人的实际情况与登记的事项不一致的，不得对抗善意相对人。

▶《公司法》

第七条 依法设立的公司，由公司登记机关发给公司营业执照。公司营业执照签发日期为公司成立日期。

公司营业执照应当载明公司的名称、住所、注册资本、经营范围、法定代表人姓名等事项。

公司营业执照记载的事项发生变更的，公司应当依法办理变更登记，由公司登记机关换发营业执照。

第九条 有限责任公司变更为股份有限公司，应当符合本法规定的股份有限公司的条件。股份有限公司变更为有限责任公司，应当符合本法规定的有限责任公司的条件。

有限责任公司变更为股份有限公司的，或者股份有限公司变更为有限责任公司的，公司变更前的债权、债务由变更后的公司承继。

第十二条 公司的经营范围由公司章程规定，并依法登记。公司可以修改公司章程，改变经营范围，但是应当办理变更登记。

公司的经营范围中属于法律、行政法规规定须经批准的项目，应当依法经过批准。

第十三条 公司法定代表人依照公司章程的规定，由董事长、执行董事或者经理担任，并依法登记。公司法定代表人变更，应当办理变更登记。

第三十二条 有限责任公司应当置备股东名册，记载下列事项：

（一）股东的姓名或者名称及住所；

（二）股东的出资额；

（三）出资证明书编号。

记载于股东名册的股东，可以依股东名册主张行使股东权利。

公司应当将股东的姓名或者名称向公司登记机关登记；登记事项发生变更的，应当办理变更登记。未经登记或者变更登记的，不得对抗第三人。

第一百三十六条 公司发行新股募足股款后，必须向公司登记机关办理变更登记，并公告。

第一百三十九条 记名股票，由股东以背书方式或者法律、行政法规规定的其他方式转让；转让后由公司将受让人的姓名或者名称及住所记载于股东名册。

股东大会召开前二十日内或者公司决定分配股利的基准日前五日内，不得进行前款规定的股东名册的变更登记。但是，法律对上市公司股东名册变更登记另有规定的，从其规定。

第一百七十九条 公司合并或者分立，登记事项发生变更的，应当依法向公司登记机关办理变更登记；公司解散的，应当依法办理公司注销登记；设立新公司的，应当依法办理公司设立登记。

公司增加或者减少注册资本，应当依法向公司登记机关办理变更登记。

第二百一十一条 公司成立后无正当理由超过六个月未开业的，或者开业后自行停业连续六个月以上的，可以由公司登记机关吊销营业执照。

公司登记事项发生变更时，未依照本法规定办理有关变更登记的，由公司登记机关责令限期登记；逾期不登记的，处以一万元以上十万元以下的罚款。

▶《企业法人登记管理条例》

第十七条 企业法人改变名称、住所、经营场所、法定代表人、经济性质、经营范围、经营方式、注册资金、经营期限，以及增设或者撤销分支机构，应当申请办理变更登记。

▶《公司登记管理条例》

第二十六条 公司变更登记事项，应当向原公司登记机关申请变更登记。

未经变更登记，公司不得擅自改变登记事项。

▶《社会团体登记管理条例》

第十八条 社会团体的登记事项需要变更的，应当自业务主管单位审查同意之日起30日内，向登记管理机关申请变更登记。

社会团体修改章程，应当自业务主管单位审查同意之日起30日内，报登记管理机关核准。

▶《事业单位登记管理暂行条例》

第十条 事业单位的登记事项需要变更的，应当向登记管理机关办理变更登记。

▶《基金会管理条例》

第十五条第一款 基金会、基金会分支机构、基金会代表机构和境外基金会代表机构的登记事项需要变更的，应当向登记管理机关申请变更登记。

第六十五条 【法人登记的对抗效力】法人的实际情况与登记的事项不一致的，不得对抗善意相对人。

条文对比

《民法典总则编》	新增条文
第六十五条　法人的实际情况与登记的事项不一致的，不得对抗善意相对人。	

关联法规

▶《民法典物权编》

第二百一十七条 不动产权属证书是权利人享有该不动产物权的证明。不动产权属证书记载的事项，应当与不动产登记簿一致；记载不一致的，除有证据证明不动产登记簿确有错误外，以不动产登记簿为准。

第二百二十二条 当事人提供虚假材料申请登记，造成他人损害的，应当承担赔偿责任。

因登记错误，造成他人损害的，登记机构应当承担赔偿责任。登记机构赔偿后，可以向造成登记错误的人追偿。

▶《公司法》

第三十二条 有限责任公司应当置备股东名册，记载下列事项：

（一）股东的姓名或者名称及住所；

（二）股东的出资额；

（三）出资证明书编号。

记载于股东名册的股东，可以依股东名册主张行使股东权利。

公司应当将股东的姓名或者名称向公司登记机关登记；登记事项发生变更

的，应当办理变更登记。未经登记或者变更登记的，不得对抗第三人。

▶《公司法司法解释三》

第二十五条 名义股东将登记于其名下的股权转让、质押或者以其他方式处分，实际出资人以其对于股权享有实际权利为由，请求认定处分股权行为无效的，人民法院可以参照物权法第一百零六条的规定处理。

名义股东处分股权造成实际出资人损失，实际出资人请求名义股东承担赔偿责任的，人民法院应予支持。

第二十六条 公司债权人以登记于公司登记机关的股东未履行出资义务为由，请求其对公司债务不能清偿的部分在未出资本息范围内承担补充赔偿责任，股东以其仅为名义股东而非实际出资人为由进行抗辩的，人民法院不予支持。

名义股东根据前款规定承担赔偿责任后，向实际出资人追偿的，人民法院应予支持。

第二十七条 股权转让后尚未向公司登记机关办理变更登记，原股东将仍登记于其名下的股权转让、质押或者以其他方式处分，受让股东以其对于股权享有实际权利为由，请求认定处分股权行为无效的，人民法院可以参照物权法第一百零六条的规定处理。

原股东处分股权造成受让股东损失，受让股东请求原股东承担赔偿责任、对于未及时办理变更登记有过错的董事、高级管理人员或者实际控制人承担相应责任的，人民法院应予支持；受让股东对于未及时办理变更登记也有过错的，可以适当减轻上述董事、高级管理人员或者实际控制人的责任。

第二十八条 冒用他人名义出资并将该他人作为股东在公司登记机关登记的，冒名登记行为人应当承担相应责任；公司、其他股东或者公司债权人以未履行出资义务为由，请求被冒名登记为股东的承担补足出资责任或者对公司债务不能清偿部分的赔偿责任的，人民法院不予支持。

权威案例

《大拇指环保科技集团（福建）有限公司与中华环保科技集团有限公司股东出资纠纷案》，《最高人民法院公报》2014 年第 8 期

裁判摘要：按照《中华人民共和国涉外民事关系法律适用法》第十四条第一款的规定，我国外商投资企业与其外国投资者之间的出资义务等事项，应当适用中华人民共和国法律；外国投资者的司法管理人和清盘人的民事权利能力

及民事行为能力等事项，应当适用该外国投资者登记地的法律。

《中华人民共和国公司法》第十三条规定，公司法定代表人变更应当办理变更登记。对法定代表人变更事项进行登记，其意义在于向社会公示公司意志代表权的基本状态。工商登记的法定代表人对外具有公示效力，如果涉及公司以外的第三人因公司代表权而产生的外部争议，应以工商登记为准。而对于公司与股东之间因法定代表人任免产生的内部争议，则应以有效的股东会任免决议为准，并在公司内部产生法定代表人变更的法律效果。

《北京公达房地产有限责任公司诉北京市祥和三峡房地产开发公司房地产开发合同纠纷案》，《最高人民法院公报》2010 年第 11 期

裁判摘要：公司的法定代表人依法代表公司对外进行民事活动。法定代表人发生变更的，应当在工商管理部门办理变更登记。公司的法定代表人在对外签订合同时已经被上级单位决定停止职务，但未办理变更登记，公司以此主张合同无效的，人民法院不予支持。

第六十六条　【登记机关的公示义务】登记机关应当依法及时公示法人登记的有关信息。

条文对比

《民法典总则编》	新增条文
第六十六条　登记机关应当依法及时公示法人登记的有关信息。	

关联法规

▶《慈善法》

第七十条　县级以上人民政府民政部门和其他有关部门应当及时向社会公开下列慈善信息：

（一）慈善组织登记事项；

（二）慈善信托备案事项；

（三）具有公开募捐资格的慈善组织名单；

（四）具有出具公益性捐赠税前扣除票据资格的慈善组织名单；

（五）对慈善活动的税收优惠、资助补贴等促进措施；

（六）向慈善组织购买服务的信息；

（七）对慈善组织、慈善信托开展检查、评估的结果；

（八）对慈善组织和其他组织以及个人的表彰、处罚结果；

（九）法律法规规定应当公开的其他信息。

▶《企业法人登记管理条例》

第二十三条 登记主管机关应当将企业法人登记、备案信息通过企业信用信息公示系统向社会公示。

第二十四条第一款 企业法人应当于每年1月1日至6月30日，通过企业信用信息公示系统向登记主管机关报送上一年度年度报告，并向社会公示。

▶《公司登记管理条例》

第五十五条 公司登记机关应当将公司登记、备案信息通过企业信用信息公示系统向社会公示。

第五十七条 公司应当于每年1月1日至6月30日，通过企业信用信息公示系统向公司登记机关报送上一年度年度报告，并向社会公示。

年度报告公示的内容以及监督检查办法由国务院制定。

▶《企业信息公示暂行条例》

第三条 企业信息公示应当真实、及时。公示的企业信息涉及国家秘密、国家安全或者社会公共利益的，应当报请主管的保密行政管理部门或者国家安全机关批准。县级以上地方人民政府有关部门公示的企业信息涉及企业商业秘密或者个人隐私的，应当报请上级主管部门批准。

第六条 工商行政管理部门应当通过企业信用信息公示系统，公示其在履行职责过程中产生的下列企业信息：

（一）注册登记、备案信息；

（二）动产抵押登记信息；

（三）股权出质登记信息；

（四）行政处罚信息；

（五）其他依法应当公示的信息。

前款规定的企业信息应当自产生之日起20个工作日内予以公示。

第七条 工商行政管理部门以外的其他政府部门（以下简称其他政府部门）应当公示其在履行职责过程中产生的下列企业信息：

（一）行政许可准予、变更、延续信息；

（二）行政处罚信息；

（三）其他依法应当公示的信息。

其他政府部门可以通过企业信用信息公示系统，也可以通过其他系统公示前款规定的企业信息。工商行政管理部门和其他政府部门应当按照国家社会信用信息平台建设的总体要求，实现企业信息的互联共享。

第八条 企业应当于每年1月1日至6月30日，通过企业信用信息公示系统向工商行政管理部门报送上一年度年度报告，并向社会公示。

当年设立登记的企业，自下一年起报送并公示年度报告。

第九条 企业年度报告内容包括：

（一）企业通信地址、邮政编码、联系电话、电子邮箱等信息；

（二）企业开业、歇业、清算等存续状态信息；

（三）企业投资设立企业、购买股权信息；

（四）企业为有限责任公司或者股份有限公司的，其股东或者发起人认缴和实缴的出资额、出资时间、出资方式等信息；

（五）有限责任公司股东股权转让等股权变更信息；

（六）企业网站以及从事网络经营的网店的名称、网址等信息；

（七）企业从业人数、资产总额、负债总额、对外提供保证担保、所有者权益合计、营业总收入、主营业务收入、利润总额、净利润、纳税总额信息。

前款第一项至第六项规定的信息应当向社会公示，第七项规定的信息由企业选择是否向社会公示。

经企业同意，公民、法人或者其他组织可以查询企业选择不公示的信息。

第十条 企业应当自下列信息形成之日起20个工作日内通过企业信用信息公示系统向社会公示：

（一）有限责任公司股东或者股份有限公司发起人认缴和实缴的出资额、出资时间、出资方式等信息；

（二）有限责任公司股东股权转让等股权变更信息；

（三）行政许可取得、变更、延续信息；

（四）知识产权出质登记信息；

（五）受到行政处罚的信息；

（六）其他依法应当公示的信息。

工商行政管理部门发现企业未依照前款规定履行公示义务的，应当责令其限期履行。

▶《人民法院办理执行异议和复议案件规定》

第二十五条 对案外人的异议，人民法院应当按照下列标准判断其是否系权利人：

（一）已登记的不动产，按照不动产登记簿判断；未登记的建筑物、构筑物及其附属设施，按照土地使用权登记簿、建设工程规划许可、施工许可等相关证据判断；

（二）已登记的机动车、船舶、航空器等特定动产，按照相关管理部门的登记判断；未登记的特定动产和其他动产，按照实际占有情况判断；

（三）银行存款和存管在金融机构的有价证券，按照金融机构和登记结算机构登记的账户名称判断；有价证券由具备合法经营资质的托管机构名义持有的，按照该机构登记的实际投资人账户名称判断；

（四）股权按照工商行政管理机关的登记和企业信用信息公示系统公示的信息判断；

（五）其他财产和权利，有登记的，按照登记机构的登记判断；无登记的，按照合同等证明财产权属或者权利人的证据判断。

案外人依据另案生效法律文书提出排除执行异议，该法律文书认定的执行标的权利人与依照前款规定得出的判断不一致的，依照本规定第二十六条规定处理。

▶《企业法人登记管理条例施行细则》

第十二条 各级登记主管机关可以运用登记注册档案、登记统计资料以及有关的基础信息资料，向机关、企事业单位、社会团体等单位和个人提供各种形式的咨询服务。

第五十一条 登记主管机关应当将企业法人登记、备案信息通过企业信用信息公示系统向社会公示。

第六十七条 【法人合并、分立后的权利义务承担】法人合并的，其权利和义务由合并后的法人享有和承担。

法人分立的，其权利和义务由分立后的法人享有连带债权，承担连带债务，但是债权人和债务人另有约定的除外。

条文对比

《民法典总则编》	《民法通则》《合同法》
第六十七条 法人合并的，其权利和义务由合并后的法人享有和承担。 法人分立的，其权利和义务**由分立后的法人享有连带债权，承担连带债务，但是债权人和债务人另有约定的除外。**	《民法通则》 **第四十四条第二款** ~~企业~~法人分立、合并，它的权利和义务由变更后的法人享有和承担。 《合同法》 **第九十条** 当事人订立合同后合并的，由合并后的法人或者其他组织行使合同权利，履行合同义务。当事人订立合同后分立的，除债权人和债务人另有约定的以外，由分立的法人或者其他组织对合同的权利和义务享有连带债权，承担连带债务。

关联法规

《民法典侵权责任编》

第一千一百八十一条 被侵权人死亡的，其近亲属有权请求侵权人承担侵权责任。被侵权人为组织，该组织分立、合并的，承继权利的组织有权请求侵权人承担侵权责任。

被侵权人死亡的，支付被侵权人医疗费、丧葬费等合理费用的人有权请求侵权人赔偿费用，但是侵权人已经支付该费用的除外。

《公司法》

第一百七十二条 公司合并可以采取吸收合并或者新设合并。

一个公司吸收其他公司为吸收合并，被吸收的公司解散。两个以上公司合并设立一个新的公司为新设合并，合并各方解散。

第一百七十三条 公司合并，应当由合并各方签订合并协议，并编制资产负债表及财产清单。公司应当自作出合并决议之日起十日内通知债权人，并于三十日内在报纸上公告。债权人自接到通知书之日起三十日内，未接到通知书的自公告之日起四十五日内，可以要求公司清偿债务或者提供相应的担保。

第一百七十四条 公司合并时，合并各方的债权、债务，应当由合并后存续的公司或者新设的公司承继。

第一百七十五条 公司分立，其财产作相应的分割。

公司分立，应当编制资产负债表及财产清单。公司应当自作出分立决议之日起十日内通知债权人，并于三十日内在报纸上公告。

第一百七十六条 公司分立前的债务由分立后的公司承担连带责任。但是，公司在分立前与债权人就债务清偿达成的书面协议另有约定的除外。

《税收征收管理法》

第四十八条 纳税人有合并、分立情形的，应当向税务机关报告，并依法缴清税款。纳税人合并时未缴清税款的，应当由合并后的纳税人继续履行未履行的纳税义务；纳税人分立时未缴清税款的，分立后的纳税人对未履行的纳税义务应当承担连带责任。

《民事诉讼法司法解释》

第六十三条 企业法人合并的，因合并前的民事活动发生的纠纷，以合并后的企业为当事人；企业法人分立的，因分立前的民事活动发生的纠纷，以分立后的企业为共同诉讼人。

第四百七十二条 依照民事诉讼法第二百三十二条规定，执行中作为被执行人的法人或者其他组织分立、合并的，人民法院可以裁定变更后的法人或者其他组织为被执行人；被注销的，如果依照有关实体法的规定有权利义务承受人的，可以裁定该权利义务承受人为被执行人。

权威案例

《信达公司合肥办事处诉中国医药集团总公司等借款担保合同纠纷案》，《最高人民法院公报》2004 年第 12 期

裁判摘要：企业因全部资产被整体划拨而变更产权关系后，无偿接受企业的公司将所接受企业的全部经营性净资产及相应的债务作为自己的出资组建其

所属的新公司的，应在接受原企业资产的范围内对其原有债务承担连带责任。

《工商银行山东分行诉信诚公司等借款合同纠纷案》，《最高人民法院公报》2004 年第 11 期

裁判摘要：根据《民法通则》第四十八条的规定，企业采取以部分财产和等额债务相抵的方式与他人组建新公司，且对所出让财产不持有相应股份的，未转移债务的债权人有权要求新公司在其所接收原企业财产范围内对原企业债务承担连带责任。

第六十八条　【法人的终止】有下列原因之一并依法完成清算、注销登记的，法人终止：

（一）法人解散；

（二）法人被宣告破产；

（三）法律规定的其他原因。

法人终止，法律、行政法规规定须经有关机关批准的，依照其规定。

条文对比

《民法典总则编》	《民法通则》
第六十八条　有下列原因之一**并依法完成清算、注销登记的**，法人终止： （一）**法人**解散； （二）**法人被**宣告破产； （三）**法律规定的**其他原因。 **法人终止，法律、行政法规规定须经有关机关批准的，依照其规定。**	**第四十五条**　~~企业~~法人由于下列原因之一终止： （一）~~依法被撤销~~； （二）解散； （三）~~依法~~宣告破产； （四）其他原因。

关联法规

《证券法》

第九十六条　证券交易所、国务院批准的其他全国性证券交易场所为证券

集中交易提供场所和设施，组织和监督证券交易，实行自律管理，依法登记，取得法人资格。

证券交易所、国务院批准的其他全国性证券交易场所的设立、变更和解散由国务院决定。

国务院批准的其他全国性证券交易场所的组织机构、管理办法等，由国务院规定。

第九十九条 证券交易所履行自律管理职能，应当遵守社会公共利益优先原则，维护市场的公平、有序、透明。

设立证券交易所必须制定章程。证券交易所章程的制定和修改，必须经国务院证券监督管理机构批准。

《公司法》

第一百八十条 公司因下列原因解散：

（一）公司章程规定的营业期限届满或者公司章程规定的其他解散事由出现；

（二）股东会或者股东大会决议解散；

（三）因公司合并或者分立需要解散；

（四）依法被吊销营业执照、责令关闭或者被撤销；

（五）人民法院依照本法第一百八十二条的规定予以解散。

《商业银行法》

第六十九条 商业银行因分立、合并或者出现公司章程规定的解散事由需要解散的，应当向国务院银行业监督管理机构提出申请，并附解散的理由和支付存款的本金和利息等债务清偿计划。经国务院银行业监督管理机构批准后解散。

商业银行解散的，应当依法成立清算组，进行清算，按照清偿计划及时偿还存款本金和利息等债务。国务院银行业监督管理机构监督清算过程。

第七十一条 商业银行不能支付到期债务，经国务院银行业监督管理机构同意，由人民法院依法宣告其破产。商业银行被宣告破产的，由人民法院组织国务院银行业监督管理机构等有关部门和有关人员成立清算组，进行清算。

商业银行破产清算时，在支付清算费用、所欠职工工资和劳动保险费用后，应当优先支付个人储蓄存款的本金和利息。

第七十二条 商业银行因解散、被撤销和被宣告破产而终止。

▶《保险法》

第八十九条 保险公司因分立、合并需要解散，或者股东会、股东大会决议解散，或者公司章程规定的解散事由出现，经国务院保险监督管理机构批准后解散。

经营有人寿保险业务的保险公司，除因分立、合并或者被依法撤销外，不得解散。

保险公司解散，应当依法成立清算组进行清算。

第九十条 保险公司有《中华人民共和国企业破产法》第二条规定情形的，经国务院保险监督管理机构同意，保险公司或者其债权人可以依法向人民法院申请重整、和解或者破产清算；国务院保险监督管理机构也可以依法向人民法院申请对该保险公司进行重整或者破产清算。

▶《企业破产法》

第二条 企业法人不能清偿到期债务，并且资产不足以清偿全部债务或者明显缺乏清偿能力的，依照本法规定清理债务。

企业法人有前款规定情形，或者有明显丧失清偿能力可能的，可以依照本法规定进行重整。

第七条 债务人有本法第二条规定的情形，可以向人民法院提出重整、和解或者破产清算申请。

债务人不能清偿到期债务，债权人可以向人民法院提出对债务人进行重整或者破产清算的申请。

企业法人已解散但未清算或者未清算完毕，资产不足以清偿债务的，依法负有清算责任的人应当向人民法院申请破产清算。

第六十九条　【法人的解散】有下列情形之一的，法人解散：

（一）法人章程规定的存续期间届满或者法人章程规定的其他解散事由出现；

（二）法人的权力机构决议解散；

（三）因法人合并或者分立需要解散；

（四）法人依法被吊销营业执照、登记证书，被责令关闭或者被撤销；

（五）法律规定的其他情形。

条文对比

《民法典总则编》	《公司法》
第六十九条 有下列情形之一的，法人解散： （一）法人章程规定的存续期间届满或者法人章程规定的其他解散事由出现； （二）法人的权力机构决议解散； （三）因法人合并或者分立需要解散； （四）**法人**依法被吊销营业执照、**登记证书**，**被**责令关闭或者被撤销； **（五）法律规定的其他情形**。	**第一百八十条** 公司因下列原因解散： （一）公司章程规定的营业期限届满或者公司章程规定的其他解散事由出现； （二）股东会或者股东大会决议解散； （三）因公司合并或者分立需要解散； （四）依法被吊销营业执照、责令关闭或者被撤销； （五）~~人民法院依照本法第一百八十三条的规定予以解散~~。

关联法规

《公司法》

第一百八十一条 公司有本法第一百八十条第（一）项情形的，可以通过修改公司章程而存续。

依照前款规定修改公司章程，有限责任公司须经持有三分之二以上表决权的股东通过，股份有限公司须经出席股东大会会议的股东所持表决权的三分之二以上通过。

第一百八十二条 公司经营管理发生严重困难，继续存续会使股东利益受到重大损失，通过其他途径不能解决的，持有公司全部股东表决权百分之十以上的股东，可以请求人民法院解散公司。

《商业银行法》

第六十九条 商业银行因分立、合并或者出现公司章程规定的解散事由需要解散的，应当向国务院银行业监督管理机构提出申请，并附解散的理由和支付存款的本金和利息等债务清偿计划。经国务院银行业监督管理机构批准后解散。

商业银行解散的，应当依法成立清算组，进行清算，按照清偿计划及时偿还存款本金和利息等债务。国务院银行业监督管理机构监督清算过程。

▶《保险法》

第八十九条 保险公司因分立、合并需要解散，或者股东会、股东大会决议解散，或者公司章程规定的解散事由出现，经国务院保险监督管理机构批准后解散。

经营有人寿保险业务的保险公司，除因分立、合并或者被依法撤销外，不得解散。

保险公司解散，应当依法成立清算组进行清算。

权威案例

指导案例 8 号：林方清诉常熟市凯莱实业有限公司、戴小明公司解散纠纷案

裁判要点：公司法第一百八十三条将“公司经营管理发生严重困难”作为股东提起解散公司之诉的条件之一。判断“公司经营管理是否发生严重困难”，应从公司组织机构的运行状态进行综合分析。公司虽处于盈利状态，但其股东会机制长期失灵，内部管理有严重障碍，已陷入僵局状态，可以认定为公司经营管理发生严重困难。对于符合公司法及相关司法解释规定的其他条件的，人民法院可以依法判决公司解散。

第七十条　【清算义务人】法人解散的，除合并或者分立的情形外，清算义务人应当及时组成清算组进行清算。

法人的董事、理事等执行机构或者决策机构的成员为清算义务人。法律、行政法规另有规定的，依照其规定。

清算义务人未及时履行清算义务，造成损害的，应当承担民事责任；主管机关或者利害关系人可以申请人民法院指定有关人员组成清算组进行清算。

条文对比

《民法典总则编》	《民法通则》
第七十条 法人解散的，**除合并或者分立的情形外，清算义务人**应当及时组成清算组进行清算。 **法人的董事、理事等执行机构或者决策机构的成员为清算义务人。法律、行政法规另有规定的，依照其规定。** **清算义务人未及时履行清算义务，造成损害的，应当承担民事责任；主管机关或者利害关系人可以申请人民法院指定有关人员组成清算组进行清算。**	**第四十条** 法人终止，应当依法进行清算，~~停止清算范围外的活动~~。 **第四十七条** ~~企业~~法人解散，应当成立清算组织，进行清算。~~企业法人被撤销、被宣告破产的，应当由主管机关或者人民法院组织有关机关和有关人员成立清算组织，进行清算~~。

关联法规

▶《民办教育促进法》

第五十八条 民办学校终止时，应当依法进行财务清算。

民办学校自己要求终止的，由民办学校组织清算；被审批机关依法撤销的，由审批机关组织清算；因资不抵债无法继续办学而被终止的，由人民法院组织清算。

▶《公司法》

第一百八十三条 公司因本法第一百八十条第（一）项、第（二）项、第（四）项、第（五）项规定而解散的，应当在解散事由出现之日起十五日内成立清算组，开始清算。有限责任公司的清算组由股东组成，股份有限公司的清算组由董事或者股东大会确定的人员组成。逾期不成立清算组进行清算的，债权人可以申请人民法院指定有关人员组成清算组进行清算。人民法院应当受理该申请，并及时组织清算组进行清算。

第一百八十四条 清算组在清算期间行使下列职权：

（一）清理公司财产，分别编制资产负债表和财产清单；

（二）通知、公告债权人；

（三）处理与清算有关的公司未了结的业务；

（四）清缴所欠税款以及清算过程中产生的税款；

（五）清理债权、债务；

（六）处理公司清偿债务后的剩余财产；

（七）代表公司参与民事诉讼活动。

▶《刑法》

第一百六十二条 公司、企业进行清算时，隐匿财产，对资产负债表或者财产清单作虚伪记载或者在未清偿债务前分配公司、企业财产，严重损害债权人或者其他人利益的，对其直接负责的主管人员和其他直接责任人员，处五年以下有期徒刑或者拘役，并处或者单处二万元以上二十万元以下罚金。

▶《慈善法》

第十八条 慈善组织终止，应当进行清算。

慈善组织的决策机构应当在本法第十七条规定的终止情形出现之日起三十日内成立清算组进行清算，并向社会公告。不成立清算组或者清算组不履行职责的，民政部门可以申请人民法院指定有关人员组成清算组进行清算。

慈善组织清算后的剩余财产，应当按照慈善组织章程的规定转给宗旨相同或者相近的慈善组织；章程未规定的，由民政部门主持转给宗旨相同或者相近的慈善组织，并向社会公告。

慈善组织清算结束后，应当向其登记的民政部门办理注销登记，并由民政部门向社会公告。

▶《商业银行法》

第六十九条 商业银行因分立、合并或者出现公司章程规定的解散事由需要解散的，应当向国务院银行业监督管理机构提出申请，并附解散的理由和支付存款的本金和利息等债务清偿计划。经国务院银行业监督管理机构批准后解散。

商业银行解散的，应当依法成立清算组，进行清算，按照清偿计划及时偿还存款本金和利息等债务。国务院银行业监督管理机构监督清算过程。

第七十条 商业银行因吊销经营许可证被撤销的，国务院银行业监督管理机构应当依法及时组织成立清算组，进行清算，按照清偿计划及时偿还存款本金和利息等债务。

▶《保险法》

第八十九条 保险公司因分立、合并需要解散，或者股东会、股东大会决议解散，或者公司章程规定的解散事由出现，经国务院保险监督管理机构批准后解散。

经营有人寿保险业务的保险公司，除因分立、合并或者被依法撤销外，不得解散。

保险公司解散，应当依法成立清算组进行清算。

第一百四十九条 保险公司因违法经营被依法吊销经营保险业务许可证的，或者偿付能力低于国务院保险监督管理机构规定标准，不予撤销将严重危害保险市场秩序、损害公共利益的，由国务院保险监督管理机构予以撤销并公告，依法及时组织清算组进行清算。

▶《宗教事务条例》

第六十条 宗教团体、宗教院校、宗教活动场所注销或者终止的，应当进行财产清算，清算后的剩余财产应当用于与其宗旨相符的事业。

▶《社会团体登记管理条例》

第二十条 社会团体在办理注销登记前，应当在业务主管单位及其他有关机关的指导下，成立清算组织，完成清算工作。清算期间，社会团体不得开展清算以外的活动。

▶《事业单位登记管理暂行条例》

第十三条 事业单位被撤销、解散的，应当向登记管理机关办理注销登记或者注销备案。

事业单位办理注销登记前，应当在审批机关指导下成立清算组织，完成清算工作。

事业单位应当自清算结束之日起15日内，向登记管理机关办理注销登记。事业单位办理注销登记，应当提交撤销或者解散该事业单位的文件和清算报告；登记管理机关收缴《事业单位法人证书》和印章。

▶《基金会管理条例》

第十八条 基金会在办理注销登记前，应当在登记管理机关、业务主管单位的指导下成立清算组织，完成清算工作。

基金会应当自清算结束之日起15日内向登记管理机关办理注销登记；在清算期间不得开展清算以外的活动。

▶《民办非企业单位登记管理暂行条例》

第十六条 民办非企业单位自行解散的，分立、合并的，或者由于其他原因需要注销登记的，应当向登记管理机关办理注销登记。

民办非企业单位在办理注销登记前，应当在业务主管单位和其他有关机关的指导下，成立清算组织，完成清算工作。清算期间，民办非企业单位不得开展清算以外的活动。

▶《公司法司法解释二》

第十八条 有限责任公司的股东、股份有限公司的董事和控股股东未在法定期限内成立清算组开始清算，导致公司财产贬值、流失、毁损或者灭失，债权人主张其在造成损失范围内对公司债务承担赔偿责任的，人民法院应依法予以支持。

有限责任公司的股东、股份有限公司的董事和控股股东因怠于履行义务，导致公司主要财产、账册、重要文件等灭失，无法进行清算，债权人主张其对公司债务承担连带清偿责任的，人民法院应依法予以支持。

上述情形系实际控制人原因造成，债权人主张实际控制人对公司债务承担相应民事责任的，人民法院应依法予以支持。

第十九条 有限责任公司的股东、股份有限公司的董事和控股股东，以及公司的实际控制人在公司解散后，恶意处置公司财产给债权人造成损失，或者未经依法清算，以虚假的清算报告骗取公司登记机关办理法人注销登记，债权人主张其对公司债务承担相应赔偿责任的，人民法院应依法予以支持。

第二十条 公司解散应当在依法清算完毕后，申请办理注销登记。公司未经清算即办理注销登记，导致公司无法进行清算，债权人主张有限责任公司的股东、股份有限公司的董事和控股股东，以及公司的实际控制人对公司债务承担清偿责任的，人民法院应依法予以支持。

公司未经依法清算即办理注销登记，股东或者第三人在公司登记机关办理注销登记时承诺对公司债务承担责任，债权人主张其对公司债务承担相应民事责任的，人民法院应依法予以支持。

▶《民通意见》

59. 企业法人解散或者被撤销的，应当由其主管机关组织清算小组进行清算。企业法人被宣告破产的，应当由人民法院组织有关机关和有关人员成立清算组织进行清算。

60. 清算组织是以清算企业法人债权、债务为目的而依法成立的组织。它负责对终止的企业法人的财产进行保管、清理、估价、处理和清偿。

对于涉及终止的企业法人债权、债务的民事诉讼，清算组织可以用自己的名义参加诉讼。

以逃避债务责任为目的而成立的清算组织，其实施的民事行为无效。

权威案例

指导案例9号：上海存亮贸易有限公司诉蒋志东、王卫明等买卖合同纠纷案

裁判要点：有限责任公司的股东、股份有限公司的董事和控股股东，应当依法在公司被吊销营业执照后履行清算义务，不能以其不是实际控制人或者未实际参加公司经营管理为由，免除清算义务。

《雷远城与厦门王将房地产发展有限公司、远东房地产发展有限公司财产权属纠纷案》，《最高人民法院公报》2007年第11期

裁判摘要：根据相关法律、法规和司法解释的规定，法人被吊销营业执照后应当依法进行清算，其债权、债务由清算组负责清理。法人被吊销营业执照后未依法进行清算的，债权人可以申请人民法院指定有关人员组成清算组进行清算。法人被吊销营业执照后没有依法进行清算，债权人也没有申请人民法院指定有关人员组成清算组进行清算，而是在诉讼过程中通过法人自认或者法人与债权人达成调解协议，在清算之前对其债权债务关系做出处理、对法人资产进行处分，损害其他债权人利益的，不符合公平原则，人民法院对此不予支持。

第七十一条　【法人清算的法律适用】法人的清算程序和清算组职权，依照有关法律的规定；没有规定的，参照适用公司法律的有关规定。

条文对比

《民法典总则编》	新增条文
第七十一条　法人的清算程序和清算组职权，依照有关法律的规定；没有规定的，参照适用公司法律的有关规定。	

关联法规

《证券法》

第九十二条　公开发行公司债券的，应当设立债券持有人会议，并应当在募集说明书中说明债券持有人会议的召集程序、会议规则和其他重要事项。

公开发行公司债券的，发行人应当为债券持有人聘请债券受托管理人，并订立债券受托管理协议。受托管理人应当由本次发行的承销机构或者其他经国务院证券监督管理机构认可的机构担任，债券持有人会议可以决议变更债券受托管理人。债券受托管理人应当勤勉尽责，公正履行受托管理职责，不得损害债券持有人利益。

债券发行人未能按期兑付债券本息的，债券受托管理人可以接受全部或者部分债券持有人的委托，以自己名义代表债券持有人提起、参加民事诉讼或者清算程序。

第一百零八条　证券公司根据投资者的委托，按照证券交易规则提出交易申报，参与证券交易所场内的集中交易，并根据成交结果承担相应的清算交收责任。证券登记结算机构根据成交结果，按照清算交收规则，与证券公司进行证券和资金的清算交收，并为证券公司客户办理证券的登记过户手续。

第一百四十四条　在证券公司被责令停业整顿、被依法指定托管、接管或者清算期间，或者出现重大风险时，经国务院证券监督管理机构批准，可以对该证券公司直接负责的董事、监事、高级管理人员和其他直接责任人员采取以下措施：

（一）通知出境入境管理机关依法阻止其出境；

（二）申请司法机关禁止其转移、转让或者以其他方式处分财产，或者在财产上设定其他权利。

第一百五十八条第一款 证券登记结算机构作为中央对手方提供证券结算服务的，是结算参与人共同的清算交收对手，进行净额结算，为证券交易提供集中履约保障。

第一百五十九条 证券登记结算机构按照业务规则收取的各类结算资金和证券，必须存放于专门的清算交收账户，只能按业务规则用于已成交的证券交易的清算交收，不得被强制执行。

▶《民办教育促进法》

第五十八条 民办学校终止时，应当依法进行财务清算。

民办学校自己要求终止的，由民办学校组织清算；被审批机关依法撤销的，由审批机关组织清算；因资不抵债无法继续办学而被终止的，由人民法院组织清算。

▶《企业所得税法》

第五十五条 企业在年度中间终止经营活动的，应当自实际经营终止之日起六十日内，向税务机关办理当期企业所得税汇算清缴。

企业应当在办理注销登记前，就其清算所得向税务机关申报并依法缴纳企业所得税。

▶《公司法》

第一百八十四条 清算组在清算期间行使下列职权：

（一）清理公司财产，分别编制资产负债表和财产清单；

（二）通知、公告债权人；

（三）处理与清算有关的公司未了结的业务；

（四）清缴所欠税款以及清算过程中产生的税款；

（五）清理债权、债务；

（六）处理公司清偿债务后的剩余财产；

（七）代表公司参与民事诉讼活动。

第一百八十五条 清算组应当自成立之日起十日内通知债权人，并于六十日内在报纸上公告。债权人应当自接到通知书之日起三十日内，未接到通知书的自公告之日起四十五日内，向清算组申报其债权。

债权人申报债权，应当说明债权的有关事项，并提供证明材料。清算组应当对债权进行登记。

在申报债权期间，清算组不得对债权人进行清偿。

第一百八十六条 清算组在清理公司财产、编制资产负债表和财产清单后，应当制定清算方案，并报股东会、股东大会或者人民法院确认。

公司财产在分别支付清算费用、职工的工资、社会保险费用和法定补偿金，缴纳所欠税款，清偿公司债务后的剩余财产，有限责任公司按照股东的出资比例分配，股份有限公司按照股东持有的股份比例分配。

清算期间，公司存续，但不得开展与清算无关的经营活动。公司财产在未依照前款规定清偿前，不得分配给股东。

第一百八十七条 清算组在清理公司财产、编制资产负债表和财产清单后，发现公司财产不足清偿债务的，应当依法向人民法院申请宣告破产。

公司经人民法院裁定宣告破产后，清算组应当将清算事务移交给人民法院。

第一百八十八条 公司清算结束后，清算组应当制作清算报告，报股东会、股东大会或者人民法院确认，并报送公司登记机关，申请注销公司登记，公告公司终止。

第一百八十九条 清算组成员应当忠于职守，依法履行清算义务。

清算组成员不得利用职权收受贿赂或者其他非法收入，不得侵占公司财产。

清算组成员因故意或者重大过失给公司或者债权人造成损失的，应当承担赔偿责任。

▶《农民专业合作社法》

第四十八条 农民专业合作社因下列原因解散：

（一）章程规定的解散事由出现；

（二）成员大会决议解散；

（三）因合并或者分立需要解散；

（四）依法被吊销营业执照或者被撤销。

因前款第一项、第二项、第四项原因解散的，应当在解散事由出现之日起十五日内由成员大会推举成员组成清算组，开始解散清算。逾期不能组成清算组的，成员、债权人可以向人民法院申请指定成员组成清算组进行清算，人民法院应当受理该申请，并及时指定成员组成清算组进行清算。

▶《外资银行管理条例》

第五十八条 外资银行营业性机构自行终止业务活动的，应当在终止业务活动30日前以书面形式向国务院银行业监督管理机构提出申请，经审查批准予以解散或者关闭并进行清算。

第六十条 外资银行营业性机构因解散、关闭、依法被撤销或者宣告破产而终止的，其清算的具体事宜，依照中华人民共和国有关法律、法规的规定办理。

第六十一条 外资银行营业性机构清算终结，应当在法定期限内向原登记机关办理注销登记。

▶《外资保险公司管理条例》

第二十六条 外资保险公司因分立、合并或者公司章程规定的解散事由出现，经国务院保险监督管理机构批准后解散。外资保险公司解散的，应当依法成立清算组，进行清算。

经营人寿保险业务的外资保险公司，除分立、合并外，不得解散。

第二十七条 外资保险公司违反法律、行政法规，被国务院保险监督管理机构吊销经营保险业务许可证的，依法撤销，由国务院保险监督管理机构依法及时组织成立清算组进行清算。

第二十八条 外资保险公司因解散、依法被撤销而清算的，应当自清算组成立之日起60日内在报纸上至少公告3次。公告内容应当经国务院保险监督管理机构核准。

第二十九条 外资保险公司不能支付到期债务，经国务院保险监督管理机构同意，由人民法院依法宣告破产。外资保险公司被宣告破产的，由人民法院组织国务院保险监督管理机构等有关部门和有关人员成立清算组，进行清算。

▶《公司登记管理条例》

第四十一条 公司解散，依法应当清算的，清算组应当自成立之日起10日内将清算组成员、清算组负责人名单向公司登记机关备案。

第四十二条 有下列情形之一的，公司清算组应当自公司清算结束之日起30日内向原公司登记机关申请注销登记：

（一）公司被依法宣告破产；

（二）公司章程规定的营业期限届满或者公司章程规定的其他解散事由出现，但公司通过修改公司章程而存续的除外；

（三）股东会、股东大会决议解散或者一人有限责任公司的股东、外商投资的公司董事会决议解散；

（四）依法被吊销营业执照、责令关闭或者被撤销；

（五）人民法院依法予以解散；

（六）法律、行政法规规定的其他解散情形。

▶《公司法司法解释二》

第七条 公司应当依照公司法第一百八十三条的规定，在解散事由出现之日起十五日内成立清算组，开始自行清算。

有下列情形之一，债权人申请人民法院指定清算组进行清算的，人民法院应予受理：

（一）公司解散逾期不成立清算组进行清算的；

（二）虽然成立清算组但故意拖延清算的；

（三）违法清算可能严重损害债权人或者股东利益的。

具有本条第二款所列情形，而债权人未提起清算申请，公司股东申请人民法院指定清算组对公司进行清算的，人民法院应予受理。

第七十二条 【清算的法律效果】 清算期间法人存续，但是不得从事与清算无关的活动。

法人清算后的剩余财产，按照法人章程的规定或者法人权力机构的决议处理。法律另有规定的，依照其规定。

清算结束并完成法人注销登记时，法人终止；依法不需要办理法人登记的，清算结束时，法人终止。

条文对比

《民法典总则编》	《民法通则》《公司法》
第七十二条 清算期间法人存续，但是不得从事与清算无关的活动。 法人清算后的剩余财产，按照法人章程的规定或者法人权力机构的决议处理。法律另有规定的，依照其规定。 清算结束并完成法人注销登记时，法人终止；依法不需要办理法人登记的，清算结束时，法人终止。	《民法通则》 **第四十条** 法人终止，应当依法进行清算，停止清算范围外的活动。 **第四十六条** 企业法人终止，应当向登记机关办理注销登记并公告。 《公司法》 **第一百八十八条** 公司清算结束后，清算组应当制作清算报告，报股东会、股东大会或者人民法院确认，并报送公司登记机关，申请注销公司登记，公告公司终止。

关联法规

《证券法》

第一百三十一条 证券公司客户的交易结算资金应当存放在商业银行，以每个客户的名义单独立户管理。

证券公司不得将客户的交易结算资金和证券归入其自有财产。禁止任何单位或者个人以任何形式挪用客户的交易结算资金和证券。证券公司破产或者清算时，客户的交易结算资金和证券不属于其破产财产或者清算财产。非因客户本身的债务或者法律规定的其他情形，不得查封、冻结、扣划或者强制执行客户的交易结算资金和证券。

《公司法》

第一百八十六条 清算组在清理公司财产、编制资产负债表和财产清单后，应当制定清算方案，并报股东会、股东大会或者人民法院确认。

公司财产在分别支付清算费用、职工的工资、社会保险费用和法定补偿金，缴纳所欠税款，清偿公司债务后的剩余财产，有限责任公司按照股东的出资比例分配，股份有限公司按照股东持有的股份比例分配。

清算期间，公司存续，但不得开展与清算无关的经营活动。公司财产在未依照前款规定清偿前，不得分配给股东。

《慈善法》

第十八条 慈善组织终止，应当进行清算。

慈善组织的决策机构应当在本法第十七条规定的终止情形出现之日起三十日内成立清算组进行清算，并向社会公告。不成立清算组或者清算组不履行职责的，民政部门可以申请人民法院指定有关人员组成清算组进行清算。

慈善组织清算后的剩余财产，应当按照慈善组织章程的规定转给宗旨相同或者相近的慈善组织；章程未规定的，由民政部门主持转给宗旨相同或者相近的慈善组织，并向社会公告。

慈善组织清算结束后，应当向其登记的民政部门办理注销登记，并由民政部门向社会公告。

《证券投资基金法》

第八十一条 基金合同终止时，基金管理人应当组织清算组对基金财产进行清算。清算组由基金管理人、基金托管人以及相关的中介服务机构组成。清算组作出的清算报告经会计师事务所审计，律师事务所出具法律意见书后，报国务院证券监督管理机构备案并公告。

第八十二条 清算后的剩余基金财产，应当按照基金份额持有人所持份额比例进行分配。

《企业破产法》

第一百三十五条 其他法律规定企业法人以外的组织的清算，属于破产清算的，参照适用本法规定的程序。

《宗教事务条例》

第六十条 宗教团体、宗教院校、宗教活动场所注销或者终止的，应当进行财产清算，清算后的剩余财产应当用于与其宗旨相符的事业。

《社会团体登记管理条例》

第二十一条 社会团体应当自清算结束之日起15日内向登记管理机关办理注销登记。办理注销登记，应当提交法定代表人签署的注销登记申请书、业务主管单位的审查文件和清算报告书。

登记管理机关准予注销登记的，发给注销证明文件，收缴该社会团体的登记证书、印章和财务凭证。

第二十二条 社会团体处分注销后的剩余财产，按照国家有关规定办理。

《事业单位登记管理暂行条例》

第十三条 事业单位被撤销、解散的，应当向登记管理机关办理注销登记或者注销备案。

事业单位办理注销登记前，应当在审批机关指导下成立清算组织，完成清算工作。

事业单位应当自清算结束之日起15日内，向登记管理机关办理注销登记。事业单位办理注销登记，应当提交撤销或者解散该事业单位的文件和清算报告；登记管理机关收缴《事业单位法人证书》和印章。

《基金会管理条例》

第十八条 基金会在办理注销登记前，应当在登记管理机关、业务主管单位的指导下成立清算组织，完成清算工作。

基金会应当自清算结束之日起15日内向登记管理机关办理注销登记；在清

算期间不得开展清算以外的活动。

▶《民办非企业单位登记管理暂行条例》

第十七条 民办非企业单位法定代表人或者负责人应当自完成清算之日起15日内，向登记管理机关办理注销登记。办理注销登记，须提交注销登记申请书、业务主管单位的审查文件和清算报告。

登记管理机关准予注销登记的，发给注销证明文件，收缴登记证书、印章和财务凭证。

▶《民通意见》

60. 清算组织是以清算企业法人债权、债务为目的而依法成立的组织。它负责对终止的企业法人的财产进行保管、清理、估价、处理和清偿。

对于涉及终止的企业法人债权、债务的民事诉讼，清算组织可以用自己的名义参加诉讼。

以逃避债务责任为目的而成立的清算组织，其实施的民事行为无效。

▶《最高人民法院经济审判庭关于人民法院不宜以一方当事人公司营业执照被吊销，已丧失民事诉讼主体资格为由，裁定驳回起诉问题的复函》

甘肃省高级人民法院：

你院〔1999〕甘经终字第193号请示报告收悉。经研究，答复如下：

吊销企业法人营业执照，是工商行政管理局对实施违法行为的企业法人给予的一种行政处罚。根据《中华人民共和国民法通则》第四十条、第四十六条和《中华人民共和国企业法人登记管理条例》第三十三条的规定，企业法人营业执照被吊销后，应当由其开办单位（包括股东）或者企业组织清算组依法进行清算，停止清算范围外的活动。清算期间，企业民事诉讼主体资格依然存在。本案中人民法院不应以甘肃新科工贸有限责任公司（以下简称新科公司）被吊销企业法人营业执照，丧失民事诉讼主体资格为由，裁定驳回起诉。本案债务人新科公司在诉讼中被吊销企业法人营业执照后，至今未组织清算组依法进行清算，因此，债权人兰州岷山制药厂以新科公司为被告，后又要求追加该公司全体股东为被告，应当准许，追加该公司的股东为共同被告参加诉讼，承担清算责任。

第七十三条　【法人的破产终止】法人被宣告破产的，依法进行破产清算并完成法人注销登记时，法人终止。

条文对比

《民法典总则编》	新增条文
第七十三条　法人被宣告破产的，依法进行破产清算并完成法人注销登记时，法人终止。	

关联法规

▶ 《公司法》

第一百九十条　公司被依法宣告破产的，依照有关企业破产的法律实施破产清算。

▶ 《企业破产法》

第二条　企业法人不能清偿到期债务，并且资产不足以清偿全部债务或者明显缺乏清偿能力的，依照本法规定清理债务。

企业法人有前款规定情形，或者有明显丧失清偿能力可能的，可以依照本法规定进行重整。

第七条　债务人有本法第二条规定的情形，可以向人民法院提出重整、和解或者破产清算申请。

债务人不能清偿到期债务，债权人可以向人民法院提出对债务人进行重整或者破产清算的申请。

企业法人已解散但未清算或者未清算完毕，资产不足以清偿债务的，依法负有清算责任的人应当向人民法院申请破产清算。

第一百零七条　人民法院依照本法规定宣告债务人破产的，应当自裁定作出之日起五日内送达债务人和管理人，自裁定作出之日起十日内通知已知债权人，并予以公告。

债务人被宣告破产后，债务人称为破产人，债务人财产称为破产财产，人民法院受理破产申请时对债务人享有的债权称为破产债权。

第一百零八条 破产宣告前，有下列情形之一的，人民法院应当裁定终结破产程序，并予以公告：

（一）第三人为债务人提供足额担保或者为债务人清偿全部到期债务的；

（二）债务人已清偿全部到期债务的。

第一百零九条 对破产人的特定财产享有担保权的权利人，对该特定财产享有优先受偿的权利。

第一百一十条 享有本法第一百零九条规定权利的债权人行使优先受偿权利未能完全受偿的，其未受偿的债权作为普通债权；放弃优先受偿权利的，其债权作为普通债权。

第一百一十一条 管理人应当及时拟订破产财产变价方案，提交债权人会议讨论。

管理人应当按照债权人会议通过的或者人民法院依照本法第六十五条第一款规定裁定的破产财产变价方案，适时变价出售破产财产。

第一百一十二条 变价出售破产财产应当通过拍卖进行。但是，债权人会议另有决议的除外。

破产企业可以全部或者部分变价出售。企业变价出售时，可以将其中的无形资产和其他财产单独变价出售。

按照国家规定不能拍卖或者限制转让的财产，应当按照国家规定的方式处理。

第一百一十三条 破产财产在优先清偿破产费用和共益债务后，依照下列顺序清偿：

（一）破产人所欠职工的工资和医疗、伤残补助、抚恤费用，所欠的应当划入职工个人账户的基本养老保险、基本医疗保险费用，以及法律、行政法规规定应当支付给职工的补偿金；

（二）破产人欠缴的除前项规定以外的社会保险费用和破产人所欠税款；

（三）普通破产债权。

破产财产不足以清偿同一顺序的清偿要求的，按照比例分配。

破产企业的董事、监事和高级管理人员的工资按照该企业职工的平均工资计算。

第一百一十四条 破产财产的分配应当以货币分配方式进行。但是，债权人会议另有决议的除外。

第一百一十五条 管理人应当及时拟订破产财产分配方案，提交债权人会议讨论。

破产财产分配方案应当载明下列事项：

（一）参加破产财产分配的债权人名称或者姓名、住所；

（二）参加破产财产分配的债权额；

（三）可供分配的破产财产数额；

（四）破产财产分配的顺序、比例及数额；

（五）实施破产财产分配的方法。

债权人会议通过破产财产分配方案后，由管理人将该方案提请人民法院裁定认可。

第一百一十六条 破产财产分配方案经人民法院裁定认可后，由管理人执行。

管理人按照破产财产分配方案实施多次分配的，应当公告本次分配的财产额和债权额。管理人实施最后分配的，应当在公告中指明，并载明本法第一百一十七条第二款规定的事项。

第一百一十七条 对于附生效条件或者解除条件的债权，管理人应当将其分配额提存。

管理人依照前款规定提存的分配额，在最后分配公告日，生效条件未成就或者解除条件成就的，应当分配给其他债权人；在最后分配公告日，生效条件成就或者解除条件未成就的，应当交付给债权人。

第一百一十八条 债权人未受领的破产财产分配额，管理人应当提存。债权人自最后分配公告之日起满二个月仍不领取的，视为放弃受领分配的权利，管理人或者人民法院应当将提存的分配额分配给其他债权人。

第一百一十九条 破产财产分配时，对于诉讼或者仲裁未决的债权，管理人应当将其分配额提存。自破产程序终结之日起满二年仍不能受领分配的，人民法院应当将提存的分配额分配给其他债权人。

第一百二十条 破产人无财产可供分配的，管理人应当请求人民法院裁定终结破产程序。

管理人在最后分配完结后，应当及时向人民法院提交破产财产分配报告，并提请人民法院裁定终结破产程序。

人民法院应当自收到管理人终结破产程序的请求之日起十五日内作出是否

终结破产程序的裁定。裁定终结的，应当予以公告。

第一百二十一条 管理人应当自破产程序终结之日起十日内，持人民法院终结破产程序的裁定，向破产人的原登记机关办理注销登记。

第一百二十二条 管理人于办理注销登记完毕的次日终止执行职务。但是，存在诉讼或者仲裁未决情况的除外。

第七十四条 【法人的分支机构】 法人可以依法设立分支机构。法律、行政法规规定分支机构应当登记的，依照其规定。

分支机构以自己的名义从事民事活动，产生的民事责任由法人承担；也可以先以该分支机构管理的财产承担，不足以承担的，由法人承担。

条文对比

《民法典总则编》	《公司法》
第七十四条 法人可以依法设立分支机构。法律、行政法规规定分支机构应当登记的，依照其规定。 分支机构以自己的名义从事民事活动，产生的民事责任由法人承担；也可以先以该分支机构管理的财产承担，不足以承担的，由法人承担。	**第十四条第一款** 公司可以设立分公司。设立分公司，应当向公司登记机关申请登记，领取营业执照。分公司不具有法人资格，其民事责任由公司承担。

关联法规

▶《证券法》

第一百二十二条 证券公司变更证券业务范围，变更主要股东或者公司的实际控制人，合并、分立、停业、解散、破产，应当经国务院证券监督管理机构核准。

▶《海关法》

第四条 国家在海关总署设立专门侦查走私犯罪的公安机构，配备专职缉私警察，负责对其管辖的走私犯罪案件的侦查、拘留、执行逮捕、预审。

海关侦查走私犯罪公安机构履行侦查、拘留、执行逮捕、预审职责，应当按照《中华人民共和国刑事诉讼法》的规定办理。

海关侦查走私犯罪公安机构根据国家有关规定，可以设立分支机构。各分支机构办理其管辖的走私犯罪案件，应当依法向有管辖权的人民检察院移送起诉。

地方各级公安机关应当配合海关侦查走私犯罪公安机构依法履行职责。

▶《境外非政府组织境内活动管理法》

第十八条 境外非政府组织代表机构应当以登记的名称，在登记的业务范围和活动地域内开展活动。

境外非政府组织不得在中国境内设立分支机构，国务院另有规定的除外。

▶《民事诉讼法》

第四十八条 公民、法人和其他组织可以作为民事诉讼的当事人。

法人由其法定代表人进行诉讼。其他组织由其主要负责人进行诉讼。

▶《种子法》

第三十八条 种子生产经营许可证的有效区域由发证机关在其管辖范围内确定。种子生产经营者在种子生产经营许可证载明的有效区域设立分支机构的，专门经营不再分装的包装种子的，或者受具有种子生产经营许可证的种子生产经营者以书面委托生产、代销其种子的，不需要办理种子生产经营许可证，但应当向当地农业、林业主管部门备案。

实行选育生产经营相结合，符合国务院农业、林业主管部门规定条件的种子企业的生产经营许可证的有效区域为全国。

▶《商业银行法》

第十九条 商业银行根据业务需要可以在中华人民共和国境内外设立分支机构。设立分支机构必须经国务院银行业监督管理机构审查批准。在中华人民共和国境内的分支机构，不按行政区划设立。

商业银行在中华人民共和国境内设立分支机构，应当按照规定拨付与其经营规模相适应的营运资金额。拨付各分支机构营运资金额的总和，不得超过总行资本金总额的百分之六十。

第二十二条 商业银行对其分支机构实行全行统一核算，统一调度资金，分级管理的财务制度。

商业银行分支机构不具有法人资格，在总行授权范围内依法开展业务，其民事责任由总行承担。

《保险法》

第七十四条 保险公司在中华人民共和国境内设立分支机构，应当经保险监督管理机构批准。

保险公司分支机构不具有法人资格，其民事责任由保险公司承担。

《邮政法》

第五十四条 邮政企业以外的经营快递业务的企业（以下称快递企业）设立分支机构或者合并、分立的，应当向邮政管理部门备案。

《公司登记管理条例》

第四十五条 分公司是指公司在其住所以外设立的从事经营活动的机构。分公司不具有企业法人资格。

第四十六条 分公司的登记事项包括：名称、营业场所、负责人、经营范围。

分公司的名称应当符合国家有关规定。

分公司的经营范围不得超出公司的经营范围。

第四十七条 公司设立分公司的，应当自决定作出之日起30日内向分公司所在地的公司登记机关申请登记；法律、行政法规或者国务院决定规定必须报经有关部门批准的，应当自批准之日起30日内向公司登记机关申请登记。

设立分公司，应当向公司登记机关提交下列文件：

（一）公司法定代表人签署的设立分公司的登记申请书；

（二）公司章程以及加盖公司印章的《企业法人营业执照》复印件；

（三）营业场所使用证明；

（四）分公司负责人任职文件和身份证明；

（五）国家工商行政管理总局规定要求提交的其他文件。

法律、行政法规或者国务院决定规定设立分公司必须报经批准，或者分公司经营范围中属于法律、行政法规或者国务院决定规定在登记前须经批准的项目的，还应当提交有关批准文件。

分公司的公司登记机关准予登记的，发给《营业执照》。公司应当自分公司登记之日起30日内，持分公司的《营业执照》到公司登记机关办理备案。

《社会团体登记管理条例》

第十七条 社会团体的分支机构、代表机构是社会团体的组成部分，不具有法人资格，应当按照其所属于的社会团体的章程所规定的宗旨和业务范围，在该社会团体授权的范围内开展活动、发展会员。社会团体的分支机构不得再设立分支机构。

社会团体不得设立地域性的分支机构。

《基金会管理条例》

第十二条 基金会拟设立分支机构、代表机构的，应当向原登记管理机关提出登记申请，并提交拟设机构的名称、住所和负责人等情况的文件。

登记管理机关应当自收到前款所列全部有效文件之日起60日内作出准予或者不予登记的决定。准予登记的，发给《基金会分支（代表）机构登记证书》；不予登记的，应当书面说明理由。

基金会分支机构、基金会代表机构设立登记的事项包括：名称、住所、公益活动的业务范围和负责人。

基金会分支机构、基金会代表机构依据基金会的授权开展活动，不具有法人资格。

《民办非企业单位登记管理暂行条例》

第十三条 民办非企业单位不得设立分支机构。

《民事执行中变更、追加当事人规定》

第十五条 作为被执行人的法人分支机构，不能清偿生效法律文书确定的债务，申请执行人申请变更、追加该法人为被执行人的，人民法院应予支持。法人直接管理的责任财产仍不能清偿债务的，人民法院可以直接执行该法人其他分支机构的财产。

作为被执行人的法人，直接管理的责任财产不能清偿生效法律文书确定债务的，人民法院可以直接执行该法人分支机构的财产。

《民事诉讼法司法解释》

第五十二条 民事诉讼法第四十八条规定的其他组织是指合法成立、有一定的组织机构和财产，但又不具备法人资格的组织，包括：

（一）依法登记领取营业执照的个人独资企业；

（二）依法登记领取营业执照的合伙企业；

（三）依法登记领取我国营业执照的中外合作经营企业、外资企业；

（四）依法成立的社会团体的分支机构、代表机构；

（五）依法设立并领取营业执照的法人的分支机构；

（六）依法设立并领取营业执照的商业银行、政策性银行和非银行金融机构的分支机构；

（七）经依法登记领取营业执照的乡镇企业、街道企业；

（八）其他符合本条规定条件的组织。

第五十三条 法人非依法设立的分支机构，或者虽依法设立，但没有领取营业执照的分支机构，以设立该分支机构的法人为当事人。

权威案例

《李建国与孟凡生、长春圣祥建筑工程有限公司等案外人执行异议之诉案》，《最高人民法院公报》2017 年第 2 期

裁判摘要：一、法律规则是立法机关综合衡量取舍之后确立的价值评判标准，应当成为司法实践中具有普遍适用效力的规则，除非法律有特别规定，否则在适用时不应受到某些特殊情况或者既定事实的影响。

二、分公司的财产即为公司财产，分公司的民事责任由公司承担，这是《中华人民共和国公司法》确立的基本规则。以分公司名义依法注册登记的，即应受到该规则调整。至于分公司与公司之间有关权利义务及责任划分的内部约定，因不足以对抗其依法注册登记的公示效力，进而不足以对抗第三人。

三、遵法守法依法行事者，其合法权益必将受到法律保护；不遵法守法甚至违反法律者，因其漠视甚至无视法律规则，就应当承担不受法律保护或者受到法律追究的风险。

四、最高人民法院《关于人民法院执行工作若干问题的规定（试行)》第 78 条规定以及予以保护的承包或者租赁经营，应当是法律所准许的承包、租赁形式。企业或者个人以承包租赁为名借用建筑施工企业资质之实的，因违反有关法律及司法解释规定，故不应包含在该条保护范围之内。

五、实际施工人是《最高人民法院关于审理建设工程施工合同纠纷案件适用法律问题的解释》中规定的概念，因其规范情形之特定性，故亦应在该规范所涉之建设工程施工合同纠纷案件中，才适宜对实际施工人的身份作出认定。

《泛华工程有限公司西南公司与中国人寿保险（集团）公司商品房预售合同纠纷案》，《最高人民法院公报》2008 年第 2 期

裁判摘要：根据《中华人民共和国公司法》第十三条的规定，公司可以设立分公司，分公司不具有企业法人资格，其民事责任由公司承担。因此，公司分支机构于公司法人变更过程中是否已实际经工商部门注销完毕，不影响公司基于独立法人资格行使其分支机构所享有的民事权利、承担其分支机构所负有的民事义务。

第七十五条　【设立中的法人】设立人为设立法人从事的民事活动，其法律后果由法人承受；法人未成立的，其法律后果由设立人承受，设立人为二人以上的，享有连带债权，承担连带债务。

设立人为设立法人以自己的名义从事民事活动产生的民事责任，第三人有权选择请求法人或者设立人承担。

条文对比

《民法典总则编》	新增条文
第七十五条　设立人为设立法人从事的民事活动，其法律后果由法人承受；法人未成立的，其法律后果由设立人承受，设立人为二人以上的，享有连带债权，承担连带债务。 设立人为设立法人以自己的名义从事民事活动产生的民事责任，第三人有权选择请求法人或者设立人承担。	

关联法规

《公司法》

第九十四条　股份有限公司的发起人应当承担下列责任：

（一）公司不能成立时，对设立行为所产生的债务和费用负连带责任；

（二）公司不能成立时，对认股人已缴纳的股款，负返还股款并加算银行同期存款利息的连带责任；

（三）在公司设立过程中，由于发起人的过失致使公司利益受到损害的，应当对公司承担赔偿责任。

▶《公司法司法解释三》

第二条 发起人为设立公司以自己名义对外签订合同，合同相对人请求该发起人承担合同责任的，人民法院应予支持。

公司成立后对前款规定的合同予以确认，或者已经实际享有合同权利或者履行合同义务，合同相对人请求公司承担合同责任的，人民法院应予支持。

第三条 发起人以设立中公司名义对外签订合同，公司成立后合同相对人请求公司承担合同责任的，人民法院应予支持。

公司成立后有证据证明发起人利用设立中公司的名义为自己的利益与相对人签订合同，公司以此为由主张不承担合同责任的，人民法院应予支持，但相对人为善意的除外。

第四条 公司因故未成立，债权人请求全体或者部分发起人对设立公司行为所产生的费用和债务承担连带清偿责任的，人民法院应予支持。

部分发起人依照前款规定承担责任后，请求其他发起人分担的，人民法院应当判令其他发起人按照约定的责任承担比例分担责任；没有约定责任承担比例的，按照约定的出资比例分担责任；没有约定出资比例的，按照均等份额分担责任。

因部分发起人的过错导致公司未成立，其他发起人主张其承担设立行为所产生的费用和债务的，人民法院应当根据过错情况，确定过错一方的责任范围。

第五条 发起人因履行公司设立职责造成他人损害，公司成立后受害人请求公司承担侵权赔偿责任的，人民法院应予支持；公司未成立，受害人请求全体发起人承担连带赔偿责任的，人民法院应予支持。

公司或者无过错的发起人承担赔偿责任后，可以向有过错的发起人追偿。

第二节　营利法人

第七十六条　【营利法人的概念】以取得利润并分配给股东等出资人为目的成立的法人，为营利法人。

营利法人包括有限责任公司、股份有限公司和其他企业法人等。

条文对比

《民法典总则编》	《民法总则》
第七十六条　以取得利润并分配给股东等出资人为目的成立的法人，为营利法人。 营利法人包括有限责任公司、股份有限公司和其他企业法人等。	**第七十六条**　以取得利润并分配给股东等出资人为目的成立的法人，为营利法人。 营利法人包括有限责任公司、股份有限公司和其他企业法人等。

关联法规

▶《民办教育促进法》

第十九条　民办学校的举办者可以自主选择设立非营利性或者营利性民办学校。但是，不得设立实施义务教育的营利性民办学校。

非营利性民办学校的举办者不得取得办学收益，学校的办学结余全部用于办学。

营利性民办学校的举办者可以取得办学收益，学校的办学结余依照公司法等有关法律、行政法规的规定处理。

民办学校取得办学许可证后，进行法人登记，登记机关应当依法予以办理。

▶《公司法》

第四条　公司股东依法享有资产收益、参与重大决策和选择管理者等权利。

第八条　依照本法设立的有限责任公司，必须在公司名称中标明有限责任公司或者有限公司字样。

依照本法设立的股份有限公司，必须在公司名称中标明股份有限公司或者股份公司字样。

第三十四条 股东按照实缴的出资比例分取红利；公司新增资本时，股东有权优先按照实缴的出资比例认缴出资。但是，全体股东约定不按照出资比例分取红利或者不按照出资比例优先认缴出资的除外。

▶《全民所有制工业企业法》

第二条 全民所有制工业企业（以下简称企业）是依法自主经营、自负盈亏、独立核算的社会主义商品生产和经营单位。

企业的财产属于全民所有，国家依照所有权和经营权分离的原则授予企业经营管理。企业对国家授予其经营管理的财产享有占有、使用和依法处分的权利。企业依法取得法人资格，以国家授予其经营管理的财产承担民事责任。

▶《乡镇企业法》

第二条 本法所称乡镇企业，是指农村集体经济组织或者农民投资为主，在乡镇（包括所辖村）举办的承担支援农业义务的各类企业。

前款所称投资为主，是指农村集体经济组织或者农民投资超过百分之五十，或者虽不足百分之五十，但能起到控股或者实际支配作用。

乡镇企业符合企业法人条件的，依法取得企业法人资格。

第七十七条 【营利法人的成立】营利法人经依法登记成立。

条文对比

《民法典总则编》	《民法通则》
第七十七条 营利法人经依法登记成立。	**第四十一条** 全民所有制企业、集体所有制企业有符合国家规定的资金数额，有组织章程、组织机构和场所，能够独立承担民事责任，经主管机关核准登记，取得法人资格。 在中华人民共和国领域内设立的中外合资经营企业、中外合作经营企业和外资企业，具备法人条件的，依法经工商行政管理机关核准登记，取得中国法人资格。

关联法规

▶《公司法》

第六条 设立公司，应当依法向公司登记机关申请设立登记。符合本法规定的设立条件的，由公司登记机关分别登记为有限责任公司或者股份有限公司；不符合本法规定的设立条件的，不得登记为有限责任公司或者股份有限公司。

法律、行政法规规定设立公司必须报经批准的，应当在公司登记前依法办理批准手续。

公众可以向公司登记机关申请查询公司登记事项，公司登记机关应当提供查询服务。

▶《全民所有制工业企业法》

第十六条 设立企业，必须依照法律和国务院规定，报请政府或者政府主管部门审核批准。经工商行政管理部门核准登记、发给营业执照，企业取得法人资格。

企业应当在核准登记的经营范围内从事生产经营活动。

▶《企业法人登记管理条例》

第二条 具备法人条件的下列企业，应当依照本条例的规定办理企业法人登记：

（一）全民所有制企业；

（二）集体所有制企业；

（三）联营企业；

（四）在中华人民共和国境内设立的中外合资经营企业、中外合作经营企业和外资企业；

（五）私营企业；

（六）依法需要办理企业法人登记的其他企业。

第四条 企业法人登记主管机关（以下简称登记主管机关）是国家市场监督管理总局和地方各级市场监督管理部门。各级登记主管机关在上级登记主管机关的领导下，依法履行职责，不受非法干预。

▶《合同法司法解释一》

第十条 当事人超越经营范围订立合同，人民法院不因此认定合同无效。但违反国家限制经营、特许经营以及法律、行政法规禁止经营规定的除外。

第七十八条 【营利法人的营业执照】依法设立的营利法人，由登记机关发给营利法人营业执照。营业执照签发日期为营利法人的成立日期。

条文对比

《民法典总则编》	《公司法》
第七十八条 依法设立的营利法人，由登记机关发给营利法人营业执照。营业执照签发日期为营利法人的成立日期。	**第七条第一款** 依法设立的公司，由公司登记机关发给公司营业执照。公司营业执照签发日期为公司成立日期。

关联法规

▶《商业银行法》

第十六条 经批准设立的商业银行，由国务院银行业监督管理机构颁发经营许可证，并凭该许可证向工商行政管理部门办理登记，领取营业执照。

▶《全民所有制工业企业法》

第十六条 设立企业，必须依照法律和国务院规定，报请政府或者政府主管部门审核批准。经工商行政管理部门核准登记、发给营业执照，企业取得法人资格。

企业应当在核准登记的经营范围内从事生产经营活动。

▶《企业法人登记管理条例》

第三条 申请企业法人登记，经企业法人登记主管机关审核，准予登记注册的，领取《企业法人营业执照》，取得法人资格，其合法权益受国家法律保护。

依法需要办理企业法人登记的，未经企业法人登记主管机关核准登记注册，不得从事经营活动。

第十六条 申请企业法人开业登记的单位，经登记主管机关核准登记注册，领取《企业法人营业执照》后，企业即告成立。企业法人凭据《企业法人营业执照》可以刻制公章、开立银行账户、签订合同，进行经营活动。

登记主管机关可以根据企业法人开展业务的需要，核发《企业法人营业执照》副本。

▶《公司登记管理条例》

第二十五条 依法设立的公司，由公司登记机关发给《企业法人营业执照》。公司营业执照签发日期为公司成立日期。公司凭公司登记机关核发的《企业法人营业执照》刻制印章，开立银行账户，申请纳税登记。

第七十九条 【营利法人的章程】设立营利法人应当依法制定法人章程。

条文对比

《民法典总则编》	《公司法》
第七十九条 设立营利法人应当依法制定法人章程。	**第十一条** 设立公司必须依法制定公司章程。~~公司章程对公司、股东、董事、监事、高级管理人员具有约束力。~~

关联法规

▶《公司法》

第十二条 公司的经营范围由公司章程规定，并依法登记。公司可以修改公司章程，改变经营范围，但是应当办理变更登记。

公司的经营范围中属于法律、行政法规规定须经批准的项目，应当依法经过批准。

第二十五条 有限责任公司章程应当载明下列事项：

（一）公司名称和住所；

（二）公司经营范围；

（三）公司注册资本；

（四）股东的姓名或者名称；

（五）股东的出资方式、出资额和出资时间；

（六）公司的机构及其产生办法、职权、议事规则；

（七）公司法定代表人；

（八）股东会会议认为需要规定的其他事项。

股东应当在公司章程上签名、盖章。

权威案例

指导案例96号：宋文军诉西安市大华餐饮有限公司股东资格确认纠纷案

裁判要点：国有企业改制为有限责任公司，其初始章程对股权转让进行限制，明确约定公司回购条款，只要不违反公司法等法律强制性规定，可认定为有效。有限责任公司按照初始章程约定，支付合理对价回购股东股权，且通过转让给其他股东等方式进行合理处置的，人民法院应予支持。

第八十条　【营利法人的权力机构】营利法人应当设权力机构。

权力机构行使修改法人章程，选举或者更换执行机构、监督机构成员，以及法人章程规定的其他职权。

条文对比

《民法典总则编》	新增条文
第八十条　营利法人应当设权力机构。 权力机构行使修改法人章程，选举或者更换执行机构、监督机构成员，以及法人章程规定的其他职权。	

关联法规

▶《公司法》

第三十六条　有限责任公司股东会由全体股东组成。股东会是公司的权力机构，依照本法行使职权。

第三十七条　股东会行使下列职权：

（一）决定公司的经营方针和投资计划；

（二）选举和更换非由职工代表担任的董事、监事，决定有关董事、监事的报酬事项；

（三）审议批准董事会的报告；

（四）审议批准监事会或者监事的报告；

（五）审议批准公司的年度财务预算方案、决算方案；

（六）审议批准公司的利润分配方案和弥补亏损方案；

（七）对公司增加或者减少注册资本作出决议；

（八）对发行公司债券作出决议；

（九）对公司合并、分立、解散、清算或者变更公司形式作出决议；

（十）修改公司章程；

（十一）公司章程规定的其他职权。

对前款所列事项股东以书面形式一致表示同意的，可以不召开股东会会议，直接作出决定，并由全体股东在决定文件上签名、盖章。

第六十六条第一款 国有独资公司不设股东会，由国有资产监督管理机构行使股东会职权。国有资产监督管理机构可以授权公司董事会行使股东会的部分职权，决定公司的重大事项，但公司的合并、分立、解散、增加或者减少注册资本和发行公司债券，必须由国有资产监督管理机构决定；其中，重要的国有独资公司合并、分立、解散、申请破产的，应当由国有资产监督管理机构审核后，报本级人民政府批准。

第九十八条 股份有限公司股东大会由全体股东组成。股东大会是公司的权力机构，依照本法行使职权。

第八十一条 【营利法人的执行机构】 营利法人应当设执行机构。

执行机构行使召集权力机构会议，决定法人的经营计划和投资方案，决定法人内部管理机构的设置，以及法人章程规定的其他职权。

执行机构为董事会或者执行董事的，董事长、执行董事或者经理按照法人章程的规定担任法定代表人；未设董事会或者执行董事的，法人章程规定的主要负责人为其执行机构和法定代表人。

条文对比

《民法典总则编》	新增条文
第八十一条　营利法人应当设执行机构。 执行机构行使召集权力机构会议，决定法人的经营计划和投资方案，决定法人内部管理机构的设置，以及法人章程规定的其他职权。 执行机构为董事会或者执行董事的，董事长、执行董事或者经理按照法人章程的规定担任法定代表人；未设董事会或者执行董事的，法人章程规定的主要负责人为其执行机构和法定代表人。	

关联法规

《公司法》

第十三条　公司法定代表人依照公司章程的规定，由董事长、执行董事或者经理担任，并依法登记。公司法定代表人变更，应当办理变更登记。

第四十六条　董事会对股东会负责，行使下列职权：

（一）召集股东会会议，并向股东会报告工作；

（二）执行股东会的决议；

（三）决定公司的经营计划和投资方案；

（四）制订公司的年度财务预算方案、决算方案；

（五）制订公司的利润分配方案和弥补亏损方案；

（六）制订公司增加或者减少注册资本以及发行公司债券的方案；

（七）制订公司合并、分立、解散或者变更公司形式的方案；

（八）决定公司内部管理机构的设置；

（九）决定聘任或者解聘公司经理及其报酬事项，并根据经理的提名决定聘任或者解聘公司副经理、财务负责人及其报酬事项；

（十）制定公司的基本管理制度；

（十一）公司章程规定的其他职权。

第六十七条第一款 国有独资公司设董事会，依照本法第四十六条、第六十六条的规定行使职权。董事每届任期不得超过三年。董事会成员中应当有公司职工代表。

▶《乡镇企业法》

第十四条 乡镇企业依法实行民主管理，投资者在确定企业经营管理制度和企业负责人，作出重大经营决策和决定职工工资、生活福利、劳动保护、劳动安全等重大问题时，应当听取本企业工会或者职工的意见，实施情况要定期向职工公布，接受职工监督。

第八十二条 【营利法人的监督机构】营利法人设监事会或者监事等监督机构的，监督机构依法行使检查法人财务，监督执行机构成员、高级管理人员执行法人职务的行为，以及法人章程规定的其他职权。

条文对比

《民法典总则编》	新增条文
第八十二条 营利法人设监事会或者监事等监督机构的，监督机构依法行使检查法人财务，监督执行机构成员、高级管理人员执行法人职务的行为，以及法人章程规定的其他职权。	

关联法规

▶《公司法》

第五十一条 有限责任公司设监事会，其成员不得少于三人。股东人数较少或者规模较小的有限责任公司，可以设一至二名监事，不设监事会。

监事会应当包括股东代表和适当比例的公司职工代表，其中职工代表的比例不得低于三分之一，具体比例由公司章程规定。监事会中的职工代表由公司职工通过职工代表大会、职工大会或者其他形式民主选举产生。

监事会设主席一人，由全体监事过半数选举产生。监事会主席召集和主持监事会会议；监事会主席不能履行职务或者不履行职务的，由半数以上监事共同推举一名监事召集和主持监事会会议。

董事、高级管理人员不得兼任监事。

第五十三条 监事会、不设监事会的公司的监事行使下列职权：

（一）检查公司财务；

（二）对董事、高级管理人员执行公司职务的行为进行监督，对违反法律、行政法规、公司章程或者股东会决议的董事、高级管理人员提出罢免的建议；

（三）当董事、高级管理人员的行为损害公司的利益时，要求董事、高级管理人员予以纠正；

（四）提议召开临时股东会会议，在董事会不履行本法规定的召集和主持股东会会议职责时召集和主持股东会会议；

（五）向股东会会议提出提案；

（六）依照本法第一百五十一条的规定，对董事、高级管理人员提起诉讼；

（七）公司章程规定的其他职权。

第七十条 国有独资公司监事会成员不得少于五人，其中职工代表的比例不得低于三分之一，具体比例由公司章程规定。

监事会成员由国有资产监督管理机构委派；但是，监事会成员中的职工代表由公司职工代表大会选举产生。监事会主席由国有资产监督管理机构从监事会成员中指定。

监事会行使本法第五十三条第（一）项至第（三）项规定的职权和国务院规定的其他职权。

第一百一十七条 股份有限公司设监事会，其成员不得少于三人。

监事会应当包括股东代表和适当比例的公司职工代表，其中职工代表的比例不得低于三分之一，具体比例由公司章程规定。监事会中的职工代表由公司职工通过职工代表大会、职工大会或者其他形式民主选举产生。

监事会设主席一人，可以设副主席。监事会主席和副主席由全体监事过半数选举产生。监事会主席召集和主持监事会会议；监事会主席不能履行职务或者不履行职务的，由监事会副主席召集和主持监事会会议；监事会副主席不能履行职务或者不履行职务的，由半数以上监事共同推举一名监事召集和主持监事会会议。

董事、高级管理人员不得兼任监事。

本法第五十二条关于有限责任公司监事任期的规定，适用于股份有限公司监事。

▶《商业银行法》

第十八条 国有独资商业银行设立监事会。监事会的产生办法由国务院规定。

监事会对国有独资商业银行的信贷资产质量、资产负债比例、国有资产保值增值等情况以及高级管理人员违反法律、行政法规或者章程的行为和损害银行利益的行为进行监督。

第八十三条 【营利法人出资人的权利滥用】 营利法人的出资人不得滥用出资人权利损害法人或者其他出资人的利益；滥用出资人权利造成法人或者其他出资人损失的，应当依法承担民事责任。

营利法人的出资人不得滥用法人独立地位和出资人有限责任损害法人债权人的利益；滥用法人独立地位和出资人有限责任，逃避债务，严重损害法人债权人的利益的，应当对法人债务承担连带责任。

条文对比

《民法典总则编》	《公司法》
第八十三条 营利法人的出资人不得滥用出资人权利损害法人或者其他出资人的利益；**滥用出资人权利造成法人或者其他出资人损失的，应当依法承担民事责任。** 营利法人的出资人不得滥用法人独立地位和出资人有限责任损害法人债权人的利益；滥用法人独立地位和出资人有限责任，逃避债务，严重损害法人债权人的利益的，应当对法人债务承担连带责任。	**第二十条** 公司股东~~应当遵守法律、行政法规和公司章程，依法行使股东权利~~，不得滥用股东权利损害公司或者其他股东的利益；不得滥用公司法人独立地位和股东有限责任损害公司债权人的利益。公司股东滥用股东权利给公司或者其他股东造成损失的，应当依法承担赔偿责任。 公司股东滥用公司法人独立地位和股东有限责任，逃避债务，严重损害公司债权人利益的，应当对公司债务承担连带责任。

关联法规

《证券公司监督管理条例》

第三条 证券公司的股东和实际控制人不得滥用权利，占用证券公司或者客户的资产，损害证券公司或者客户的合法权益。

《民间借贷案件规定》

第二十三条 企业法定代表人或负责人以企业名义与出借人签订民间借贷合同，出借人、企业或者其股东能够证明所借款项用于企业法定代表人或负责人个人使用，出借人请求将企业法定代表人或负责人列为共同被告或者第三人的，人民法院应予准许。

企业法定代表人或负责人以个人名义与出借人签订民间借贷合同，所借款项用于企业生产经营，出借人请求企业与个人共同承担责任的，人民法院应予支持。

《公司法司法解释三》

第十二条 公司成立后，公司、股东或者公司债权人以相关股东的行为符合下列情形之一且损害公司权益为由，请求认定该股东抽逃出资的，人民法院应予支持：

（一）制作虚假财务会计报表虚增利润进行分配；

（二）通过虚构债权债务关系将其出资转出；

（三）利用关联交易将出资转出；

（四）其他未经法定程序将出资抽回的行为。

▶《企业破产法司法解释二》

第四十六条 债务人的股东主张以下列债务与债务人对其负有的债务抵销，债务人管理人提出异议的，人民法院应予支持：

（一）债务人股东因欠缴债务人的出资或者抽逃出资对债务人所负的债务；

（二）债务人股东滥用股东权利或者关联关系损害公司利益对债务人所负的债务。

▶《公司债券发行与交易管理办法》

第六十七条 发行人的控股股东滥用公司法人独立地位和股东有限责任，损害债券持有人利益的，应当依法对公司债务承担连带责任。

权威案例

指导案例 15 号：徐工集团工程机械股份有限公司诉成都川交工贸有限责任公司等买卖合同纠纷案

裁判要点：关联公司的人员、业务、财务等方面交叉或混同，导致各自财产无法区分，丧失独立人格的，构成人格混同。

关联公司人格混同，严重损害债权人利益的，关联公司相互之间对外部债务承担连带责任。

《邵萍与云南通海昆通工贸有限公司、通海兴通达工贸有限公司民间借贷纠纷案》，《最高人民法院公报》2017 年第 3 期

裁判摘要：依据《中华人民共和国公司法》第二十条第三款的规定，认定公司滥用法人人格和有限责任的法律责任，应综合多种因素作出判断。在实践中，公司设立的背景，公司的股东、控制人以及主要财务人员的情况，该公司的主要经营业务以及公司与其他公司之间的交易目的，公司的纳税情况以及具体债权人与公司签订合同时的背景情况和履行情况等因素，均应纳入考察范围。

《应高峰诉嘉美德（上海）商贸有限公司、陈惠美其他合同纠纷案》，《最高人民法院公报》2016 年第 10 期

裁判摘要：一、在一人公司法人人格否认之诉中，应区分作为原告的债权人起诉所基于的事由。若债权人以一人公司的股东与公司存在财产混同为由起

诉要求股东对公司债务承担连带责任，应实行举证责任倒置，由被告股东对其个人财产与公司财产之间不存在混同承担举证责任。而其他情形下需遵循关于有限责任公司法人人格否认举证责任分配的一般原则，即折衷的举证责任分配原则。

二、一人公司的财产与股东个人财产是否混同，应当审查公司是否建立了独立规范的财务制度、财务支付是否明晰、是否具有独立的经营场所等进行综合考量。

《中国信达资产管理公司成都办事处与四川泰来装饰工程有限公司、四川泰来房屋开发有限公司、四川泰来娱乐有限责任公司借款担保合同纠纷案》，《最高人民法院公报》2008 年第 10 期

裁判摘要：存在股权关系交叉、均为同一法人出资设立、由同一自然人担任各个公司法定代表人的关联公司，如果该法定代表人利用其对于上述多个公司的控制权，无视各公司的独立人格，随意处置、混淆各个公司的财产及债权债务关系，造成各个公司的人员、财产等无法区分的，该多个公司法人表面上虽然彼此独立，但实质上构成人格混同。因此损害债权人合法权益的，该多个公司法人应承担连带清偿责任。

《中国长城资产管理公司昆明办事处与昆明新人人海鲜酒楼有限责任公司、昆明新人人金实酒楼有限责任公司借款合同纠纷案》，《最高人民法院公报》2008 年第 9 期

裁判摘要：人民法院审理民事案件中，鉴于被告方数个企业法人的法定代表人为同一人，且其在各企业法人中的法定职权与义务基本相同，故在向被告方送达开庭传票等法律文书时，仅送达至其中一个企业法人，并通过该企业法人向被告方其他企业法人转交或者留置送达的做法，并不影响当事人的诉讼权利，不属于审判程序违法。

第八十四条 【滥用关联关系造成损失的赔偿责任】营利法人的控股出资人、实际控制人、董事、监事、高级管理人员不得利用其关联关系损害法人的利益；利用关联关系造成法人损失的，应当承担赔偿责任。

条文对比

《民法典总则编》	《公司法》
第八十四条　营利法人的控股出资人、实际控制人、董事、监事、高级管理人员不得利用其关联关系损害法人的利益；**利用关联关系**造成法人损失的，应当承担赔偿责任。	**第二十一条**　公司的控股股东、实际控制人、董事、监事、高级管理人员不得利用其关联关系损害公司利益。 违反前款规定，给公司造成损失的，应当承担赔偿责任。

关联法规

《公司法》

第二百一十六条　本法下列用语的含义：

（一）高级管理人员，是指公司的经理、副经理、财务负责人，上市公司董事会秘书和公司章程规定的其他人员。

（二）控股股东，是指其出资额占有限责任公司资本总额百分之五十以上或者其持有的股份占股份有限公司股本总额百分之五十以上的股东；出资额或者持有股份的比例虽然不足百分之五十，但依其出资额或者持有的股份所享有的表决权已足以对股东会、股东大会的决议产生重大影响的股东。

（三）实际控制人，是指虽不是公司的股东，但通过投资关系、协议或者其他安排，能够实际支配公司行为的人。

（四）关联关系，是指公司控股股东、实际控制人、董事、监事、高级管理人员与其直接或者间接控制的企业之间的关系，以及可能导致公司利益转移的其他关系。但是，国家控股的企业之间不仅因为同受国家控股而具有关联关系。

《公司法司法解释三》

第十二条　公司成立后，公司、股东或者公司债权人以相关股东的行为符合下列情形之一且损害公司权益为由，请求认定该股东抽逃出资的，人民法院应予支持：

（一）制作虚假财务会计报表虚增利润进行分配；

（二）通过虚构债权债务关系将其出资转出；

（三）利用关联交易将出资转出；

（四）其他未经法定程序将出资抽回的行为。

第八十五条 【营利法人出资人对瑕疵决议的撤销权】 营利法人的权力机构、执行机构作出决议的会议召集程序、表决方式违反法律、行政法规、法人章程，或者决议内容违反法人章程的，营利法人的出资人可以请求人民法院撤销该决议。但是，营利法人依据该决议与善意相对人形成的民事法律关系不受影响。

条文对比

《民法典总则编》	《公司法》
第八十五条 营利法人的权力机构、执行机构作出决议的会议召集程序、表决方式违反法律、行政法规、法人章程，或者决议内容违反法人章程的，营利法人的出资人可以请求人民法院撤销该决议。**但是，营利法人依据该决议与善意相对人形成的民事法律关系不受影响。**	**第二十二条第一款、第二款** 公司股东会或者股东大会、董事会的决议~~内容违反法律、行政法规的无效。~~ 股东会或者股东大会、董事会的会议召集程序、表决方式违反法律、行政法规或者公司章程，或者决议内容违反公司章程的，股东可以~~自决议作出之日起六十日内~~，请求人民法院撤销。

关联法规

▶ 《公司法》

第二十二条第三款、第四款 股东依照前款规定提起诉讼的，人民法院可以应公司的请求，要求股东提供相应担保。

公司根据股东会或者股东大会、董事会决议已办理变更登记的，人民法院宣告该决议无效或者撤销该决议后，公司应当向公司登记机关申请撤销变更登记。

权威案例

指导案例10号：李建军诉上海佳动力环保科技有限公司公司决议撤销纠纷案

裁判要点： 人民法院在审理公司决议撤销纠纷案件中应当审查：会议召集

程序、表决方式是否违反法律、行政法规或者公司章程，以及决议内容是否违反公司章程。在未违反上述规定的前提下，解聘总经理职务的决议所依据的事实是否属实，理由是否成立，不属于司法审查范围。

第八十六条　【营利法人的社会责任】营利法人从事经营活动，应当遵守商业道德，维护交易安全，接受政府和社会的监督，承担社会责任。

条文对比

《民法典总则编》	《公司法》
第八十六条　营利法人从事经营活动，<u>应当</u>遵守商业道德，**维护交易安全**，接受政府和社会的监督，承担社会责任。	**第五条第一款**　公司从事经营活动，<u>必须</u>遵守~~法律、行政法规，遵守社会公德~~、商业道德，~~诚实守信~~，接受政府和社会~~公众~~的监督，承担社会责任。

关联法规

▶《反不正当竞争法》

第二条　经营者在生产经营活动中，应当遵循自愿、平等、公平、诚信的原则，遵守法律和商业道德。

本法所称的不正当竞争行为，是指经营者在生产经营活动中，违反本法规定，扰乱市场竞争秩序，损害其他经营者或者消费者的合法权益的行为。

本法所称的经营者，是指从事商品生产、经营或者提供服务（以下所称商品包括服务）的自然人、法人和非法人组织。

▶《食品安全法》

第四条　食品生产经营者对其生产经营食品的安全负责。

食品生产经营者应当依照法律、法规和食品安全标准从事生产经营活动，保证食品安全，诚信自律，对社会和公众负责，接受社会监督，承担社会责任。

▶《公司法》

第十七条 公司必须保护职工的合法权益，依法与职工签订劳动合同，参加社会保险，加强劳动保护，实现安全生产。

公司应当采用多种形式，加强公司职工的职业教育和岗位培训，提高职工素质。

第十八条 公司职工依照《中华人民共和国工会法》组织工会，开展工会活动，维护职工合法权益。公司应当为本公司工会提供必要的活动条件。公司工会代表职工就职工的劳动报酬、工作时间、福利、保险和劳动安全卫生等事项依法与公司签订集体合同。

公司依照宪法和有关法律的规定，通过职工代表大会或者其他形式，实行民主管理。

公司研究决定改制以及经营方面的重大问题、制定重要的规章制度时，应当听取公司工会的意见，并通过职工代表大会或者其他形式听取职工的意见和建议。

▶《旅游法》

第六条 国家建立健全旅游服务标准和市场规则，禁止行业垄断和地区垄断。旅游经营者应当诚信经营，公平竞争，承担社会责任，为旅游者提供安全、健康、卫生、方便的旅游服务。

▶《网络安全法》

第九条 网络运营者开展经营和服务活动，必须遵守法律、行政法规，尊重社会公德，遵守商业道德，诚实信用，履行网络安全保护义务，接受政府和社会的监督，承担社会责任。

▶《企业国有资产法》

第十七条 国家出资企业从事经营活动，应当遵守法律、行政法规，加强经营管理，提高经济效益，接受人民政府及其有关部门、机构依法实施的管理和监督，接受社会公众的监督，承担社会责任，对出资人负责。

国家出资企业应当依法建立和完善法人治理结构，建立健全内部监督管理和风险控制制度。

第三节　非营利法人

第八十七条　【非营利法人的概念】为公益目的或者其他非营利目的成立，不向出资人、设立人或者会员分配所取得利润的法人，为非营利法人。

非营利法人包括事业单位、社会团体、基金会、社会服务机构等。

条文对比

《民法典总则编》	新增条文
第八十七条　为公益目的或者其他非营利目的成立，不向出资人、设立人或者会员分配所取得利润的法人，为非营利法人。 非营利法人包括事业单位、社会团体、基金会、社会服务机构等。	

关联法规

▶《证券法》

第一百四十五条　证券登记结算机构为证券交易提供集中登记、存管与结算服务，不以营利为目的，依法登记，取得法人资格。

设立证券登记结算机构必须经国务院证券监督管理机构批准。

▶《公益事业捐赠法》

第十条　公益性社会团体和公益性非营利的事业单位可以依照本法接受捐赠。本法所称公益性社会团体是指依法成立的，以发展公益事业为宗旨的基金会、慈善组织等社会团体。本法所称公益性非营利的事业单位是指依法成立的，从事公益事业的不以营利为目的的教育机构、科学研究机构、医疗卫生机构、社会公共文化机构、社会公共体育机构和社会福利机构等。

▶《慈善法》

第八条 本法所称慈善组织，是指依法成立、符合本法规定，以面向社会开展慈善活动为宗旨的非营利性组织。

慈善组织可以采取基金会、社会团体、社会服务机构等组织形式。

▶《民办教育促进法》

第十九条 民办学校的举办者可以自主选择设立非营利性或者营利性民办学校。但是，不得设立实施义务教育的营利性民办学校。

非营利性民办学校的举办者不得取得办学收益，学校的办学结余全部用于办学。

营利性民办学校的举办者可以取得办学收益，学校的办学结余依照公司法等有关法律、行政法规的规定处理。

民办学校取得办学许可证后，进行法人登记，登记机关应当依法予以办理。

▶《工会法》

第十四条 中华全国总工会、地方总工会、产业工会具有社会团体法人资格。

基层工会组织具备民法通则规定的法人条件的，依法取得社会团体法人资格。

▶《社会团体登记管理条例》

第二条 本条例所称社会团体，是指中国公民自愿组成，为实现会员共同意愿，按照其章程开展活动的非营利性社会组织。

国家机关以外的组织可以作为单位会员加入社会团体。

▶《博物馆条例》

第二条 本条例所称博物馆，是指以教育、研究和欣赏为目的，收藏、保护并向公众展示人类活动和自然环境的见证物，经登记管理机关依法登记的非营利组织。

博物馆包括国有博物馆和非国有博物馆。利用或者主要利用国有资产设立的博物馆为国有博物馆；利用或者主要利用非国有资产设立的博物馆为非国有博物馆。

国家在博物馆的设立条件、提供社会服务、规范管理、专业技术职称评定、财税扶持政策等方面，公平对待国有和非国有博物馆。

第十五条 设立藏品不属于古生物化石的非国有博物馆的，应当到有关登记管理机关依法办理法人登记手续。

前款规定的非国有博物馆变更、终止的，应当到有关登记管理机关依法办理变更登记、注销登记，并向馆址所在地省、自治区、直辖市人民政府文物主管部门备案。

►《事业单位登记管理暂行条例》

第二条 本条例所称事业单位，是指国家为了社会公益目的，由国家机关举办或者其他组织利用国有资产举办的，从事教育、科技、文化、卫生等活动的社会服务组织。

事业单位依法举办的营利性经营组织，必须实行独立核算，依照国家有关公司、企业等经营组织的法律、法规登记管理。

►《基金会管理条例》

第二条 本条例所称基金会，是指利用自然人、法人或者其他组织捐赠的财产，以从事公益事业为目的，按照本条例的规定成立的非营利性法人。

►《最高人民法院关于在民事审判工作中适用〈中华人民共和国工会法〉若干问题的解释》

第一条 人民法院审理涉及工会组织的有关案件时，应当认定依照工会法建立的工会组织的社团法人资格。具有法人资格的工会组织依法独立享有民事权利，承担民事义务。建立工会的企业、事业单位、机关与所建工会以及工会投资兴办的企业，根据法律和司法解释的规定，应当分别承担各自的民事责任。

第八十八条 【事业单位法人】 具备法人条件，为适应经济社会发展需要，提供公益服务设立的事业单位，经依法登记成立，取得事业单位法人资格；依法不需要办理法人登记的，从成立之日起，具有事业单位法人资格。

条文对比

《民法典总则编》	《民法通则》
第八十八条 具备法人条件，**为适应经济社会发展需要，提供公益服务设立**的事业单位，经依法登记成立，取得**事业单位**法人资格；依法不需要办理法人登记的，从成立之日起，具有**事业单位**法人资格。	**第五十条第二款** 具备法人条件的事业单位~~、社会团体~~，依法不需要办理法人登记的，从成立之日起，具有法人资格；~~依法需要办理法人登记的~~，经~~核准~~登记，取得法人资格。

关联法规

▶《事业单位登记管理暂行条例》

第二条 本条例所称事业单位，是指国家为了社会公益目的，由国家机关举办或者其他组织利用国有资产举办的，从事教育、科技、文化、卫生等活动的社会服务组织。

事业单位依法举办的营利性经营组织，必须实行独立核算，依照国家有关公司、企业等经营组织的法律、法规登记管理。

第三条 事业单位经县级以上各级人民政府及其有关主管部门（以下统称审批机关）批准成立后，应当依照本条例的规定登记或者备案。

事业单位应当具备法人条件。

第六条 申请事业单位法人登记，应当具备下列条件：

（一）经审批机关批准设立；

（二）有自己的名称、组织机构和场所；

（三）有与其业务活动相适应的从业人员；

（四）有与其业务活动相适应的经费来源；

（五）能够独立承担民事责任。

第十一条 法律规定具备法人条件、自批准设立之日起即取得法人资格的事业单位，或者法律、其他行政法规规定具备法人条件、经有关主管部门依法审核或者登记，已经取得相应的执业许可证书的事业单位，不再办理事业单位法人登记，由有关主管部门按照分级登记管理的规定向登记管理机关备案。

县级以上各级人民政府设立的直属事业单位直接向登记管理机关备案。

第八十九条　【事业单位法人的治理机构】事业单位法人设理事会的，除法律另有规定外，理事会为其决策机构。事业单位法人的法定代表人依照法律、行政法规或者法人章程的规定产生。

条文对比

《民法典总则编》	新增条文
第八十九条　事业单位法人设理事会的，除法律另有规定外，理事会为其决策机构。事业单位法人的法定代表人依照法律、行政法规或者法人章程的规定产生。	

关联法规

▶《民办教育促进法》

第二十条　民办学校应当设立学校理事会、董事会或者其他形式的决策机构并建立相应的监督机制。

民办学校的举办者根据学校章程规定的权限和程序参与学校的办学和管理。

▶《关于建立和完善事业单位法人治理结构的意见》

三、主要内容

面向社会提供公益服务的事业单位要探索建立和完善法人治理结构。不宜建立法人治理结构的事业单位，要继续完善现行管理模式。

（一）建立健全决策监督机构。决策监督机构的主要组织形式是理事会，也可探索董事会、管委会等多种形式。理事会作为事业单位的决策和监督机构，依照法律法规、国家有关政策和本单位章程开展工作，接受政府监管和社会监督。理事会负责本单位的发展规划、财务预决算、重大业务、章程拟订和修订等决策事项，按照有关规定履行人事管理方面的职责，并监督本单位的运行。理事会一般由政府有关部门、举办单位、事业单位、服务对象和其他有关方面的代表组成。直接关系人民群众切身利益的事业单位，本单位以外人员担任的理事要占多数。根据事业单位的规模、职责任务和服务对象等方面特点，兼顾代表性和效率，合理确定理事会的构成和规模。结合理事所代表的不同方面，采取相应的理事产生方式，代表政府部门或相关组织的理事一般由政府部门或相关组织委派，代表服务对象和其他利益相关方的理事原则上推选产生，事业单位行政负责人及其他有关职位的负责人可以确定为当然理事。要明确理事的权利义务，建立理事责任追究机制。也可探索单独设立监事会，负责监督事业单位财务和理事、管理层人员履行职责的情况。

（二）明确管理层权责。管理层作为理事会的执行机构，由事业单位行政负责人及其他主要管理人员组成。管理层对理事会负责，按照理事会决议独立自主履行日常业务管理、财务资产管理和一般工作人员管理等职责，定期向理事会报告工作。事业单位行政负责人由理事会任命或提名，并按照人事管理权限报有关部门备案或批准。事业单位其他主要管理人员的任命和提名，根据不同情况可以采取不同的方式。

（三）制定事业单位章程。事业单位章程是法人治理结构的制度载体和理事会、管理层的运行规则，也是有关部门对事业单位进行监管的重要依据。事业单位章程应当明确理事会和管理层的关系，包括理事会的职责、构成、会议制度，理事的产生方式和任期，管理层的职责和产生方式等。事业单位章程草案由理事会通过，并经举办单位同意后，报登记管理机关核准备案。

要研究制定事业单位法人治理准则，进一步规范事业单位法人治理结构建设。完善事业单位年度报告制度，加强对事业单位履行章程情况的监管。建立事业单位信息公开制度，强化社会对事业单位的监督。全面加强事业单位党的建设。

▶《关于创新事业单位机构编制管理的意见》

五、完善事业单位登记管理制度

事业单位应当进行法人登记。指导事业单位制定章程并依法核准，加强对事业单位履行章程情况的监管。改革和完善事业单位年度报告制度，建立相关信息公开制度。按照方便事业单位和节约效能原则，推进网上登记管理。转为行政机构和企业的事业单位，核销事业编制后要及时办理事业单位法人注销登记。

第九十条　【社会团体法人】具备法人条件，基于会员共同意愿，为公益目的或者会员共同利益等非营利目的设立的社会团体，经依法登记成立，取得社会团体法人资格；依法不需要办理法人登记的，从成立之日起，具有社会团体法人资格。

条文对比

《民法典总则编》	《民法通则》
第九十条　具备法人条件，**基于会员共同意愿，为公益目的或者会员共同利益等非营利目的设立的**社会团体，经依法登记成立，取得**社会团体**法人资格；依法不需要办理法人登记的，从成立之日起，具有**社会团体**法人资格。	**第五十条第二款**　具备法人条件的~~事业单位、~~社会团体，依法不需要办理法人登记的，从成立之日起，具有法人资格；~~依法需要办理法人登记的~~，经~~核准~~登记，取得法人资格。

关联法规

▶ **《证券法》**

第一百六十四条　证券业协会是证券业的自律性组织，是社会团体法人。

证券公司应当加入证券业协会。

证券业协会的权力机构为全体会员组成的会员大会。

▶ **《律师法》**

第四十三条　律师协会是社会团体法人，是律师的自律性组织。

全国设立中华全国律师协会，省、自治区、直辖市设立地方律师协会，设区的市根据需要可以设立地方律师协会。

▶ **《仲裁法》**

第十五条　中国仲裁协会是社会团体法人。仲裁委员会是中国仲裁协会的会员。中国仲裁协会的章程由全国会员大会制定。

中国仲裁协会是仲裁委员会的自律性组织，根据章程对仲裁委员会及其组成人员、仲裁员的违纪行为进行监督。

中国仲裁协会依照本法和民事诉讼法的有关规定制定仲裁规则。

▶《红十字会法》

第二条 中国红十字会是中华人民共和国统一的红十字组织，是从事人道主义工作的社会救助团体。

第十条 中国红十字会总会具有社会团体法人资格；地方各级红十字会、行业红十字会依法取得社会团体法人资格。

▶《保险法》

第一百八十一条 保险公司以外的其他依法设立的保险组织经营的商业保险业务，适用本法。

▶《拍卖法》

第十七条 拍卖行业协会是依法成立的社会团体法人，是拍卖业的自律性组织。拍卖行业协会依照本法并根据章程，对拍卖企业和拍卖师进行监督。

▶《证券投资基金法》

第一百零八条 基金行业协会是证券投资基金行业的自律性组织，是社会团体法人。

基金管理人、基金托管人应当加入基金行业协会，基金服务机构可以加入基金行业协会。

▶《注册会计师法》

第三十八条 注册会计师协会依法取得社会团体法人资格。

▶《工会法》

第十四条 中华全国总工会、地方总工会、产业工会具有社会团体法人资格。

基层工会组织具备民法通则规定的法人条件的，依法取得社会团体法人资格。

▶《期货交易管理条例》

第四十三条 期货业协会是期货业的自律性组织，是社会团体法人。

期货公司以及其他专门从事期货经营的机构应当加入期货业协会，并缴纳会员费。

▶《社会团体登记管理条例》

第二条 本条例所称社会团体，是指中国公民自愿组成，为实现会员共同意愿，按照其章程开展活动的非营利性社会组织。

国家机关以外的组织可以作为单位会员加入社会团体。

第三条 成立社会团体，应当经其业务主管单位审查同意，并依照本条例的规定进行登记。

社会团体应当具备法人条件。

下列团体不属于本条例规定登记的范围：

（一）参加中国人民政治协商会议的人民团体；

（二）由国务院机构编制管理机关核定，并经国务院批准免于登记的团体；

（三）机关、团体、企业事业单位内部经本单位批准成立、在本单位内部活动的团体。

第六条 国务院民政部门和县级以上地方各级人民政府民政部门是本级人民政府的社会团体登记管理机关（以下简称登记管理机关）。

国务院有关部门和县级以上地方各级人民政府有关部门、国务院或者县级以上地方各级人民政府授权的组织，是有关行业、学科或者业务范围内社会团体的业务主管单位（以下简称业务主管单位）。

法律、行政法规对社会团体的监督管理另有规定的，依照有关法律、行政法规的规定执行。

第九条 申请成立社会团体，应当经其业务主管单位审查同意，由发起人向登记管理机关申请登记。

筹备期间不得开展筹备以外的活动。

第九十一条 【社会团体法人的治理依据与治理机构】 设立社会团体法人应当依法制定法人章程。

社会团体法人应当设会员大会或者会员代表大会等权力机构。

社会团体法人应当设理事会等执行机构。理事长或者会长等负责人按照法人章程的规定担任法定代表人。

条文对比

《民法典总则编》	新增条文
第九十一条　设立社会团体法人应当依法制定法人章程。 社会团体法人应当设会员大会或者会员代表大会等权力机构。 社会团体法人应当设理事会等执行机构。理事长或者会长等负责人按照法人章程的规定担任法定代表人。	

关联法规

《民法典总则编》

第七十条　法人解散的，除合并或者分立的情形外，清算义务人应当及时组成清算组进行清算。

法人的董事、理事等执行机构或者决策机构的成员为清算义务人。法律、行政法规另有规定的，依照其规定。

清算义务人未及时履行清算义务，造成损害的，应当承担民事责任；主管机关或者利害关系人可以申请人民法院指定有关人员组成清算组进行清算。

《证券法》

第一百六十四条　证券业协会是证券业的自律性组织，是社会团体法人。

证券公司应当加入证券业协会。

证券业协会的权力机构为全体会员组成的会员大会。

第一百六十五条　证券业协会章程由会员大会制定，并报国务院证券监督管理机构备案。

《律师法》

第四十四条　全国律师协会章程由全国会员代表大会制定，报国务院司法行政部门备案。

地方律师协会章程由地方会员代表大会制定，报同级司法行政部门备案。地方律师协会章程不得与全国律师协会章程相抵触。

▶《公证法》

第四条 全国设立中国公证协会，省、自治区、直辖市设立地方公证协会。中国公证协会和地方公证协会是社会团体法人。中国公证协会章程由会员代表大会制定，报国务院司法行政部门备案。

公证协会是公证业的自律性组织，依据章程开展活动，对公证机构、公证员的执业活动进行监督。

▶《红十字会法》

第四条 中国红十字会应当遵守宪法和法律，遵循国际红十字和红新月运动确立的基本原则，依照中国批准或者加入的日内瓦公约及其附加议定书和中国红十字会章程，独立自主地开展工作。

中国红十字会全国会员代表大会依法制定或者修改中国红十字会章程，章程不得与宪法和法律相抵触。

第八条 各级红十字会设立理事会、监事会。理事会、监事会由会员代表大会选举产生，向会员代表大会负责并报告工作，接受其监督。

理事会民主选举产生会长和副会长。理事会执行会员代表大会的决议。

执行委员会是理事会的常设执行机构，其人员组成由理事会决定，向理事会负责并报告工作。

监事会民主推选产生监事长和副监事长。理事会、执行委员会工作受监事会监督。

第九条 中国红十字会总会可以设名誉会长和名誉副会长。名誉会长和名誉副会长由中国红十字会总会理事会聘请。

▶《证券投资基金法》

第一百零九条 基金行业协会的权力机构为全体会员组成的会员大会。

基金行业协会设理事会。理事会成员依章程的规定由选举产生。

第一百一十条 基金行业协会章程由会员大会制定，并报国务院证券监督管理机构备案。

▶《注册会计师法》

第三十四条 中国注册会计师协会的章程由全国会员代表大会制定，并报国务院财政部门备案；省、自治区、直辖市注册会计师协会的章程由省、自治区、直辖市会员代表大会制定，并报省、自治区、直辖市人民政府财政部门备案。

▶《期货交易管理条例》

第四十四条 期货业协会的权力机构为全体会员组成的会员大会。

期货业协会的章程由会员大会制定，并报国务院期货监督管理机构备案。

期货业协会设理事会。理事会成员按照章程的规定选举产生。

▶《社会团体登记管理条例》

第九条 申请成立社会团体，应当经其业务主管单位审查同意，由发起人向登记管理机关申请登记。

筹备期间不得开展筹备以外的活动。

第十条第一款 成立社会团体，应当具备下列条件：

（一）有50个以上的个人会员或者30个以上的单位会员；个人会员、单位会员混合组成的，会员总数不得少于50个；

（二）有规范的名称和相应的组织机构；

（三）有固定的住所；

（四）有与其业务活动相适应的专职工作人员；

（五）有合法的资产和经费来源，全国性的社会团体有10万元以上活动资金，地方性的社会团体和跨行政区域的社会团体有3万元以上活动资金；

（六）有独立承担民事责任的能力。

第十一条 申请登记社会团体，发起人应当向登记管理机关提交下列文件：

（一）登记申请书；

（二）业务主管单位的批准文件；

（三）验资报告、场所使用权证明；

（四）发起人和拟任负责人的基本情况、身份证明；

（五）章程草案。

第十二条 登记管理机关应当自收到本条例第十一条所列全部有效文件之日起60日内，作出准予或者不予登记的决定。准予登记的，发给《社会团体法人登记证书》；不予登记的，应当向发起人说明理由。

社会团体登记事项包括：名称、住所、宗旨、业务范围、活动地域、法定代表人、活动资金和业务主管单位。

社会团体的法定代表人，不得同时担任其他社会团体的法定代表人。

第十四条 社会团体的章程应当包括下列事项：

（一）名称、住所；

（二）宗旨、业务范围和活动地域；

（三）会员资格及其权利、义务；

（四）民主的组织管理制度，执行机构的产生程序；

（五）负责人的条件和产生、罢免的程序；

（六）资产管理和使用的原则；

（七）章程的修改程序；

（八）终止程序和终止后资产的处理；

（九）应当由章程规定的其他事项。

第九十二条　【捐助法人】具备法人条件，为公益目的以捐助财产设立的基金会、社会服务机构等，经依法登记成立，取得捐助法人资格。

依法设立的宗教活动场所，具备法人条件的，可以申请法人登记，取得捐助法人资格。法律、行政法规对宗教活动场所有规定的，依照其规定。

条文对比

《民法典总则编》	《慈善法》
第九十二条　具备法人条件，为公益目的以捐助财产设立的基金会、社会服务机构等，经依法登记成立，取得捐助法人资格。 依法设立的宗教活动场所，具备法人条件的，可以申请法人登记，取得捐助法人资格。法律、行政法规对宗教活动场所有规定的，依照其规定。	**第十条**　设立慈善组织，应当向县级以上人民政府民政部门申请登记，民政部门应当自受理申请之日起三十日内作出决定。符合本法规定条件的，准予登记并向社会公告；不符合本法规定条件的，不予登记并书面说明理由。 本法公布前已经设立的基金会、社会团体、社会服务机构等非营利性组织，可以向其登记的民政部门申请认定为慈善组织，民政部门应当自受理申请之日起二十日内作出决定。符合慈善组织条件的，予以认定并向社会公告；不符合慈善组织条件的，不予认定并书面说明理由。

《民法典总则编》	《慈善法》
	有特殊情况需要延长登记或者认定期限的，报经国务院民政部门批准，可以适当延长，但延长的期限不得超过六十日。

关联法规

《宪法》

第三十六条 中华人民共和国公民有宗教信仰自由。

任何国家机关、社会团体和个人不得强制公民信仰宗教或者不信仰宗教，不得歧视信仰宗教的公民和不信仰宗教的公民。

国家保护正常的宗教活动。任何人不得利用宗教进行破坏社会秩序、损害公民身体健康、妨碍国家教育制度的活动。

宗教团体和宗教事务不受外国势力的支配。

《慈善法》

第三条 本法所称慈善活动，是指自然人、法人和其他组织以捐赠财产或者提供服务等方式，自愿开展的下列公益活动：

（一）扶贫、济困；

（二）扶老、救孤、恤病、助残、优抚；

（三）救助自然灾害、事故灾难和公共卫生事件等突发事件造成的损害；

（四）促进教育、科学、文化、卫生、体育等事业的发展；

（五）防治污染和其他公害，保护和改善生态环境；

（六）符合本法规定的其他公益活动。

第八条 本法所称慈善组织，是指依法成立、符合本法规定，以面向社会开展慈善活动为宗旨的非营利性组织。

慈善组织可以采取基金会、社会团体、社会服务机构等组织形式。

第九条 慈善组织应当符合下列条件：

（一）以开展慈善活动为宗旨；

（二）不以营利为目的；

（三）有自己的名称和住所；

（四）有组织章程；

（五）有必要的财产；

（六）有符合条件的组织机构和负责人；

（七）法律、行政法规规定的其他条件。

▶《宗教事务条例》

第七条 宗教团体的成立、变更和注销，应当依照国家社会团体管理的有关规定办理登记。

宗教团体章程应当符合国家社会团体管理的有关规定。

宗教团体按照章程开展活动，受法律保护。

第十九条 宗教活动场所包括寺观教堂和其他固定宗教活动处所。

寺观教堂和其他固定宗教活动处所的区分标准由省、自治区、直辖市人民政府宗教事务部门制定，报国务院宗教事务部门备案。

▶《基金会管理条例》

第二条 本条例所称基金会，是指利用自然人、法人或者其他组织捐赠的财产，以从事公益事业为目的，按照本条例的规定成立的非营利性法人。

第九十三条 【捐助法人的治理依据与治理机构】 设立捐助法人应当依法制定法人章程。

捐助法人应当设理事会、民主管理组织等决策机构，并设执行机构。理事长等负责人按照法人章程的规定担任法定代表人。

捐助法人应当设监事会等监督机构。

条文对比

《民法典总则编》	《慈善法》
第九十三条 设立捐助法人应当依法制定法人章程。 捐助法人应当设理事会、民主管理组织等决策机构，并设执行机构。理事长等负责人按照法人章程的规定担任法定代表人。 捐助法人应当设监事会等监督机构。	**第十二条** 慈善组织应当根据法律法规以及章程的规定，建立健全内部治理结构，明确决策、执行、监督等方面的职责权限，开展慈善活动。 慈善组织应当执行国家统一的会计制度，依法进行会计核算，建立健全会计监督制度，并接受政府有关部门的监督管理。

关联法规

《慈善法》

第十四条 慈善组织的发起人、主要捐赠人以及管理人员，不得利用其关联关系损害慈善组织、受益人的利益和社会公共利益。

慈善组织的发起人、主要捐赠人以及管理人员与慈善组织发生交易行为的，不得参与慈善组织有关该交易行为的决策，有关交易情况应当向社会公开。

第十五条 慈善组织不得从事、资助危害国家安全和社会公共利益的活动，不得接受附加违反法律法规和违背社会公德条件的捐赠，不得对受益人附加违反法律法规和违背社会公德的条件。

第十六条 有下列情形之一的，不得担任慈善组织的负责人：

（一）无民事行为能力或者限制民事行为能力的；

（二）因故意犯罪被判处刑罚，自刑罚执行完毕之日起未逾五年的；

（三）在被吊销登记证书或者被取缔的组织担任负责人，自该组织被吊销登记证书或者被取缔之日起未逾五年的；

（四）法律、行政法规规定的其他情形。

《基金会管理条例》

第二十条 基金会设理事会，理事为 5 人至 25 人，理事任期由章程规定，但每届任期不得超过 5 年。理事任期届满，连选可以连任。

用私人财产设立的非公募基金会，相互间有近亲属关系的基金会理事，总数不得超过理事总人数的三分之一；其他基金会，具有近亲属关系的不得同时在理事会任职。

在基金会领取报酬的理事不得超过理事总人数的三分之一。

理事会设理事长、副理事长和秘书长，从理事中选举产生，理事长是基金会的法定代表人。

第二十一条 理事会是基金会的决策机构，依法行使章程规定的职权。

理事会每年至少召开 2 次会议。理事会会议须有 2/3 以上理事出席方能召开；理事会决议须经出席理事过半数通过方为有效。

下列重要事项的决议，须经出席理事表决，2/3 以上通过方为有效：

（一）章程的修改；

（二）选举或者罢免理事长、副理事长、秘书长；

（三）章程规定的重大募捐、投资活动；

（四）基金会的分立、合并。

理事会会议应当制作会议记录，并由出席理事审阅、签名。

第二十二条 基金会设监事。监事任期与理事任期相同。理事、理事的近亲属和基金会财会人员不得兼任监事。

监事依照章程规定的程序检查基金会财务和会计资料，监督理事会遵守法律和章程的情况。

监事列席理事会会议，有权向理事会提出质询和建议，并应当向登记管理机关、业务主管单位以及税务、会计主管部门反映情况。

第九十四条 【捐助人的权利】 捐助人有权向捐助法人查询捐助财产的使用、管理情况，并提出意见和建议，捐助法人应当及时、如实答复。

捐助法人的决策机构、执行机构或者法定代表人作出决定的程序违反法律、行政法规、法人章程，或者决定内容违反法人章程的，捐助人等利害关系人或者主管机关可以请求人民法院撤销该决定。但是，捐助法人依据该决定与善意相对人形成的民事法律关系不受影响。

条文对比

《民法典总则编》	《公益事业捐赠法》
第九十四条 捐助人有权向捐助法人查询捐助财产的使用、管理情况，并提出意见和建议，捐助法人应当**及时**、如实答复。 **捐助法人的决策机构、执行机构或者法定代表人作出决定的程序违反法律、行政法规、法人章程，或者决定内容违反法人章程的，捐助人等利害关系人或者主管机关可以请求人民法院撤销该决定。但是，捐助法人依据该决定与善意相对人形成的民事法律关系不受影响。**	**第二十一条** 捐赠人有权向受赠人查询捐赠财产的使用、管理情况，并提出意见和建议。~~对于捐赠人的查询~~，受赠人应当如实答复。

关联法规

▶《慈善法》

第四十二条 捐赠人有权查询、复制其捐赠财产管理使用的有关资料，慈善组织应当及时主动向捐赠人反馈有关情况。

慈善组织违反捐赠协议约定的用途，滥用捐赠财产的，捐赠人有权要求其改正；拒不改正的，捐赠人可以向民政部门投诉、举报或者向人民法院提起诉讼。

第四十八条 慈善信托的受托人管理和处分信托财产，应当按照信托目的，恪尽职守，履行诚信、谨慎管理的义务。

慈善信托的受托人应当根据信托文件和委托人的要求，及时向委托人报告信托事务处理情况、信托财产管理使用情况。慈善信托的受托人应当每年至少一次将信托事务处理情况及财务状况向其备案的民政部门报告，并向社会公开。

▶《宗教事务条例》

第五十七条 宗教团体、宗教院校、宗教活动场所可以按照国家有关规定接受境内外组织和个人的捐赠，用于与其宗旨相符的活动。

宗教团体、宗教院校、宗教活动场所不得接受境外组织和个人附带条件的捐赠，接受捐赠金额超过10万元的，应当报县级以上人民政府宗教事务部门审批。

宗教团体、宗教院校、宗教活动场所可以按照宗教习惯接受公民的捐赠，但不得强迫或者摊派。

第五十八条 宗教团体、宗教院校、宗教活动场所应当执行国家统一的财务、资产、会计制度，向所在地的县级以上人民政府宗教事务部门报告财务状况、收支情况和接受、使用捐赠情况，接受其监督管理，并以适当方式向信教公民公布。宗教事务部门应当与有关部门共享相关管理信息。

宗教团体、宗教院校、宗教活动场所应当按照国家有关财务、会计制度，建立健全会计核算、财务报告、财务公开等制度，建立健全财务管理机构，配备必要的财务会计人员，加强财务管理。

政府有关部门可以组织对宗教团体、宗教院校、宗教活动场所进行财务、资产检查和审计。

▶《基金会管理条例》

第三十九条 捐赠人有权向基金会查询捐赠财产的使用、管理情况，并提出意见和建议。对于捐赠人的查询，基金会应当及时如实答复。

基金会违反捐赠协议使用捐赠财产的，捐赠人有权要求基金会遵守捐赠协议或者向人民法院申请撤销捐赠行为、解除捐赠协议。

第四十三条 基金会理事会违反本条例和章程规定决策不当，致使基金会遭受财产损失的，参与决策的理事应当承担相应的赔偿责任。

基金会理事、监事以及专职工作人员私分、侵占、挪用基金会财产的，应当退还非法占用的财产；构成犯罪的，依法追究刑事责任。

第九十五条 【公益性非营利法人剩余财产的分配】 为公益目的成立的非营利法人终止时，不得向出资人、设立人或者会员分配剩余财产。剩余财产应当按照法人章程的规定或者权力机构的决议用于公益目的；无法按照法人章程的规定或者权力机构的决议处理的，由主管机关主持转给宗旨相同或者相近的法人，并向社会公告。

条文对比

《民法典总则编》	《慈善法》
第九十五条 为公益目的成立的非营利法人终止时，**不得向出资人、设立人或者会员分配剩余财产**。剩余财产应当按照法人章程的规定**或者权力机构的决议**用于公益目的；无法按照法人章程的规定或者权力机构的决议处理的，由主管机关主持转给宗旨相同或者相近的法人，并向社会公告。	**第十八条** 慈善组织终止，应当进行清算。 慈善组织的决策机构应当在本法第十七条规定的终止情形出现之日起三十日内成立清算组进行清算，并向社会公告。不成立清算组或者清算组不履行职责的，民政部门可以申请人民法院指定有关人员组成清算组进行清算。 慈善组织清算后的剩余财产，应当按照慈善组织章程的规定转给宗旨相同或者相近的慈善组织；章程未规定的，由民政部门主持转给宗旨相同或者相近的慈善组织，并向社会公告。

《民法典总则编》	《慈善法》
	慈善组织清算结束后，应当向其登记的民政部门办理注销登记，并由民政部门向社会公告。

关联法规

《民办教育促进法》

第五十九条 对民办学校的财产按照下列顺序清偿：

（一）应退受教育者学费、杂费和其他费用；

（二）应发教职工的工资及应缴纳的社会保险费用；

（三）偿还其他债务。

非营利性民办学校清偿上述债务后的剩余财产继续用于其他非营利性学校办学；营利性民办学校清偿上述债务后的剩余财产，依照公司法的有关规定处理。

《宗教事务条例》

第六十条 宗教团体、宗教院校、宗教活动场所注销或者终止的，应当进行财产清算，清算后的剩余财产应当用于与其宗旨相符的事业。

《社会团体登记管理条例》

第十四条 社会团体的章程应当包括下列事项：

（一）名称、住所；

（二）宗旨、业务范围和活动地域；

（三）会员资格及其权利、义务；

（四）民主的组织管理制度，执行机构的产生程序；

（五）负责人的条件和产生、罢免的程序；

（六）资产管理和使用的原则；

（七）章程的修改程序；

（八）终止程序和终止后资产的处理；

（九）应当由章程规定的其他事项。

《基金会管理条例》

第三十三条 基金会注销后的剩余财产应当按照章程的规定用于公益目的；

无法按照章程规定处理的，由登记管理机关组织捐赠给与该基金会性质、宗旨相同的社会公益组织，并向社会公告。

第四节　特别法人

第九十六条　【特别法人的类型】本节规定的机关法人、农村集体经济组织法人、城镇农村的合作经济组织法人、基层群众性自治组织法人，为特别法人。

条文对比

《民法典总则编》	新增条文
第九十六条　本节规定的机关法人、农村集体经济组织法人、城镇农村的合作经济组织法人、基层群众性自治组织法人，为特别法人。	

关联法规

▶《村民委员会组织法》

第二条　村民委员会是村民自我管理、自我教育、自我服务的基层群众性自治组织，实行民主选举、民主决策、民主管理、民主监督。

村民委员会办理本村的公共事务和公益事业，调解民间纠纷，协助维护社会治安，向人民政府反映村民的意见、要求和提出建议。

村民委员会向村民会议、村民代表会议负责并报告工作。

▶《城市居民委员会组织法》

第二条　居民委员会是居民自我管理、自我教育、自我服务的基层群众性自治组织。

不设区的市、市辖区的人民政府或者它的派出机关对居民委员会的工作给予指导、支持和帮助。居民委员会协助不设区的市、市辖区的人民政府或者它的派出机关开展工作。

第九十七条　【机关法人】有独立经费的机关和承担行政职能的法定机构从成立之日起，具有机关法人资格，可以从事为履行职能所需要的民事活动。

条文对比

《民法典总则编》	《民法通则》
第九十七条　有独立经费的机关**和承担行政职能的法定机构**从成立之日起，具有**机关**法人资格，**可以从事为履行职能所需要的民事活动**。	**第五十条第一款**　有独立经费的机关从成立之日起，具有法人资格。

关联法规

▶《民法典总则编》

第五十九条　法人的民事权利能力和民事行为能力，从法人成立时产生，到法人终止时消灭。

第九十八条　【机关法人终止后权利义务的承担】机关法人被撤销的，法人终止，其民事权利和义务由继任的机关法人享有和承担；没有继任的机关法人的，由作出撤销决定的机关法人享有和承担。

条文对比

《民法典总则编》	《国家赔偿法》
第九十八条　机关法人被撤销的，法人终止，其民事权利和义务由继任的机关法人享有和承担；没有继任的机关法人的，由作出撤销决定的机关法人享有和承担。	**第七条第五款**　赔偿义务机关被撤销的，继续行使其职权的行政机关为赔偿义务机关；没有继续行使其职权的行政机关的，撤销该赔偿义务机关的行政机关为赔偿义务机关。

关联法规

《行政复议法》

第十五条　对本法第十二条、第十三条、第十四条规定以外的其他行政机关、组织的具体行政行为不服的，按照下列规定申请行政复议：

（一）对县级以上地方人民政府依法设立的派出机关的具体行政行为不服的，向设立该派出机关的人民政府申请行政复议；

（二）对政府工作部门依法设立的派出机构依照法律、法规或者规章规定，以自己的名义作出的具体行政行为不服的，向设立该派出机构的部门或者该部门的本级地方人民政府申请行政复议；

（三）对法律、法规授权的组织的具体行政行为不服的，分别向直接管理该组织的地方人民政府、地方人民政府工作部门或者国务院部门申请行政复议；

（四）对两个或者两个以上行政机关以共同的名义作出的具体行政行为不服的，向其共同上一级行政机关申请行政复议；

（五）对被撤销的行政机关在撤销前所作出的具体行政行为不服的，向继续行使其职权的行政机关的上一级行政机关申请行政复议。

有前款所列情形之一的，申请人也可以向具体行政行为发生地的县级地方人民政府提出行政复议申请，由接受申请的县级地方人民政府依照本法第十八条的规定办理。

《行政诉讼法》

第二十六条　公民、法人或者其他组织直接向人民法院提起诉讼的，作出行政行为的行政机关是被告。

经复议的案件，复议机关决定维持原行政行为的，作出原行政行为的行政机关和复议机关是共同被告；复议机关改变原行政行为的，复议机关是被告。

复议机关在法定期限内未作出复议决定，公民、法人或者其他组织起诉原行政行为的，作出原行政行为的行政机关是被告；起诉复议机关不作为的，复议机关是被告。

两个以上行政机关作出同一行政行为的，共同作出行政行为的行政机关是共同被告。

行政机关委托的组织所作的行政行为，委托的行政机关是被告。

行政机关被撤销或者职权变更的，继续行使其职权的行政机关是被告。

▶《民事执行中变更、追加当事人规定》

第八条 作为申请执行人的机关法人被撤销，继续履行其职能的主体申请变更、追加其为申请执行人的，人民法院应予支持，但生效法律文书确定的权利依法应由其他主体承受的除外；没有继续履行其职能的主体，且生效法律文书确定权利的承受主体不明确，作出撤销决定的主体申请变更、追加其为申请执行人的，人民法院应予支持。

第九十九条 【农村集体经济组织法人】 农村集体经济组织依法取得法人资格。

法律、行政法规对农村集体经济组织有规定的，依照其规定。

条文对比

《民法典总则编》	新增条文
第九十九条 农村集体经济组织依法取得法人资格。 法律、行政法规对农村集体经济组织有规定的，依照其规定。	

关联法规

▶《宪法》

第八条 农村集体经济组织实行家庭承包经营为基础、统分结合的双层经营体制。农村中的生产、供销、信用、消费等各种形式的合作经济，是社会主义劳动群众集体所有制经济。参加农村集体经济组织的劳动者，有权在法律规定的范围内经营自留地、自留山、家庭副业和饲养自留畜。

城镇中的手工业、工业、建筑业、运输业、商业、服务业等行业的各种形式的合作经济，都是社会主义劳动群众集体所有制经济。

国家保护城乡集体经济组织的合法的权利和利益，鼓励、指导和帮助集体经济的发展。

第十七条 集体经济组织在遵守有关法律的前提下，有独立进行经济活动的自主权。

集体经济组织实行民主管理，依照法律规定选举和罢免管理人员，决定经营管理的重大问题。

▶《民法典物权编》

第二百六十二条 对于集体所有的土地和森林、山岭、草原、荒地、滩涂等，依照下列规定行使所有权：

（一）属于村农民集体所有的，由村集体经济组织或者村民委员会依法代表集体行使所有权；

（二）分别属于村内两个以上农民集体所有的，由村内各该集体经济组织或者村民小组依法代表集体行使所有权；

（三）属于乡镇农民集体所有的，由乡镇集体经济组织代表集体行使所有权。

▶《农村土地承包法》

第十三条 农民集体所有的土地依法属于村农民集体所有的，由村集体经济组织或者村民委员会发包；已经分别属于村内两个以上农村集体经济组织的农民集体所有的，由村内各该农村集体经济组织或者村民小组发包。村集体经济组织或者村民委员会发包的，不得改变村内各集体经济组织农民集体所有的土地的所有权。

国家所有依法由农民集体使用的农村土地，由使用该土地的农村集体经济组织、村民委员会或者村民小组发包。

▶《农业法》

第四十四条 国家鼓励供销合作社、农村集体经济组织、农民专业合作经济组织、其他组织和个人发展多种形式的农业生产产前、产中、产后的社会化服务事业。县级以上人民政府及其各有关部门应当采取措施对农业社会化服务事业给予支持。

对跨地区从事农业社会化服务的，农业、工商管理、交通运输、公安等有关部门应当采取措施给予支持。

第一百条 【合作经济组织法人】城镇农村的合作经济组织依法取得法人资格。

法律、行政法规对城镇农村的合作经济组织有规定的，依照其规定。

条文对比

《民法典总则编》	《民法总则》
第一百条 城镇农村的合作经济组织依法取得法人资格。 法律、行政法规对城镇农村的合作经济组织有规定的，依照其规定。	**第一百条** 城镇农村的合作经济组织依法取得法人资格。 法律、行政法规对城镇农村的合作经济组织有规定的，依照其规定。

关联法规

▶《宪法》

第八条 农村集体经济组织实行家庭承包经营为基础、统分结合的双层经营体制。农村中的生产、供销、信用、消费等各种形式的合作经济，是社会主义劳动群众集体所有制经济。参加农村集体经济组织的劳动者，有权在法律规定的范围内经营自留地、自留山、家庭副业和饲养自留畜。

城镇中的手工业、工业、建筑业、运输业、商业、服务业等行业的各种形式的合作经济，都是社会主义劳动群众集体所有制经济。

国家保护城乡集体经济组织的合法的权利和利益，鼓励、指导和帮助集体经济的发展。

▶《农民专业合作社法》

第二条 本法所称农民专业合作社，是指在农村家庭承包经营基础上，农产品的生产经营者或者农业生产经营服务的提供者、利用者，自愿联合、民主管理的互助性经济组织。

第三条 农民专业合作社以其成员为主要服务对象，开展以下一种或者多种业务：

（一）农业生产资料的购买、使用；

（二）农产品的生产、销售、加工、运输、贮藏及其他相关服务；

（三）农村民间工艺及制品、休闲农业和乡村旅游资源的开发经营等；

（四）与农业生产经营有关的技术、信息、设施建设运营等服务。

第五条 农民专业合作社依照本法登记，取得法人资格。

农民专业合作社对由成员出资、公积金、国家财政直接补助、他人捐赠以及合法取得的其他资产所形成的财产，享有占有、使用和处分的权利，并以上述财产对债务承担责任。

第十二条 设立农民专业合作社，应当具备下列条件：

（一）有五名以上符合本法第十九条、第二十条规定的成员；

（二）有符合本法规定的章程；

（三）有符合本法规定的组织机构；

（四）有符合法律、行政法规规定的名称和章程确定的住所；

（五）有符合章程规定的成员出资。

第十四条 设立农民专业合作社，应当召开由全体设立人参加的设立大会。设立时自愿成为该社成员的人为设立人。

设立大会行使下列职权：

（一）通过本社章程，章程应当由全体设立人一致通过；

（二）选举产生理事长、理事、执行监事或者监事会成员；

（三）审议其他重大事项。

▶《商业银行法》

第九十三条 城市信用合作社、农村信用合作社办理存款、贷款和结算等业务，适用本法有关规定。

▶《农民专业合作社登记管理条例》

第三条 农民专业合作社经登记机关依法登记，领取农民专业合作社法人营业执照（以下简称营业执照），取得法人资格。未经依法登记，不得以农民专业合作社名义从事经营活动。

第一百零一条 【基层群众性自治组织法人】 居民委员会、村民委员会具有基层群众性自治组织法人资格，可以从事为履行职能所需要的民事活动。

未设立村集体经济组织的，村民委员会可以依法代行村集体经济组织的职能。

条文对比

《民法典总则编》	《城市居民委员会组织法》 《村民委员会组织法》
第一百零一条 居民委员会、村民委员会具有基层群众性自治组织**法人资格**，可以从事为履行职能所需要的民事活动。 **未设立村集体经济组织的，村民委员会可以依法代行村集体经济组织的职能。**	**《城市居民委员会组织法》** **第二条** 居民委员会是居民自我管理、自我教育、自我服务的基层群众性自治组织。 不设区的市、市辖区的人民政府或者它的派出机关对居民委员会的工作给予指导、支持和帮助。居民委员会协助不设区的市、市辖区的人民政府或者它的派出机关开展工作。 **《村民委员会组织法》** **第二条** 村民委员会是村民自我管理、自我教育、自我服务的基层群众性自治组织，实行民主选举、民主决策、民主管理、民主监督。 村民委员会办理本村的公共事务和公益

《民法典总则编》	《城市居民委员会组织法》 《村民委员会组织法》
	事业，调解民间纠纷，协助维护社会治安，向人民政府反映村民的意见、要求和提出建议。 村民委员会向村民会议、村民代表会议负责并报告工作。

关联法规

《村民委员会组织法》

第七条 村民委员会根据需要设人民调解、治安保卫、公共卫生与计划生育等委员会。村民委员会成员可以兼任下属委员会的成员。人口少的村的村民委员会可以不设下属委员会，由村民委员会成员分工负责人民调解、治安保卫、公共卫生与计划生育等工作。

第八条 村民委员会应当支持和组织村民依法发展各种形式的合作经济和其他经济，承担本村生产的服务和协调工作，促进农村生产建设和经济发展。

村民委员会依照法律规定，管理本村属于村农民集体所有的土地和其他财产，引导村民合理利用自然资源，保护和改善生态环境。

村民委员会应当尊重并支持集体经济组织依法独立进行经济活动的自主权，维护以家庭承包经营为基础、统分结合的双层经营体制，保障集体经济组织和村民、承包经营户、联户或者合伙的合法财产权和其他合法权益。

《城市居民委员会组织法》

第三条 居民委员会的任务：

（一）宣传宪法、法律、法规和国家的政策，维护居民的合法权益，教育居民履行依法应尽的义务，爱护公共财产，开展多种形式的社会主义精神文明建设活动；

（二）办理本居住地区居民的公共事务和公益事业；

（三）调解民间纠纷；

（四）协助维护社会治安；

（五）协助人民政府或者它的派出机关做好与居民利益有关的公共卫生、计划生育、优抚救济、青少年教育等项工作；

（六）向人民政府或者它的派出机关反映居民的意见、要求和提出建议。

第四条 居民委员会应当开展便民利民的社区服务活动，可以兴办有关的服务事业。

居民委员会管理本居民委员会的财产，任何部门和单位不得侵犯居民委员会的财产所有权。

权威案例

《浙江省乐清市乐城镇石马村村民委员会与浙江顺益房地产开发有限公司合作开发房地产合同纠纷案》，《最高人民法院公报》2008年第9期

裁判摘要：根据《中华人民共和国村民委员会组织法》第十八条、第十九条的规定，村民会议由村民委员会召集，对于涉及村民利益的事项和村民会议认为应当由村民会议讨论决定的涉及村民利益的其他事项，村民委员会必须提请村民会议讨论决定后方可办理。村民委员会经依法召集村民会议讨论决定后与他人订立的协议，应当认定为合法有效。

第四章 非法人组织

第一百零二条 【非法人组织的概念】非法人组织是不具有法人资格，但是能够依法以自己的名义从事民事活动的组织。

非法人组织包括个人独资企业、合伙企业、不具有法人资格的专业服务机构等。

条文对比

《民法典总则编》	《个人独资企业法》《合伙企业法》
第一百零二条 非法人组织是不具有法人资格，但是能够依法以自己的名义从事民事活动的组织。 非法人组织包括个人独资企业、合伙企业、不具有法人资格的专业服务机构等。	《个人独资企业法》 **第二条** 本法所称个人独资企业，是指依照本法在中国境内设立，由一个自然人投资，财产为投资人个人所有，投资人以其个人财产对企业债务承担无限责任的经营实体。 《合伙企业法》 **第二条第一款** 本法所称合伙企业，是指自然人、法人和其他组织依照本法在中国境内设立的普通合伙企业和有限合伙企业。

关联法规

▶《律师法》

第十四条 律师事务所是律师的执业机构。设立律师事务所应当具备下列条件：

（一）有自己的名称、住所和章程；

（二）有符合本法规定的律师；

（三）设立人应当是具有一定的执业经历，且三年内未受过停止执业处罚的律师；

（四）有符合国务院司法行政部门规定数额的资产。

第十五条 设立合伙律师事务所，除应当符合本法第十四条规定的条件外，还应当有三名以上合伙人，设立人应当是具有三年以上执业经历的律师。

合伙律师事务所可以采用普通合伙或者特殊的普通合伙形式设立。合伙律师事务所的合伙人按照合伙形式对该律师事务所的债务依法承担责任。

▶《注册会计师法》

第二十三条 会计师事务所可以由注册会计师合伙设立。

合伙设立的会计师事务所的债务，由合伙人按照出资比例或者协议的约定，以各自的财产承担责任。合伙人对会计师事务所的债务承担连带责任。

▶《合伙企业法》

第二条第二款、第三款 普通合伙企业由普通合伙人组成，合伙人对合伙企业债务承担无限连带责任。本法对普通合伙人承担责任的形式有特别规定的，从其规定。

有限合伙企业由普通合伙人和有限合伙人组成，普通合伙人对合伙企业债务承担无限连带责任，有限合伙人以其认缴的出资额为限对合伙企业债务承担责任。

▶《个人独资企业法》

第八条 设立个人独资企业应当具备下列条件：

（一）投资人为一个自然人；

（二）有合法的企业名称；

（三）有投资人申报的出资；

（四）有固定的生产经营场所和必要的生产经营条件；

（五）有必要的从业人员。

权威案例

《南通双盈贸易有限公司诉镇江市丹徒区联达机械厂、魏恒聂等六人买卖合同纠纷案》，《最高人民法院公报》2011 年第 7 期

裁判摘要： 一、在当事人约定合伙经营企业仍使用合资前个人独资企业营

业执照，且实际以合伙方式经营企业的情况下，应据实认定企业的性质。各合伙人共同决定企业的生产经营活动，也应共同对企业生产经营过程中对外所负的债务负责。合伙人故意不将企业的个人独资企业性质据实变更为合伙企业的行为，不应成为各合伙人不承担法律责任的理由。

二、合伙企业债务的承担分为两个层次：第一顺序的债务承担人是合伙企业，第二顺序的债务承担人是全体合伙人。合伙企业法第三十九条所谓的“连带责任”，是指合伙人在第二顺序的责任承担中相互之间所负的连带责任，而非合伙人与合伙企业之间的连带责任。

第一百零三条　【非法人组织的成立】非法人组织应当依照法律的规定登记。

设立非法人组织，法律、行政法规规定须经有关机关批准的，依照其规定。

条文对比

《民法典总则编》	新增条文
第一百零三条　非法人组织应当依照法律的规定登记。 设立非法人组织，法律、行政法规规定须经有关机关批准的，依照其规定。	

关联法规

《律师法》

第十八条　设立律师事务所，应当向设区的市级或者直辖市的区人民政府司法行政部门提出申请，受理申请的部门应当自受理之日起二十日内予以审查，并将审查意见和全部申请材料报送省、自治区、直辖市人民政府司法行政部门。省、自治区、直辖市人民政府司法行政部门应当自收到报送材料之日起十日内予以审核，作出是否准予设立的决定。准予设立的，向申请人颁发律师事务所执业证书；不准予设立的，向申请人书面说明理由。

▶ 《注册会计师法》

第二十五条 设立会计师事务所，由省、自治区、直辖市人民政府财政部门批准。

申请设立会计师事务所，申请者应当向审批机关报送下列文件：

（一）申请书；

（二）会计师事务所的名称、组织机构和业务场所；

（三）会计师事务所章程，有合伙协议的并应报送合伙协议；

（四）注册会计师名单、简历及有关证明文件；

（五）会计师事务所主要负责人、合伙人的姓名、简历及有关证明文件；

（六）负有限责任的会计师事务所的出资证明；

（七）审批机关要求的其他文件。

第二十六条 审批机关应当自收到申请文件之日起三十日内决定批准或者不批准。

省、自治区、直辖市人民政府财政部门批准的会计师事务所，应当报国务院财政部门备案。国务院财政部门发现批准不当的，应当自收到备案报告之日起三十日内通知原审批机关重新审查。

▶ 《合伙企业法》

第九条 申请设立合伙企业，应当向企业登记机关提交登记申请书、合伙协议书、合伙人身份证明等文件。

合伙企业的经营范围中有属于法律、行政法规规定在登记前须经批准的项目的，该项经营业务应当依法经过批准，并在登记时提交批准文件。

第十条 申请人提交的登记申请材料齐全、符合法定形式，企业登记机关能够当场登记的，应予当场登记，发给营业执照。

除前款规定情形外，企业登记机关应当自受理申请之日起二十日内，作出是否登记的决定。予以登记的，发给营业执照；不予登记的，应当给予书面答复，并说明理由。

第十一条 合伙企业的营业执照签发日期，为合伙企业成立日期。

合伙企业领取营业执照前，合伙人不得以合伙企业名义从事合伙业务。

▶ 《个人独资企业法》

第九条 申请设立个人独资企业，应当由投资人或者其委托的代理人向个人独资企业所在地的登记机关提交设立申请书、投资人身份证明、生产经营场所使用证明等文件。委托代理人申请设立登记时，应当出具投资人的委托书和代理人的合法证明。

个人独资企业不得从事法律、行政法规禁止经营的业务；从事法律、行政法规规定须报经有关部门审批的业务，应当在申请设立登记时提交有关部门的批准文件。

第十三条 个人独资企业的营业执照的签发日期，为个人独资企业成立日期。

在领取个人独资企业营业执照前，投资人不得以个人独资企业名义从事经营活动。

第一百零四条 【非法人组织的债务承担】 非法人组织的财产不足以清偿债务的，其出资人或者设立人承担无限责任。法律另有规定的，依照其规定。

条文对比

《民法典总则编》	《合伙企业法》《个人独资企业法》
第一百零四条　非法人组织的财产不足以清偿债务的，其出资人或者设立人承担无限责任。法律另有规定的，依照其规定。	**《合伙企业法》** **第二条第二款、第三款**　普通合伙企业由普通合伙人组成，合伙人对合伙企业债务承担无限连带责任。本法对普通合伙人承担责任的形式有特别规定的，从其规定。 有限合伙企业由普通合伙人和有限合伙人组成，普通合伙人对合伙企业债务承担无限连带责任，有限合伙人以其认缴的出资额为限对合伙企业债务承担责任。 **《个人独资企业法》** **第二条**　本法所称个人独资企业，是指依照本法在中国境内设立，由一个自然人投资，财产为投资人个人所有，投资人以其个人财产对企业债务承担无限责任的经营实体。

关联法规

▶《律师法》

第十五条 设立合伙律师事务所，除应当符合本法第十四条规定的条件外，还应当有三名以上合伙人，设立人应当是具有三年以上执业经历的律师。

合伙律师事务所可以采用普通合伙或者特殊的普通合伙形式设立。合伙律师事务所的合伙人按照合伙形式对该律师事务所的债务依法承担责任。

第十六条 设立个人律师事务所，除应当符合本法第十四条规定的条件外，设立人还应当是具有五年以上执业经历的律师。设立人对律师事务所的债务承担无限责任。

▶《注册会计师法》

第二十三条 会计师事务所可以由注册会计师合伙设立。

合伙设立的会计师事务所的债务，由合伙人按照出资比例或者协议的约定，以各自的财产承担责任。合伙人对会计师事务所的债务承担连带责任。

▶《合伙企业法》

第三十九条 合伙企业不能清偿到期债务的，合伙人承担无限连带责任。

第五十七条 一个合伙人或者数个合伙人在执业活动中因故意或者重大过失造成合伙企业债务的，应当承担无限责任或者无限连带责任，其他合伙人以其在合伙企业中的财产份额为限承担责任。

合伙人在执业活动中非因故意或者重大过失造成的合伙企业债务以及合伙企业的其他债务，由全体合伙人承担无限连带责任。

▶《个人独资企业法》

第十八条 个人独资企业投资人在申请企业设立登记时明确以其家庭共有财产作为个人出资的，应当依法以家庭共有财产对企业债务承担无限责任。

第三十一条 个人独资企业财产不足以清偿债务的，投资人应当以其个人的其他财产予以清偿。

第一百零五条 【非法人组织的代表人】 非法人组织可以确定一人或者数人代表该组织从事民事活动。

条文对比

《民法典总则编》	新增条文
第一百零五条　非法人组织可以确定一人或者数人代表该组织从事民事活动。	

关联法规

《合伙企业法》

第二十六条　合伙人对执行合伙事务享有同等的权利。

按照合伙协议的约定或者经全体合伙人决定，可以委托一个或者数个合伙人对外代表合伙企业，执行合伙事务。

作为合伙人的法人、其他组织执行合伙事务的，由其委派的代表执行。

《个人独资企业法》

第十九条　个人独资企业投资人可以自行管理企业事务，也可以委托或者聘用其他具有民事行为能力的人负责企业的事务管理。

投资人委托或者聘用他人管理个人独资企业事务，应当与受托人或者被聘用的人签订书面合同，明确委托的具体内容和授予的权利范围。

受托人或者被聘用的人员应当履行诚信、勤勉义务，按照与投资人签订的合同负责个人独资企业的事务管理。

投资人对受托人或者被聘用的人员职权的限制，不得对抗善意第三人。

《民事诉讼法司法解释》

第五十条　法人的法定代表人以依法登记的为准，但法律另有规定的除外。依法不需要办理登记的法人，以其正职负责人为法定代表人；没有正职负责人的，以其主持工作的副职负责人为法定代表人。

法定代表人已经变更，但未完成登记，变更后的法定代表人要求代表法人参加诉讼的，人民法院可以准许。

其他组织，以其主要负责人为代表人。

第一百零六条 【非法人组织的解散】 有下列情形之一的，非法人组织解散：

（一）章程规定的存续期间届满或者章程规定的其他解散事由出现；

（二）出资人或者设立人决定解散；

（三）法律规定的其他情形。

条文对比

《民法典总则编》	新增条文
第一百零六条　有下列情形之一的，非法人组织解散： （一）章程规定的存续期间届满或者章程规定的其他解散事由出现； （二）出资人或者设立人决定解散； （三）法律规定的其他情形。	

关联法规

▶《律师法》

第二十二条 律师事务所有下列情形之一的，应当终止：

（一）不能保持法定设立条件，经限期整改仍不符合条件的；

（二）律师事务所执业证书被依法吊销的；

（三）自行决定解散的；

（四）法律、行政法规规定应当终止的其他情形。

律师事务所终止的，由颁发执业证书的部门注销该律师事务所的执业证书。

▶《注册会计师法》

第三十九条 会计师事务所违反本法第二十条、第二十一条规定的，由省级以上人民政府财政部门给予警告，没收违法所得，可以并处违法所得一倍以上五倍以下的罚款；情节严重的，并可以由省级以上人民政府财政部门暂停其经营业务或者予以撤销。注册会计师违反本法第二十条、第二十一条规定的，由省级以上人民政府财政部门给予警告；情节严重的，可以由省级以上人民政府财政部门暂停其执行业务或者吊销注册会计师证书。会计师事务所、注册会计师违反本法第二十条、第二十一条的规定，故意出具虚假的审计报告、验资报告，构成犯罪的，依法追究刑事责任。

《个人独资企业法》

第二十六条 个人独资企业有下列情形之一时，应当解散：

（一）投资人决定解散；

（二）投资人死亡或者被宣告死亡，无继承人或者继承人决定放弃继承；

（三）被依法吊销营业执照；

（四）法律、行政法规规定的其他情形。

《合伙企业法》

第八十五条 合伙企业有下列情形之一的，应当解散：

（一）合伙期限届满，合伙人决定不再经营；

（二）合伙协议约定的解散事由出现；

（三）全体合伙人决定解散；

（四）合伙人已不具备法定人数满三十天；

（五）合伙协议约定的合伙目的已经实现或者无法实现；

（六）依法被吊销营业执照、责令关闭或者被撤销；

（七）法律、行政法规规定的其他原因。

第一百零七条 【非法人组织的清算】 非法人组织解散的，应当依法进行清算。

条文对比

《民法典总则编》	新增条文
第一百零七条　非法人组织解散的，应当依法进行清算。	

关联法规

▶《合伙企业法》

第八十六条 合伙企业解散，应当由清算人进行清算。

清算人由全体合伙人担任；经全体合伙人过半数同意，可以自合伙企业解散事由出现后十五日内指定一个或者数个合伙人，或者委托第三人，担任清算人。

自合伙企业解散事由出现之日起十五日内未确定清算人的，合伙人或者其他利害关系人可以申请人民法院指定清算人。

第八十七条 清算人在清算期间执行下列事务：

（一）清理合伙企业财产，分别编制资产负债表和财产清单；

（二）处理与清算有关的合伙企业未了结事务；

（三）清缴所欠税款；

（四）清理债权、债务；

（五）处理合伙企业清偿债务后的剩余财产；

（六）代表合伙企业参加诉讼或者仲裁活动。

第八十八条 清算人自被确定之日起十日内将合伙企业解散事项通知债权人，并于六十日内在报纸上公告。债权人应当自接到通知书之日起三十日内，未接到通知书的自公告之日起四十五日内，向清算人申报债权。

债权人申报债权，应当说明债权的有关事项，并提供证明材料。清算人应当对债权进行登记。

清算期间，合伙企业存续，但不得开展与清算无关的经营活动。

第九十条 清算结束，清算人应当编制清算报告，经全体合伙人签名、盖章后，在十五日内向企业登记机关报送清算报告，申请办理合伙企业注销登记。

▶《个人独资企业法》

第二十七条 个人独资企业解散，由投资人自行清算或者由债权人申请人民法院指定清算人进行清算。

投资人自行清算的，应当在清算前十五日内书面通知债权人，无法通知的，应当予以公告。债权人应当在接到通知之日起三十日内，未接到通知的应当在公告之日起六十日内，向投资人申报其债权。

第二十八条 个人独资企业解散后，原投资人对个人独资企业存续期间的债务仍应承担偿还责任，但债权人在五年内未向债务人提出偿债请求的，该责任消灭。

第二十九条 个人独资企业解散的，财产应当按照下列顺序清偿：

（一）所欠职工工资和社会保险费用；

（二）所欠税款；

（三）其他债务。

第三十条 清算期间，个人独资企业不得开展与清算目的无关的经营活动。在按前条规定清偿债务前，投资人不得转移、隐匿财产。

第三十二条 个人独资企业清算结束后，投资人或者人民法院指定的清算人应当编制清算报告，并于十五日内到登记机关办理注销登记。

第一百零八条 【非法人组织的参照适用规定】 非法人组织除适用本章规定外，参照适用本编第三章第一节的有关规定。

条文对比

《民法典总则编》	新增条文
第一百零八条 非法人组织除适用本章规定外，参照适用本编第三章第一节的有关规定。	

关联法规

《民法典总则编》

第六十五条 法人的实际情况与登记的事项不一致的，不得对抗善意相对人。

第六十六条 登记机关应当依法及时公示法人登记的有关信息。

第五章 民事权利

第一百零九条 【一般人格权】自然人的人身自由、人格尊严受法律保护。

条文对比

《民法典总则编》	《民法通则》
第一百零九条 自然人的**人身自由、**人格尊严受法律保护。	**第一百零一条** ~~公民、法人享有名誉权，~~公民的人格尊严受法律保护~~，禁止用侮辱、诽谤等方式损害公民、法人的名誉~~。

关联法规

《宪法》

第三十七条 中华人民共和国公民的人身自由不受侵犯。

任何公民，非经人民检察院批准或者决定或者人民法院决定，并由公安机关执行，不受逮捕。

禁止非法拘禁和以其他方法非法剥夺或者限制公民的人身自由，禁止非法搜查公民的身体。

第三十八条 中华人民共和国公民的人格尊严不受侵犯。禁止用任何方法对公民进行侮辱、诽谤和诬告陷害。

《义务教育法》

第二十九条 教师在教育教学中应当平等对待学生，关注学生的个体差异，因材施教，促进学生的充分发展。

教师应当尊重学生的人格，不得歧视学生，不得对学生实施体罚、变相体罚或者其他侮辱人格尊严的行为，不得侵犯学生合法权益。

《妇女权益保障法》

第三十七条 妇女的人身自由不受侵犯。禁止非法拘禁和以其他非法手段剥夺或者限制妇女的人身自由；禁止非法搜查妇女的身体。

第四十二条 妇女的名誉权、荣誉权、隐私权、肖像权等人格权受法律保护。

禁止用侮辱、诽谤等方式损害妇女的人格尊严。禁止通过大众传播媒介或者其他方式贬低损害妇女人格。未经本人同意，不得以营利为目的，通过广告、商标、展览橱窗、报纸、期刊、图书、音像制品、电子出版物、网络等形式使用妇女肖像。

《旅游法》

第十条 旅游者的人格尊严、民族风俗习惯和宗教信仰应当得到尊重。

《残疾人保障法》

第三条 残疾人在政治、经济、文化、社会和家庭生活等方面享有同其他公民平等的权利。

残疾人的公民权利和人格尊严受法律保护。

禁止基于残疾的歧视。禁止侮辱、侵害残疾人。禁止通过大众传播媒介或者其他方式贬低损害残疾人人格。

第四十条 任何单位和个人不得以暴力、威胁或者非法限制人身自由的手段强迫残疾人劳动。

《精神卫生法》

第四条 精神障碍患者的人格尊严、人身和财产安全不受侵犯。

精神障碍患者的教育、劳动、医疗以及从国家和社会获得物质帮助等方面的合法权益受法律保护。

有关单位和个人应当对精神障碍患者的姓名、肖像、住址、工作单位、病历资料以及其他可能推断出其身份的信息予以保密；但是，依法履行职责需要公开的除外。

《刑法》

第二百三十八条 非法拘禁他人或者以其他方法非法剥夺他人人身自由的，处三年以下有期徒刑、拘役、管制或者剥夺政治权利。具有殴打、侮辱情节的，从重处罚。

犯前款罪，致人重伤的，处三年以上十年以下有期徒刑；致人死亡的，处十年以上有期徒刑。使用暴力致人伤残、死亡的，依照本法第二百三十四条、第二百三十二条的规定定罪处罚。

为索取债务非法扣押、拘禁他人的，依照前两款的规定处罚。

国家机关工作人员利用职权犯前三款罪的，依照前三款的规定从重处罚。

▶《慈善法》

第六十二条 开展慈善服务，应当尊重受益人、志愿者的人格尊严，不得侵害受益人、志愿者的隐私。

▶《消费者权益保护法》

第十四条 消费者在购买、使用商品和接受服务时，享有人格尊严、民族风俗习惯得到尊重的权利，享有个人信息依法得到保护的权利。

第二十七条 经营者不得对消费者进行侮辱、诽谤，不得搜查消费者的身体及其携带的物品，不得侵犯消费者的人身自由。

第五十条 经营者侵害消费者的人格尊严、侵犯消费者人身自由或者侵害消费者个人信息依法得到保护的权利的，应当停止侵害、恢复名誉、消除影响、赔礼道歉，并赔偿损失。

第五十一条 经营者有侮辱诽谤、搜查身体、侵犯人身自由等侵害消费者或者其他受害人人身权益的行为，造成严重精神损害的，受害人可以要求精神损害赔偿。

▶《国家赔偿法》

第三条 行政机关及其工作人员在行使行政职权时有下列侵犯人身权情形之一的，受害人有取得赔偿的权利：

（一）违法拘留或者违法采取限制公民人身自由的行政强制措施的；

（二）非法拘禁或者以其他方法非法剥夺公民人身自由的；

（三）以殴打、虐待等行为或者唆使、放纵他人以殴打、虐待等行为造成公民身体伤害或者死亡的；

（四）违法使用武器、警械造成公民身体伤害或者死亡的；

（五）造成公民身体伤害或者死亡的其他违法行为。

▶《未成年人保护法》

第五条 保护未成年人的工作，应当遵循下列原则：

（一）尊重未成年人的人格尊严；

（二）适应未成年人身心发展的规律和特点；

（三）教育与保护相结合。

第二十一条 学校、幼儿园、托儿所的教职员工应当尊重未成年人的人格尊严，不得对未成年人实施体罚、变相体罚或者其他侮辱人格尊严的行为。

第五十五条 公安机关、人民检察院、人民法院办理未成年人犯罪案件和涉及未成年人权益保护案件，应当照顾未成年人身心发展特点，尊重他们的人格尊严，保障他们的合法权益，并根据需要设立专门机构或者指定专人办理。

▶《治安管理处罚法》

第五条 治安管理处罚必须以事实为依据，与违反治安管理行为的性质、情节以及社会危害程度相当。

实施治安管理处罚，应当公开、公正，尊重和保障人权，保护公民的人格尊严。

办理治安案件应当坚持教育与处罚相结合的原则。

▶《劳动合同法》

第三十八条 用人单位有下列情形之一的，劳动者可以解除劳动合同：

（一）未按照劳动合同约定提供劳动保护或者劳动条件的；

（二）未及时足额支付劳动报酬的；

（三）未依法为劳动者缴纳社会保险费的；

（四）用人单位的规章制度违反法律、法规的规定，损害劳动者权益的；

（五）因本法第二十六条 第一款规定的情形致使劳动合同无效的；

（六）法律、行政法规规定劳动者可以解除劳动合同的其他情形。

用人单位以暴力、威胁或者非法限制人身自由的手段强迫劳动者劳动的，或者用人单位违章指挥、强令冒险作业危及劳动者人身安全的，劳动者可以立即解除劳动合同，不需事先告知用人单位。

▶《预防未成年人犯罪法》

第三十六条 工读学校对就读的未成年人应当严格管理和教育。工读学校除按照义务教育法的要求，在课程设置上与普通学校相同外，应当加强法制教育的内容，针对未成年人严重不良行为产生的原因以及有严重不良行为的未成年人的心理特点，开展矫治工作。

家庭、学校应当关心、爱护在工读学校就读的未成年人，尊重他们的人格尊严，不得体罚、虐待和歧视。工读学校毕业的未成年人在升学、就业等方面，同普通学校毕业的学生享有同等的权利，任何单位和个人不得歧视。

《国防法》

第五十九条 军人应当受到全社会的尊重。

国家采取有效措施保护现役军人的荣誉、人格尊严，对现役军人的婚姻实行特别保护。

现役军人依法履行职责的行为受法律保护。

《精神损害赔偿司法解释》

第一条 自然人因下列人格权利遭受非法侵害，向人民法院起诉请求赔偿精神损害的，人民法院应当依法予以受理：

（一）生命权、健康权、身体权；

（二）姓名权、肖像权、名誉权、荣誉权；

（三）人格尊严权、人身自由权。

违反社会公共利益、社会公德侵害他人隐私或者其他人格利益，受害人以侵权为由向人民法院起诉请求赔偿精神损害的，人民法院应当依法予以受理。

第一百一十条 【具体人格权】自然人享有生命权、身体权、健康权、姓名权、肖像权、名誉权、荣誉权、隐私权、婚姻自主权等权利。

法人、非法人组织享有名称权、名誉权和荣誉权。

条文对比

《民法典总则编》	《民法通则》
第一百一十条 自然人享有生命权、**身体权**、健康权、姓名权、肖像权、名誉权、荣誉权、**隐私权**、婚姻自主权等权利。 法人、非法人组织享有名称权、名誉权和荣誉权。	**第九十八条** 公民享有生命健康权。 **第九十九条** 公民享有姓名权，有权决定、使用和依照规定改变自己的姓名，禁止他人干涉、盗用、假冒。 法人、个体工商户、个人合伙享有名称

《民法典总则编》	《民法通则》
	权。企业法人、个体工商户、个人合伙有权使用、依法转让自己的名称。 **第一百条** 公民享有肖像权，未经本人同意，不得以营利为目的使用公民的肖像。 **第一百零一条** 公民、法人享有名誉权，公民的人格尊严受法律保护，禁止用侮辱、诽谤等方式损害公民、法人的名誉。 **第一百零二条** 公民、法人享有荣誉权，禁止非法剥夺公民、法人的荣誉称号。 **第一百零三条** 公民享有婚姻自主权，禁止买卖、包办婚姻和其他干涉婚姻自由的行为。

关联法规

《宪法》

第三十九条 中华人民共和国公民的住宅不受侵犯。禁止非法搜查或者非法侵入公民的住宅。

第四十九条 婚姻、家庭、母亲和儿童受国家的保护。

夫妻双方有实行计划生育的义务。

父母有抚养教育未成年子女的义务，成年子女有赡养扶助父母的义务。

禁止破坏婚姻自由，禁止虐待老人、妇女和儿童。

《民法典婚姻家庭编》

第一千零四十一条 婚姻家庭受国家保护。

实行婚姻自由、一夫一妻、男女平等的婚姻制度。

保护妇女、未成年人、老年人、残疾人的合法权益。

第一千零五十六条 夫妻双方都有各自使用自己姓名的权利。

《民法典侵权责任编》

第一千一百六十四条 本编调整因侵害民事权益产生的民事关系。

《老年人权益保障法》

第二十一条 老年人的婚姻自由受法律保护。子女或者其他亲属不得干涉老年人离婚、再婚及婚后的生活。

赡养人的赡养义务不因老年人的婚姻关系变化而消除。

▶《妇女权益保障法》

第三十八条 妇女的生命健康权不受侵犯。禁止溺、弃、残害女婴；禁止歧视、虐待生育女婴的妇女和不育的妇女；禁止用迷信、暴力等手段残害妇女；禁止虐待、遗弃病、残妇女和老年妇女。

第四十二条 妇女的名誉权、荣誉权、隐私权、肖像权等人格权受法律保护。

禁止用侮辱、诽谤等方式损害妇女的人格尊严。禁止通过大众传播媒介或者其他方式贬低损害妇女人格。未经本人同意，不得以营利为目的，通过广告、商标、展览橱窗、报纸、期刊、图书、音像制品、电子出版物、网络等形式使用妇女肖像。

第四十四条 国家保护妇女的婚姻自主权。禁止干涉妇女的结婚、离婚自由。

▶《刑法》

第二百五十七条 以暴力干涉他人婚姻自由的，处二年以下有期徒刑或者拘役。

犯前款罪，致使被害人死亡的，处二年以上七年以下有期徒刑。

第一款罪，告诉的才处理。

▶《未成年人保护法》

第四十六条 国家依法保护未成年人的智力成果和荣誉权不受侵犯。

▶《涉外民事关系法律适用法》

第四十六条 通过网络或者采用其他方式侵害姓名权、肖像权、名誉权、隐私权等人格权的，适用被侵权人经常居所地法律。

▶《利用信息网络侵害人身权益纠纷案件规定》

第一条 本规定所称的利用信息网络侵害人身权益民事纠纷案件，是指利用信息网络侵害他人姓名权、名称权、名誉权、荣誉权、肖像权、隐私权等人身权益引起的纠纷案件。

▶《人身损害赔偿司法解释》

第一条 因生命、健康、身体遭受侵害，赔偿权利人起诉请求赔偿义务人赔偿财产损失和精神损害的，人民法院应予受理。

本条所称“赔偿权利人”，是指因侵权行为或者其他致害原因直接遭受人身损害的受害人、依法由受害人承担扶养义务的被扶养人以及死亡受害人的近亲属。

本条所称“赔偿义务人”，是指因自己或者他人的侵权行为以及其他致害原因依法应当承担民事责任的自然人、法人或者其他组织。

《精神损害赔偿司法解释》

第一条 自然人因下列人格权利遭受非法侵害，向人民法院起诉请求赔偿精神损害的，人民法院应当依法予以受理：

（一）生命权、健康权、身体权；

（二）姓名权、肖像权、名誉权、荣誉权；

（三）人格尊严权、人身自由权。

违反社会公共利益、社会公德侵害他人隐私或者其他人格利益，受害人以侵权为由向人民法院起诉请求赔偿精神损害的，人民法院应当依法予以受理。

第二条 非法使被监护人脱离监护，导致亲子关系或者近亲属间的亲属关系遭受严重损害，监护人向人民法院起诉请求赔偿精神损害的，人民法院应当依法予以受理。

《名誉权纠纷司法解释》

1993 年我院印发《关于审理名誉权案件若干问题的解答》以来，各地人民法院在审理名誉权案件中，又提出一些如何适用法律的问题，现解释如下：

一、问：名誉权案件如何确定侵权结果发生地？

答：人民法院受理这类案件时，受侵权的公民、法人和其他组织的住所地，可以认定为侵权结果发生地。

二、问：有关机关和组织编印的仅供领导部门内部参阅的刊物、资料等刊登来信或者文章引起的名誉权纠纷，以及机关、社会团体、学术机构、企事业单位分发本单位、本系统或者其他一定范围内的一般内部刊物和内部资料所载内容引起的名誉权纠纷，人民法院是否受理？

答：有关机关和组织编印的仅供领导部门内部参阅的刊物、资料等刊登的来信或者文章，当事人以其内容侵害名誉权向人民法院提起诉讼的，人民法院不予受理。机关、社会团体、学术机构、企事业单位分发本单位、本系统或者其他一定范围内的内部刊物和内部资料，所载内容引起名誉权纠纷的，人民法院应当受理。

三、问：新闻媒介和出版机构转载作品引起的名誉权纠纷，人民法院是否受理？

答：新闻媒介和出版机构转载作品，当事人以转载者侵害其名誉权向人民法院提起诉讼的，人民法院应当受理。

四、问：国家机关、社会团体、企事业单位等部门依职权对其管理的人员作出的结论引起的名誉权纠纷，人民法院是否受理？

答：国家机关、社会团体、企事业单位等部门对其管理的人员作出的结论或者处理决定，当事人以其侵害名誉权向人民法院提起诉讼的，人民法院不予受理。

五、问：因检举、控告引起的名誉权纠纷，人民法院是否受理？

答：公民依法向有关部门检举、控告他人的违法违纪行为，他人以检举、控告侵害其名誉权向人民法院提起诉讼的，人民法院不予受理。如果借检举、控告之名侮辱、诽谤他人，造成他人名誉损害，当事人以其名誉权受到侵害向人民法院提起诉讼的，人民法院应当受理。

六、问：新闻单位报道国家机关的公开的文书和职权行为引起的名誉权纠纷，是否认定为构成侵权？

答：新闻单位根据国家机关依职权制作的公开的文书和实施的公开的职权行为所作的报道，其报道客观准确的，不应当认定为侵害他人名誉权；其报道失实，或者前述文书和职权行为已公开纠正而拒绝更正报道，致使他人名誉受到损害的，应当认定为侵害他人名誉权。

七、问：因提供新闻材料引起的名誉权纠纷，如何认定是否构成侵权？

答：因提供新闻材料引起的名誉权纠纷，认定是否构成侵权，应区分以下两种情况：（一）主动提供新闻材料，致使他人名誉受到损害的，应当认定为侵害他人名誉权。（二）因被动采访而提供新闻材料，且未经提供者同意公开，新闻单位擅自发表，致使他人名誉受到损害的，对提供者一般不应当认定为侵害名誉权；虽系被动提供新闻材料，但发表时得到提供者同意或者默许，致使他人名誉受到损害的，应当认定为侵害名誉权。

八、问：因医疗卫生单位公开患者患有淋病、梅毒、麻风病、艾滋病等病情引起的名誉权纠纷，如何认定是否构成侵权？

答：医疗卫生单位的工作人员擅自公开患者患有淋病、梅毒、麻风病、艾滋病等病情，致使患者名誉受到损害的，应当认定为侵害患者名誉权。

医疗卫生单位向患者或其家属通报病情，不应当认定为侵害患者名誉权。

九、问：对产品质量、服务质量进行批评、评论引起的名誉权纠纷，如何认定是否构成侵权？

答：消费者对生产者、经营者、销售者的产品质量或者服务质量进行批评、评论，不应当认定为侵害他人名誉权。但借机诽谤、诋毁，损害其名誉的，应当认定为侵害名誉权。新闻单位对生产者、经营者、销售者的产品质量或者服务质量进行批评、评论，内容基本属实，没有侮辱内容的，不应当认定为侵害其名誉权；主要内容失实，损害其名誉的，应当认定为侵害名誉权。

十、问：因名誉权受到侵害使生产、经营、销售遭受损失予以赔偿的范围和数额如何确定？

答：因名誉权受到侵害使生产、经营、销售遭受损失予以赔偿的范围和数额，可以按照确因侵权而造成客户退货、解除合同等损失程度来适当确定。

十一、问：名誉权纠纷与其他民事纠纷交织在一起的，人民法院应如何审理？

答：名誉权纠纷与其他民事纠纷交织在一起的，人民法院应当按当事人自己选择的请求予以审理。发生适用数种请求的，人民法院应当根据《中华人民共和国民事诉讼法》的有关规定和案件的实际情况，可以合并审理的合并审理；不能合并审理的，可以告知当事人另行起诉。

▶《民通意见》

139. 以营利为目的，未经公民同意利用其肖像做广告、商标、装饰橱窗等，应当认定为侵犯公民肖像权的行为。

140. 以书面、口头等形式宣扬他人的隐私，或者捏造事实公然丑化他人人格，以及用侮辱、诽谤等方式损害他人名誉，造成一定影响的，应当认定为侵害公民名誉权的行为。

以书面、口头等形式诋毁、诽谤法人名誉，给法人造成损害的，应当认定为侵害法人名誉权的行为。

141. 盗用、假冒他人姓名、名称造成损害的，应当认定为侵犯姓名权、名称权的行为。

第一百一十一条　【个人信息权】自然人的个人信息受法律保护。任何组织或者个人需要获取他人个人信息的，应当依法取得并确保信息安全，不得非法收集、使用、加工、传输他人个人信息，不得非法买卖、提供或者公开他人个人信息。

条文对比

《民法典总则编》	《网络安全法》
第一百一十一条　自然人的个人信息受法律保护。任何组织或者个人需要获取他人个人信息的，应当依法取得并确保信息安全，不得非法收集、使用、加工、传输他人个人信息，不得非法买卖、提供**或者公开他人**个人信息。	**第四十四条**　~~任何个人和组织不得窃取或者以其他非法方式获取个人信息，~~不得非法出售或者~~非法向他人~~提供个人信息。

关联法规

《宪法》

第四十条　中华人民共和国公民的通信自由和通信秘密受法律的保护。除因国家安全或者追查刑事犯罪的需要，由公安机关或者检察机关依照法律规定的程序对通信进行检查外，任何组织或者个人不得以任何理由侵犯公民的通信自由和通信秘密。

《旅游法》

第五十二条　旅游经营者对其在经营活动中知悉的旅游者个人信息，应当予以保密。

第八十六条　旅游主管部门和有关部门依法实施监督检查，其监督检查人员不得少于二人，并应当出示合法证件。监督检查人员少于二人或者未出示合法证件的，被检查单位和个人有权拒绝。

监督检查人员对在监督检查中知悉的被检查单位的商业秘密和个人信息应当依法保密。

《刑法》

第二百五十三条之一　违反国家有关规定，向他人出售或者提供公民个人信息，情节严重的，处三年以下有期徒刑或者拘役，并处或者单处罚金；情节特别严重的，处三年以上七年以下有期徒刑，并处罚金。

违反国家有关规定，将在履行职责或者提供服务过程中获得的公民个人信息，出售或者提供给他人的，依照前款的规定从重处罚。

窃取或者以其他方法非法获取公民个人信息的，依照第一款的规定处罚。

单位犯前三款罪的，对单位判处罚金，并对其直接负责的主管人员和其他直接责任人员，依照各该款的规定处罚。

《网络安全法》

第二十二条 网络产品、服务应当符合相关国家标准的强制性要求。网络产品、服务的提供者不得设置恶意程序；发现其网络产品、服务存在安全缺陷、漏洞等风险时，应当立即采取补救措施，按照规定及时告知用户并向有关主管部门报告。

网络产品、服务的提供者应当为其产品、服务持续提供安全维护；在规定或者当事人约定的期限内，不得终止提供安全维护。

网络产品、服务具有收集用户信息功能的，其提供者应当向用户明示并取得同意；涉及用户个人信息的，还应当遵守本法和有关法律、行政法规关于个人信息保护的规定。

第四十条 网络运营者应当对其收集的用户信息严格保密，并建立健全用户信息保护制度。

第四十一条 网络运营者收集、使用个人信息，应当遵循合法、正当、必要的原则，公开收集、使用规则，明示收集、使用信息的目的、方式和范围，并经被收集者同意。

网络运营者不得收集与其提供的服务无关的个人信息，不得违反法律、行政法规的规定和双方的约定收集、使用个人信息，并应当依照法律、行政法规的规定和与用户的约定，处理其保存的个人信息。

第四十二条第二款 网络运营者应当采取技术措施和其他必要措施，确保其收集的个人信息安全，防止信息泄露、毁损、丢失。在发生或者可能发生个人信息泄露、毁损、丢失的情况时，应当立即采取补救措施，按照规定及时告知用户并向有关主管部门报告。

第四十三条 个人发现网络运营者违反法律、行政法规的规定或者双方的约定收集、使用其个人信息的，有权要求网络运营者删除其个人信息；发现网络运营者收集、存储的其个人信息有错误的，有权要求网络运营者予以更正。网络运营者应当采取措施予以删除或者更正。

第四十五条 依法负有网络安全监督管理职责的部门及其工作人员，必须对在履行职责中知悉的个人信息、隐私和商业秘密严格保密，不得泄露、出售或者非法向他人提供。

第七十六条 本法下列用语的含义：

（一）网络，是指由计算机或者其他信息终端及相关设备组成的按照一定的规则和程序对信息进行收集、存储、传输、交换、处理的系统。

（二）网络安全，是指通过采取必要措施，防范对网络的攻击、侵入、干扰、破坏和非法使用以及意外事故，使网络处于稳定可靠运行的状态，以及保障网络数据的完整性、保密性、可用性的能力。

（三）网络运营者，是指网络的所有者、管理者和网络服务提供者。

（四）网络数据，是指通过网络收集、存储、传输、处理和产生的各种电子数据。

（五）个人信息，是指以电子或者其他方式记录的能够单独或者与其他信息结合识别自然人个人身份的各种信息，包括但不限于自然人的姓名、出生日期、身份证件号码、个人生物识别信息、住址、电话号码等。

《商业银行法》

第二十九条 商业银行办理个人储蓄存款业务，应当遵循存款自愿、取款自由、存款有息、为存款人保密的原则。

对个人储蓄存款，商业银行有权拒绝任何单位或者个人查询、冻结、扣划，但法律另有规定的除外。

《消费者权益保护法》

第十四条 消费者在购买、使用商品和接受服务时，享有人格尊严、民族风俗习惯得到尊重的权利，享有个人信息依法得到保护的权利。

第二十九条 经营者收集、使用消费者个人信息，应当遵循合法、正当、必要的原则，明示收集、使用信息的目的、方式和范围，并经消费者同意。经营者收集、使用消费者个人信息，应当公开其收集、使用规则，不得违反法律、法规的规定和双方的约定收集、使用信息。

经营者及其工作人员对收集的消费者个人信息必须严格保密，不得泄露、出售或者非法向他人提供。经营者应当采取技术措施和其他必要措施，确保信息安全，防止消费者个人信息泄露、丢失。在发生或者可能发生信息泄露、丢失的情况时，应当立即采取补救措施。

经营者未经消费者同意或者请求，或者消费者明确表示拒绝的，不得向其发送商业性信息。

第五十条 经营者侵害消费者的人格尊严、侵犯消费者人身自由或者侵害消费者个人信息依法得到保护的权利的，应当停止侵害、恢复名誉、消除影响、赔礼道歉，并赔偿损失。

▶《加强网络信息保护决定》

一、国家保护能够识别公民个人身份和涉及公民个人隐私的电子信息。

任何组织和个人不得窃取或者以其他非法方式获取公民个人电子信息，不得出售或者非法向他人提供公民个人电子信息。

二、网络服务提供者和其他企业事业单位在业务活动中收集、使用公民个人电子信息，应当遵循合法、正当、必要的原则，明示收集、使用信息的目的、方式和范围，并经被收集者同意，不得违反法律、法规的规定和双方的约定收集、使用信息。

网络服务提供者和其他企业事业单位收集、使用公民个人电子信息，应当公开其收集、使用规则。

三、网络服务提供者和其他企业事业单位及其工作人员对在业务活动中收集的公民个人电子信息必须严格保密，不得泄露、篡改、毁损，不得出售或者非法向他人提供。

四、网络服务提供者和其他企业事业单位应当采取技术措施和其他必要措施，确保信息安全，防止在业务活动中收集的公民个人电子信息泄露、毁损、丢失。在发生或者可能发生信息泄露、毁损、丢失的情况时，应当立即采取补救措施。

五、网络服务提供者应当加强对其用户发布的信息的管理，发现法律、法规禁止发布或者传输的信息的，应当立即停止传输该信息，采取消除等处置措施，保存有关记录，并向有关主管部门报告。

六、网络服务提供者为用户办理网站接入服务，办理固定电话、移动电话等入网手续，或者为用户提供信息发布服务，应当在与用户签订协议或者确认提供服务时，要求用户提供真实身份信息。

七、任何组织和个人未经电子信息接收者同意或者请求，或者电子信息接收者明确表示拒绝的，不得向其固定电话、移动电话或者个人电子邮箱发送商业性电子信息。

八、公民发现泄露个人身份、散布个人隐私等侵害其合法权益的网络信息，或者受到商业性电子信息侵扰的，有权要求网络服务提供者删除有关信息或者采取其他必要措施予以制止。

九、任何组织和个人对窃取或者以其他非法方式获取、出售或者非法向他人提供公民个人电子信息的违法犯罪行为以及其他网络信息违法犯罪行为，有权向有关主管部门举报、控告；接到举报、控告的部门应当依法及时处理。被侵权人可以依法提起诉讼。

十、有关主管部门应当在各自职权范围内依法履行职责，采取技术措施和其他必要措施，防范、制止和查处窃取或者以其他非法方式获取、出售或者非法向他人提供公民个人电子信息的违法犯罪行为以及其他网络信息违法犯罪行为。有关主管部门依法履行职责时，网络服务提供者应当予以配合，提供技术支持。

国家机关及其工作人员对在履行职责中知悉的公民个人电子信息应当予以保密，不得泄露、篡改、毁损，不得出售或者非法向他人提供。

十一、对有违反本决定行为的，依法给予警告、罚款、没收违法所得、吊销许可证或者取消备案、关闭网站、禁止有关责任人员从事网络服务业务等处罚，记入社会信用档案并予以公布；构成违反治安管理行为的，依法给予治安管理处罚。构成犯罪的，依法追究刑事责任。侵害他人民事权益的，依法承担民事责任。

▶《居民身份证法》

第十九条 国家机关或者金融、电信、交通、教育、医疗等单位的工作人员泄露在履行职责或者提供服务过程中获得的居民身份证记载的公民个人信息，构成犯罪的，依法追究刑事责任；尚不构成犯罪的，由公安机关处十日以上十五日以下拘留，并处五千元罚款，有违法所得的，没收违法所得。

单位有前款行为，构成犯罪的，依法追究刑事责任；尚不构成犯罪的，由公安机关对其直接负责的主管人员和其他直接责任人员，处十日以上十五日以下拘留，并处十万元以上五十万元以下罚款，有违法所得的，没收违法所得。

有前两款行为，对他人造成损害的，依法承担民事责任。

▶《统计法》

第九条 统计机构和统计人员对在统计工作中知悉的国家秘密、商业秘密和个人信息，应当予以保密。

第三十九条 县级以上人民政府统计机构或者有关部门有下列行为之一的，对直接负责的主管人员和其他直接责任人员由任免机关或者监察机关依法给予处分：

（一）违法公布统计资料的；

（二）泄露统计调查对象的商业秘密、个人信息或者提供、泄露在统计调查中获得的能够识别或者推断单个统计调查对象身份的资料的；

（三）违反国家有关规定，造成统计资料毁损、灭失的。

统计人员有前款所列行为之一的，依法给予处分。

▶《护照法》

第十二条 护照具备视读与机读两种功能。

护照的防伪性能参照国际技术标准制定。

护照签发机关及其工作人员对因制作、签发护照而知悉的公民个人信息，应当予以保密。

▶《缺陷汽车产品召回管理条例》

第七条 产品质量监督部门和有关部门、机构及其工作人员对履行本条例规定职责所知悉的商业秘密和个人信息，不得泄露。

▶《戒毒条例》

第七条 戒毒人员在入学、就业、享受社会保障等方面不受歧视。

对戒毒人员戒毒的个人信息应当依法予以保密。对戒断3年未复吸的人员，不再实行动态管控。

▶《征信业管理条例》

第十三条 采集个人信息应当经信息主体本人同意，未经本人同意不得采集。但是，依照法律、行政法规规定公开的信息除外。

企业的董事、监事、高级管理人员与其履行职务相关的信息，不作为个人信息。

第十四条 禁止征信机构采集个人的宗教信仰、基因、指纹、血型、疾病和病史信息以及法律、行政法规规定禁止采集的其他个人信息。

征信机构不得采集个人的收入、存款、有价证券、商业保险、不动产的信息和纳税数额信息。但是，征信机构明确告知信息主体提供该信息可能产生的不利后果，并取得其书面同意的除外。

第十五条 信息提供者向征信机构提供个人不良信息，应当事先告知信息主体本人。但是，依照法律、行政法规规定公开的不良信息除外。

▶《彩票管理条例》

第二十七条 彩票发行机构、彩票销售机构、彩票代销者以及其他因职务或者业务便利知悉彩票中奖者个人信息的人员，应当对彩票中奖者个人信息予以保密。

▶《侵犯公民个人信息刑事案件司法解释》

第一条 刑法第二百五十三条之一规定的“公民个人信息”，是指以电子或者其他方式记录的能够单独或者与其他信息结合识别特定自然人身份或者反映特定自然人活动情况的各种信息，包括姓名、身份证件号码、通信通讯联系方式、住址、账号密码、财产状况、行踪轨迹等。

第二条 违反法律、行政法规、部门规章有关公民个人信息保护的规定的，应当认定为刑法第二百五十三条之一规定的“违反国家有关规定”。

▶《人民法院在互联网公布裁判文书的规定》

第十条 人民法院在互联网公布裁判文书时，应当删除下列信息：

（一）自然人的家庭住址、通讯方式、身份证号码、银行账号、健康状况、车牌号码、动产或不动产权属证书编号等个人信息；

（二）法人以及其他组织的银行账号、车牌号码、动产或不动产权属证书编号等信息；

（三）涉及商业秘密的信息；

（四）家事、人格权益等纠纷中涉及个人隐私的信息；

（五）涉及技术侦查措施的信息；

（六）人民法院认为不宜公开的其他信息。

按照本条第一款删除信息影响对裁判文书正确理解的，用符号“×”作部分替代。

▶《利用信息网络侵害人身权益纠纷案件规定》

第十二条 网络用户或者网络服务提供者利用网络公开自然人基因信息、病历资料、健康检查资料、犯罪记录、家庭住址、私人活动等个人隐私和其他个人信息，造成他人损害，被侵权人请求其承担侵权责任的，人民法院应予支持。但下列情形除外：

（一）经自然人书面同意且在约定范围内公开；

（二）为促进社会公共利益且在必要范围内；

（三）学校、科研机构等基于公共利益为学术研究或者统计的目的，经自然人书面同意，且公开的方式不足以识别特定自然人；

（四）自然人自行在网络上公开的信息或者其他已合法公开的个人信息；

（五）以合法渠道获取的个人信息；

（六）法律或者行政法规另有规定。

网络用户或者网络服务提供者以违反社会公共利益、社会公德的方式公开前款第四项、第五项规定的个人信息，或者公开该信息侵害权利人值得保护的重大利益，权利人请求网络用户或者网络服务提供者承担侵权责任的，人民法院应予支持。

国家机关行使职权公开个人信息的，不适用本条规定。

▶《旅游纠纷司法解释》

第九条 旅游经营者、旅游辅助服务者泄露旅游者个人信息或者未经旅游者同意公开其个人信息，旅游者请求其承担相应责任的，人民法院应予支持。

第一百一十二条 【身份权】自然人因婚姻家庭关系等产生的人身权利受法律保护。

条文对比

《民法典总则编》	《民法通则》
第一百一十二条 自然人因婚姻家庭关系等产生的人身权利受法律保护。	**第一百零四条** 婚姻、家庭、老人、母亲和儿童受法律保护。 残疾人的合法权益受法律保护。

关联法规

▶《宪法》

第四十九条 婚姻、家庭、母亲和儿童受国家的保护。

夫妻双方有实行计划生育的义务。

父母有抚养教育未成年子女的义务，成年子女有赡养扶助父母的义务。

禁止破坏婚姻自由，禁止虐待老人、妇女和儿童。

▶《民法典总则编》

第二十六条 父母对未成年子女负有抚养、教育和保护的义务。

成年子女对父母负有赡养、扶助和保护的义务。

▶《民法典婚姻家庭编》

第一千零五十八条 夫妻双方平等享有对未成年子女抚养、教育和保护的权利，共同承担对未成年子女抚养、教育和保护的义务。

第一千零六十七条 父母不履行抚养义务的，未成年子女或者不能独立生活的成年子女，有要求父母给付抚养费的权利。

成年子女不履行赡养义务的，缺乏劳动能力或者生活困难的父母，有要求成年子女给付赡养费的权利。

第一千零六十八条 父母有教育、保护未成年子女的权利和义务。未成年子女造成他人损害的，父母应当依法承担民事责任。

第一千零七十四条 有负担能力的祖父母、外祖父母，对于父母已经死亡或者父母无力抚养的未成年孙子女、外孙子女，有抚养的义务。

有负担能力的孙子女、外孙子女，对于子女已经死亡或者子女无力赡养的祖父母、外祖父母，有赡养的义务。

第一千零七十五条 有负担能力的兄、姐，对于父母已经死亡或者父母无力抚养的未成年弟、妹，有扶养的义务。

由兄、姐扶养长大的有负担能力的弟、妹，对于缺乏劳动能力又缺乏生活来源的兄、姐，有扶养的义务。

第一千零九十一条 有下列情形之一，导致离婚的，无过错方有权请求损害赔偿：

（一）重婚；

（二）与他人同居；

（三）实施家庭暴力；

（四）虐待、遗弃家庭成员；

（五）有其他重大过错。

第一千一百一十一条 自收养关系成立之日起，养父母与养子女间的权利义务关系，适用本法关于父母子女关系的规定；养子女与养父母的近亲属间的权利义务关系，适用本法关于子女与父母的近亲属关系的规定。

养子女与生父母以及其他近亲属间的权利义务关系，因收养关系的成立而消除。

▶《老年人权益保障法》

第十四条 赡养人应当履行对老年人经济上供养、生活上照料和精神上慰藉的义务，照顾老年人的特殊需要。赡养人是指老年人的子女以及其他依法负有赡养义务的人。赡养人的配偶应当协助赡养人履行赡养义务。

第十五条 赡养人应当使患病的老年人及时得到治疗和护理；对经济困难的老年人，应当提供医疗费用。对生活不能自理的老年人，赡养人应当承担照料责任；不能亲自照料的，可以按照老年人的意愿委托他人或者养老机构等照料。

▶《未成年人保护法》

第十条 父母或者其他监护人应当创造良好、和睦的家庭环境，依法履行对未成年人的监护职责和抚养义务。

禁止对未成年人实施家庭暴力，禁止虐待、遗弃未成年人，禁止溺婴和其他残害婴儿的行为，不得歧视女性未成年人或者有残疾的未成年人。

▶《婚姻法司法解释一》

第二十九条 承担婚姻法第四十六条规定的损害赔偿责任的主体，为离婚诉讼当事人中无过错方的配偶。

人民法院判决不准离婚的案件，对于当事人基于婚姻法第四十六条提出的损害赔偿请求，不予支持。

在婚姻关系存续期间，当事人不起诉离婚而单独依据该条规定提起损害赔偿请求的，人民法院不予受理。

第一百一十三条 【财产权受法律平等保护】民事主体的财产权利受法律平等保护。

条文对比

《民法典总则编》	《民法通则》《物权法》
第一百一十三条 民事主体的财产权利受法律平等保护。	《民法通则》 **第七十五条** 公民的个人财产，包括公民的合法收入、房屋、储蓄、生活用品、文物、图书资料、林木、牲畜和法律允许公民所有的生产资料以及其他合法财产。 公民的合法财产受法律保护~~，禁止任何组织或者个人侵占、哄抢、破坏或者非法查封、扣押、冻结、没收~~。 《物权法》 **第四条** 国家、集体、私人的物权和其他权利人的物权受法律保护~~，任何单位和个人不得侵犯~~。

关联法规

《宪法》

第十二条 社会主义的公共财产神圣不可侵犯。

国家保护社会主义的公共财产。禁止任何组织或者个人用任何手段侵占或者破坏国家的和集体的财产。

第十三条 公民的合法的私有财产不受侵犯。

国家依照法律规定保护公民的私有财产权和继承权。

国家为了公共利益的需要，可以依照法律规定对公民的私有财产实行征收或者征用并给予补偿。

《民法典总则编》

第二条 民法调整平等主体的自然人、法人和非法人组织之间的人身关系和财产关系。

第四条 民事主体在民事活动中的法律地位一律平等。

《民法典物权编》

第二百零六条 国家坚持和完善公有制为主体、多种所有制经济共同发展，按劳分配为主体、多种分配方式并存，社会主义市场经济体制等社会主义基本经济制度。

国家巩固和发展公有制经济，鼓励、支持和引导非公有制经济的发展。

国家实行社会主义市场经济，保障一切市场主体的平等法律地位和发展权利。

第二百五十八条 国家所有的财产受法律保护，禁止任何组织或者个人侵占、哄抢、私分、截留、破坏。

第二百六十五条 集体所有的财产受法律保护，禁止任何组织或者个人侵占、哄抢、私分、破坏。

农村集体经济组织、村民委员会或者其负责人作出的决定侵害集体成员合法权益的，受侵害的集体成员可以请求人民法院予以撤销。

第二百六十七条 私人的合法财产受法律保护，禁止任何组织或者个人侵占、哄抢、破坏。

▶《民通意见》

170. 未授权给公民、法人经营、管理的国家财产受到侵害的，不受诉讼时效期间的限制。①

第一百一十四条 【物权的概念】 民事主体依法享有物权。

物权是权利人依法对特定的物享有直接支配和排他的权利，包括所有权、用益物权和担保物权。

条文对比

《民法典总则编》	《民法通则》《物权法》
第一百一十四条 民事主体依法享有物权。 物权是权利人依法对特定的物享有直接支配和排他的权利，包括所有权、用益物权和担保物权。	《民法通则》 **第七十一条** 财产所有权是指所有人依法对自己的财产享有占有、使用、收益和处分的权利。

① 建议废止《民通意见》第170条，理由：与《民法典总则编》第113条冲突。

《民法典总则编》	《民法通则》《物权法》
	《物权法》 **第二条第三款** ~~本法所称~~物权~~，~~是指权利人依法对特定的物享有直接支配和排他的权利，包括所有权、用益物权和担保物权。

关联法规

《民法典物权编》

第二百零五条 本编调整因物的归属和利用产生的民事关系。

第二百四十条 所有权人对自己的不动产或者动产，依法享有占有、使用、收益和处分的权利。

第二百四十一条 所有权人有权在自己的不动产或者动产上设立用益物权和担保物权。用益物权人、担保物权人行使权利，不得损害所有权人的权益。

第三百二十三条 用益物权人对他人所有的不动产或者动产，依法享有占有、使用和收益的权利。

第三百八十六条 担保物权人在债务人不履行到期债务或者发生当事人约定的实现担保物权的情形，依法享有就担保财产优先受偿的权利，但是法律另有规定的除外。

第一百一十五条 【物权的客体】物包括不动产和动产。法律规定权利作为物权客体的，依照其规定。

条文对比

《民法典总则编》	《物权法》
第一百一十五条 物包括不动产和动产。法律规定权利作为物权客体的，依照其规定。	**第二条第二款** ~~本法所称~~物~~，~~包括不动产和动产。法律规定权利作为物权客体的，依照其规定。

关联法规

▶《民法典物权编》

第三百九十五条 债务人或者第三人有权处分的下列财产可以抵押：

（一）建筑物和其他土地附着物；

（二）建设用地使用权；

（三）海域使用权；

（四）生产设备、原材料、半成品、产品；

（五）正在建造的建筑物、船舶、航空器；

（六）交通运输工具；

（七）法律、行政法规未禁止抵押的其他财产。

抵押人可以将前款所列财产一并抵押。

第四百四十条 债务人或者第三人有权处分的下列权利可以出质：

（一）汇票、本票、支票；

（二）债券、存款单；

（三）仓单、提单；

（四）可以转让的基金份额、股权；

（五）可以转让的注册商标专用权、专利权、著作权等知识产权中的财产权；

（六）现有的以及将有的应收账款；

（七）法律、行政法规规定可以出质的其他财产权利。

▶《民通意见》

186. 土地、附着于土地的建筑物及其他定着物、建筑物的固定附属设备为不动产。不动产的所有权、买卖、租赁、抵押、使用等民事关系，均应适用不动产所在地法律。

第一百一十六条　【物权法定】物权的种类和内容，由法律规定。

条文对比

《民法典总则编》	《物权法》
第一百一十六条 物权的种类和内容，由法律规定。	**第五条** 物权的种类和内容，由法律规定。

关联法规

▶《民法典物权编》

第二百零五条 本编调整因物的归属和利用产生的民事关系。

第二百四十条 所有权人对自己的不动产或者动产，依法享有占有、使用、收益和处分的权利。

第三百三十一条 土地承包经营权人依法对其承包经营的耕地、林地、草地等享有占有、使用和收益的权利，有权从事种植业、林业、畜牧业等农业生产。

第三百四十四条 建设用地使用权人依法对国家所有的土地享有占有、使用和收益的权利，有权利用该土地建造建筑物、构筑物及其附属设施。

第三百六十二条 宅基地使用权人依法对集体所有的土地享有占有和使用的权利，有权依法利用该土地建造住宅及其附属设施。

第三百七十二条 地役权人有权按照合同约定，利用他人的不动产，以提高自己的不动产的效益。

前款所称他人的不动产为供役地，自己的不动产为需役地。

第三百九十四条 为担保债务的履行，债务人或者第三人不转移财产的占有，将该财产抵押给债权人的，债务人不履行到期债务或者发生当事人约定的实现抵押权的情形，债权人有权就该财产优先受偿。

前款规定的债务人或者第三人为抵押人，债权人为抵押权人，提供担保的财产为抵押财产。

第四百二十五条 为担保债务的履行，债务人或者第三人将其动产出质给债权人占有的，债务人不履行到期债务或者发生当事人约定的实现质权的情形，债权人有权就该动产优先受偿。

前款规定的债务人或者第三人为出质人，债权人为质权人，交付的动产为质押财产。

第四百四十七条 债务人不履行到期债务，债权人可以留置已经合法占有的债务人的动产，并有权就该动产优先受偿。

前款规定的债权人为留置权人，占有的动产为留置财产。

第一百一十七条 **【物的征收与征用】**为了公共利益的需要，依照法律规定的权限和程序征收、征用不动产或者动产的，应当给予公平、合理的补偿。

条文对比

《民法典总则编》	《国有土地上房屋征收与补偿条例》
第一百一十七条 为了公共利益的需要，**依照法律规定的权限和程序**征收、**征用**不动产或者动产的，应当给予公平、**合理的**补偿。	**第二条** 为了公共利益的需要，征收国有土地上单位、个人的房屋，应当~~对被征收房屋所有权人（以下称被征收人）~~给予公平补偿。

关联法规

▶ **《宪法》**

第十条 城市的土地属于国家所有。

农村和城市郊区的土地，除由法律规定属于国家所有的以外，属于集体所有；宅基地和自留地、自留山，也属于集体所有。

国家为了公共利益的需要，可以依照法律规定对土地实行征收或者征用并给予补偿。

任何组织或者个人不得侵占、买卖或者以其他形式非法转让土地。土地的使用权可以依照法律的规定转让。

一切使用土地的组织和个人必须合理地利用土地。

第十三条 公民的合法的私有财产不受侵犯。

国家依照法律规定保护公民的私有财产权和继承权。

国家为了公共利益的需要，可以依照法律规定对公民的私有财产实行征收或者征用并给予补偿。

▶《民法典物权编》

第二百四十四条 国家对耕地实行特殊保护，严格限制农用地转为建设用地，控制建设用地总量。不得违反法律规定的权限和程序征收集体所有的土地。

第二百四十五条 因抢险救灾、疫情防控等紧急需要，依照法律规定的权限和程序可以征用组织、个人的不动产或者动产。被征用的不动产或者动产使用后，应当返还被征用人。组织、个人的不动产或者动产被征用或者征用后毁损、灭失的，应当给予补偿。

第三百二十七条 因不动产或者动产被征收、征用致使用益物权消灭或者影响用益物权行使的，用益物权人有权依据本法第二百四十三条、第二百四十五条的规定获得相应补偿。

第三百九十条 担保期间，担保财产毁损、灭失或者被征收等，担保物权人可以就获得的保险金、赔偿金或者补偿金等优先受偿。被担保债权的履行期限未届满的，也可以提存该保险金、赔偿金或者补偿金等。

▶《土地管理法》

第四十六条 征收下列土地的，由国务院批准：

（一）永久基本农田；

（二）永久基本农田以外的耕地超过三十五公顷的；

（三）其他土地超过七十公顷的。

征收前款规定以外的土地的，由省、自治区、直辖市人民政府批准。

征收农用地的，应当依照本法第四十四条的规定先行办理农用地转用审批。其中，经国务院批准农用地转用的，同时办理征地审批手续，不再另行办理征地审批；经省、自治区、直辖市人民政府在征地批准权限内批准农用地转用的，同时办理征地审批手续，不再另行办理征地审批，超过征地批准权限的，应当依照本条第一款的规定另行办理征地审批。

第四十七条 国家征收土地的，依照法定程序批准后，由县级以上地方人民政府予以公告并组织实施。

县级以上地方人民政府拟申请征收土地的，应当开展拟征收土地现状调查和社会稳定风险评估，并将征收范围、土地现状、征收目的、补偿标准、安置方式和社会保障等在拟征收土地所在的乡（镇）和村、村民小组范围内公告至少三十日，听取被征地的农村集体经济组织及其成员、村民委员会和其他利害关系人的意见。

多数被征地的农村集体经济组织成员认为征地补偿安置方案不符合法律、法规规定的，县级以上地方人民政府应当组织召开听证会，并根据法律、法规的规定和听证会情况修改方案。

拟征收土地的所有权人、使用权人应当在公告规定期限内，持不动产权属证明材料办理补偿登记。县级以上地方人民政府应当组织有关部门测算并落实有关费用，保证足额到位，与拟征收土地的所有权人、使用权人就补偿、安置等签订协议；个别确实难以达成协议的，应当在申请征收土地时如实说明。

相关前期工作完成后，县级以上地方人民政府方可申请征收土地。

第四十八条 征收土地应当给予公平、合理的补偿，保障被征地农民原有生活水平不降低、长远生计有保障。

征收土地应当依法及时足额支付土地补偿费、安置补助费以及农村村民住宅、其他地上附着物和青苗等的补偿费用，并安排被征地农民的社会保障费用。

征收农用地的土地补偿费、安置补助费标准由省、自治区、直辖市通过制定公布区片综合地价确定。制定区片综合地价应当综合考虑土地原用途、土地资源条件、土地产值、土地区位、土地供求关系、人口以及经济社会发展水平等因素，并至少每三年调整或者重新公布一次。

征收农用地以外的其他土地、地上附着物和青苗等的补偿标准，由省、自治区、直辖市制定。对其中的农村村民住宅，应当按照先补偿后搬迁、居住条件有改善的原则，尊重农村村民意愿，采取重新安排宅基地建房、提供安置房或者货币补偿等方式给予公平、合理的补偿，并对因征收造成的搬迁、临时安置等费用予以补偿，保障农村村民居住的权利和合法的住房财产权益。

县级以上地方人民政府应当将被征地农民纳入相应的养老等社会保障体系。被征地农民的社会保障费用主要用于符合条件的被征地农民的养老保险等社会保险缴费补贴。被征地农民社会保障费用的筹集、管理和使用办法，由省、自治区、直辖市制定。

第四十九条 被征地的农村集体经济组织应当将征收土地的补偿费用的收支状况向本集体经济组织的成员公布，接受监督。

禁止侵占、挪用被征收土地单位的征地补偿费用和其他有关费用。

▶《城市房地产管理法》

第六条 为了公共利益的需要，国家可以征收国有土地上单位和个人的房屋，并依法给予拆迁补偿，维护被征收人的合法权益；征收个人住宅的，还应当保障被征收人的居住条件。具体办法由国务院规定。

▶《农村土地承包法》

第十七条 承包方享有下列权利：

（一）依法享有承包地使用、收益的权利，有权自主组织生产经营和处置产品；

（二）依法互换、转让土地承包经营权；

（三）依法流转土地经营权；

（四）承包地被依法征收、征用、占用的，有权依法获得相应的补偿；

（五）法律、行政法规规定的其他权利。

▶《妇女权益保障法》

第三十二条 妇女在农村土地承包经营、集体经济组织收益分配、土地征收或者征用补偿费使用以及宅基地使用等方面，享有与男子平等的权利。

▶《国防交通法》

第七条 县级以上人民政府根据国防需要，可以依法征用民用运载工具、交通设施、交通物资等民用交通资源，有关组织和个人应当予以配合，履行相关义务。

民用交通资源征用的组织实施和补偿，依照有关法律、行政法规执行。

▶《渔业法》

第十四条 国家建设征收集体所有的水域、滩涂，按照《中华人民共和国土地管理法》有关征地的规定办理。

▶《草原法》

第三十八条 进行矿藏开采和工程建设，应当不占或者少占草原；确需征收、征用或者使用草原的，必须经省级以上人民政府草原行政主管部门审核同意后，依照有关土地管理的法律、行政法规办理建设用地审批手续。

▶《农业法》

第七十一条 国家依法征收农民集体所有的土地，应当保护农民和农村集体经济组织的合法权益，依法给予农民和农村集体经济组织征地补偿，任何单位和个人不得截留、挪用征地补偿费用。

▶《国防法》

第四十八条 国家根据动员需要，可以依法征收、征用组织和个人的设备设施、交通工具和其他物资。

县级以上人民政府对被征收、征用者因征收、征用所造成的直接经济损失，按照国家有关规定给予适当补偿。

▶《突发事件应对法》

第十二条 有关人民政府及其部门为应对突发事件，可以征用单位和个人的财产。被征用的财产在使用完毕或者突发事件应急处置工作结束后，应当及时返还。财产被征用或者征用后毁损、灭失的，应当给予补偿。

▶《国有土地上房屋征收与补偿条例》

第八条 为了保障国家安全、促进国民经济和社会发展等公共利益的需要，有下列情形之一，确需征收房屋的，由市、县级人民政府作出房屋征收决定：

（一）国防和外交的需要；

（二）由政府组织实施的能源、交通、水利等基础设施建设的需要；

（三）由政府组织实施的科技、教育、文化、卫生、体育、环境和资源保护、防灾减灾、文物保护、社会福利、市政公用等公共事业的需要；

（四）由政府组织实施的保障性安居工程建设的需要；

（五）由政府依照城乡规划法有关规定组织实施的对危房集中、基础设施落后等地段进行旧城区改建的需要；

（六）法律、行政法规规定的其他公共利益的需要。

▶《申请人民法院强制执行国有土地上房屋征收补偿决定案件规定》

第一条 申请人民法院强制执行征收补偿决定案件，由房屋所在地基层人民法院管辖，高级人民法院可以根据本地实际情况决定管辖法院。

第二条 申请机关向人民法院申请强制执行，除提供《条例》第二十八条规定的强制执行申请书及附具材料外，还应当提供下列材料：

（一）征收补偿决定及相关证据和所依据的规范性文件；

（二）征收补偿决定送达凭证、催告情况及房屋被征收人、直接利害关系人的意见；

（三）社会稳定风险评估材料；

（四）申请强制执行的房屋状况；

（五）被执行人的姓名或者名称、住址及与强制执行相关的财产状况等具体情况；

（六）法律、行政法规规定应当提交的其他材料。

强制执行申请书应当由申请机关负责人签名，加盖申请机关印章，并注明日期。

强制执行的申请应当自被执行人的法定起诉期限届满之日起三个月内提出；逾期申请的，除有正当理由外，人民法院不予受理。

▶《最高人民法院关于征收国有土地上房屋时是否应当对被征收人未经登记的空地和院落予以补偿的答复》

山东省高级人民法院：

你院《关于征收国有土地上房屋时是否应当对被征收人未确权登记的空地和院落单独予以补偿的请示》收悉，经研究，答复如下：

对土地公有制之前，通过购买房屋方式使用私有的土地，土地转为国有后迄今仍继续使用的，未经确权登记，亦应确定现使用者的国有土地使用权。

国有土地上房屋征收补偿中，应将当事人合法享有国有土地使用权的院落、空地面积纳入评估范围，按照征收时的房地产市场价格，一并予以征收补偿。

此复。

二〇一三年五月十五日

权威案例

《山西省安业集团有限公司诉山西省太原市人民政府收回国有土地使用权决定案》，《最高人民法院公报》2017年第1期

裁判摘要：有征收必有补偿，无补偿则无征收。征收补偿应当遵循及时补偿原则和公平补偿原则。补偿问题未依法定程序解决前，被征收人有权拒绝交出房屋和土地。

第一百一十八条　【债权的概念】民事主体依法享有债权。

债权是因合同、侵权行为、无因管理、不当得利以及法律的其他规定，权利人请求特定义务人为或者不为一定行为的权利。

条文对比

《民法典总则编》	《民法通则》
第一百一十八条　民事主体依法享有债权。 **债权是因合同、侵权行为、无因管理、不当得利以及法律的其他规定，权利人请求特定义务人为或者不为一定行为的权利。**	**第八十四条**　债是按照合同的约定或者依照法律的规定，在当事人之间产生的特定的权利和义务关系。享有权利的人是债权人，负有义务的人是债务人。 债权人有权要求债务人按照合同的约定或者依照法律的规定履行义务。

关联法规

▶ 《民法典合同编》

第五百零九条　当事人应当按照约定全面履行自己的义务。

当事人应当遵循诚信原则，根据合同的性质、目的和交易习惯履行通知、协助、保密等义务。

当事人在履行合同过程中，应当避免浪费资源、污染环境和破坏生态。

▶ 《合同法司法解释二》

第三条　悬赏人以公开方式声明对完成一定行为的人支付报酬，完成特定行为的人请求悬赏人支付报酬的，人民法院依法予以支持。但悬赏有合同法第五十二条规定情形的除外。

第一百一十九条　【合同之债】依法成立的合同，对当事人具有法律约束力。

条文对比

《民法典总则编》	《合同法》
第一百一十九条　依法成立的合同，对当事人具有法律约束力。	**第八条第一款**　依法成立的合同，对当事人具有法律约束力。~~当事人应当按照约定履行自己的义务，不得擅自变更或者解除合同~~。

关联法规

▶《民法典合同编》

第四百六十四条 合同是民事主体之间设立、变更、终止民事法律关系的协议。

婚姻、收养、监护等有关身份关系的协议，适用有关该身份关系的法律规定；没有规定的，可以根据其性质参照适用本编规定。

第五百六十三条 有下列情形之一的，当事人可以解除合同：

（一）因不可抗力致使不能实现合同目的；

（二）在履行期限届满前，当事人一方明确表示或者以自己的行为表明不履行主要债务；

（三）当事人一方迟延履行主要债务，经催告后在合理期限内仍未履行；

（四）当事人一方迟延履行债务或者有其他违约行为致使不能实现合同目的；

（五）法律规定的其他情形。

以持续履行的债务为内容的不定期合同，当事人可以随时解除合同，但是应当在合理期限之前通知对方。

第五百七十七条 当事人一方不履行合同义务或者履行合同义务不符合约定的，应当承担继续履行、采取补救措施或者赔偿损失等违约责任。

第一百二十条 【侵权责任之债】民事权益受到侵害的，被侵权人有权请求侵权人承担侵权责任。

条文对比

《民法典总则编》	《侵权责任法》
第一百二十条 民事权益受到侵害的，被侵权人有权请求侵权人承担侵权责任。	**第二条第一款** 侵害民事权益，~~应当依照本法承担侵权责任。~~ **第三条** 被侵权人有权请求侵权人承担侵权责任。

关联法规

▶ 《民法典侵权责任编》

第一千一百六十五条 行为人因过错侵害他人民事权益造成损害的，应当承担侵权责任。

依照法律规定推定行为人有过错，其不能证明自己没有过错的，应当承担侵权责任。

第一千一百六十六条 行为人造成他人民事权益损害，不论行为人有无过错，法律规定应当承担侵权责任的，依照其规定。

第一百二十一条 【无因管理之债】没有法定的或者约定的义务，为避免他人利益受损失而进行管理的人，有权请求受益人偿还由此支出的必要费用。

条文对比

《民法典总则编》	《民法通则》
第一百二十一条 没有法定的或者约定的义务，为避免他人利益受损失**而**进行管理的人，有权请求受益人偿还由此支出的必要费用。	**第九十三条** 没有法定的或者约定的义务，为避免他人利益受损失进行管理~~或者服务~~的，有权要求受益人偿付由此~~而~~支付的必要费用。

关联法规

▶ 《民通意见》

132. 民法通则第九十三条规定的管理人或者服务人可以要求受益人偿付的必要费用，包括在管理或者服务活动中直接支出的费用，以及在该活动中受到的实际损失。

第一百二十二条　【不当得利之债】 因他人没有法律根据，取得不当利益，受损失的人有权请求其返还不当利益。

条文对比

《民法典总则编》	《民法通则》
第一百二十二条　因他人没有法律根据，取得不当利益，受损失的人有权请求其返还不当利益。	**第九十二条**　没有合法根据，取得不当利益，~~造成他人损失的，~~应当将取得的不当利益返还受损失的人。

关联法规

▶《民法典总则编》

第一百二十九条　民事权利可以依据民事法律行为、事实行为、法律规定的事件或者法律规定的其他方式取得。

▶《民通意见》

131. 返还的不当利益，应当包括原物和原物所生的孳息。利用不当得利所取得的其他利益，扣除劳务管理费用后，应当予以收缴。

第一百二十三条　【知识产权及其客体】 民事主体依法享有知识产权。

知识产权是权利人依法就下列客体享有的专有的权利：

（一）作品；

（二）发明、实用新型、外观设计；

（三）商标；

（四）地理标志；

（五）商业秘密；

（六）集成电路布图设计；

（七）植物新品种；
（八）法律规定的其他客体。

条文对比

《民法典总则编》	《民法通则》
第一百二十三条 民事主体依法享有知识产权。 知识产权是权利人依法就下列客体享有的专有的权利： （一）作品； （二）发明、实用新型、外观设计； （三）商标； （四）地理标志； （五）商业秘密； （六）集成电路布图设计； （七）植物新品种； （八）法律规定的其他客体。	**第九十四条** 公民、法人享有著作权（版权），依法有署名、发表、出版、获得报酬等权利。 **第九十五条** 公民、法人依法取得的专利权受法律保护。 **第九十六条** 法人、个体工商户、个人合伙依法取得的商标专用权受法律保护。 **第一百一十八条** 公民、法人的著作权（版权）、专利权、商标专用权、发现权、发明权和其他科技成果权受到剽窃、篡改、假冒等侵害的，有权要求停止侵害，消除影响，赔偿损失。

关联法规

《民法典合同编》

第五百零一条 当事人在订立合同过程中知悉的商业秘密或者其他应当保密的信息，无论合同是否成立，不得泄露或者不正当地使用；泄露、不正当地使用该商业秘密或者信息，造成对方损失的，应当承担赔偿责任。

《民法典侵权责任编》

第一千一百六十四条 本编调整因侵害民事权益产生的民事关系。

《反不正当竞争法》

第九条 经营者不得实施下列侵犯商业秘密的行为：

（一）以盗窃、贿赂、欺诈、胁迫、电子侵入或者其他不正当手段获取权利人的商业秘密；

（二）披露、使用或者允许他人使用以前项手段获取的权利人的商业秘密；

（三）违反保密义务或者违反权利人有关保守商业秘密的要求，披露、使用或者允许他人使用其所掌握的商业秘密；

（四）教唆、引诱、帮助他人违反保密义务或者违反权利人有关保守商业秘密的要求，获取、披露、使用或者允许他人使用权利人的商业秘密。

经营者以外的其他自然人、法人和非法人组织实施前款所列违法行为的，视为侵犯商业秘密。

第三人明知或者应知商业秘密权利人的员工、前员工或者其他单位、个人实施本条第一款所列违法行为，仍获取、披露、使用或者允许他人使用该商业秘密的，视为侵犯商业秘密。

本法所称的商业秘密，是指不为公众所知悉、具有商业价值并经权利人采取相应保密措施的技术信息、经营信息等商业信息。

▶《商标法》

第三条 经商标局核准注册的商标为注册商标，包括商品商标、服务商标和集体商标、证明商标；商标注册人享有商标专用权，受法律保护。

本法所称集体商标，是指以团体、协会或者其他组织名义注册，供该组织成员在商事活动中使用，以表明使用者在该组织中的成员资格的标志。

本法所称证明商标，是指由对某种商品或者服务具有监督能力的组织所控制，而由该组织以外的单位或者个人使用于其商品或者服务，用以证明该商品或者服务的原产地、原料、制造方法、质量或者其他特定品质的标志。

集体商标、证明商标注册和管理的特殊事项，由国务院工商行政管理部门规定。

第八条 任何能够将自然人、法人或者其他组织的商品与他人的商品区别开的标志，包括文字、图形、字母、数字、三维标志、颜色组合和声音等，以及上述要素的组合，均可以作为商标申请注册。

第九条 申请注册的商标，应当有显著特征，便于识别，并不得与他人在先取得的合法权利相冲突。

商标注册人有权标明“注册商标”或者注册标记。

第十条 下列标志不得作为商标使用：

（一）同中华人民共和国的国家名称、国旗、国徽、国歌、军旗、军徽、军歌、勋章等相同或者近似的，以及同中央国家机关的名称、标志、所在地特定地点的名称或者标志性建筑物的名称、图形相同的；

（二）同外国的国家名称、国旗、国徽、军旗等相同或者近似的，但经该国政府同意的除外；

（三）同政府间国际组织的名称、旗帜、徽记等相同或者近似的，但经该组织同意或者不易误导公众的除外；

（四）与表明实施控制、予以保证的官方标志、检验印记相同或者近似的，但经授权的除外；

（五）同“红十字”、“红新月”的名称、标志相同或者近似的；

（六）带有民族歧视性的；

（七）带有欺骗性，容易使公众对商品的质量等特点或者产地产生误认的；

（八）有害于社会主义道德风尚或者有其他不良影响的。

县级以上行政区划的地名或者公众知晓的外国地名，不得作为商标。但是，地名具有其他含义或者作为集体商标、证明商标组成部分的除外；已经注册的使用地名的商标继续有效。

第十一条 下列标志不得作为商标注册：

（一）仅有本商品的通用名称、图形、型号的；

（二）仅直接表示商品的质量、主要原料、功能、用途、重量、数量及其他特点的；

（三）其他缺乏显著特征的。

前款所列标志经过使用取得显著特征，并便于识别的，可以作为商标注册。

第十二条 以三维标志申请注册商标的，仅由商品自身的性质产生的形状、为获得技术效果而需有的商品形状或者使商品具有实质性价值的形状，不得注册。

第十六条 商标中有商品的地理标志，而该商品并非来源于该标志所标示的地区，误导公众的，不予注册并禁止使用；但是，已经善意取得注册的继续有效。

前款所称地理标志，是指标示某商品来源于某地区，该商品的特定质量、信誉或者其他特征，主要由该地区的自然因素或者人文因素所决定的标志。

第三十六条 法定期限届满，当事人对商标局做出的驳回申请决定、不予注册决定不申请复审或者对商标评审委员会做出的复审决定不向人民法院起诉的，驳回申请决定、不予注册决定或者复审决定生效。

经审查异议不成立而准予注册的商标，商标注册申请人取得商标专用权的时间自初步审定公告三个月期满之日起计算。自该商标公告期满之日起至准予注册决定做出前，对他人在同一种或者类似商品上使用与该商标相同或者近似的标志的行为不具有追溯力；但是，因该使用人的恶意给商标注册人造成的损失，应当给予赔偿。

第四十七条 依照本法第四十四条、第四十五条的规定宣告无效的注册商标，由商标局予以公告，该注册商标专用权视为自始即不存在。

宣告注册商标无效的决定或者裁定，对宣告无效前人民法院做出并已执行的商标侵权案件的判决、裁定、调解书和工商行政管理部门做出并已执行的商标侵权案件的处理决定以及已经履行的商标转让或者使用许可合同不具有追溯力。但是，因商标注册人的恶意给他人造成的损失，应当给予赔偿。

依照前款规定不返还商标侵权赔偿金、商标转让费、商标使用费，明显违反公平原则的，应当全部或者部分返还。

第五十六条 注册商标的专用权，以核准注册的商标和核定使用的商品为限。

第五十七条 有下列行为之一的，均属侵犯注册商标专用权：

（一）未经商标注册人的许可，在同一种商品上使用与其注册商标相同的商标的；

（二）未经商标注册人的许可，在同一种商品上使用与其注册商标近似的商标，或者在类似商品上使用与其注册商标相同或者近似的商标，容易导致混淆的；

（三）销售侵犯注册商标专用权的商品的；

（四）伪造、擅自制造他人注册商标标识或者销售伪造、擅自制造的注册商标标识的；

（五）未经商标注册人同意，更换其注册商标并将该更换商标的商品又投入市场的；

（六）故意为侵犯他人商标专用权行为提供便利条件，帮助他人实施侵犯商标专用权行为的；

（七）给他人的注册商标专用权造成其他损害的。

第五十八条 将他人注册商标、未注册的驰名商标作为企业名称中的字号使用，误导公众，构成不正当竞争行为的，依照《中华人民共和国反不正当竞争法》处理。

第五十九条 注册商标中含有的本商品的通用名称、图形、型号，或者直接表示商品的质量、主要原料、功能、用途、重量、数量及其他特点，或者含有的地名，注册商标专用权人无权禁止他人正当使用。

三维标志注册商标中含有的商品自身的性质产生的形状、为获得技术效果而需有的商品形状或者使商品具有实质性价值的形状，注册商标专用权人无权禁止他人正当使用。

商标注册人申请商标注册前，他人已经在同一种商品或者类似商品上先于商标注册人使用与注册商标相同或者近似并有一定影响的商标的，注册商标专用权人无权禁止该使用人在原使用范围内继续使用该商标，但可以要求其附加适当区别标识。

第六十条 有本法第五十七条所列侵犯注册商标专用权行为之一，引起纠纷的，由当事人协商解决；不愿协商或者协商不成的，商标注册人或者利害关系人可以向人民法院起诉，也可以请求工商行政管理部门处理。

工商行政管理部门处理时，认定侵权行为成立的，责令立即停止侵权行为，没收、销毁侵权商品和主要用于制造侵权商品、伪造注册商标标识的工具，违法经营额五万元以上的，可以处违法经营额五倍以下的罚款，没有违法经营额或者违法经营额不足五万元的，可以处二十五万元以下的罚款。对五年内实施两次以上商标侵权行为或者有其他严重情节的，应当从重处罚。销售不知道是侵犯注册商标专用权的商品，能证明该商品是自己合法取得并说明提供者的，由工商行政管理部门责令停止销售。

对侵犯商标专用权的赔偿数额的争议，当事人可以请求进行处理的工商行政管理部门调解，也可以依照《中华人民共和国民事诉讼法》向人民法院起诉。经工商行政管理部门调解，当事人未达成协议或者调解书生效后不履行的，当事人可以依照《中华人民共和国民事诉讼法》向人民法院起诉。

第六十一条 对侵犯注册商标专用权的行为，工商行政管理部门有权依法查处；涉嫌犯罪的，应当及时移送司法机关依法处理。

第六十二条 县级以上工商行政管理部门根据已经取得的违法嫌疑证据或者举报，对涉嫌侵犯他人注册商标专用权的行为进行查处时，可以行使下列职权：

（一）询问有关当事人，调查与侵犯他人注册商标专用权有关的情况；

（二）查阅、复制当事人与侵权活动有关的合同、发票、账簿以及其他有关资料；

（三）对当事人涉嫌从事侵犯他人注册商标专用权活动的场所实施现场检查；

（四）检查与侵权活动有关的物品；对有证据证明是侵犯他人注册商标专用权的物品，可以查封或者扣押。

工商行政管理部门依法行使前款规定的职权时，当事人应当予以协助、配合，不得拒绝、阻挠。

在查处商标侵权案件过程中，对商标权属存在争议或者权利人同时向人民法院提起商标侵权诉讼的，工商行政管理部门可以中止案件的查处。中止原因消除后，应当恢复或者终结案件查处程序。

第六十三条 侵犯商标专用权的赔偿数额，按照权利人因被侵权所受到的实际损失确定；实际损失难以确定的，可以按照侵权人因侵权所获得的利益确定；权利人的损失或者侵权人获得的利益难以确定的，参照该商标许可使用费的倍数合理确定。对恶意侵犯商标专用权，情节严重的，可以在按照上述方法确定数额的一倍以上五倍以下确定赔偿数额。赔偿数额应当包括权利人为制止侵权行为所支付的合理开支。

人民法院为确定赔偿数额，在权利人已经尽力举证，而与侵权行为相关的账簿、资料主要由侵权人掌握的情况下，可以责令侵权人提供与侵权行为相关的账簿、资料；侵权人不提供或者提供虚假的账簿、资料的，人民法院可以参考权利人的主张和提供的证据判定赔偿数额。

权利人因被侵权所受到的实际损失、侵权人因侵权所获得的利益、注册商标许可使用费难以确定的，由人民法院根据侵权行为的情节判决给予五百万元以下的赔偿。

人民法院审理商标纠纷案件，应权利人请求，对属于假冒注册商标的商品，除特殊情况外，责令销毁；对主要用于制造假冒注册商标的商品的材料、工具，责令销毁，且不予补偿；或者在特殊情况下，责令禁止前述材料、工具进入商业渠道，且不予补偿。

假冒注册商标的商品不得在仅去除假冒注册商标后进入商业渠道。

第六十四条 注册商标专用权人请求赔偿，被控侵权人以注册商标专用权人未使用注册商标提出抗辩的，人民法院可以要求注册商标专用权人提供此前三年内实际使用该注册商标的证据。注册商标专用权人不能证明此前三年内实际使用过该注册商标，也不能证明因侵权行为受到其他损失的，被控侵权人不承担赔偿责任。

销售不知道是侵犯注册商标专用权的商品，能证明该商品是自己合法取得并说明提供者的，不承担赔偿责任。

第六十五条 商标注册人或者利害关系人有证据证明他人正在实施或者即将实施侵犯其注册商标专用权的行为，如不及时制止将会使其合法权益受到难以弥补的损害的，可以依法在起诉前向人民法院申请采取责令停止有关行为和财产保全的措施。

第六十六条 为制止侵权行为，在证据可能灭失或者以后难以取得的情况下，商标注册人或者利害关系人可以依法在起诉前向人民法院申请保全证据。

第六十七条 未经商标注册人许可，在同一种商品上使用与其注册商标相同的商标，构成犯罪的，除赔偿被侵权人的损失外，依法追究刑事责任。

伪造、擅自制造他人注册商标标识或者销售伪造、擅自制造的注册商标标识，构成犯罪的，除赔偿被侵权人的损失外，依法追究刑事责任。

销售明知是假冒注册商标的商品，构成犯罪的，除赔偿被侵权人的损失外，依法追究刑事责任。

第六十八条 商标代理机构有下列行为之一的，由工商行政管理部门责令限期改正，给予警告，处一万元以上十万元以下的罚款；对直接负责的主管人员和其他直接责任人员给予警告，处五千元以上五万元以下的罚款；构成犯罪的，依法追究刑事责任：

（一）办理商标事宜过程中，伪造、变造或者使用伪造、变造的法律文件、印章、签名的；

（二）以诋毁其他商标代理机构等手段招徕商标代理业务或者以其他不正当手段扰乱商标代理市场秩序的；

（三）违反本法第四条、第十九条第三款和第四款规定的。

商标代理机构有前款规定行为的，由工商行政管理部门记入信用档案；情节严重的，商标局、商标评审委员会并可以决定停止受理其办理商标代理业务，予以公告。

商标代理机构违反诚实信用原则，侵害委托人合法利益的，应当依法承担民事责任，并由商标代理行业组织按照章程规定予以惩戒。

对恶意申请商标注册的，根据情节给予警告、罚款等行政处罚；对恶意提起商标诉讼的，由人民法院依法给予处罚。

▶《种子法》

第二十五条 国家实行植物新品种保护制度。对国家植物品种保护名录内经过人工选育或者发现的野生植物加以改良，具备新颖性、特异性、一致性、稳定性和适当命名的植物品种，由国务院农业、林业主管部门授予植物新品种权，保护植物新品种权所有人的合法权益。植物新品种权的内容和归属、授予条件、申请和受理、审查与批准，以及期限、终止和无效等依照本法、有关法律和行政法规规定执行。

国家鼓励和支持种业科技创新、植物新品种培育及成果转化。取得植物新品种权的品种得到推广应用的，育种者依法获得相应的经济利益。

第二十八条 完成育种的单位或者个人对其授权品种，享有排他的独占权。任何单位或者个人未经植物新品种权所有人许可，不得生产、繁殖或者销售该授权品种的繁殖材料，不得为商业目的将该授权品种的繁殖材料重复使用于生产另一品种的繁殖材料；但是本法、有关法律、行政法规另有规定的除外。

▶《农业法》

第二十三条 国家支持依法建立健全优质农产品认证和标志制度。

国家鼓励和扶持发展优质农产品生产。县级以上地方人民政府应当结合本地情况，按照国家有关规定采取措施，发展优质农产品生产。

符合国家规定标准的优质农产品可以依照法律或者行政法规的规定申请使用有关的标志。符合规定产地及生产规范要求的农产品可以依照有关法律或者行政法规的规定申请使用农产品地理标志。

第四十九条 国家保护植物新品种、农产品地理标志等知识产权，鼓励和引导农业科研、教育单位加强农业科学技术的基础研究和应用研究，传播和普及农业科学技术知识，加速科技成果转化与产业化，促进农业科学技术进步。

国务院有关部门应当组织农业重大关键技术的科技攻关。国家采取措施促进国际农业科技、教育合作与交流，鼓励引进国外先进技术。

▶《著作权法》

第三条 本法所称的作品，包括以下列形式创作的文学、艺术和自然科学、社会科学、工程技术等作品：

（一）文字作品；

（二）口述作品；

（三）音乐、戏剧、曲艺、舞蹈、杂技艺术作品；

（四）美术、建筑作品；

（五）摄影作品；

（六）电影作品和以类似摄制电影的方法创作的作品；

（七）工程设计图、产品设计图、地图、示意图等图形作品和模型作品；

（八）计算机软件；

（九）法律、行政法规规定的其他作品。

第十条 著作权包括下列人身权和财产权：

（一）发表权，即决定作品是否公之于众的权利；

（二）署名权，即表明作者身份，在作品上署名的权利；

（三）修改权，即修改或者授权他人修改作品的权利；

（四）保护作品完整权，即保护作品不受歪曲、篡改的权利；

（五）复制权，即以印刷、复印、拓印、录音、录像、翻录、翻拍等方式将作品制作一份或者多份的权利；

（六）发行权，即以出售或者赠与方式向公众提供作品的原件或者复制件的权利；

（七）出租权，即有偿许可他人临时使用电影作品和以类似摄制电影的方法创作的作品、计算机软件的权利，计算机软件不是出租的主要标的的除外；

（八）展览权，即公开陈列美术作品、摄影作品的原件或者复制件的权利；

（九）表演权，即公开表演作品，以及用各种手段公开播送作品的表演的权利；

（十）放映权，即通过放映机、幻灯机等技术设备公开再现美术、摄影、电影和以类似摄制电影的方法创作的作品等的权利；

（十一）广播权，即以无线方式公开广播或者传播作品，以有线传播或者转播的方式向公众传播广播的作品，以及通过扩音器或者其他传送符号、声音、图像的类似工具向公众传播广播的作品的权利；

（十二）信息网络传播权，即以有线或者无线方式向公众提供作品，使公众可以在其个人选定的时间和地点获得作品的权利；

（十三）摄制权，即以摄制电影或者以类似摄制电影的方法将作品固定在载体上的权利；

（十四）改编权，即改变作品，创作出具有独创性的新作品的权利；

（十五）翻译权，即将作品从一种语言文字转换成另一种语言文字的权利；

（十六）汇编权，即将作品或者作品的片段通过选择或者编排，汇集成新作品的权利；

（十七）应当由著作权人享有的其他权利。

著作权人可以许可他人行使前款第（五）项至第（十七）项规定的权利，并依照约定或者本法有关规定获得报酬。

著作权人可以全部或者部分转让本条第一款第（五）项至第（十七）项规定的权利，并依照约定或者本法有关规定获得报酬。

第三十一条 图书出版者对著作权人交付出版的作品，按照合同约定享有的专有出版权受法律保护，他人不得出版该作品。

第三十八条 表演者对其表演享有下列权利：

（一）表明表演者身份；

（二）保护表演形象不受歪曲；

（三）许可他人从现场直播和公开传送其现场表演，并获得报酬；

（四）许可他人录音录像，并获得报酬；

（五）许可他人复制、发行录有其表演的录音录像制品，并获得报酬；

（六）许可他人通过信息网络向公众传播其表演，并获得报酬。

被许可人以前款第（三）项至第（六）项规定的方式使用作品，还应当取得著作权人许可，并支付报酬。

第四十七条 有下列侵权行为的，应当根据情况，承担停止侵害、消除影响、赔礼道歉、赔偿损失等民事责任：

（一）未经著作权人许可，发表其作品的；

（二）未经合作作者许可，将与他人合作创作的作品当作自己单独创作的作品发表的；

（三）没有参加创作，为谋取个人名利，在他人作品上署名的；

（四）歪曲、篡改他人作品的；

（五）剽窃他人作品的；

（六）未经著作权人许可，以展览、摄制电影和以类似摄制电影的方法使用作品，或者以改编、翻译、注释等方式使用作品的，本法另有规定的除外；

（七）使用他人作品，应当支付报酬而未支付的；

（八）未经电影作品和以类似摄制电影的方法创作的作品、计算机软件、录音录像制品的著作权人或者与著作权有关的权利人许可，出租其作品或者录音录像制品的，本法另有规定的除外；

（九）未经出版者许可，使用其出版的图书、期刊的版式设计的；

（十）未经表演者许可，从现场直播或者公开传送其现场表演，或者录制其表演的；

（十一）其他侵犯著作权以及与著作权有关的权益的行为。

第四十八条 有下列侵权行为的，应当根据情况，承担停止侵害、消除影响、赔礼道歉、赔偿损失等民事责任；同时损害公共利益的，可以由著作权行政管理部门责令停止侵权行为，没收违法所得，没收、销毁侵权复制品，并可处以罚款；情节严重的，著作权行政管理部门还可以没收主要用于制作侵权复制品的材料、工具、设备等；构成犯罪的，依法追究刑事责任：

（一）未经著作权人许可，复制、发行、表演、放映、广播、汇编、通过信息网络向公众传播其作品的，本法另有规定的除外；

（二）出版他人享有专有出版权的图书的；

（三）未经表演者许可，复制、发行录有其表演的录音录像制品，或者通过信息网络向公众传播其表演的，本法另有规定的除外；

（四）未经录音录像制作者许可，复制、发行、通过信息网络向公众传播其制作的录音录像制品的，本法另有规定的除外；

（五）未经许可，播放或者复制广播、电视的，本法另有规定的除外；

（六）未经著作权人或者与著作权有关的权利人许可，故意避开或者破坏权利人为其作品、录音录像制品等采取的保护著作权或者与著作权有关的权利的技术措施的，法律、行政法规另有规定的除外；

（七）未经著作权人或者与著作权有关的权利人许可，故意删除或者改变作品、录音录像制品等的权利管理电子信息的，法律、行政法规另有规定的除外；

（八）制作、出售假冒他人署名的作品的。

第四十九条 侵犯著作权或者与著作权有关的权利的，侵权人应当按照权利人的实际损失给予赔偿；实际损失难以计算的，可以按照侵权人的违法所得给予赔偿。赔偿数额还应当包括权利人为制止侵权行为所支付的合理开支。

权利人的实际损失或者侵权人的违法所得不能确定的，由人民法院根据侵权行为的情节，判决给予五十万元以下的赔偿。

《专利法》

第二条 本法所称的发明创造是指发明、实用新型和外观设计。

发明，是指对产品、方法或者其改进所提出的新的技术方案。

实用新型，是指对产品的形状、构造或者其结合所提出的适于实用的新的技术方案。

外观设计，是指对产品的形状、图案或者其结合以及色彩与形状、图案的结合所作出的富有美感并适于工业应用的新设计。

第十一条 发明和实用新型专利权被授予后，除本法另有规定的以外，任何单位或者个人未经专利权人许可，都不得实施其专利，即不得为生产经营目的制造、使用、许诺销售、销售、进口其专利产品，或者使用其专利方法以及使用、许诺销售、销售、进口依照该专利方法直接获得的产品。

外观设计专利权被授予后，任何单位或者个人未经专利权人许可，都不得实施其专利，即不得为生产经营目的制造、许诺销售、销售、进口其外观设计专利产品。

第十三条 发明专利申请公布后，申请人可以要求实施其发明的单位或者个人支付适当的费用。

第五十九条 发明或者实用新型专利权的保护范围以其权利要求的内容为准，说明书及附图可以用于解释权利要求的内容。

外观设计专利权的保护范围以表示在图片或者照片中的该产品的外观设计为准，简要说明可以用于解释图片或者照片所表示的该产品的外观设计。

第六十二条 在专利侵权纠纷中，被控侵权人有证据证明其实施的技术或者设计属于现有技术或者现有设计的，不构成侵犯专利权。

第六十五条 侵犯专利权的赔偿数额按照权利人因被侵权所受到的实际损失确定；实际损失难以确定的，可以按照侵权人因侵权所获得的利益确定。权利人的损失或者侵权人获得的利益难以确定的，参照该专利许可使用费的倍数合理确定。赔偿数额还应当包括权利人为制止侵权行为所支付的合理开支。

权利人的损失、侵权人获得的利益和专利许可使用费均难以确定的，人民法院可以根据专利权的类型、侵权行为的性质和情节等因素，确定给予一万元以上一百万元以下的赔偿。

▶《科学技术进步法》

第二十条第一款 利用财政性资金设立的科学技术基金项目或者科学技术计划项目所形成的发明专利权、计算机软件著作权、集成电路布图设计专有权和植物新品种权，除涉及国家安全、国家利益和重大社会公共利益的外，授权项目承担者依法取得。

《植物新品种保护条例》

第一章 总 则

第一条 为了保护植物新品种权，鼓励培育和使用植物新品种，促进农业、林业的发展，制定本条例。

第二条 本条例所称植物新品种，是指经过人工培育的或者对发现的野生植物加以开发，具备新颖性、特异性、一致性和稳定性并有适当命名的植物品种。

第三条 国务院农业、林业行政部门（以下统称审批机关）按照职责分工共同负责植物新品种权申请的受理和审查并对符合本条例规定的植物新品种授予植物新品种权（以下称品种权）。

第四条 完成关系国家利益或者公共利益并有重大应用价值的植物新品种育种的单位或者个人，由县级以上人民政府或者有关部门给予奖励。

第五条 生产、销售和推广被授予品种权的植物新品种（以下称授权品种），应当按照国家有关种子的法律、法规的规定审定。

第二章 品种权的内容和归属

第六条 完成育种的单位或者个人对其授权品种，享有排他的独占权。任何单位或者个人未经品种权所有人（以下称品种权人）许可，不得为商业目的生产或者销售该授权品种的繁殖材料，不得为商业目的将该授权品种的繁殖材料重复使用于生产另一品种的繁殖材料；但是，本条例另有规定的除外。

第七条 执行本单位的任务或者主要是利用本单位的物质条件所完成的职务育种，植物新品种的申请权属于该单位；非职务育种，植物新品种的申请权属于完成育种的个人。申请被批准后，品种权属于申请人。

委托育种或者合作育种，品种权的归属由当事人在合同中约定；没有合同约定的，品种权属于受委托完成或者共同完成育种的单位或者个人。

第八条 一个植物新品种只能授予一项品种权。两个以上的申请人分别就同一个植物新品种申请品种权的，品种权授予最先申请的人；同时申请的，品种权授予最先完成该植物新品种育种的人。

第九条 植物新品种的申请权和品种权可以依法转让。

中国的单位或者个人就其在国内培育的植物新品种向外国人转让申请权或

者品种权的，应当经审批机关批准。

国有单位在国内转让申请权或者品种权的，应当按照国家有关规定报经有关行政主管部门批准。

转让申请权或者品种权的，当事人应当订立书面合同，并向审批机关登记，由审批机关予以公告。

第十条 在下列情况下使用授权品种的，可以不经品种权人许可，不向其支付使用费，但是不得侵犯品种权人依照本条例享有的其他权利：

（一）利用授权品种进行育种及其他科研活动；

（二）农民自繁自用授权品种的繁殖材料。

第十一条 为了国家利益或者公共利益，审批机关可以作出实施植物新品种强制许可的决定，并予以登记和公告。

取得实施强制许可的单位或者个人应当付给品种权人合理的使用费，其数额由双方商定；双方不能达成协议的，由审批机关裁决。

品种权人对强制许可决定或者强制许可使用费的裁决不服的，可以自收到通知之日起3个月内向人民法院提起诉讼。

第十二条 不论授权品种的保护期是否届满，销售该授权品种应当使用其注册登记的名称。

第三章 授予品种权的条件

第十三条 申请品种权的植物新品种应当属于国家植物品种保护名录中列举的植物的属或者种。植物品种保护名录由审批机关确定和公布。

第十四条 授予品种权的植物新品种应当具备新颖性。新颖性，是指申请品种权的植物新品种在申请日前该品种繁殖材料未被销售，或者经育种者许可，在中国境内销售该品种繁殖材料未超过1年；在中国境外销售藤本植物、林木、果树和观赏树木品种繁殖材料未超过6年，销售其他植物品种繁殖材料未超过4年。

第十五条 授予品种权的植物新品种应当具备特异性。特异性，是指申请品种权的植物新品种应当明显区别于在递交申请以前已知的植物品种。

第十六条 授予品种权的植物新品种应当具备一致性。一致性，是指申请品种权的植物新品种经过繁殖，除可以预见的变异外，其相关的特征或者特性一致。

第十七条 授予品种权的植物新品种应当具备稳定性。稳定性，是指申请品种权的植物新品种经过反复繁殖后或者在特定繁殖周期结束时，其相关的特征或者特性保持不变。

第十八条 授予品种权的植物新品种应当具备适当的名称，并与相同或者相近的植物属或者种中已知品种的名称相区别。该名称经注册登记后即为该植物新品种的通用名称。

下列名称不得用于品种命名：

（一）仅以数字组成的；

（二）违反社会公德的；

（三）对植物新品种的特征、特性或者育种者的身份等容易引起误解的。

第四章 品种权的申请和受理

第十九条 中国的单位和个人申请品种权的，可以直接或者委托代理机构向审批机关提出申请。

中国的单位和个人申请品种权的植物新品种涉及国家安全或者重大利益需要保密的，应当按照国家有关规定办理。

第二十条 外国人、外国企业或者外国其他组织在中国申请品种权的，应当按其所属国和中华人民共和国签订的协议或者共同参加的国际条约办理，或者根据互惠原则，依照本条例办理。

第二十一条 申请品种权的，应当向审批机关提交符合规定格式要求的请求书、说明书和该品种的照片。

申请文件应当使用中文书写。

第二十二条 审批机关收到品种权申请文件之日为申请日；申请文件是邮寄的，以寄出的邮戳日为申请日。

第二十三条 申请人自在外国第一次提出品种权申请之日起12个月内，又在中国就该植物新品种提出品种权申请的，依照该外国同中华人民共和国签订的协议或者共同参加的国际条约，或者根据相互承认优先权的原则，可以享有优先权。

申请人要求优先权的，应当在申请时提出书面说明，并在3个月内提交经原受理机关确认的第一次提出的品种权申请文件的副本；未依照本条例规定提出书面说明或者提交申请文件副本的，视为未要求优先权。

第二十四条 对符合本条例第二十一条规定的品种权申请，审批机关应当予以受理，明确申请日、给予申请号，并自收到申请之日起1个月内通知申请人缴纳申请费。

对不符合或者经修改仍不符合本条例第二十一条规定的品种权申请，审批机关不予受理，并通知申请人。

第二十五条 申请人可以在品种权授予前修改或者撤回品种权申请。

第二十六条 中国的单位或者个人将国内培育的植物新品种向国外申请品种权的，应当按照职责分工向省级人民政府农业、林业行政部门登记。

第五章 品种权的审查与批准

第二十七条 申请人缴纳申请费后，审批机关对品种权申请的下列内容进行初步审查：

（一）是否属于植物品种保护名录列举的植物属或者种的范围；

（二）是否符合本条例第二十条的规定；

（三）是否符合新颖性的规定；

（四）植物新品种的命名是否适当。

第二十八条 审批机关应当自受理品种权申请之日起6个月内完成初步审查。对经初步审查合格的品种权申请，审批机关予以公告，并通知申请人在3个月内缴纳审查费。

对经初步审查不合格的品种权申请，审批机关应当通知申请人在3个月内陈述意见或者予以修正；逾期未答复或者修正后仍然不合格的，驳回申请。

第二十九条 申请人按照规定缴纳审查费后，审批机关对品种权申请的特异性、一致性和稳定性进行实质审查。

申请人未按照规定缴纳审查费的，品种权申请视为撤回。

第三十条 审批机关主要依据申请文件和其他有关书面材料进行实质审查。审批机关认为必要时，可以委托指定的测试机构进行测试或者考察业已完成的种植或者其他试验的结果。

因审查需要，申请人应当根据审批机关的要求提供必要的资料和该植物新品种的繁殖材料。

第三十一条 对经实质审查符合本条例规定的品种权申请，审批机关应当作出授予品种权的决定，颁发品种权证书，并予以登记和公告。

对经实质审查不符合本条例规定的品种权申请，审批机关予以驳回，并通知申请人。

第三十二条 审批机关设立植物新品种复审委员会。

对审批机关驳回品种权申请的决定不服的，申请人可以自收到通知之日起3个月内，向植物新品种复审委员会请求复审。植物新品种复审委员会应当自收到复审请求书之日起6个月内作出决定，并通知申请人。

申请人对植物新品种复审委员会的决定不服的，可以自接到通知之日起15日内向人民法院提起诉讼。

第三十三条 品种权被授予后，在自初步审查合格公告之日起至被授予品种权之日止的期间，对未经申请人许可，为商业目的生产或者销售该授权品种的繁殖材料的单位和个人，品种权人享有追偿的权利。

第六章 期限、终止和无效

第三十四条 品种权的保护期限，自授权之日起，藤本植物、林木、果树和观赏树木为20年，其他植物为15年。

第三十五条 品种权人应当自被授予品种权的当年开始缴纳年费，并且按照审批机关的要求提供用于检测的该授权品种的繁殖材料。

第三十六条 有下列情形之一的，品种权在其保护期限届满前终止：

（一）品种权人以书面声明放弃品种权的；

（二）品种权人未按照规定缴纳年费的；

（三）品种权人未按照审批机关的要求提供检测所需的该授权品种的繁殖材料的；

（四）经检测该授权品种不再符合被授予品种权时的特征和特性的。

品种权的终止，由审批机关登记和公告。

第三十七条 自审批机关公告授予品种权之日起，植物新品种复审委员会可以依据职权或者依据任何单位或者个人的书面请求，对不符合本条例第十四条、第十五条、第十六条和第十七条规定的，宣告品种权无效；对不符合本条例第十八条规定的，予以更名。宣告品种权无效或者更名的决定，由审批机关登记和公告，并通知当事人。

对植物新品种复审委员会的决定不服的，可以自收到通知之日起3个月内向人民法院提起诉讼。

第三十八条 被宣告无效的品种权视为自始不存在。

宣告品种权无效的决定，对在宣告前人民法院作出并已执行的植物新品种侵权的判决、裁定，省级以上人民政府农业、林业行政部门作出并已执行的植物新品种侵权处理决定，以及已经履行的植物新品种实施许可合同和植物新品种权转让合同，不具有追溯力；但是，因品种权人的恶意给他人造成损失的，应当给予合理赔偿。

依照前款规定，品种权人或者品种权转让人不向被许可实施人或者受让人返还使用费或者转让费，明显违反公平原则的，品种权人或者品种权转让人应当向被许可实施人或者受让人返还全部或者部分使用费或者转让费。

第七章　罚　则

第三十九条　未经品种权人许可，以商业目的生产或者销售授权品种的繁殖材料的，品种权人或者利害关系人可以请求省级以上人民政府农业、林业行政部门依据各自的职权进行处理，也可以直接向人民法院提起诉讼。

省级以上人民政府农业、林业行政部门依据各自的职权，根据当事人自愿的原则，对侵权所造成的损害赔偿可以进行调解。调解达成协议的，当事人应当履行；调解未达成协议的，品种权人或者利害关系人可以依照民事诉讼程序向人民法院提起诉讼。

省级以上人民政府农业、林业行政部门依据各自的职权处理品种权侵权案件时，为维护社会公共利益，可以责令侵权人停止侵权行为，没收违法所得和植物品种繁殖材料；货值金额5万元以上的，可处货值金额1倍以上5倍以下的罚款；没有货值金额或者货值金额5万元以下的，根据情节轻重，可处25万元以下的罚款。

第四十条　假冒授权品种的，由县级以上人民政府农业、林业行政部门依据各自的职权责令停止假冒行为，没收违法所得和植物品种繁殖材料；货值金额5万元以上的，处货值金额1倍以上5倍以下的罚款；没有货值金额或者货值金额5万元以下的，根据情节轻重，处25万元以下的罚款；情节严重，构成犯罪的，依法追究刑事责任。

第四十一条　省级以上人民政府农业、林业行政部门依据各自的职权在查处品种权侵权案件和县级以上人民政府农业、林业行政部门依据各自的职权在查处假冒授权品种案件时，根据需要，可以封存或者扣押与案件有关的植物品种的繁殖材料，查阅、复制或者封存与案件有关的合同、帐册及有关文件。

第四十二条　销售授权品种未使用其注册登记的名称的，由县级以上人民政府农业、林业行政部门依据各自的职权责令限期改正，可以处1000元以下的罚款。

第四十三条　当事人就植物新品种的申请权和品种权的权属发生争议的，

可以向人民法院提起诉讼。

第四十四条 县级以上人民政府农业、林业行政部门的及有关部门的工作人员滥用职权、玩忽职守、徇私舞弊、索贿受贿，构成犯罪的，依法追究刑事责任；尚不构成犯罪的，依法给予行政处分。

第八章 附 则

第四十五条 审批机关可以对本条例施行前首批列入植物品种保护名录的和本条例施行后新列入植物品种保护名录的植物属或者种的新颖性要求作出变通性规定。

第四十六条 本条例自1997年10月1日起施行。

▶《商标法实施条例》

第四条 商标法第十六条规定的地理标志，可以依照商标法和本条例的规定，作为证明商标或者集体商标申请注册。

以地理标志作为证明商标注册的，其商品符合使用该地理标志条件的自然人、法人或者其他组织可以要求使用该证明商标，控制该证明商标的组织应当允许。以地理标志作为集体商标注册的，其商品符合使用该地理标志条件的自然人、法人或者其他组织，可以要求参加以该地理标志作为集体商标注册的团体、协会或者其他组织，该团体、协会或者其他组织应当依据其章程接纳为会员；不要求参加以该地理标志作为集体商标注册的团体、协会或者其他组织的，也可以正当使用该地理标志，该团体、协会或者其他组织无权禁止。

第七十五条 为侵犯他人商标专用权提供仓储、运输、邮寄、印制、隐匿、经营场所、网络商品交易平台等，属于商标法第五十七条第六项规定的提供便利条件。

第七十六条 在同一种商品或者类似商品上将与他人注册商标相同或者近似的标志作为商品名称或者商品装潢使用，误导公众的，属于商标法第五十七条第二项规定的侵犯注册商标专用权的行为。

▶《著作权法实施条例》

第二条 著作权法所称作品，是指文学、艺术和科学领域内具有独创性并能以某种有形形式复制的智力成果。

第二十六条 著作权法和本条例所称与著作权有关的权益，是指出版者对其出版的图书和期刊的版式设计享有的权利，表演者对其表演享有的权利，录音录像制作者对其制作的录音录像制品享有的权利，广播电台、电视台对其播放的广播、电视节目享有的权利。

第二十七条 出版者、表演者、录音录像制作者、广播电台、电视台行使权利，不得损害被使用作品和原作品著作权人的权利。

第二十八条 图书出版合同中约定图书出版者享有专有出版权但没有明确其具体内容的，视为图书出版者享有在合同有效期限内和在合同约定的地域范围内以同种文字的原版、修订版出版图书的专有权利。

第三十三条 外国人、无国籍人在中国境内的表演，受著作权法保护。

外国人、无国籍人根据中国参加的国际条约对其表演享有的权利，受著作权法保护。

第三十四条 外国人、无国籍人在中国境内制作、发行的录音制品，受著作权法保护。

外国人、无国籍人根据中国参加的国际条约对其制作、发行的录音制品享有的权利，受著作权法保护。

第三十五条 外国的广播电台、电视台根据中国参加的国际条约对其播放的广播、电视节目享有的权利，受著作权法保护。

▶《计算机软件保护条例》

第一章 总 则

第一条 为了保护计算机软件著作权人的权益，调整计算机软件在开发、传播和使用中发生的利益关系，鼓励计算机软件的开发与应用，促进软件产业和国民经济信息化的发展，根据《中华人民共和国著作权法》，制定本条例。

第二条 本条例所称计算机软件（以下简称软件），是指计算机程序及其有关文档。

第三条 本条例下列用语的含义：

（一）计算机程序，是指为了得到某种结果而可以由计算机等具有信息处理能力的装置执行的代码化指令序列，或者可以被自动转换成代码化指令序列的符号化指令序列或者符号化语句序列。同一计算机程序的源程序和目标程序为同一作品。

（二）文档，是指用来描述程序的内容、组成、设计、功能规格、开发情况、测试结果及使用方法的文字资料和图表等，如程序设计说明书、流程图、用户手册等。

（三）软件开发者，是指实际组织开发、直接进行开发，并对开发完成的软件承担责任的法人或者其他组织；或者依靠自己具有的条件独立完成软件开发，并对软件承担责任的自然人。

（四）软件著作权人，是指依照本条例的规定，对软件享有著作权的自然人、法人或者其他组织。

第四条 受本条例保护的软件必须由开发者独立开发，并已固定在某种有形物体上。

第五条 中国公民、法人或者其他组织对其所开发的软件，不论是否发表，依照本条例享有著作权。

外国人、无国籍人的软件首先在中国境内发行的，依照本条例享有著作权。

外国人、无国籍人的软件，依照其开发者所属国或者经常居住地国同中国签订的协议或者依照中国参加的国际条约享有的著作权，受本条例保护。

第六条 本条例对软件著作权的保护不延及开发软件所用的思想、处理过程、操作方法或者数学概念等。

第七条 软件著作权人可以向国务院著作权行政管理部门认定的软件登记机构办理登记。软件登记机构发放的登记证明文件是登记事项的初步证明。

办理软件登记应当缴纳费用。软件登记的收费标准由国务院著作权行政管理部门会同国务院价格主管部门规定。

第二章 软件著作权

第八条 软件著作权人享有下列各项权利：

（一）发表权，即决定软件是否公之于众的权利；

（二）署名权，即表明开发者身份，在软件上署名的权利；

（三）修改权，即对软件进行增补、删节，或者改变指令、语句顺序的权利；

（四）复制权，即将软件制作一份或者多份的权利；

（五）发行权，即以出售或者赠与方式向公众提供软件的原件或者复制件的权利；

（六）出租权，即有偿许可他人临时使用软件的权利，但是软件不是出租的主要标的的除外；

（七）信息网络传播权，即以有线或者无线方式向公众提供软件，使公众可以在其个人选定的时间和地点获得软件的权利；

（八）翻译权，即将原软件从一种自然语言文字转换成另一种自然语言文字的权利；

（九）应当由软件著作权人享有的其他权利。

软件著作权人可以许可他人行使其软件著作权，并有权获得报酬。

软件著作权人可以全部或者部分转让其软件著作权，并有权获得报酬。

第九条 软件著作权属于软件开发者，本条例另有规定的除外。

如无相反证明，在软件上署名的自然人、法人或者其他组织为开发者。

第十条 由两个以上的自然人、法人或者其他组织合作开发的软件，其著作权的归属由合作开发者签订书面合同约定。无书面合同或者合同未作明确约定，合作开发的软件可以分割使用的，开发者对各自开发的部分可以单独享有著作权；但是，行使著作权时，不得扩展到合作开发的软件整体的著作权。合作开发的软件不能分割使用的，其著作权由各合作开发者共同享有，通过协商一致行使；不能协商一致，又无正当理由的，任何一方不得阻止他方行使除转让权以外的其他权利，但是所得收益应当合理分配给所有合作开发者。

第十一条 接受他人委托开发的软件，其著作权的归属由委托人与受托人签订书面合同约定；无书面合同或者合同未作明确约定的，其著作权由受托人享有。

第十二条 由国家机关下达任务开发的软件，著作权的归属与行使由项目任务书或者合同规定；项目任务书或者合同中未作明确规定的，软件著作权由接受任务的法人或者其他组织享有。

第十三条 自然人在法人或者其他组织中任职期间所开发的软件有下列情形之一的，该软件著作权由该法人或者其他组织享有，该法人或者其他组织可以对开发软件的自然人进行奖励：

（一）针对本职工作中明确指定的开发目标所开发的软件；

（二）开发的软件是从事本职工作活动所预见的结果或者自然的结果；

（三）主要使用了法人或者其他组织的资金、专用设备、未公开的专门信息等物质技术条件所开发并由法人或者其他组织承担责任的软件。

第十四条 软件著作权自软件开发完成之日起产生。

自然人的软件著作权，保护期为自然人终生及其死亡后50年，截止于自然人死亡后第50年的12月31日；软件是合作开发的，截止于最后死亡的自然人死亡后第50年的12月31日。

法人或者其他组织的软件著作权，保护期为50年，截止于软件首次发表后第50年的12月31日，但软件自开发完成之日起50年内未发表的，本条例不再保护。

第十五条 软件著作权属于自然人的，该自然人死亡后，在软件著作权的保护期内，软件著作权的继承人可以依照《中华人民共和国继承法》的有关规定，继承本条例第八条规定的除署名权以外的其他权利。

软件著作权属于法人或者其他组织的，法人或者其他组织变更、终止后，其著作权在本条例规定的保护期内由承受其权利义务的法人或者其他组织享有；没有承受其权利义务的法人或者其他组织的，由国家享有。

第十六条 软件的合法复制品所有人享有下列权利：

（一）根据使用的需要把该软件装入计算机等具有信息处理能力的装置内；

（二）为了防止复制品损坏而制作备份复制品。这些备份复制品不得通过任何方式提供给他人使用，并在所有人丧失该合法复制品的所有权时，负责将备份复制品销毁；

（三）为了把该软件用于实际的计算机应用环境或者改进其功能、性能而进行必要的修改；但是，除合同另有约定外，未经该软件著作权人许可，不得向任何第三方提供修改后的软件。

第十七条 为了学习和研究软件内含的设计思想和原理，通过安装、显示、传输或者存储软件等方式使用软件的，可以不经软件著作权人许可，不向其支付报酬。

第三章 软件著作权的许可使用和转让

第十八条 许可他人行使软件著作权的，应当订立许可使用合同。

许可使用合同中软件著作权人未明确许可的权利，被许可人不得行使。

第十九条 许可他人专有行使软件著作权的，当事人应当订立书面合同。

没有订立书面合同或者合同中未明确约定为专有许可的，被许可行使的权利应当视为非专有权利。

第二十条 转让软件著作权的，当事人应当订立书面合同。

第二十一条 订立许可他人专有行使软件著作权的许可合同，或者订立转让软件著作权合同，可以向国务院著作权行政管理部门认定的软件登记机构登记。

第二十二条 中国公民、法人或者其他组织向外国人许可或者转让软件著作权的，应当遵守《中华人民共和国技术进出口管理条例》的有关规定。

第四章 法律责任

第二十三条 除《中华人民共和国著作权法》或者本条例另有规定外，有下列侵权行为的，应当根据情况，承担停止侵害、消除影响、赔礼道歉、赔偿损失等民事责任：

（一）未经软件著作权人许可，发表或者登记其软件的；

（二）将他人软件作为自己的软件发表或者登记的；

（三）未经合作者许可，将与他人合作开发的软件作为自己单独完成的软件发表或者登记的；

（四）在他人软件上署名或者更改他人软件上的署名的；

（五）未经软件著作权人许可，修改、翻译其软件的；

（六）其他侵犯软件著作权的行为。

第二十四条 除《中华人民共和国著作权法》、本条例或者其他法律、行政法规另有规定外，未经软件著作权人许可，有下列侵权行为的，应当根据情况，承担停止侵害、消除影响、赔礼道歉、赔偿损失等民事责任；同时损害社会公共利益的，由著作权行政管理部门责令停止侵权行为，没收违法所得，没收、销毁侵权复制品，可以并处罚款；情节严重的，著作权行政管理部门并可以没收主要用于制作侵权复制品的材料、工具、设备等；触犯刑律的，依照刑法关于侵犯著作权罪、销售侵权复制品罪的规定，依法追究刑事责任：

（一）复制或者部分复制著作权人的软件的；

（二）向公众发行、出租、通过信息网络传播著作权人的软件的；

（三）故意避开或者破坏著作权人为保护其软件著作权而采取的技术措施的；

（四）故意删除或者改变软件权利管理电子信息的；

（五）转让或者许可他人行使著作权人的软件著作权的。

有前款第一项或者第二项行为的，可以并处每件100元或者货值金额1倍以上5倍以下的罚款；有前款第三项、第四项或者第五项行为的，可以并处20万元以下的罚款。

第二十五条 侵犯软件著作权的赔偿数额，依照《中华人民共和国著作权法》第四十九条的规定确定。

第二十六条 软件著作权人有证据证明他人正在实施或者即将实施侵犯其权利的行为，如不及时制止，将会使其合法权益受到难以弥补的损害的，可以依照《中华人民共和国著作权法》第五十条的规定，在提起诉讼前向人民法院申请采取责令停止有关行为和财产保全的措施。

第二十七条 为了制止侵权行为，在证据可能灭失或者以后难以取得的情况下，软件著作权人可以依照《中华人民共和国著作权法》第五十一条的规定，在提起诉讼前向人民法院申请保全证据。

第二十八条 软件复制品的出版者、制作者不能证明其出版、制作有合法授权的，或者软件复制品的发行者、出租者不能证明其发行、出租的复制品有合法来源的，应当承担法律责任。

第二十九条 软件开发者开发的软件，由于可供选用的表达方式有限而与已经存在的软件相似的，不构成对已经存在的软件的著作权的侵犯。

第三十条 软件的复制品持有人不知道也没有合理理由应当知道该软件是侵权复制品的，不承担赔偿责任；但是，应当停止使用、销毁该侵权复制品。如果停止使用并销毁该侵权复制品将给复制品使用人造成重大损失的，复制品使用人可以在向软件著作权人支付合理费用后继续使用。

第三十一条 软件著作权侵权纠纷可以调解。

软件著作权合同纠纷可以依据合同中的仲裁条款或者事后达成的书面仲裁协议，向仲裁机构申请仲裁。

当事人没有在合同中订立仲裁条款，事后又没有书面仲裁协议的，可以直接向人民法院提起诉讼。

第五章　附　则

第三十二条 本条例施行前发生的侵权行为，依照侵权行为发生时的国家有关规定处理。

第三十三条 本条例自2002年1月1日起施行。1991年6月4日国务院发布的《计算机软件保护条例》同时废止。

▶《信息网络传播权保护条例》

第一条 为保护著作权人、表演者、录音录像制作者（以下统称权利人）的信息网络传播权，鼓励有益于社会主义精神文明、物质文明建设的作品的创作和传播，根据《中华人民共和国著作权法》（以下简称著作权法），制定本条例。

第二条 权利人享有的信息网络传播权受著作权法和本条例保护。除法律、行政法规另有规定的外，任何组织或者个人将他人的作品、表演、录音录像制品通过信息网络向公众提供，应当取得权利人许可，并支付报酬。

第三条 依法禁止提供的作品、表演、录音录像制品，不受本条例保护。

权利人行使信息网络传播权，不得违反宪法和法律、行政法规，不得损害公共利益。

第四条 为了保护信息网络传播权，权利人可以采取技术措施。

任何组织或者个人不得故意避开或者破坏技术措施，不得故意制造、进口或者向公众提供主要用于避开或者破坏技术措施的装置或者部件，不得故意为他人避开或者破坏技术措施提供技术服务。但是，法律、行政法规规定可以避开的除外。

第五条 未经权利人许可，任何组织或者个人不得进行下列行为：

（一）故意删除或者改变通过信息网络向公众提供的作品、表演、录音录像制品的权利管理电子信息，但由于技术上的原因无法避免删除或者改变的除外；

（二）通过信息网络向公众提供明知或者应知未经权利人许可被删除或者改变权利管理电子信息的作品、表演、录音录像制品。

第六条 通过信息网络提供他人作品，属于下列情形的，可以不经著作权人许可，不向其支付报酬：

（一）为介绍、评论某一作品或者说明某一问题，在向公众提供的作品中适当引用已经发表的作品；

（二）为报道时事新闻，在向公众提供的作品中不可避免地再现或者引用已经发表的作品；

（三）为学校课堂教学或者科学研究，向少数教学、科研人员提供少量已经发表的作品；

（四）国家机关为执行公务，在合理范围内向公众提供已经发表的作品；

（五）将中国公民、法人或者其他组织已经发表的、以汉语言文字创作的作品翻译成的少数民族语言文字作品，向中国境内少数民族提供；

（六）不以营利为目的，以盲人能够感知的独特方式向盲人提供已经发表的文字作品；

（七）向公众提供在信息网络上已经发表的关于政治、经济问题的时事性文章；

（八）向公众提供在公众集会上发表的讲话。

第七条 图书馆、档案馆、纪念馆、博物馆、美术馆等可以不经著作权人许可，通过信息网络向本馆馆舍内服务对象提供本馆收藏的合法出版的数字作品和依法为陈列或者保存版本的需要以数字化形式复制的作品，不向其支付报酬，但不得直接或者间接获得经济利益。当事人另有约定的除外。

前款规定的为陈列或者保存版本需要以数字化形式复制的作品，应当是已经损毁或者濒临损毁、丢失或者失窃，或者其存储格式已经过时，并且在市场上无法购买或者只能以明显高于标定的价格购买的作品。

第八条 为通过信息网络实施九年制义务教育或者国家教育规划，可以不经著作权人许可，使用其已经发表作品的片断或者短小的文字作品、音乐作品或者单幅的美术作品、摄影作品制作课件，由制作课件或者依法取得课件的远程教育机构通过信息网络向注册学生提供，但应当向著作权人支付报酬。

第九条 为扶助贫困，通过信息网络向农村地区的公众免费提供中国公民、法人或者其他组织已经发表的种植养殖、防病治病、防灾减灾等与扶助贫困有关的作品和适应基本文化需求的作品，网络服务提供者应当在提供前公告拟提供的作品及其作者、拟支付报酬的标准。自公告之日起30日内，著作权人不同意提供的，网络服务提供者不得提供其作品；自公告之日起满30日，著作权人没有异议的，网络服务提供者可以提供其作品，并按照公告的标准向著作权人支付报酬。网络服务提供者提供著作权人的作品后，著作权人不同意提供的，网络服务提供者应当立即删除著作权人的作品，并按照公告的标准向著作权人支付提供作品期间的报酬。

依照前款规定提供作品的，不得直接或者间接获得经济利益。

第十条 依照本条例规定不经著作权人许可、通过信息网络向公众提供其作品的，还应当遵守下列规定：

（一）除本条例第六条第一项至第六项、第七条规定的情形外，不得提供作者事先声明不许提供的作品；

（二）指明作品的名称和作者的姓名（名称）；

（三）依照本条例规定支付报酬；

（四）采取技术措施，防止本条例第七条、第八条、第九条规定的服务对象以外的其他人获得著作权人的作品，并防止本条例第七条规定的服务对象的复制行为对著作权人利益造成实质性损害；

（五）不得侵犯著作权人依法享有的其他权利。

第十一条 通过信息网络提供他人表演、录音录像制品的，应当遵守本条例第六条至第十条的规定。

第十二条 属于下列情形的，可以避开技术措施，但不得向他人提供避开技术措施的技术、装置或者部件，不得侵犯权利人依法享有的其他权利：

（一）为学校课堂教学或者科学研究，通过信息网络向少数教学、科研人员提供已经发表的作品、表演、录音录像制品，而该作品、表演、录音录像制品只能通过信息网络获取；

（二）不以营利为目的，通过信息网络以盲人能够感知的独特方式向盲人提供已经发表的文字作品，而该作品只能通过信息网络获取；

（三）国家机关依照行政、司法程序执行公务；

（四）在信息网络上对计算机及其系统或者网络的安全性能进行测试。

第十三条 著作权行政管理部门为了查处侵犯信息网络传播权的行为，可以要求网络服务提供者提供涉嫌侵权的服务对象的姓名（名称）、联系方式、网络地址等资料。

第十四条 对提供信息存储空间或者提供搜索、链接服务的网络服务提供者，权利人认为其服务所涉及的作品、表演、录音录像制品，侵犯自己的信息网络传播权或者被删除、改变了自己的权利管理电子信息的，可以向该网络服务提供者提交书面通知，要求网络服务提供者删除该作品、表演、录音录像制品，或者断开与该作品、表演、录音录像制品的链接。通知书应当包含下列内容：

（一）权利人的姓名（名称）、联系方式和地址；

（二）要求删除或者断开链接的侵权作品、表演、录音录像制品的名称和网络地址；

（三）构成侵权的初步证明材料。

权利人应当对通知书的真实性负责。

第十五条 网络服务提供者接到权利人的通知书后，应当立即删除涉嫌侵权的作品、表演、录音录像制品，或者断开与涉嫌侵权的作品、表演、录音录像制品的链接，并同时将通知书转送提供作品、表演、录音录像制品的服务对象；服务对象网络地址不明、无法转送的，应当将通知书的内容同时在信息网络上公告。

第十六条 服务对象接到网络服务提供者转送的通知书后，认为其提供的作品、表演、录音录像制品未侵犯他人权利的，可以向网络服务提供者提交书面说明，要求恢复被删除的作品、表演、录音录像制品，或者恢复与被断开的作品、表演、录音录像制品的链接。书面说明应当包含下列内容：

（一）服务对象的姓名（名称）、联系方式和地址；

（二）要求恢复的作品、表演、录音录像制品的名称和网络地址；

（三）不构成侵权的初步证明材料。

服务对象应当对书面说明的真实性负责。

第十七条 网络服务提供者接到服务对象的书面说明后，应当立即恢复被删除的作品、表演、录音录像制品，或者可以恢复与被断开的作品、表演、录音录像制品的链接，同时将服务对象的书面说明转送权利人。权利人不得再通知网络服务提供者删除该作品、表演、录音录像制品，或者断开与该作品、表演、录音录像制品的链接。

第十八条 违反本条例规定，有下列侵权行为之一的，根据情况承担停止侵害、消除影响、赔礼道歉、赔偿损失等民事责任；同时损害公共利益的，可以由著作权行政管理部门责令停止侵权行为，没收违法所得，非法经营额5万元以上的，可处非法经营额1倍以上5倍以下的罚款；没有非法经营额或者非法经营额5万元以下的，根据情节轻重，可处25万元以下的罚款；情节严重的，著作权行政管理部门可以没收主要用于提供网络服务的计算机等设备；构成犯罪的，依法追究刑事责任：

（一）通过信息网络擅自向公众提供他人的作品、表演、录音录像制品的；

（二）故意避开或者破坏技术措施的；

（三）故意删除或者改变通过信息网络向公众提供的作品、表演、录音录像制品的权利管理电子信息，或者通过信息网络向公众提供明知或者应知未经权利人许可而被删除或者改变权利管理电子信息的作品、表演、录音录像制品的；

（四）为扶助贫困通过信息网络向农村地区提供作品、表演、录音录像制品超过规定范围，或者未按照公告的标准支付报酬，或者在权利人不同意提供其作品、表演、录音录像制品后未立即删除的；

（五）通过信息网络提供他人的作品、表演、录音录像制品，未指明作品、表演、录音录像制品的名称或者作者、表演者、录音录像制作者的姓名（名称），或者未支付报酬，或者未依照本条例规定采取技术措施防止服务对象以外的其他人获得他人的作品、表演、录音录像制品，或者未防止服务对象的复制行为对权利人利益造成实质性损害的。

第十九条 违反本条例规定，有下列行为之一的，由著作权行政管理部门予以警告，没收违法所得，没收主要用于避开、破坏技术措施的装置或者部件；情节严重的，可以没收主要用于提供网络服务的计算机等设备；非法经营额5万元以上的，可处非法经营额1倍以上5倍以下的罚款；没有非法经营额或者非法经营额5万元以下的，根据情节轻重，可处25万元以下的罚款；构成犯罪的，依法追究刑事责任：

（一）故意制造、进口或者向他人提供主要用于避开、破坏技术措施的装置或者部件，或者故意为他人避开或者破坏技术措施提供技术服务的；

（二）通过信息网络提供他人的作品、表演、录音录像制品，获得经济利益的；

（三）为扶助贫困通过信息网络向农村地区提供作品、表演、录音录像制品，未在提供前公告作品、表演、录音录像制品的名称和作者、表演者、录音录像制作者的姓名（名称）以及报酬标准的。

第二十条 网络服务提供者根据服务对象的指令提供网络自动接入服务，或者对服务对象提供的作品、表演、录音录像制品提供自动传输服务，并具备下列条件的，不承担赔偿责任：

（一）未选择并且未改变所传输的作品、表演、录音录像制品；

（二）向指定的服务对象提供该作品、表演、录音录像制品，并防止指定的服务对象以外的其他人获得。

第二十一条 网络服务提供者为提高网络传输效率，自动存储从其他网络服务提供者获得的作品、表演、录音录像制品，根据技术安排自动向服务对象提供，并具备下列条件的，不承担赔偿责任：

（一）未改变自动存储的作品、表演、录音录像制品；

（二）不影响提供作品、表演、录音录像制品的原网络服务提供者掌握服务对象获取该作品、表演、录音录像制品的情况；

（三）在原网络服务提供者修改、删除或者屏蔽该作品、表演、录音录像制品时，根据技术安排自动予以修改、删除或者屏蔽。

第二十二条 网络服务提供者为服务对象提供信息存储空间，供服务对象通过信息网络向公众提供作品、表演、录音录像制品，并具备下列条件的，不承担赔偿责任：

（一）明确标示该信息存储空间是为服务对象所提供，并公开网络服务提供者的名称、联系人、网络地址；

（二）未改变服务对象所提供的作品、表演、录音录像制品；

（三）不知道也没有合理的理由应当知道服务对象提供的作品、表演、录音录像制品侵权；

（四）未从服务对象提供作品、表演、录音录像制品中直接获得经济利益；

（五）在接到权利人的通知书后，根据本条例规定删除权利人认为侵权的作品、表演、录音录像制品。

第二十三条　网络服务提供者为服务对象提供搜索或者链接服务，在接到权利人的通知书后，根据本条例规定断开与侵权的作品、表演、录音录像制品的链接的，不承担赔偿责任；但是，明知或者应知所链接的作品、表演、录音录像制品侵权的，应当承担共同侵权责任。

第二十四条　因权利人的通知导致网络服务提供者错误删除作品、表演、录音录像制品，或者错误断开与作品、表演、录音录像制品的链接，给服务对象造成损失的，权利人应当承担赔偿责任。

第二十五条　网络服务提供者无正当理由拒绝提供或者拖延提供涉嫌侵权的服务对象的姓名（名称）、联系方式、网络地址等资料的，由著作权行政管理部门予以警告；情节严重的，没收主要用于提供网络服务的计算机等设备。

第二十六条　本条例下列用语的含义：

信息网络传播权，是指以有线或者无线方式向公众提供作品、表演或者录音录像制品，使公众可以在其个人选定的时间和地点获得作品、表演或者录音录像制品的权利。

技术措施，是指用于防止、限制未经权利人许可浏览、欣赏作品、表演、录音录像制品的或者通过信息网络向公众提供作品、表演、录音录像制品的有效技术、装置或者部件。

权利管理电子信息，是指说明作品及其作者、表演及其表演者、录音录像制品及其制作者的信息，作品、表演、录音录像制品权利人的信息和使用条件的信息，以及表示上述信息的数字或者代码。

第二十七条　本条例自2006年7月1日起施行。

▶《专利法实施细则》

第八十四条　下列行为属于专利法第六十三条规定的假冒专利的行为：

（一）在未被授予专利权的产品或者其包装上标注专利标识，专利权被宣告无效后或者终止后继续在产品或者其包装上标注专利标识，或者未经许可在产品或者产品包装上标注他人的专利号；

（二）销售第（一）项所述产品；

（三）在产品说明书等材料中将未被授予专利权的技术或者设计称为专利技术或者专利设计，将专利申请称为专利，或者未经许可使用他人的专利号，使公众将所涉及的技术或者设计误认为是专利技术或者专利设计；

（四）伪造或者变造专利证书、专利文件或者专利申请文件；

（五）其他使公众混淆，将未被授予专利权的技术或者设计误认为是专利技术或者专利设计的行为。

专利权终止前依法在专利产品、依照专利方法直接获得的产品或者其包装上标注专利标识，在专利权终止后许诺销售、销售该产品的，不属于假冒专利行为。

销售不知道是假冒专利的产品，并且能够证明该产品合法来源的，由管理专利工作的部门责令停止销售，但免除罚款的处罚。

《集成电路布图设计保护条例》

第一条 为了保护集成电路布图设计专有权，鼓励集成电路技术的创新，促进科学技术的发展，制定本条例。

第二条 本条例下列用语的含义：

（一）集成电路，是指半导体集成电路，即以半导体材料为基片，将至少有一个是有源元件的两个以上元件和部分或者全部互连线路集成在基片之中或者基片之上，以执行某种电子功能的中间产品或者最终产品；

（二）集成电路布图设计（以下简称布图设计），是指集成电路中至少有一个是有源元件的两个以上元件和部分或者全部互连线路的三维配置，或者为制造集成电路而准备的上述三维配置；

（三）布图设计权利人，是指依照本条例的规定，对布图设计享有专有权的自然人、法人或者其他组织；

（四）复制，是指重复制作布图设计或者含有该布图设计的集成电路的行为；

（五）商业利用，是指为商业目的进口、销售或者以其他方式提供受保护的布图设计、含有该布图设计的集成电路或者含有该集成电路的物品的行为。

▶ 《专利权纠纷司法解释二》

为正确审理侵犯专利权纠纷案件，根据《中华人民共和国专利法》《中华人民共和国侵权责任法》《中华人民共和国民事诉讼法》等有关法律规定，结合审判实践，制定本解释。

第一条 权利要求书有两项以上权利要求的，权利人应当在起诉状中载明据以起诉被诉侵权人侵犯其专利权的权利要求。起诉状对此未记载或者记载不明的，人民法院应当要求权利人明确。经释明，权利人仍不予明确的，人民法院可以裁定驳回起诉。

第二条 权利人在专利侵权诉讼中主张的权利要求被专利复审委员会宣告无效的，审理侵犯专利权纠纷案件的人民法院可以裁定驳回权利人基于该无效权利要求的起诉。

有证据证明宣告上述权利要求无效的决定被生效的行政判决撤销的，权利人可以另行起诉。

专利权人另行起诉的，诉讼时效期间从本条第二款所称行政判决书送达之日起计算。

第三条 因明显违反专利法第二十六条第三款、第四款导致说明书无法用于解释权利要求，且不属于本解释第四条规定的情形，专利权因此被请求宣告无效的，审理侵犯专利权纠纷案件的人民法院一般应当裁定中止诉讼；在合理期限内专利权未被请求宣告无效的，人民法院可以根据权利要求的记载确定专利权的保护范围。

第四条 权利要求书、说明书及附图中的语法、文字、标点、图形、符号等存有歧义，但本领域普通技术人员通过阅读权利要求书、说明书及附图可以得出唯一理解的，人民法院应当根据该唯一理解予以认定。

第五条 在人民法院确定专利权的保护范围时，独立权利要求的前序部分、特征部分以及从属权利要求的引用部分、限定部分记载的技术特征均有限定作用。

第六条 人民法院可以运用与涉案专利存在分案申请关系的其他专利及其专利审查档案、生效的专利授权确权裁判文书解释涉案专利的权利要求。

专利审查档案，包括专利审查、复审、无效程序中专利申请人或者专利权人提交的书面材料，国务院专利行政部门及其专利复审委员会制作的审查意见通知书、会晤记录、口头审理记录、生效的专利复审请求审查决定书和专利权无效宣告请求审查决定书等。

第七条 被诉侵权技术方案在包含封闭式组合物权利要求全部技术特征的基础上增加其他技术特征的，人民法院应当认定被诉侵权技术方案未落入专利权的保护范围，但该增加的技术特征属于不可避免的常规数量杂质的除外。

前款所称封闭式组合物权利要求，一般不包括中药组合物权利要求。

第八条 功能性特征，是指对于结构、组分、步骤、条件或其之间的关系等，通过其在发明创造中所起的功能或者效果进行限定的技术特征，但本领域普通技术人员仅通过阅读权利要求即可直接、明确地确定实现上述功能或者效果的具体实施方式的除外。

与说明书及附图记载的实现前款所称功能或者效果不可缺少的技术特征相比，被诉侵权技术方案的相应技术特征是以基本相同的手段，实现相同的功能，达到相同的效果，且本领域普通技术人员在被诉侵权行为发生时无需经过创造性劳动就能够联想到的，人民法院应当认定该相应技术特征与功能性特征相同或者等同。

第九条 被诉侵权技术方案不能适用于权利要求中使用环境特征所限定的使用环境的，人民法院应当认定被诉侵权技术方案未落入专利权的保护范围。

第十条 对于权利要求中以制备方法界定产品的技术特征，被诉侵权产品的制备方法与其不相同也不等同的，人民法院应当认定被诉侵权技术方案未落入专利权的保护范围。

第十一条 方法权利要求未明确记载技术步骤的先后顺序，但本领域普通技术人员阅读权利要求书、说明书及附图后直接、明确地认为该技术步骤应当按照特定顺序实施的，人民法院应当认定该步骤顺序对于专利权的保护范围具有限定作用。

第十二条 权利要求采用“至少”“不超过”等用语对数值特征进行界定，且本领域普通技术人员阅读权利要求书、说明书及附图后认为专利技术方案特别强调该用语对技术特征的限定作用，权利人主张与其不相同的数值特征属于等同特征的，人民法院不予支持。

第十三条 权利人证明专利申请人、专利权人在专利授权确权程序中对权利要求书、说明书及附图的限缩性修改或者陈述被明确否定的，人民法院应当认定该修改或者陈述未导致技术方案的放弃。

第十四条 人民法院在认定一般消费者对于外观设计所具有的知识水平和

认知能力时，一般应当考虑被诉侵权行为发生时授权外观设计所属相同或者相近种类产品的设计空间。设计空间较大的，人民法院可以认定一般消费者通常不容易注意到不同设计之间的较小区别；设计空间较小的，人民法院可以认定一般消费者通常更容易注意到不同设计之间的较小区别。

第十五条 对于成套产品的外观设计专利，被诉侵权设计与其一项外观设计相同或者近似的，人民法院应当认定被诉侵权设计落入专利权的保护范围。

第十六条 对于组装关系唯一的组件产品的外观设计专利，被诉侵权设计与其组合状态下的外观设计相同或者近似的，人民法院应当认定被诉侵权设计落入专利权的保护范围。

对于各构件之间无组装关系或者组装关系不唯一的组件产品的外观设计专利，被诉侵权设计与其全部单个构件的外观设计均相同或者近似的，人民法院应当认定被诉侵权设计落入专利权的保护范围；被诉侵权设计缺少其单个构件的外观设计或者与之不相同也不近似的，人民法院应当认定被诉侵权设计未落入专利权的保护范围。

第十七条 对于变化状态产品的外观设计专利，被诉侵权设计与变化状态图所示各种使用状态下的外观设计均相同或者近似的，人民法院应当认定被诉侵权设计落入专利权的保护范围；被诉侵权设计缺少其一种使用状态下的外观设计或者与之不相同也不近似的，人民法院应当认定被诉侵权设计未落入专利权的保护范围。

第十八条 权利人依据专利法第十三条诉请在发明专利申请公布日至授权公告日期间实施该发明的单位或者个人支付适当费用的，人民法院可以参照有关专利许可使用费合理确定。

发明专利申请公布时申请人请求保护的范围与发明专利公告授权时的专利权保护范围不一致，被诉技术方案均落入上述两种范围的，人民法院应当认定被告在前款所称期间内实施了该发明；被诉技术方案仅落入其中一种范围的，人民法院应当认定被告在前款所称期间内未实施该发明。

发明专利公告授权后，未经专利权人许可，为生产经营目的使用、许诺销售、销售在本条第一款所称期间内已由他人制造、销售、进口的产品，且该他人已支付或者书面承诺支付专利法第十三条规定的适当费用的，对于权利人关于上述使用、许诺销售、销售行为侵犯专利权的主张，人民法院不予支持。

第十九条 产品买卖合同依法成立的，人民法院应当认定属于专利法第十一条规定的销售。

第二十条 对于将依照专利方法直接获得的产品进一步加工、处理而获得的后续产品，进行再加工、处理的，人民法院应当认定不属于专利法第十一条规定的“使用依照该专利方法直接获得的产品”。

第二十一条 明知有关产品系专门用于实施专利的材料、设备、零部件、中间物等，未经专利权人许可，为生产经营目的将该产品提供给他人实施了侵犯专利权的行为，权利人主张该提供者的行为属于侵权责任法第九条规定的帮助他人实施侵权行为的，人民法院应予支持。

明知有关产品、方法被授予专利权，未经专利权人许可，为生产经营目的积极诱导他人实施了侵犯专利权的行为，权利人主张该诱导者的行为属于侵权责任法第九条规定的教唆他人实施侵权行为的，人民法院应予支持。

第二十二条 对于被诉侵权人主张的现有技术抗辩或者现有设计抗辩，人民法院应当依照专利申请日时施行的专利法界定现有技术或者现有设计。

第二十三条 被诉侵权技术方案或者外观设计落入在先的涉案专利权的保护范围，被诉侵权人以其技术方案或者外观设计被授予专利权为由抗辩不侵犯涉案专利权的，人民法院不予支持。

第二十四条 推荐性国家、行业或者地方标准明示所涉必要专利的信息，被诉侵权人以实施该标准无需专利权人许可为由抗辩不侵犯该专利权的，人民法院一般不予支持。

推荐性国家、行业或者地方标准明示所涉必要专利的信息，专利权人、被诉侵权人协商该专利的实施许可条件时，专利权人故意违反其在标准制定中承诺的公平、合理、无歧视的许可义务，导致无法达成专利实施许可合同，且被诉侵权人在协商中无明显过错的，对于权利人请求停止标准实施行为的主张，人民法院一般不予支持。

本条第二款所称实施许可条件，应当由专利权人、被诉侵权人协商确定。经充分协商，仍无法达成一致的，可以请求人民法院确定。人民法院在确定上述实施许可条件时，应当根据公平、合理、无歧视的原则，综合考虑专利的创新程度及其在标准中的作用、标准所属的技术领域、标准的性质、标准实施的范围和相关的许可条件等因素。

法律、行政法规对实施标准中的专利另有规定的，从其规定。

第二十五条 为生产经营目的的使用、许诺销售或者销售不知道是未经专利权人许可而制造并售出的专利侵权产品，且举证证明该产品合法来源的，对于权利人请求停止上述使用、许诺销售、销售行为的主张，人民法院应予支持，但被诉侵权产品的使用者举证证明其已支付该产品的合理对价的除外。

本条第一款所称不知道，是指实际不知道且不应当知道。

本条第一款所称合法来源，是指通过合法的销售渠道、通常的买卖合同等正常商业方式取得产品。对于合法来源，使用者、许诺销售者或者销售者应当提供符合交易习惯的相关证据。

第二十六条 被告构成对专利权的侵犯，权利人请求判令其停止侵权行为的，人民法院应予支持，但基于国家利益、公共利益的考量，人民法院可以不判令被告停止被诉行为，而判令其支付相应的合理费用。

第二十七条 权利人因被侵权所受到的实际损失难以确定的，人民法院应当依照专利法第六十五条第一款的规定，要求权利人对侵权人因侵权所获得的利益进行举证；在权利人已经提供侵权人所获利益的初步证据，而与专利侵权行为相关的账簿、资料主要由侵权人掌握的情况下，人民法院可以责令侵权人提供该账簿、资料；侵权人无正当理由拒不提供或者提供虚假的账簿、资料的，人民法院可以根据权利人的主张和提供的证据认定侵权人因侵权所获得的利益。

第二十八条 权利人、侵权人依法约定专利侵权的赔偿数额或者赔偿计算方法，并在专利侵权诉讼中主张依据该约定确定赔偿数额的，人民法院应予支持。

第二十九条 宣告专利权无效的决定作出后，当事人根据该决定依法申请再审，请求撤销专利权无效宣告前人民法院作出但未执行的专利侵权的判决、调解书的，人民法院可以裁定中止再审审查，并中止原判决、调解书的执行。

专利权人向人民法院提供充分、有效的担保，请求继续执行前款所称判决、调解书的，人民法院应当继续执行；侵权人向人民法院提供充分、有效的反担保，请求中止执行的，人民法院应当准许。人民法院生效裁判未撤销宣告专利权无效的决定的，专利权人应当赔偿因继续执行给对方造成的损失；宣告专利权无效的决定被人民法院生效裁判撤销，专利权仍有效的，人民法院可以依据前款所称判决、调解书直接执行上述反担保财产。

第三十条 在法定期限内对宣告专利权无效的决定不向人民法院起诉或者起诉后生效裁判未撤销该决定，当事人根据该决定依法申请再审，请求撤销宣告专利权无效前人民法院作出但未执行的专利侵权的判决、调解书的，人民法院应当再审。当事人根据该决定，依法申请终结执行宣告专利权无效前人民法院作出但未执行的专利侵权的判决、调解书的，人民法院应当裁定终结执行。

第三十一条 本解释自2016年4月1日起施行。最高人民法院以前发布的相关司法解释与本解释不一致的，以本解释为准。

▶《专利纠纷案件规定》

为了正确审理专利纠纷案件，根据《中华人民共和国民法通则》（以下简称民法通则）、《中华人民共和国专利法》（以下简称专利法）、《中华人民共和国民事诉讼法》和《中华人民共和国行政诉讼法》等法律的规定，作如下规定：

第一条 人民法院受理下列专利纠纷案件：

1. 专利申请权纠纷案件；
2. 专利权权属纠纷案件；
3. 专利权、专利申请权转让合同纠纷案件；
4. 侵犯专利权纠纷案件；
5. 假冒他人专利纠纷案件；
6. 发明专利申请公布后、专利权授予前使用费纠纷案件；
7. 职务发明创造发明人、设计人奖励、报酬纠纷案件；
8. 诉前申请停止侵权、财产保全案件；
9. 发明人、设计人资格纠纷案件；
10. 不服专利复审委员会维持驳回申请复审决定案件；
11. 不服专利复审委员会专利权无效宣告请求决定案件；
12. 不服国务院专利行政部门实施强制许可决定案件；
13. 不服国务院专利行政部门实施强制许可使用费裁决案件；
14. 不服国务院专利行政部门行政复议决定案件；
15. 不服管理专利工作的部门行政决定案件；
16. 其他专利纠纷案件。

第二条 专利纠纷第一审案件，由各省、自治区、直辖市人民政府所在地的中级人民法院和最高人民法院指定的中级人民法院管辖。

最高人民法院根据实际情况，可以指定基层人民法院管辖第一审专利纠纷案件。

第三条 当事人对专利复审委员会于2001年7月1日以后作出的关于实用

新型、外观设计专利权撤销请求复审决定不服向人民法院起诉的，人民法院不予受理。

第四条 当事人对专利复审委员会于2001年7月1日以后作出的关于维持驳回实用新型、外观设计专利申请的复审决定，或者关于实用新型、外观设计专利权无效宣告请求的决定不服向人民法院起诉的，人民法院应当受理。

第五条 因侵犯专利权行为提起的诉讼，由侵权行为地或者被告住所地人民法院管辖。

侵权行为地包括：被诉侵犯发明、实用新型专利权的产品的制造、使用、许诺销售、销售、进口等行为的实施地；专利方法使用行为的实施地，依照该专利方法直接获得的产品的使用、许诺销售、销售、进口等行为的实施地；外观设计专利产品的制造、许诺销售、销售、进口等行为的实施地；假冒他人专利的行为实施地。上述侵权行为的侵权结果发生地。

第六条 原告仅对侵权产品制造者提起诉讼，未起诉销售者，侵权产品制造地与销售地不一致的，制造地人民法院有管辖权；以制造者与销售者为共同被告起诉的，销售地人民法院有管辖权。

销售者是制造者分支机构，原告在销售地起诉侵权产品制造者制造、销售行为的，销售地人民法院有管辖权。

第七条 原告根据1993年1月1日以前提出的专利申请和根据该申请授予的方法发明专利权提起的侵权诉讼，参照本规定第五条、第六条的规定确定管辖。

人民法院在上述案件实体审理中依法适用方法发明专利权不延及产品的规定。

第八条 对申请日在2009年10月1日前（不含该日）的实用新型专利提起侵犯专利权诉讼，原告可以出具由国务院专利行政部门作出的检索报告；对申请日在2009年10月1日以后的实用新型或者外观设计专利提起侵犯专利权诉讼，原告可以出具由国务院专利行政部门作出的专利权评价报告。根据案件审理需要，人民法院可以要求原告提交检索报告或者专利权评价报告。原告无正当理由不提交的，人民法院可以裁定中止诉讼或者判令原告承担可能的不利后果。

侵犯实用新型、外观设计专利权纠纷案件的被告请求中止诉讼的，应当在答辩期内对原告的专利权提出宣告无效的请求。

第九条 人民法院受理的侵犯实用新型、外观设计专利权纠纷案件，被告在答辩期间内请求宣告该项专利权无效的，人民法院应当中止诉讼，但具备下列情形之一的，可以不中止诉讼：

（一）原告出具的检索报告或者专利权评价报告未发现导致实用新型或者外观设计专利权无效的事由的；

（二）被告提供的证据足以证明其使用的技术已经公知的；

（三）被告请求宣告该项专利权无效所提供的证据或者依据的理由明显不充分的；

（四）人民法院认为不应当中止诉讼的其他情形。

第十条 人民法院受理的侵犯实用新型、外观设计专利权纠纷案件，被告在答辩期间届满后请求宣告该项专利权无效的，人民法院不应当中止诉讼，但经审查认为有必要中止诉讼的除外。

第十一条 人民法院受理的侵犯发明专利权纠纷案件或者经专利复审委员会审查维持专利权的侵犯实用新型、外观设计专利权纠纷案件，被告在答辩期间内请求宣告该项专利权无效的，人民法院可以不中止诉讼。

第十二条 人民法院决定中止诉讼，专利权人或者利害关系人请求责令被告停止有关行为或者采取其他制止侵权损害继续扩大的措施，并提供了担保，人民法院经审查符合有关法律规定的，可以在裁定中止诉讼的同时一并作出有关裁定。

第十三条 人民法院对专利权进行财产保全，应当向国务院专利行政部门发出协助执行通知书，载明要求协助执行的事项，以及对专利权保全的期限，并附人民法院作出的裁定书。

对专利权保全的期限一次不得超过六个月，自国务院专利行政部门收到协助执行通知书之日起计算。如果仍然需要对该专利权继续采取保全措施的，人民法院应当在保全期限届满前向国务院专利行政部门另行送达继续保全的协助执行通知书。保全期限届满前未送达的，视为自动解除对该专利权的财产保全。

人民法院对出质的专利权可以采取财产保全措施，质权人的优先受偿权不受保全措施的影响；专利权人与被许可人已经签订的独占实施许可合同，不影响人民法院对该专利权进行财产保全。

人民法院对已经进行保全的专利权，不得重复进行保全。

第十四条 2001 年 7 月 1 日以前利用本单位的物质技术条件所完成的发明

创造，单位与发明人或者设计人订有合同，对申请专利的权利和专利权的归属作出约定的，从其约定。

第十五条 人民法院受理的侵犯专利权纠纷案件，涉及权利冲突的，应当保护在先依法享有权利的当事人的合法权益。

第十六条 专利法第二十三条所称的在先取得的合法权利包括：商标权、著作权、企业名称权、肖像权、知名商品特有包装或者装潢使用权等。

第十七条 专利法第五十九条第一款所称的“发明或者实用新型专利权的保护范围以其权利要求的内容为准，说明书及附图可以用于解释权利要求的内容”，是指专利权的保护范围应当以权利要求记载的全部技术特征所确定的范围为准，也包括与该技术特征相等同的特征所确定的范围。

等同特征，是指与所记载的技术特征以基本相同的手段，实现基本相同的功能，达到基本相同的效果，并且本领域普通技术人员在被诉侵权行为发生时无需经过创造性劳动就能够联想到的特征。

第十八条 侵犯专利权行为发生在2001年7月1日以前的，适用修改前专利法的规定确定民事责任；发生在2001年7月1日以后的，适用修改后专利法的规定确定民事责任。

第十九条 假冒他人专利的，人民法院可以依照专利法第六十三条的规定确定其民事责任。管理专利工作的部门未给予行政处罚的，人民法院可以依照民法通则第一百三十四条第三款的规定给予民事制裁，适用民事罚款数额可以参照专利法第六十三条的规定确定。

第二十条 专利法第六十五条规定的权利人因被侵权所受到的实际损失可以根据专利权人的专利产品因侵权所造成销售量减少的总数乘以每件专利产品的合理利润所得之积计算。权利人销售量减少的总数难以确定的，侵权产品在市场上销售的总数乘以每件专利产品的合理利润所得之积可以视为权利人因被侵权所受到的实际损失。

专利法第六十五条规定的侵权人因侵权所获得的利益可以根据该侵权产品在市场上销售的总数乘以每件侵权产品的合理利润所得之积计算。侵权人因侵权所获得的利益一般按照侵权人的营业利润计算，对于完全以侵权为业的侵权人，可以按照销售利润计算。

第二十一条 权利人的损失或者侵权人获得的利益难以确定，有专利许可使用费可以参照的，人民法院可以根据专利权的类型、侵权行为的性质和情节、专利许可的性质、范围、时间等因素，参照该专利许可使用费的倍数合理确定赔偿数额；没有专利许可使用费可以参照或者专利许可使用费明显不合理的，人民法院可以根据专利权的类型、侵权行为的性质和情节等因素，依照专利法第六十五条第二款的规定确定赔偿数额。

第二十二条 权利人主张其为制止侵权行为所支付合理开支的，人民法院可以在专利法第六十五条确定的赔偿数额之外另行计算。

第二十三条 侵犯专利权的诉讼时效为二年，自专利权人或者利害关系人知道或者应当知道侵权行为之日起计算。权利人超过二年起诉的，如果侵权行为在起诉时仍在继续，在该项专利权有效期内，人民法院应当判决被告停止侵权行为，侵权损害赔偿数额应当自权利人向人民法院起诉之日起向前推算二年计算。

第二十四条 专利法第十一条、第六十九条所称的许诺销售，是指以做广告、在商店橱窗中陈列或者在展销会上展出等方式作出销售商品的意思表示。

第二十五条 人民法院受理的侵犯专利权纠纷案件，已经过管理专利工作的部门作出侵权或者不侵权认定的，人民法院仍应当就当事人的诉讼请求进行全面审查。

第二十六条 以前的有关司法解释与本规定不一致的，以本规定为准。

▶《专利权纠纷司法解释一》

为正确审理侵犯专利权纠纷案件，根据《中华人民共和国专利法》、《中华人民共和国民事诉讼法》等有关法律规定，结合审判实际，制定本解释。

第一条 人民法院应当根据权利人主张的权利要求，依据专利法第五十九条第一款的规定确定专利权的保护范围。权利人在一审法庭辩论终结前变更其主张的权利要求的，人民法院应当准许。

权利人主张以从属权利要求确定专利权保护范围的，人民法院应当以该从属权利要求记载的附加技术特征及其引用的权利要求记载的技术特征，确定专利权的保护范围。

第二条 人民法院应当根据权利要求的记载，结合本领域普通技术人员阅读说明书及附图后对权利要求的理解，确定专利法第五十九条第一款规定的权利要求的内容。

第三条 人民法院对于权利要求，可以运用说明书及附图、权利要求书中的相关权利要求、专利审查档案进行解释。说明书对权利要求用语有特别界定的，从其特别界定。

以上述方法仍不能明确权利要求含义的，可以结合工具书、教科书等公知文献以及本领域普通技术人员的通常理解进行解释。

第四条 对于权利要求中以功能或者效果表述的技术特征，人民法院应当结合说明书和附图描述的该功能或者效果的具体实施方式及其等同的实施方式，确定该技术特征的内容。

第五条 对于仅在说明书或者附图中描述而在权利要求中未记载的技术方案，权利人在侵犯专利权纠纷案件中将其纳入专利权保护范围的，人民法院不予支持。

第六条 专利申请人、专利权人在专利授权或者无效宣告程序中，通过对权利要求、说明书的修改或者意见陈述而放弃的技术方案，权利人在侵犯专利权纠纷案件中又将其纳入专利权保护范围的，人民法院不予支持。

第七条 人民法院判定被诉侵权技术方案是否落入专利权的保护范围，应当审查权利人主张的权利要求所记载的全部技术特征。

被诉侵权技术方案包含与权利要求记载的全部技术特征相同或者等同的技术特征的，人民法院应当认定其落入专利权的保护范围；被诉侵权技术方案的技术特征与权利要求记载的全部技术特征相比，缺少权利要求记载的一个以上的技术特征，或者有一个以上技术特征不相同也不等同的，人民法院应当认定其没有落入专利权的保护范围。

第八条 在与外观设计专利产品相同或者相近种类产品上，采用与授权外观设计相同或者近似的外观设计的，人民法院应当认定被诉侵权设计落入专利法第五十九条第二款规定的外观设计专利权的保护范围。

第九条 人民法院应当根据外观设计产品的用途，认定产品种类是否相同或者相近。确定产品的用途，可以参考外观设计的简要说明、国际外观设计分类表、产品的功能以及产品销售、实际使用的情况等因素。

第十条 人民法院应当以外观设计专利产品的一般消费者的知识水平和认知能力，判断外观设计是否相同或者近似。

第十一条 人民法院认定外观设计是否相同或者近似时，应当根据授权外观设计、被诉侵权设计的设计特征，以外观设计的整体视觉效果进行综合判断；对于主要由技术功能决定的设计特征以及对整体视觉效果不产生影响的产品的材料、内部结构等特征，应当不予考虑。

下列情形，通常对外观设计的整体视觉效果更具有影响：

（一）产品正常使用时容易被直接观察到的部位相对于其他部位；

（二）授权外观设计区别于现有设计的设计特征相对于授权外观设计的其他设计特征。

被诉侵权设计与授权外观设计在整体视觉效果上无差异的，人民法院应当认定两者相同；在整体视觉效果上无实质性差异的，应当认定两者近似。

第十二条 将侵犯发明或者实用新型专利权的产品作为零部件，制造另一产品的，人民法院应当认定属于专利法第十一条规定的使用行为；销售该另一产品的，人民法院应当认定属于专利法第十一条规定的销售行为。

将侵犯外观设计专利权的产品作为零部件，制造另一产品并销售的，人民法院应当认定属于专利法第十一条规定的销售行为，但侵犯外观设计专利权的产品在该另一产品中仅具有技术功能的除外。

对于前两款规定的情形，被诉侵权人之间存在分工合作的，人民法院应当认定为共同侵权。

第十三条 对于使用专利方法获得的原始产品，人民法院应当认定为专利法第十一条规定的依照专利方法直接获得的产品。

对于将上述原始产品进一步加工、处理而获得后续产品的行为，人民法院应当认定属于专利法第十一条规定的使用依照该专利方法直接获得的产品。

第十四条 被诉落入专利权保护范围的全部技术特征，与一项现有技术方案中的相应技术特征相同或者无实质性差异的，人民法院应当认定被诉侵权人实施的技术属于专利法第六十二条规定的现有技术。

被诉侵权设计与一个现有设计相同或者无实质性差异的，人民法院应当认定被诉侵权人实施的设计属于专利法第六十二条规定的现有设计。

第十五条 被诉侵权人以非法获得的技术或者设计主张先用权抗辩的，人民法院不予支持。

有下列情形之一的，人民法院应当认定属于专利法第六十九条第（二）项规定的已经作好制造、使用的必要准备：

（一）已经完成实施发明创造所必需的主要技术图纸或者工艺文件；

（二）已经制造或者购买实施发明创造所必需的主要设备或者原材料。

专利法第六十九条第（二）项规定的原有范围，包括专利申请日前已有的生产规模以及利用已有的生产设备或者根据已有的生产准备可以达到的生产规模。

先用权人在专利申请日后将其已经实施或作好实施必要准备的技术或设计转让或者许可他人实施，被诉侵权人主张该实施行为属于在原有范围内继续实施的，人民法院不予支持，但该技术或设计与原有企业一并转让或者承继的除外。

第十六条 人民法院依据专利法第六十五条第一款的规定确定侵权人因侵权所获得的利益，应当限于侵权人因侵犯专利权行为所获得的利益；因其他权利所产生的利益，应当合理扣除。

侵犯发明、实用新型专利权的产品系另一产品的零部件的，人民法院应当根据该零部件本身的价值及其在实现成品利润中的作用等因素合理确定赔偿数额。

侵犯外观设计专利权的产品为包装物的，人民法院应当按照包装物本身的价值及其在实现被包装产品利润中的作用等因素合理确定赔偿数额。

第十七条 产品或者制造产品的技术方案在专利申请日以前为国内外公众所知的，人民法院应当认定该产品不属于专利法第六十一条第一款规定的新产品。

第十八条 权利人向他人发出侵犯专利权的警告，被警告人或者利害关系人经书面催告权利人行使诉权，自权利人收到该书面催告之日起一个月内或者自书面催告发出之日起二个月内，权利人不撤回警告也不提起诉讼，被警告人或者利害关系人向人民法院提起请求确认其行为不侵犯专利权的诉讼的，人民法院应当受理。

第十九条 被诉侵犯专利权行为发生在2009年10月1日以前的，人民法院适用修改前的专利法；发生在2009年10月1日以后的，人民法院适用修改后的专利法。

被诉侵犯专利权行为发生在2009年10月1日以前且持续到2009年10月1日以后，依据修改前和修改后的专利法的规定侵权人均应承担赔偿责任的，人民法院适用修改后的专利法确定赔偿数额。

第二十条 本院以前发布的有关司法解释与本解释不一致的，以本解释为准。

▶《植物新品种权纠纷案件规定》

为正确处理侵犯植物新品种权纠纷案件，根据《中华人民共和国民法通则》、《中华人民共和国民事诉讼法》等有关规定，结合侵犯植物新品种权纠纷案件的审判经验和实际情况，就具体应用法律的若干问题规定如下：

第一条 植物新品种权所有人（以下称品种权人）或者利害关系人认为植物新品种权受到侵犯的，可以依法向人民法院提起诉讼。

前款所称利害关系人，包括植物新品种实施许可合同的被许可人、品种权财产权利的合法继承人等。

独占实施许可合同的被许可人可以单独向人民法院提起诉讼；排他实施许可合同的被许可人可以和品种权人共同起诉，也可以在品种权人不起诉时，自行提起诉讼；普通实施许可合同的被许可人经品种权人明确授权，可以提起诉讼。

第二条 未经品种权人许可，为商业目的生产或销售授权品种的繁殖材料，或者为商业目的将授权品种的繁殖材料重复使用于生产另一品种的繁殖材料的，人民法院应当认定为侵犯植物新品种权。

被控侵权物的特征、特性与授权品种的特征、特性相同，或者特征、特性的不同是因非遗传变异所致的，人民法院一般应当认定被控侵权物属于商业目的生产或者销售授权品种的繁殖材料。

被控侵权人重复以授权品种的繁殖材料为亲本与其他亲本另行繁殖的，人民法院一般应当认定属于商业目的将授权品种的繁殖材料重复使用于生产另一品种的繁殖材料。

第三条 侵犯植物新品种权纠纷案件涉及的专门性问题需要鉴定的，由双方当事人协商确定的有鉴定资格的鉴定机构、鉴定人鉴定；协商不成的，由人民法院指定的有鉴定资格的鉴定机构、鉴定人鉴定。

没有前款规定的鉴定机构、鉴定人的，由具有相应品种检测技术水平的专业机构、专业人员鉴定。

第四条 对于侵犯植物新品种权纠纷案件涉及的专门性问题可以采取田间观察检测、基因指纹图谱检测等方法鉴定。

对采取前款规定方法作出的鉴定结论，人民法院应当依法质证，认定其证明力。

第五条 品种权人或者利害关系人向人民法院提起侵犯植物新品种权诉讼时，同时提出先行停止侵犯植物新品种权行为或者保全证据请求的，人民法院经审查可以先行作出裁定。

人民法院采取证据保全措施时，可以根据案件具体情况，邀请有关专业技术人员按照相应的技术规程协助取证。

第六条 人民法院审理侵犯植物新品种权纠纷案件，应当依照民法通则第一百三十四条的规定，结合案件具体情况，判决侵权人承担停止侵害、赔偿损失等民事责任。

人民法院可以根据被侵权人的请求，按照被侵权人因侵权所受损失或者侵权人因侵权所得利益确定赔偿数额。被侵权人请求按照植物新品种实施许可费确定赔偿数额的，人民法院可以根据植物新品种实施许可的种类、时间、范围等因素，参照该植物新品种实施许可费合理确定赔偿数额。

依照前款规定难以确定赔偿数额的，人民法院可以综合考虑侵权的性质、期间、后果，植物新品种实施许可费的数额，植物新品种实施许可的种类、时间、范围及被侵权人调查、制止侵权所支付的合理费用等因素，在50万元以下确定赔偿数额。

第七条 被侵权人和侵权人均同意将侵权物折价抵扣被侵权人所受损失的，人民法院应当准许。被侵权人或者侵权人不同意折价抵扣的，人民法院依照当事人的请求，责令侵权人对侵权物作消灭活性等使其不能再被用作繁殖材料的处理。

侵权物正处于生长期或者销毁侵权物将导致重大不利后果的，人民法院可以不采取责令销毁侵权物的方法，但法律、行政法规另有规定的除外。

第八条 以农业或者林业种植为业的个人、农村承包经营户接受他人委托代为繁殖侵犯品种权的繁殖材料，不知道代繁物是侵犯品种权的繁殖材料并说明委托人的，不承担赔偿责任。

▶《商标纠纷司法解释》

为了正确审理商标纠纷案件，根据《中华人民共和国民法通则》、《中华人民共和国合同法》、《中华人民共和国商标法》、《中华人民共和国民事诉讼法》等法律的规定，就适用法律若干问题解释如下：

第一条 下列行为属于商标法第五十二条第（五）项规定的给他人注册商标专用权造成其他损害的行为：

（一）将与他人注册商标相同或者相近似的文字作为企业的字号在相同或者类似商品上突出使用，容易使相关公众产生误认的；

（二）复制、摹仿、翻译他人注册的驰名商标或其主要部分在不相同或者不相类似商品上作为商标使用，误导公众，致使该驰名商标注册人的利益可能受到损害的；

（三）将与他人注册商标相同或者相近似的文字注册为域名，并且通过该域名进行相关商品交易的电子商务，容易使相关公众产生误认的。

第二条 依据商标法第十三条第一款的规定，复制、摹仿、翻译他人未在中国注册的驰名商标或其主要部分，在相同或者类似商品上作为商标使用，容易导致混淆的，应当承担停止侵害的民事法律责任。

第三条 商标法第四十条规定的商标使用许可包括以下三类：

（一）独占使用许可，是指商标注册人在约定的期间、地域和以约定的方式，将该注册商标仅许可一个被许可人使用，商标注册人依约定不得使用该注册商标；

（二）排他使用许可，是指商标注册人在约定的期间、地域和以约定的方式，将该注册商标仅许可一个被许可人使用，商标注册人依约定可以使用该注册商标但不得另行许可他人使用该注册商标；

（三）普通使用许可，是指商标注册人在约定的期间、地域和以约定的方式，许可他人使用其注册商标，并可自行使用该注册商标和许可他人使用其注册商标。

第四条 商标法第五十三条规定的利害关系人，包括注册商标使用许可合同的被许可人、注册商标财产权利的合法继承人等。

在发生注册商标专用权被侵害时，独占使用许可合同的被许可人可以向人民法院提起诉讼；排他使用许可合同的被许可人可以和商标注册人共同起诉，也可以在商标注册人不起诉的情况下，自行提起诉讼；普通使用许可合同的被许可人经商标注册人明确授权，可以提起诉讼。

第五条 商标注册人或者利害关系人在注册商标续展宽展期内提出续展申请，未获核准前，以他人侵犯其注册商标专用权提起诉讼的，人民法院应当受理。

第六条 因侵犯注册商标专用权行为提起的民事诉讼，由商标法第十三条、第五十二条所规定侵权行为的实施地、侵权商品的储藏地或者查封扣押地、被告住所地人民法院管辖。

前款规定的侵权商品的储藏地，是指大量或者经常性储存、隐匿侵权商品所在地；查封扣押地，是指海关、工商等行政机关依法查封、扣押侵权商品所在地。

第七条 对涉及不同侵权行为实施地的多个被告提起的共同诉讼，原告可以选择其中一个被告的侵权行为实施地人民法院管辖；仅对其中某一被告提起的诉讼，该被告侵权行为实施地的人民法院有管辖权。

第八条 商标法所称相关公众，是指与商标所标识的某类商品或者服务有关的消费者和与前述商品或者服务的营销有密切关系的其他经营者。

第九条 商标法第五十二条第（一）项规定的商标相同，是指被控侵权的商标与原告的注册商标相比较，二者在视觉上基本无差别。

商标法第五十二条第（一）项规定的商标近似，是指被控侵权的商标与原告的注册商标相比较，其文字的字形、读音、含义或者图形的构图及颜色，或者其各要素组合后的整体结构相似，或者其立体形状、颜色组合近似，易使相关公众对商品的来源产生误认或者认为其来源与原告注册商标的商品有特定的联系。

第十条 人民法院依据商标法第五十二条第（一）项的规定，认定商标相同或者近似按照以下原则进行：

（一）以相关公众的一般注意力为标准；

（二）既要进行对商标的整体比对，又要进行对商标主要部分的比对，比对应当在比对对象隔离的状态下分别进行；

（三）判断商标是否近似，应当考虑请求保护注册商标的显著性和知名度。

第十一条 商标法第五十二条第（一）项规定的类似商品，是指在功能、用途、生产部门、销售渠道、消费对象等方面相同，或者相关公众一般认为其存在特定联系、容易造成混淆的商品。

类似服务，是指在服务的目的、内容、方式、对象等方面相同，或者相关公众一般认为存在特定联系、容易造成混淆的服务。

商品与服务类似，是指商品和服务之间存在特定联系，容易使相关公众混淆。

第十二条 人民法院依据商标法第五十二条第（一）项的规定，认定商品或者服务是否类似，应当以相关公众对商品或者服务的一般认识综合判断；《商标注册用商品和服务国际分类表》、《类似商品和服务区分表》可以作为判断类似商品或者服务的参考。

第十三条 人民法院依据商标法第五十六条第一款的规定确定侵权人的赔偿责任时，可以根据权利人选择的计算方法计算赔偿数额。

第十四条 商标法第五十六条第一款规定的侵权所获得的利益，可以根据侵权商品销售量与该商品单位利润乘积计算；该商品单位利润无法查明的，按照注册商标商品的单位利润计算。

第十五条 商标法第五十六条第一款规定的因被侵权所受到的损失，可以根据权利人因侵权所造成商品销售减少量或者侵权商品销售量与该注册商标商品的单位利润乘积计算。

第十六条 侵权人因侵权所获得的利益或者被侵权人因被侵权所受到的损失均难以确定的，人民法院可以根据当事人的请求或者依职权适用商标法第五十六条第二款的规定确定赔偿数额。

人民法院在确定赔偿数额时，应当考虑侵权行为的性质、期间、后果，商标的声誉，商标使用许可费的数额，商标使用许可的种类、时间、范围及制止侵权行为的合理开支等因素综合确定。

当事人按照本条第一款的规定就赔偿数额达成协议的，应当准许。

第十七条 商标法第五十六条第一款规定的制止侵权行为所支付的合理开支，包括权利人或者委托代理人对侵权行为进行调查、取证的合理费用。

人民法院根据当事人的诉讼请求和案件具体情况，可以将符合国家有关部门规定的律师费用计算在赔偿范围内。

第十八条 侵犯注册商标专用权的诉讼时效为二年，自商标注册人或者利害权利人知道或者应当知道侵权行为之日起计算。商标注册人或者利害关系人超过二年起诉的，如果侵权行为在起诉时仍在持续，在该注册商标专用权有效期限内，人民法院应当判决被告停止侵权行为，侵权损害赔偿数额应当自权利人向人民法院起诉之日起向前推算二年计算。①

第十九条 商标使用许可合同未经备案的，不影响该许可合同的效力，但当事人另有约定的除外。

商标使用许可合同未在商标局备案的，不得对抗善意第三人。

第二十条 注册商标的转让不影响转让前已经生效的商标使用许可合同的效力，但商标使用许可合同另有约定的除外。

第二十一条 人民法院在审理侵犯注册商标专用权纠纷案件中，依据民法通则第一百三十四条、商标法第五十三条的规定和案件具体情况，可以判决侵

① 建议废止《商标民事纠纷解释》第18条，理由：与《民法典总则编》第188条冲突。

权人承担停止侵害、排除妨碍、消除危险、赔偿损失、消除影响等民事责任，还可以作出罚款，收缴侵权商品、伪造的商标标识和专门用于生产侵权商品的材料、工具、设备等财物的民事制裁决定。罚款数额可以参照《中华人民共和国商标法实施条例》的有关规定确定。

工商行政管理部门对同一侵犯注册商标专用权行为已经给予行政处罚的，人民法院不再予以民事制裁。

第二十二条 人民法院在审理商标纠纷案件中，根据当事人的请求和案件的具体情况，可以对涉及的注册商标是否驰名依法作出认定。

认定驰名商标，应当依照商标法第十四条的规定进行。

当事人对曾经被行政主管机关或者人民法院认定的驰名商标请求保护的，对方当事人对涉及的商标驰名不持异议，人民法院不再审查。提出异议的，人民法院依照商标法第十四条的规定审查。

第二十三条 本解释有关商品商标的规定，适用于服务商标。

第二十四条 以前的有关规定与本解释不一致的，以本解释为准。

▶《著作权纠纷司法解释》

为了正确审理著作权民事纠纷案件，根据《中华人民共和国民法通则》、《中华人民共和国合同法》、《中华人民共和国著作权法》、《中华人民共和国民事诉讼法》等法律的规定，就适用法律若干问题解释如下：

第一条 人民法院受理以下著作权民事纠纷案件：

（一）著作权及与著作权有关权益权属、侵权、合同纠纷案件；

（二）申请诉前停止侵犯著作权、与著作权有关权益行为，申请诉前财产保全、诉前证据保全案件；

（三）其他著作权、与著作权有关权益纠纷案件。

第二条 著作权民事纠纷案件，由中级以上人民法院管辖。

各高级人民法院根据本辖区的实际情况，可以确定若干基层人民法院管辖第一审著作权民事纠纷案件。

第三条 对著作权行政管理部门查处的侵犯著作权行为，当事人向人民法院提起诉讼追究该行为人民事责任的，人民法院应当受理。

人民法院审理已经过著作权行政管理部门处理的侵犯著作权行为的民事纠纷案件，应当对案件事实进行全面审查。

第四条 因侵犯著作权行为提起的民事诉讼，由著作权法第四十六条、第四十七条所规定侵权行为的实施地、侵权复制品储藏地或者查封扣押地、被告住所地人民法院管辖。

前款规定的侵权复制品储藏地，是指大量或者经营性储存、隐匿侵权复制品所在地；查封扣押地，是指海关、版权、工商等行政机关依法查封、扣押侵权复制品所在地。

第五条 对涉及不同侵权行为实施地的多个被告提起的共同诉讼，原告可以选择其中一个被告的侵权行为实施地人民法院管辖；仅对其中某一被告提起的诉讼，该被告侵权行为实施地的人民法院有管辖权。

第六条 依法成立的著作权集体管理组织，根据著作权人的书面授权，以自己的名义提起诉讼，人民法院应当受理。

第七条 当事人提供的涉及著作权的底稿、原件、合法出版物、著作权登记证书、认证机构出具的证明、取得权利的合同等，可以作为证据。

在作品或者制品上署名的自然人、法人或者其他组织视为著作权、与著作权有关权益的权利人，但有相反证明的除外。

第八条 当事人自行或者委托他人以定购、现场交易等方式购买侵权复制品而了取得的实物、发票等，可以作为证据。

公证人员在未向涉嫌侵权的一方当事人表明身份的情况下，如实对另一方当事人按照前款规定的方式取得的证据和取证过程出具的公证书，应当作为证据使用，但有相反证据的除外。

第九条 著作权法第十条第（一）项规定的"公之于众"，是指著作权人自行或者经著作权人许可将作品向不特定的人公开，但不以公众知晓为构成条件。

第十条 著作权法第十五条第二款所指的作品，著作权人是自然人的，其保护期适用著作权法第二十一条第一款的规定；著作权人是法人或其他组织的，其保护期适用著作权法第二十一条第二款的规定。

第十一条 因作品署名顺序发生的纠纷，人民法院按照下列原则处理：有约定的按约定确定署名顺序；没有约定的，可以按照创作作品付出的劳动、作品排列、作者姓氏笔划等确定署名顺序。

第十二条 按照著作权法第十七条规定委托作品著作权属于受托人的情形，委托人在约定的使用范围内享有使用作品的权利；双方没有约定使用作品范围的，委托人可以在委托创作的特定目的范围内免费使用该作品。

第十三条 除著作权法第十一条第三款规定的情形外，由他人执笔，本人审阅定稿并以本人名义发表的报告、讲话等作品，著作权归报告人或者讲话人享有。著作权人可以支付执笔人适当的报酬。

第十四条 当事人合意以特定人物经历为题材完成的自传体作品，当事人对著作权权属有约定的，依其约定；没有约定的，著作权归该特定人物享有，执笔人或整理人对作品完成付出劳动的，著作权人可以向其支付适当的报酬。

第十五条 由不同作者就同一题材创作的作品，作品的表达系独立完成并且有创作性的，应当认定作者各自享有独立著作权。

第十六条 通过大众传播媒介传播的单纯事实消息属于著作权法第五条第（二）项规定的时事新闻。传播报道他人采编的时事新闻，应当注明出处。

第十七条 著作权法第三十二条第二款规定的转载，是指报纸、期刊登载其他报刊已发表作品的行为。转载未注明被转载作品的作者和最初登载的报刊出处的，应当承担消除影响、赔礼道歉等民事责任。

第十八条 著作权法第二十二条第（十）项规定的室外公共场所的艺术作品，是指设置或者陈列在室外社会公众活动处所的雕塑、绘画、书法等艺术作品。

对前款规定艺术作品的临摹、绘画、摄影、录像人，可以对其成果以合理的方式和范围再行使用，不构成侵权。

第十九条 出版者、制作者应当对其出版、制作有合法授权承担举证责任，发行者、出租者应当对其发行或者出租的复制品有合法来源承担举证责任。举证不能的，依据著作权法第四十六条、第四十七条的相应规定承担法律责任。

第二十条 出版物侵犯他人著作权的，出版者应当根据其过错、侵权程度及损害后果等承担民事赔偿责任。

出版者对其出版行为的授权、稿件来源和署名、所编辑出版物的内容等未尽到合理注意义务的，依据著作权法第四十八条的规定，承担赔偿责任。

出版者尽了合理注意义务，著作权人也无证据证明出版者应当知道其出版涉及侵权的，依据民法通则第一百一十七条第一款的规定，出版者承担停止侵权、返还其侵权所得利润的民事责任。

出版者所尽合理注意义务情况，由出版者承担举证责任。

第二十一条 计算机软件用户未经许可或者超过许可范围商业使用计算机软件的，依据著作权法第四十七条第（一）项、《计算机软件保护条例》第二十四条第（一）项的规定承担民事责任。

第二十二条 著作权转让合同未采取书面形式的，人民法院依据合同法第三十六条、第三十七条的规定审查合同是否成立。

第二十三条 出版者将著作权人交付出版的作品丢失、毁损致使出版合同不能履行的，依据著作权法第五十三条、民法通则第一百一十七条以及合同法第一百二十二条的规定追究出版者的民事责任。

第二十四条 权利人的实际损失，可以根据权利人因侵权所造成复制品发行减少量或者侵权复制品销售量与权利人发行该复制品单位利润乘积计算。发行减少量难以确定的，按照侵权复制品市场销售量确定。

第二十五条 权利人的实际损失或者侵权人的违法所得无法确定的，人民法院根据当事人的请求或者依职权适用著作权法第四十八条第二款的规定确定赔偿数额。

人民法院在确定赔偿数额时，应当考虑作品类型、合理使用费、侵权行为性质、后果等情节综合确定。

当事人按照本条第一款的规定就赔偿数额达成协议的，应当准许。

第二十六条 著作权法第四十八条第一款规定的制止侵权行为所支付的合理开支，包括权利人或者委托代理人对侵权行为进行调查、取证的合理费用。

人民法院根据当事人的诉讼请求和具体案情，可以将符合国家有关部门规定的律师费用计算在赔偿范围内。

第二十七条 在著作权法修改决定施行前发生的侵犯著作权行为起诉的案件，人民法院于该决定施行后作出判决的，可以参照适用著作权法第四十八条的规定。

第二十八条 侵犯著作权的诉讼时效为两年，自著作权人知道或者应当知道侵权行为之日起计算。权利人超过两年起诉的，如果侵权行为在起诉时仍在持续，在该著作权保护期内，人民法院应当判决被告停止侵权行为；侵权损害赔偿数额应当自权利人向人民法院起诉之日起向前推算两年计算。①

第二十九条 对著作权法第四十七条规定的侵权行为，人民法院根据当事人的请求除追究行为人民事责任外，还可以依据民法通则第一百三十四条第三款的规定给予民事制裁，罚款数额可以参照《中华人民共和国著作权法实施条

---

① 建议废止《著作权纠纷解释》第28条，理由：与《民法典总则编》第188条冲突。

例》的有关规定确定。

著作权行政管理部门对相同的侵权行为已经给予行政处罚的，人民法院不再予以民事制裁。①

第三十条 对2001年10月27日前发生的侵犯著作权行为，当事人于2001年10月27日后向人民法院提出申请采取责令停止侵权行为或者证据保全措施的，适用著作权法第四十九条、第五十条的规定。

人民法院采取诉前措施，参照《最高人民法院关于诉前停止侵犯注册商标专用权行为和保全证据适用法律问题的解释》的规定办理。

第三十一条 除本解释另行规定外，2001年10月27日以后人民法院受理的著作权民事纠纷案件，涉及2001年10月27日前发生的民事行为的，适用修改前著作权法的规定；涉及该日期以后发生的民事行为的，适用修改后著作权法的规定；涉及该日期前发生，持续到该日期后的民事行为的，适用修改后著作权法的规定。

第三十二条 以前的有关规定与本解释不一致的，以本解释为准。

▶《计算机网络域名民事纠纷司法解释》

第四条 人民法院审理域名纠纷案件，对符合以下各项条件的，应当认定被告注册、使用域名等行为构成侵权或者不正当竞争：

（一）原告请求保护的民事权益合法有效；

（二）被告域名或其主要部分构成对原告驰名商标的复制、模仿、翻译或音译；或者与原告的注册商标、域名等相同或近似，足以造成相关公众的误认；

（三）被告对该域名或其主要部分不享有权益，也无注册、使用该域名的正当理由；

（四）被告对该域名的注册、使用具有恶意。

第五条 被告的行为被证明具有下列情形之一的，人民法院应当认定其具有恶意：

（一）为商业目的将他人驰名商标注册为域名的；

（二）为商业目的注册、使用与原告的注册商标、域名等相同或近似的域

---

① 建议废止《著作权纠纷解释》第29条，理由：《民法典总则编》第179条删除了《民法通则》第134条第3款对应内容。

名，故意造成与原告提供的产品、服务或者原告网站的混淆，误导网络用户访问其网站或其他在线站点的；

（三）曾要约高价出售、出租或者以其他方式转让该域名获取不正当利益的；

（四）注册域名后自己并不使用也未准备使用，而有意阻止权利人注册该域名的；

（五）具有其他恶意情形的。

被告举证证明在纠纷发生前其所持有的域名已经获得一定的知名度，且能与原告的注册商标、域名等相区别，或者具有其他情形足以证明其不具有恶意的，人民法院可以不认定被告具有恶意。

第六条 人民法院审理域名纠纷案件，根据当事人的请求以及案件的具体情况，可以对涉及的注册商标是否驰名依法作出认定。

▶《民通意见》

133. 作品不论是否发表，作者均享有著作权（版权）。

134. 二人以上按照约定共同创作作品的，不论各人的创作成果在作品中被采用多少，应当认定该项作品为共同创作。

135. 合著的作品，著作权（版权）应当认定为全体合著人共同享有。其中各组成部分可以分别独立存在的，各组成部分的著作权（版权）由各组成部分的作者分别享有。

136. 作者死亡后，著作权（版权）中由继承人继承的财产权利在法律规定的保护期限内受到侵犯，继承人依法要求保护的，人民法院应当予以支持。

137. 公民、法人通过申请专利取得的专利权，或者通过继承、受赠、受让等方式取得的专利权，应当予以保护。

转让专利权应当由国家专利局登记并公告，专利权自国家专利局公告之日起转移。

138. 法人、个体工商户、个人合伙通过申请商标注册或者受让等方式取得的商标专用权，除依法定程序撤销者外，应当予以保护。

转让商标专用权应当由国家工商行政管理局商标局核准，商标专用权自核准之日起转移。

▶《最高人民法院关于胡由之、郑乃章诉刘桢、卢碧亮著作权纠纷案的复函》

江西省高级人民法院：

你院赣法（民）发［1991］1号“关于胡由之、郑乃章诉刘桢、卢碧亮著作权纠纷案的请示”收悉。根据你院报告及案卷材料，我们研究认为：由刘桢、胡由之、郑乃章三人署名，并请卢碧亮翻译成英文，向国际古陶瓷学术讨论会投稿的《镇窑结构及其特征的剖析》一文，是在原刘、胡、郑三人合作作品的基础上缩写而成的。此后，刘桢将该文中“技术秘密”的内容去掉，文字上稍加修改润色，以《景德镇窑及其构造特征》（以下简称“特征”）为题，请卢碧亮译成英文后发表在国外某杂志上，署名刘桢、卢碧亮。由于该文未署胡由之、郑乃章之名，侵犯了胡、郑二人的著作权，刘桢应承担民事责任。该文本应署名译者的卢碧亮却署名为作者，但由于该文署名方式主要系刘桢所为，卢碧亮对侵权无过错，可不承担民事责任。鉴于在诉讼中，刘桢已将“特征”的中文稿在国内有关杂志上以刘桢、胡由之、郑乃章三人的名义发表，并已向胡、郑二人赔礼道歉等情节，请审理时予以考虑。

以上意见，供参考。

《成立世界知识产权组织公约》

第二条 定义

在本公约中：

（I）“本组织”是指世界知识产权组织（WIPO）；

（II）“国际局”是指知识产权国际局；

（III）“巴黎公约”是指1883年3月20日签订的保护工业产权公约及其一切修订本；

（IV）“伯尔尼公约”是指1886年9月9日签订的保护文学艺术作品公约及其一切修订本；

（V）“巴黎联盟”是指根据巴黎公约成立的国际联盟；

（VI）“伯尔尼联盟”是指根据伯尔尼公约成立的国际联盟；

（VII）“各联盟”是指巴黎联盟、与该联盟有关的各专门联盟与协定、伯尔尼联盟以及根据第四条第（Ⅲ）款由本组织担任其行政事务的任何其他旨在促进知识产权保护的国际协定；

（VIII）“知识产权”包括有关下列项目的权利：

——文学艺术和科学作品

——表演艺术家、录音和广播的演出，

——在人类一切活动领域内的发明，

——科学发现，

——外型设计，

——商标服务标记、商号名称和牌号，

——制止不正当竞争，

以及在工业、科学、文学或艺术领域内其他一切来自知识活动的权利。

权威案例

《古洞春公司诉怡清源公司等不正当竞争纠纷案》，《最高人民法院公报》2006年第9期

裁判摘要：民法通则第九十七条规定："公民对自己的发现享有发现权。发现人有权申请领取发现证书、奖金或者其他奖励。"根据该规定，发现权只是对发现者个人或集体给予的一种荣誉权和被奖励权，不能转让也不能继受取得。

植物新品种保护条例第三条规定："国务院农业、林业行政部门（以下统称审批机关）按照职责分工共同负责植物新品种权申请的受理和审查并对符合本条例规定的植物新品种授予植物新品种权（以下称品种权）。"该条例第三十一条规定："对经实质审查符合本条例规定的品种权申请，审批机关应当作出授予品种权的决定，颁发品种权证书，并予以登记和公告。"根据上述规定，植物新品种权的取得，必须依法定程序进行，非经法定程序，任何个人或单位不能以任何其他方式原始取得品种权。

第一百二十四条　【继承权及其客体】自然人依法享有继承权。

自然人合法的私有财产，可以依法继承。

条文对比

《民法典总则编》	《民法通则》
第一百二十四条　自然人依法享有继承权。 **自然人合法的私有财产，可以依法继承。**	**第七十六条**　公民依法享有~~财产~~继承权。

关联法规

《宪法》

第十三条 公民的合法的私有财产不受侵犯。

国家依照法律规定保护公民的私有财产权和继承权。

国家为了公共利益的需要，可以依照法律规定对公民的私有财产实行征收或者征用并给予补偿。

《民法典继承编》

第一千一百一十九条 本编调整因继承产生的民事关系。

第一千一百二十一条 继承从被继承人死亡时开始。

相互有继承关系的数人在同一事件中死亡，难以确定死亡时间的，推定没有其他继承人的人先死亡。都有其他继承人，辈份不同的，推定长辈先死亡；辈份相同的，推定同时死亡，相互不发生继承。

第一千一百二十二条 遗产是自然人死亡时遗留的个人合法财产。

依照法律规定或者根据其性质不得继承的遗产，不得继承。

第一千一百二十三条 继承开始后，按照法定继承办理；有遗嘱的，按照遗嘱继承或者遗赠办理；有遗赠扶养协议的，按照协议办理。

第一千一百二十五条 继承人有下列行为之一的，丧失继承权：

（一）故意杀害被继承人；

（二）为争夺遗产而杀害其他继承人；

（三）遗弃被继承人，或者虐待被继承人情节严重；

（四）伪造、篡改、隐匿或者销毁遗嘱，情节严重；

（五）以欺诈、胁迫手段迫使或者妨碍被继承人设立、变更或者撤回遗嘱，情节严重。

继承人有前款第三项至第五项行为，确有悔改表现，被继承人表示宽恕或者事后在遗嘱中将其列为继承人的，该继承人不丧失继承权。

受遗赠人有本条第一款规定行为的，丧失受遗赠权。

第一千一百二十七条 遗产按照下列顺序继承：

（一）第一顺序：配偶、子女、父母；

（二）第二顺序：兄弟姐妹、祖父母、外祖父母。

继承开始后，由第一顺序继承人继承，第二顺序继承人不继承；没有第一顺序继承人继承的，由第二顺序继承人继承。

本编所称子女，包括婚生子女、非婚生子女、养子女和有扶养关系的继子女。

本编所称父母，包括生父母、养父母和有扶养关系的继父母。

本编所称兄弟姐妹，包括同父母的兄弟姐妹、同父异母或者同母异父的兄弟姐妹、养兄弟姐妹、有扶养关系的继兄弟姐妹。

第一千一百三十三条 自然人可以依照本法规定立遗嘱处分个人财产，并可以指定遗嘱执行人。

自然人可以立遗嘱将个人财产指定由法定继承人中的一人或者数人继承。

自然人可以立遗嘱将个人财产赠与国家、集体或者法定继承人以外的组织、个人。

自然人可以依法设立遗嘱信托。

第一千一百五十八条 自然人可以与继承人以外的组织或者个人签订遗赠扶养协议。按照协议，该组织或者个人承担该自然人生养死葬的义务，享有受遗赠的权利。

第一千一百六十条 无人继承又无人受遗赠的遗产，归国家所有，用于公益事业；死者生前是集体所有制组织成员的，归所在集体所有制组织所有。

第一千一百六十一条 继承人以所得遗产实际价值为限清偿被继承人依法应当缴纳的税款和债务。超过遗产实际价值部分，继承人自愿偿还的不在此限。

继承人放弃继承的，对被继承人依法应当缴纳的税款和债务可以不负清偿责任。

第一千一百六十二条 执行遗赠不得妨碍清偿遗赠人依法应当缴纳的税款和债务。

《民法典侵权责任编》

第一千一百六十四条 本编调整因侵害民事权益产生的民事关系。

《继承法意见》

1. 继承从被继承人生理死亡或被宣告死亡时开始。

失踪人被宣告死亡的，以法院判决中确定的失踪人的死亡日期，为继承开始的时间。

3. 公民可继承的其他合法财产包括有价证券和履行标的为财物的债权等。

4. 承包人死亡时尚未取得承包收益的，可把死者生前对承包所投入的资金和所付出的劳动及其增值和孳息，由发包单位或者接续承包合同的人合理折价、补偿，其价额作为遗产。

5. 被继承人生前与他人订有遗赠扶养协议，同时又立有遗嘱的，继承开始后，如果遗赠扶养协议与遗嘱没有抵触，遗产分别按协议和遗嘱处理；如果有抵触，按协议处理，与协议抵触的遗嘱全部或部分无效。

6. 遗嘱继承人依遗嘱取得遗产后，仍有权依继承法第十三条的规定取得遗嘱未处分的遗产。

7. 不满六周岁的儿童、精神病患者，应当认定其为无行为能力人。已满六周岁，不满十八周岁的未成年人，应当认定其为限制行为能力人。

8. 法定代理人代理被代理人行使继承权、受遗赠权，不得损害被代理人的利益。法定代理人一般不能代理被代理人放弃继承权、受遗赠权。明显损害被代理人利益的，应认定其代理行为无效。

9. 在遗产继承中，继承人之间因是否丧失继承权发生纠纷，诉讼到人民法院的，由人民法院根据继承法第七条的规定，判决确认其是否丧失继承权。

10. 继承人虐待被继承人情节是否严重，可以从实施虐待行为的时间、手段、后果和社会影响等方面认定。

虐待被继承人情节严重的，不论是否追究刑事责任，均可确认其丧失继承权。

11. 继承人故意杀害被继承人的，不论是既遂还是未遂，均应确认其丧失继承权。

13. 继承人虐待被继承人情节严重的，或者遗弃被继承人的，如以后确有悔改表现，而且被虐待人、被遗弃人生前又表示宽恕，可不确认其丧失继承权。

19. 被收养人对养父母尽了赡养义务，同时又对生父母扶养较多的，除可依继承法第十条的规定继承养父母的遗产外，还可依继承法第十四条的规定分得生父母的适当的遗产。

▶《最高人民法院民事审判庭关于盲人刘春和生前从事“算命”所积累的财产死后可否视为非法所得加以没收的电话答复》

江苏省高级人民法院：

关于盲人刘春和生前从事“算命”所积累的财产，死后可否视为非法所得加以没收的请示，我们研究认为：

《中华人民共和国治安管理处罚条例》第二十四条四款“利用封建迷信手

段，扰乱社会秩序或骗取财物”和第三十二条第一款“赌博或者为赌博提供条件的”，对这两种行为人予以拘留或罚款。据公安部法规局、政策研究室的同志解释，是指正在进行非法活动之当时，对其所得予以没收，对其其他财产则不予追缴。本案中刘春和死后遗留的财产，没有没收的法律依据。第二，事实上也无充分的事实根据和确凿的证据证明刘春和死后遗留这笔财产都是“算命”所得。据此，我们同意你院审委会的意见，即：刘春和遗留的存款和其他财产，应视为遗产，由其法定继承人继承。

附：江苏省高级人民法院请示［1987］民请第4号

最高人民法院：

最近，我院收到常州市中级人民法院报告，请示一件关于生前为“算命”的盲人，他从事这种迷信活动所积累的财产，是否应该视为非法所得，并按《民法通则》第一百三十四条第三款的规定予以没收的问题（案情见武进县人民法院的报告）。对此，研究中有两种意见。一种意见认为：瞎子算命所得，是利用迷信进行欺骗取得的，法院只能保护合法财产的继承权，非法财产在审理案件时可以依法没收。另一种意见认为：瞎子算命固然是一种迷信活动，但是一种社会现象，不同于一般的欺诈行为，现在并无取缔“算命”，没收其所得的法规，对其遗产予以没收无法律依据，可以作遗产继承。我们研究，倾向于可以作遗产继承。因对这种案件过去很少碰到，政策界限究竟应该如何掌握吃不准，特此报告，请予复示。

1987年2月25日

第一百二十五条　【投资性权利】民事主体依法享有股权和其他投资性权利。

条文对比

《民法典总则编》	新增条文
第一百二十五条　民事主体依法享有股权和其他投资性权利。	

关联法规

《证券法》

第二条 在中华人民共和国境内，股票、公司债券、存托凭证和国务院依法认定的其他证券的发行和交易，适用本法；本法未规定的，适用《中华人民共和国公司法》和其他法律、行政法规的规定。

政府债券、证券投资基金份额的上市交易，适用本法；其他法律、行政法规另有规定的，适用其规定。

资产支持证券、资产管理产品发行、交易的管理办法，由国务院依照本法的原则规定。

在中华人民共和国境外的证券发行和交易活动，扰乱中华人民共和国境内市场秩序，损害境内投资者合法权益的，依照本法有关规定处理并追究法律责任。

第二十九条 证券公司承销证券，应当对公开发行募集文件的真实性、准确性、完整性进行核查。发现有虚假记载、误导性陈述或者重大遗漏的，不得进行销售活动；已经销售的，必须立即停止销售活动，并采取纠正措施。

证券公司承销证券，不得有下列行为：

（一）进行虚假的或者误导投资者的广告宣传或者其他宣传推介活动；

（二）以不正当竞争手段招揽承销业务；

（三）其他违反证券承销业务规定的行为。

证券公司有前款所列行为，给其他证券承销机构或者投资者造成损失的，应当依法承担赔偿责任。

第五十条 禁止证券交易内幕信息的知情人和非法获取内幕信息的人利用内幕信息从事证券交易活动。

第五十一条 证券交易内幕信息的知情人包括：

（一）发行人及其董事、监事、高级管理人员；

（二）持有公司百分之五以上股份的股东及其董事、监事、高级管理人员，公司的实际控制人及其董事、监事、高级管理人员；

（三）发行人控股或者实际控制的公司及其董事、监事、高级管理人员；

（四）由于所任公司职务或者因与公司业务往来可以获取公司有关内幕信息的人员；

（五）上市公司收购人或者重大资产交易方及其控股股东、实际控制人、董事、监事和高级管理人员；

（六）因职务、工作可以获取内幕信息的证券交易场所、证券公司、证券登记结算机构、证券服务机构的有关人员；

（七）因职责、工作可以获取内幕信息的证券监督管理机构工作人员；

（八）因法定职责对证券的发行、交易或者对上市公司及其收购、重大资产交易进行管理可以获取内幕信息的有关主管部门、监管机构的工作人员；

（九）国务院证券监督管理机构规定的可以获取内幕信息的其他人员。

第五十二条 证券交易活动中，涉及发行人的经营、财务或者对该发行人证券的市场价格有重大影响的尚未公开的信息，为内幕信息。

本法第八十条第二款、第八十一条第二款所列重大事件属于内幕信息。

第五十三条 证券交易内幕信息的知情人和非法获取内幕信息的人，在内幕信息公开前，不得买卖该公司的证券，或者泄露该信息，或者建议他人买卖该证券。

持有或者通过协议、其他安排与他人共同持有公司百分之五以上股份的自然人、法人、非法人组织收购上市公司的股份，本法另有规定的，适用其规定。

内幕交易行为给投资者造成损失的，应当依法承担赔偿责任。

第五十五条 禁止任何人以下列手段操纵证券市场，影响或者意图影响证券交易价格或者证券交易量：

（一）单独或者通过合谋，集中资金优势、持股优势或者利用信息优势联合或者连续买卖；

（二）与他人串通，以事先约定的时间、价格和方式相互进行证券交易；

（三）在自己实际控制的账户之间进行证券交易；

（四）不以成交为目的，频繁或者大量申报并撤销申报；

（五）利用虚假或者不确定的重大信息，诱导投资者进行证券交易；

（六）对证券、发行人公开作出评价、预测或者投资建议，并进行反向证券交易；

（七）利用在其他相关市场的活动操纵证券市场；

（八）操纵证券市场的其他手段。

操纵证券市场行为给投资者造成损失的，应当依法承担赔偿责任。

第五十六条 禁止任何单位和个人编造、传播虚假信息或者误导性信息，扰乱证券市场。

禁止证券交易场所、证券公司、证券登记结算机构、证券服务机构及其从业人员，证券业协会、证券监督管理机构及其工作人员，在证券交易活动中作出虚假陈述或者信息误导。

各种传播媒介传播证券市场信息必须真实、客观，禁止误导。传播媒介及其从事证券市场信息报道的工作人员不得从事与其工作职责发生利益冲突的证券买卖。

编造、传播虚假信息或者误导性信息，扰乱证券市场，给投资者造成损失的，应当依法承担赔偿责任。

第五十七条 禁止证券公司及其从业人员从事下列损害客户利益的行为：

（一）违背客户的委托为其买卖证券；

（二）不在规定时间内向客户提供交易的确认文件；

（三）未经客户的委托，擅自为客户买卖证券，或者假借客户的名义买卖证券；

（四）为牟取佣金收入，诱使客户进行不必要的证券买卖；

（五）其他违背客户真实意思表示，损害客户利益的行为。

违反前款规定给客户造成损失的，应当依法承担赔偿责任。

▶《公司法》

第四条 公司股东依法享有资产收益、参与重大决策和选择管理者等权利。

第二十条 公司股东应当遵守法律、行政法规和公司章程，依法行使股东权利，不得滥用股东权利损害公司或者其他股东的利益；不得滥用公司法人独立地位和股东有限责任损害公司债权人的利益。

公司股东滥用股东权利给公司或者其他股东造成损失的，应当依法承担赔偿责任。

公司股东滥用公司法人独立地位和股东有限责任，逃避债务，严重损害公司债权人利益的，应当对公司债务承担连带责任。

第二十一条 公司的控股股东、实际控制人、董事、监事、高级管理人员不得利用其关联关系损害公司利益。

违反前款规定，给公司造成损失的，应当承担赔偿责任。

第三十一条 有限责任公司成立后，应当向股东签发出资证明书。

出资证明书应当载明下列事项：

（一）公司名称；

（二）公司成立日期；

（三）公司注册资本；

（四）股东的姓名或者名称、缴纳的出资额和出资日期；

（五）出资证明书的编号和核发日期。

出资证明书由公司盖章。

第三十二条 有限责任公司应当置备股东名册，记载下列事项：

（一）股东的姓名或者名称及住所；

（二）股东的出资额；

（三）出资证明书编号。

记载于股东名册的股东，可以依股东名册主张行使股东权利。

公司应当将股东的姓名或者名称向公司登记机关登记；登记事项发生变更的，应当办理变更登记。未经登记或者变更登记的，不得对抗第三人。

第三十四条 股东按照实缴的出资比例分取红利；公司新增资本时，股东有权优先按照实缴的出资比例认缴出资。但是，全体股东约定不按照出资比例分取红利或者不按照出资比例优先认缴出资的除外。

第一百五十二条 董事、高级管理人员违反法律、行政法规或者公司章程的规定，损害股东利益的，股东可以向人民法院提起诉讼。

▶《证券投资基金法》

第三条 基金管理人、基金托管人和基金份额持有人的权利、义务，依照本法在基金合同中约定。

基金管理人、基金托管人依照本法和基金合同的约定，履行受托职责。

通过公开募集方式设立的基金（以下简称公开募集基金）的基金份额持有人按其所持基金份额享受收益和承担风险，通过非公开募集方式设立的基金（以下简称非公开募集基金）的收益分配和风险承担由基金合同约定。

▶《信托法》

第二条 本法所称信托，是指委托人基于对受托人的信任，将其财产权委托给受托人，由受托人按委托人的意愿以自己的名义，为受益人的利益或者特定目的，进行管理或者处分的行为。

第二十条 委托人有权了解其信托财产的管理运用、处分及收支情况，并有权要求受托人作出说明。

委托人有权查阅、抄录或者复制与其信托财产有关的信托帐目以及处理信托事务的其他文件。

第二十一条 因设立信托时未能预见的特别事由，致使信托财产的管理方法不利于实现信托目的或者不符合受益人的利益时，委托人有权要求受托人调整该信托财产的管理方法。

《最高人民法院关于审理证券市场因虚假陈述引发的民事赔偿案件的若干规定》

一、一般规定

第一条 本规定所称证券市场因虚假陈述引发的民事赔偿案件（以下简称虚假陈述证券民事赔偿案件），是指证券市场投资人以信息披露义务人违反法律规定，进行虚假陈述并致使其遭受损失为由，而向人民法院提起诉讼的民事赔偿案件。

第二条 本规定所称投资人，是指在证券市场上从事证券认购和交易的自然人、法人或者其他组织。

本规定所称证券市场，是指发行人向社会公开募集股份的发行市场，通过证券交易所报价系统进行证券交易的市场，证券公司代办股份转让市场以及国家批准设立的其他证券市场。

第三条 因下列交易发生的民事诉讼，不适用本规定：

（一）在国家批准设立的证券市场以外进行的交易；

（二）在国家批准设立的证券市场上通过协议转让方式进行的交易。

第四条 人民法院审理虚假陈述证券民事赔偿案件，应当着重调解，鼓励当事人和解。

第五条 投资人对虚假陈述行为人提起民事赔偿的诉讼时效期间，适用民法通则第一百三十五条的规定，根据下列不同情况分别起算：

（一）中国证券监督管理委员会或其派出机构公布对虚假陈述行为人作出处罚决定之日；

（二）中华人民共和国财政部、其他行政机关以及有权作出行政处罚的机构公布对虚假陈述行为人作出处罚决定之日；

（三）虚假陈述行为人未受行政处罚，但已被人民法院认定有罪的，作出刑事判决生效之日。

因同一虚假陈述行为，对不同虚假陈述行为人作出两个以上行政处罚；或者既有行政处罚，又有刑事处罚的，以最先作出的行政处罚决定公告之日或者作出的刑事判决生效之日，为诉讼时效起算之日。

三、诉讼方式

第十二条　本规定所涉证券民事赔偿案件的原告可以选择单独诉讼或者共同诉讼方式提起诉讼。

第十三条　多个原告因同一虚假陈述事实对相同被告提起的诉讼，既有单独诉讼也有共同诉讼的，人民法院可以通知提起单独诉讼的原告参加共同诉讼。

多个原告因同一虚假陈述事实对相同被告同时提起两个以上共同诉讼的，人民法院可以将其合并为一个共同诉讼。

第十四条　共同诉讼的原告人数应当在开庭审理前确定。原告人数众多的可以推选二至五名诉讼代表人，每名诉讼代表人可以委托一至二名诉讼代理人。

第十五条　诉讼代表人应当经过其所代表的原告特别授权，代表原告参加开庭审理，变更或者放弃诉讼请求、与被告进行和解或者达成调解协议。

第十六条　人民法院判决被告对人数众多的原告承担民事赔偿责任时，可以在判决主文中对赔偿总额作出判决，并将每个原告的姓名、应获得赔偿金额等列表附于民事判决书后。

四、虚假陈述的认定

第十七条　证券市场虚假陈述，是指信息披露义务人违反证券法律规定，在证券发行或者交易过程中，对重大事件作出违背事实真相的虚假记载、误导性陈述，或者在披露信息时发生重大遗漏、不正当披露信息的行为。

对于重大事件，应当结合证券法第五十九条、第六十条、第六十一条、第六十二条、第七十二条及相关规定的内容认定。

虚假记载，是指信息披露义务人在披露信息时，将不存在的事实在信息披露文件中予以记载的行为。

误导性陈述，是指虚假陈述行为人在信息披露文件中或者通过媒体，作出使投资人对其投资行为发生错误判断并产生重大影响的陈述。

重大遗漏，是指信息披露义务人在信息披露文件中，未将应当记载的事项完全或者部分予以记载。

不正当披露，是指信息披露义务人未在适当期限内或者未以法定方式公开披露应当披露的信息。

第十八条　投资人具有以下情形的，人民法院应当认定虚假陈述与损害结果之间存在因果关系：

（一）投资人所投资的是与虚假陈述直接关联的证券；

（二）投资人在虚假陈述实施日及以后，至揭露日或者更正日之前买入该证券；

（三）投资人在虚假陈述揭露日或者更正日及以后，因卖出该证券发生亏损，或者因持续持有该证券而产生亏损。

第十九条 被告举证证明原告具有以下情形的，人民法院应当认定虚假陈述与损害结果之间不存在因果关系：

（一）在虚假陈述揭露日或者更正日之前已经卖出证券；

（二）在虚假陈述揭露日或者更正日及以后进行的投资；

（三）明知虚假陈述存在而进行的投资；

（四）损失或者部分损失是由证券市场系统风险等其他因素所导致；

（五）属于恶意投资、操纵证券价格的。

第二十条 本规定所指的虚假陈述实施日，是指作出虚假陈述或者发生虚假陈述之日。

虚假陈述揭露日，是指虚假陈述在全国范围发行或者播放的报刊、电台、电视台等媒体上，首次被公开揭露之日。

虚假陈述更正日，是指虚假陈述行为人在中国证券监督管理委员会指定披露证券市场信息的媒体上，自行公告更正虚假陈述并按规定履行停牌手续之日。

五、归责与免责事由

第二十一条 发起人、发行人或者上市公司对其虚假陈述给投资人造成的损失承担民事赔偿责任。

发行人、上市公司负有责任的董事、监事和经理等高级管理人员对前款的损失承担连带赔偿责任。但有证据证明无过错的，应予免责。

第二十二条 实际控制人操纵发行人或者上市公司违反证券法律规定，以发行人或者上市公司名义虚假陈述并给投资人造成损失的，可以由发行人或者上市公司承担赔偿责任。发行人或者上市公司承担赔偿责任后，可以向实际控制人追偿。

实际控制人违反证券法第四条、第五条以及第一百八十八条规定虚假陈述，给投资人造成损失的，由实际控制人承担赔偿责任。

第二十三条 证券承销商、证券上市推荐人对虚假陈述给投资人造成的损失承担赔偿责任。但有证据证明无过错的，应予免责。

负有责任的董事、监事和经理等高级管理人员对证券承销商、证券上市推荐人承担的赔偿责任负连带责任。其免责事由同前款规定。

第二十四条 专业中介服务机构及其直接责任人违反证券法第一百六十一条和第二百零二条的规定虚假陈述，给投资人造成损失的，就其负有责任的部分承担赔偿责任。但有证据证明无过错的，应予免责。

第二十五条 本规定第七条第（七）项规定的其他作出虚假陈述行为的机构或者自然人，违反证券法第五条、第七十二条、第一百八十八条和第一百八十九条规定，给投资人造成损失的，应当承担赔偿责任。

六、共同侵权责任

第二十六条 发起人对发行人信息披露提供担保的，发起人与发行人对投资人的损失承担连带责任。

第二十七条 证券承销商、证券上市推荐人或者专业中介服务机构，知道或者应当知道发行人或者上市公司虚假陈述，而不予纠正或者不出具保留意见的，构成共同侵权，对投资人的损失承担连带责任。

第二十八条 发行人、上市公司、证券承销商、证券上市推荐人负有责任的董事、监事和经理等高级管理人员有下列情形之一的，应当认定为共同虚假陈述，分别与发行人、上市公司、证券承销商、证券上市推荐人对投资人的损失承担连带责任：

（一）参与虚假陈述的；

（二）知道或者应当知道虚假陈述而未明确表示反对的；

（三）其他应当负有责任的情形。

七、损失认定

第二十九条 虚假陈述行为人在证券发行市场虚假陈述，导致投资人损失的，投资人有权要求虚假陈述行为人按本规定第三十条赔偿损失；导致证券被停止发行的，投资人有权要求返还和赔偿所缴股款及银行同期活期存款利率的利息。

第三十条 虚假陈述行为人在证券交易市场承担民事赔偿责任的范围，以投资人因虚假陈述而实际发生的损失为限。投资人实际损失包括：

（一）投资差额损失；

（二）投资差额损失部分的佣金和印花税。

前款所涉资金利息，自买入至卖出证券日或者基准日，按银行同期活期存款利率计算。

第三十一条 投资人在基准日及以前卖出证券的，其投资差额损失，以买入证券平均价格与实际卖出证券平均价格之差，乘以投资人所持证券数量计算。

第三十二条 投资人在基准日之后卖出或者仍持有证券的，其投资差额损失，以买入证券平均价格与虚假陈述揭露日或者更正日起至基准日期间，每个交易日收盘价的平均价格之差，乘以投资人所持证券数量计算。

第三十三条 投资差额损失计算的基准日，是指虚假陈述揭露或者更正后，为将投资人应获赔偿限定在虚假陈述所造成的损失范围内，确定损失计算的合理期间而规定的截止日期。基准日分别按下列情况确定：

（一）揭露日或者更正日起，至被虚假陈述影响的证券累计成交量达到其可流通部分100%之日。但通过大宗交易协议转让的证券成交量不予计算。

（二）按前项规定在开庭审理前尚不能确定的，则以揭露日或者更正日后第30个交易日为基准日。

（三）已经退出证券交易市场的，以摘牌日前一交易日为基准日。

（四）已经停止证券交易的，可以停牌日前一交易日为基准日；恢复交易的，可以本条第（一）项规定确定基准日。

第三十四条 投资人持股期间基于股东身份取得的收益，包括红利、红股、公积金转增所得的股份以及投资人持股期间出资购买的配股、增发股和转配股，不得冲抵虚假陈述行为人的赔偿金额。

第三十五条 已经除权的证券，计算投资差额损失时，证券价格和证券数量应当复权计算。

八、附则

第三十六条 本规定自2003年2月1日起施行。

第三十七条 本院2002年1月15日发布的《关于受理证券市场因虚假陈述引发的民事侵权纠纷案件有关问题的通知》中与本规定不一致的，以本规定为准。

▶《最高人民法院关于审理虚假陈述侵权纠纷案件有关问题的复函》

黑龙江省高级人民法院：

你院《关于审理虚假陈述侵权纠纷案件有关问题的请示》收悉。对所请示的问题，经研究答复如下：

一、关于承销商的责任问题

申银万国证券有限责任公司（下称申银万国）承销大庆联谊石化股份有限

公司（下称大庆联谊）的股票发行时，因未尽到审核义务，且其编制的上市材料中含有虚假信息，而被中国证监会予以行政处罚。申银万国作为承销商，应当知道大庆联谊是否存在虚假陈述的情况，而其没有对最初源于大庆联谊的虚假陈述予以纠正或出具保留意见，并且自己也编制和出具了虚假陈述文件，故根据本院《关于审理证券市场因虚假陈述引发的民事赔偿案件的若干规定》（下称《规定》）第二十七条内容，申银万国的虚假陈述与大庆联谊的虚假陈述构成共同侵权，对因此给投资人的损失，两者应互为承担连带责任。

申银万国没有尽到责任（并编制虚假上市材料），使得含有虚假信息的大庆联谊股票得以发行和上市，其虚假行为影响了广大投资人。在大庆联谊的虚假陈述行为没有被揭露或者更正之前，发行市场的虚假陈述必然对交易市场产生影响，包括对交易市场的投资人进行投资时的影响。故同意你院第一种意见。

你院对《规定》第二十三、二十七条内容的理解是正确的。

二、关于实际控制人承担责任的顺序

实际控制人直接承担民事责任的条件，是其以自己名义直接在证券市场作出虚假陈述行为，并给投资人造成了损失。中国证监会的处罚决定，认定了大庆联谊石油化工总厂（下称石化总厂）存在虚假陈述行为，并且该行为发生在大庆联谊成立之前。据此可以得出两个结论：一是石化总厂的虚假陈述行为是客观存在的；二是石化总厂的虚假陈述发生在大庆联谊成立之前，足以认定石化总厂作为实际控制人直接对证券市场实施了虚假陈述行为。石化总厂直接虚假陈述，也不排斥其操纵大庆联谊在发行股票、交易股份时，以大庆联谊名义进行虚假陈述。因此，石化总厂应当与大庆联谊对投资人因此所受损失共同承担民事责任。石化总厂与大庆联谊之间的责任划分问题，如当事人间有争议，可另行起诉。

三、关于揭露日或更正日的确定

关于大庆联谊揭露日、更正日的确定。1999 年 4 月 20 日，大庆联谊仅就利润虚假、募集资金使用虚假等行为进行了自我更正，没有涉及发行阶段的虚假陈述行为。2000 年 4 月 27 日，中国证监会行政处罚公告后，大庆联谊虚假发行的事实才首次得以公开披露。故原则同意你院关于大庆联谊虚假陈述揭露日确定的第二种意见及处理方案。

关于圣方科技揭露日或更正日的确定。2001 年 5 月 19 日，圣方科技就所收购的圣方显示器公司虚假注册资本 500 万元作出了更正，中国证监会事后主要就该虚假陈述内容进行行政处罚，故认定2001年5月19日为更正日，符合客观事实。同意你院第一种意见。

四、关于中介服务机构民事责任承担问题

《规定》第二十四条内容，是从归责角度对中介服务机构及其直接责任人作出过错推定责任承担总的规定，无论故意或过失，只要行为人主观具有过错，客观给他人造成了损失，该类虚假陈述行为人就其负有责任的部分承担民事责任。《规定》第二十七条内容，是从共同侵权角度对承担过错推定责任的各类虚假陈述行为人，如何判断其与发行人、上市公司构成共同侵权并承担连带责任作出的规定。当发行人或者上市公司存在虚假陈述行为时，上述负有特定义务的各类行为人如没有对虚假陈述内容予以纠正或保留意见，又没有证据证明其无过错（包括故意和过失），则其与发行人或者上市公司构成共同侵权，对投资人因此造成的损失承担连带责任。但专业中介服务机构及其直接责任人的民事责任限定于其负有责任的部分。

如果本案不存在其他法律障碍，请你院在收到本院答复意见后，督促有关法院尽快结案。

此复

权威案例

《世欣荣和投资管理股份有限公司与长安国际信托股份有限公司等信托合同纠纷案》，《最高人民法院公报》2016年第12期

裁判摘要：一、有限合伙企业中，如果执行事务合伙人怠于行使诉讼权利时，不执行合伙事务的有限合伙人可以为了合伙企业的利益以自己的名义提起诉讼。

二、资金信托设立时，受托人因承诺信托而从委托人处取得的资金是信托财产；资金信托设立后，受托人管理运用、处分该资金而取得的财产也属于信托财产。

三、信托财产的确定体现为该财产明确且特定。信托财产的确定要求其从委托人的自有财产中隔离和指定出来，而且在数量和边界上应当明确，以便受托人为实现信托目的对其进行管理运用、处分；信托财产上存在权利负担或者他人就该财产享有购买权益，与信托财产的确定属不同的法律问题，也不当然影响信托财产的确定。

四、当事人以信托财产上存在权利负担或者他人就该财产享有购买权益，主张信托无效的，不能成立。

第一百二十六条　【其他民事权益】民事主体享有法律规定的其他民事权利和利益。

条文对比

《民法典总则编》	新增条文
第一百二十六条　民事主体享有法律规定的其他民事权利和利益。	

关联法规

▶《民法典侵权责任编》

第一千一百六十四条　本编调整因侵害民事权益产生的民事关系。

▶《精神损害赔偿司法解释》

第三条　自然人死亡后，其近亲属因下列侵权行为遭受精神痛苦，向人民法院起诉请求赔偿精神损害的，人民法院应当依法予以受理：

（一）以侮辱、诽谤、贬损、丑化或者违反社会公共利益、社会公德的其他方式，侵害死者姓名、肖像、名誉、荣誉；

（二）非法披露、利用死者隐私，或者以违反社会公共利益、社会公德的其他方式侵害死者隐私；

（三）非法利用、损害遗体、遗骨，或者以违反社会公共利益、社会公德的其他方式侵害遗体、遗骨。

第四条　具有人格象征意义的特定纪念物品，因侵权行为而永久性灭失或者毁损，物品所有人以侵权为由，向人民法院起诉请求赔偿精神损害的，人民法院应当依法予以受理。

第一百二十七条　【对数据和网络虚拟财产的保护】 法律对数据、网络虚拟财产的保护有规定的，依照其规定。

条文对比

《民法典总则编》	新增条文
第一百二十七条　法律对数据、网络虚拟财产的保护有规定的，依照其规定。	

关联法规

《反不正当竞争法》

第九条　经营者不得实施下列侵犯商业秘密的行为：

（一）以盗窃、贿赂、欺诈、胁迫、电子侵入或者其他不正当手段获取权利人的商业秘密；

（二）披露、使用或者允许他人使用以前项手段获取的权利人的商业秘密；

（三）违反保密义务或者违反权利人有关保守商业秘密的要求，披露、使用或者允许他人使用其所掌握的商业秘密；

（四）教唆、引诱、帮助他人违反保密义务或者违反权利人有关保守商业秘密的要求，获取、披露、使用或者允许他人使用权利人的商业秘密。

经营者以外的其他自然人、法人和非法人组织实施前款所列违法行为的，视为侵犯商业秘密。

第三人明知或者应知商业秘密权利人的员工、前员工或者其他单位、个人实施本条第一款所列违法行为，仍获取、披露、使用或者允许他人使用该商业秘密的，视为侵犯商业秘密。

本法所称的商业秘密，是指不为公众所知悉、具有商业价值并经权利人采取相应保密措施的技术信息、经营信息等商业信息。

《刑法》

第二百八十五条　违反国家规定，侵入国家事务、国防建设、尖端科学技术领域的计算机信息系统的，处三年以下有期徒刑或者拘役。

违反国家规定，侵入前款规定以外的计算机信息系统或者采用其他技术手段，获取该计算机信息系统中存储、处理或者传输的数据，或者对该计算机信息系统实施非法控制，情节严重的，处三年以下有期徒刑或者拘役，并处或者单处罚金；情节特别严重的，处三年以上七年以下有期徒刑，并处罚金。

提供专门用于侵入、非法控制计算机信息系统的程序、工具，或者明知他人实施侵入、非法控制计算机信息系统的违法犯罪行为而为其提供程序、工具，情节严重的，依照前款的规定处罚。

单位犯前三款罪的，对单位判处罚金，并对其直接负责的主管人员和其他直接责任人员，依照各该款的规定处罚。

第二百八十六条 违反国家规定，对计算机信息系统功能进行删除、修改、增加、干扰，造成计算机信息系统不能正常运行，后果严重的，处五年以下有期徒刑或者拘役；后果特别严重的，处五年以上有期徒刑。

违反国家规定，对计算机信息系统中存储、处理或者传输的数据和应用程序进行删除、修改、增加的操作，后果严重的，依照前款的规定处罚。

故意制作、传播计算机病毒等破坏性程序，影响计算机系统正常运行，后果严重的，依照第一款的规定处罚。

单位犯前三款罪的，对单位判处罚金，并对其直接负责的主管人员和其他直接责任人员，依照第一款的规定处罚。

▶《网络安全法》

第十条 建设、运营网络或者通过网络提供服务，应当依照法律、行政法规的规定和国家标准的强制性要求，采取技术措施和其他必要措施，保障网络安全、稳定运行，有效应对网络安全事件，防范网络违法犯罪活动，维护网络数据的完整性、保密性和可用性。

第二十一条 国家实行网络安全等级保护制度。网络运营者应当按照网络安全等级保护制度的要求，履行下列安全保护义务，保障网络免受干扰、破坏或者未经授权的访问，防止网络数据泄露或者被窃取、篡改：

（一）制定内部安全管理制度和操作规程，确定网络安全负责人，落实网络安全保护责任；

（二）采取防范计算机病毒和网络攻击、网络侵入等危害网络安全行为的技术措施；

（三）采取监测、记录网络运行状态、网络安全事件的技术措施，并按照规定留存相关的网络日志不少于六个月；

（四）采取数据分类、重要数据备份和加密等措施；

（五）法律、行政法规规定的其他义务。

第二十七条 任何个人和组织不得从事非法侵入他人网络、干扰他人网络正常功能、窃取网络数据等危害网络安全的活动；不得提供专门用于从事侵入网络、干扰网络正常功能及防护措施、窃取网络数据等危害网络安全活动的程序、工具；明知他人从事危害网络安全的活动的，不得为其提供技术支持、广告推广、支付结算等帮助。

第七十六条 本法下列用语的含义：

（一）网络，是指由计算机或者其他信息终端及相关设备组成的按照一定的规则和程序对信息进行收集、存储、传输、交换、处理的系统。

（二）网络安全，是指通过采取必要措施，防范对网络的攻击、侵入、干扰、破坏和非法使用以及意外事故，使网络处于稳定可靠运行的状态，以及保障网络数据的完整性、保密性、可用性的能力。

（三）网络运营者，是指网络的所有者、管理者和网络服务提供者。

（四）网络数据，是指通过网络收集、存储、传输、处理和产生的各种电子数据。

（五）个人信息，是指以电子或者其他方式记录的能够单独或者与其他信息结合识别自然人个人身份的各种信息，包括但不限于自然人的姓名、出生日期、身份证件号码、个人生物识别信息、住址、电话号码等。

▶《著作权法》

第十四条 汇编若干作品、作品的片段或者不构成作品的数据或者其他材料，对其内容的选择或者编排体现独创性的作品，为汇编作品，其著作权由汇编人享有，但行使著作权时，不得侵犯原作品的著作权。

第一百二十八条 【对弱势群体的特别保护】法律对未成年人、老年人、残疾人、妇女、消费者等的民事权利保护有特别规定的，依照其规定。

条文对比

《民法典总则编》	新增条文
第一百二十八条　法律对未成年人、老年人、残疾人、妇女、消费者等的民事权利保护有特别规定的，依照其规定。	

关联法规

《宪法》

第四十八条　中华人民共和国妇女在政治的、经济的、文化的、社会的和家庭的生活等各方面享有同男子平等的权利。

国家保护妇女的权利和利益，实行男女同工同酬，培养和选拔妇女干部。

第四十九条　婚姻、家庭、母亲和儿童受国家的保护。

夫妻双方有实行计划生育的义务。

父母有抚养教育未成年子女的义务，成年子女有赡养扶助父母的义务。

禁止破坏婚姻自由，禁止虐待老人、妇女和儿童。

《老年人权益保障法》

第十四条　赡养人应当履行对老年人经济上供养、生活上照料和精神上慰藉的义务，照顾老年人的特殊需要。

赡养人是指老年人的子女以及其他依法负有赡养义务的人。

赡养人的配偶应当协助赡养人履行赡养义务。

第十六条　赡养人应当妥善安排老年人的住房，不得强迫老年人居住或者迁居条件低劣的房屋。

老年人自有的或者承租的住房，子女或者其他亲属不得侵占，不得擅自改变产权关系或者租赁关系。

老年人自有的住房，赡养人有维修的义务。

第二十一条　老年人的婚姻自由受法律保护。子女或者其他亲属不得干涉老年人离婚、再婚及婚后的生活。

赡养人的赡养义务不因老年人的婚姻关系变化而消除。

《妇女权益保障法》

第二十七条 任何单位不得因结婚、怀孕、产假、哺乳等情形，降低女职工的工资，辞退女职工，单方解除劳动（聘用）合同或者服务协议。但是，女职工要求终止劳动（聘用）合同或者服务协议的除外。

各单位在执行国家退休制度时，不得以性别为由歧视妇女。

第三十三条 任何组织和个人不得以妇女未婚、结婚、离婚、丧偶等为由，侵害妇女在农村集体经济组织中的各项权益。

因结婚男方到女方住所落户的，男方和子女享有与所在地农村集体经济组织成员平等的权益。

第三十七条 妇女的人身自由不受侵犯。禁止非法拘禁和以其他非法手段剥夺或者限制妇女的人身自由；禁止非法搜查妇女的身体。

第三十八条 妇女的生命健康权不受侵犯。禁止溺、弃、残害女婴；禁止歧视、虐待生育女婴的妇女和不育的妇女；禁止用迷信、暴力等手段残害妇女；禁止虐待、遗弃病、残妇女和老年妇女。

第三十九条 禁止拐卖、绑架妇女；禁止收买被拐卖、绑架的妇女；禁止阻碍解救被拐卖、绑架的妇女。各级人民政府和公安、民政、劳动和社会保障、卫生等部门按照其职责及时采取措施解救被拐卖、绑架的妇女，做好善后工作，妇女联合会协助和配合做好有关工作。任何人不得歧视被拐卖、绑架的妇女。

第四十条 禁止对妇女实施性骚扰。受害妇女有权向单位和有关机关投诉。

第四十二条 妇女的名誉权、荣誉权、隐私权、肖像权等人格权受法律保护。

禁止用侮辱、诽谤等方式损害妇女的人格尊严。禁止通过大众传播媒介或者其他方式贬低损害妇女人格。未经本人同意，不得以营利为目的，通过广告、商标、展览橱窗、报纸、期刊、图书、音像制品、电子出版物、网络等形式使用妇女肖像。

《残疾人保障法》

第三条 残疾人在政治、经济、文化、社会和家庭生活等方面享有同其他公民平等的权利。

残疾人的公民权利和人格尊严受法律保护。

禁止基于残疾的歧视。禁止侮辱、侵害残疾人。禁止通过大众传播媒介或者其他方式贬低损害残疾人人格。

第四条 国家采取辅助方法和扶持措施，对残疾人给予特别扶助，减轻或者消除残疾影响和外界障碍，保障残疾人权利的实现。

第十二条 国家和社会对残疾军人、因公致残人员以及其他为维护国家和人民利益致残的人员实行特别保障，给予抚恤和优待。

▶《消费者权益保护法》

第七条 消费者在购买、使用商品和接受服务时享有人身、财产安全不受损害的权利。

消费者有权要求经营者提供的商品和服务，符合保障人身、财产安全的要求。

第八条 消费者享有知悉其购买、使用的商品或者接受的服务的真实情况的权利。

消费者有权根据商品或者服务的不同情况，要求经营者提供商品的价格、产地、生产者、用途、性能、规格、等级、主要成份、生产日期、有效期限、检验合格证明、使用方法说明书、售后服务，或者服务的内容、规格、费用等有关情况。

第九条 消费者享有自主选择商品或者服务的权利。

消费者有权自主选择提供商品或者服务的经营者，自主选择商品品种或者服务方式，自主决定购买或者不购买任何一种商品、接受或者不接受任何一项服务。

消费者在自主选择商品或者服务时，有权进行比较、鉴别和挑选。

第十条 消费者享有公平交易的权利。

消费者在购买商品或者接受服务时，有权获得质量保障、价格合理、计量正确等公平交易条件，有权拒绝经营者的强制交易行为。

第十一条 消费者因购买、使用商品或者接受服务受到人身、财产损害的，享有依法获得赔偿的权利。

第十二条 消费者享有依法成立维护自身合法权益的社会组织的权利。

第十三条 消费者享有获得有关消费和消费者权益保护方面的知识的权利。

消费者应当努力掌握所需商品或者服务的知识和使用技能，正确使用商品，提高自我保护意识。

第十四条 消费者在购买、使用商品和接受服务时，享有人格尊严、民族风俗习惯得到尊重的权利，享有个人信息依法得到保护的权利。

第十五条 消费者享有对商品和服务以及保护消费者权益工作进行监督的权利。

消费者有权检举、控告侵害消费者权益的行为和国家机关及其工作人员在保护消费者权益工作中的违法失职行为，有权对保护消费者权益工作提出批评、建议。

《未成年人保护法》

第三条 未成年人享有生存权、发展权、受保护权、参与权等权利，国家根据未成年人身心发展特点给予特殊、优先保护，保障未成年人的合法权益不受侵犯。

未成年人享有受教育权，国家、社会、学校和家庭尊重和保障未成年人的受教育权。

未成年人不分性别、民族、种族、家庭财产状况、宗教信仰等，依法平等地享有权利。

第三十九条 任何组织或者个人不得披露未成年人的个人隐私。

对未成年人的信件、日记、电子邮件，任何组织或者个人不得隐匿、毁弃；除因追查犯罪的需要，由公安机关或者人民检察院依法进行检查，或者对无行为能力的未成年人的信件、日记、电子邮件由其父母或者其他监护人代为开拆、查阅外，任何组织或者个人不得开拆、查阅。

第四十条 学校、幼儿园、托儿所和公共场所发生突发事件时，应当优先救护未成年人。

第四十一条 禁止拐卖、绑架、虐待未成年人，禁止对未成年人实施性侵害。

禁止胁迫、诱骗、利用未成年人乞讨或者组织未成年人进行有害其身心健康的表演等活动。

权威案例

指导案例23号：孙银山诉南京欧尚超市有限公司江宁店买卖合同纠纷案

裁判要点：消费者购买到不符合食品安全标准的食品，要求销售者或者生产者依照食品安全法规定支付价款十倍赔偿金或者依照法律规定的其他赔偿标准赔偿的，不论其购买时是否明知食品不符合安全标准，人民法院都应予支持。

指导案例 17 号：张莉诉北京合力华通汽车服务有限公司买卖合同纠纷案

裁判要点：1. 为家庭生活消费需要购买汽车，发生欺诈纠纷的，可以按照《中华人民共和国消费者权益保护法》处理。

2. 汽车销售者承诺向消费者出售没有使用或维修过的新车，消费者购买后发现系使用或维修过的汽车，销售者不能证明已履行告知义务且得到消费者认可的，构成销售欺诈，消费者要求销售者按照消费者权益保护法赔偿损失的，人民法院应予支持。

《刘智超诉同方知网（北京）技术有限公司买卖合同纠纷案》，《最高人民法院公报》2020 年第 1 期

裁判摘要：经营者单方设定的最低充值金额条款不仅侵犯了消费者的自主选择权、无故占用了消费者的资金，还会额外增加消费者申请退款时的负担，因此，该最低充值金额条款属于限制消费者合法权益的格式条款，系对消费者不公平、不合理的规定，应认定无效。

《颜荷莲、程玉环诉周宜霞、吉林天药科技有限责任公司等侵权责任纠纷案》，《最高人民法院公报》2019 年第 1 期

裁判摘要：一、保健食品的广告内容必须真实，应以行政主管部门核准的保健功能为准，不得更改和扩大，不得含有虚假、夸大的内容，不得涉及疾病预防、治疗功能。销售企业或经销商推销保健食品时提供的大量宣传资料，如其内容与该保健食品产品说明书载明的功效不一，且不同程度明示或暗示该保健食品具有抗菌、消炎、抗病毒、抗肿瘤、消除疾病等药理作用，则销售企业或经销商宣传保健食品功效的上述违规行为构成虚假宣传，依法应承担虚假宣传责任。

二、根据谁主张谁举证的举证规则，销售企业或经销商的虚假宣传行为与消费者延误治疗是否具有关联，以及与消费者死亡是否存在因果关系及参与度如何确定，应由死者近亲属承担相应举证责任。如当事人未能提供证据或者证据不足以证明其事实主张的，依法由负有举证证明责任的当事人承担不利的后果。

三、经营者向消费者提供有关商品或者服务的质量、性能、用途、有效期限等信息，应当真实、全面，不得作虚假或者引人误解的宣传。经营者提供商品或者服务有欺诈行为的，消费者有权在法律规定的幅度内主张惩罚性赔

偿金。

《邓美华诉上海永达鑫悦汽车销售服务有限公司买卖合同纠纷案》，《最高人民法院公报》2018 年第 11 期

裁判摘要：汽车经销商对于车辆后保险杠外观瑕疵予以“拆装后保、后保整喷”的维修超出了车辆售前正常维护和 PDI 质量检测的范围，经销商对此未履行告知义务的，侵犯了消费者的知情权、选择权，使其陷入错误认识，属于故意隐瞒真实情况，构成消费欺诈。消费者要求经销商按照消费者权益保护法赔偿损失的，经销商应承担车辆三倍价款的惩罚性赔偿责任。

《程浩诉南京欧尚超市有限公司江宁店等产品生产者、销售者责任案》，《最高人民法院公报》2018 年第 9 期

裁判摘要：食品标签欠缺成分含量标注的可认定为标签瑕疵食品，但标签瑕疵食品不等于不安全食品。消费者以食品标签存在瑕疵为由，依据《中华人民共和国食品安全法》第一百四十八条第二款规定索赔十倍价款或三倍损失赔偿的，应由消费者继续就标签瑕疵食品存在其他不符合食品安全标准的情形或该标签瑕疵对食品安全造成影响或对消费者造成误导进行举证证明。

《陈雪琴诉重庆商社新世纪百货连锁经营有限公司等产品销售者责任纠纷案》，《最高人民法院公报》2017 年第 8 期

裁判摘要：产品标注方式虽然不符合规范性要求，但不会导致消费者错误购买的，属于“不符合在产品或者其包装上注明采用的产品标准”的情形，应依据《中华人民共和国产品质量法》第四十条的规定支持消费者的退货请求。

《伊立军与中国工商银行股份有限公司盘锦分行银行卡纠纷案》，《最高人民法院公报》2017 年第 8 期

裁判摘要：银行作为办理金融业务的专业机构，在为自然人办理储蓄等业务时，居于明显的、支配的优势地位，而自然人则处于相对的、被支配的弱势地位，故银行工作人员在为客户办理业务时，理应严格遵守工作流程和业务操作规范，尽到最大的注意和风险提示义务。

《郑传新诉中国电信股份有限公司连云港分公司电信服务合同纠纷案》，《最高人民法院公报》2017 年第 5 期

裁判摘要：根据《消费者权益保护法》的有关规定，市场交易行为应当遵循公平交易原则，反对强买强卖行为。消费者有权知悉所购买商品和接受服务

的真实情况。手机电信服务提供者为达到电信增值业务推广目的，事先确定免费体验期，用户可在该期间内免费体验增值服务。免费期过后，电信服务提供者对该增值业务进行收费时，应当得到用户明确的使用承诺，否则，电信服务提供者的强行扣费行为侵犯了消费者对所接受服务的知情权，违背市场公平交易原则。

《施某某、张某某、桂某某诉徐某某肖像权、名誉权、隐私权纠纷案》，《最高人民法院公报》2016 年第 4 期

裁判摘要：为保护未成年人利益和揭露可能存在的犯罪行为，发贴人在其微博中发表未成年人受伤害信息，所发微博的内容与客观事实基本一致的，符合社会公共利益原则和儿童利益最大化原则，该网络举报行为不构成侵权。

《无锡市掌柜无线网络技术有限公司诉无锡嘉宝置业有限公司网络服务合同纠纷案》，《最高人民法院公报》2015 年第 3 期

裁判摘要：双方当事人明知所发送的电子信息为商业广告性质，却无视手机用户群体是否同意接收商业广告信息的主观意愿，强行向不特定公众发送商业广告短信息，侵害不特定公众的利益，所发送的短信息应认定为垃圾短信，其签订的相关合同无效，所涉价款属于非法所得，人民法院应予收缴。

《苏向前与徐州百鑫商业有限责任公司百惠超市分公司、徐州百鑫商业有限责任公司侵犯消费者权益纠纷案》，《最高人民法院公报》2013 年第 12 期

裁判摘要：产品标识为消费者认识和判断商品特征、价值、适当性和效用的基本依据，是消费者选择和判断是否进行产品消费的重要信息来源。依照《中华人民共和国产品质量法》第五条的规定，销售者应确保产品标识内容的真实性，该内容为对消费者所负真实义务的最低标准。如因产品标识记载的内容不真实而导致消费者受损，经营者应当依法承担相应的责任。

《张志强诉徐州苏宁电器有限公司侵犯消费者权益纠纷案》，《最高人民法院公报》2006 年第 10 期

裁判摘要：商品经营者为消费者提供商品或服务时，应当遵循诚实信用原则，消费者亦有权知悉其所购买、使用的商品或接受的服务的真实情况。在侵犯消费者权益纠纷案件中，消费者主张商品经营者提供的商品存在品质问题，并提供了相应证据的，商品经营者如主张该商品不存在品质问题，应对其主张承担举证责任。

《刘雪娟诉乐金公司、苏宁中心消费者权益纠纷案》，《最高人民法院公报》2005 年第 6 期

裁判摘要：根据消费者权益保护法第八条和产品质量法第二十七条的规定，化妆品经营者在限期使用的化妆品包装上虽标注限用合格日期，但没有说明该日期的确切含义，造成消费者无法了解化妆品安全使用期的，侵害了消费者的知情权。

第一百二十九条　【民事权利的取得方式】民事权利可以依据民事法律行为、事实行为、法律规定的事件或者法律规定的其他方式取得。

条文对比

《民法典总则编》	新增条文
第一百二十九条　民事权利可以依据民事法律行为、事实行为、法律规定的事件或者法律规定的其他方式取得。	

关联法规

▶ **《民法典物权编》**

第二百二十九条　因人民法院、仲裁机构的法律文书或者人民政府的征收决定等，导致物权设立、变更、转让或者消灭的，自法律文书或者征收决定等生效时发生效力。

第二百三十条　因继承取得物权的，自继承开始时发生效力。

第二百三十一条　因合法建造、拆除房屋等事实行为设立或者消灭物权的，自事实行为成就时发生效力。

第一百三十条　【权利行使的自愿原则】民事主体按照自己的意愿依法行使民事权利，不受干涉。

条文对比

《民法典总则编》	新增条文
第一百三十条　民事主体按照自己的意愿依法行使民事权利，不受干涉。	

关联法规

▶《民法典总则编》

第五条　民事主体从事民事活动，应当遵循自愿原则，按照自己的意思设立、变更、终止民事法律关系。

▶《民法典婚姻家庭编》

第一千零四十六条　结婚应当男女双方完全自愿，禁止任何一方对另一方加以强迫，禁止任何组织或者个人加以干涉。

第一千零七十八条　婚姻登记机关查明双方确实是自愿离婚，并已经对子女抚养、财产以及债务处理等事项协商一致的，予以登记，发给离婚证。

▶《种子法》

第四十四条　种子使用者有权按照自己的意愿购买种子，任何单位和个人不得非法干预。

第一百三十一条　【权利人的义务履行】民事主体行使权利时，应当履行法律规定的和当事人约定的义务。

条文对比

《民法典总则编》	新增条文
第一百三十一条　民事主体行使权利时，应当履行法律规定的和当事人约定的义务。	

关联法规

《民法典物权编》

第二百七十三条　业主对建筑物专有部分以外的共有部分，享有权利，承担义务；不得以放弃权利为由不履行义务。

业主转让建筑物内的住宅、经营性用房，其对共有部分享有的共有和共同管理的权利一并转让。

《民法典合同编》

第五百零九条　当事人应当按照约定全面履行自己的义务。

当事人应当遵循诚信原则，根据合同的性质、目的和交易习惯履行通知、协助、保密等义务。

当事人在履行合同过程中，应当避免浪费资源、污染环境和破坏生态。

第一百三十二条　【禁止权利滥用】民事主体不得滥用民事权利损害国家利益、社会公共利益或者他人合法权益。

条文对比

《民法典总则编》	新增条文
第一百三十二条　民事主体不得滥用民事权利损害国家利益、社会公共利益或者他人合法权益。	

关联法规

▶《宪法》

第五十一条 中华人民共和国公民在行使自由和权利的时候，不得损害国家的、社会的、集体的利益和其他公民的合法的自由和权利。

权威案例

指导案例82号：王碎永诉深圳歌力思服饰股份有限公司、杭州银泰世纪百货有限公司侵害商标权纠纷案

裁判要点：当事人违反诚实信用原则，损害他人合法权益，扰乱市场正当竞争秩序，恶意取得、行使商标权并主张他人侵权的，人民法院应当以构成权利滥用为由，判决对其诉讼请求不予支持。

第六章　民事法律行为

第一节　一般规定

第一百三十三条　【民事法律行为的概念】民事法律行为是民事主体通过意思表示设立、变更、终止民事法律关系的行为。

条文对比

《民法典总则编》	《民法通则》
第一百三十三条　民事法律行为是民事主体**通过意思表示**设立、变更、终止民事法律关系的行为。	**第五十四条**　民事法律行为是公民或者法人设立、变更、终止民事权利和民事义务的~~合法~~行为。

关联法规

▶《民法典合同编》

第四百六十四条　合同是民事主体之间设立、变更、终止民事法律关系的协议。

婚姻、收养、监护等有关身份关系的协议，适用有关该身份关系的法律规定；没有规定的，可以根据其性质参照适用本编规定。

第一百三十四条　【民事法律行为的成立】民事法律行为可以基于双方或者多方的意思表示一致成立，也可以基于单方的意思表示成立。

法人、非法人组织依照法律或者章程规定的议事方式和表决程序作出决议的，该决议行为成立。

条文对比

《民法典总则编》	新增条文
第一百三十四条　民事法律行为可以基于双方或者多方的意思表示一致成立，也可以基于单方的意思表示成立。 法人、非法人组织依照法律或者章程规定的议事方式和表决程序作出决议的，该决议行为成立。	

关联法规

《民法典合同编》

第四百七十二条　要约是希望与他人订立合同的意思表示，该意思表示应当符合下列条件：

（一）内容具体确定；

（二）表明经受要约人承诺，要约人即受该意思表示约束。

第四百七十九条　承诺是受要约人同意要约的意思表示。

第四百八十三条　承诺生效时合同成立，但是法律另有规定或者当事人另有约定的除外。

《民法典婚姻家庭编》

第一千零四十六条　结婚应当男女双方完全自愿，禁止任何一方对另一方加以强迫，禁止任何组织或者个人加以干涉。

第一千零七十八条　婚姻登记机关查明双方确实是自愿离婚，并已经对子女抚养、财产以及债务处理等事项协商一致的，予以登记，发给离婚证。

第一千零九十七条　生父母送养子女，应当双方共同送养。生父母一方不明或者查找不到的，可以单方送养。

第一千一百零一条 有配偶者收养子女，应当夫妻共同收养。

第一千一百零四条 收养人收养与送养人送养，应当双方自愿。收养八周岁以上未成年人的，应当征得被收养人的同意。

第一千一百零五条 收养应当向县级以上人民政府民政部门登记。收养关系自登记之日起成立。

收养查找不到生父母的未成年人的，办理登记的民政部门应当在登记前予以公告。

收养关系当事人愿意签订收养协议的，可以签订收养协议。

收养关系当事人各方或者一方要求办理收养公证的，应当办理收养公证。

县级以上人民政府民政部门应当依法进行收养评估。

第一千一百一十六条 当事人协议解除收养关系的，应当到民政部门办理解除收养关系登记。

▶《民法典继承编》

第一千一百三十三条 自然人可以依照本法规定立遗嘱处分个人财产，并可以指定遗嘱执行人。

自然人可以立遗嘱将个人财产指定由法定继承人中的一人或者数人继承。

自然人可以立遗嘱将个人财产赠与国家、集体或者法定继承人以外的组织、个人。

自然人可以依法设立遗嘱信托。

第一千一百五十八条 自然人可以与继承人以外的组织或者个人签订遗赠扶养协议。按照协议，该组织或者个人承担该自然人生养死葬的义务，享有受遗赠的权利。

▶《公司法》

第四十二条 股东会会议由股东按照出资比例行使表决权；但是，公司章程另有规定的除外。

第四十三条 股东会的议事方式和表决程序，除本法有规定的外，由公司章程规定。

股东会会议作出修改公司章程、增加或者减少注册资本的决议，以及公司合并、分立、解散或者变更公司形式的决议，必须经代表三分之二以上表决权的股东通过。

▶《合伙企业法》

第四条 合伙协议依法由全体合伙人协商一致、以书面形式订立。

第十八条 合伙协议应当载明下列事项：

（一）合伙企业的名称和主要经营场所的地点；

（二）合伙目的和合伙经营范围；

（三）合伙人的姓名或者名称、住所；

（四）合伙人的出资方式、数额和缴付期限；

（五）利润分配、亏损分担方式；

（六）合伙事务的执行；

（七）入伙与退伙；

（八）争议解决办法；

（九）合伙企业的解散与清算；

（十）违约责任。

▶《公司法司法解释四》

第一条 公司股东、董事、监事等请求确认股东会或者股东大会、董事会决议无效或者不成立的，人民法院应当依法予以受理。

第四条 股东请求撤销股东会或者股东大会、董事会决议，符合公司法第二十二条第二款规定的，人民法院应当予以支持，但会议召集程序或者表决方式仅有轻微瑕疵，且对决议未产生实质影响的，人民法院不予支持。

▶《合同法司法解释二》

第三条 悬赏人以公开方式声明对完成一定行为的人支付报酬，完成特定行为的人请求悬赏人支付报酬的，人民法院依法予以支持。但悬赏有合同法第五十二条规定情形的除外。

权威案例

《许明宏诉泉州南明置业有限公司、林树哲与公司有关的纠纷案》，《最高人民法院公报》2019 年第 7 期

裁判摘要：一、人民法院应当根据公司法、公司法司法解释（四）以及民事诉讼法的规定审查提起确认公司决议无效之诉的当事人是否为适格原告。对于在起诉时已经不具有公司股东资格和董事、监事职务的当事人提起的确认公

司决议无效之诉，人民法院应当依据民事诉讼法第一百一十九条的规定审查其是否符合与案件有直接利害关系等起诉条件。

二、公司法意义上的董事会决议，是董事会根据法律或者公司章程规定的权限和表决程序，就审议事项经表决形成的反映董事会商业判断和独立意志的决议文件。中外合资经营企业的董事会对于合营一方根据法律规定委派和撤换董事之事项所作的记录性文件，不构成公司法意义上的董事会决议，亦不能成为确认公司决议无效之诉的对象。

《钱碧芳、华宁公司与祝长春、华宇公司、祝明安及汪贤琛股东权纠纷案》，《最高人民法院公报》2006 年第 7 期

裁判摘要：在诉讼调解程序中，经人民法院主持，由有限责任公司全体股东召开股东会会议，就股权转让、公司债权债务及资产的处置等问题形成的《股东会决议》，对各股东均有约束力。故该有限责任公司的股东又就《股东会决议》涉及的问题提起新的诉讼时，如不属于依法应予支持的情形，则应当判令当事人各自遵守和执行股东会决议。

第一百三十五条　【民事法律行为的形式】民事法律行为可以采用书面形式、口头形式或者其他形式；法律、行政法规规定或者当事人约定采用特定形式的，应当采用特定形式。

条文对比

《民法典总则编》	《民法通则》
第一百三十五条　民事法律行为可以采用书面形式、口头形式或者其他形式；法律、**行政法规**规定**或者当事人约定**采用特定形式的，应当采用特定形式。	**第五十六条**　民事法律行为可以采取书面形式、口头形式或者其他形式。法律规定用特定形式的，应当依照法律规定。

关联法规

▶ **《民法典合同编》**

第四百六十九条　当事人订立合同，可以采用书面形式、口头形式或者其

他形式。

书面形式是合同书、信件、电报、电传、传真等可以有形地表现所载内容的形式。

以电子数据交换、电子邮件等方式能够有形地表现所载内容，并可以随时调取查用的数据电文，视为书面形式。

《建筑法》

第十五条 建筑工程的发包单位与承包单位应当依法订立书面合同，明确双方的权利和义务。

发包单位和承包单位应当全面履行合同约定的义务。不按照合同约定履行义务的，依法承担违约责任。

《电子签名法》

第三条 民事活动中的合同或者其他文件、单证等文书，当事人可以约定使用或者不使用电子签名、数据电文。

当事人约定使用电子签名、数据电文的文书，不得仅因为其采用电子签名、数据电文的形式而否定其法律效力。

前款规定不适用下列文书：

（一）涉及婚姻、收养、继承等人身关系的；

（二）涉及停止供水、供热、供气、供电等公用事业服务的；

（三）法律、行政法规规定的不适用电子文书的其他情形。

第四条 能够有形地表现所载内容，并可以随时调取查用的数据电文，视为符合法律、法规要求的书面形式。

《农村土地承包法》

第二十二条 发包方应当与承包方签订书面承包合同。承包合同一般包括以下条款：

（一）发包方、承包方的名称，发包方负责人和承包方代表的姓名、住所；

（二）承包土地的名称、坐落、面积、质量等级；

（三）承包期限和起止日期；

（四）承包土地的用途；

（五）发包方和承包方的权利和义务；

（六）违约责任。

《劳动法》

第十九条 劳动合同应当以书面形式订立，并具备以下条款：

（一）劳动合同期限；

（二）工作内容；

（三）劳动保护和劳动条件；

（四）劳动报酬；

（五）劳动纪律；

（六）劳动合同终止的条件；

（七）违反劳动合同的责任。

劳动合同除前款规定的必备条款外，当事人可以协商约定其他内容。

《广告法》

第三十条 广告主、广告经营者、广告发布者之间在广告活动中应当依法订立书面合同。

《慈善法》

第四十五条 设立慈善信托、确定受托人和监察人，应当采取书面形式。受托人应当在慈善信托文件签订之日起七日内，将相关文件向受托人所在地县级以上人民政府民政部门备案。

未按照前款规定将相关文件报民政部门备案的，不享受税收优惠。

《商业银行法》

第三十七条 商业银行贷款，应当与借款人订立书面合同。合同应当约定贷款种类、借款用途、金额、利率、还款期限、还款方式、违约责任和双方认为需要约定的其他事项。

《保险法》

第十三条 投保人提出保险要求，经保险人同意承保，保险合同成立。保险人应当及时向投保人签发保险单或者其他保险凭证。

保险单或者其他保险凭证应当载明当事人双方约定的合同内容。当事人也可以约定采用其他书面形式载明合同内容。

依法成立的保险合同，自成立时生效。投保人和保险人可以对合同的效力约定附条件或者附期限。

《合伙企业法》

第四条 合伙协议依法由全体合伙人协商一致、以书面形式订立。

《信托法》

第八条 设立信托，应当采取书面形式。

书面形式包括信托合同、遗嘱或者法律、行政法规规定的其他书面文件等。

采取信托合同形式设立信托的，信托合同签订时，信托成立。采取其他书面形式设立信托的，受托人承诺信托时，信托成立。

《个人独资企业法》

第十九条 个人独资企业投资人可以自行管理企业事务，也可以委托或者聘用其他具有民事行为能力的人负责企业的事务管理。

投资人委托或者聘用他人管理个人独资企业事务，应当与受托人或者被聘用的人签订书面合同，明确委托的具体内容和授予的权利范围。

受托人或者被聘用的人员应当履行诚信、勤勉义务，按照与投资人签订的合同负责个人独资企业的事务管理。

投资人对受托人或者被聘用的人员职权的限制，不得对抗善意第三人。

《买卖合同司法解释》

第一条 当事人之间没有书面合同，一方以送货单、收货单、结算单、发票等主张存在买卖合同关系的，人民法院应当结合当事人之间的交易方式、交易习惯以及其他相关证据，对买卖合同是否成立作出认定。

对账确认函、债权确认书等函件、凭证没有记载债权人名称，买卖合同当事人一方以此证明存在买卖合同关系的，人民法院应予支持，但有相反证据足以推翻的除外。

第四条 人民法院在按照合同法的规定认定电子交易合同的成立及效力的同时，还应当适用电子签名法的相关规定。

《合同法司法解释二》

第二条 当事人未以书面形式或者口头形式订立合同，但从双方从事的民事行为能够推定双方有订立合同意愿的，人民法院可以认定是以合同法第十条第一款中的“其他形式”订立的合同。但法律另有规定的除外。

《民通意见》

65. 当事人以录音、录像等视听资料形式实施的民事行为，如有两个以上无利害关系人作为证人或者有其他证据证明该民事行为符合民法通则第五十五条的规定，可以认定有效。

第一百三十六条　【民事法律行为的生效】民事法律行为自成立时生效，但是法律另有规定或者当事人另有约定的除外。

行为人非依法律规定或者未经对方同意，不得擅自变更或者解除民事法律行为。

条文对比

《民法典总则编》	《民法通则》
第一百三十六条　民事法律行为自成立时生效，**但是法律另有规定或者当事人另有约定的除外**。 行为人非依法律规定或者未经对方同意，不得擅自变更或者解除**民事法律行为**。	**第五十七条**　民事法律行为从成立时起具有法律约束力。行为人非依法律规定或者取得对方同意，不得擅自变更或者解除。

关联法规

▶《民法典合同编》

第四百六十五条　依法成立的合同，受法律保护。

依法成立的合同，仅对当事人具有法律约束力，但是法律另有规定的除外。

第五百零二条　依法成立的合同，自成立时生效，但是法律另有规定或者当事人另有约定的除外。

依照法律、行政法规的规定，合同应当办理批准等手续的，依照其规定。未办理批准等手续影响合同生效的，不影响合同中履行报批等义务条款以及相关条款的效力。应当办理申请批准等手续的当事人未履行义务的，对方可以请求其承担违反该义务的责任。

依照法律、行政法规的规定，合同的变更、转让、解除等情形应当办理批准等手续的，适用前款规定。

第二节 意思表示

第一百三十七条 【有特定相对人的意思表示的生效时间】 以对话方式作出的意思表示，相对人知道其内容时生效。

以非对话方式作出的意思表示，到达相对人时生效。以非对话方式作出的采用数据电文形式的意思表示，相对人指定特定系统接收数据电文的，该数据电文进入该特定系统时生效；未指定特定系统的，相对人知道或者应当知道该数据电文进入其系统时生效。当事人对采用数据电文形式的意思表示的生效时间另有约定的，按照其约定。

条文对比

《民法典总则编》	《合同法》
第一百三十七条 以对话方式作出的意思表示，相对人知道其内容时生效。 **以非对话方式作出的**意思表示，到达相对人时生效。**以非对话方式作出的**采用数据电文形式的意思表示，相对人指定特定系统接收数据电文的，该数据电文进入该特定系统**时生效**；未指定特定系统的，**相对人知道或者应当知道该数据电文进入其系统时生效。当事人对采用数据电文形式的意思表示的生效时间另有约定的，按照其约定。**	**第十六条** 要约到达受要约人时生效。 采用数据电文形式订立合同，收件人指定特定系统接收数据电文的，该数据电文进入该特定系统~~的时间，视为到达时间~~；未指定特定系统的，~~该数据电文进入收件人的任何系统的首次时间，视为到达时间~~。

关联法规

▶《民法典合同编》

第四百七十四条 要约生效的时间适用本法第一百三十七条的规定。

第四百八十一条 承诺应当在要约确定的期限内到达要约人。

要约没有确定承诺期限的，承诺应当依照下列规定到达：

（一）要约以对话方式作出的，应当即时作出承诺；

（二）要约以非对话方式作出的，承诺应当在合理期限内到达。

第四百八十四条 以通知方式作出的承诺，生效的时间适用本法第一百三十七条的规定。

承诺不需要通知的，根据交易习惯或者要约的要求作出承诺的行为时生效。

▶《电子签名法》

第十一条 数据电文进入发件人控制之外的某个信息系统的时间，视为该数据电文的发送时间。

收件人指定特定系统接收数据电文的，数据电文进入该特定系统的时间，视为该数据电文的接收时间；未指定特定系统的，数据电文进入收件人的任何系统的首次时间，视为该数据电文的接收时间。

当事人对数据电文的发送时间、接收时间另有约定的，从其约定。

第一百三十八条 【无相对人的意思表示的生效时间】 无相对人的意思表示，表示完成时生效。法律另有规定的，依照其规定。

条文对比

《民法典总则编》	新增条文
第一百三十八条　无相对人的意思表示，表示完成时生效。法律另有规定的，依照其规定。	

关联法规

▶《民法典继承编》

第一千一百三十三条 自然人可以依照本法规定立遗嘱处分个人财产，并可以指定遗嘱执行人。

自然人可以立遗嘱将个人财产指定由法定继承人中的一人或者数人继承。

自然人可以立遗嘱将个人财产赠与国家、集体或者法定继承人以外的组织、个人。

自然人可以依法设立遗嘱信托。

▶《合同法司法解释二》

第三条 悬赏人以公开方式声明对完成一定行为的人支付报酬，完成特定行为的人请求悬赏人支付报酬的，人民法院依法予以支持。但悬赏有合同法第五十二条规定情形的除外。

第一百三十九条 【公告的意思表示的生效时间】以公告方式作出的意思表示，公告发布时生效。

条文对比

《民法典总则编》	新增条文
第一百三十九条　以公告方式作出的意思表示，公告发布时生效。	

关联法规

▶《合同法司法解释二》

第三条 悬赏人以公开方式声明对完成一定行为的人支付报酬，完成特定行为的人请求悬赏人支付报酬的，人民法院依法予以支持。但悬赏有合同法第五十二条规定情形的除外。

第一百四十条 【意思表示的形式】行为人可以明示或者默示作出意思表示。

沉默只有在有法律规定、当事人约定或者符合当事人之间的交易习惯时，才可以视为意思表示。

条文对比

《民法典总则编》	《民通意见》
第一百四十条　行为人可以明示或者默示作出意思表示。 沉默只有在有法律规定、当事人约定**或者符合当事人之间的交易习惯时**，才可以视为意思表示。	66. ~~一方当事人向对方当事人提出民事权利的要求，对方未用语言或者文字明确表示意见，但其行为表明已接受的，可以认定为默示。~~不作为的默示只有在法律有规定或者当事人~~双方有~~约定~~的情况下~~，才可以视为意思表示。

关联法规

▶《民法典合同编》

第四百六十九条　当事人订立合同，可以采用书面形式、口头形式或者其他形式。

书面形式是合同书、信件、电报、电传、传真等可以有形地表现所载内容的形式。

以电子数据交换、电子邮件等方式能够有形地表现所载内容，并可以随时调取查用的数据电文，视为书面形式。

第四百八十条　承诺应当以通知的方式作出；但是，根据交易习惯或者要约表明可以通过行为作出承诺的除外。

▶《民法典继承编》

第一千一百二十四条　继承开始后，继承人放弃继承的，应当在遗产处理前，以书面形式作出放弃继承的表示；没有表示的，视为接受继承。

受遗赠人应当在知道受遗赠后六十日内，作出接受或者放弃受遗赠的表示；到期没有表示的，视为放弃受遗赠。

第一百四十一条　【意思表示的撤回】行为人可以撤回意思表示。撤回意思表示的通知应当在意思表示到达相对人前或者与意思表示同时到达相对人。

条文对比

《民法典总则编》	新增条文
第一百四十一条　行为人可以撤回意思表示。撤回意思表示的通知应当在意思表示到达相对人前或者与意思表示同时到达相对人。	

关联法规

▶《民法典合同编》

第四百七十五条　要约可以撤回。要约的撤回适用本法第一百四十一条的规定。

第四百七十六条　要约可以撤销，但是有下列情形之一的除外：

（一）要约人以确定承诺期限或者其他形式明示要约不可撤销；

（二）受要约人有理由认为要约是不可撤销的，并已经为履行合同做了合理准备工作。

第四百八十五条　承诺可以撤回。承诺的撤回适用本法第一百四十一条的规定。

第一百四十二条　【意思表示的解释】有相对人的意思表示的解释，应当按照所使用的词句，结合相关条款、行为的性质和目的、习惯以及诚信原则，确定意思表示的含义。

无相对人的意思表示的解释，不能完全拘泥于所使用的词句，而应当结合相关条款、行为的性质和目的、习惯以及诚信原则，确定行为人的真实意思。

条文对比

《民法典总则编》	《合同法》
第一百四十二条　有相对人的意思表示的解释，应当按照所使用的词句，结合相关条款、行为的性质和目的、习惯以及诚信原则，确定意思表示的含义。 **无相对人的意思表示的解释，不能完全拘泥于所使用的词句，而应当结合相关条款、行为的性质和目的、习惯以及诚信原则，确定行为人的真实意思。**	**第一百二十五条第一款**　当事人对合同条款的理解有争议的，应当按照合同所使用的词句、合同的有关条款、合同的目的、交易习惯以及诚实信用原则，确定该条款的真实意思。

关联法规

▶ **《民法典合同编》**

第四百六十六条　当事人对合同条款的理解有争议的，应当依据本法第一百四十二条第一款的规定，确定争议条款的含义。

合同文本采用两种以上文字订立并约定具有同等效力的，对各文本使用的词句推定具有相同含义。各文本使用的词句不一致的，应当根据合同的相关条款、性质、目的以及诚信原则等予以解释。

第四百九十八条　对格式条款的理解发生争议的，应当按照通常理解予以解释。对格式条款有两种以上解释的，应当作出不利于提供格式条款一方的解释。格式条款和非格式条款不一致的，应当采用非格式条款。

权威案例

《中国建设银行股份有限公司广州荔湾支行与广东蓝粤能源发展有限公司等信用证开证纠纷案》，《最高人民法院公报》2016 年第 5 期

裁判摘要：提单具有债权凭证和所有权凭证的双重属性，提单持有人是否因受领提单的交付而取得物权以及取得何种类型的物权，取决于合同的约定。本案中，开证行根据其与开证申请人之间的合同约定持有提单，结合当事人的真实意思表示以及信用证交易的特点，应认定开证行对信用证项下单据中的提单以及提单项下的货物享有质权，开证行行使提单质权的方式与行使提单项下

动产质权的方式相同，即对提单项下货物折价、变卖、拍卖后所得价款享有优先受偿权。

《重庆建工集团股份有限公司与中铁十九局集团有限公司建设工程合同纠纷案》，《最高人民法院公报》2014年第4期

裁判摘要：一、根据审计法的规定，国家审计机关对工程建设单位进行审计是一种行政监督行为，审计人与被审计人之间因国家审计发生的法律关系与本案当事人之间的民事法律关系性质不同。因此，在民事合同中，当事人对接受行政审计作为确定民事法律关系依据的约定，应当具体明确，而不能通过解释推定的方式，认为合同签订时，当事人已经同意接受国家机关的审计行为对民事法律关系的介入。

二、在双方当事人已经通过结算协议确认了工程结算价款并已基本履行完毕的情况下，国家审计机关做出的审计报告，不影响双方结算协议的效力。

《吉林省东润房地产开发有限公司与吉林佳垒房地集团有限公司、第三人大商股份有限公司合资、合作开发房地产合同纠纷案》，《最高人民法院公报》2013年第4期

裁判摘要：双方当事人在签订合同后、履行合同过程中，因情况变化，又签订多份补充协议修改原合同约定的，只要补充协议是当事人的真实意思表示，协议内容符合法律规定，均应认定为有效。当事人对多份补充协议的履行内容存在争议的，应根据协议之间的内在联系，以及协议中约定的权利义务分配的完整性，并结合补充协议签订和成立的时间顺序，根据民法的公平和诚实信用原则，确定协议的最终履行内容。

第三节　民事法律行为的效力

第一百四十三条　【民事法律行为的有效条件】具备下列条件的民事法律行为有效：

（一）行为人具有相应的民事行为能力；

（二）意思表示真实；

（三）不违反法律、行政法规的强制性规定，不违背公序良俗。

条文对比

《民法典总则编》	《民法通则》
第一百四十三条　具备下列条件的民事法律行为**有效**： （一）行为人具有相应的民事行为能力； （二）意思表示真实； （三）不违反法律、**行政法规的强制性规定**，不违背公序良俗。	**第五十五条**　民事法律行为应当具备下列条件： （一）行为人具有相应的民事行为能力； （二）意思表示真实； （三）不违反法律或者社会公共利益。

关联法规

《民法典总则编》

第一百五十三条　违反法律、行政法规的强制性规定的民事法律行为无效。但是，该强制性规定不导致该民事法律行为无效的除外。

违背公序良俗的民事法律行为无效。

《民法典合同编》

第四百九十七条　有下列情形之一的，该格式条款无效：

（一）具有本法第一编第六章第三节和本法第五百零六条规定的无效情形；

（二）提供格式条款一方不合理地免除或者减轻其责任、加重对方责任、限制对方主要权利；

（三）提供格式条款一方排除对方主要权利。

第五百零二条　依法成立的合同，自成立时生效，但是法律另有规定或者当事人另有约定的除外。

依照法律、行政法规的规定，合同应当办理批准等手续的，依照其规定。未办理批准等手续影响合同生效的，不影响合同中履行报批等义务条款以及相关条款的效力。应当办理申请批准等手续的当事人未履行义务的，对方可以请求其承担违反该义务的责任。

依照法律、行政法规的规定，合同的变更、转让、解除等情形应当办理批准等手续的，适用前款规定。

第五百零六条 合同中的下列免责条款无效：

（一）造成对方人身损害的；

（二）因故意或者重大过失造成对方财产损失的。

第八百五十条 非法垄断技术或者侵害他人技术成果的技术合同无效。

▶《民法典婚姻家庭编》

第一千零四十七条 结婚年龄，男不得早于二十二周岁，女不得早于二十周岁。

第一千一百一十三条 有本法第一编关于民事法律行为无效规定情形或者违反本编规定的收养行为无效。

无效的收养行为自始没有法律约束力。

▶《民法典继承编》

第一千一百四十三条 无民事行为能力人或者限制民事行为能力人所立的遗嘱无效。

遗嘱必须表示遗嘱人的真实意思，受欺诈、胁迫所立的遗嘱无效。

伪造的遗嘱无效。

遗嘱被篡改的，篡改的内容无效。

▶《消费者权益保护法》

第二十六条 经营者在经营活动中使用格式条款的，应当以显著方式提请消费者注意商品或者服务的数量和质量、价款或者费用、履行期限和方式、安全注意事项和风险警示、售后服务、民事责任等与消费者有重大利害关系的内容，并按照消费者的要求予以说明。

经营者不得以格式条款、通知、声明、店堂告示等方式，作出排除或者限制消费者权利、减轻或者免除经营者责任、加重消费者责任等对消费者不公平、不合理的规定，不得利用格式条款并借助技术手段强制交易。

格式条款、通知、声明、店堂告示等含有前款所列内容的，其内容无效。

权威案例

《云南福运物流有限公司与中国人寿财产保险股份公司曲靖中心支公司财产损失保险合同纠纷案》，《最高人民法院公报》2016 年第 7 期

裁判摘要：一、当事人就货物保险损失达成的《赔偿协议书》及《货运险赔偿确认书》是对财产损害赔偿金额的自认，是真实意思表示，是有效的民事法律行为。

二、保险合同以当事人双方意思表示一致为成立要件，即保险合同以双方当事人愿意接受特定条件拘束时，保险合同即为成立。签发保险单属于保险方的行为，目的是对保险合同的内容加以确立，便于当事人知晓保险合同的内容，能产生证明的效果。根据《保险法》第十三条第一款关于“投保人提出保险要求，经保险人同意承保，保险合同成立。保险人应当及时向投保人签发保险单或者其他保险凭证，并在保险单或者其他保险凭证中载明当事人双方约定的全部内容”之规定，签发保险单并非保险合同成立时所必须具备的形式。

三、保险费是被保险人获得保险保障的对价。根据《保险法》第十三条第三款关于“依法成立的保险合同，自成立时生效。投保人和保险人可以对合同的效力约定附条件或者附期限”之规定，保险合同可以明确约定以交纳保险费为合同的生效要件。如保险合同约定于交纳保险费后保险合同生效，则投保人对交纳保险费前所发生的损失不承担赔偿责任。

《万通实业公司与兰州商业银行借款合同纠纷案》，《最高人民法院公报》2005 年第 9 期

裁判摘要：借款合同双方当事人就借款合同中未履行的债务重新签订借款合同，债务人明知并且认可新合同中的一切内容，没有证据证明新合同的订立违背了当事人的真实意思表示，新合同中关于债务数额的约定，应视为债务人对自己权利的处分。只要该处分行为不损害公共利益，不违反国家法律或行政法规的禁止性规定，即应认定新合同中关于债务数额的约定合法有效。

第一百四十四条　【无民事行为能力人实施的民事法律行为】无民事行为能力人实施的民事法律行为无效。

条文对比

《民法典总则编》	《民法通则》
第一百四十四条 无民事行为能力人实施的民事**法律**行为无效。	**第五十八条第一款第一项** 下列民事行为无效： （一）无民事行为能力人实施的；

关联法规

▶《民法典合同编》

第四百九十七条 有下列情形之一的，该格式条款无效：

（一）具有本法第一编第六章第三节和本法第五百零六条规定的无效情形；

（二）提供格式条款一方不合理地免除或者减轻其责任、加重对方责任、限制对方主要权利；

（三）提供格式条款一方排除对方主要权利。

▶《民法典婚姻家庭编》

第一千一百一十三条 有本法第一编关于民事法律行为无效规定情形或者违反本编规定的收养行为无效。

无效的收养行为自始没有法律约束力。

▶《民法典继承编》

第一千一百四十三条 无民事行为能力人或者限制民事行为能力人所立的遗嘱无效。

遗嘱必须表示遗嘱人的真实意思，受欺诈、胁迫所立的遗嘱无效。

伪造的遗嘱无效。

遗嘱被篡改的，篡改的内容无效。

▶《票据法》

第六条 无民事行为能力人或者限制民事行为能力人在票据上签章的，其签章无效，但是不影响其他签章的效力。

▶《民通意见》

6. 无民事行为能力人、限制民事行为能力人接受奖励、赠与、报酬，他人不得以行为人无民事行为能力、限制民事行为能力为由，主张以上行为无效。①

67. 间歇性精神病人的民事行为，确能证明是在发病期间实施的，应当认定无效。

行为人在神志不清的状态下所实施的民事行为，应当认定无效。

第一百四十五条　【限制民事行为能力人实施的民事法律行为】限制民事行为能力人实施的纯获利益的民事法律行为或者与其年龄、智力、精神健康状况相适应的民事法律行为有效；实施的其他民事法律行为经法定代理人同意或者追认后有效。

相对人可以催告法定代理人自收到通知之日起三十日内予以追认。法定代理人未作表示的，视为拒绝追认。民事法律行为被追认前，善意相对人有撤销的权利。撤销应当以通知的方式作出。

条文对比

《民法典总则编》	《民法总则》
第一百四十五条　限制民事行为能力人实施的纯获利益的民事法律行为或者与其年龄、智力、精神健康状况相适应的民事法律行为有效；实施的其他民事法律行为经法定代理人同意或者追认后有效。 相对人可以催告法定代理人自收到通知之日起三十日②内予以追认。法定代理人未作表示的，视为拒绝追认。民事法律行为被追认前，善意相对人有撤销的权利。撤销应当以通知的方式作出。	**第一百四十五条**　限制民事行为能力人实施的纯获利益的民事法律行为或者与其年龄、智力、精神健康状况相适应的民事法律行为有效；实施的其他民事法律行为经法定代理人同意或者追认后有效。 相对人可以催告法定代理人自收到通知之日起一个月内予以追认。 法定代理人未作表示的，视为拒绝追认。民事法律行为被追认前，善意相对人有撤销的权利。撤销应当以通知的方式作出。

① 建议废止《民通意见》第6条，理由：体系解释《民法典总则编》第19条、第22条、第144条和第145条，无民事行为能力人的“纯获利益行为”应认定为无效。

② 《民法典》将原民事相关法律规定中的“一个月”改为“三十日”，“三个月”改为“九十日”。

关联法规

▶《民法典合同编》

第四百九十七条 有下列情形之一的，该格式条款无效：

(一)具有本法第一编第六章第三节和本法第五百零六条规定的无效情形；

(二)提供格式条款一方不合理地免除或者减轻其责任、加重对方责任、限制对方主要权利；

(三)提供格式条款一方排除对方主要权利。

▶《民法典继承编》

第一千一百四十三条 无民事行为能力人或者限制民事行为能力人所立的遗嘱无效。

遗嘱必须表示遗嘱人的真实意思，受欺诈、胁迫所立的遗嘱无效。

伪造的遗嘱无效。

遗嘱被篡改的，篡改的内容无效。

▶《票据法》

第六条 无民事行为能力人或者限制民事行为能力人在票据上签章的，其签章无效，但是不影响其他签章的效力。

▶《民通意见》

3. 十周岁以上的未成年人进行的民事活动是否与其年龄、智力状况相适应，可以从行为与本人生活相关联的程度、本人的智力能否理解其行为，并预见相应的行为后果，以及行为标的数额等方面认定。

4. 不能完全辨认自己行为的精神病人进行的民事活动，是否与其精神健康状态相适应，可以从行为与本人生活相关联的程度、本人的精神状态能否理解其行为，并预见相应的行为后果，以及行为标的数额等方面认定。

第一百四十六条 【虚假表示与隐藏行为效力】行为人与相对人以虚假的意思表示实施的民事法律行为无效。

以虚假的意思表示隐藏的民事法律行为的效力，依照有关法律规定处理。

条文对比

《民法典总则编》	《民法通则》
第一百四十六条 行为人与相对人以虚假的意思表示实施的民事**法律**行为无效。 **以虚假的意思表示隐藏的民事法律行为的效力，依照有关法律规定处理。**	**第五十八条第一款第六项** 下列民事行为无效： （六）以合法形式掩盖非法目的的。

关联法规

▶《民法典总则编》

第一百四十二条 有相对人的意思表示的解释，应当按照所使用的词句，结合相关条款、行为的性质和目的、习惯以及诚信原则，确定意思表示的含义。

无相对人的意思表示的解释，不能完全拘泥于所使用的词句，而应当结合相关条款、行为的性质和目的、习惯以及诚信原则，确定行为人的真实意思。

▶《民法典合同编》

第七百三十七条 当事人以虚构租赁物方式订立的融资租赁合同无效。

▶《民法典婚姻家庭编》

第一千一百一十三条 有本法第一编关于民事法律行为无效规定情形或者违反本编规定的收养行为无效。

无效的收养行为自始没有法律约束力。

权威案例

《日照港集团有限公司煤炭运销部与山西焦煤集团国际发展股份有限公司借款合同纠纷案》，《最高人民法院公报》2017 年第 6 期

裁判摘要：在三方或三方以上的企业间进行的封闭式循环买卖中，一方在同一时期先卖后买同一标的物，低价卖出高价买入，明显违背营利法人的经营目的与商业常理，此种异常的买卖实为企业间以买卖形式掩盖的借贷法律关系。企业间为此而签订的买卖合同，属于当事人共同实施的虚伪意思表示，应认定为无效。

在企业间实际的借贷法律关系中，作为中间方的托盘企业并非出于生产、

经营需要而借款，而是为了转贷牟利，故借贷合同亦应认定为无效。借款合同无效后，借款人应向贷款人返还借款的本金和利息。因贷款人对合同的无效也存在过错，人民法院可以相应减轻借款人返还的利息金额。

《北京博创英诺威科技有限公司与保利民爆科技集团股份有限公司合同纠纷案》，《最高人民法院公报》2015 年第 3 期

裁判摘要：出口退税是我国为鼓励出口而采取的措施。本案并不存在没有真实货物出口而假冒出口的情形。出口方有权获得出口退税款。本案所涉外贸代理合同约定了出口退税款由外贸代理人支付给委托人的条款。该条款是当事人关于出口退税款再分配的约定。系当事人基于真实意思的有权处分，该合同不应因此被认定为为达到骗取国家出口退税款这一非法目的而签订的合同。不应因此被认定无效。外贸代理人获得的出口退税款应当依约支付给委托人。

《徐州大舜房地产开发有限公司诉王志强商品房预售合同纠纷案》，《最高人民法院公报》2013 年第 12 期

裁判摘要：房地产开发企业以规避国家对房地产行业调控为目的，借他人名义与自身签订虚假商品房买卖合同，抵押套取银行信贷资金的，如果商品房买受人明知合同非双方真实意思表示，则该情形符合《中华人民共和国合同法》第五十二条第（三）项的规定，应当认定合同无效。

第一百四十七条　【重大误解】基于重大误解实施的民事法律行为，行为人有权请求人民法院或者仲裁机构予以撤销。

条文对比

《民法典总则编》	《民法通则》
第一百四十七条　基于重大误解实施的民事**法律**行为，行为人有权请求人民法院或者仲裁<u>机构</u>予以撤销。	**第五十九条第一款第一项**　下列民事行为，一方有权请求人民法院或者仲裁<u>机关</u>予以~~变更或者~~撤销： （一）行为人对行为内容有重大误解的；

关联法规

《民法典总则编》

第一百四十二条 有相对人的意思表示的解释，应当按照所使用的词句，结合相关条款、行为的性质和目的、习惯以及诚信原则，确定意思表示的含义。

无相对人的意思表示的解释，不能完全拘泥于所使用的词句，而应当结合相关条款、行为的性质和目的、习惯以及诚信原则，确定行为人的真实意思。

《民法典合同编》

第四百九十七条 有下列情形之一的，该格式条款无效：

（一）具有本法第一编第六章第三节和本法第五百零六条规定的无效情形；

（二）提供格式条款一方不合理地免除或者减轻其责任、加重对方责任、限制对方主要权利；

（三）提供格式条款一方排除对方主要权利。

《人民法院网络司法拍卖规定》

第三十一条 当事人、利害关系人提出异议请求撤销网络司法拍卖，符合下列情形之一的，人民法院应当支持：

（一）由于拍卖财产的文字说明、视频或者照片展示以及瑕疵说明严重失实，致使买受人产生重大误解，购买目的无法实现的，但拍卖时的技术水平不能发现或者已经就相关瑕疵以及责任承担予以公示说明的除外；

（二）由于系统故障、病毒入侵、黑客攻击、数据错误等原因致使拍卖结果错误，严重损害当事人或者其他竞买人利益的；

（三）竞买人之间，竞买人与网络司法拍卖服务提供者之间恶意串通，损害当事人或者其他竞买人利益的；

（四）买受人不具备法律、行政法规和司法解释规定的竞买资格的；

（五）违法限制竞买人参加竞买或者对享有同等权利的竞买人规定不同竞买条件的；

（六）其他严重违反网络司法拍卖程序且损害当事人或者竞买人利益的情形。

《劳动争议案件司法解释三》

第十条 劳动者与用人单位就解除或者终止劳动合同办理相关手续、支付工资报酬、加班费、经济补偿或者赔偿金等达成的协议，不违反法律、行政法规的强制性规定，且不存在欺诈、胁迫或者乘人之危情形的，应当认定有效。

前款协议存在重大误解或者显失公平情形，当事人请求撤销的，人民法院应予支持。

《民通意见》

71. 行为人因为对行为的性质、对方当事人、标的物的品种、质量、规格和数量等的错误认识，使行为的后果与自己的意思相悖，并造成较大损失的，可以认定为重大误解。

73. 对于重大误解或者显失公平的民事行为，当事人请求变更的，人民法院应当予以变更；当事人请求撤销的，人民法院可以酌情予以变更或者撤销。

可变更或者可撤销的民事行为，自行为成立时起超过一年当事人才请求变更或者撤销的，人民法院不予保护。

77. 意思表示由第三人义务转达，而第三人由于过失转达错误或者没有转达，使他人造成损失的，一般可由意思表示人负赔偿责任。但法律另有规定或者双方另有约定的除外。

第一百四十八条　【欺诈】一方以欺诈手段，使对方在违背真实意思的情况下实施的民事法律行为，受欺诈方有权请求人民法院或者仲裁机构予以撤销。

条文对比

《民法典总则编》	《合同法》
第一百四十八条　一方以欺诈手段，使对方在违背真实意思的情况下实施的民事法律行为，受欺诈方有权请求人民法院或者仲裁机构予以撤销。	**第五十四条第二款**　一方以欺诈~~、胁迫~~的手段~~或者乘人之危~~，使对方在违背真实意思的情况下订立的合同，受损害方有权请求人民法院或者仲裁机构~~变更或者~~撤销。

关联法规

▶《民法典合同编》

第四百九十七条 有下列情形之一的，该格式条款无效：

（一）具有本法第一编第六章第三节和本法第五百零六条规定的无效情形；

（二）提供格式条款一方不合理地免除或者减轻其责任、加重对方责任、限制对方主要权利；

（三）提供格式条款一方排除对方主要权利。

▶《民法典继承编》

第一千一百四十三条 无民事行为能力人或者限制民事行为能力人所立的遗嘱无效。

遗嘱必须表示遗嘱人的真实意思，受欺诈、胁迫所立的遗嘱无效。

伪造的遗嘱无效。

遗嘱被篡改的，篡改的内容无效。

▶《民通意见》

68. 一方当事人故意告知对方虚假情况，或者故意隐瞒真实情况，诱使对方当事人作出错误意思表示的，可以认定为欺诈行为。

权威案例

《刘向前诉安邦财产保险公司保险合同纠纷案》，《最高人民法院公报》2013 年第 8 期

裁判摘要：保险事故发生后，保险公司作为专业理赔机构，基于专业经验及对保险合同的理解，其明知或应知保险事故属于赔偿范围，而在无法律和合同依据的情况下，故意隐瞒被保险人可以获得保险赔偿的重要事实，对被保险人进行诱导，在此基础上双方达成销案协议的，应认定被保险人作出了不真实的意思表示，保险公司的行为违背诚信原则构成保险合同欺诈。被保险人请求撤销该销案协议的，人民法院应予支持。

《中国农业银行长沙市先锋支行与湖南金帆投资管理有限公司、长沙金霞开发建设有限公司借款担保合同纠纷案》，《最高人民法院公报》2009 年第 1 期

裁判摘要：导致合同当事人分别持有的合同文本内容有出入的原因复杂多

样，不能据此简单地认定合同某一方当事人存在故意欺诈的情形。合同一方当事人如果据此主张对方当事人恶意欺诈，还应当提供其他证据予以证明。

第一百四十九条　【第三人欺诈】第三人实施欺诈行为，使一方在违背真实意思的情况下实施的民事法律行为，对方知道或者应当知道该欺诈行为的，受欺诈方有权请求人民法院或者仲裁机构予以撤销。

条文对比

《民法典总则编》	新增条文
第一百四十九条　第三人实施欺诈行为，使一方在违背真实意思的情况下实施的民事法律行为，对方知道或者应当知道该欺诈行为的，受欺诈方有权请求人民法院或者仲裁机构予以撤销。	

关联法规

《民法典合同编》

第四百九十七条　有下列情形之一的，该格式条款无效：

（一）具有本法第一编第六章第三节和本法第五百零六条规定的无效情形；

（二）提供格式条款一方不合理地免除或者减轻其责任、加重对方责任、限制对方主要权利；

（三）提供格式条款一方排除对方主要权利。

《担保法司法解释》

第四十一条　债务人与保证人共同欺骗债权人，订立主合同和保证合同的，债权人可以请求人民法院予以撤销。因此给债权人造成损失的，由保证人与债务人承担连带赔偿责任。

▶《民通意见》

68. 一方当事人故意告知对方虚假情况，或者故意隐瞒真实情况，诱使对方当事人作出错误意思表示的，可以认定为欺诈行为。

第一百五十条　【胁迫】一方或者第三人以胁迫手段，使对方在违背真实意思的情况下实施的民事法律行为，受胁迫方有权请求人民法院或者仲裁机构予以撤销。

条文对比

《民法典总则编》	《合同法》
第一百五十条　一方或者第三人以胁迫手段，使对方在违背真实意思的情况下实施的民事法律行为，受胁迫方有权请求人民法院或者仲裁机构予以撤销。	**第五十四条第二款、第三款**　一方以~~欺诈、~~胁迫的手段~~或者乘人之危~~，使对方在违背真实意思的情况下订立的合同，受损害方有权请求人民法院或者仲裁机构~~变更或者~~撤销。 ~~当事人请求变更的，人民法院或者仲裁机构不得撤销~~。

关联法规

▶《民法典合同编》

第四百九十七条　有下列情形之一的，该格式条款无效：

（一）具有本法第一编第六章第三节和本法第五百零六条规定的无效情形；

（二）提供格式条款一方不合理地免除或者减轻其责任、加重对方责任、限制对方主要权利；

（三）提供格式条款一方排除对方主要权利。

▶《民法典婚姻家庭编》

第一千零五十二条　因胁迫结婚的，受胁迫的一方可以向人民法院请求撤销婚姻。

请求撤销婚姻的，应当自胁迫行为终止之日起一年内提出。

被非法限制人身自由的当事人请求撤销婚姻的，应当自恢复人身自由之日起一年内提出。

▶《婚姻法司法解释一》

第十条 婚姻法第十一条所称的“胁迫”，是指行为人以给另一方当事人或者其近亲属的生命、身体健康、名誉、财产等方面造成损害为要挟，迫使另一方当事人违背真实意愿结婚的情况。

因受胁迫而请求撤销婚姻的，只能是受胁迫一方的婚姻关系当事人本人。

▶《担保法司法解释》

第四十条 主合同债务人采取欺诈、胁迫等手段，使保证人在违背真实意思的情况下提供保证的，债权人知道或者应当知道欺诈、胁迫事实的，按照担保法第三十条的规定处理。

▶《民通意见》

69. 以给公民及其亲友的生命健康、荣誉、名誉、财产等造成损害或者以给法人的荣誉、名誉、财产等造成损害为要挟，迫使对方作出违背真实的意思表示的，可以认定为胁迫行为。

第一百五十一条 【乘人之危导致的显失公平】一方利用对方处于危困状态、缺乏判断能力等情形，致使民事法律行为成立时显失公平的，受损害方有权请求人民法院或者仲裁机构予以撤销。

条文对比

《民法典总则编》	《民法通则》《合同法》
第一百五十一条 一方利用对方处于危困状态、缺乏判断能力等情形，致使民事法律行为成立时显失公平的，受损害方有权请求人民法院或者仲裁机构予以撤销。	《民法通则》 **第五十九条第一款第二项** 下列民事行为，一方有权请求人民法院或者仲裁机关予以~~变更或者~~撤销： （二）显失公平的。

《民法典总则编》	《民法通则》《合同法》
	《合同法》 **第五十四条第一款第二项、第二款** 下列合同，当事人一方有权请求人民法院或者仲裁机构~~变更或者~~撤销： （二）在订立合同时显失公平的。 一方~~以欺诈、胁迫的手段或者~~乘人之危，使对方在违背真实意思的情况下订立的合同，受损害方有权请求人民法院或者仲裁机构~~变更或者~~撤销。

关联法规

▶《民法典合同编》

第四百九十七条 有下列情形之一的，该格式条款无效：

（一）具有本法第一编第六章第三节和本法第五百零六条规定的无效情形；

（二）提供格式条款一方不合理地免除或者减轻其责任、加重对方责任、限制对方主要权利；

（三）提供格式条款一方排除对方主要权利。

▶《劳动争议案件司法解释三》

第十条 劳动者与用人单位就解除或者终止劳动合同办理相关手续、支付工资报酬、加班费、经济补偿或者赔偿金等达成的协议，不违反法律、行政法规的强制性规定，且不存在欺诈、胁迫或者乘人之危情形的，应当认定有效。

前款协议存在重大误解或者显失公平情形，当事人请求撤销的，人民法院应予支持。

▶《合同法司法解释二》

第二十六条 合同成立以后客观情况发生了当事人在订立合同时无法预见的、非不可抗力造成的不属于商业风险的重大变化，继续履行合同对于一方当事人明显不公平或者不能实现合同目的，当事人请求人民法院变更或者解除合同的，人民法院应当根据公平原则，并结合案件的实际情况确定是否变更或者解除。

▶《民通意见》

70. 一方当事人乘对方处于危难之机，为牟取不正当利益，迫使对方作出不真实的意思表示，严重损害对方利益的，可以认定为乘人之危。

72. 一方当事人利用优势或者利用对方没有经验，致使双方的权利与义务明显违反公平、等价有偿原则的，可以认定为显失公平。

73. 对于重大误解或者显失公平的民事行为，当事人请求变更的，人民法院应当予以变更；当事人请求撤销的，人民法院可以酌情予以变更或者撤销。

可变更或者可撤销的民事行为，自行为成立时起超过一年当事人才请求变更或者撤销的，人民法院不予保护。

权威案例

《黄仲华诉刘三明债权人撤销权纠纷案》，《最高人民法院公报》2013 年第 1 期

裁判摘要：用人单位与劳动者就工伤事故达成赔偿协议，但约定的赔偿金额明显低于劳动者应当享受的工伤保险待遇的，应当认定为显失公平。劳动者请求撤销该赔偿协议的，人民法院应予支持。

《家园公司诉森得瑞公司合同纠纷案》，《最高人民法院公报》2007 年第 2 期

裁判摘要：合同的显失公平，是指合同一方当事人利用自身优势，或者利用对方没有经验等情形，在与对方签订合同中设定明显对自己一方有利的条款，致使双方基于合同的权利义务和客观利益严重失衡，明显违反公平原则。

双方签订的合同中设定了某些看似对一方明显不利的条款，但设立该条款是双方当事人真实的意思表示，其实质恰恰在于衡平双方的权利义务。在此情形下，合同一方当事人以显失公平为由请求撤销该合同条款的，不应予以支持。

第一百五十二条　【撤销权的消灭】有下列情形之一的，撤销权消灭：

（一）当事人自知道或者应当知道撤销事由之日起一年内、重大误解的当事人自知道或者应当知道撤销事由之日起九十日内没有行使撤销权；

（二）当事人受胁迫，自胁迫行为终止之日起一年内没有行使撤销权；

（三）当事人知道撤销事由后明确表示或者以自己的行为表明放弃撤销权。

当事人自民事法律行为发生之日起五年内没有行使撤销权的，撤销权消灭。

条文对比

《民法典总则编》	《合同法》
第一百五十二条 有下列情形之一的，撤销权消灭： （一）当事人自知道或者应当知道撤销事由之日起一年内、**重大误解的当事人自知道或者应当知道撤销事由之日起九十日内**没有行使撤销权； **（二）当事人受胁迫，自胁迫行为终止之日起一年内没有行使撤销权；** **（三）**当事人知道撤销事由后明确表示**或者以自己的行为表明**放弃撤销权。 **当事人自民事法律行为发生之日起五年内没有行使撤销权的，撤销权消灭。**	《合同法》 **第五十五条** 有下列情形之一的，撤销权消灭： （一）~~具有撤销权的~~当事人自知道或者应当知道撤销事由之日起一年内没有行使撤销权； （二）~~具有撤销权的~~当事人知道撤销事由后明确表示或者以自己的行为放弃撤销权。

关联法规

▶ **《民法典合同编》**

第四百九十七条 有下列情形之一的，该格式条款无效：

（一）具有本法第一编第六章第三节和本法第五百零六条规定的无效情形；

（二）提供格式条款一方不合理地免除或者减轻其责任、加重对方责任、限制对方主要权利；

（三）提供格式条款一方排除对方主要权利。

▶ **《民通意见》**

73. 对于重大误解或者显失公平的民事行为，当事人请求变更的，人民法院应当予以变更；当事人请求撤销的，人民法院可以酌情予以变更或者撤销。

可变更或者可撤销的民事行为，自行为成立时起超过一年当事人才请求变更或者撤销的，人民法院不予保护。

第一百五十三条 【违反强制性规定；违背公序良俗】 违反法律、行政法规的强制性规定的民事法律行为无效。但是，该强制性规定不导致该民事法律行为无效的除外。

违背公序良俗的民事法律行为无效。

条文对比

《民法典总则编》	《合同法》《合同法解释（二）》
第一百五十三条 违反法律、行政法规的强制性规定的民事法律行为无效。**但是，该强制性规定不导致该民事法律行为无效的除外。** **违背公序良俗的民事法律行为无效。**	**《合同法》** **第五十二条第四项、第五项** 有下列情形之一的，合同无效： （四）~~损害社会公共利益~~； （五）违反法律、行政法规的强制性规定。 **《合同法解释（二）》** **第十四条** 合同法第五十二条第（五）项规定的“强制性规定”，是指效力性强制性规定。

关联法规

▶ **《民法典总则编》**

第八条 民事主体从事民事活动，不得违反法律，不得违背公序良俗。

第一百四十三条 具备下列条件的民事法律行为有效：

（一）行为人具有相应的民事行为能力；

（二）意思表示真实；

（三）不违反法律、行政法规的强制性规定，不违背公序良俗。

《民法典合同编》

第四百九十六条 格式条款是当事人为了重复使用而预先拟定，并在订立合同时未与对方协商的条款。

采用格式条款订立合同的，提供格式条款的一方应当遵循公平原则确定当事人之间的权利和义务，并采取合理的方式提示对方注意免除或者减轻其责任等与对方有重大利害关系的条款，按照对方的要求，对该条款予以说明。提供格式条款的一方未履行提示或者说明义务，致使对方没有注意或者理解与其有重大利害关系的条款的，对方可以主张该条款不成为合同的内容。

第四百九十七条 有下列情形之一的，该格式条款无效：

（一）具有本法第一编第六章第三节和本法第五百零六条规定的无效情形；

（二）提供格式条款一方不合理地免除或者减轻其责任、加重对方责任、限制对方主要权利；

（三）提供格式条款一方排除对方主要权利。

第五百零六条 合同中的下列免责条款无效：

（一）造成对方人身损害的；

（二）因故意或者重大过失造成对方财产损失的。

第八百五十条 非法垄断技术或者侵害他人技术成果的技术合同无效。

《民法典婚姻家庭编》

第一千零五十一条 有下列情形之一的，婚姻无效：

（一）重婚；

（二）有禁止结婚的亲属关系；

（三）未到法定婚龄。

第一千一百一十三条 有本法第一编关于民事法律行为无效规定情形或者违反本编规定的收养行为无效。

无效的收养行为自始没有法律约束力。

《农村土地承包法》

第五十八条 承包合同中违背承包方意愿或者违反法律、行政法规有关不得收回、调整承包地等强制性规定的约定无效。

《公司法》

第二十二条 公司股东会或者股东大会、董事会的决议内容违反法律、行政法规的无效。

股东会或者股东大会、董事会的会议召集程序、表决方式违反法律、行政法规或者公司章程，或者决议内容违反公司章程的，股东可以自决议作出之日起六十日内，请求人民法院撤销。

股东依照前款规定提起诉讼的，人民法院可以应公司的请求，要求股东提供相应担保。

公司根据股东会或者股东大会、董事会决议已办理变更登记的，人民法院宣告该决议无效或者撤销该决议后，公司应当向公司登记机关申请撤销变更登记。

▶《劳动合同法》

第二十六条 下列劳动合同无效或者部分无效：

（一）以欺诈、胁迫的手段或者乘人之危，使对方在违背真实意思的情况下订立或者变更劳动合同的；

（二）用人单位免除自己的法定责任、排除劳动者权利的；

（三）违反法律、行政法规强制性规定的。

对劳动合同的无效或者部分无效有争议的，由劳动争议仲裁机构或者人民法院确认。

▶《民间借贷案件规定》

第十四条 具有下列情形之一，人民法院应当认定民间借贷合同无效：

（一）套取金融机构信贷资金又高利转贷给借款人，且借款人事先知道或者应当知道的；

（二）以向其他企业借贷或者向本单位职工集资取得的资金又转贷给借款人牟利，且借款人事先知道或者应当知道的；

（三）出借人事先知道或者应当知道借款人借款用于违法犯罪活动仍然提供借款的；

（四）违背社会公序良俗的；

（五）其他违反法律、行政法规效力性强制性规定的。

▶《民事诉讼法司法解释》

第四百零五条 人民法院审理再审案件应当围绕再审请求进行。当事人的再审请求超出原审诉讼请求的，不予审理；符合另案诉讼条件的，告知当事人可以另行起诉。被申请人及原审其他当事人在庭审辩论结束前提出的再审请求，符合民事诉讼法第二百零五条规定的，人民法院应当一并审理。

人民法院经再审，发现已经发生法律效力的判决、裁定损害国家利益、社会公共利益、他人合法权益的，应当一并审理。

权威案例

《四川金核矿业有限公司与新疆临钢资源投资股份有限公司特殊区域合作勘查合同纠纷案》，《最高人民法院公报》2017年第4期

裁判摘要：当事人关于在自然保护区、风景名胜区、重点生态功能区、生态环境敏感区和脆弱区等区域内勘查开采矿产资源的合同约定，不得违反法律、行政法规的强制性规定或者损害环境公共利益，否则应依法认定无效。环境资源法律法规中的禁止性规定，即便未明确违反相关规定将导致合同无效，但若认定合同有效并继续履行将损害环境公共利益的，应当认定合同无效。

《海南康力元药业有限公司、海南通用康力制药有限公司与海口奇力制药股份有限公司技术转让合同纠纷案》，《最高人民法院公报》2013年第2期

裁判摘要：在合同效力的认定中，应该以合同是否违反法律、行政法规的强制性规定为判断标准，而不宜以合同违反行政规章的规定为由认定合同无效。在技术合同纠纷案件中，如果技术合同涉及的生产产品或提供服务依法须经行政部门审批或者许可而未经审批或者许可的，不影响当事人订立的相关技术合同的效力。

《中建材集团进出口公司诉北京大地恒通经贸有限公司、北京天元盛唐投资有限公司、天宝盛世科技发展（北京）有限公司、江苏银大科技有限公司、四川宜宾俄欧工程发展有限公司进出口代理合同纠纷案》，《最高人民法院公报》2011年第2期

裁判摘要：2005年修订的公司法第十六条第一款规定："公司向其他企业投资或者为他人提供担保，依照公司章程的规定，由董事会或者股东会、股东大会决议；公司章程对投资或者担保的总额及单项投资或者担保的数额有限额规定的，不得超过规定的限额。"该条第二款规定："公司为公司股东或者实际控制人提供担保的，必须经股东会或者股东大会决议。"但公司违反前述条款的规定，与他人订立担保合同的，不能简单认定合同无效。第一，该条款并未明确规定公司违反上述规定对外提供担保导致担保合同无效；第二，公司内部决议程序，不得约束第三人；第三，该条款并非效力性强制性的规定；第四，依

据该条款认定担保合同无效，不利于维护合同的稳定和交易的安全。

《梅州市梅江区农村信用合作联社江南信用社诉罗苑玲储蓄合同纠纷案》，《最高人民法院公报》2011年第1期

裁判摘要：一、根据《中华人民共和国合同法》第五十二条第（五）项的规定，违反法律、行政法规的强制性规定的合同无效。最高人民法院《关于适用若干问题的解释（二）》第十四条规定，所谓强制性规定是指效力性强制性规定。仅是针对特定主体的对内管理行为、不涉及公共利益的规定，不属于效力性强制性规定，违反该规定不能导致合同无效。

二、银行作为专业金融机构，对于关乎储户切身利益的内部业务规定，负有告知储户的义务。如银行未向储户履行告知义务，当双方对于储蓄合同相关内容的理解产生分歧时，应当按照一般社会生活常识和普遍认知对合同相关内容作出解释，不能片面依照银行内部业务规定解释合同内容。

《巴菲特投资有限公司诉上海自来水投资建设有限公司股权转让纠纷案》，《最高人民法院公报》2010年第4期

裁判摘要：根据《企业国有资产监督管理暂行条例》第十三条的规定，国务院国有资产监督管理机构可以制定企业国有资产监督管理的规章、制度。根据国务院国资委、财政部制定实施的《企业国有产权转让管理暂行办法》第四、第五条的规定，企业国有产权转让应当在依法设立的产权交易机构中公开进行，企业国有产权转让可以采取拍卖、招投标、协议转让等方式进行。企业未按照上述规定在依法设立的产权交易机构中公开进行企业国有产权转让，而是进行场外交易的，其交易行为违反公开、公平、公正的交易原则，损害社会公共利益，应依法认定其交易行为无效。

《上海市弘正律师事务所诉中国船舶及海洋工程设计研究院服务合同纠纷案》，《最高人民法院公报》2009年第12期

裁判摘要：当事人在诉讼过程中自愿接受调解、和解，是对自身权益的处分，是当事人依法享有的诉讼权利。律师事务所及其律师作为法律服务者，在接受当事人委托代理诉讼事务中，应当尊重委托人关于接受调解、和解的自主选择，即使认为委托人的选择不妥，也应当出于维护委托人合法权益的考虑提供法律意见，而不能为实现自身利益的最大化，基于多收代理费的目的，通过与委托人约定相关合同条款限制委托人接受调解、和解。上述行为不仅侵犯委托人的诉讼权利，加重委托人的诉讼风险，同时也不利于促进社会和谐，违反

社会公共利益，相关合同条款亦属无效。

《安徽省福利彩票发行中心与北京德法利科技发展有限责任公司营销协议纠纷案》，《最高人民法院公报》2009年第9期

裁判摘要：一、根据最高人民法院《关于适用〈中华人民共和国民事诉讼法〉审判监督程序若干问题的解释》第三十三条的规定，人民法院应当在具体的再审请求范围内或在抗诉支持当事人请求的范围内审理再审案件。当事人超出原审范围增加、变更诉讼请求的，不属于再审审理范围。但涉及国家利益、社会公共利益，或者当事人在原审诉讼中已经依法要求增加、变更诉讼请求，原审未予审理且客观上不能形成其他诉讼的除外。

二、根据最高人民法院《关于适用〈中华人民共和国合同法〉若干问题的解释（一）》第四条的规定，合同法实施以后，人民法院确认合同无效，应当以全国人大及其常委会制定的法律和国务院制定的行政法规为依据，不得以地方性法规、行政规章为依据。

《西安市商业银行与健桥证券股份有限公司、西部信用担保有限公司借款担保合同纠纷案》，《最高人民法院公报》2006年第9期

裁判摘要：（一）根据《最高人民法院关于适用〈中华人民共和国合同法〉若干问题的解释（一）》第四条的规定，人民法院确认合同无效，应当以全国人大及其常委会制定的法律和国务院制定的行政法规为依据，不得以地方性法规、行政规章为依据。《中国人民银行关于禁止银行资金违规流入股票市场的通知》属于部门规章，不能作为确认合同效力的依据。

（二）债务人无正当理由未在合同约定的期限内还款，担保人未按照合同约定承担保证责任，均构成合同履行中的违约，本应承担违约责任，而债务人、担保人反以不正当理由主张合同无效的，有违诚实信用原则，依法不应支持。

《吴卫明诉上海花旗银行储蓄合同纠纷案》，《最高人民法院公报》2005年第9期

裁判摘要：外资金融机构向小额储户收取账户管理费的行为，不违反法律、法规的禁止性规定的，不构成违法。

《国际华侨公司诉长江影业公司影片发行权许可合同纠纷案》，《最高人民法院公报》2004年第5期

裁判摘要：电影著作权人可以依照著作权法的规定，自己行使或许可他人行使其著作权。在电影著作权许可使用合同中，著作权人与他人关于按比例分

成收入和违约赔偿责任的约定，如不违反民法通则等法律或有关行政法规的禁止性规定，应认定有效。

第一百五十四条 【恶意串通】行为人与相对人恶意串通，损害他人合法权益的民事法律行为无效。

条文对比

《民法典总则编》	《民法通则》《合同法》
第一百五十四条 行为人与相对人恶意串通，损害他人合法权益的民事**法律**行为无效。	**《民法通则》** **第五十八条第一款第四项** 下列民事行为无效： （四）恶意串通，损害国家、集体或者第三人利益的； **《合同法》** **第五十二条第二项** 有下列情形之一的，合同无效： （二）恶意串通，损害国家、集体或者第三人利益；

关联法规

《民法典合同编》

第四百九十七条 有下列情形之一的，该格式条款无效：

（一）具有本法第一编第六章第三节和本法第五百零六条规定的无效情形；

（二）提供格式条款一方不合理地免除或者减轻其责任、加重对方责任、限制对方主要权利；

（三）提供格式条款一方排除对方主要权利。

《民法典婚姻家庭编》

第一千一百一十三条 有本法第一编关于民事法律行为无效规定情形或者违反本编规定的收养行为无效。

无效的收养行为自始没有法律约束力。

▶《拍卖法》

第六十五条 违反本法第三十七条的规定，竞买人之间、竞买人与拍卖人之间恶意串通，给他人造成损害的，拍卖无效，应当依法承担赔偿责任。由工商行政管理部门对参与恶意串通的竞买人处最高应价百分之十以上百分之三十以下的罚款；对参与恶意串通的拍卖人处最高应价百分之十以上百分之五十以下的罚款。

▶《企业国有资产法》

第七十二条 在涉及关联方交易、国有资产转让等交易活动中，当事人恶意串通，损害国有资产权益的，该交易行为无效。

▶《海事诉讼特别程序法》

第四十一条 竞买人之间恶意串通的，拍卖无效。参与恶意串通的竞买人应当承担拍卖船舶费用并赔偿有关损失。海事法院可以对参与恶意串通的竞买人处最高应价百分之十以上百分之三十以下的罚款。

▶《虚假诉讼刑事案件司法解释》

第一条 采取伪造证据、虚假陈述等手段，实施下列行为之一，捏造民事法律关系，虚构民事纠纷，向人民法院提起民事诉讼的，应当认定为刑法第三百零七条之一第一款规定的“以捏造的事实提起民事诉讼”：

（一）与夫妻一方恶意串通，捏造夫妻共同债务的；

（二）与他人恶意串通，捏造债权债务关系和以物抵债协议的；

（三）与公司、企业的法定代表人、董事、监事、经理或者其他管理人员恶意串通，捏造公司、企业债务或者担保义务的；

（四）捏造知识产权侵权关系或者不正当竞争关系的；

（五）在破产案件审理过程中申报捏造的债权的；

（六）与被执行人恶意串通，捏造债权或者对查封、扣押、冻结财产的优先权、担保物权的；

（七）单方或者与他人恶意串通，捏造身份、合同、侵权、继承等民事法律关系的其他行为。

隐瞒债务已经全部清偿的事实，向人民法院提起民事诉讼，要求他人履行债务的，以“以捏造的事实提起民事诉讼”论。

向人民法院申请执行基于捏造的事实作出的仲裁裁决、公证债权文书，或者在民事执行过程中以捏造的事实对执行标的提出异议、申请参与执行财产分配的，属于刑法第三百零七条之一第一款规定的“以捏造的事实提起民事诉讼”。

▶《外商投资企业纠纷规定一》

第二十条 实际投资者与外商投资企业名义股东之间的合同因恶意串通，损害国家、集体或者第三人利益，被认定无效的，人民法院应当将因此取得的财产收归国家所有或者返还集体、第三人。

▶《商品房买卖合同纠纷司法解释》

第十条 买受人以出卖人与第三人恶意串通，另行订立商品房买卖合同并将房屋交付使用，导致其无法取得房屋为由，请求确认出卖人与第三人订立的商品房买卖合同无效的，应予支持。

▶《企业改制民事纠纷案件规定》

第十八条 企业出售中，当事人双方恶意串通，损害国家利益的，人民法院在审理相关的民事纠纷案件时，应当确认该企业出售行为无效。

▶《担保法司法解释》

第四十一条 债务人与保证人共同欺骗债权人，订立主合同和保证合同的，债权人可以请求人民法院予以撤销。因此给债权人造成损失的，由保证人与债务人承担连带赔偿责任。

权威案例

指导案例 68 号：上海欧宝生物科技有限公司诉辽宁特莱维置业发展有限公司企业借贷纠纷案

裁判要点：人民法院审理民事案件中发现存在虚假诉讼可能时，应当依职权调取相关证据，详细询问当事人，全面严格审查诉讼请求与相关证据之间是否存在矛盾，以及当事人诉讼中言行是否违背常理。经综合审查判断，当事人存在虚构事实、恶意串通、规避法律或国家政策以谋取非法利益，进行虚假民事诉讼情形的，应当依法予以制裁。

指导案例 35 号：广东龙正投资发展有限公司与广东景茂拍卖行有限公司委托拍卖执行复议案

裁判要点：拍卖行与买受人有关联关系，拍卖行为存在以下情形，损害与标的物相关权利人合法权益的，人民法院可以视为拍卖行与买受人恶意串通，依法裁定该拍卖无效：（1）拍卖过程中没有其他无关联关系的竞买人参与竞买，或者虽有其他竞买人参与竞买，但未进行充分竞价的；（2）拍卖标的物的评估价明显低于实际价格，仍以该评估价成交的。

指导案例33号：瑞士嘉吉国际公司诉福建金石制油有限公司等确认合同无效纠纷案

裁判要点：1. 债务人将主要财产以明显不合理低价转让给其关联公司，关联公司在明知债务人欠债的情况下，未实际支付对价的，可以认定债务人与其关联公司恶意串通、损害债权人利益，与此相关的财产转让合同应当认定为无效。

2.《中华人民共和国合同法》第五十九条规定适用于第三人为财产所有权人的情形，在债权人对债务人享有普通债权的情况下，应当根据《中华人民共和国合同法》第五十八条的规定，判令因无效合同取得的财产返还给原财产所有人，而不能根据第五十九条规定直接判令债务人的关联公司因“恶意串通，损害第三人利益”的合同而取得的债务人的财产返还给债权人。

《广东龙正投资发展有限公司、广东景茂拍卖行有限公司申请执行复议案》，《最高人民法院公报》2012年第12期

裁判摘要：在买受人与拍卖行的股东均系亲属的情况下，除非能够证明拍卖过程中有其他无关联关系的竞买人参与竞买，且进行了充分的竞价，否则可以认定拍卖行与买受人之间存在串通行为；买受人与拍卖行有串通行为，并明知标的物评估价格及成交价过低，则买受人与拍卖行对于拍卖导致与标的物相关的权利人的权利受侵害构成恶意。人民法院可以依法宣布拍卖无效或撤销拍卖。

《中国太平洋保险（集团）股份有限公司与中国东方资产管理公司青岛办事处、王志刚、胡建君船舶保险合同纠纷再审案》，《最高人民法院公报》2012年第11期

裁判摘要：案外人已将其债权转让给他人，又基于已转让的债权，对涉及该债权的生效民事调解书申请再审，没有法律依据，应予以驳回。合同双方当事人在损失能够基本得到补偿的情况下，各自出于对诉讼风险等因素的考虑而自愿达成调解协议，不宜认定为恶意串通放弃债权损害第三人利益。

《陈全、皮治勇诉重庆碧波房地产开发有限公司、夏昌均、重庆奥康置业有限公司合同纠纷案》，《最高人民法院公报》2010年第10期

裁判摘要：一、根据最高人民法院《关于审理涉及国有土地使用权合同纠纷案件适用法律问题的解释》第二十四条的规定，合作开发房地产合同约定提供土地使用权的当事人不承担经营风险，只收取固定利益的，应当认定为土地

使用权转让合同。当事人自行约定的合同名称不影响对合同性质的认定。

二、《中华人民共和国合同法》第五十二条规定："有下列情形之一的，合同无效：……（二）恶意串通，损害国家、集体或者第三人利益；……"根据前述规定，法人与他人恶意串通签订合同，表面上损害法人自身利益，实质上损害第三人利益的，第三人有权提起确认合同无效之诉。

三、对于前述条款中"恶意串通"行为的认定，应当分析合同双方当事人是否具有主观恶意，并全面分析订立合同时的具体情况、合同约定内容以及合同的履行情况，在此基础上加以综合判定。

《中国光大银行与内蒙包头华达合资卧具装饰厂、中国农业银行包头市青山区支行、包头市青山区人民政府自由路办事处侵权纠纷案》，《最高人民法院公报》2010 年第 2 期

裁判摘要：所谓事后抵押，一般是指债务人有多个普通债权人，在清偿债务时，债务人与其中一个债权人恶意串通，将其全部或者部分财产抵押给该债权人。这种事后抵押的设定通常发生在债务人业已陷入支付危机、濒临破产、其财产已经不足以清偿全部债务的情况下。设定事后抵押必然导致其降低或者丧失了履行其他债务的能力，损害了其他债权人的合法利益。因此，这种事后抵押应认定为无效，抵押权人对于行使抵押权获得的价款没有优先受偿权，已经取得该价款的，应当依法予以返还。

第一百五十五条 【无效或者被撤销民事法律行为自始无效】 无效的或者被撤销的民事法律行为自始没有法律约束力。

条文对比

《民法典总则编》	《合同法》
第一百五十五条 无效的或者被撤销的<u>民事法律行为</u>自始没有法律约束力。	**第五十六条** 无效的~~合同~~或者被撤销的~~合同~~自始没有法律约束力。~~合同部分无效，不影响其他部分效力的，其他部分仍然有效。~~

关联法规

▶《民法典合同编》

第四百九十七条 有下列情形之一的，该格式条款无效：

（一）具有本法第一编第六章第三节和本法第五百零六条规定的无效情形；

（二）提供格式条款一方不合理地免除或者减轻其责任、加重对方责任、限制对方主要权利；

（三）提供格式条款一方排除对方主要权利。

▶《民法典婚姻家庭编》

第一千零五十四条 无效的或者被撤销的婚姻自始没有法律约束力，当事人不具有夫妻的权利和义务。同居期间所得的财产，由当事人协议处理；协议不成的，由人民法院根据照顾无过错方的原则判决。对重婚导致的无效婚姻的财产处理，不得侵害合法婚姻当事人的财产权益。当事人所生的子女，适用本法关于父母子女的规定。

婚姻无效或者被撤销的，无过错方有权请求损害赔偿。

第一千一百一十三条 有本法第一编关于民事法律行为无效规定情形或者违反本编规定的收养行为无效。

无效的收养行为自始没有法律约束力。

▶《婚姻法司法解释一》

第十三条 婚姻法第十二条所规定的自始无效，是指无效或者可撤销婚姻在依法被宣告无效或被撤销时，才确定该婚姻自始不受法律保护。

第一百五十六条 【民事法律行为部分无效】民事法律行为部分无效，不影响其他部分效力的，其他部分仍然有效。

条文对比

《民法典总则编》	《民法通则》
第一百五十六条 民事**法律**行为部分无效，不影响其他部分效力的，其他部分仍然有效。	**第六十条** 民事行为部分无效，不影响其他部分的效力的，其他部分仍然有效。

关联法规

《民法典合同编》

第四百九十七条 有下列情形之一的，该格式条款无效：

（一）具有本法第一编第六章第三节和本法第五百零六条规定的无效情形；

（二）提供格式条款一方不合理地免除或者减轻其责任、加重对方责任、限制对方主要权利；

（三）提供格式条款一方排除对方主要权利。

第五百零七条 合同不生效、无效、被撤销或者终止的，不影响合同中有关解决争议方法的条款的效力。

《劳动法》

第十八条 下列劳动合同无效：

（一）违反法律、行政法规的劳动合同；

（二）采取欺诈、威胁等手段订立的劳动合同。无效的劳动合同，从订立的时候起，就没有法律约束力。确认劳动合同部分无效的，如果不影响其余部分的效力，其余部分仍然有效。劳动合同的无效，由劳动争议仲裁委员会或者人民法院确认。

《劳动合同法》

第二十七条 劳动合同部分无效，不影响其他部分效力的，其他部分仍然有效。

权威案例

《青岛市国土资源和房屋管理局崂山国土资源分局与青岛乾坤木业有限公司土地使用权出让合同纠纷案》，《最高人民法院公报》2008 年第 5 期

裁判摘要：一、对于双方当事人意思表示真实，约定内容不损害国家、集体和第三人的合法权益，且已经过公证的合同，应认定已经成立。

二、根据合同法的相关规定，依法成立的合同，自成立时生效。法律、行政法规规定应当办理批准、登记等手续生效的，依照其规定。

三、合同部分内容无效，但不影响其他部分效力的，应当认定合同其他部分内容有效。

第一百五十七条　【民事法律行为无效、被撤销、不生效力的法律后果】民事法律行为无效、被撤销或者确定不发生效力后，行为人因该行为取得的财产，应当予以返还；不能返还或者没有必要返还的，应当折价补偿。有过错的一方应当赔偿对方由此所受到的损失；各方都有过错的，应当各自承担相应的责任。法律另有规定的，依照其规定。

条文对比

《民法典总则编》	《民法通则》《合同法》
第一百五十七条　民事**法律**行为无效、被撤销**或者确定不发生效力后**，行为人因该行为取得的财产，应当**予以**返还；**不能返还或者没有必要返还的，应当折价补偿**。有过错的一方应当赔偿对方由此所受**到**的损失；各方都有过错的，应当各自承担相应的责任。**法律另有规定的，依照其规定**。	**《民法通则》** **第六十一条**　民事行为~~被确认为~~无效或者被撤销后，当事人因该行为取得的财产，应当返还~~给受损失的一方~~。有过错的一方应当赔偿对方因此所受的损失，双方都有过错的，应当各自承担相应的责任。 ~~双方恶意串通，实施民事行为损害国家的、集体的或者第三人的利益的，应当追缴双方取得的财产，收归国家、集体所有或者返还第三人~~。

《民法典总则编》	《民法通则》《合同法》
	《合同法》 **第五十八条** 合同无效或者被撤销后，因该合同取得的财产，应当予以返还；不能返还或者没有必要返还的，应当折价补偿。有过错的一方应当赔偿对方因此所受到的损失，双方都有过错的，应当各自承担相应的责任。

关联法规

《民法典合同编》

第四百九十七条 有下列情形之一的，该格式条款无效：

（一）具有本法第一编第六章第三节和本法第五百零六条规定的无效情形；

（二）提供格式条款一方不合理地免除或者减轻其责任、加重对方责任、限制对方主要权利；

（三）提供格式条款一方排除对方主要权利。

《民法典婚姻家庭编》

第一千零五十四条 无效的或者被撤销的婚姻自始没有法律约束力，当事人不具有夫妻的权利和义务。同居期间所得的财产，由当事人协议处理；协议不成的，由人民法院根据照顾无过错方的原则判决。对重婚导致的无效婚姻的财产处理，不得侵害合法婚姻当事人的财产权益。当事人所生的子女，适用本法关于父母子女的规定。

婚姻无效或者被撤销的，无过错方有权请求损害赔偿。

《民通意见》

74. 民法通则第六十一条第二款中的“双方取得的财产”，应当包括双方当事人已经取得和约定取得的财产。①

111. 被担保的经济合同确认无效后，如果被保证人应当返还财产或者赔偿损失的，除有特殊约定外，保证人仍应承担连带责任。

---

① 建议废止《民通意见》第74条，理由：《民法典总则编》第157条删除了原《民法通则》第61条第2款，且该规则本身正当性不足。

第四节 民事法律行为的附条件和附期限

第一百五十八条 【附条件的民事法律行为】 民事法律行为可以附条件，但是根据其性质不得附条件的除外。附生效条件的民事法律行为，自条件成就时生效。附解除条件的民事法律行为，自条件成就时失效。

条文对比

《民法典总则编》	《民法通则》《合同法》
第一百五十八条 民事法律行为可以附条件，**但是根据其性质不得附条件的除外**。附**生效**条件的民事法律行为，自条件成就时生效。附解除条件的民事法律行为，自条件成就时失效。	《民法通则》 **第六十二条** 民事法律行为可以附条件，附条件的民事法律行为在符合所附条件时生效。 《合同法》 **第四十五条第一款** 当事人对合同的效力可以约定附条件。附生效条件的合同，自条件成就时生效。附解除条件的合同，自条件成就时失效。

关联法规

▶《民法典合同编》

第五百六十八条 当事人互负债务，该债务的标的物种类、品质相同的，任何一方可以将自己的债务与对方的到期债务抵销；但是，根据债务性质、按照当事人约定或者依照法律规定不得抵销的除外。

当事人主张抵销的，应当通知对方。通知自到达对方时生效。抵销不得附条件或者附期限。

▶《保险法》

第十三条 投保人提出保险要求，经保险人同意承保，保险合同成立。保险人应当及时向投保人签发保险单或者其他保险凭证。

保险单或者其他保险凭证应当载明当事人双方约定的合同内容。当事人也可以约定采用其他书面形式载明合同内容。

依法成立的保险合同，自成立时生效。投保人和保险人可以对合同的效力约定附条件或者附期限。

《票据法》

第三十三条 背书不得附有条件。背书时附有条件的，所附条件不具有汇票上的效力。

将汇票金额的一部分转让的背书或者将汇票金额分别转让给二人以上的背书无效。

《民通意见》

75. 附条件的民事行为，如果所附的条件是违背法律规定或者不可能发生的，应当认定该民事行为无效。

权威案例

《莫君飞诉李考兴离婚纠纷案》，《最高人民法院公报》2011 年第 12 期

裁判摘要：婚姻当事人之间为离婚达成的协议是一种要式协议，即双方当事人达成离婚合意，并在协议上签名才能使离婚协议生效。双方当事人对财产的处理是以达成离婚为前提，虽然已经履行了财产权利的变更手续，但因离婚的前提条件不成立而没有生效，已经变更权利人的财产仍属于夫妻婚姻存续期间的共同财产。

《崂山国土局与南太置业公司国有土地使用权出让合同纠纷案》，《最高人民法院公报》2007 年第 3 期

裁判摘要：（一）根据《中华人民共和国合同法》第四十五条规定，当事人对合同的效力约定所附条件，是指在合同中特别约定一定的条件，以条件成就与否作为合同效力发生的根据。该条件必须是将来发生的、不确定的、约定的、合法的事实。政府机关对有关事项或者合同审批或者批准的权限和职责，源于法律和行政法规的规定，不属于当事人约定的范畴。当事人将上述权限和职责约定为合同所附条件，不符合法律规定。

（二）根据《中华人民共和国合同法》第五十二条第（五）项和最高人民

法院《关于适用〈中华人民共和国合同法〉若干问题的解释（一）》第四条的规定，确认合同无效应当以法律和行政法规作为依据，不得以地方性法规和行政规章作为依据。双方当事人签订的《国有土地使用权出让合同》中约定的土地用途与规划和评估报告中的土地用途不同，如果可能导致土地使用权出让金低于订立合同时当地政府按照国家规定确定的最低价的，属于影响国有土地使用权出让合同价格条款效力的因素，但不导致国有土地使用权出让合同无效。

（三）根据《中华人民共和国民法通则》第六条的规定，民事主体从事民事活动，除必须遵守法律外，在法律没有规定的情况下还应当遵守国家政策。国务院下发的有关规范整顿土地出让市场秩序的通知以及国务院有关部委颁发的贯彻配套规定等规范性文件，属于国家政策。按照国家有关政策规定，在2002年7月1日前未经市、县政府前置审批或者签订书面项目开发协议而在此后协议出让经营性用地的，应当按照有关规定改为以招标拍卖挂牌方式出让。完善招标拍卖挂牌手续的，属于对有关国有土地使用权出让合同的变更或者解除，影响到相关合同能否实际履行以及是否解除问题，不影响和限制合同的效力。

（四）解除权在实体方面属于形成权，在程序方面则表现为形成之诉。在没有当事人依法提出该诉讼请求的情况下，人民法院不能依职权径行裁判。

第一百五十九条　【条件成就或不成就的拟制】附条件的民事法律行为，当事人为自己的利益不正当地阻止条件成就的，视为条件已经成就；不正当地促成条件成就的，视为条件不成就。

条文对比

《民法典总则编》	《合同法》
第一百五十九条　附条件的民事法律行为，当事人为自己的利益不正当地阻止条件成就的，视为条件已经成就；不正当地促成条件成就的，视为条件不成就。	**第四十五条第二款**　当事人为自己的利益不正当地阻止条件成就的，视为条件已成就；不正当地促成条件成就的，视为条件不成就。

关联法规

▶《最高人民法院经济审判庭关于对一企业租赁经营合同规定由主管部门鉴证后合同生效的条款效力如何认定问题的复函》

山东省高级人民法院：

你院鲁法（经）发〔1990〕70号《关于对一企业租赁经营合同规定由主管部门鉴证后合同生效的条款效力如何认定问题的请示报告》收悉。经研究，答复如下：

本案合同第六条第三项“本合同经双方签字，并经鉴证后生效”的约定，是合同当事人双方真实意思表示，现行法律没有禁止性规定，且，合同鉴证实行的是自愿原则，因此，这一条款不宜认定无效。但就本案而言，在当事人送交鉴证的合同正式文本上，原告方拒绝签字，合同不能视为成立，也不发生法律效力。故，认定合同第六条第三项条款效力如何，似无实际意义。

此复

权威案例

《中国信达资产管理公司兰州办事处与甘肃亚盛盐化工业（集团）有限责任公司借款合同纠纷案》，《最高人民法院公报》2007年第10期

裁判摘要：双方当事人签订合同，约定以一方当事人的上级主管部门批准作为合同生效条件的，该方当事人即负有及时报请其上级主管部门审批、促使合同生效的义务。如果该方当事人怠于履行上述约定义务，在合同业经双方当事人签字盖章成立，合同内容不违反法律禁止性规定、不损害他人利益且已部分履行的情况下，应当认定合同已经生效。

第一百六十条 【附期限的民事法律行为】民事法律行为可以附期限，但是根据其性质不得附期限的除外。附生效期限的民事法律行为，自期限届至时生效。附终止期限的民事法律行为，自期限届满时失效。

条文对比

《民法典总则编》	《合同法》
第一百六十条 民事法律行为可以附期限，**但是根据其性质不得附期限的除外**。附生效期限的民事法律行为，自期限届至时生效。附终止期限的民事法律行为，自期限届满时失效。	**第四十六条** 当事人对合同的效力可以约定附期限。附生效期限的合同，自期限届至时生效。附终止期限的合同，自期限届满时失效。

关联法规

《民法典合同编》

第五百六十八条 当事人互负债务，该债务的标的物种类、品质相同的，任何一方可以将自己的债务与对方的到期债务抵销；但是，根据债务性质、按照当事人约定或者依照法律规定不得抵销的除外。

当事人主张抵销的，应当通知对方。通知自到达对方时生效。抵销不得附条件或者附期限。

《保险法》

第十三条 投保人提出保险要求，经保险人同意承保，保险合同成立。保险人应当及时向投保人签发保险单或者其他保险凭证。

保险单或者其他保险凭证应当载明当事人双方约定的合同内容。当事人也可以约定采用其他书面形式载明合同内容。

依法成立的保险合同，自成立时生效。投保人和保险人可以对合同的效力约定附条件或者附期限。

《民通意见》

76. 附期限的民事法律行为，在所附期限到来时生效或者解除。

第七章 代 理

第一节 一般规定

第一百六十一条 【代理的适用范围】民事主体可以通过代理人实施民事法律行为。

依照法律规定、当事人约定或者民事法律行为的性质，应当由本人亲自实施的民事法律行为，不得代理。

条文对比

《民法典总则编》	《民法通则》
第一百六十一条 民事主体可以通过代理人实施民事法律行为。 依照法律规定、当事人约定**或者民事法律行为的性质**，应当由本人**亲自**实施的民事法律行为，不得代理。	**第六十三条第一款、第三款** 公民、法人可以通过代理人实施民事法律行为。 依照法律规定~~或者按照~~双方当事人约定，应当由本人实施的民事法律行为，不得代理。

关联法规

▶《民法典婚姻家庭编》

第一千零四十九条 要求结婚的男女双方应当亲自到婚姻登记机关申请结婚登记。符合本法规定的，予以登记，发给结婚证。完成结婚登记，即确立婚姻关系。未办理结婚登记的，应当补办登记。

第一千零七十八条 婚姻登记机关查明双方确实是自愿离婚，并已经对子女抚养、财产以及债务处理等事项协商一致的，予以登记，发给离婚证。

第一千零七十九条 夫妻一方要求离婚的，可以由有关组织进行调解或者直接向人民法院提起离婚诉讼。

人民法院审理离婚案件，应当进行调解；如果感情确已破裂，调解无效的，应当准予离婚。

有下列情形之一，调解无效的，应当准予离婚：

（一）重婚或者与他人同居；

（二）实施家庭暴力或者虐待、遗弃家庭成员；

（三）有赌博、吸毒等恶习屡教不改；

（四）因感情不和分居满二年；

（五）其他导致夫妻感情破裂的情形。

一方被宣告失踪，另一方提起离婚诉讼的，应当准予离婚。

经人民法院判决不准离婚后，双方又分居满一年，一方再次提起离婚诉讼的，应当准予离婚。

第一千零九十七条 生父母送养子女，应当双方共同送养。生父母一方不明或者查找不到的，可以单方送养。

第一千一百零一条 有配偶者收养子女，应当夫妻共同收养。

第一千一百零五条 收养应当向县级以上人民政府民政部门登记。收养关系自登记之日起成立。

收养查找不到生父母的未成年人的，办理登记的民政部门应当在登记前予以公告。

收养关系当事人愿意签订收养协议的，可以签订收养协议。

收养关系当事人各方或者一方要求办理收养公证的，应当办理收养公证。

县级以上人民政府民政部门应当依法进行收养评估。

第一千一百一十六条 当事人协议解除收养关系的，应当到民政部门办理解除收养关系登记。

▶《民法典继承编》

第一千一百零九条 外国人依法可以在中华人民共和国收养子女。

外国人在中华人民共和国收养子女，应当经其所在国主管机关依照该国法律审查同意。收养人应当提供由其所在国有权机构出具的有关其年龄、婚姻、职业、财产、健康、有无受过刑事处罚等状况的证明材料，并与送养人签订书面协议，亲自向省、自治区、直辖市人民政府民政部门登记。

前款规定的证明材料应当经收养人所在国外交机关或者外交机关授权的机构认证，并经中华人民共和国驻该国使领馆认证，但是国家另有规定的除外。

第一千一百三十九条 公证遗嘱由遗嘱人经公证机构办理。

▶《海关法》

第十一条 进出口货物收发货人、报关企业办理报关手续，必须依法经海关注册登记。未依法经海关注册登记，不得从事报关业务。

报关企业和报关人员不得非法代理他人报关，或者超出其业务范围进行报关活动。

▶《保险法》

第一百一十七条 保险代理人是根据保险人的委托，向保险人收取佣金，并在保险人授权的范围内代为办理保险业务的机构或者个人。

保险代理机构包括专门从事保险代理业务的保险专业代理机构和兼营保险代理业务的保险兼业代理机构。

▶《拍卖法》

第二十六条 委托人可以自行办理委托拍卖手续，也可以由其代理人代为办理委托拍卖手续。

第三十四条 竞买人可以自行参加竞买，也可以委托其代理人参加竞买。

▶《执业医师法》

第二十三条 医师实施医疗、预防、保健措施，签署有关医学证明文件，必须亲自诊查、调查，并按照规定及时填写医学文书，不得隐匿、伪造或者销毁医学文书及有关资料。

医师不得出具与自己执业范围无关或者与执业类别不相符的医学证明文件。

▶《中国公民收养子女登记办法》

第四条 收养关系当事人应当亲自到收养登记机关办理成立收养关系的登记 手续。

夫妻共同收养子女的，应当共同到收养登记机关办理登记手续；一方因故不能亲自前往的，应当书面委托另一方办理登记手续，委托书应当经过村民委员会或者居民委员会证明或者经过公证。

▶《婚姻登记条例》

第四条 内地居民结婚，男女双方应当共同到一方当事人常住户口所在地的婚姻登记机关办理结婚登记。

中国公民同外国人在中国内地结婚的，内地居民同香港居民、澳门居民、台湾居民、华侨在中国内地结婚的，男女双方应当共同到内地居民常住户口所在地的婚姻登记机关办理结婚登记。

第十条 内地居民自愿离婚的，男女双方应当共同到一方当事人常住户口所在地的婚姻登记机关办理离婚登记。

中国公民同外国人在中国内地自愿离婚的，内地居民同香港居民、澳门居民、台湾居民、华侨在中国内地自愿离婚的，男女双方应当共同到内地居民常住户口所在地的婚姻登记机关办理离婚登记。

▶《外国人在中华人民共和国收养子女登记办法》

第八条 外国人来华收养子女，应当亲自来华办理登记手续。夫妻共同收养的，应当共同来华办理收养手续；一方因故不能来华的，应当书面委托另一方。委托书应当 经所在国公证和认证。

▶《民通意见》

78. 凡是依法或者依双方的约定必须由本人亲自实施的民事行为，本人未亲自实施的，应当认定行为无效。

第一百六十二条 【代理的效力】代理人在代理权限内，以被代理人名义实施的民事法律行为，对被代理人发生效力。

条文对比

《民法典总则编》	《民法通则》
第一百六十二条 代理人在代理权限内，以被代理人名义实施的民事法律行为，对被代理人发生效力。	**第六十三条第二款** 代理人在代理权限内，以被代理人的名义实施民事法律行为。被代理人对代理人的代理行为，承担民事责任。

关联法规

▶《民法典合同编》

第九百一十九条 委托合同是委托人和受托人约定，由受托人处理委托人事务的合同。

第九百二十五条 受托人以自己的名义，在委托人的授权范围内与第三人订立的合同，第三人在订立合同时知道受托人与委托人之间的代理关系的，该合同直接约束委托人和第三人；但是，有确切证据证明该合同只约束受托人和第三人的除外。

第九百二十六条 受托人以自己的名义与第三人订立合同时，第三人不知道受托人与委托人之间的代理关系的，受托人因第三人的原因对委托人不履行义务，受托人应当向委托人披露第三人，委托人因此可以行使受托人对第三人的权利。但是，第三人与受托人订立合同时如果知道该委托人就不会订立合同的除外。

受托人因委托人的原因对第三人不履行义务，受托人应当向第三人披露委托人，第三人因此可以选择受托人或者委托人作为相对人主张其权利，但是第三人不得变更选定的相对人。

委托人行使受托人对第三人的权利的，第三人可以向委托人主张其对受托人的抗辩。第三人选定委托人作为其相对人的，委托人可以向第三人主张其对受托人的抗辩以及受托人对第三人的抗辩。

第九百五十一条 行纪合同是行纪人以自己的名义为委托人从事贸易活动，委托人支付报酬的合同。

第九百六十一条 中介合同是中介人向委托人报告订立合同的机会或者提供订立合同的媒介服务，委托人支付报酬的合同。

第一百六十三条 【代理的类型】 代理包括委托代理和法定代理。

委托代理人按照被代理人的委托行使代理权。法定代理人依照法律的规定行使代理权。

条文对比

《民法典总则编》	《民法通则》
第一百六十三条　代理包括委托代理和法定代理。 委托代理人按照被代理人的委托行使代理权。法定代理人依照法律的规定行使代理权。	**第六十四条**　代理包括委托代理、法定代理~~和指定代理~~。 委托代理人按照被代理人的委托行使代理权，法定代理人依照法律的规定行使代理权~~，指定代理人按照人民法院或者指定单位的指定行使代理权~~。

关联法规

▶《民法典合同编》

第九百一十九条　委托合同是委托人和受托人约定，由受托人处理委托人事务的合同。

第九百二十条　委托人可以特别委托受托人处理一项或者数项事务，也可以概括委托受托人处理一切事务。

第九百二十一条　委托人应当预付处理委托事务的费用。受托人为处理委托事务垫付的必要费用，委托人应当偿还该费用并支付利息。

第九百二十二条　受托人应当按照委托人的指示处理委托事务。需要变更委托人指示的，应当经委托人同意；因情况紧急，难以和委托人取得联系的，受托人应当妥善处理委托事务，但是事后应当将该情况及时报告委托人。

第一百六十四条　**【不当代理的民事责任】**代理人不履行或者不完全履行职责，造成被代理人损害的，应当承担民事责任。

代理人和相对人恶意串通，损害被代理人合法权益的，代理人和相对人应当承担连带责任。

条文对比

《民法典总则编》	《民法通则》
第一百六十四条 代理人不履行**或者不完全履行**职责，造成被代理人损害的，应当承担民事责任。 代理人和相对人**恶意**串通，损害被代理人合法权益的，代理人和相对人应当承担连带责任。	**第六十六条第二款、第三款** 代理人不履行职责而给被代理人造成损害的，应当承担民事责任。 代理人和第三人串通，损害被代理人的利益的，由代理人和第三人负连带责任。

关联法规

▶《民法典合同编》

第九百二十九条 有偿的委托合同，因受托人的过错造成委托人损失的，委托人可以请求赔偿损失。无偿的委托合同，因受托人的故意或者重大过失造成委托人损失的，委托人可以请求赔偿损失。

受托人超越权限造成委托人损失的，应当赔偿损失。

▶《民事诉讼法司法解释》

第一百零九条 当事人对欺诈、胁迫、恶意串通事实的证明，以及对口头遗嘱或者赠与事实的证明，人民法院确信该待证事实存在的可能性能够排除合理怀疑的，应当认定该事实存在。

▶《民通意见》

79. 数个委托代理人共同行使代理权的，如果其中一人或者数人未与其他委托代理人协商，所实施的行为侵害被代理人权益的，由实施行为的委托代理人承担民事责任。

被代理人为数人时，其中一人或者数人未经其他被代理人同意而提出解除代理关系，因此造成损害的，由提出解除代理关系的被代理人承担。

第二节　委托代理

第一百六十五条　【委托代理授权的形式要求】委托代理授权采用书面形式的，授权委托书应当载明代理人的姓名或者名称、代理事项、权限和期限，并由被代理人签名或者盖章。

条文对比

《民法典总则编》	《民法通则》《民法总则》
第一百六十五条　委托代理授权采用书面形式的，授权委托书应当载明代理人的姓名或者名称、代理事项、权限和期限①，并由被代理人签名或者盖章。	**《民法通则》** **第六十五条第二款**　书面委托代理的授权委托书应当载明代理人的姓名或者名称、代理事项、权限和期间，并由委托人签名或者盖章。 **《民法总则》** **第一百六十五条**　委托代理授权采用书面形式的，授权委托书应当载明代理人的姓名或者名称、代理事项、权限和期间，并由被代理人签名或者盖章。

关联法规

▶ **《民法典合同编》**

第九百一十九条　委托合同是委托人和受托人约定，由受托人处理委托人事务的合同。

① 《民法典》将《民法总则》中的“期间”改为“期限”的条文有：第 165 条、第 173 条。

第一百六十六条 【共同代理】数人为同一代理事项的代理人的，应当共同行使代理权，但是当事人另有约定的除外。

条文对比

《民法典总则编》	新增条文
第一百六十六条　数人为同一代理事项的代理人的，应当共同行使代理权，但是当事人另有约定的除外。	

关联法规

《民法典合同编》

第九百三十二条　两个以上的受托人共同处理委托事务的，对委托人承担连带责任。

《信托法》

第三十一条　同一信托的受托人有两个以上的，为共同受托人。

共同受托人应当共同处理信托事务，但信托文件规定对某些具体事务由受托人分别处理的，从其规定。

共同受托人共同处理信托事务，意见不一致时，按信托文件规定处理；信托文件未规定的，由委托人、受益人或者其利害关系人决定。

《民通意见》

79. 数个委托代理人共同行使代理权的，如果其中一人或者数人未与其他委托代理人协商，所实施的行为侵害被代理人权益的，由实施行为的委托代理人承担民事责任。

被代理人为数人时，其中一人或者数人未经其他被代理人同意而提出解除代理关系，因此造成损害的，由提出解除代理关系的被代理人承担。

第一百六十七条　【违法代理的责任承担】代理人知道或者应当知道代理事项违法仍然实施代理行为，或者被代理人知道或者应当知道代理人的代理行为违法未作反对表示的，被代理人和代理人应当承担连带责任。

条文对比

《民法典总则编》	《民法通则》
第一百六十七条　代理人知道**或者应当知道**代理事项违法仍然实施代理行为，或者被代理人知道**或者应当知道**代理人的代理行为违法未作反对表示的，被代理人和代理人**应当**承担连带责任。	**第六十七条**　代理人知道~~被委托~~代理~~的~~事项违法仍然进行代理活动的，或者被代理人知道代理人的代理行为违法不表示反对的，~~由~~被代理人和代理人负连带责任。

关联法规

▶《民通意见》

83. 代理人和被代理人对已实施的民事行为负连带责任的，在民事诉讼中，可以列为共同诉讼人。

第一百六十八条　【禁止自己代理；禁止双方代理】代理人不得以被代理人的名义与自己实施民事法律行为，但是被代理人同意或者追认的除外。

代理人不得以被代理人的名义与自己同时代理的其他人实施民事法律行为，但是被代理的双方同意或者追认的除外。

条文对比

《民法典总则编》	新增条文
第一百六十八条　代理人不得以被代理人的名义与自己实施民事法律行为，但是被代理人同意或者追认的除外。 代理人不得以被代理人的名义与自己同时代理的其他人实施民事法律行为，但是被代理的双方同意或者追认的除外。	

关联法规

▶《民法典合同编》

第九百五十六条　行纪人卖出或者买入具有市场定价的商品，除委托人有相反的意思表示外，行纪人自己可以作为买受人或者出卖人。

行纪人有前款规定情形的，仍然可以请求委托人支付报酬。

第九百六十一条　中介合同是中介人向委托人报告订立合同的机会或者提供订立合同的媒介服务，委托人支付报酬的合同。

▶《公司法》

第一百四十八条　董事、高级管理人员不得有下列行为：

（一）挪用公司资金；

（二）将公司资金以其个人名义或者以其他个人名义开立账户存储；

（三）违反公司章程的规定，未经股东会、股东大会或者董事会同意，将公司资金借贷给他人或者以公司财产为他人提供担保；

（四）违反公司章程的规定或者未经股东会、股东大会同意，与本公司订立合同或者进行交易；

（五）未经股东会或者股东大会同意，利用职务便利为自己或者他人谋取属于公司的商业机会，自营或者为他人经营与所任职公司同类的业务；

（六）接受他人与公司交易的佣金归为己有；

（七）擅自披露公司秘密；

（八）违反对公司忠实义务的其他行为。

董事、高级管理人员违反前款规定所得的收入应当归公司所有。

▶《保险法》

第一百零八条 保险公司应当按照国务院保险监督管理机构的规定，建立对关联交易的管理和信息披露制度。

第一百零九条 保险公司的控股股东、实际控制人、董事、监事、高级管理人员不得利用关联交易损害公司的利益。

▶《信托法》

第二十八条 受托人不得将其固有财产与信托财产进行交易或者将不同委托人的信托财产进行相互交易，但信托文件另有规定或者经委托人或者受益人同意，并以公平的市场价格进行交易的除外。

受托人违反前款规定，造成信托财产损失的，应当承担赔偿责任。

权威案例

《向美琼等人诉张凤霞等人执行遗嘱代理协议纠纷案》，《最高人民法院公报》2004 年第 1 期

裁判摘要：遗嘱执行人在遗嘱人没有明确其执行遗嘱所得报酬的情况下，与继承人就执行遗嘱相关事项自愿签订代理协议，并按照协议约定收取遗嘱执行费，不属于律师法第三十四条禁止的律师在同一案件中为双方当事人代理的情形，应认定代理协议有效。

第一百六十九条　【转委托代理】代理人需要转委托第三人代理的，应当取得被代理人的同意或者追认。

转委托代理经被代理人同意或者追认的，被代理人可以就代理事务直接指示转委托的第三人，代理人仅就第三人的选任以及对第三人的指示承担责任。

转委托代理未经被代理人同意或者追认的，代理人应当对转委托的第三人的行为承担责任；但是，在紧急情况下代理人为了维护被代理人的利益需要转委托第三人代理的除外。

条文对比

《民法典总则编》	《民法通则》
第一百六十九条 代理人需要转**委**托第三人代理的，应当取得被代理人的同意**或者追认**。 **转委托代理经被代理人同意或者追认的，被代理人可以就代理事务直接指示转委托的第三人，代理人仅就第三人的选任以及对第三人的指示承担责任。** **转委托代理**未经被代理人同意或者追认的，代理人**应当**对转**委**托的第三人的行为承担责任；但是，在紧急情况下**代理人**为了维护被代理人的利益**需要**转**委**托第三人代理的除外。	**第六十八条** ~~委托~~代理人~~为被代理人的利益~~需要转托他人代理的，应当~~事先~~取得被代理人的同意。事先没有取得被代理人同意的，应当在事后及时告诉被代理人，如果被代理人不同意，~~由~~代理人对~~自己所~~转托的人的行为负民事责任，但在紧急情况下，为了保护被代理人的利益而转托他人代理的除外。

关联法规

《民法典合同编》

第九百二十三条 受托人应当亲自处理委托事务。经委托人同意，受托人可以转委托。转委托经同意或者追认的，委托人可以就委托事务直接指示转委托的第三人，受托人仅就第三人的选任及其对第三人的指示承担责任。转委托未经同意或者追认的，受托人应当对转委托的第三人的行为承担责任；但是，在紧急情况下受托人为了维护委托人的利益需要转委托第三人的除外。

《信托法》

第三十条 受托人应当自己处理信托事务，但信托文件另有规定或者有不得已事由的，可以委托他人代为处理。

受托人依法将信托事务委托他人代理的，应当对他人处理信托事务的行为承担责任。

《民通意见》

80. 由于急病、通讯联络中断等特殊原因，委托代理人自己不能办理代理事项，又不能与被代理人及时取得联系，如不及时转托他人代理，会给被代理人的利益造成损失或者扩大损失的，属于民法通则第六十八条中的“紧急情况”。

81. 委托代理人转托他人代理的，比照民法通则第六十五条规定的条件办理转托手续。因委托代理人转托不明，给第三人造成损失的，第三人可以直接要求被代理人赔偿损失；被代理人承担民事责任后，可以要求委托代理人赔偿损失，转托代理人有过错的，应当负连带责任。

第一百七十条　【职务代理】执行法人或者非法人组织工作任务的人员，就其职权范围内的事项，以法人或者非法人组织的名义实施的民事法律行为，对法人或者非法人组织发生效力。

法人或者非法人组织对执行其工作任务的人员职权范围的限制，不得对抗善意相对人。

条文对比

《民法典总则编》	《民法通则》《合同法》
第一百七十条　执行法人或者非法人组织工作任务的人员，就其职权范围内的事项，以法人或者非法人组织的名义实施的民事法律行为，对法人或者非法人组织发生效力。 **法人或者非法人组织对执行其工作任务的人员职权范围的限制，不得对抗善意相对人。**	《民法通则》 **第四十三条**　企业法人对它的法定代表人和其他工作人员的经营活动，承担民事责任。 《合同法》 **第五十条**　法人或者其他组织的法定代表人、负责人超越权限订立的合同，除相对人知道或者应当知道其超越权限的以外，该代表行为有效。

关联法规

▶《民法典总则编》

第六十一条　依照法律或者法人章程的规定，代表法人从事民事活动的负责人，为法人的法定代表人。

法定代表人以法人名义从事的民事活动，其法律后果由法人承受。

法人章程或者法人权力机构对法定代表人代表权的限制，不得对抗善意相对人。

▶《民法典合同编》

第五百零四条 法人的法定代表人或者非法人组织的负责人超越权限订立的合同，除相对人知道或者应当知道其超越权限外，该代表行为有效，订立的合同对法人或者非法人组织发生效力。

▶《合伙企业法》

第二十六条 合伙人对执行合伙事务享有同等的权利。

按照合伙协议的约定或者经全体合伙人决定，可以委托一个或者数个合伙人对外代表合伙企业，执行合伙事务。

作为合伙人的法人、其他组织执行合伙事务的，由其委派的代表执行。

第二十七条 依照本法第二十六条第二款规定委托一个或者数个合伙人执行合伙事务的，其他合伙人不再执行合伙事务。

不执行合伙事务的合伙人有权监督执行事务合伙人执行合伙事务的情况。

第二十八条 由一个或者数个合伙人执行合伙事务的，执行事务合伙人应当定期向其他合伙人报告事务执行情况以及合伙企业的经营和财务状况，其执行合伙事务所产生的收益归合伙企业，所产生的费用和亏损由合伙企业承担。

合伙人为了解合伙企业的经营状况和财务状况，有权查阅合伙企业会计账簿等财务资料。

▶《合同法司法解释一》

第十条 当事人超越经营范围订立合同，人民法院不因此认定合同无效。但违反国家限制经营、特许经营以及法律、行政法规禁止经营规定的除外。

▶《民通意见》

58. 企业法人的法定代表人和其他工作人员，以法人名义从事的经营活动，给他人造成经济损失的，企业法人应当承担民事责任。

第一百七十一条　【无权代理】 行为人没有代理权、超越代理权或者代理权终止后，仍然实施代理行为，未经被代理人追认的，对被代理人不发生效力。

相对人可以催告被代理人自收到通知之日起三十日内予以追认。被代理人未作表示的，视为拒绝追认。行为人实施的行为被追认前，善意相对人有撤销的权利。撤销应当以通知的方式作出。

行为人实施的行为未被追认的，善意相对人有权请求行为人履行债务或者就其受到的损害请求行为人赔偿。但是，赔偿的范围不得超过被代理人追认时相对人所能获得的利益。

相对人知道或者应当知道行为人无权代理的，相对人和行为人按照各自的过错承担责任。

条文对比

《民法典总则编》	《民法通则》
第一百七十一条 行为人没有代理权、超越代理权或者代理权终止后，**仍然实施代理行为**，未经被代理人追认的，对被代理人不发生效力。 **相对人可以催告被代理人自收到通知之日起三十日内予以追认。被代理人未作表示的，视为拒绝追认。行为人实施的行为被追认前，善意相对人有撤销的权利。撤销应当以通知的方式作出。** **行为人实施的行为未被追认的，善意相对人有权请求行为人履行债务或者就其受到的损害请求行为人赔偿。但是，赔偿的范围不得超过被代理人追认时相对人所能获得的利益。** 相对人知道**或者应当知道**行为人无权代理的，相对人和行为人按照各自的过错承担责任。	**第六十六条第一款、第四款** 没有代理权、超越代理权或者代理权终止后~~的行为~~，只有经过被代理人的追认，被代理人才承担民事责任。未经追认的行为，由行为人承担民事责任。~~本人知道他人以本人名义实施民事行为而不作否认表示的，视为同意~~。 第三人知道行为人没有代理权、超越代理权或者代理权已终止~~还与行为人实施民事行为给他人造成损害~~的，~~由~~第三人和行为人负连带责任。

关联法规

▶《合同法司法解释二》

第十一条 根据合同法第四十七条、第四十八条的规定，追认的意思表示自到达相对人时生效，合同自订立时起生效。

第十二条 无权代理人以被代理人的名义订立合同，被代理人已经开始履行合同义务的，视为对合同的追认。

第一百七十二条 【表见代理】 行为人没有代理权、超越代理权或者代理权终止后，仍然实施代理行为，相对人有理由相信行为人有代理权的，代理行为有效。

条文对比

《民法典总则编》	《合同法》
第一百七十二条 行为人没有代理权、超越代理权或者代理权终止后，仍然实施代理行为，相对人有理由相信行为人有代理权的，代理行为有效。	**第四十九条** 行为人没有代理权、超越代理权或者代理权终止后以被代理人名义订立合同，相对人有理由相信行为人有代理权的，该代理行为有效。

关联法规

▶ **《合同法司法解释二》**

第十三条 被代理人依照合同法第四十九条的规定承担有效代理行为所产生的责任后，可以向无权代理人追偿因代理行为而遭受的损失。

权威案例

《王见刚与王永安、第三人岚县大源采矿厂侵犯出资人权益纠纷案》，《最高人民法院公报》2013 年第 5 期

裁判摘要：夫妻一方转让个人独资企业，即使未经另一方同意，相对人有理由相信行为人有代理权的，则构成表见代理，该代理行为有效。个人独资企业的投资人发生变更的，应向工商登记机关申请办理变更登记，但该变更登记不属于转让行为有效的前提条件，未办理变更登记，依照法律规定应当受到相应的行政处罚，但并不影响转让的效力。《个人独资企业法》第十五条的规定

应视为管理性的强制性规范而非效力性的强制性规范。

《刘雷诉汪维剑、朱开荣、天安保险盐城中心支公司交通事故人身损害赔偿纠纷案》，《最高人民法院公报案例》2012 年第 3 期

裁判摘要：投保人通过保险公司设立的营销部购买机动车第三者责任险，营销部营销人员为侵吞保费，将自己伪造的、内容和形式与真保单一致的假保单填写后，加盖伪造的保险公司业务专用章，通过营销部的销售员在该营销部内销售并交付投保人。作为不知情的善意投保人有理由相信其购买的保险是真实的，保单的内容也并不违反有关法律的规定，营销部的行为在民法上应当视为保险公司的行为。因此，虽然投保人持有的保单是假的，但并不能据此免除保险公司根据保险合同依法应当承担的民事责任。

《兴业银行广州分行与深圳市机场股份有限公司借款合同纠纷案》，《最高人民法院公报》2009 年第 11 期

裁判摘要：一、根据最高人民法院《关于在审理经济纠纷案件中涉及经济犯罪嫌疑若干问题的规定》，行为人私刻单位公章或者擅自使用单位公章、业务介绍信、盖有公章的空白合同书以签订经济合同的方法进行的犯罪行为，单位有明显过错，且该过错行为与被害人的经济损失之间有因果关系的，单位对该过错行为所造成的损失，依法应当承担赔偿责任。单位规章制度不健全、用人失察、对其高级管理人员监管不力，属于单位具有明显过错的具体表现。

二、表见代理是指行为人没有代理权、超越代理权或者代理权终止后仍以代理人名义订立合同，而善意相对人客观上有充分的理由相信行为人具有代理权的，该代理行为有效，被代理人应按照合同约定承担其与相对人之间的民事责任。但如果合同系以合法形式掩盖非法目的，则合同依法为无效合同，在此情况下不应适用合同法关于表见代理的规定。

《新疆农村社会养老保险基金管理中心诉中国银行新疆分行存单纠纷案》，《最高人民法院公报》2004 年第 11 期

裁判摘要：根据《民法通则》第一百零六条第二款的规定，商业银行对所属工作人员作出除名处理后，未收缴其工作证件，致使其继续使用该证件并利用原单位加盖业务专用章的存款票证骗取他人存款，造成他人经济损失的，商业银行应承担相应的民事责任。

第三节 代理终止

第一百七十三条 【委托代理的终止】有下列情形之一的，委托代理终止：

（一）代理期限届满或者代理事务完成；

（二）被代理人取消委托或者代理人辞去委托；

（三）代理人丧失民事行为能力；

（四）代理人或者被代理人死亡；

（五）作为代理人或者被代理人的法人、非法人组织终止。

条文对比

《民法典总则编》	《民法通则》
第一百七十三条 有下列情形之一的，委托代理终止： （一）代理期限届满或者代理事务完成； （二）被代理人取消委托或者代理人辞去委托； （三）代理人丧失民事行为能力； （四）代理人**或者被代理人**死亡； （五）作为代理人或者被代理人的法人、**非法人组织**终止。	**第六十九条** 有下列情形之一的，委托代理终止： （一）代理期间届满或者代理事务完成； （二）被代理人取消委托或者代理人辞去委托； （三）代理人死亡； （四）代理人丧失民事行为能力； （五）作为被代理人或者代理人的法人终止。

关联法规

▶《民法典合同编》

第九百三十四条 委托人死亡、终止或者受托人死亡、丧失民事行为能力、终止的，委托合同终止；但是，当事人另有约定或者根据委托事务的性质不宜终止的除外。

第九百三十五条　因委托人死亡或者被宣告破产、解散，致使委托合同终止将损害委托人利益的，在委托人的继承人、遗产管理人或者清算人承受委托事务之前，受托人应当继续处理委托事务。

第九百三十六条　因受托人死亡、丧失民事行为能力或者被宣告破产、解散，致使委托合同终止的，受托人的继承人、遗产管理人、法定代理人或者清算人应当及时通知委托人。因委托合同终止将损害委托人利益的，在委托人作出善后处理之前，受托人的继承人、遗产管理人、法定代理人或者清算人应当采取必要措施。

《信托法》

第十五条　信托财产与委托人未设立信托的其他财产相区别。设立信托后，委托人死亡或者依法解散、被依法撤销、被宣告破产时，委托人是唯一受益人的，信托终止，信托财产作为其遗产或者清算财产；委托人不是唯一受益人的，信托存续，信托财产不作为其遗产或者清算财产；但作为共同受益人的委托人死亡或者依法解散、被依法撤销、被宣告破产时，其信托受益权作为其遗产或者清算财产。

第五十二条　信托不因委托人或者受托人的死亡、丧失民事行为能力、依法解散、被依法撤销或者被宣告破产而终止，也不因受托人的辞任而终止。但本法或者信托文件另有规定的除外。

第五十三条　有下列情形之一的，信托终止：

（一）信托文件规定的终止事由发生；

（二）信托的存续违反信托目的；

（三）信托目的已经实现或者不能实现；

（四）信托当事人协商同意；

（五）信托被撤销；

（六）信托被解除。

第一百七十四条 【委托代理终止的例外】被代理人死亡后，有下列情形之一的，委托代理人实施的代理行为有效：

（一）代理人不知道且不应当知道被代理人死亡；

（二）被代理人的继承人予以承认；

（三）授权中明确代理权在代理事务完成时终止；

（四）被代理人死亡前已经实施，为了被代理人的继承人的利益继续代理。

作为被代理人的法人、非法人组织终止的，参照适用前款规定。

条文对比

《民法典总则编》	《民通意见》
第一百七十四条 被代理人死亡后，有下列情形之一的，委托代理人实施的代理行为有效： （一）代理人不知道**且不应当知道**被代理人死亡； （二）被代理人的继承人予**以**承认； （三）授权中明确代理权在代理事务完成时终止； （四）被代理人死亡前已经实施，为了被代理人的继承人的利益继续代理。 **作为被代理人的法人、非法人组织终止的，参照适用前款规定。**	82. 被代理人死亡后有下列情况之一的，委托代理人实施的代理行为有效：（1）代理人不知道被代理人死亡的；（2）被代理人的继承人均予承认的；（3）被代理人与代理人约定到代理事项完成时代理权终止的；（4）在被代理人死亡前已经进行、而在被代理人死亡后为了被代理人的继承人的利益继续完成的。

关联法规

《民法典合同编》

第九百三十五条 因委托人死亡或者被宣告破产、解散，致使委托合同终止将损害委托人利益的，在委托人的继承人、遗产管理人或者清算人承受委托事务之前，受托人应当继续处理委托事务。

第一百七十五条　【法定代理的终止】有下列情形之一的，法定代理终止：

（一）被代理人取得或者恢复完全民事行为能力；

（二）代理人丧失民事行为能力；

（三）代理人或者被代理人死亡；

（四）法律规定的其他情形。

条文对比

《民法典总则编》	《民法通则》
第一百七十五条　有下列情形之一的，法定代理终止： （一）被代理人取得或者恢复完全民事行为能力； （二）代理人丧失民事行为能力； （三）代理人或者被代理人死亡； **（四）法律规定的其他情形**。	**第七十条**　有下列情形之一的，法定代理或者指定代理终止： （一）被代理人取得或者恢复民事行为能力； （二）被代理人或者代理人死亡； （三）代理人丧失民事行为能力； （四）指定代理的人民法院或者指定单位取消指定； （五）由其他原因引起的被代理人和代理人之间的监护关系消灭。

关联法规

《民法典总则编》

第三十九条　有下列情形之一的，监护关系终止：

（一）被监护人取得或者恢复完全民事行为能力；

（二）监护人丧失监护能力；

（三）被监护人或者监护人死亡；

（四）人民法院认定监护关系终止的其他情形。

监护关系终止后，被监护人仍然需要监护的，应当依法另行确定监护人。

第八章　民事责任

第一百七十六条　【民事义务的履行和民事责任的承担】 民事主体依照法律规定或者按照当事人约定，履行民事义务，承担民事责任。

条文对比

《民法典总则编》	《民法通则》
第一百七十六条　民事主体依照法律规定或者按照当事人约定，履行民事义务，承担民事责任。	**第一百零六条第一款**　~~公民、法人违反合同或者不履行其他义务的~~，~~应当~~承担民事责任。

关联法规

《民法典总则编》

第一百一十八条　民事主体依法享有债权。

债权是因合同、侵权行为、无因管理、不当得利以及法律的其他规定，权利人请求特定义务人为或者不为一定行为的权利。

第一百一十九条　依法成立的合同，对当事人具有法律约束力。

第一百二十条　民事权益受到侵害的，被侵权人有权请求侵权人承担侵权责任。

第一百二十一条　没有法定的或者约定的义务，为避免他人利益受损失而进行管理的人，有权请求受益人偿还由此支出的必要费用。

第一百二十二条　因他人没有法律根据，取得不当利益，受损失的人有权请求其返还不当利益。

第一百三十一条 民事主体行使权利时，应当履行法律规定的和当事人约定的义务。

《民法典合同编》

第五百零九条 当事人应当按照约定全面履行自己的义务。

当事人应当遵循诚信原则，根据合同的性质、目的和交易习惯履行通知、协助、保密等义务。

当事人在履行合同过程中，应当避免浪费资源、污染环境和破坏生态。

第五百七十八条 当事人一方明确表示或者以自己的行为表明不履行合同义务的，对方可以在履行期限届满前请求其承担违约责任。

第五百八十四条 当事人一方不履行合同义务或者履行合同义务不符合约定，造成对方损失的，损失赔偿额应当相当于因违约所造成的损失，包括合同履行后可以获得的利益；但是，不得超过违约一方订立合同时预见到或者应当预见到的因违约可能造成的损失。

第五百八十五条 当事人可以约定一方违约时应当根据违约情况向对方支付一定数额的违约金，也可以约定因违约产生的损失赔偿额的计算方法。

约定的违约金低于造成的损失的，人民法院或者仲裁机构可以根据当事人的请求予以增加；约定的违约金过分高于造成的损失的，人民法院或者仲裁机构可以根据当事人的请求予以适当减少。

当事人就迟延履行约定违约金的，违约方支付违约金后，还应当履行债务。

第五百九十六条 买卖合同的内容一般包括标的物的名称、数量、质量、价款、履行期限、履行地点和方式、包装方式、检验标准和方法、结算方式、合同使用的文字及其效力等条款。

《民法典侵权责任编》

第一千一百六十四条 本编调整因侵害民事权益产生的民事关系。

第一千一百六十五条 行为人因过错侵害他人民事权益造成损害的，应当承担侵权责任。

依照法律规定推定行为人有过错，其不能证明自己没有过错的，应当承担侵权责任。

第一千一百六十六条 行为人造成他人民事权益损害，不论行为人有无过错，法律规定应当承担侵权责任的，依照其规定。

▶《建筑法》

第十五条 建筑工程的发包单位与承包单位应当依法订立书面合同，明确双方的权利和义务。

发包单位和承包单位应当全面履行合同约定的义务。不按照合同约定履行义务的，依法承担违约责任。

▶《劳动合同法》

第二十九条 用人单位与劳动者应当按照劳动合同的约定，全面履行各自的义务。

▶《买卖合同司法解释》

第二十六条 买卖合同因违约而解除后，守约方主张继续适用违约金条款的，人民法院应予支持；但约定的违约金过分高于造成的损失的，人民法院可以参照合同法第一百一十四条第二款的规定处理。

第一百七十七条 【按份责任】 二人以上依法承担按份责任，能够确定责任大小的，各自承担相应的责任；难以确定责任大小的，平均承担责任。

条文对比

《民法典总则编》	《侵权责任法》
第一百七十七条 二人以上依法承担按份责任，能够确定责任大小的，各自承担相应的责任；难以确定责任大小的，平均承担责任。	**第十二条** 二人以上分别实施侵权行为造成同一损害，能够确定责任大小的，各自承担相应的责任；难以确定责任大小的，平均承担~~赔偿~~责任。

关联法规

▶《道路交通事故司法解释》

第十三条 多辆机动车发生交通事故造成第三人损害，当事人请求多个侵权人承担赔偿责任的，人民法院应当区分不同情况，依照侵权责任法第十条、

第十一条或者第十二条的规定，确定侵权人承担连带责任或者按份责任。

▶《人身损害赔偿司法解释》

第三条 二人以上共同故意或者共同过失致人损害，或者虽无共同故意、共同过失，但其侵害行为直接结合发生同一损害后果的，构成共同侵权，应当依照民法通则第一百三十条规定承担连带责任。

二人以上没有共同故意或者共同过失，但其分别实施的数个行为间接结合发生同一损害后果的，应当根据过失大小或者原因力比例各自承担相应的赔偿责任。

第一百七十八条 【连带责任】 二人以上依法承担连带责任的，权利人有权请求部分或者全部连带责任人承担责任。

连带责任人的责任份额根据各自责任大小确定；难以确定责任大小的，平均承担责任。实际承担责任超过自己责任份额的连带责任人，有权向其他连带责任人追偿。

连带责任，由法律规定或者当事人约定。

条文对比

《民法典总则编》	《侵权责任法》
第一百七十八条 二人以上依法承担连带责任的，权利人有权请求部分或者全部连带责任人承担责任。 连带责任人的责任份额根据各自责任大小确定；难以确定责任大小的，平均承担责任。实际承担责任超过自己责任份额的连带责任人，有权向其他连带责任人追偿。 **连带责任，由法律规定或者当事人约定。**	**第十三条** 法律规定承担连带责任的，被侵权人有权请求部分或者全部连带责任人承担责任。 **第十四条** 连带责任人根据各自责任大小确定相应的赔偿数额；难以确定责任大小的，平均承担~~赔偿~~责任。 支付超出自己赔偿数额的连带责任人，有权向其他连带责任人追偿。

关联法规

▶《人身损害赔偿司法解释》

第三条 二人以上共同故意或者共同过失致人损害，或者虽无共同故意、共同过失，但其侵害行为直接结合发生同一损害后果的，构成共同侵权，应当依照民法通则第一百三十条规定承担连带责任。

二人以上没有共同故意或者共同过失，但其分别实施的数个行为间接结合发生同一损害后果的，应当根据过失大小或者原因力比例各自承担相应的赔偿责任。

第五条 赔偿权利人起诉部分共同侵权人的，人民法院应当追加其他共同侵权人作为共同被告。赔偿权利人在诉讼中放弃对部分共同侵权人的诉讼请求的，其他共同侵权人对被放弃诉讼请求的被告应当承担的赔偿份额不承担连带责任。责任范围难以确定的，推定各共同侵权人承担同等责任。

人民法院应当将放弃诉讼请求的法律后果告知赔偿权利人，并将放弃诉讼请求的情况在法律文书中叙明。①

第一百七十九条 【民事责任的承担方式】 承担民事责任的方式主要有：

（一）停止侵害；

（二）排除妨碍；

（三）消除危险；

（四）返还财产；

（五）恢复原状；

（六）修理、重作、更换；

（七）继续履行；

（八）赔偿损失；

（九）支付违约金；

---

① 建议废止《人身损害赔偿司法解释》第5条，理由：与《民法典总则编》第178条冲突。

（十）消除影响、恢复名誉；

（十一）赔礼道歉。

法律规定惩罚性赔偿的，依照其规定。

本条规定的承担民事责任的方式，可以单独适用，也可以合并适用。

条文对比

《民法典总则编》	《民法通则》
第一百七十九条 承担民事责任的方式主要有： （一）停止侵害； （二）排除妨碍； （三）消除危险； （四）返还财产； （五）恢复原状； （六）修理、重作、更换； **（七）继续履行；** （八）赔偿损失； （九）支付违约金； （十）消除影响、恢复名誉； （十一）赔礼道歉。 **法律规定惩罚性赔偿的，依照其规定。** 本条规定的承担民事责任的方式，可以单独适用，也可以合并适用。	**第一百三十四条** 承担民事责任的方式主要有： （一）停止侵害； （二）排除妨碍； （三）消除危险； （四）返还财产； （五）恢复原状； （六）修理、重作、更换； （七）赔偿损失； （八）支付违约金； （九）消除影响、恢复名誉； （十）赔礼道歉。 以上承担民事责任的方式，可以单独适用，也可以合并适用。 ~~人民法院审理民事案件，除适用上述规定外，还可以予以训诫、责令具结悔过、收缴进行非法活动的财物和非法所得，并可以依照法律规定处以罚款、拘留。~~

关联法规

《民法典合同编》

第五百七十七条 当事人一方不履行合同义务或者履行合同义务不符合约定的，应当承担继续履行、采取补救措施或者赔偿损失等违约责任。

《民法典物权编》

第二百三十五条 无权占有不动产或者动产的，权利人可以请求返还原物。

第二百三十六条 妨害物权或者可能妨害物权的，权利人可以请求排除妨害或者消除危险。

第二百三十七条 造成不动产或者动产毁损的，权利人可以依法请求修理、重作、更换或者恢复原状。

《民法典侵权责任编》

第一千一百八十五条 故意侵害他人知识产权，情节严重的，被侵权人有权请求相应的惩罚性赔偿。

第一千二百零七条 明知产品存在缺陷仍然生产、销售，或者没有依据前条规定采取有效补救措施，造成他人死亡或者健康严重损害的，被侵权人有权请求相应的惩罚性赔偿。

第一千二百三十二条 侵权人违反法律规定故意污染环境、破坏生态造成严重后果的，被侵权人有权请求相应的惩罚性赔偿。

《药品管理法》

第一百四十四条 药品上市许可持有人、药品生产企业、药品经营企业或者医疗机构违反本法规定，给用药者造成损害的，依法承担赔偿责任。

因药品质量问题受到损害的，受害人可以向药品上市许可持有人、药品生产企业请求赔偿损失，也可以向药品经营企业、医疗机构请求赔偿损失。接到受害人赔偿请求的，应当实行首负责任制，先行赔付；先行赔付后，可以依法追偿。

生产假药、劣药或者明知是假药、劣药仍然销售、使用的，受害人或者其近亲属除请求赔偿损失外，还可以请求支付价款十倍或者损失三倍的赔偿金；增加赔偿的金额不足一千元的，为一千元。

《商标法》

第六十三条第一、二、三款 侵犯商标专用权的赔偿数额，按照权利人因被侵权所受到的实际损失确定；实际损失难以确定的，可以按照侵权人因侵权所获得的利益确定；权利人的损失或者侵权人获得的利益难以确定的，参照该商标许可使用费的倍数合理确定。对恶意侵犯商标专用权，情节严重的，可以在按照上述方法确定数额的一倍以上五倍以下确定赔偿数额。赔偿数额应当包括权利人为制止侵权行为所支付的合理开支。

人民法院为确定赔偿数额，在权利人已经尽力举证，而与侵权行为相关的账簿、资料主要由侵权人掌握的情况下，可以责令侵权人提供与侵权行为相关的账簿、资料；侵权人不提供或者提供虚假的账簿、资料的，人民法院可以参考权利人的主张和提供的证据判定赔偿数额。

权利人因被侵权所受到的实际损失、侵权人因侵权所获得的利益、注册商标许可使用费难以确定的，由人民法院根据侵权行为的情节判决给予五百万元以下的赔偿。

《食品安全法》

第一百四十八条 消费者因不符合食品安全标准的食品受到损害的，可以向经营者要求赔偿损失，也可以向生产者要求赔偿损失。接到消费者赔偿要求的生产经营者，应当实行首负责任制，先行赔付，不得推诿；属于生产者责任的，经营者赔偿后有权向生产者追偿；属于经营者责任的，生产者赔偿后有权向经营者追偿。

生产不符合食品安全标准的食品或者经营明知是不符合食品安全标准的食品，消费者除要求赔偿损失外，还可以向生产者或者经营者要求支付价款十倍或者损失三倍的赔偿金；增加赔偿的金额不足一千元的，为一千元。但是，食品的标签、说明书存在不影响食品安全且不会对消费者造成误导的瑕疵的除外。

《电子商务法》

第四十二条 知识产权权利人认为其知识产权受到侵害的，有权通知电子商务平台经营者采取删除、屏蔽、断开链接、终止交易和服务等必要措施。通知应当包括构成侵权的初步证据。

电子商务平台经营者接到通知后，应当及时采取必要措施，并将该通知转送平台内经营者；未及时采取必要措施的，对损害的扩大部分与平台内经营者承担连带责任。

因通知错误造成平台内经营者损害的，依法承担民事责任。恶意发出错误通知，造成平台内经营者损失的，加倍承担赔偿责任。

《消费者权益保护法》

第五十条 经营者侵害消费者的人格尊严、侵犯消费者人身自由或者侵害消费者个人信息依法得到保护的权利的，应当停止侵害、恢复名誉、消除影响、赔礼道歉，并赔偿损失。

第五十二条 经营者提供商品或者服务，造成消费者财产损害的，应当依照法律规定或者当事人约定承担修理、重作、更换、退货、补足商品数量、退还货款和服务费用或者赔偿损失等民事责任。

第五十五条 经营者提供商品或者服务有欺诈行为的，应当按照消费者的要求增加赔偿其受到的损失，增加赔偿的金额为消费者购买商品的价款或者接受服务的费用的三倍；增加赔偿的金额不足五百元的，为五百元。法律另有规定的，依照其规定。

经营者明知商品或者服务存在缺陷，仍然向消费者提供，造成消费者或者其他受害人死亡或者健康严重损害的，受害人有权要求经营者依照本法第四十九条、第五十一条等法律规定赔偿损失，并有权要求所受损失二倍以下的惩罚性赔偿。

▶《农业法》

第九十条 违反本法规定，侵害农民和农业生产经营组织的土地承包经营权等财产权或者其他合法权益的，应当停止侵害，恢复原状；造成损失、损害的，依法承担赔偿责任。

国家工作人员利用职务便利或者以其他名义侵害农民和农业生产经营组织的合法权益的，应当赔偿损失，并由其所在单位或者上级主管机关给予行政处分。

▶《著作权法》

第四十七条 有下列侵权行为的，应当根据情况，承担停止侵害、消除影响、赔礼道歉、赔偿损失等民事责任：

（一）未经著作权人许可，发表其作品的；

（二）未经合作作者许可，将与他人合作创作的作品当作自己单独创作的作品发表的；

（三）没有参加创作，为谋取个人名利，在他人作品上署名的；

（四）歪曲、篡改他人作品的；

（五）剽窃他人作品的；

（六）未经著作权人许可，以展览、摄制电影和以类似摄制电影的方法使用作品，或者以改编、翻译、注释等方式使用作品的，本法另有规定的除外；

（七）使用他人作品，应当支付报酬而未支付的；

（八）未经电影作品和以类似摄制电影的方法创作的作品、计算机软件、录音录像制品的著作权人或者与著作权有关的权利人许可，出租其作品或者录音录像制品的，本法另有规定的除外；

（九）未经出版者许可，使用其出版的图书、期刊的版式设计的；

（十）未经表演者许可，从现场直播或者公开传送其现场表演，或者录制其表演的；

（十一）其他侵犯著作权以及与著作权有关的权益的行为。

▶《专利法》

第六十条 未经专利权人许可，实施其专利，即侵犯其专利权，引起纠纷的，由当事人协商解决；不愿协商或者协商不成的，专利权人或者利害关系人可以向人民法院起诉，也可以请求管理专利工作的部门处理。管理专利工作的部门处理时，认定侵权行为成立的，可以责令侵权人立即停止侵权行为，当事人不服的，可以自收到处理通知之日起十五日内依照《中华人民共和国行政诉讼法》向人民法院起诉；侵权人期满不起诉又不停止侵权行为的，管理专利工作的部门可以申请人民法院强制执行。进行处理的管理专利工作的部门应当事人的请求，可以就侵犯专利权的赔偿数额进行调解；调解不成的，当事人可以依照《中华人民共和国民事诉讼法》向人民法院起诉。

▶《医疗损害责任纠纷司法解释》

第二十三条 医疗产品的生产者、销售者明知医疗产品存在缺陷仍然生产、销售，造成患者死亡或者健康严重损害，被侵权人请求生产者、销售者赔偿损失及二倍以下惩罚性赔偿的，人民法院应予支持。

▶《食品药品纠纷司法解释》

第十五条 生产不符合安全标准的食品或者销售明知是不符合安全标准的食品，消费者除要求赔偿损失外，向生产者、销售者主张支付价款十倍赔偿金或者依照法律规定的其他赔偿标准要求赔偿的，人民法院应予支持。

▶《民通意见》

56. 合伙人互相串通逃避合伙债务的，除应令其承担清偿责任外，还可以按照民法通则第一百三十四条第三款的规定处理。①

---

① 建议废止《民通意见》第56条，理由：《民法典总则编》第179条删除了《民法通则》第134条第3款对应内容。

第一百八十条 【不可抗力】 因不可抗力不能履行民事义务的，不承担民事责任。法律另有规定的，依照其规定。

不可抗力是不能预见、不能避免且不能克服的客观情况。

条文对比

《民法典总则编》	《民法通则》
第一百八十条 因不可抗力不能履行民事义务的，不承担民事责任。法律另有规定的，依照其规定。 不可抗力是不能预见、不能避免且不能克服的客观情况。	**第一百零七条** 因不可抗力不能履行合同~~或者造成他人损害~~的，不承担民事责任，法律另有规定的除外。 **第一百五十三条** ~~本法所称的“~~不可抗力~~”~~，是~~指~~不能预见、不能避免并不能克服的客观情况。

关联法规

▶《民法典合同编》

第五百九十条 当事人一方因不可抗力不能履行合同的，根据不可抗力的影响，部分或者全部免除责任，但是法律另有规定的除外。因不可抗力不能履行合同的，应当及时通知对方，以减轻可能给对方造成的损失，并应当在合理期限内提供证明。

当事人迟延履行后发生不可抗力的，不免除其违约责任。

第八百三十二条 承运人对运输过程中货物的毁损、灭失承担赔偿责任。但是，承运人证明货物的毁损、灭失是因不可抗力、货物本身的自然性质或者合理损耗以及托运人、收货人的过错造成的，不承担赔偿责任。

▶《民法典侵权责任编》

第一千二百三十七条 民用核设施或者运入运出核设施的核材料发生核事故造成他人损害的，民用核设施的营运单位应当承担侵权责任；但是，能够证明损害是因战争、武装冲突、暴乱等情形或者受害人故意造成的，不承担责任。

▶《电力法》

第六十条 因电力运行事故给用户或者第三人造成损害的，电力企业应当依法承担赔偿责任。

电力运行事故由下列原因之一造成的，电力企业不承担赔偿责任：

（一）不可抗力；

（二）用户自身的过错。

因用户或者第三人的过错给电力企业或者其他用户造成损害的，该用户或者第三人应当依法承担赔偿责任。

《旅游法》

第六十七条 因不可抗力或者旅行社、履行辅助人已尽合理注意义务仍不能避免的事件，影响旅游行程的，按照下列情形处理：

（一）合同不能继续履行的，旅行社和旅游者均可以解除合同。合同不能完全履行的，旅行社经向旅游者作出说明，可以在合理范围内变更合同；旅游者不同意变更的，可以解除合同。

（二）合同解除的，组团社应当在扣除已向地接社或者履行辅助人支付且不可退还的费用后，将余款退还旅游者；合同变更的，因此增加的费用由旅游者承担，减少的费用退还旅游者。

（三）危及旅游者人身、财产安全的，旅行社应当采取相应的安全措施，因此支出的费用，由旅行社与旅游者分担。

（四）造成旅游者滞留的，旅行社应当采取相应的安置措施。因此增加的食宿费用，由旅游者承担；增加的返程费用，由旅行社与旅游者分担。

《水污染防治法》

第九十六条 因水污染受到损害的当事人，有权要求排污方排除危害和赔偿损失。

由于不可抗力造成水污染损害的，排污方不承担赔偿责任；法律另有规定的除外。

水污染损害是由受害人故意造成的，排污方不承担赔偿责任。水污染损害是由受害人重大过失造成的，可以减轻排污方的赔偿责任。

水污染损害是由第三人造成的，排污方承担赔偿责任后，有权向第三人追偿。

《慈善法》

第一百零六条 慈善服务过程中，因慈善组织或者志愿者过错造成受益人、第三人损害的，慈善组织依法承担赔偿责任；损害是由志愿者故意或者重大过失造成的，慈善组织可以向其追偿。

志愿者在参与慈善服务过程中，因慈善组织过错受到损害的，慈善组织依法承担赔偿责任；损害是由不可抗力造成的，慈善组织应当给予适当补偿。

▶ **《铁路法》**

第十八条 由于下列原因造成的货物、包裹、行李损失的，铁路运输企业不承担赔偿责任：

（一）不可抗力。

（二）货物或者包裹、行李中的物品本身的自然属性，或者合理损耗。

（三）托运人、收货人或者旅客的过错。

第一百八十一条 【正当防卫】因正当防卫造成损害的，不承担民事责任。

正当防卫超过必要的限度，造成不应有的损害的，正当防卫人应当承担适当的民事责任。

条文对比

《民法典总则编》	《民法通则》
第一百八十一条 因正当防卫造成损害的，不承担民事责任。 正当防卫超过必要的限度，造成不应有的损害的，**正当防卫人**应当承担适当的民事责任。	**第一百二十八条** 因正当防卫造成损害的，不承担民事责任。正当防卫超过必要的限度，造成不应有的损害的，应当承担适当的民事责任。

关联法规

▶ **《刑法》**

第二十条 为了使国家、公共利益、本人或者他人的人身、财产和其他权利免受正在进行的不法侵害，而采取的制止不法侵害的行为，对不法侵害人造成损害的，属于正当防卫，不负刑事责任。

正当防卫明显超过必要限度造成重大损害的，应当负刑事责任，但是应当减轻或者免除处罚。

对正在进行行凶、杀人、抢劫、强奸、绑架以及其他严重危及人身安全的暴力犯罪，采取防卫行为，造成不法侵害人伤亡的，不属于防卫过当，不负刑事责任。

▶《民事、行政诉讼中司法赔偿案件司法解释》

第七条 具有下列情形之一的，国家不承担赔偿责任：

（一）属于民事诉讼法第一百零五条、第一百零七条第二款和第二百三十三条规定情形的；

（二）申请执行人提供执行标的物错误的，但人民法院明知该标的物错误仍予以执行的除外；

（三）人民法院依法指定的保管人对查封、扣押、冻结的财产违法动用、隐匿、毁损、转移或者变卖的；

（四）人民法院工作人员与行使职权无关的个人行为；

（五）因不可抗力、正当防卫和紧急避险造成损害后果的；

（六）依法不应由国家承担赔偿责任的其他情形。

第一百八十二条　【紧急避险】 因紧急避险造成损害的，由引起险情发生的人承担民事责任。

危险由自然原因引起的，紧急避险人不承担民事责任，可以给予适当补偿。

紧急避险采取措施不当或者超过必要的限度，造成不应有的损害的，紧急避险人应当承担适当的民事责任。

条文对比

《民法典总则编》	《民法通则》
第一百八十二条 因紧急避险造成损害的，由引起险情发生的人承担民事责任。 危险由自然原因引起的，紧急避险人不承担民事责任，**可以给予适当补偿**。	**第一百二十九条** 因紧急避险造成损害的，由引起险情发生的人承担民事责任。~~如果~~危险~~是~~由自然原因引起的，紧急避险人不承担民事责任~~或者承担适当的民事责任~~。~~因~~

《民法典总则编》	《民法通则》
紧急避险采取措施不当或者超过必要的限度，造成不应有的损害的，紧急避险人应当承担适当的民事责任。	紧急避险采取措施不当或者超过必要的限度，造成不应有的损害的，紧急避险人应当承担适当的民事责任。

关联法规

《刑法》

第二十一条 为了使国家、公共利益、本人或者他人的人身、财产和其他权利免受正在发生的危险，不得已采取的紧急避险行为，造成损害的，不负刑事责任。

紧急避险超过必要限度造成不应有的损害的，应当负刑事责任，但是应当减轻或者免除处罚。

第一款中关于避免本人危险的规定，不适用于职务上、业务上负有特定责任的人。

《民事、行政诉讼中司法赔偿案件司法解释》

第七条 具有下列情形之一的，国家不承担赔偿责任：

（一）属于民事诉讼法第一百零五条、第一百零七条第二款和第二百三十三条规定情形的；

（二）申请执行人提供执行标的物错误的，但人民法院明知该标的物错误仍予以执行的除外；

（三）人民法院依法指定的保管人对查封、扣押、冻结的财产违法动用、隐匿、毁损、转移或者变卖的；

（四）人民法院工作人员与行使职权无关的个人行为；

（五）因不可抗力、正当防卫和紧急避险造成损害后果的；

（六）依法不应由国家承担赔偿责任的其他情形。

《民通意见》

156. 因紧急避险造成他人损失的，如果险情是由自然原因引起，行为人采取的措施又无不当，则行为人不承担民事责任。受害人要求补偿的，可以责令受益人适当补偿。

第一百八十三条 【见义勇为的侵权责任和补偿责任】 因保护他人民事权益使自己受到损害的，由侵权人承担民事责任，受益人可以给予适当补偿。没有侵权人、侵权人逃逸或者无力承担民事责任，受害人请求补偿的，受益人应当给予适当补偿。

条文对比

《民法典总则编》	《民法通则》
第一百八十三条 因保护他人民事权益使自己受到损害的，由侵权人承担民事责任，受益人可以给予适当补偿。**没有侵权人、侵权人逃逸或者无力承担民事责任，受害人请求补偿的，受益人应当给予适当补偿。**	**第一百零九条** 因防止、制止国家的、集体的财产或者他人的财产、人身遭受侵害而使自己受到损害的，由侵害人承担赔偿责任，受益人~~也~~可以给予适当的补偿。

关联法规

《道路交通安全法》

第七十条 在道路上发生交通事故，车辆驾驶人应当立即停车，保护现场；造成人身伤亡的，车辆驾驶人应当立即抢救受伤人员，并迅速报告执勤的交通警察或者公安机关交通管理部门。因抢救受伤人员变动现场的，应当标明位置。乘车人、过往车辆驾驶人、过往行人应当予以协助。

在道路上发生交通事故，未造成人身伤亡，当事人对事实及成因无争议的，可以即行撤离现场，恢复交通，自行协商处理损害赔偿事宜；不即行撤离现场的，应当迅速报告执勤的交通警察或者公安机关交通管理部门。

在道路上发生交通事故，仅造成轻微财产损失，并且基本事实清楚的，当事人应当先撤离现场再进行协商处理。

《工伤保险条例》

第十五条 职工有下列情形之一的，视同工伤：

（一）在工作时间和工作岗位，突发疾病死亡或者在48小时之内经抢救无效死亡的；

（二）在抢险救灾等维护国家利益、公共利益活动中受到伤害的；

（三）职工原在军队服役，因战、因公负伤致残，已取得革命伤残军人证，到用人单位后旧伤复发的。

职工有前款第（一）项、第（二）项情形的，按照本条例的有关规定享受工伤保险待遇；职工有前款第（三）项情形的，按照本条例的有关规定享受除一次性伤残补助金以外的工伤保险待遇。

▶《人身损害赔偿司法解释》

第十五条 为维护国家、集体或者他人的合法权益而使自己受到人身损害，因没有侵权人、不能确定侵权人或者侵权人没有赔偿能力，赔偿权利人请求受益人在受益范围内予以适当补偿的，人民法院应予支持。

▶《民通意见》

142. 为维护国家、集体或者他人合法权益而使自己受到损害，在侵害人无力赔偿或者没有侵害人的情况下，如果受害人提出请求的，人民法院可以根据受益人受益的多少及其经济状况，责令受益人给予适当补偿。

权威案例

指导案例98号：张庆福、张殿凯诉朱振彪生命权纠纷案

裁判要点：行为人非因法定职责、法定义务或约定义务，为保护国家、社会公共利益或者他人的人身、财产安全，实施阻止不法侵害者逃逸的行为，人民法院可以认定为见义勇为。

指导案例94号：重庆市涪陵志大物业管理有限公司诉重庆市涪陵区人力资源和社会保障局劳动和社会保障行政确认案

裁判要点：职工见义勇为，为制止违法犯罪行为而受到伤害的，属于《工伤保险条例》第十五条第一款第二项规定的为维护公共利益受到伤害的情形，应当视同工伤。

第一百八十四条 【紧急救助的责任豁免】因自愿实施紧急救助行为造成受助人损害的，救助人不承担民事责任。

条文对比

《民法典总则编》	新增条文
第一百八十四条　因自愿实施紧急救助行为造成受助人损害的，救助人不承担民事责任。	

关联法规

▶《民法典总则编》

第一百八十三条　因保护他人民事权益使自己受到损害的，由侵权人承担民事责任，受益人可以给予适当补偿。没有侵权人、侵权人逃逸或者无力承担民事责任，受害人请求补偿的，受益人应当给予适当补偿。

▶《人身损害赔偿司法解释》

第十五条　为维护国家、集体或者他人的合法权益而使自己受到人身损害，因没有侵权人、不能确定侵权人或者侵权人没有赔偿能力，赔偿权利人请求受益人在受益范围内予以适当补偿的，人民法院应予支持。

▶《民通意见》

142. 为维护国家、集体或者他人合法权益而使自己受到损害，在侵害人无力赔偿或者没有侵害人的情况下，如果受害人提出请求的，人民法院可以根据受益人受益的多少及其经济状况，责令受益人给予适当补偿。

第一百八十五条　【英雄烈士人格利益的保护】侵害英雄烈士等的姓名、肖像、名誉、荣誉，损害社会公共利益的，应当承担民事责任。

条文对比

《民法典总则编》	《精神损害赔偿司法解释》
第一百八十五条 侵害英雄烈士等的姓名、肖像、名誉、荣誉，**损害社会公共利益的**，应当承担民事责任。	**第三条** 自然人死亡后，其近亲属因下列侵权行为遭受精神痛苦，向人民法院起诉请求赔偿精神损害的，人民法院应当依法予以受理： （一）以侮辱、诽谤、贬损、丑化或者违反社会公共利益、社会公德的其他方式，侵害死者姓名、肖像、名誉、荣誉； （二）非法披露、利用死者隐私，或者以违反社会公共利益、社会公德的其他方式侵害死者隐私； （三）非法利用、损害遗体、遗骨，或者以违反社会公共利益、社会公德的其他方式侵害遗体、遗骨。

关联法规

《英雄烈士保护法》

第二十二条 禁止歪曲、丑化、亵渎、否定英雄烈士事迹和精神。

英雄烈士的姓名、肖像、名誉、荣誉受法律保护。任何组织和个人不得在公共场所、互联网或者利用广播电视、电影、出版物等，以侮辱、诽谤或者其他方式侵害英雄烈士的姓名、肖像、名誉、荣誉。任何组织和个人不得将英雄烈士的姓名、肖像用于或者变相用于商标、商业广告，损害英雄烈士的名誉、荣誉。

公安、文化、新闻出版、广播电视、电影、网信、市场监督管理、负责英雄烈士保护工作的部门发现前款规定行为的，应当依法及时处理。

第二十三条 网信和电信、公安等有关部门在对网络信息进行依法监督管理工作中，发现发布或者传输以侮辱、诽谤或者其他方式侵害英雄烈士的姓名、肖像、名誉、荣誉的信息的，应当要求网络运营者停止传输，采取消除等处置措施和其他必要措施；对来源于中华人民共和国境外的上述信息，应当通知有关机构采取技术措施和其他必要措施阻断传播。

网络运营者发现其用户发布前款规定的信息的，应当立即停止传输该信息，采取消除等处置措施，防止信息扩散，保存有关记录，并向有关主管部门报告。网络运营者未采取停止传输、消除等处置措施的，依照《中华人民共和国网络安全法》的规定处罚。

第二十五条 对侵害英雄烈士的姓名、肖像、名誉、荣誉的行为，英雄烈士的近亲属可以依法向人民法院提起诉讼。

英雄烈士没有近亲属或者近亲属不提起诉讼的，检察机关依法对侵害英雄烈士的姓名、肖像、名誉、荣誉，损害社会公共利益的行为向人民法院提起诉讼。

负责英雄烈士保护工作的部门和其他有关部门在履行职责过程中发现第一款规定的行为，需要检察机关提起诉讼的，应当向检察机关报告。

英雄烈士近亲属依照第一款规定提起诉讼的，法律援助机构应当依法提供法律援助服务。

第二十六条 以侮辱、诽谤或者其他方式侵害英雄烈士的姓名、肖像、名誉、荣誉，损害社会公共利益的，依法承担民事责任；构成违反治安管理行为的，由公安机关依法给予治安管理处罚；构成犯罪的，依法追究刑事责任。

▶《全国人民代表大会常务委员会关于设立烈士纪念日的决定》

近代以来，为了争取民族独立和人民自由幸福，为了国家繁荣富强，无数的英雄献出了生命，烈士的功勋彪炳史册，烈士的精神永垂不朽。为了弘扬烈士精神，缅怀烈士功绩，培养公民的爱国主义、集体主义精神和社会主义道德风尚，培育和践行社会主义核心价值观，增强中华民族的凝聚力，激发实现中华民族伟大复兴中国梦的强大精神力量，第十二届全国人民代表大会常务委员会第十次会议决定：

将9月30日设立为烈士纪念日。每年9月30日国家举行纪念烈士活动。

▶《烈士褒扬条例》

第二条 公民在保卫祖国和社会主义建设事业中牺牲被评定为烈士的，依照本条例的规定予以褒扬。烈士的遗属，依照本条例的规定享受抚恤优待。

第八条 公民牺牲符合下列情形之一的，评定为烈士：

（一）在依法查处违法犯罪行为、执行国家安全工作任务、执行反恐怖任务和处置突发事件中牺牲的；

（二）抢险救灾或者其他为了抢救、保护国家财产、集体财产、公民生命财产牺牲的；

（三）在执行外交任务或者国家派遣的对外援助、维持国际和平任务中牺牲的；

（四）在执行武器装备科研试验任务中牺牲的；

（五）其他牺牲情节特别突出，堪为楷模的。

现役军人牺牲，预备役人员、民兵、民工以及其他人员因参战、参加军事演习和军事训练、执行军事勤务牺牲应当评定烈士的，依照《军人抚恤优待条例》的有关规定评定。

第九条 申报烈士的，由死者生前所在工作单位、死者遗属或者事件发生地的组织、公民向死者生前工作单位所在地、死者遗属户口所在地或者事件发生地的县级人民政府退役军人事务部门提供有关死者牺牲情节的材料，由收到材料的县级人民政府退役军人事务部门调查核实后提出评定烈士的报告，报本级人民政府审核。

属于本条例第八条第一款第一项、第二项规定情形的，由县级人民政府提出评定烈士的报告并逐级上报至省、自治区、直辖市人民政府审查评定。评定为烈士的，由省、自治区、直辖市人民政府送国务院退役军人事务部门备案。

属于本条例第八条第一款第三项、第四项规定情形的，由国务院有关部门提出评定烈士的报告，送国务院退役军人事务部门审查评定。

属于本条例第八条第一款第五项规定情形的，由县级人民政府提出评定烈士的报告并逐级上报至省、自治区、直辖市人民政府，由省、自治区、直辖市人民政府审查后送国务院退役军人事务部门审查评定。

第十三条 县级以上人民政府每年在烈士纪念日举行颁授仪式，向烈士遗属颁授烈士证书。

第二十六条 按照国家有关规定修建的烈士陵园、纪念堂馆、纪念碑亭、纪念塔祠、纪念塑像、烈士骨灰堂、烈士墓等烈士纪念设施，受法律保护。

第二十九条 各级人民政府应当组织收集、整理烈士史料，编纂烈士英名录。

烈士纪念设施保护单位应当搜集、整理、保管、陈列烈士遗物和事迹史料。属于文物的，依照有关法律、法规的规定予以保护。

第三十二条 在烈士纪念设施保护范围内不得从事与纪念烈士无关的活动。

禁止以任何方式破坏、污损烈士纪念设施。

第三十七条 未经批准迁移烈士纪念设施，非法侵占烈士纪念设施保护范围内的土地、设施，破坏、污损烈士纪念设施，或者在烈士纪念设施保护范围内为烈士以外的其他人修建纪念设施、安放骨灰、埋葬遗体的，由烈士纪念设施保护单位的上级主管部门责令改正，恢复原状、原貌；造成损失的，依法承担赔偿责任；构成犯罪的，依法追究刑事责任。

第四十一条 烈士证书、烈士通知书由国务院退役军人事务部门印制。

《军人抚恤优待条例》

第八条 现役军人死亡，符合下列情形之一的，批准为烈士：

（一）对敌作战死亡，或者对敌作战负伤在医疗终结前因伤死亡的；

（二）因执行任务遭敌人或者犯罪分子杀害，或者被俘、被捕后不屈遭敌人杀害或者被折磨致死的；

（三）为抢救和保护国家财产、人民生命财产或者执行反恐怖任务和处置突发事件死亡的；

（四）因执行军事演习、战备航行飞行、空降和导弹发射训练、试航试飞任务以及参加武器装备科研试验死亡的；

（五）在执行外交任务或者国家派遣的对外援助、维持国际和平任务中牺牲的；

（六）其他死难情节特别突出，堪为楷模的。

现役军人在执行对敌作战、边海防执勤或者抢险救灾任务中失踪，经法定程序宣告死亡的，按照烈士对待。

批准烈士，属于因战死亡的，由军队团级以上单位政治机关批准；属于非因战死亡的，由军队军级以上单位政治机关批准；属于本条第一款第六项规定情形的，由中国人民解放军总政治部批准。

第十一条 对烈士遗属、因公牺牲军人遗属、病故军人遗属，由县级人民政府退役军人事务部门分别发给《中华人民共和国烈士证明书》、《中华人民共和国军人因公牺牲证明书》、《中华人民共和国军人病故证明书》。

《民通意见》

140. 以书面、口头等形式宣扬他人的隐私，或者捏造事实公然丑化他人人格，以及用侮辱、诽谤等方式损害他人名誉，造成一定影响的，应当认定为侵害公民名誉权的行为。

以书面、口头等形式诋毁、诽谤法人名誉，给法人造成损害的，应当认定为侵害法人名誉权的行为。

《公安机关人民警察奖励条令》

第八条 集体奖励由低至高依次为：嘉奖，记三等功、二等功、一等功，授予荣誉称号。集体授予荣誉称号的名称，根据受奖集体的事迹特点确定。

个人奖励由低至高依次为：嘉奖，记三等功、二等功、一等功，授予荣誉称号。授予个人的荣誉称号分为全国公安系统二级英雄模范、一级英雄模范称号。

第三十七条 获得记三等功以上奖励（含追记、追授的）的个人死亡后，按照国家有关规定增发一次性抚恤金。

获得全国公安系统一级英雄模范、二级英雄模范称号的个人死亡后，按照有关规定进行吊唁。

《中国人民解放军纪律条令（试行）》

第八十三条 对获得三等功、二等功、一等功奖励的个人，分别授予三等功、二等功、一等功奖章，并颁授证书。对获得三等功、二等功、一等功奖励的单位颁发奖状。

荣誉称号由中央军委决定，中央军委主席向个人颁授英模奖章和证书、向单位颁授奖旗。一般在每年建军节前夕举行颁授仪式，也可以视情及时授予。荣誉称号的名称，根据授予对象的事迹特点确定。

八一勋章由中央军委决定，中央军委主席签发证书并颁授，一般每5年授予一次。

中央军委政治工作部可以根据实际情况，规定具体的奖励比例，其中对担任团级以上领导职务的军官（文职干部）的奖励应当从严控制。

第一百零五条 献身国防纪念章颁发给烈士和因公牺牲、因公致残的人员，其中，给烈士颁发金质纪念章，给因公牺牲军人颁发银质纪念章，给因公致残军人颁发铜质纪念章。

权威案例

指导案例99号：葛长生诉洪振快名誉权、荣誉权纠纷案

裁判要点：1. 对侵害英雄烈士名誉、荣誉等行为，英雄烈士的近亲属依法

向人民法院提起诉讼的，人民法院应予受理。

2. 英雄烈士事迹和精神是中华民族的共同历史记忆和社会主义核心价值观的重要体现，英雄烈士的名誉、荣誉等受法律保护。人民法院审理侵害英雄烈士名誉、荣誉等案件，不仅要依法保护相关个人权益，还应发挥司法彰显公共价值功能，维护社会公共利益。

3. 任何组织和个人以细节考据、观点争鸣等名义对英雄烈士的事迹和精神进行污蔑和贬损，属于歪曲、丑化、亵渎、否定英雄烈士事迹和精神的行为，应当依法承担法律责任。

第一百八十六条 【违约责任与侵权责任的竞合】 因当事人一方的违约行为，损害对方人身权益、财产权益的，受损害方有权选择请求其承担违约责任或者侵权责任。

条文对比

《民法典总则编》	《合同法》
第一百八十六条 因当事人一方的违约行为，损害对方人身**权益**、财产权益的，受损害方有权选择请求其承担违约责任或者侵权责任。	**第一百二十二条** 因当事人一方的违约行为，侵害对方人身、财产权益的，受损害方有权选择~~依照本法~~要求其承担违约责任或者~~依照其他法律要求其承担~~侵权责任。

关联法规

《民法典总则编》

第一百一十八条 民事主体依法享有债权。

债权是因合同、侵权行为、无因管理、不当得利以及法律的其他规定，权利人请求特定义务人为或者不为一定行为的权利。

《利用信息网络侵害人身权益纠纷案件规定》

第七条 其发布的信息被采取删除、屏蔽、断开链接等措施的网络用户，主张网络服务提供者承担违约责任或者侵权责任，网络服务提供者以收到通知为由抗辩的，人民法院应予支持。

被采取删除、屏蔽、断开链接等措施的网络用户，请求网络服务提供者提供通知内容的，人民法院应予支持。

▶《旅游纠纷司法解释》

第三条 因旅游经营者方面的同一原因造成旅游者人身损害、财产损失，旅游者选择要求旅游经营者承担违约责任或者侵权责任的，人民法院应当根据当事人选择的案由进行审理。

第二十一条 旅游者提起违约之诉，主张精神损害赔偿的，人民法院应告知其变更为侵权之诉；旅游者仍坚持提起违约之诉的，对于其精神损害赔偿的主张，人民法院不予支持。

▶《无正本提单交付货物规定》

第三条第一款 承运人因无正本提单交付货物造成正本提单持有人损失的，正本提单持有人可以要求承运人承担违约责任，或者承担侵权责任。

▶《合同法司法解释一》

第三十条 债权人依照合同法第一百二十二条的规定向人民法院起诉时作出选择后，在一审开庭以前又变更诉讼请求的，人民法院应当准许。对方当事人提出管辖权异议，经审查异议成立的，人民法院应当驳回起诉。

权威案例

《东京海上日动火灾保险（中国）有限公司上海分公司与新杰物流集团股份有限公司保险人代位求偿权纠纷案》，《最高人民法院公报》2019年第12期

裁判摘要：货物运输合同履行过程中托运人财产遭受损失，在承运人存在侵权与合同责任竞合的情形下，允许托运人或其保险人依据《合同法》第一百二十二条选择侵权诉讼或合同诉讼。但是，托运人要求承运人承担侵权责任的，承运人仍然可以依据货物运输合同的有关约定进行抗辩。法院应依据诚实信用原则，综合考虑合同条款效力、合同目的等因素确定赔偿范围。

《中山市隆成日用制品有限公司与湖北童霸儿童用品有限公司侵害实用新型专利权纠纷案》，《最高人民法院公报》2015年第1期

裁判摘要：权利人与侵权人就侵权损害赔偿数额作出的事先约定不构成权

利人与侵权人之间的交易合同，故侵权人应承担的民事责任仅为侵权责任，不属于合同法第一百二十二条规定的侵权责任与违约责任竞合的情形。

《世纪证券有限责任公司与天津市住房公积金管理中心、世纪证券有限责任公司天津世纪大道营业部、中国旅游国际信托投资有限公司天津证券交易营业部、中国旅游国际信托投资有限公司侵权纠纷案》，《最高人民法院公报》2006年第5期

裁判摘要：客户在证券公司开户投资，证券公司及其营业部对客户账户内的资金和证券既负有合同约定的妥善保管义务，同时还负有法定的妥善保管义务。证券公司营业部挪用客户账户内资金或证券的，既构成违约，又构成侵权，客户有权选择要求证券营业部承担违约责任或者侵权责任。客户以侵权为由对证券营业部提起民事诉讼的，应按照民事诉讼法第二十九条的规定，由侵权行为地或者被告住所地人民法院管辖。

第一百八十七条　【民事责任优先】民事主体因同一行为应当承担民事责任、行政责任和刑事责任的，承担行政责任或者刑事责任不影响承担民事责任；民事主体的财产不足以支付的，优先用于承担民事责任。

条文对比

《民法典总则编》	《侵权责任法》
第一百八十七条　民事主体因同一行为应当承担**民事责任**、行政责任和刑事责任的，**承担行政责任或者刑事责任**不影响承担民事责任；民事主体的财产不足以支付的，优先用于承担民事责任。	**第四条**　侵权人因同一行为应当承担行政责任或者刑事责任的，不影响~~依法~~承担侵权责任。 ~~因同一行为应当承担侵权责任和行政责任、刑事责任，~~侵权人的财产不足以支付的，先承担侵权责任。

关联法规

▶《证券法》

第二百二十条 违反本法规定，应当承担民事赔偿责任和缴纳罚款、罚金、违法所得，违法行为人的财产不足以支付的，优先用于承担民事赔偿责任。

▶《产品质量法》

第六十四条 违反本法规定，应当承担民事赔偿责任和缴纳罚款、罚金，其财产不足以同时支付时，先承担民事赔偿责任。

▶《食品安全法》

第一百四十七条 违反本法规定，造成人身、财产或者其他损害的，依法承担赔偿责任。生产经营者财产不足以同时承担民事赔偿责任和缴纳罚款、罚金时，先承担民事赔偿责任。

▶《公司法》

第二百一十四条 公司违反本法规定，应当承担民事赔偿责任和缴纳罚款、罚金的，其财产不足以支付时，先承担民事赔偿责任。

▶《刑法》

第三十六条 由于犯罪行为而使被害人遭受经济损失的，对犯罪分子除依法给予刑事处罚外，并应根据情况判处赔偿经济损失。承担民事赔偿责任的犯罪分子，同时被判处罚金，其财产不足以全部支付的，或者被判处没收财产的，应当先承担对被害人的民事赔偿责任。

▶《行政处罚法》

第七条 公民、法人或者其他组织因违法受到行政处罚，其违法行为对他人造成损害的，应当依法承担民事责任。

违法行为构成犯罪，应当依法追究刑事责任，不得以行政处罚代替刑事处罚。

▶《证券投资基金法》

第一百五十条 违反本法规定，应当承担民事赔偿责任和缴纳罚款、罚金，其财产不足以同时支付时，先承担民事赔偿责任。

▶《消费者权益保护法》

第五十八条 经营者违反本法规定，应当承担民事赔偿责任和缴纳罚款、罚金，其财产不足以同时支付的，先承担民事赔偿责任。

▶《特种设备安全法》

第九十七条 违反本法规定，造成人身、财产损害的，依法承担民事责任。

违反本法规定，应当承担民事赔偿责任和缴纳罚款、罚金，其财产不足以同时支付时，先承担民事赔偿责任。

▶《合伙企业法》

第一百零六条 违反本法规定，应当承担民事赔偿责任和缴纳罚款、罚金，其财产不足以同时支付的，先承担民事赔偿责任。

▶《个人独资企业法》

第四十三条 投资人违反本法规定，应当承担民事赔偿责任和缴纳罚款、罚金，其财产不足以支付的，或者被判处没收财产的，应当先承担民事赔偿责任。

权威案例

《中国远大集团有限责任公司与中国轻工业对外经济技术合作公司进出口代理合同纠纷案》，《最高人民法院公报》2016 年第 2 期

裁判摘要：行为人以所在单位名义与他人签订经济合同，给他人造成经济损失构成犯罪的，除依法追究行为人的刑事责任外，其所在单位也应对给他人造成的经济损失依法承担相应的民事责任。

《吴国军诉陈晓富、王克祥及德清县中建房地产开发有限公司民间借贷、担保合同纠纷案》，《最高人民法院公报》2011 年第 11 期

裁判摘要：民间借贷涉嫌或构成非法吸收公众存款罪，合同一方当事人可能被追究刑事责任的，并不当然影响民间借贷合同以及相对应的担保合同的效力。如果民间借贷纠纷案件的审理并不必须以刑事案件的审理结果为依据，则民间借贷纠纷案件无须中止审理。

《广东黄河实业集团有限公司与北京然自中医药科技发展中心一般股权转让侵权纠纷案》，《最高人民法院公报》2009 年第 1 期

裁判摘要：担任法人之法定代表人的自然人，以该法人的名义，采取欺诈

手段与他人订立民事合同，从中获取的财产被该法人占有，由此产生的法律后果，是该自然人涉嫌合同诈骗犯罪，同时该法人与他人之间因合同被撤销而形成债权债务关系。人民法院应当依照最高人民法院《关于在审理经济纠纷案件中涉及经济犯罪嫌疑若干问题的规定》第十条的规定，将自然人涉嫌犯罪部分移交公安机关处理，同时继续审理民事纠纷部分。

第九章　诉讼时效

第一百八十八条　【普通诉讼时效】向人民法院请求保护民事权利的诉讼时效期间为三年。法律另有规定的，依照其规定。

诉讼时效期间自权利人知道或者应当知道权利受到损害以及义务人之日起计算。法律另有规定的，依照其规定。但是，自权利受到损害之日起超过二十年的，人民法院不予保护，有特殊情况的，人民法院可以根据权利人的申请决定延长。

条文对比

《民法典总则编》	《民法通则》
第一百八十八条　向人民法院请求保护民事权利的诉讼时效期间为三年。法律另有规定的，依照其规定。 诉讼时效期间自**权利人**知道或者应当知道权利受到损害**以及义务人之日**起计算。法律另有规定的，依照**其**规定。但是，自权利受到损害之日起超过二十年的，人民法院不予保护，有特殊情况的，人民法院可以**根据权利人的申请决定**延长。	**第一百三十五条**　向人民法院请求保护民事权利的诉讼时效期间为二年，法律另有规定的除外。 **第一百三十七条**　诉讼时效期间从知道或者应当知道权利被侵害时起计算。但是，从权利被侵害之日起超过二十年的，人民法院不予保护。有特殊情况的，人民法院可以延长~~诉讼时效期间~~。 **第一百四十一条**　法律~~对诉讼时效~~另有规定的，依照~~法律~~规定。

关联法规

▶《民法典总则编》

第一百八十九条　当事人约定同一债务分期履行的，诉讼时效期间自最后一期履行期限届满之日起计算。

第一百九十条 无民事行为能力人或者限制民事行为能力人对其法定代理人的请求权的诉讼时效期间，自该法定代理终止之日起计算。

第一百九十一条 未成年人遭受性侵害的损害赔偿请求权的诉讼时效期间，自受害人年满十八周岁之日起计算。

►《民法典物权编》

第四百一十九条 抵押权人应当在主债权诉讼时效期间行使抵押权；未行使的，人民法院不予保护。

►《民法典合同编》

第五百九十四条 因国际货物买卖合同和技术进出口合同争议提起诉讼或者申请仲裁的时效期间为四年。

►《民用航空法》

第一百三十五条 航空运输的诉讼时效期间为二年，自民用航空器到达目的地点、应当到达目的地点或者运输终止之日起计算。

第一百七十一条 地面第三人损害赔偿的诉讼时效期间为二年，自损害发生之日起计算；但是，在任何情况下，时效期间不得超过自损害发生之日起三年。

►《产品质量法》

第四十五条 因产品存在缺陷造成损害要求赔偿的诉讼时效期间为二年，自当事人知道或者应当知道其权益受到损害时起计算。

因产品存在缺陷造成损害要求赔偿的请求权，在造成损害的缺陷产品交付最初消费者满十年丧失；但是，尚未超过明示的安全使用期的除外。

►《民事诉讼法》

第五十四条 诉讼标的是同一种类、当事人一方人数众多在起诉时人数尚未确定的，人民法院可以发出公告，说明案件情况和诉讼请求，通知权利人在一定期间向人民法院登记。

向人民法院登记的权利人可以推选代表人进行诉讼；推选不出代表人的，人民法院可以与参加登记的权利人商定代表人。

代表人的诉讼行为对其所代表的当事人发生效力，但代表人变更、放弃诉讼请求或者承认对方当事人的诉讼请求，进行和解，必须经被代表的当事人同意。

人民法院作出的判决、裁定，对参加登记的全体权利人发生效力。未参加登记的权利人在诉讼时效期间提起诉讼的，适用该判决、裁定。

第一百九十三条 判决认定财产无主后，原财产所有人或者继承人出现，在民法通则规定的诉讼时效期间可以对财产提出请求，人民法院审查属实后，应当作出新判决，撤销原判决。

《保险法》

第二十六条 人寿保险以外的其他保险的被保险人或者受益人，向保险人请求赔偿或者给付保险金的诉讼时效期间为二年，自其知道或者应当知道保险事故发生之日起计算。

人寿保险的被保险人或者受益人向保险人请求给付保险金的诉讼时效期间为五年，自其知道或者应当知道保险事故发生之日起计算。

《拍卖法》

第六十一条 拍卖人、委托人违反本法第十八条第二款、第二十七条的规定，未说明拍卖标的的瑕疵，给买受人造成损害的，买受人有权向拍卖人要求赔偿；属于委托人责任的，拍卖人有权向委托人追偿。

拍卖人、委托人在拍卖前声明不能保证拍卖标的的真伪或者品质的，不承担瑕疵担保责任。

因拍卖标的存在瑕疵未声明的，请求赔偿的诉讼时效期间为一年，自当事人知道或者应当知道权利受到损害之日起计算。

因拍卖标的存在缺陷造成人身、财产损害请求赔偿的诉讼时效期间，适用《中华人民共和国产品质量法》和其他法律的有关规定。

《环境保护法》

第六十六条 提起环境损害赔偿诉讼的时效期间为三年，从当事人知道或者应当知道其受到损害时起计算。

《国家赔偿法》

第三十九条 赔偿请求人请求国家赔偿的时效为两年，自其知道或者应当知道国家机关及其工作人员行使职权时的行为侵犯其人身权、财产权之日起计算，但被羁押等限制人身自由期间不计算在内。在申请行政复议或者提起行政诉讼时一并提出赔偿请求的，适用行政复议法、行政诉讼法有关时效的规定。

赔偿请求人在赔偿请求时效的最后六个月内，因不可抗力或者其他障碍不能行使请求权的，时效中止。从中止时效的原因消除之日起，赔偿请求时效期间继续计算。

▶《涉外民事关系法律适用法》

第七条 诉讼时效，适用相关涉外民事关系应当适用的法律。

▶《专利法》

第六十八条 侵犯专利权的诉讼时效为二年，自专利权人或者利害关系人得知或者应当得知侵权行为之日起计算。

发明专利申请公布后至专利权授予前使用该发明未支付适当使用费的，专利权人要求支付使用费的诉讼时效为二年，自专利权人得知或者应当得知他人使用其发明之日起计算，但是，专利权人于专利权授予之日前即已得知或者应当得知的，自专利权授予之日起计算。

▶《票据法》

第十七条 票据权利在下列期限内不行使而消灭：

（一）持票人对票据的出票人和承兑人的权利，自票据到期日起二年。见票即付的汇票、本票，自出票日起二年；

（二）持票人对支票出票人的权利，自出票日起六个月；

（三）持票人对前手的追索权，自被拒绝承兑或者被拒绝付款之日起六个月；

（四）持票人对前手的再追索权，自清偿日或者被提起诉讼之日起三个月。

票据的出票日、到期日由票据当事人依法确定。

第十八条 持票人因超过票据权利时效或者因票据记载事项欠缺而丧失票据权利的，仍享有民事权利，可以请求出票人或者承兑人返还其与未支付的票据金额相当的利益。

▶《海商法》

第二百五十七条 就海上货物运输向承运人要求赔偿的请求权，时效期间为一年，自承运人交付或者应当交付货物之日起计算；在时效期间内或者时效期间届满后，被认定为负有责任的人向第三人提起追偿请求的，时效期间为九十日，自追偿请求人解决原赔偿请求之日起或者收到受理对其本人提起诉讼的法院的起诉状副本之日起计算。

有关航次租船合同的请求权，时效期间为二年，自知道或者应当知道权利被侵害之日起计算。

第二百五十八条 就海上旅客运输向承运人要求赔偿的请求权，时效期间为二年，分别依照下列规定计算：

（一）有关旅客人身伤害的请求权，自旅客离船或者应当离船之日起计算；

（二）有关旅客死亡的请求权，发生在运送期间的，自旅客应当离船之日起计算；因运送期间内的伤害而导致旅客离船后死亡的，自旅客死亡之日起计算，但是此期限自离船之日起不得超过三年；

（三）有关行李灭失或者损坏的请求权，自旅客离船或者应当离船之日起计算。

第二百五十九条 有关船舶租用合同的请求权，时效期间为二年，自知道或者应当知道权利被侵害之日起计算。

第二百六十一条 有关船舶碰撞的请求权，时效期间为二年，自碰撞事故发生之日起计算；

本法第一百六十九条第三款规定的追偿请求权，时效期间为一年，自当事人连带支付损害赔偿之日起计算。

第二百六十二条 有关海难救助的请求权，时效期间为二年，自救助作业终止之日起计算。

第二百六十三条 有关共同海损分摊的请求权，时效期间为一年，自理算结束之日起计算。

第二百六十五条 有关船舶发生油污损害的请求权，时效期间为三年，自损害发生之日起计算；但是，在任何情况下时效期间不得超过从造成损害的事故发生之日起六年。

第二百六十六条 在时效期间的最后六个月内，因不可抗力或者其他障碍不能行使请求权的，时效中止，自中止时效的原因消除之日起，时效期间继续计算。

第二百六十七条 时效因请求人提起诉讼、提交仲裁或者被请求人同意履行义务而中断。但是，请求人撤回起诉、撤回仲裁或者起诉被裁定驳回的，时效不中断。

请求人申请扣船的，时效自申请扣船之日起中断。

自中断时起，时效期间重新计算。

▶《铁路货物运输合同实施细则》

第二十二条 承运人同托运人或收货人相互间要求赔偿或退补费用的时效期限为180日（要求铁路支付运到期限违约金为60日）。

托运人或收货人向承运人要求赔偿或退还运输费用的时效期限，由下列日期起算：

一、货物灭失、短少、变质、污染、损坏，为车站交给货运记录的次日；

二、货物全部灭失未编有货运记录，为运到期限满期的第16日，但鲜活货物为运到期限满期的次日；

三、要求支付货物运到期限违约金，为交付货物的次日；

四、多收运输费用，为核收该项费用的次日。

承运人向托运人或收货人要求赔偿或补收运输费用的时效期限，由发生该项损失或少收运输费用的次日起算。

▶《水路货物运输合同实施细则》

第三十一条 承运人与托运人或收货人彼此之间要求赔偿的时效，从货运记录交给托运人或收货人的次日起算不超过180日。赔偿要求应以书面形式提出，对方应在收到书面赔偿要求的次日起60日内处理。

承、托运双方相互索取各项违约金、滞纳金、速遣奖金或滞期费的时效，按有关规定办理。

▶《专利纠纷案件规定》

第二十三条 侵犯专利权的诉讼时效为二年，自专利权人或者利害关系人知道或者应当知道侵权行为之日起计算。权利人超过二年起诉的，如果侵权行为在起诉时仍在继续，在该项专利权有效期内，人民法院应当判决被告停止侵权行为，侵权损害赔偿数额应当自权利人向人民法院起诉之日起向前推算二年计算。

▶《专利权纠纷司法解释二》

第二条 权利人在专利侵权诉讼中主张的权利要求被专利复审委员会宣告无效的，审理侵犯专利权纠纷案件的人民法院可以裁定驳回权利人基于该无效权利要求的起诉。

有证据证明宣告上述权利要求无效的决定被生效的行政判决撤销的，权利人可以另行起诉。

专利权人另行起诉的，诉讼时效期间从本条第二款所称行政判决书送达之日起计算。

▶《民事案件诉讼时效规定》

第六条 未约定履行期限的合同，依照合同法第六十一条、第六十二条的规定，可以确定履行期限的，诉讼时效期间从履行期限届满之日起计算；不能确定履行期限的，诉讼时效期间从债权人要求债务人履行义务的宽限期届满之日起计算，但债务人在债权人第一次向其主张权利之时明确表示不履行义务的，诉讼时效期间从债务人明确表示不履行义务之日起计算。

第八条 返还不当得利请求权的诉讼时效期间，从当事人一方知道或者应当知道不当得利事实及对方当事人之日起计算。

第九条 管理人因无因管理行为产生的给付必要管理费用、赔偿损失请求权的诉讼时效期间，从无因管理行为结束并且管理人知道或者应当知道本人之日起计算。

本人因不当无因管理行为产生的赔偿损失请求权的诉讼时效期间，从其知道或者应当知道管理人及损害事实之日起计算。

▶《民通意见》

168. 人身损害赔偿的诉讼时效期间，伤害明显的，从受伤害之日起算；伤害当时未曾发现，后经检查确诊并能证明是由侵害引起的，从伤势确诊之日起算。

169. 权利人由于客观的障碍在法定诉讼时效期间不能行使请求权的，属于民法通则第一百三十七条规定的“特殊情况”。

175. 民法通则第一百三十五条、第一百三十六条规定的诉讼时效期间，可以适用民法通则有关中止、中断和延长的规定。

民法通则第一百三十七条规定的“二十年”诉讼时效期间，可以适用民法通则有关延长的规定，不适用中止、中断的规定。

176. 法律、法规对索赔时间和对产品质量等提出异议的时间有特殊规定的，按特殊规定办理。

▶《最高人民法院关于印发〈最高人民法院第八次全国法院民事商事审判工作会议（民事部分）纪要〉的通知》

18. 买受人请求出卖人支付逾期办证的违约金，从合同约定或者法定期限届满之次日起计算诉讼时效期间。

合同没有约定违约责任或者损失数额难以确定的，可参照《最高人民法院关于审理民间借贷案件适用法律若干问题的规定》第二十九条第二款规定处理。

▶《人民法院处理涉台民事案件的几个法律问题》

七、关于诉讼时效问题

为了保护去台人员和台胞的合法权益，我们在适用诉讼时效方面，对涉台民事案件作了特别规定。根据《中华人民共和国民法通则》的规定，从权利被侵害之日起超过二十年，权利人才向人民法院提起诉讼的，人民法院不予保护。由于涉及去台人员和台湾同胞的案件，许多已经超过二十年了，因此，对去台人员和台湾同胞的诉讼时效期间问题，根据民法通则第一百三十七条的规定，人民法院可以作为特殊情况予以适当延长。

第一百八十九条 【分期履行债务诉讼时效的起算】当事人约定同一债务分期履行的，诉讼时效期间自最后一期履行期限届满之日起计算。

条文对比

《民法典总则编》	《民事案件诉讼时效规定》
第一百八十九条 当事人约定同一债务分期履行的，诉讼时效期间<u>自</u>最后一期履行期限届满之日起计算。	**第五条** 当事人约定同一债务分期履行的，诉讼时效期间<u>从</u>最后一期履行期限届满之日起计算。

关联法规

▶《民法典总则编》

第一百八十八条 向人民法院请求保护民事权利的诉讼时效期间为三年。法律另有规定的，依照其规定。

诉讼时效期间自权利人知道或者应当知道权利受到损害以及义务人之日起计算。法律另有规定的，依照其规定。但是，自权利受到损害之日起超过二十年的，人民法院不予保护，有特殊情况的，人民法院可以根据权利人的申请决定延长。

▶《最高人民法院关于分期履行的合同中诉讼时效应如何计算问题的答复》

云南省高级人民法院：

你院《云南省高级人民法院关于继续性租金债权的诉讼时效期间如何计算的请示》收悉。经研究，答复如下：

对分期履行合同的每一期债务发生争议的，诉讼时效期间自该期债务履行期届满之日的次日起算。

此复。

第一百九十条　【对法定代理人请求权诉讼时效的起算】无民事行为能力人或者限制民事行为能力人对其法定代理人的请求权的诉讼时效期间，自该法定代理终止之日起计算。

条文对比

《民法典总则编》	新增条文
第一百九十条　无民事行为能力人或者限制民事行为能力人对其法定代理人的请求权的诉讼时效期间，自该法定代理终止之日起计算。	

关联法规

▶《民法典总则编》

第一百七十五条　有下列情形之一的，法定代理终止：

（一）被代理人取得或者恢复完全民事行为能力；

（二）代理人丧失民事行为能力；

（三）代理人或者被代理人死亡；

（四）法律规定的其他情形。

第一百八十八条　向人民法院请求保护民事权利的诉讼时效期间为三年。法律另有规定的，依照其规定。

诉讼时效期间自权利人知道或者应当知道权利受到损害以及义务人之日起计

算。法律另有规定的，依照其规定。但是，自权利受到损害之日起超过二十年的，人民法院不予保护，有特殊情况的，人民法院可以根据权利人的申请决定延长。

▶《依法处理监护人侵害未成年人权益行为意见》

41. 撤销监护人资格诉讼终结后六个月内，未成年人及其现任监护人可以向人民法院申请人身安全保护裁定。

44. 民政部门担任监护人的，承担抚养职责的儿童福利机构可以送养未成年人。

送养未成年人应当在人民法院作出撤销监护人资格判决一年后进行。侵害人有本意见第40条第2款规定情形的，不受一年后送养的限制。

第一百九十一条　【未成年人遭受性侵害的损害赔偿诉讼时效的起算】未成年人遭受性侵害的损害赔偿请求权的诉讼时效期间，自受害人年满十八周岁之日起计算。

条文对比

《民法典总则编》	新增条文
第一百九十一条　未成年人遭受性侵害的损害赔偿请求权的诉讼时效期间，自受害人年满十八周岁之日起计算。	

关联法规

▶《民法典总则编》

第一百八十八条　向人民法院请求保护民事权利的诉讼时效期间为三年。法律另有规定的，依照其规定。

诉讼时效期间自权利人知道或者应当知道权利受到损害以及义务人之日起计算。法律另有规定的，依照其规定。但是，自权利受到损害之日起超过二十年的，人民法院不予保护，有特殊情况的，人民法院可以根据权利人的申请决定延长。

▶《未成年人保护法》

第四十一条 禁止拐卖、绑架、虐待未成年人，禁止对未成年人实施性侵害。

禁止胁迫、诱骗、利用未成年人乞讨或者组织未成年人进行有害其身心健康的表演等活动。

第一百九十二条 【诉讼时效届满的法律后果】 诉讼时效期间届满的，义务人可以提出不履行义务的抗辩。

诉讼时效期间届满后，义务人同意履行的，不得以诉讼时效期间届满为由抗辩；义务人已经自愿履行的，不得请求返还。

条文对比

《民法典总则编》	《民法通则》
第一百九十二条 诉讼时效期间届满的，义务人可以提出不履行义务的抗辩。 **诉讼时效期间届满后，义务人同意履行的，不得以诉讼时效期间届满为由抗辩；义务人已经自愿履行的，不得请求返还。**	**第一百三十八条** 超过诉讼时效期间，当事人自愿履行的，不受诉讼时效限制。

关联法规

▶《民事诉讼法司法解释》

第二百一十九条 当事人超过诉讼时效期间起诉的，人民法院应予受理。受理后对方当事人提出诉讼时效抗辩，人民法院经审理认为抗辩事由成立的，判决驳回原告的诉讼请求。

第四百八十三条 申请执行人超过申请执行时效期间向人民法院申请强制执行的，人民法院应予受理。被执行人对申请执行时效期间提出异议，人民法院经审查异议成立的，裁定不予执行。

被执行人履行全部或者部分义务后，又以不知道申请执行时效期间届满为由请求执行回转的，人民法院不予支持。

第五百一十七条 债权人根据民事诉讼法第二百五十四条规定请求人民法院继续执行的，不受民事诉讼法第二百三十九条规定申请执行时效期间的限制。

第五百一十九条 经过财产调查未发现可供执行的财产，在申请执行人签字确认或者执行法院组成合议庭审查核实并经院长批准后，可以裁定终结本次执行程序。

依照前款规定终结执行后，申请执行人发现被执行人有可供执行财产的，可以再次申请执行。再次申请不受申请执行时效期间的限制。

第五百二十条 因撤销申请而终结执行后，当事人在民事诉讼法第二百三十九条规定的申请执行时效期间内再次申请执行的，人民法院应当受理。

▶《人民法院赔偿委员会适用质证程序审理国家赔偿案件规定》

第七条 下列情形，由赔偿义务机关负举证责任：

（一）属于法定免责情形；

（二）赔偿请求超过法定时效；

（三）具有其他抗辩事由。

▶《票据纠纷案件规定》

第十六条 票据债务人依照票据法第九条、第十七条、第十八条、第二十二条和第三十一条的规定，对持票人提出下列抗辩的，人民法院应予支持：

（一）欠缺法定必要记载事项或者不符合法定格式的；

（二）超过票据权利时效的；

（三）人民法院作出的除权判决已经发生法律效力的；

（四）以背书方式取得但背书不连续的；

（五）其他依法不得享有票据权利的。

▶《民事案件诉讼时效规定》

第四条 当事人在一审期间未提出诉讼时效抗辩，在二审期间提出的，人民法院不予支持，但其基于新的证据能够证明对方当事人的请求权已过诉讼时效期间的情形除外。

当事人未按照前款规定提出诉讼时效抗辩，以诉讼时效期间届满为由申请再审或者提出再审抗辩的，人民法院不予支持。

第二十一条 主债务诉讼时效期间届满，保证人享有主债务人的诉讼时效抗辩权。

保证人未主张前述诉讼时效抗辩权，承担保证责任后向主债务人行使追偿权的，人民法院不予支持，但主债务人同意给付的情形除外。

第二十二条 诉讼时效期间届满，当事人一方向对方当事人作出同意履行义务的意思表示或者自愿履行义务后，又以诉讼时效期间届满为由进行抗辩的，人民法院不予支持。

▶《担保法司法解释》

第三十五条 保证人对已经超过诉讼时效期间的债务承担保证责任或者提供保证的，又以超过诉讼时效为由抗辩的，人民法院不予支持。

▶《民通意见》

171. 过了诉讼时效期间，义务人履行义务后，又以超过诉讼时效为由翻悔的，不予支持。

第一百九十三条 【诉讼时效援引的当事人主义】 人民法院不得主动适用诉讼时效的规定。

条文对比

《民法典总则编》	《民事案件诉讼时效规定》
第一百九十三条 人民法院不得主动适用诉讼时效的规定。	**第三条** ~~当事人未提出诉讼时效抗辩，~~人民法院不应~~对诉讼时效问题进行释明及~~主动适用诉讼时效的规定~~进行裁判~~。

第一百九十四条 【诉讼时效的中止】 在诉讼时效期间的最后六个月内，因下列障碍，不能行使请求权的，诉讼时效中止：

（一）不可抗力；

（二）无民事行为能力人或者限制民事行为能力人没有法定代理人，或者法定代理人死亡、丧失民事行为能力、丧失代理权；

（三）继承开始后未确定继承人或者遗产管理人；

（四）权利人被义务人或者其他人控制；

（五）其他导致权利人不能行使请求权的障碍。

自中止时效的原因消除之日起满六个月，诉讼时效期间届满。

条文对比

《民法典总则编》	《民法通则》《民事案件诉讼时效规定》
第一百九十四条 在诉讼时效期间的最后六个月内，因**下列**障碍，不能行使请求权的，诉讼时效中止： （一）不可抗力； （二）无民事行为能力人或者限制民事行为能力人没有法定代理人，或者法定代理人死亡、丧失**民事**行为能力、丧失代理权； （三）继承开始后未确定继承人或者遗产管理人； （四）权利人被义务人或者其他人控制； （五）其他导致权利人不能行使请求权的障碍。 **自中止时效的原因消除之日起满六个月，诉讼时效期间届满。**	《民法通则》 **第一百三十九条** 在诉讼时效期间的最后六个月内，因不可抗力~~或者其他~~障碍不能行使请求权的，诉讼时效中止。~~从中止时效的原因消除之日起，诉讼时效期间继续计算。~~ 《民事案件诉讼时效规定》 **第二十条** 有下列情形之一的，应当认定为民法通则第一百三十九条规定的“其他障碍”，诉讼时效中止： （一）~~权利被侵害的~~无民事行为能力人、限制民事行为能力人没有法定代理人，或者法定代理人死亡、丧失代理权、丧失行为能力； （二）继承开始后未确定继承人或者遗产管理人； （三）权利人被义务人或者其他人控制~~无法主张权利~~； （四）其他导致权利人不能主张权利的客观情形。

关联法规

▶《国防动员法》

第六十七条 因国家发布动员令，诉讼、行政复议、仲裁活动不能正常进行的，适用有关时效中止和程序中止的规定，但法律另有规定的除外。

▶《海商法》

第二百六十六条 在时效期间的最后六个月内，因不可抗力或者其他障碍不能行使请求权的，时效中止。自中止时效的原因消除之日起，时效期间继续计算。

▶《民事诉讼法执行程序司法解释》

第二十七条 在申请执行时效期间的最后六个月内，因不可抗力或者其他障碍不能行使请求权的，申请执行时效中止。从中止时效的原因消除之日起，申请执行时效期间继续计算。

▶《担保法司法解释》

第三十六条 一般保证中，主债务诉讼时效中断，保证债务诉讼时效中断；连带责任保证中，主债务诉讼时效中断，保证债务诉讼时效不中断。

一般保证和连带责任保证中，主债务诉讼时效中止的，保证债务的诉讼时效同时中止。

▶《民通意见》

172. 在诉讼时效期间的最后六个月内，权利被侵害的无民事行为能力人、限制民事行为能力人没有法定代理人，或者法定代理人死亡、丧失代理权，或者法定代理人本人丧失行为能力的，可以认定为因其他障碍不能行使请求权，适用诉讼时效中止。

第一百九十五条　【诉讼时效的中断】有下列情形之一的，诉讼时效中断，从中断、有关程序终结时起，诉讼时效期间重新计算：

（一）权利人向义务人提出履行请求；

（二）义务人同意履行义务；

（三）权利人提起诉讼或者申请仲裁；

（四）与提起诉讼或者申请仲裁具有同等效力的其他情形。

条文对比

《民法典总则编》	《民法通则》
第一百九十五条　有下列情形之一的，诉讼时效中断，从中断、**有关程序终结**时起，诉讼时效期间重新计算： **（一）权利人向义务人提出履行请求；** **（二）义务人同意履行义务；** **（三）权利人提起诉讼或者申请仲裁；** **（四）与提起诉讼或者申请仲裁具有同等效力的其他情形。**	**第一百四十条**　诉讼时效因提起诉讼、当事人一方提出要求或者同意履行义务而中断。从中断时起，诉讼时效期间重新计算。

关联法规

《海商法》

第二百六十七条　时效因请求人提起诉讼、提交仲裁或者被请求人同意履行义务而中断。但是，请求人撤回起诉、撤回仲裁或者起诉被裁定驳回的，时效不中断。

请求人申请扣船的，时效自申请扣船之日起中断。

自中断时起，时效期间重新计算。

《企业破产法司法解释二》

第十九条　债务人对外享有债权的诉讼时效，自人民法院受理破产申请之日起中断。

债务人无正当理由未对其到期债权及时行使权利，导致其对外债权在破产申请受理前一年内超过诉讼时效期间的，人民法院受理破产申请之日起重新计算上述债权的诉讼时效期间。

《无正本提单交付货物规定》

第十五条　正本提单持有人以承运人无正本提单交付货物为由提起的诉讼，时效中断适用海商法第二百六十七条的规定。

正本提单持有人以承运人与无正本提单提取货物的人共同实施无正本提单交付货物行为为由提起的侵权诉讼，时效中断适用本条前款规定。

▶《票据纠纷案件规定》

第二十条 票据法第十七条规定的票据权利时效发生中断的，只对发生时效中断事由的当事人有效。

▶《民事诉讼法执行程序司法解释》

第二十八条 申请执行时效因申请执行、当事人双方达成和解协议、当事人一方提出履行要求或者同意履行义务而中断。从中断时起，申请执行时效期间重新计算。

▶《民事案件诉讼时效规定》

第十条 具有下列情形之一的，应当认定为民法通则第一百四十条规定的"当事人一方提出要求"，产生诉讼时效中断的效力：

（一）当事人一方直接向对方当事人送交主张权利文书，对方当事人在文书上签字、盖章或者虽未签字、盖章但能够以其他方式证明该文书到达对方当事人的；

（二）当事人一方以发送信件或者数据电文方式主张权利，信件或者数据电文到达或者应当到达对方当事人的；

（三）当事人一方为金融机构，依照法律规定或者当事人约定从对方当事人账户中扣收欠款本息的；

（四）当事人一方下落不明，对方当事人在国家级或者下落不明的当事人一方住所地的省级有影响的媒体上刊登具有主张权利内容的公告的，但法律和司法解释另有特别规定的，适用其规定。

前款第（一）项情形中，对方当事人为法人或者其他组织的，签收人可以是其法定代表人、主要负责人、负责收发信件的部门或者被授权主体；对方当事人为自然人的，签收人可以是自然人本人、同住的具有完全行为能力的亲属或者被授权主体。

第十一条 权利人对同一债权中的部分债权主张权利，诉讼时效中断的效力及于剩余债权，但权利人明确表示放弃剩余债权的情形除外。

第十二条 当事人一方向人民法院提交起诉状或者口头起诉的，诉讼时效从提交起诉状或者口头起诉之日起中断。

第十三条 下列事项之一，人民法院应当认定与提起诉讼具有同等诉讼时效中断的效力：

（一）申请仲裁；

（二）申请支付令；

（三）申请破产、申报破产债权；

（四）为主张权利而申请宣告义务人失踪或死亡；

（五）申请诉前财产保全、诉前临时禁令等诉前措施；

（六）申请强制执行；

（七）申请追加当事人或者被通知参加诉讼；

（八）在诉讼中主张抵销；

（九）其他与提起诉讼具有同等诉讼时效中断效力的事项。

第十四条 权利人向人民调解委员会以及其他依法有权解决相关民事纠纷的国家机关、事业单位、社会团体等社会组织提出保护相应民事权利的请求，诉讼时效从提出请求之日起中断。

第十五条 权利人向公安机关、人民检察院、人民法院报案或者控告，请求保护其民事权利的，诉讼时效从其报案或者控告之日起中断。

上述机关决定不立案、撤销案件、不起诉的，诉讼时效期间从权利人知道或者应当知道不立案、撤销案件或者不起诉之日起重新计算；刑事案件进入审理阶段，诉讼时效期间从刑事裁判文书生效之日起重新计算。

第十六条 义务人作出分期履行、部分履行、提供担保、请求延期履行、制定清偿债务计划等承诺或者行为的，应当认定为民法通则第一百四十条规定的当事人一方“同意履行义务”。

第十七条 对于连带债权人中的一人发生诉讼时效中断效力的事由，应当认定对其他连带债权人也发生诉讼时效中断的效力。对于连带债务人中的一人发生诉讼时效中断效力的事由，应当认定对其他连带债务人也发生诉讼时效中断的效力。

第十八条 债权人提起代位权诉讼的，应当认定对债权人的债权和债务人的债权均发生诉讼时效中断的效力。

第十九条 债权转让的，应当认定诉讼时效从债权转让通知到达债务人之日起中断。

债务承担情形下，构成原债务人对债务承认的，应当认定诉讼时效从债务承担意思表示到达债权人之日起中断。

《海上保险纠纷规定》

第十五条 保险人取得代位请求赔偿权利后，以被保险人向第三人提起诉讼、提交仲裁、申请扣押船舶或者第三人同意履行义务为由主张诉讼时效中断的，人民法院应予支持。

▶《担保法司法解释》

第三十六条 一般保证中，主债务诉讼时效中断，保证债务诉讼时效中断；连带责任保证中，主债务诉讼时效中断，保证债务诉讼时效不中断。

一般保证和连带责任保证中，主债务诉讼时效中止的，保证债务的诉讼时效同时中止。

▶《民通意见》

173. 诉讼时效因权利人主张权利或者义务人同意履行义务而中断后，权利人在新的诉讼时效期间内，再次主张权利或者义务人再次同意履行义务的，可以认定为诉讼时效再次中断。

权利人向债务保证人、债务人的代理人或者财产代管人主张权利的，可以认定诉讼时效中断。

174. 权利人向人民调解委员会或者有关单位提出保护民事权利的请求，从提出请求时起，诉讼时效中断。经调处达不成协议的，诉讼时效期间即重新起算；如调处达成协议，义务人未按协议所定期限履行义务的，诉讼时效期间应从期限届满时重新起算。

▶《最高人民法院关于超过诉讼时效期间借款人在催款通知单上签字或者盖章的法律效力问题的批复》

河北省高级人民法院：

你院〔1998〕冀经一请字第38号《关于超过诉讼时效期间信用社向借款人发出的“催收到期贷款通知单”是否受法律保护的请示》收悉。经研究，答复如下：

根据《中华人民共和国民法通则》第四条、第九十条规定的精神，对于超过诉讼时效期间，信用社向借款人发出催收到期贷款通知单，债务人在该通知单上签字或者盖章的，应当视为对原债务的重新确认，该债权债务关系应受法律保护。

此复

第一百九十六条 【不适用诉讼时效的请求权】 下列请求权不适用诉讼时效的规定：

（一）请求停止侵害、排除妨碍、消除危险；

（二）不动产物权和登记的动产物权的权利人请求返还财产；

（三）请求支付抚养费、赡养费或者扶养费；

（四）依法不适用诉讼时效的其他请求权。

条文对比

《民法典总则编》	新增条文
第一百九十六条　下列请求权不适用诉讼时效的规定： （一）请求停止侵害、排除妨碍、消除危险； （二）不动产物权和登记的动产物权的权利人请求返还财产； （三）请求支付抚养费、赡养费或者扶养费； （四）依法不适用诉讼时效的其他请求权。	

关联法规

▶《民法典物权编》

第四百一十九条 抵押权人应当在主债权诉讼时效期间行使抵押权；未行使的，人民法院不予保护。

▶《环境侵权责任纠纷司法解释》

第十七条 被侵权人提起诉讼，请求污染者停止侵害、排除妨碍、消除危险的，不受环境保护法第六十六条规定的时效期间的限制。

▶《公司法司法解释三》

第十九条 公司股东未履行或者未全面履行出资义务或者抽逃出资，公司或者其他股东请求其向公司全面履行出资义务或者返还出资，被告股东以诉讼时效为由进行抗辩的，人民法院不予支持。

公司债权人的债权未过诉讼时效期间，其依照本规定第十三条第二款、第十四条第二款的规定请求未履行或者未全面履行出资义务或者抽逃出资的股东承担赔偿责任，被告股东以出资义务或者返还出资义务超过诉讼时效期间为由进行抗辩的，人民法院不予支持。

▶《企业破产法司法解释二》

第二十条 管理人代表债务人提起诉讼，主张出资人向债务人依法缴付未履行的出资或者返还抽逃的出资本息，出资人以认缴出资尚未届至公司章程规定的缴纳期限或者违反出资义务已经超过诉讼时效为由抗辩的，人民法院不予支持。

管理人依据公司法的相关规定代表债务人提起诉讼，主张公司的发起人和负有监督股东履行出资义务的董事、高级管理人员，或者协助抽逃出资的其他股东、董事、高级管理人员、实际控制人等，对股东违反出资义务或者抽逃出资承担相应责任，并将财产归入债务人财产的，人民法院应予支持。

▶《民事案件诉讼时效规定》

第一条 当事人可以对债权请求权提出诉讼时效抗辩，但对下列债权请求权提出诉讼时效抗辩的，人民法院不予支持：

（一）支付存款本金及利息请求权；

（二）兑付国债、金融债券以及向不特定对象发行的企业债券本息请求权；

（三）基于投资关系产生的缴付出资请求权；

（四）其他依法不适用诉讼时效规定的债权请求权。

▶《民通意见》

170. 未授权给公民、法人经营、管理的国家财产受到侵害的，不受诉讼时效期间的限制。

▶《最高人民法院关于审理中央级财政资金转为部分中央企业国家资本金有关纠纷案件的通知》

三、除人民法院已经受理的案件外，有关中央企业返还资金请求权的诉讼时效期间自《通知》第五条规定的期限届满之日起算。

当事人主张确认公司或企业出资人权益请求权不适用诉讼时效的规定。

权威案例

指导案例65号：上海市虹口区久乐大厦小区业主大会诉上海环亚实业总公司业主共有权纠纷案

裁判要点：专项维修资金是专门用于物业共用部位、共用设施设备保修期满后的维修和更新、改造的资金，属于全体业主共有。缴纳专项维修资金是业主为维护建筑物的长期安全使用而应承担的一项法定义务。业主拒绝缴纳专项维修资金，并以诉讼时效提出抗辩的，人民法院不予支持。

第一百九十七条　【诉讼时效法定】诉讼时效的期间、计算方法以及中止、中断的事由由法律规定，当事人约定无效。

当事人对诉讼时效利益的预先放弃无效。

条文对比

《民法典总则编》	《民事案件诉讼时效规定》
第一百九十七条　诉讼时效的期间、计算方法以及中止、中断的事由**由法律规定**，当事人约定无效。 当事人对诉讼时效利益的预先放弃无效。	**第二条**　当事人违反法律规定，约定延长或者~~缩短~~诉讼时效期间、预先放弃诉讼时效利益的，人民法院不予认可。

第一百九十八条　【仲裁时效的准用】法律对仲裁时效有规定的，依照其规定；没有规定的，适用诉讼时效的规定。

条文对比

《民法典总则编》	《仲裁法》
第一百九十八条　法律对仲裁时效有规定的，依照其规定；没有规定的，适用诉讼时效的规定。	**第七十四条**　法律对仲裁时效有规定的，适用该规定。~~法律对仲裁时效~~没有规定的，适用诉讼时效的规定。

关联法规

《民法典合同编》

第五百九十四条 因国际货物买卖合同和技术进出口合同争议提起诉讼或者申请仲裁的时效期间为四年。

《农村土地承包经营纠纷调解仲裁法》

第十八条 农村土地承包经营纠纷申请仲裁的时效期间为二年，自当事人知道或者应当知道其权利被侵害之日起计算。

《劳动争议调解仲裁法》

第二十七条 劳动争议申请仲裁的时效期间为一年。仲裁时效期间从当事人知道或者应当知道其权利被侵害之日起计算。

前款规定的仲裁时效，因当事人一方向对方当事人主张权利，或者向有关部门请求权利救济，或者对方当事人同意履行义务而中断。从中断时起，仲裁时效期间重新计算。

因不可抗力或者有其他正当理由，当事人不能在本条第一款规定的仲裁时效期间申请仲裁的，仲裁时效中止。从中止时效的原因消除之日起，仲裁时效期间继续计算。

劳动关系存续期间因拖欠劳动报酬发生争议的，劳动者申请仲裁不受本条第一款规定的仲裁时效期间的限制；但是，劳动关系终止的，应当自劳动关系终止之日起一年内提出。

《农村土地承包经营纠纷调解仲裁案件司法解释》

第一条 农村土地承包仲裁委员会根据农村土地承包经营纠纷调解仲裁法第十八条规定，以超过申请仲裁的时效期间为由驳回申请后，当事人就同一纠纷提起诉讼的，人民法院应予受理。

《最高人民法院关于人事争议申请仲裁的时效期间如何计算的批复》

四川省高级人民法院：

你院《关于事业单位人事争议仲裁时效如何计算的请示》（川高法〔2012〕430号）收悉。经研究，批复如下：

依据《中华人民共和国劳动争议调解仲裁法》第二十七条第一款、第五十二条的规定，当事人自知道或者应当知道其权利被侵害之日起一年内申请仲裁，仲裁机构予以受理的，人民法院应予认可。

▶《最高人民法院关于对国外仲裁机构的裁决申请承认和申请执行是否应一并提出问题的请示的复函》

陕西省高级人民法院：

你院（2013）陕民三他字第1号《关于对国外仲裁机构的裁决申请承认和申请执行是否应一并提出问题的请示》收悉。经研究，答复如下：

1. 对于外国仲裁裁决，法律没有规定当事人必须一并申请承认和执行，当事人可以选择仅申请人民法院承认，也可以选择申请人民法院承认和执行。当事人先申请人民法院承认外国仲裁裁决，人民法院经审查裁定予以承认的，当事人还可以申请人民法院执行该仲裁裁决。

2. 根据《最高人民法院关于人民法院处理与涉外仲裁及外国仲裁事项有关问题的通知》（法发〔1995〕18号）的精神，泰王国泰普克沥青（大众）有限公司（以下简称泰普克公司）申请执行涉案外国仲裁裁决，西安市中级人民法院在拟裁定不予受理前，应当逐级上报最高人民法院，待最高人民法院答复后作出相应裁定。

3. 西安市中级人民法院于2009年12月7日裁定承认涉案外国仲裁裁决，泰普克公司于2010年1月27日申请执行该仲裁裁决，西安市中级人民法院审查是否执行该仲裁裁决，应当适用当时施行的《中华人民共和国民事诉讼法（2007）》。依照《中华人民共和国民事诉讼法（2007）》第二百一十五条第一款的规定，申请执行的期间为二年；申请执行时效的中止、中断，适用法律有关诉讼时效中止、中断的规定。西安市中级人民法院裁定承认仲裁裁决后，泰普克公司申请执行该仲裁裁决的期限从该裁定生效之日起重新计算。泰普克公司申请执行该仲裁裁决，并未超过《中华人民共和国民事诉讼法（2007）》规定的二年申请执行期限。西安市中级人民法院以泰普克公司申请执行超过《中华人民共和国民事诉讼法（2007）》规定的申请执行期限为由，裁定不予受理，适用法律不当，应予纠正。

此复

第一百九十九条　【除斥期间】法律规定或者当事人约定的撤销权、解除权等权利的存续期间，除法律另有规定外，自权利人知道或者应当知道权利产生之日起计算，不适用有关诉讼时效中止、中断和延长的规定。存续期间届满，撤销权、解除权等权利消灭。

条文对比

《民法典总则编》	《合同法》
第一百九十九条　法律规定或者当事人约定**的撤销权、**解除权**等权利的**存续期间，**除法律另有规定外，自权利人知道或者应当知道权利产生之日起计算，不适用有关诉讼时效中止、中断和延长的规定**。存续期间届满，撤销权、解除权等**权利消灭**。	**第九十五条**　法律规定或者当事人约定解除权行使期限，期限届满当事人不行使的，该权利消灭。 ~~法律没有规定或者当事人没有约定解除权行使期限，经对方催告后在合理期限内不行使的，该权利消灭。~~

关联法规

▶《民法典总则编》

第一百四十五条　限制民事行为能力人实施的纯获利益的民事法律行为或者与其年龄、智力、精神健康状况相适应的民事法律行为有效；实施的其他民事法律行为经法定代理人同意或者追认后有效。

相对人可以催告法定代理人自收到通知之日起三十日内予以追认。法定代理人未作表示的，视为拒绝追认。民事法律行为被追认前，善意相对人有撤销的权利。撤销应当以通知的方式作出。

第一百五十二条　有下列情形之一的，撤销权消灭：

（一）当事人自知道或者应当知道撤销事由之日起一年内、重大误解的当事人自知道或者应当知道撤销事由之日起九十日内没有行使撤销权；

（二）当事人受胁迫，自胁迫行为终止之日起一年内没有行使撤销权；

（三）当事人知道撤销事由后明确表示或者以自己的行为表明放弃撤销权。

当事人自民事法律行为发生之日起五年内没有行使撤销权的，撤销权消灭。

第一百七十一条 行为人没有代理权、超越代理权或者代理权终止后，仍然实施代理行为，未经被代理人追认的，对被代理人不发生效力。

相对人可以催告被代理人自收到通知之日起三十日内予以追认。被代理人未作表示的，视为拒绝追认。行为人实施的行为被追认前，善意相对人有撤销的权利。撤销应当以通知的方式作出。

行为人实施的行为未被追认的，善意相对人有权请求行为人履行债务或者就其受到的损害请求行为人赔偿。但是，赔偿的范围不得超过被代理人追认时相对人所能获得的利益。

相对人知道或者应当知道行为人无权代理的，相对人和行为人按照各自的过错承担责任。

《民法典合同编》

第五百四十一条 撤销权自债权人知道或者应当知道撤销事由之日起一年内行使。自债务人的行为发生之日起五年内没有行使撤销权的，该撤销权消灭。

第六百六十三条 受赠人有下列情形之一的，赠与人可以撤销赠与：

（一）严重侵害赠与人或者赠与人近亲属的合法权益；

（二）对赠与人有扶养义务而不履行；

（三）不履行赠与合同约定的义务。

赠与人的撤销权，自知道或者应当知道撤销事由之日起一年内行使。

第六百六十四条 因受赠人的违法行为致使赠与人死亡或者丧失民事行为能力的，赠与人的继承人或者法定代理人可以撤销赠与。

赠与人的继承人或者法定代理人的撤销权，自知道或者应当知道撤销事由之日起六个月内行使。

《民法典婚姻家庭编》

第一千零五十二条 因胁迫结婚的，受胁迫的一方可以向人民法院请求撤销婚姻。

请求撤销婚姻的，应当自胁迫行为终止之日起一年内提出。

被非法限制人身自由的当事人请求撤销婚姻的，应当自恢复人身自由之日起一年内提出。

《民事诉讼法司法解释》

第一百二十七条 民事诉讼法第五十六条第三款、第二百零五条以及本解释第三百七十四条、第三百八十四条、第四百零一条、第四百二十二条、第四百二十三条规定的六个月，民事诉讼法第二百二十三条规定的一年，为不变期间，不适用诉讼时效中止、中断、延长的规定。

▶《买卖合同司法解释》

第十七条 人民法院具体认定合同法第一百五十八条第二款规定的“合理期间”时，应当综合当事人之间的交易性质、交易目的、交易方式、交易习惯、标的物的种类、数量、性质、安装和使用情况、瑕疵的性质、买受人应尽的合理注意义务、检验方法和难易程度、买受人或者检验人所处的具体环境、自身技能以及其他合理因素，依据诚实信用原则进行判断。

合同法第一百五十八条第二款规定的“两年”是最长的合理期间。该期间为不变期间，不适用诉讼时效中止、中断或者延长的规定。

▶《民事案件诉讼时效规定》

第七条 享有撤销权的当事人一方请求撤销合同的，应适用合同法第五十五条关于一年除斥期间的规定。

对方当事人对撤销合同请求权提出诉讼时效抗辩的，人民法院不予支持。

合同被撤销，返还财产、赔偿损失请求权的诉讼时效期间从合同被撤销之日起计算。

▶《婚姻法司法解释一》

第十二条 婚姻法第十一条规定的“一年”，不适用诉讼时效中止、中断或者延长的规定。

▶《合同法司法解释一》

第八条 合同法第五十五条规定的“一年”、第七十五条和第一百零四条第二款规定的“五年”为不变期间，不适用诉讼时效中止、中断或者延长的规定。

权威案例

《绵阳市红日实业有限公司、蒋洋诉绵阳高新区科创实业有限公司股东会决议效力及公司增资纠纷案》，《最高人民法院公报》2011年第3期

裁判摘要：一、在民商事法律关系中，公司作为行为主体实施法律行为的过程可以划分为两个层次，一是公司内部的意思形成阶段，通常表现为股东会

或董事会决议；二是公司对外作出意思表示的阶段，通常表现为公司对外签订的合同。出于保护善意第三人和维护交易安全的考虑，在公司内部意思形成过程存在瑕疵的情况下，只要对外的表示行为不存在无效的情形，公司就应受其表示行为的制约。

二、根据《中华人民共和国公司法》第三十五条的规定，公司新增资本时，股东有权优先按照实缴的出资比例认缴出资。从权利性质上来看，股东对于新增资本的优先认缴权应属形成权。现行法律并未明确规定该项权利的行使期限，但从维护交易安全和稳定经济秩序的角度出发，结合商事行为的规则和特点，人民法院在处理相关案件时应限定该项权利行使的合理期间，对于超出合理期间行使优先认缴权的主张不予支持。

第十章　期间计算

第二百条　【期间的计算单位】民法所称的期间按照公历年、月、日、小时计算。

条文对比

《民法典总则编》	《民法通则》
第二百条　民法所称的期间按照公历年、月、日、小时计算。	**第一百五十四条第一款**　民法所称的期间按照公历年、月、日、小时计算。

第二百零一条　【期间的起算】按照年、月、日计算期间的，开始的当日不计入，自下一日开始计算。

按照小时计算期间的，自法律规定或者当事人约定的时间开始计算。

条文对比

《民法典总则编》	《民法通则》
第二百零一条　按照年、月、日计算期间的，开始的当日不计入，自下一日开始计算。 按照小时计算期间的，自**法律**规定**或者当事人约定的时间**开始计算。	**第一百五十四条第二款**　~~规定~~按照小时计算期间的，从规定~~时~~开始计算。~~规定~~按照日、月、年计算期间的，开始的当天不算入，从下一天开始计算。

关联法规

▶《民事诉讼法》

第八十二条 期间包括法定期间和人民法院指定的期间。

期间以时、日、月、年计算。期间开始的时和日，不计算在期间内。

期间届满的最后一日是节假日的，以节假日后的第一日为期间届满的日期。

期间不包括在途时间，诉讼文书在期满前交邮的，不算过期。

▶《民事诉讼法司法解释》

第一百二十五条 依照民事诉讼法第八十二条第二款规定，民事诉讼中以时起算的期间从次时起算；以日、月、年计算的期间从次日起算。

▶《民通意见》

199. 按照日、月、年计算期间，当事人对起算时间有约定的，按约定办。

第二百零二条 【期间到期日的确定】按照年、月计算期间的，到期月的对应日为期间的最后一日；没有对应日的，月末日为期间的最后一日。

条文对比

《民法典总则编》	《民通意见》
第二百零二条 按照年、月计算期间的，到期月的对应日为期间的最后一日；没有对应日的，月末日为期间的最后一日。	《民通意见》 198. 当事人约定的期间不是以月、年第一天起算的，一个月为三十日，一年为三百六十五日。 期间的最后一天是星期日或者其他法定休假日，而星期日或者其他法定休假日有变通的，以实际休假日的次日为期间的最后一天。

第二百零三条 【期间计算的特殊规定】 期间的最后一日是法定休假日的，以法定休假日结束的次日为期间的最后一日。

期间的最后一日的截止时间为二十四时；有业务时间的，停止业务活动的时间为截止时间。

条文对比

《民法典总则编》	《民法通则》
第二百零三条 期间的最后一日是法定休假日的，以**法定**休假日**结束**的次日为期间的最后一日。 期间的最后一日的截止时间为二十四时；有业务时间的，停止业务活动的时间**为**截止**时间**。	**第一百五十四条第三款、第四款** 期间的最后一天是~~星期日或者其他~~法定休假日的，以休假日的次日为期间的最后一天。 期间的最后一天的截止时间为二十四点。有业务时间的，到停止业务活动的时间截止。

关联法规

《劳动法》

第四十四条 有下列情形之一的，用人单位应当按照下列标准支付高于劳动者正常工作时间工资的工资报酬：

（一）安排劳动者延长工作时间的，支付不低于工资的百分之一百五十的工资报酬；

（二）休息日安排劳动者工作又不能安排补休的，支付不低于工资的百分之二百的工资报酬；

（三）法定休假日安排劳动者工作的，支付不低于工资的百分之三百的工资报酬。

第四十五条 国家实行带薪年休假制度。

劳动者连续工作一年以上的，享受带薪年休假。具体办法由国务院规定。

《民事诉讼法》

第八十二条 期间包括法定期间和人民法院指定的期间。

期间以时、日、月、年计算。期间开始的时和日，不计算在期间内。

期间届满的最后一日是节假日的，以节假日后的第一日为期间届满的日期。

期间不包括在途时间，诉讼文书在期满前交邮的，不算过期。

《全国年节及纪念日放假办法》

第一条 为统一全国年节及纪念日的假期，制定本办法。

第二条 全体公民放假的节日：

（一）新年，放假1天（1月1日）；

（二）春节，放假3天（农历正月初一、初二、初三）

（三）清明节，放假1天（农历清明当日）；

（四）劳动节，放假1天（5月1日）；

（五）端午节，放假1天（农历端午当日）；

（六）中秋节，放假1天（农历中秋当日）；

（七）国庆节，放假3天（10月1日、2日、3日）。

第三条 部分公民放假的节日及纪念日：

（一）妇女节（3月8日），妇女放假半天；

（二）青年节（5月4日），14周岁以上的青年放假半天；

（三）儿童节（6月1日），不满14周岁的少年儿童放假1天；

（四）中国人民解放军建军纪念日（8月1日），现役军人放假半天。

第四条 少数民族习惯的节日，由各少数民族聚居地区的地方人民政府，按照各该民族习惯，规定放假日期。

第五条 二七纪念日、五卅纪念日、七七抗战纪念日、九三抗战胜利纪念日、九一八纪念日、教师节、护士节、记者节、植树节等其他节日、纪念日，均不放假。

第六条 全体公民放假的假日，如果适逢星期六、星期日，应当在工作日补假。部分公民放假的假日，如果适逢星期六、星期日，则不补假。

第七条 本办法自公布之日起施行。

《国务院关于职工工作时间的规定》

第七条 国家机关、事业单位实行统一的工作时间，星期六和星期日为周休息日。

企业和不能实行前款规定的统一工作时间的事业单位，可以根据实际情况灵活安排周休息日。

▶《民通意见》

198. 当事人约定的期间不是以月、年第一天起算的，一个月为三十日，一年为三百六十五日。

期间的最后一天是星期日或者其他法定休假日，而星期日或者其他法定休假日有变通的，以实际休假日的次日为期间的最后一天。

第二百零四条　【期间计算方法的例外】期间的计算方法依照本法的规定，但是法律另有规定或者当事人另有约定的除外。

条文对比

《民法典总则编》	新增条文
第二百零四条　期间的计算方法依照本法的规定，但是法律另有规定或者当事人另有约定的除外。	

关联法规

▶《民通意见》

198. 当事人约定的期间不是以月、年第一天起算的，一个月为三十日，一年为三百六十五日。

期间的最后一天是星期日或者其他法定休假日，而星期日或者其他法定休假日有变通的，以实际休假日的次日为期间的最后一天。

199. 按照日、月、年计算期间，当事人对起算时间有约定的，按约定办。

▶《国家工商行政管理总局商标局关于调整商标注册工作流程等有关事宜的通知》

三、关于异议期间的计算方法

根据《民法通则》和《民事诉讼法》关于期间的有关规定，商标异议期间从初步审定公告的次日开始计算，为期三个月。

为了充分保证异议申请人对初步审定公告的商标在法律规定的三个月内提

出异议，同时避免商标异议期间与商标专用权产生日重合，我局决定调整初步审定公告时间。自第1096期（含该期）商标公告起，各期初步审定公告日由原来的每月7日、14日、21日和28日调整为每月6日、13日、20日和27日；注册公告日期以及注册商标专用期不变。

人格权编

第一章 一般规定

第九百八十九条 【人格权编的调整范围】本编调整因人格权的享有和保护产生的民事关系。

条文对比

《民法典人格权编》	新增条文
第九百八十九条 本编调整因人格权的享有和保护产生的民事关系。	

关联法规

▶《民法典总则编》

第一百零九条 自然人的人身自由、人格尊严受法律保护。

第一百一十条 自然人享有生命权、身体权、健康权、姓名权、肖像权、名誉权、荣誉权、隐私权、婚姻自主权等权利。

法人、非法人组织享有名称权、名誉权和荣誉权。

第一百一十一条 自然人的个人信息受法律保护。任何组织或者个人需要获取他人个人信息的，应当依法取得并确保信息安全，不得非法收集、使用、加工、传输他人个人信息，不得非法买卖、提供或者公开他人个人信息。

第九百九十条　【人格权的种类；一般人格权】 人格权是民事主体享有的生命权、身体权、健康权、姓名权、名称权、肖像权、名誉权、荣誉权、隐私权等权利。

除前款规定的人格权外，自然人享有基于人身自由、人格尊严产生的其他人格权益。

条文对比

《民法典人格权编》	新增条文
第九百九十条　人格权是民事主体享有的生命权、身体权、健康权、姓名权、名称权、肖像权、名誉权、荣誉权、隐私权等权利。 除前款规定的人格权外，自然人享有基于人身自由、人格尊严产生的其他人格权益。	

关联法规

▶《民法典总则编》

第一百一十条　自然人享有生命权、身体权、健康权、姓名权、肖像权、名誉权、荣誉权、隐私权、婚姻自主权等权利。

法人、非法人组织享有名称权、名誉权和荣誉权。

▶《旅游法》

第十条　旅游者的人格尊严、民族风俗习惯和宗教信仰应当得到尊重。

▶《残疾人保障法》

第三条　残疾人在政治、经济、文化、社会和家庭生活等方面享有同其他公民平等的权利。

残疾人的公民权利和人格尊严受法律保护。

禁止基于残疾的歧视。禁止侮辱、侵害残疾人。禁止通过大众传播媒介或者其他方式贬低损害残疾人人格。

▶《消费者权益保护法》

第十四条 消费者在购买、使用商品和接受服务时，享有人格尊严、民族风俗习惯得到尊重的权利，享有个人信息依法得到保护的权利。

第九百九十一条 【人格权益受法律保护】民事主体的人格权受法律保护，任何组织或者个人不得侵害。

条文对比

《民法典人格权编》	新增条文
第九百九十一条　民事主体的人格权受法律保护，任何组织或者个人不得侵害。	

关联法规

▶《宪法》

第三十七条 中华人民共和国公民的人身自由不受侵犯。

任何公民，非经人民检察院批准或者决定或者人民法院决定，并由公安机关执行，不受逮捕。

禁止非法拘禁和以其他方法非法剥夺或者限制公民的人身自由，禁止非法搜查公民的身体。

第三十八条 中华人民共和国公民的人格尊严不受侵犯。禁止用任何方法对公民进行侮辱、诽谤和诬告陷害。

▶《民法典总则编》

第十六条 涉及遗产继承、接受赠与等胎儿利益保护的，胎儿视为具有民事权利能力。但是，胎儿娩出时为死体的，其民事权利能力自始不存在。

第一百零九条 自然人的人身自由、人格尊严受法律保护。

▶《义务教育法》

第二十九条 教师在教育教学中应当平等对待学生，关注学生的个体差异，因材施教，促进学生的充分发展。

教师应当尊重学生的人格，不得歧视学生，不得对学生实施体罚、变相体罚或者其他侮辱人格尊严的行为，不得侵犯学生合法权益。

▶《老年人权益保障法》

第二十一条 老年人的婚姻自由受法律保护。子女或者其他亲属不得干涉老年人离婚、再婚及婚后的生活。

赡养人的赡养义务不因老年人的婚姻关系变化而消除。

第二十五条 禁止对老年人实施家庭暴力。

▶《刑事诉讼法》

第一百三十五条 为了查明案情，在必要的时候，经公安机关负责人批准，可以进行侦查实验。

侦查实验的情况应当写成笔录，由参加实验的人签名或者盖章。

侦查实验，禁止一切足以造成危险、侮辱人格或者有伤风化的行为。

▶《妇女权益保障法》

第一条 为了保障妇女的合法权益，促进男女平等，充分发挥妇女在社会主义现代化建设中的作用，根据宪法和我国的实际情况，制定本法。

第二条 妇女在政治的、经济的、文化的、社会的和家庭的生活等各方面享有同男子平等的权利。

实行男女平等是国家的基本国策。国家采取必要措施，逐步完善保障妇女权益的各项制度，消除对妇女一切形式的歧视。

国家保护妇女依法享有的特殊权益。

禁止歧视、虐待、遗弃、残害妇女。

第九条 国家保障妇女享有与男子平等的政治权利。

第十一条 妇女享有与男子平等的选举权和被选举权。

全国人民代表大会和地方各级人民代表大会的代表中，应当有适当数量的妇女代表。国家采取措施，逐步提高全国人民代表大会和地方各级人民代表大会的妇女代表的比例。

居民委员会、村民委员会成员中，妇女应当有适当的名额。

第十二条 国家积极培养和选拔女干部。

国家机关、社会团体、企业事业单位培养、选拔和任用干部，必须坚持男女平等的原则，并有适当数量的妇女担任领导成员。

国家重视培养和选拔少数民族女干部。

第十五条 国家保障妇女享有与男子平等的文化教育权利。

第十六条 学校和有关部门应当执行国家有关规定，保障妇女在入学、升学、毕业分配、授予学位、派出留学等方面享有与男子平等的权利。

学校在录取学生时，除特殊专业外，不得以性别为由拒绝录取女性或者提高对女性的录取标准。

第二十一条 国家机关、社会团体和企业事业单位应当执行国家有关规定，保障妇女从事科学、技术、文学、艺术和其他文化活动，享有与男子平等的权利。

第二十二条 国家保障妇女享有与男子平等的劳动权利和社会保障权利。

第二十三条 各单位在录用职工时，除不适合妇女的工种或者岗位外，不得以性别为由拒绝录用妇女或者提高对妇女的录用标准。

各单位在录用女职工时，应当依法与其签订劳动（聘用）合同或者服务协议，劳动（聘用）合同或者服务协议中不得规定限制女职工结婚、生育的内容。

禁止录用未满十六周岁的女性未成年人，国家另有规定的除外。

第二十四条 实行男女同工同酬。妇女在享受福利待遇方面享有与男子平等的权利。

第二十五条 在晋职、晋级、评定专业技术职务等方面，应当坚持男女平等的原则，不得歧视妇女。

第二十七条 任何单位不得因结婚、怀孕、产假、哺乳等情形，降低女职工的工资，辞退女职工，单方解除劳动（聘用）合同或者服务协议。但是，女职工要求终止劳动（聘用）合同或者服务协议的除外。

各单位在执行国家退休制度时，不得以性别为由歧视妇女。

第三十条 国家保障妇女享有与男子平等的财产权利。

第三十二条 妇女在农村土地承包经营、集体经济组织收益分配、土地征收或者征用补偿费使用以及宅基地使用等方面，享有与男子平等的权利。

第三十三条 任何组织和个人不得以妇女未婚、结婚、离婚、丧偶等为由，侵害妇女在农村集体经济组织中的各项权益。因结婚男方到女方住所落户的，男方和子女享有与所在地农村集体经济组织成员平等的权益。

第三十四条 妇女享有的与男子平等的财产继承权受法律保护。在同一顺序法定继承人中，不得歧视妇女。丧偶妇女有权处分继承的财产，任何人不得干涉。

第三十六条 国家保障妇女享有与男子平等的人身权利。

第三十七条 妇女的人身自由不受侵犯。禁止非法拘禁和以其他非法手段剥夺或者限制妇女的人身自由；禁止非法搜查妇女的身体。

第四十二条 妇女的名誉权、荣誉权、隐私权、肖像权等人格权受法律保护。

禁止用侮辱、诽谤等方式损害妇女的人格尊严。禁止通过大众传播媒介或者其他方式贬低损害妇女人格。未经本人同意，不得以营利为目的，通过广告、商标、展览橱窗、报纸、期刊、图书、音像制品、电子出版物、网络等形式使用妇女肖像。

第四十三条 国家保障妇女享有与男子平等的婚姻家庭权利。

第四十四条 国家保护妇女的婚姻自主权。禁止干涉妇女的结婚、离婚自由。

第四十六条 禁止对妇女实施家庭暴力。

国家采取措施，预防和制止家庭暴力。

公安、民政、司法行政等部门以及城乡基层群众性自治组织、社会团体，应当在各自的职责范围内预防和制止家庭暴力，依法为受害妇女提供救助。

▶《残疾人保障法》

第三条 残疾人在政治、经济、文化、社会和家庭生活等方面享有同其他公民平等的权利。

残疾人的公民权利和人格尊严受法律保护。

禁止基于残疾的歧视。禁止侮辱、侵害残疾人。禁止通过大众传播媒介或者其他方式贬低损害残疾人人格。

第九条 残疾人的扶养人必须对残疾人履行扶养义务。

残疾人的监护人必须履行监护职责，尊重被监护人的意愿，维护被监护人的合法权益。

残疾人的亲属、监护人应当鼓励和帮助残疾人增强自立能力。

禁止对残疾人实施家庭暴力，禁止虐待、遗弃残疾人。

第二十五条 普通教育机构对具有接受普通教育能力的残疾人实施教育，并为其学习提供便利和帮助。

普通小学、初级中等学校，必须招收能适应其学习生活的残疾儿童、少年入学；普通高级中等学校、中等职业学校和高等学校，必须招收符合国家规定的录取要求的残疾考生入学，不得因其残疾而拒绝招收；拒绝招收的，当事人或者其亲属、监护人可以要求有关部门处理，有关部门应当责令该学校招收。

普通幼儿教育机构应当接收能适应其生活的残疾幼儿。

第四十条 任何单位和个人不得以暴力、威胁或者非法限制人身自由的手段强迫残疾人劳动。

第四十九条 地方各级人民政府对无劳动能力、无扶养人或者扶养人不具有扶养能力、无生活来源的残疾人，按照规定予以供养。

国家鼓励和扶持社会力量举办残疾人供养、托养机构。

残疾人供养、托养机构及其工作人员不得侮辱、虐待、遗弃残疾人。

第五十九条 残疾人的合法权益受到侵害的，可以向残疾人组织投诉，残疾人组织应当维护残疾人的合法权益，有权要求有关部门或者单位查处。有关部门或者单位应当依法查处，并予以答复。

残疾人组织对残疾人通过诉讼维护其合法权益需要帮助的，应当给予支持。

残疾人组织对侵害特定残疾人群体利益的行为，有权要求有关部门依法查处。

第六十条 残疾人的合法权益受到侵害的，有权要求有关部门依法处理，或者依法向仲裁机构申请仲裁，或者依法向人民法院提起诉讼。

对有经济困难或者其他原因确需法律援助或者司法救助的残疾人，当地法律援助机构或者人民法院应当给予帮助，依法为其提供法律援助或者司法救助。

第六十二条 违反本法规定，通过大众传播媒介或者其他方式贬低损害残疾人人格的，由文化、广播电视、电影、新闻出版或者其他有关主管部门依据各自的职权责令改正，并依法给予行政处罚。

第六十三条 违反本法规定，有关教育机构拒不接收残疾学生入学，或者在国家规定的录取要求以外附加条件限制残疾学生就学的，由有关主管部门责令改正，并依法对直接负责的主管人员和其他直接责任人员给予处分。

第六十四条 违反本法规定，在职工的招用等方面歧视残疾人的，由有关主管部门责令改正；残疾人劳动者可以依法向人民法院提起诉讼。

第六十五条 违反本法规定，供养、托养机构及其工作人员侮辱、虐待、遗弃残疾人的，对直接负责的主管人员和其他直接责任人员依法给予处分；构成违反治安管理行为的，依法给予行政处罚。

第六十七条 违反本法规定，侵害残疾人的合法权益，其他法律、法规规定行政处罚的，从其规定；造成财产损失或者其他损害的，依法承担民事责任；构成犯罪的，依法追究刑事责任。

▶ **《精神卫生法》**

第四条 精神障碍患者的人格尊严、人身和财产安全不受侵犯。

精神障碍患者的教育、劳动、医疗以及从国家和社会获得物质帮助等方面的合法权益受法律保护。

有关单位和个人应当对精神障碍患者的姓名、肖像、住址、工作单位、病历资料以及其他可能推断出其身份的信息予以保密；但是，依法履行职责需要公开的除外。

第五条 全社会应当尊重、理解、关爱精神障碍患者。

任何组织或者个人不得歧视、侮辱、虐待精神障碍患者，不得非法限制精神障碍患者的人身自由。

新闻报道和文学艺术作品等不得含有歧视、侮辱精神障碍患者的内容。

第二十六条 精神障碍的诊断、治疗，应当遵循维护患者合法权益、尊重患者人格尊严的原则，保障患者在现有条件下获得良好的精神卫生服务。

精神障碍分类、诊断标准和治疗规范，由国务院卫生行政部门组织制定。

第七十一条第一款 精神卫生工作人员的人格尊严、人身安全不受侵犯，精神卫生工作人员依法履行职责受法律保护。全社会应当尊重精神卫生工作人员。

第七十八条 违反本法规定，有下列情形之一，给精神障碍患者或者其他公民造成人身、财产或者其他损害的，依法承担赔偿责任：

（一）将非精神障碍患者故意作为精神障碍患者送入医疗机构治疗的；

（二）精神障碍患者的监护人遗弃患者，或者有不履行监护职责的其他情形的

（三）歧视、侮辱、虐待精神障碍患者，侵害患者的人格尊严、人身安全的；

（四）非法限制精神障碍患者人身自由的；

（五）其他侵害精神障碍患者合法权益的情形。

▶《刑法》

第二百三十八条 非法拘禁他人或者以其他方法非法剥夺他人人身自由的，处三年以下有期徒刑、拘役、管制或者剥夺政治权利。具有殴打、侮辱情节的，从重处罚。

犯前款罪，致人重伤的，处三年以上十年以下有期徒刑；致人死亡的，处十年以上有期徒刑。使用暴力致人伤残、死亡的，依照本法第二百三十四条、第二百三十二条的规定定罪处罚。

为索取债务非法扣押、拘禁他人的，依照前两款的规定处罚。

国家机关工作人员利用职权犯前三款罪的，依照前三款的规定从重处罚。

第二百四十一条 收买被拐卖的妇女、儿童的，处三年以下有期徒刑、拘役或者管制。

收买被拐卖的妇女，强行与其发生性关系的，依照本法第二百三十六条的规定定罪处罚。

收买被拐卖的妇女、儿童，非法剥夺、限制其人身自由或者有伤害、侮辱等犯罪行为的，依照本法的有关规定定罪处罚。

收买被拐卖的妇女、儿童，并有第二款、第三款规定的犯罪行为的，依照数罪并罚的规定处罚。

收买被拐卖的妇女、儿童又出卖的，依照本法第二百四十条的规定定罪处罚。

收买被拐卖的妇女、儿童，对被买儿童没有虐待行为，不阻碍对其进行解救的，可以从轻处罚；按照被买妇女的意愿，不阻碍其返回原居住地的，可以从轻或者减轻处罚。

第二百四十四条 以暴力、威胁或者限制人身自由的方法强迫他人劳动的，处三年以下有期徒刑或者拘役，并处罚金；情节严重的，处三年以上十年以下有期徒刑，并处罚金。

明知他人实施前款行为，为其招募、运送人员或者有其他协助强迫他人劳动行为的，依照前款的规定处罚。

单位犯前两款罪的，对单位判处罚金，并对其直接负责的主管人员和其他直接责任人员，依照第一款的规定处罚。

第三百一十八条 组织他人偷越国（边）境的，处二年以上七年以下有期徒刑，并处罚金；有下列情形之一的，处七年以上有期徒刑或者无期徒刑，并处罚金或者没收财产：

（一）组织他人偷越国（边）境集团的首要分子；

（二）多次组织他人偷越国（边）境或者组织他人偷越国（边）境人数众多的；

（三）造成被组织人重伤、死亡的；

（四）剥夺或者限制被组织人人身自由的；

（五）以暴力、威胁方法抗拒检查的；

（六）违法所得数额巨大的；

（七）有其他特别严重情节的。

犯前款罪，对被组织人有杀害、伤害、强奸、拐卖等犯罪行为，或者对检查人员有杀害、伤害等犯罪行为的，依照数罪并罚的规定处罚。

▶《海关法》

第七十二条　海关工作人员必须秉公执法，廉洁自律，忠于职守，文明服务，不得有下列行为：

（一）包庇、纵容走私或者与他人串通进行走私；

（二）非法限制他人人身自由，非法检查他人身体、住所或者场所，非法检查、扣留进出境运输工具、货物、物品；

（三）利用职权为自己或者他人谋取私利；

（四）索取、收受贿赂；

（五）泄露国家秘密、商业秘密和海关工作秘密；

（六）滥用职权，故意刁难，拖延监管、查验；

（七）购买、私分、占用没收的走私货物、物品；

（八）参与或者变相参与营利性经营活动；

（九）违反法定程序或者超越权限执行职务；

（十）其他违法行为。

▶《慈善法》

第六十二条　开展慈善服务，应当尊重受益人、志愿者的人格尊严，不得侵害受益人、志愿者的隐私。

▶《水法》

第七十四条　在水事纠纷发生及其处理过程中煽动闹事、结伙斗殴、抢夺或者损坏公私财物、非法限制他人人身自由，构成犯罪的，依照刑法的有关规定追究刑事责任；尚不够刑事处罚的，由公安机关依法给予治安管理处罚。

▶《消费者权益保护法》

第十四条 消费者在购买、使用商品和接受服务时，享有人格尊严、民族风俗习惯得到尊重的权利，享有个人信息依法得到保护的权利。

第二十七条 经营者不得对消费者进行侮辱、诽谤，不得搜查消费者的身体及其携带的物品，不得侵犯消费者的人身自由。

▶《国家赔偿法》

第三条 行政机关及其工作人员在行使行政职权时有下列侵犯人身权情形之一的，受害人有取得赔偿的权利：

（一）违法拘留或者违法采取限制公民人身自由的行政强制措施的；

（二）非法拘禁或者以其他方法非法剥夺公民人身自由的；

（三）以殴打、虐待等行为或者唆使、放纵他人以殴打、虐待等行为造成公民身体伤害或者死亡的；

（四）违法使用武器、警械造成公民身体伤害或者死亡的；

（五）造成公民身体伤害或者死亡的其他违法行为。

▶《未成年人保护法》

第三条 未成年人享有生存权、发展权、受保护权、参与权等权利，国家根据未成年人身心发展特点给予特殊、优先保护，保障未成年人的合法权益不受侵犯。

未成年人享有受教育权，国家、社会、学校和家庭尊重和保障未成年人的受教育权。

未成年人不分性别、民族、种族、家庭财产状况、宗教信仰等，依法平等地享有权利。

第五条 保护未成年人的工作，应当遵循下列原则：

（一）尊重未成年人的人格尊严；

（二）适应未成年人身心发展的规律和特点；

（三）教育与保护相结合。

第二十一条 学校、幼儿园、托儿所的教职员工应当尊重未成年人的人格尊严，不得对未成年人实施体罚、变相体罚或者其他侮辱人格尊严的行为。

第五十五条 公安机关、人民检察院、人民法院办理未成年人犯罪案件和涉及未成年人权益保护案件，应当照顾未成年人身心发展特点，尊重他们的人格尊严，保障他们的合法权益，并根据需要设立专门机构或者指定专人办理。

第六十三条 学校、幼儿园、托儿所侵害未成年人合法权益的，由教育行政部门或者其他有关部门责令改正；情节严重的，对直接负责的主管人员和其他直接责任人员依法给予处分。

学校、幼儿园、托儿所教职员工对未成年人实施体罚、变相体罚或者其他侮辱人格行为的，由其所在单位或者上级机关责令改正；情节严重的，依法给予处分。

《治安管理处罚法》

第五条 治安管理处罚必须以事实为依据，与违反治安管理行为的性质、情节以及社会危害程度相当。

实施治安管理处罚，应当公开、公正，尊重和保障人权，保护公民的人格尊严。

办理治安案件应当坚持教育与处罚相结合的原则。

第四十条 有下列行为之一的，处十日以上十五日以下拘留，并处五百元以上一千元以下罚款；情节较轻的，处五日以上十日以下拘留，并处二百元以上五百元以下罚款：

（一）组织、胁迫、诱骗不满十六周岁的人或者残疾人进行恐怖、残忍表演的；

（二）以暴力、威胁或者其他手段强迫他人劳动的；

（三）非法限制他人人身自由、非法侵入他人住宅或者非法搜查他人身体的。

《劳动合同法》

第八十八条 用人单位有下列情形之一的，依法给予行政处罚；构成犯罪的，依法追究刑事责任；给劳动者造成损害的，应当承担赔偿责任：

（一）以暴力、威胁或者非法限制人身自由的手段强迫劳动的；

（二）违章指挥或者强令冒险作业危及劳动者人身安全的；

（三）侮辱、体罚、殴打、非法搜查或者拘禁劳动者的；

（四）劳动条件恶劣、环境污染严重，给劳动者身心健康造成严重损害的。

《人民警察法》

第二条 人民警察的任务是维护国家安全，维护社会治安秩序，保护公民的人身安全、人身自由和合法财产，保护公共财产，预防、制止和惩治违法犯罪活动。

人民警察包括公安机关、国家安全机关、监狱、劳动教养管理机关的人民警察和人民法院、人民检察院的司法警察。

第二十二条 人民警察不得有下列行为：

（一）散布有损国家声誉的言论，参加非法组织，参加旨在反对国家的集会、游行、示威等活动，参加罢工；

（二）泄露国家秘密、警务工作秘密；

（三）弄虚作假，隐瞒案情，包庇、纵容违法犯罪活动；

（四）刑讯逼供或者体罚、虐待人犯；

（五）非法剥夺、限制他人人身自由，非法搜查他人的身体、物品、住所或者场所；

（六）敲诈勒索或者索取、收受贿赂；

（七）殴打他人或者唆使他人打人；

（八）违法实施处罚或者收取费用；

（九）接受当事人及其代理人的请客送礼；

（十）从事营利性的经营活动或者受雇于任何个人或者组织；

（十一）玩忽职守，不履行法定义务；

（十二）其他违法乱纪的行为。

《监狱法》

第十四条 监狱的人民警察不得有下列行为：

（一）索要、收受、侵占罪犯及其亲属的财物；

（二）私放罪犯或者玩忽职守造成罪犯脱逃；

（三）刑讯逼供或者体罚、虐待罪犯；

（四）侮辱罪犯的人格；

（五）殴打或者纵容他人殴打罪犯；

（六）为谋取私利，利用罪犯提供劳务；

（七）违反规定，私自为罪犯传递信件或者物品；

（八）非法将监管罪犯的职权交予他人行使；

（九）其他违法行为。

监狱的人民警察有前款所列行为，构成犯罪的，依法追究刑事责任；尚未构成犯罪的，应当予以行政处分。

▶《预防未成年人犯罪法》

第三十六条 工读学校对就读的未成年人应当严格管理和教育。工读学校除按照义务教育法的要求，在课程设置上与普通学校相同外，应当加强法制教育的内容，针对未成年人严重不良行为产生的原因以及有严重不良行为的未成年人的心理特点，开展矫治工作。

家庭、学校应当关心、爱护在工读学校就读的未成年人，尊重他们的人格尊严，不得体罚、虐待和歧视。工读学校毕业的未成年人在升学、就业等方面，同普通学校毕业的学生享有同等的权利，任何单位和个人不得歧视。

▶《执业医师法》

第二十一条 医师在执业活动中享有下列权利：

（一）在注册的执业范围内，进行医学诊查、疾病调查、医学处置、出具相应的医学证明文件，选择合理的医疗、预防、保健方案；

（二）按照国务院卫生行政部门规定的标准，获得与本人执业活动相当的医疗设备基本条件；

（三）从事医学研究、学术交流，参加专业学术团体；

（四）参加专业培训，接受继续医学教育；

（五）在执业活动中，人格尊严、人身安全不受侵犯；

（六）获取工资报酬和津贴，享受国家规定的福利待遇；

（七）对所在机构的医疗、预防、保健工作和卫生行政部门的工作提出意见和建议，依法参与所在机构的民主管理。

第四十条 阻碍医师依法执业，侮辱、诽谤、威胁、殴打医师或者侵犯医师人身自由、干扰医师正常工作、生活的，依照治安管理处罚法的规定处罚；构成犯罪的，依法追究刑事责任。

▶《教师法》

第八条 教师应当履行下列义务：

（一）遵守宪法、法律和职业道德，为人师表；

（二）贯彻国家的教育方针，遵守规章制度，执行学校的教学计划，履行教师聘约，完成教育教学工作任务；

（三）对学生进行宪法所确定的基本原则的教育和爱国主义、民族团结的教育，法制教育以及思想品德、文化、科学技术教育，组织、带领学生开展有益的社会活动；

（四）关心、爱护全体学生，尊重学生人格，促进学生在品德、智力、体质等方面全面发展；

（五）制止有害于学生的行为或者其他侵犯学生合法权益的行为，批评和抵制有害于学生健康成长的现象；

（六）不断提高思想政治觉悟和教育教学业务水平。

▶《国防法》

第五十九条　军人应当受到全社会的尊重。

国家采取有效措施保护现役军人的荣誉、人格尊严，对现役军人的婚姻实行特别保护。

现役军人依法履行职责的行为受法律保护。

▶《人民武装警察法》

第十九条　人民武装警察不得有下列行为：

（一）非法剥夺、限制他人人身自由，非法搜查他人的身体、物品、交通工具、住所、场所；

（二）包庇、纵容违法犯罪活动；

（三）泄露国家秘密、军事秘密；

（四）其他违法违纪行为。

▶《澳门特别行政区基本法》

第二十八条　澳门居民的人身自由不受侵犯。

澳门居民不受任意或非法的逮捕、拘留、监禁。对任意或非法的拘留、监禁，居民有权向法院申请颁发人身保护令。

禁止非法搜查居民的身体、剥夺或者限制居民的人身自由。

禁止对居民施行酷刑或予以非人道的对待。

第三十条　澳门居民的人格尊严不受侵犯。禁止用任何方法对居民进行侮辱、诽谤和诬告陷害。

澳门居民享有个人的名誉权、私人生活和家庭生活的隐私权。

《香港特别行政区基本法》

第二十八条 香港居民的人身自由不受侵犯。

香港居民不受任意或非法逮捕、拘留、监禁。禁止任意或非法搜查居民的身体、剥夺或限制居民的人身自由。禁止对居民施行酷刑、任意或非法剥夺居民的生命。

《外交特权与豁免条例》

第十二条 外交代表人身不受侵犯，不受逮捕或者拘留。中国有关机关应当采取适当措施，防止外交代表的人身自由和尊严受到侵犯。

《拐卖妇女儿童犯罪案件司法解释》

第三条 以介绍婚姻为名，采取非法扣押身份证件、限制人身自由等方式，或者利用妇女人地生疏、语言不通、孤立无援等境况，违背妇女意志，将其出卖给他人的，应当以拐卖妇女罪追究刑事责任。

以介绍婚姻为名，与被介绍妇女串通骗取他人钱财，数额较大的，应当以诈骗罪追究刑事责任。

《刑事诉讼法司法解释》

第四百二十六条 执行死刑前，指挥执行的审判人员对罪犯应当验明正身，讯问有无遗言、信札，并制作笔录，再交执行人员执行死刑。

执行死刑应当公布，禁止游街示众或者其他有辱罪犯人格的行为。

《劳动争议案件司法解释一》

第十五条 用人单位有下列情形之一，迫使劳动者提出解除劳动合同的，用人单位应当支付劳动者的劳动报酬和经济补偿，并可支付赔偿金：

（一）以暴力、威胁或者非法限制人身自由的手段强迫劳动的；

（二）未按照劳动合同约定支付劳动报酬或者提供劳动条件的；

（三）克扣或者无故拖欠劳动者工资的；

（四）拒不支付劳动者延长工作时间工资报酬的；

（五）低于当地最低工资标准支付劳动者工资的。

《精神损害赔偿司法解释》

第一条 自然人因下列人格权利遭受非法侵害，向人民法院起诉请求赔偿精神损害的，人民法院应当依法予以受理：

（一）生命权、健康权、身体权；

（二）姓名权、肖像权、名誉权、荣誉权；

（三）人格尊严权、人身自由权。

违反社会公共利益、社会公德侵害他人隐私或者其他人格利益，受害人以侵权为由向人民法院起诉请求赔偿精神损害的，人民法院应当依法予以受理。

▶《民通意见》

149. 盗用、假冒他人名义，以函、电等方式进行欺骗或者愚弄他人，并使其财产、名誉受到损害的，侵权人应当承担民事责任。

150. 公民的姓名权、肖像权、名誉权、荣誉权和法人的名称权、名誉权、荣誉权受到侵害，公民或者法人要求赔偿损失的，人民法院可以根据侵权人的过错程度、侵权行为的具体情节、后果和影响确定其赔偿责任。

151. 侵害他人的姓名权、名称权、肖像权、名誉权、荣誉权而获利的，侵权人除依法赔偿受害人的损失外，其非法所得应当予以收缴。

第九百九十二条　【人格权不得放弃、转让、继承】人格权不得放弃、转让或者继承。

条文对比

《民法典人格权编》	新增条文
第九百九十二条　人格权不得放弃、转让或者继承。	

第九百九十三条　【人格利益的许可使用】民事主体可以将自己的姓名、名称、肖像等许可他人使用，但是依照法律规定或者根据其性质不得许可的除外。

条文对比

《民法典人格权编》	新增条文
第九百九十三条　民事主体可以将自己的姓名、名称、肖像等许可他人使用，但是依照法律规定或者根据其性质不得许可的除外。	

第九百九十四条　【死者人格利益保护】死者的姓名、肖像、名誉、荣誉、隐私、遗体等受到侵害的，其配偶、子女、父母有权依法请求行为人承担民事责任；死者没有配偶、子女且父母已经死亡的，其他近亲属有权依法请求行为人承担民事责任。

条文对比

《民法典人格权编》	《精神损害赔偿司法解释》
第九百九十四条　死者的姓名、肖像、名誉、荣誉、隐私、遗体等受到侵害的，其配偶、子女、父母有权依法请求行为人承担民事责任；死者没有配偶、子女且父母已经死亡的，其他近亲属有权依法请求行为人承担民事责任。	**第三条**　自然人死亡后，其近亲属因下列侵权行为遭受精神痛苦，向人民法院起诉请求赔偿精神损害的，人民法院应当依法予以受理： （一）以侮辱、诽谤、贬损、丑化或者违反社会公共利益、社会公德的其他方式，侵害死者姓名、肖像、名誉、荣誉； （二）非法披露、利用死者隐私，或者以违反社会公共利益、社会公德的其他方式侵害死者隐私； （三）非法利用、损害遗体、遗骨，或者以违反社会公共利益、社会公德的其他方式侵害遗体、遗骨。

关联法规

▶《民事诉讼法司法解释》

第六十九条 对侵害死者遗体、遗骨以及姓名、肖像、名誉、荣誉、隐私等行为提起诉讼的，死者的近亲属为当事人。

▶《最高人民法院关于周海婴诉绍兴越王珠宝金行侵犯鲁迅肖像权一案应否受理的答复意见》

浙江省高级人民法院：

你院〔97〕浙法告申民他字第6号关于周海婴诉绍兴越王珠宝金行侵犯鲁迅肖像权一案应否受理的请示报告收悉。经研究，答复如下：

公民死亡后，其肖像权应依法保护。任何污损、丑化或擅自以营利为目的使用死者肖像构成侵权的，死者的近亲属有权向人民法院提起诉讼。

鲁迅之子周海婴的起诉符合《民事诉讼法》第一百零八条规定的条件，绍兴市中级人民法院应当受理，受理后以调解结案为宜。如调解不成，你院可根据本案实体审理的情况确定被告是否承担责任或如何承担责任。

以上意见供参考。

▶《名誉权解答》

五、问：死者名誉受到损害，哪些人可以作为原告提起民事诉讼？

答：死者名誉受到损害的，其近亲属有权向人民法院起诉。近亲属包括：配偶、父母、子女、兄弟姐妹、祖父母、外祖父母、孙子女、外孙子女。

▶《最高人民法院关于死亡人的名誉权应依法保护的复函》

天津市高级人民法院：

你院津高法〔1988〕第47号关于处理《荷花女》名誉权纠纷案的请示报告收悉。经研究答复如下：

一、吉文贞（艺名荷花女）死后，其名誉权应依法保护，其母陈秀琴亦有权向人民法院提起诉讼。

二、《荷花女》一文中的插图无明显侵权情况，插图作者可不列为本案的诉讼当事人。

三、本案被告是否承担或如何承担民事责任，由你院根据本案具体情况确定。

以上意见供参考。

第九百九十五条　【侵害人格权的民事责任】人格权受到侵害的，受害人有权依照本法和其他法律的规定请求行为人承担民事责任。受害人的停止侵害、排除妨碍、消除危险、消除影响、恢复名誉、赔礼道歉请求权，不适用诉讼时效的规定。

条文对比

《民法典人格权编》	《民法通则》
第九百九十五条　人格权受到侵害的，受害人有权依照本法和其他法律的规定请求行为人承担民事责任。受害人的停止侵害、排除妨碍、消除危险、消除影响、恢复名誉、赔礼道歉请求权，不适用诉讼时效的规定。	**第一百二十条**　公民的姓名权、肖像权、名誉权、荣誉权受到侵害的，有权要求停止侵害，恢复名誉，消除影响，赔礼道歉，并可以要求赔偿损失。 法人的名称权、名誉权、荣誉权受到侵害的，适用前款规定。

关联法规

▶《民法典总则编》

第一百九十六条　下列请求权不适用诉讼时效的规定：

（一）请求停止侵害、排除妨碍、消除危险；

（二）不动产物权和登记的动产物权的权利人请求返还财产；

（三）请求支付抚养费、赡养费或者扶养费；

（四）依法不适用诉讼时效的其他请求权。

▶《民法典侵权责任编》

第一千一百七十九条　侵害他人造成人身损害的，应当赔偿医疗费、护理费、交通费、营养费、住院伙食补助费等为治疗和康复支出的合理费用，以及因误工减少的收入。造成残疾的，还应当赔偿辅助器具费和残疾赔偿金；造成死亡的，还应当赔偿丧葬费和死亡赔偿金。

第一千一百八十二条　侵害他人人身权益造成财产损失的，按照被侵权人因此受到的损失或者侵权人因此获得的利益赔偿；被侵权人因此受到的损失以及侵权人因此获得的利益难以确定，被侵权人和侵权人就赔偿数额协商不一致，向人民法院提起诉讼的，由人民法院根据实际情况确定赔偿数额。

第一千一百八十三条 侵害自然人人身权益造成严重精神损害的，被侵权人有权请求精神损害赔偿。

因故意或者重大过失侵害自然人具有人身意义的特定物造成严重精神损害的，被侵权人有权请求精神损害赔偿。

第一千二百零七条 明知产品存在缺陷仍然生产、销售，或者没有依据前条规定采取有效补救措施，造成他人死亡或者健康严重损害的，被侵权人有权请求相应的惩罚性赔偿。

▶《劳动法》

第九十六条 用人单位有下列行为之一，由公安机关对责任人员处以十五日以下拘留、罚款或者警告；构成犯罪的，对责任人员依法追究刑事责任：

（一）以暴力、威胁或者非法限制人身自由的手段强迫劳动的；

（二）侮辱、体罚、殴打、非法搜查和拘禁劳动者的。

▶《食品安全法》

第一百四十一条 违反本法规定，编造、散布虚假食品安全信息，构成违反治安管理行为的，由公安机关依法给予治安管理处罚。

媒体编造、散布虚假食品安全信息的，由有关主管部门依法给予处罚，并对直接负责的主管人员和其他直接责任人员给予处分；使公民、法人或者其他组织的合法权益受到损害的，依法承担消除影响、恢复名誉、赔偿损失、赔礼道歉等民事责任。

第一百四十八条 消费者因不符合食品安全标准的食品受到损害的，可以向经营者要求赔偿损失，也可以向生产者要求赔偿损失。接到消费者赔偿要求的生产经营者，应当实行首负责任制，先行赔付，不得推诿；属于生产者责任的，经营者赔偿后有权向生产者追偿；属于经营者责任的，生产者赔偿后有权向经营者追偿。

生产不符合食品安全标准的食品或者经营明知是不符合食品安全标准的食品，消费者除要求赔偿损失外，还可以向生产者或者经营者要求支付价款十倍或者损失三倍的赔偿金；增加赔偿的金额不足一千元的，为一千元。但是，食品的标签、说明书存在不影响食品安全且不会对消费者造成误导的瑕疵的除外。

《消费者权益保护法》

第五十条 经营者侵害消费者的人格尊严、侵犯消费者人身自由或者侵害消费者个人信息依法得到保护的权利的，应当停止侵害、恢复名誉、消除影响、赔礼道歉，并赔偿损失。

第五十五条 经营者提供商品或者服务有欺诈行为的，应当按照消费者的要求增加赔偿其受到的损失，增加赔偿的金额为消费者购买商品的价款或者接受服务的费用的三倍；增加赔偿的金额不足五百元的，为五百元。法律另有规定的，依照其规定。

经营者明知商品或者服务存在缺陷，仍然向消费者提供，造成消费者或者其他受害人死亡或者健康严重损害的，受害人有权要求经营者依照本法第四十九条、第五十一条等法律规定赔偿损失，并有权要求所受损失二倍以下的惩罚性赔偿。

第五十六条 经营者有下列情形之一，除承担相应的民事责任外，其他有关法律、法规对处罚机关和处罚方式有规定的，依照法律、法规的规定执行；法律、法规未作规定的，由工商行政管理部门或者其他有关行政部门责令改正，可以根据情节单处或者并处警告、没收违法所得、处以违法所得一倍以上十倍以下的罚款，没有违法所得的，处以五十万元以下的罚款；情节严重的，责令停业整顿、吊销营业执照：

（一）提供的商品或者服务不符合保障人身、财产安全要求的；

（二）在商品中掺杂、掺假，以假充真，以次充好，或者以不合格商品冒充合格商品的；

（三）生产国家明令淘汰的商品或者销售失效、变质的商品的；

（四）伪造商品的产地，伪造或者冒用他人的厂名、厂址，篡改生产日期，伪造或者冒用认证标志等质量标志的；

（五）销售的商品应当检验、检疫而未检验、检疫或者伪造检验、检疫结果的；

（六）对商品或者服务作虚假或者引人误解的宣传的；

（七）拒绝或者拖延有关行政部门责令对缺陷商品或者服务采取停止销售、警示、召回、无害化处理、销毁、停止生产或者服务等措施的；

（八）对消费者提出的修理、重作、更换、退货、补足商品数量、退还货款和服务费用或者赔偿损失的要求，故意拖延或者无理拒绝的；

（九）侵害消费者人格尊严、侵犯消费者人身自由或者侵害消费者个人信息依法得到保护的权利的；

（十）法律、法规规定的对损害消费者权益应当予以处罚的其他情形。

经营者有前款规定情形的，除依照法律、法规规定予以处罚外，处罚机关应当记入信用档案，向社会公布。

▶《医疗纠纷预防和处理条例》

第五十一条 新闻媒体编造、散布虚假医疗纠纷信息的，由有关主管部门依法给予处罚；给公民、法人或者其他组织的合法权益造成损害的，依法承担消除影响、恢复名誉、赔偿损失、赔礼道歉等民事责任。

▶《事业单位人事管理条例》

第四十二条 对事业单位工作人员的人事处理违反本条例规定给当事人造成名誉损害的，应当赔礼道歉、恢复名誉、消除影响；造成经济损失的，依法给予赔偿。

▶《公安机关督察条例》

第十四条 公安机关人民警察对停止执行职务和禁闭决定不服的，可以在被停止执行职务或者被禁闭期间向作出决定的公安机关的上一级公安机关提出申诉。由公安部督察机构作出的停止执行职务、禁闭的决定，受理申诉的机关是公安部督察委员会。

受理申诉的公安机关对不服停止执行职务的申诉，应当自收到申诉之日起5日内作出是否撤销停止执行职务的决定；对不服禁闭的申诉，应当在收到申诉之时起24小时内作出是否撤销禁闭的决定。

申诉期间，停止执行职务、禁闭决定不停止执行。

受理申诉的公安机关认为停止执行职务、禁闭决定确有错误的，应当予以撤销，并在适当范围内为当事人消除影响，恢复名誉。

▶《行政机关公务员处分条例》

第五十一条 行政机关公务员的处分决定被变更，需要调整该公务员的职务、级别或者工资档次的，应当按照规定予以调整；行政机关公务员的处分决定被撤销的，应当恢复该公务员的级别、工资档次，按照原职务安排相应的职务，并在适当范围内为其恢复名誉。

被撤销处分或者被减轻处分的行政机关公务员工资福利受到损失的，应当予以补偿。

▶《精神损害赔偿司法解释》

第八条 因侵权致人精神损害，但未造成严重后果，受害人请求赔偿精神损害的，一般不予支持，人民法院可以根据情形判令侵权人停止侵害、恢复名誉、消除影响、赔礼道歉。

因侵权致人精神损害，造成严重后果的，人民法院除判令侵权人承担停止侵害、恢复名誉、消除影响、赔礼道歉等民事责任外，可以根据受害人一方的请求判令其赔偿相应的精神损害抚慰金。

第九百九十六条 【请求承担违约责任不影响请求精神损害赔偿】因当事人一方的违约行为，损害对方人格权并造成严重精神损害，受损害方选择请求其承担违约责任的，不影响受损害方请求精神损害赔偿。

条文对比

《民法典人格权编》	新增条文
第九百九十六条　因当事人一方的违约行为，损害对方人格权并造成严重精神损害，受损害方选择请求其承担违约责任的，不影响受损害方请求精神损害赔偿。	

关联法规

▶《民法典总则编》

第一百八十六条 因当事人一方的违约行为，损害对方人身权益、财产权益的，受损害方有权选择请求其承担违约责任或者侵权责任。

第九百九十七条 【停止侵害人格权禁令】民事主体有证据证明行为人正在实施或者即将实施侵害其人格权的违法行为，不及时制止将使其合法权益受到难以弥补的损害的，有权依法向人民法院申请采取责令行为人停止有关行为的措施。

条文对比

《民法典人格权编》	新增条文
第九百九十七条 民事主体有证据证明行为人正在实施或者即将实施侵害其人格权的违法行为，不及时制止将使其合法权益受到难以弥补的损害的，有权依法向人民法院申请采取责令行为人停止有关行为的措施。	

第九百九十八条 【认定承担侵害精神性人格权民事责任的考虑因素】认定行为人承担侵害除生命权、身体权和健康权外的人格权的民事责任，应当考虑行为人和受害人的职业、影响范围、过错程度，以及行为的目的、方式、后果等因素。

条文对比

《民法典人格权编》	新增条文
第九百九十八条 认定行为人承担侵害除生命权、身体权和健康权外的人格权的民事责任，应当考虑行为人和受害人的职业、影响范围、过错程度，以及行为的目的、方式、后果等因素。	

关联法规

▶ **《精神损害赔偿司法解释》**

第十条 精神损害的赔偿数额根据以下因素确定：

（一）侵权人的过错程度，法律另有规定的除外；

（二）侵害的手段、场合、行为方式等具体情节；

（三）侵权行为所造成的后果；

（四）侵权人的获利情况；

（五）侵权人承担责任的经济能力；

（六）受诉法院所在地平均生活水平。

法律、行政法规对残疾赔偿金、死亡赔偿金等有明确规定的，适用法律、行政法规的规定。

权威案例

《周星驰诉中建荣真无锡建材科技有限公司肖像权、姓名权纠纷案》，《最高人民法院公报》2020年第2期

裁判摘要：1. 在涉外人格权侵权纠纷中，双方当事人援引相同的法律且未提出法律适用异议的，人民法院可以认定当事人已经就该民事关系的准据法做出了一致的选择。

2. 当姓名权和肖像权具有商业化使用权能时，当事人仅以侵权责任法为依据进行主张，该人格权的精神利益和财产价值可一并予以保护，包括属于合理开支的律师费用在内均应纳入人格权的损害赔偿范围。

3. 在酌定赔偿数额时，人民法院应该结合权利类型，侵权方式、从侵权程度、被侵权人和侵权人的身份地位、经济情况、获利情况、过错类型、其他情形等方面予以整合考虑。

第九百九十九条　【新闻报道、舆论监督等行为的合理使用与不合理使用的民事责任】为公共利益实施新闻报道、舆论监督等行为的，可以合理使用民事主体的姓名、名称、肖像、个人信息等；使用不合理侵害民事主体人格权的，应当依法承担民事责任。

条文对比

《民法典人格权编》	新增条文
第九百九十九条　为公共利益实施新闻报道、舆论监督等行为的，可以合理使用民事主体的姓名、名称、肖像、个人信息等；使用不合理侵害民事主体人格权的，应当依法承担民事责任。	

关联法规

▶《未成年人保护法》

第五十八条　对未成年人犯罪案件，新闻报道、影视节目、公开出版物、网络等不得披露该未成年人的姓名、住所、照片、图像以及可能推断出该未成年人的资料。

▶《预防未成年人犯罪法》

第四十五条　人民法院审判未成年人犯罪的刑事案件，应当由熟悉未成年人身心特点的审判员或者审判员和人民陪审员依法组成少年法庭进行。

对于审判的时候被告人不满十八周岁的刑事案件，不公开审理。

对未成年人犯罪案件，新闻报道、影视节目、公开出版物不得披露该未成年人的姓名、住所、照片及可能推断出该未成年人的资料。

第一千条　【侵害人格权民事责任的相当性与替代性公布执行方式】行为人因侵害人格权承担消除影响、恢复名誉、赔礼道歉等民事责任的，应当与行为的具体方式和造成的影响范围相当。

行为人拒不承担前款规定的民事责任的，人民法院可以采取在报刊、网络等媒体上发布公告或者公布生效裁判文书等方式执行，产生的费用由行为人负担。

条文对比

《民法典人格权编》	《最高人民法院审理利用信息网络侵害人身权益民事纠纷案件适用法律若干问题的规定》
第一千条 行为人因侵害人格权承担消除影响、恢复名誉、赔礼道歉等民事责任的，应当与行为的具体方式和造成的影响范围相当。 行为人拒不承担前款规定的民事责任的，人民法院可以采取在报刊、网络等媒体上发布公告或者公布**生效**裁判文书等方式执行，产生的费用由行为人负担。	**第十六条** 人民法院判决侵权人承担赔礼道歉、消除影响或者恢复名誉等责任形式的，应当与侵权的具体方式和所造成的影响范围相当。侵权人拒不履行的，人民法院可以采取在网络上发布公告或者公布裁判文书等合理的方式执行，由此产生的费用由侵权人承担。

关联法规

《国家赔偿法》

第三十五条 有本法第三条或者第十七条规定情形之一，致人精神损害的，应当在侵权行为影响的范围内，为受害人消除影响，恢复名誉，赔礼道歉；造成严重后果的，应当支付相应的精神损害抚慰金。

《公安机关督察条例》

第十四条 公安机关人民警察对停止执行职务和禁闭决定不服的，可以在被停止执行职务或者被禁闭期间向作出决定的公安机关的上一级公安机关提出申诉。由公安部督察机构作出的停止执行职务、禁闭的决定，受理申诉的机关是公安部督察委员会。

受理申诉的公安机关对不服停止执行职务的申诉，应当自收到申诉之日起5日内作出是否撤销停止执行职务的决定；对不服禁闭的申诉，应当在收到申诉之时起24小时内作出是否撤销禁闭的决定。

申诉期间，停止执行职务、禁闭决定不停止执行。

受理申诉的公安机关认为停止执行职务、禁闭决定确有错误的，应当予以撤销，并在适当范围内为当事人消除影响，恢复名誉。

《民事、行政诉讼中司法赔偿案件司法解释》

第十一条 人民法院及其工作人员在民事、行政诉讼过程中，具有本解释第二条、第六条规定情形，侵犯公民人身权的，应当依照国家赔偿法第三十三条、第三十四条的规定计算赔偿金。致人精神损害的，应当依照国家赔偿法第三十五条的规定，在侵权行为影响的范围内，为受害人消除影响、恢复名誉、赔礼道歉；造成严重后果的，还应当支付相应的精神损害抚慰金。

▶《名誉权解答》

十、问：侵害名誉权的责任承担形式如何掌握？

答：人民法院依照《中华人民共和国民法通则》第一百二十条和第一百三十四条的规定，可以责令侵权人停止侵害、恢复名誉、消除影响、赔礼道歉、赔偿损失。

恢复名誉、消除影响、赔礼道歉可以书面或者口头的方式进行，内容须事先经人民法院审查。

恢复名誉、消除影响的范围，一般应与侵权所造成不良影响的范围相当。

公民、法人因名誉权受到侵害要求赔偿的，侵权人应赔偿侵权行为造成的经济损失；公民并提出精神损害赔偿要求的，人民法院可根据侵权人的过错程度、侵权行为的具体情节、给受害人造成精神损害的后果等情况酌定。

十一、问：侵权人不执行生效判决，不为对方恢复名誉、消除影响、赔礼道歉的，应如何处理？

答：侵权人拒不执行生效判决，不为对方恢复名誉、消除影响的，人民法院可以采取公告、登报等方式，将判决的主要内容和有关情况公布于众，费用由被执行人负担，并可依照民事诉讼法第一百零二条第六项的规定处理。

第一千零一条　【自然人身份权利的保护】对自然人因婚姻家庭关系等产生的身份权利的保护，适用本法第一编、第五编和其他法律的相关规定；没有规定的，可以根据其性质参照适用本编人格权保护的有关规定。

条文对比

《民法典人格权编》	新增条文
第一千零一条　对自然人因婚姻家庭关系等产生的身份权利的保护，适用本法第一编、第五编和其他法律的相关规定；没有规定的，可以根据其性质参照适用本编人格权保护的有关规定。	

关联法规

《民法典总则编》

第三条　民事主体的人身权利、财产权利以及其他合法权益受法律保护，任何组织或者个人不得侵犯。

第一百一十二条　自然人因婚姻家庭关系等产生的人身权利受法律保护。

第二章　生命权、身体权和健康权

第一千零二条　【生命权】自然人享有生命权。自然人的生命安全和生命尊严受法律保护。任何组织或者个人不得侵害他人的生命权。

条文对比

《民法典人格权编》	《民法通则》
第一千零二条　自然人享有生命权。自然人的生命安全和生命尊严受法律保护。任何组织或者个人不得侵害他人的生命权。	第九十八条　公民享有生命~~健康~~权。

关联法规

《民法典总则编》

第十五条　自然人的出生时间和死亡时间，以出生证明、死亡证明记载的时间为准；没有出生证明、死亡证明的，以户籍登记或者其他有效身份登记记载的时间为准。有其他证据足以推翻以上记载时间的，以该证据证明的时间为准。

第一百一十条　自然人享有生命权、身体权、健康权、姓名权、肖像权、名誉权、荣誉权、隐私权、婚姻自主权等权利。

法人、非法人组织享有名称权、名誉权和荣誉权。

第一百八十一条　因正当防卫造成损害的，不承担民事责任。

正当防卫超过必要的限度，造成不应有的损害的，正当防卫人应当承担适当的民事责任。

第一百八十二条 因紧急避险造成损害的，由引起险情发生的人承担民事责任。

危险由自然原因引起的，紧急避险人不承担民事责任，可以给予适当补偿。

紧急避险采取措施不当或者超过必要的限度，造成不应有的损害的，紧急避险人应当承担适当的民事责任。

▶《妇女权益保障法》

第三十八条 妇女的生命健康权不受侵犯。禁止溺、弃、残害女婴；禁止歧视、虐待生育女婴的妇女和不育的妇女；禁止用迷信、暴力等手段残害妇女；禁止虐待、遗弃病、残妇女和老年妇女。

▶《国家赔偿法》

第三十四条 侵犯公民生命健康权的，赔偿金按照下列规定计算：

（一）造成身体伤害的，应当支付医疗费、护理费，以及赔偿因误工减少的收入。减少的收入每日的赔偿金按照国家上年度职工日平均工资计算，最高额为国家上年度职工年平均工资的五倍；

（二）造成部分或者全部丧失劳动能力的，应当支付医疗费、护理费、残疾生活辅助具费、康复费等因残疾而增加的必要支出和继续治疗所必需的费用，以及残疾赔偿金。残疾赔偿金根据丧失劳动能力的程度，按照国家规定的伤残等级确定，最高不超过国家上年度职工年平均工资的二十倍。造成全部丧失劳动能力的，对其扶养的无劳动能力的人，还应当支付生活费；

（三）造成死亡的，应当支付死亡赔偿金、丧葬费，总额为国家上年度职工年平均工资的二十倍。对死者生前扶养的无劳动能力的人，还应当支付生活费。

前款第二项、第三项规定的生活费的发放标准，参照当地最低生活保障标准执行。被扶养的人是未成年人的，生活费给付至十八周岁止；其他无劳动能力的人，生活费给付至死亡时止。

▶《人身损害赔偿司法解释》

第二十九条 死亡赔偿金按照受诉法院所在地上一年度城镇居民人均可支配收入或者农村居民人均纯收入标准，按二十年计算。但六十周岁以上的，年龄每增加一岁减少一年；七十五周岁以上的，按五年计算。

第一千零三条 【身体权】自然人享有身体权。自然人的身体完整和行动自由受法律保护。任何组织或者个人不得侵害他人的身体权。

条文对比

《民法典人格权编》	新增条文
第一千零三条 自然人享有身体权。自然人的身体完整和行动自由受法律保护。任何组织或者个人不得侵害他人的身体权。	

关联法规

▶《民法典总则编》

第一百一十条 自然人享有生命权、身体权、健康权、姓名权、肖像权、名誉权、荣誉权、隐私权、婚姻自主权等权利。

法人、非法人组织享有名称权、名誉权和荣誉权。

▶《刑事诉讼法》

第一百三十一条 对于死因不明的尸体，公安机关有权决定解剖，并且通知死者家属到场。

▶《传染病防治法》

第四十六条 患甲类传染病、炭疽死亡的，应当将尸体立即进行卫生处理，就近火化。患其他传染病死亡的，必要时，应当将尸体进行卫生处理后火化或者按照规定深埋。

为了查找传染病病因，医疗机构在必要时可以按照国务院卫生行政部门的规定，对传染病病人尸体或者疑似传染病病人尸体进行解剖查验，并应当告知死者家属。

▶《医疗事故处理条例》

第十八条 患者死亡，医患双方当事人不能确定死因或者对死因有异议的，应当在患者死亡后48小时内进行尸检；具备尸体冻存条件的，可以延长至7

日。尸检应当经死者近亲属同意并签字。

尸检应当由按照国家有关规定取得相应资格的机构和病理解剖专业技术人员进行。承担尸检任务的机构和病理解剖专业技术人员有进行尸检的义务。

医疗事故争议双方当事人可以请法医病理学人员参加尸检，也可以委派代表观察尸检过程。拒绝或者拖延尸检，超过规定时间，影响对死因判定的，由拒绝或者拖延的一方承担责任。

▶《人身损害赔偿司法解释》

第二十五条 残疾赔偿金根据受害人丧失劳动能力程度或者伤残等级，按照受诉法院所在地上一年度城镇居民人均可支配收入或者农村居民人均纯收入标准，自定残之日起按二十年计算。但六十周岁以上的，年龄每增加一岁减少一年；七十五周岁以上的，按五年计算。

受害人因伤致残但实际收入没有减少，或者伤残等级较轻但造成职业妨害严重影响其劳动就业的，可以对残疾赔偿金作相应调整。

第一千零四条 【健康权】自然人享有健康权。自然人的身心健康受法律保护。任何组织或者个人不得侵害他人的健康权。

条文对比

《民法典人格权编》	《民法通则》
第一千零四条 自然人享有健康权。自然人的身心健康受法律保护。任何组织或者个人不得侵害他人的健康权。	**第九十八条** 公民享有~~生命~~健康权。

关联法规

▶《民法典总则编》

第一百一十条 自然人享有生命权、身体权、健康权、姓名权、肖像权、名誉权、荣誉权、隐私权、婚姻自主权等权利。

法人、非法人组织享有名称权、名誉权和荣誉权。

▶《妇女权益保障法》

第三十八条 妇女的生命健康权不受侵犯。禁止溺、弃、残害女婴；禁止歧视、虐待生育女婴的妇女和不育的妇女；禁止用迷信、暴力等手段残害妇女；禁止虐待、遗弃病、残妇女和老年妇女。

▶《国家赔偿法》

第三十四条 侵犯公民生命健康权的，赔偿金按照下列规定计算：

（一）造成身体伤害的，应当支付医疗费、护理费，以及赔偿因误工减少的收入。减少的收入每日的赔偿金按照国家上年度职工日平均工资计算，最高额为国家上年度职工年平均工资的五倍；

（二）造成部分或者全部丧失劳动能力的，应当支付医疗费、护理费、残疾生活辅助具费、康复费等因残疾而增加的必要支出和继续治疗所必需的费用，以及残疾赔偿金。残疾赔偿金根据丧失劳动能力的程度，按照国家规定的伤残等级确定，最高不超过国家上年度职工年平均工资的二十倍。造成全部丧失劳动能力的，对其扶养的无劳动能力的人，还应当支付生活费；

（三）造成死亡的，应当支付死亡赔偿金、丧葬费，总额为国家上年度职工年平均工资的二十倍。对死者生前扶养的无劳动能力的人，还应当支付生活费。

前款第二项、第三项规定的生活费的发放标准，参照当地最低生活保障标准执行。被扶养的人是未成年人的，生活费给付至十八周岁止；其他无劳动能力的人，生活费给付至死亡时止。

▶《突发事件应对法》

第四十九条 自然灾害、事故灾难或者公共卫生事件发生后，履行统一领导职责的人民政府可以采取下列一项或者多项应急处置措施：

（一）组织营救和救治受害人员，疏散、撤离并妥善安置受到威胁的人员以及采取其他救助措施；

（二）迅速控制危险源，标明危险区域，封锁危险场所，划定警戒区，实行交通管制以及其他控制措施；

（三）立即抢修被损坏的交通、通信、供水、排水、供电、供气、供热等公共设施，向受到危害的人员提供避难场所和生活必需品，实施医疗救护和卫生防疫以及其他保障措施；

（四）禁止或者限制使用有关设备、设施，关闭或者限制使用有关场所，中止人员密集的活动或者可能导致危害扩大的生产经营活动以及采取其他保护措施；

（五）启用本级人民政府设置的财政预备费和储备的应急救援物资，必要时调用其他急需物资、设备、设施、工具；

（六）组织公民参加应急救援和处置工作，要求具有特定专长的人员提供服务；

（七）保障食品、饮用水、燃料等基本生活必需品的供应；

（八）依法从严惩处囤积居奇、哄抬物价、制假售假等扰乱市场秩序的行为，稳定市场价格，维护市场秩序；

（九）依法从严惩处哄抢财物、干扰破坏应急处置工作等扰乱社会秩序的行为，维护社会治安；

（十）采取防止发生次生、衍生事件的必要措施。

第五十五条 突发事件发生地的居民委员会、村民委员会和其他组织应当按照当地人民政府的决定、命令，进行宣传动员，组织群众开展自救和互救，协助维护社会秩序。

第五十六条 受到自然灾害危害或者发生事故灾难、公共卫生事件的单位，应当立即组织本单位应急救援队伍和工作人员营救受害人员，疏散、撤离、安置受到威胁的人员，控制危险源，标明危险区域，封锁危险场所，并采取其他防止危害扩大的必要措施，同时向所在地县级人民政府报告；对因本单位的问题引发的或者主体是本单位人员的社会安全事件，有关单位应当按照规定上报情况，并迅速派出负责人赶赴现场开展劝解、疏导工作。

突发事件发生地的其他单位应当服从人民政府发布的决定、命令，配合人民政府采取的应急处置措施，做好本单位的应急救援工作，并积极组织人员参加所在地的应急救援和处置工作。

第五十七条 突发事件发生地的公民应当服从人民政府、居民委员会、村民委员会或者所属单位的指挥和安排，配合人民政府采取的应急处置措施，积极参加应急救援工作，协助维护社会秩序。

▶《人身损害赔偿司法解释》

第二十五条 残疾赔偿金根据受害人丧失劳动能力程度或者伤残等级，按照受诉法院所在地上一年度城镇居民人均可支配收入或者农村居民人均纯收入标准，自定残之日起按二十年计算。但六十周岁以上的，年龄每增加一岁减少一年；七十五周岁以上的，按五年计算。

受害人因伤致残但实际收入没有减少，或者伤残等级较轻但造成职业妨害严重影响其劳动就业的，可以对残疾赔偿金作相应调整。

第一千零五条 【物质性人格权受侵害时的法定救助义务】自然人的生命权、身体权、健康权受到侵害或者处于其他危难情形的，负有法定救助义务的组织或者个人应当及时施救。

条文对比

《民法典人格权编》	新增条文
第一千零五条 自然人的生命权、身体权、健康权受到侵害或者处于其他危难情形的，负有法定救助义务的组织或者个人应当及时施救。	

关联法规

《民法典合同编》

第八百二十二条 承运人在运输过程中，应当尽力救助患有急病、分娩、遇险的旅客。

《消防法》

第四十四条 任何人发现火灾都应当立即报警。任何单位、个人都应当无偿为报警提供便利，不得阻拦报警。严禁谎报火警。

人员密集场所发生火灾，该场所的现场工作人员应当立即组织、引导在场人员疏散。

任何单位发生火灾，必须立即组织力量扑救。邻近单位应当给予支援。

消防队接到火警，必须立即赶赴火灾现场，救助遇险人员，排除险情，扑灭火灾。

▶《职业病防治法》

第三十七条 发生或者可能发生急性职业病危害事故时，用人单位应当立即采取应急救援和控制措施，并及时报告所在地卫生行政部门和有关部门。卫生行政部门接到报告后，应当及时会同有关部门组织调查处理；必要时，可以采取临时控制措施。卫生行政部门应当组织做好医疗救治工作。

对遭受或者可能遭受急性职业病危害的劳动者，用人单位应当及时组织救治、进行健康检查和医学观察，所需费用由用人单位承担。

▶《民用航空法》

第五十条 机长收到船舶或者其他航空器的遇险信号，或者发现遇险的船舶、航空器及其人员，应当将遇险情况及时报告就近的空中交通管制单位并给予可能的合理的援助。

▶《旅游法》

第八十二条 旅游者在人身、财产安全遇有危险时，有权请求旅游经营者、当地政府和相关机构进行及时救助。

中国出境旅游者在境外陷于困境时，有权请求我国驻当地机构在其职责范围内给予协助和保护。

旅游者接受相关组织或者机构的救助后，应当支付应由个人承担的费用。

▶《精神卫生法》

第十六条 各级各类学校应当对学生进行精神卫生知识教育；配备或者聘请心理健康教育教师、辅导人员，并可以设立心理健康辅导室，对学生进行心理健康教育。学前教育机构应当对幼儿开展符合其特点的心理健康教育。

发生自然灾害、意外伤害、公共安全事件等可能影响学生心理健康的事件，学校应当及时组织专业人员对学生进行心理援助。

教师应当学习和了解相关的精神卫生知识，关注学生心理健康状况，正确引导、激励学生。地方各级人民政府教育行政部门和学校应当重视教师心理健康。

学校和教师应当与学生父母或者其他监护人、近亲属沟通学生心理健康情况。

▶《反恐怖主义法》

第六十五条 当地人民政府应当及时给予恐怖事件受害人员及其近亲属适

当的救助，并向失去基本生活条件的受害人员及其近亲属及时提供基本生活保障。卫生、医疗保障等主管部门应当为恐怖事件受害人员及其近亲属提供心理、医疗等方面的援助。

《红十字会法》

第十一条 红十字会履行下列职责：

（一）开展救援、救灾的相关工作，建立红十字应急救援体系。在战争、武装冲突和自然灾害、事故灾难、公共卫生事件等突发事件中，对伤病人员和其他受害者提供紧急救援和人道救助；

（二）开展应急救护培训，普及应急救护、防灾避险和卫生健康知识，组织志愿者参与现场救护；

（三）参与、推动无偿献血、遗体和人体器官捐献工作，参与开展造血干细胞捐献的相关工作；

（四）组织开展红十字志愿服务、红十字青少年工作；

（五）参加国际人道主义救援工作；

（六）宣传国际红十字和红新月运动的基本原则和日内瓦公约及其附加议定书；

（七）依照国际红十字和红新月运动的基本原则，完成人民政府委托事宜；

（八）依照日内瓦公约及其附加议定书的有关规定开展工作；

（九）协助人民政府开展与其职责相关的其他人道主义服务活动。

《海上交通安全法》

第三十五条 遇难船舶、设施或飞机及其所有人、经营人应当采取一切有效措施组织自救。

第三十六条 事故现场附近的船舶，设施，收到求救信号或发现有人遭遇生命危险时，在不严重危及自身安全的情况下，应当尽力救助遇难人员，并迅速向主管机关报告现场情况和本船舶、设施的名称、呼号和位置。

第三十七条 发生碰撞事故的船舶、设施，应当互通名称、国籍和登记港，并尽一切可能救助遇难人员。在不严重危及自身安全的情况下，当事船舶不得擅自离开事故现场。

第三十八条 主管机关接到求救报告后，应当立即组织救助。有关单位和在事故现场附近的船舶、设施，必须听从主管机关的统一指挥。

▶《慈善法》

第三十条 发生重大自然灾害、事故灾难和公共卫生事件等突发事件，需要迅速开展救助时，有关人民政府应当建立协调机制，提供需求信息，及时有序引导开展募捐和救助活动。

▶《防洪法》

第四十七条 发生洪涝灾害后，有关人民政府应当组织有关部门、单位做好灾区的生活供给、卫生防疫、救灾物资供应、治安管理、学校复课、恢复生产和重建家园等救灾工作以及所管辖地区的各项水毁工程设施修复工作。水毁防洪工程设施的修复，应当优先列入有关部门的年度建设计划。

国家鼓励、扶持开展洪水保险。

▶《反家庭暴力法》

第十三条 家庭暴力受害人及其法定代理人、近亲属可以向加害人或者受害人所在单位、居民委员会、村民委员会、妇女联合会等单位投诉、反映或者求助。有关单位接到家庭暴力投诉、反映或者求助后，应当给予帮助、处理。

家庭暴力受害人及其法定代理人、近亲属也可以向公安机关报案或者依法向人民法院起诉。

单位、个人发现正在发生的家庭暴力行为，有权及时劝阻。

第十四条 学校、幼儿园、医疗机构、居民委员会、村民委员会、社会工作服务机构、救助管理机构、福利机构及其工作人员在工作中发现无民事行为能力人、限制民事行为能力人遭受或者疑似遭受家庭暴力的，应当及时向公安机关报案。公安机关应当对报案人的信息予以保密。

第十五条 公安机关接到家庭暴力报案后应当及时出警，制止家庭暴力，按照有关规定调查取证，协助受害人就医、鉴定伤情。

无民事行为能力人、限制民事行为能力人因家庭暴力身体受到严重伤害、面临人身安全威胁或者处于无人照料等危险状态的，公安机关应当通知并协助民政部门将其安置到临时庇护场所、救助管理机构或者福利机构。

▶《未成年人保护法》

第二十四条 学校对未成年学生在校内或者本校组织的校外活动中发生人身伤害事故的，应当及时救护，妥善处理，并及时向有关主管部门报告。

▶《人民警察法》

第二十一条 人民警察遇到公民人身、财产安全受到侵犯或者处于其他危难情形，应当立即救助；对公民提出解决纠纷的要求，应当给予帮助；对公民的报警案件，应当及时查处。

人民警察应当积极参加抢险救灾和社会公益工作。

▶《道路交通安全法》

第七十五条 医疗机构对交通事故中的受伤人员应当及时抢救，不得因抢救费用未及时支付而拖延救治。肇事车辆参加机动车第三者责任强制保险的，由保险公司在责任限额范围内支付抢救费用；抢救费用超过责任限额的，未参加机动车第三者责任强制保险或者肇事后逃逸的，由道路交通事故社会救助基金先行垫付部分或者全部抢救费用，道路交通事故社会救助基金管理机构有权向交通事故责任人追偿。

▶《国防动员法》

第四十七条 战争灾害发生时，当地人民政府应当迅速启动应急救助机制，组织力量抢救伤员、安置灾民、保护财产，尽快消除战争灾害后果，恢复正常生产生活秩序。

遭受战争灾害的人员和组织应当及时采取自救、互救措施，减少战争灾害造成的损失。

▶《执业医师法》

第二十四条 对急危患者，医师应当采取紧急措施进行诊治；不得拒绝急救处置。

▶《人民武装警察法》

第十八条 人民武装警察遇到公民人身、财产安全受到侵犯或者处于其他危难情形，应当及时救助。

▶《防震减灾法》

第五十条 地震灾害发生后，抗震救灾指挥机构应当立即组织有关部门和单位迅速查清受灾情况，提出地震应急救援力量的配置方案，并采取以下紧急措施：

（一）迅速组织抢救被压埋人员，并组织有关单位和人员开展自救互救；

（二）迅速组织实施紧急医疗救护，协调伤员转移和接收与救治；

（三）迅速组织抢修毁损的交通、铁路、水利、电力、通信等基础设施；

（四）启用应急避难场所或者设置临时避难场所，设置救济物资供应点，提供救济物品、简易住所和临时住所，及时转移和安置受灾群众，确保饮用水消毒和水质安全，积极开展卫生防疫，妥善安排受灾群众生活；

（五）迅速控制危险源，封锁危险场所，做好次生灾害的排查与监测预警工作，防范地震可能引发的火灾、水灾、爆炸、山体滑坡和崩塌、泥石流、地面塌陷，或者剧毒、强腐蚀性、放射性物质大量泄漏等次生灾害以及传染病疫情的发生；

（六）依法采取维持社会秩序、维护社会治安的必要措施。

第五十四条 国务院建立国家地震灾害紧急救援队伍。

省、自治区、直辖市人民政府和地震重点监视防御区的市、县人民政府可以根据实际需要，充分利用消防等现有队伍，按照一队多用、专职与兼职相结合的原则，建立地震灾害紧急救援队伍。

地震灾害紧急救援队伍应当配备相应的装备、器材，开展培训和演练，提高地震灾害紧急救援能力。

地震灾害紧急救援队伍在实施救援时，应当首先对倒塌建筑物、构筑物压埋人员进行紧急救援。

第五十五条 县级以上人民政府有关部门应当按照职责分工，协调配合，采取有效措施，保障地震灾害紧急救援队伍和医疗救治队伍快速、高效地开展地震灾害紧急救援活动。

第五十六条 县级以上地方人民政府及其有关部门可以建立地震灾害救援志愿者队伍，并组织开展地震应急救援知识培训和演练，使志愿者掌握必要的地震应急救援技能，增强地震灾害应急救援能力。

第五十七条 国务院地震工作主管部门会同有关部门和单位，组织协调外国救援队和医疗队在中华人民共和国开展地震灾害紧急救援活动。

国务院抗震救灾指挥机构负责外国救援队和医疗队的统筹调度，并根据其专业特长，科学、合理地安排紧急救援任务。

地震灾区的地方各级人民政府，应当对外国救援队和医疗队开展紧急救援活动予以支持和配合。

第一千零六条　【无偿捐献人体细胞、组织、器官和遗体】 完全民事行为能力人有权依法自主决定无偿捐献其人体细胞、人体组织、人体器官、遗体。任何组织或者个人不得强迫、欺骗、利诱其捐献。

完全民事行为能力人依据前款规定同意捐献的，应当采用书面形式，也可以订立遗嘱。

自然人生前未表示不同意捐献的，该自然人死亡后，其配偶、成年子女、父母可以共同决定捐献，决定捐献应当采用书面形式。

条文对比

《民法典人格权编》	《人体器官移植条例》
第一千零六条　完全民事行为能力人有权依法自主决定无偿捐献其人体细胞、人体组织、人体器官、遗体。任何组织或者个人不得强迫、欺骗、利诱其捐献。 完全民事行为能力人依据前款规定同意捐献的，应当采用书面形式，**也可以订立遗嘱。** 自然人生前未表示不同意捐献的，该自然人死亡后，其配偶、成年子女、父母可以共同决定捐献，决定捐献应当采用书面形式。	**第七条**　~~人体器官捐献应当遵循自愿、无偿的原则。~~ ~~公民享有捐献或者不捐献其人体器官的权利；~~任何组织或者个人不得强迫、欺骗或者利诱他人捐献~~人体器官~~。 **第八条**　捐献人体器官的公民应当具有完全民事行为能力。公民捐献其人体器官应当有书面形式的捐献意愿~~，对已经表示捐献其人体器官的意愿，有权予以撤销~~。 ~~公民生前表示不同意捐献其人体器官的，任何组织或者个人不得捐献、摘取该公民的人体器官；~~公民生前未表示不同意捐献~~其人体器官~~的，该公民死亡后，其配偶、成年子女、父母可以以书面形式共同表示同意捐献该公民人体器官的意愿。

关联法规

▶ **《宗教事务条例》**

第五十七条第三款　宗教团体、宗教院校、宗教活动场所可以按照宗教习惯接受公民的捐献，但不得强迫或者摊派。

第一千零七条　【禁止买卖人体细胞、组织、器官和遗体】 禁止以任何形式买卖人体细胞、人体组织、人体器官、遗体。

违反前款规定的买卖行为无效。

条文对比

《民法典人格权编》	《人体器官移植条例》
第一千零七条　禁止以任何形式买卖人体细胞、人体组织、人体器官、**遗体**。 违反前款规定的买卖行为无效。	**第三条**　~~任何组织或者个人不得~~以任何形式买卖人体器官~~，不得从事与买卖人体器官有关的活动~~。

关联法规

▶《民法典总则编》

第一百五十三条　违反法律、行政法规的强制性规定的民事法律行为无效。但是，该强制性规定不导致该民事法律行为无效的除外。

违背公序良俗的民事法律行为无效。

第一千零八条　【人体临床试验的伦理审查与知情同意权】 为研制新药、医疗器械或者发展新的预防和治疗方法，需要进行临床试验的，应当依法经相关主管部门批准并经伦理委员会审查同意，向受试者或者受试者的监护人告知试验目的、用途和可能产生的风险等详细情况，并经其书面同意。

进行临床试验的，不得向受试者收取试验费用。

条文对比

《民法典人格权编》	新增条文
第一千零八条　为研制新药、医疗器械或者发展新的预防和治疗方法，需要进行临床试验的，应当依法经相关主管部门批准并经伦理委员会审查同意，向受试者或者受试者的监护人告知试验目的、用途和可能产生的风险等详细情况，并经其书面同意。 进行临床试验的，不得向受试者收取试验费用。	

关联法规

《药品管理法》

第十九条　开展药物临床试验，应当按照国务院药品监督管理部门的规定如实报送研制方法、质量指标、药理及毒理试验结果等有关数据、资料和样品，经国务院药品监督管理部门批准。国务院药品监督管理部门应当自受理临床试验申请之日起六十个工作日内决定是否同意并通知临床试验申办者，逾期未通知的，视为同意。其中，开展生物等效性试验的，报国务院药品监督管理部门备案。

开展药物临床试验，应当在具备相应条件的临床试验机构进行。药物临床试验机构实行备案管理，具体办法由国务院药品监督管理部门、国务院卫生健康主管部门共同制定。

第二十条　开展药物临床试验，应当符合伦理原则，制定临床试验方案，经伦理委员会审查同意。

伦理委员会应当建立伦理审查工作制度，保证伦理审查过程独立、客观、公正，监督规范开展药物临床试验，保障受试者合法权益，维护社会公共利益。

第二十一条　实施药物临床试验，应当向受试者或者其监护人如实说明和解释临床试验的目的和风险等详细情况，取得受试者或者其监护人自愿签署的知情同意书，并采取有效措施保护受试者合法权益。

▶ 《疫苗管理法》

第十六条 开展疫苗临床试验，应当经国务院药品监督管理部门依法批准。

疫苗临床试验应当由符合国务院药品监督管理部门和国务院卫生健康主管部门规定条件的三级医疗机构或者省级以上疾病预防控制机构实施或者组织实施。

国家鼓励符合条件的医疗机构、疾病预防控制机构等依法开展疫苗临床试验。

第十八条 开展疫苗临床试验，应当取得受试者的书面知情同意；受试者为无民事行为能力人的，应当取得其监护人的书面知情同意；受试者为限制民事行为能力人的，应当取得本人及其监护人的书面知情同意。

▶ 《人类遗传资源管理条例》

第八条 采集、保藏、利用、对外提供我国人类遗传资源，不得危害我国公众健康、国家安全和社会公共利益。

第九条 采集、保藏、利用、对外提供我国人类遗传资源，应当符合伦理原则，并按照国家有关规定进行伦理审查。

采集、保藏、利用、对外提供我国人类遗传资源，应当尊重人类遗传资源提供者的隐私权，取得其事先知情同意，并保护其合法权益。

采集、保藏、利用、对外提供我国人类遗传资源，应当遵守国务院科学技术行政部门制定的技术规范。

第一千零九条 【从事人体基因、胚胎等医学和科研活动的法定限制】从事与人体基因、人体胚胎等有关的医学和科研活动，应当遵守法律、行政法规和国家有关规定，不得危害人体健康，不得违背伦理道德，不得损害公共利益。

条文对比

《民法典人格权编》	新增条文
第一千零九条 从事与人体基因、人体胚胎等有关的医学和科研活动，应当遵守法律、行政法规和国家有关规定，不得危害人体健康，不得违背伦理道德，不得损害公共利益。	

第一千零一十条 【性骚扰的民事责任与单位预防义务】 违背他人意愿，以言语、文字、图像、肢体行为等方式对他人实施性骚扰的，受害人有权依法请求行为人承担民事责任。

机关、企业、学校等单位应当采取合理的预防、受理投诉、调查处置等措施，防止和制止利用职权、从属关系等实施性骚扰。

条文对比

《民法典人格权编》	新增条文
第一千零一十条　违背他人意愿，以言语、文字、图像、肢体行为等方式对他人实施性骚扰的，受害人有权依法请求行为人承担民事责任。 机关、企业、学校等单位应当采取合理的预防、受理投诉、调查处置等措施，防止和制止利用职权、从属关系等实施性骚扰。	

关联法规

▶《民法典总则编》

第三条 民事主体的人身权利、财产权利以及其他合法权益受法律保护，任何组织或者个人不得侵犯。

▶《妇女权益保障法》

第四十条 禁止对妇女实施性骚扰。受害妇女有权向单位和有关机关投诉。

▶《治安管理处罚法》

第四十二条 有下列行为之一的，处五日以下拘留或者五百元以下罚款；情节较重的，处五日以上十日以下拘留，可以并处五百元以下罚款：

（一）写恐吓信或者以其他方法威胁他人人身安全的；

（二）公然侮辱他人或者捏造事实诽谤他人的；

（三）捏造事实诬告陷害他人，企图使他人受到刑事追究或者受到治安管理处罚的；

（四）对证人及其近亲属进行威胁、侮辱、殴打或者打击报复的；

（五）多次发送淫秽、侮辱、恐吓或者其他信息，干扰他人正常生活的；

（六）偷窥、偷拍、窃听、散布他人隐私的。

▶《女职工劳动保护特别规定》

第十一条 在劳动场所，用人单位应当预防和制止对女职工的性骚扰。

《学生伤害事故处理办法》

第三十七条 本办法所称学校，是指国家或者社会力量举办的全日制的中小学（含特殊教育学校）、各类中等职业学校、高等学校。本办法所称学生是指在上述学校中全日制就读的受教育者。

第一千零一十一条 【剥夺、限制他人行动自由或者非法搜查身体的民事责任】以非法拘禁等方式剥夺、限制他人的行动自由，或者非法搜查他人身体的，受害人有权依法请求行为人承担民事责任。

条文对比

《民法典人格权编》	
第一千零一十一条 以非法拘禁等方式剥夺、限制他人的行动自由，或者非法搜查他人身体的，受害人有权依法请求行为人承担民事责任。	

关联法规

《水法》

第七十四条 在水事纠纷发生及其处理过程中煽动闹事、结伙斗殴、抢夺或者损坏公私财物、非法限制他人人身自由，构成犯罪的，依照刑法的有关规定追究刑事责任；尚不够刑事处罚的，由公安机关依法给予治安管理处罚。

《消费者权益保护法》

第二十七条 经营者不得对消费者进行侮辱、诽谤，不得搜查消费者的身体及其携带的物品，不得侵犯消费者的人身自由。

第五十条 经营者侵害消费者的人格尊严、侵犯消费者人身自由或者侵害消费者个人信息依法得到保护的权利的，应当停止侵害、恢复名誉、消除影响、赔礼道歉，并赔偿损失。

第五十一条 经营者有侮辱诽谤、搜查身体、侵犯人身自由等侵害消费者或者其他受害人人身权益的行为，造成严重精神损害的，受害人可以要求精神损害赔偿。

第三章　姓名权和名称权

第一千零一十二条　【姓名权】自然人享有姓名权，有权依法决定、使用、变更或者许可他人使用自己的姓名，但是不得违背公序良俗。

条文对比

《民法典人格权编》	《民法通则》
第一千零一十二条　自然人享有姓名权，有权**依法**决定、使用、变更**或者许可他人使用**自己的姓名**，但是不得违背公序良俗**。	**第九十九条第一款**　公民享有姓名权，有权决定、使用和依照规定改变自己的姓名~~，禁止他人干涉、盗用、假冒~~。

关联法规

《民法典总则编》

第一百一十条　自然人享有生命权、身体权、健康权、姓名权、肖像权、名誉权、荣誉权、隐私权、婚姻自主权等权利。

法人、非法人组织享有名称权、名誉权和荣誉权。

《民法典婚姻家庭编》

第一千零五十六条　夫妻双方都有各自使用自己姓名的权利。

《最高人民法院关于范曾诉盛林虎姓名权纠纷案的复函》

江苏省高级人民法院：

你院（1989）民请字第6号关于范曾诉盛林虎姓名权纠纷一案的请示报告收悉。经研究，我们认为，盛林虎临摹范曾绘画作品是一种复制行为。未经作者范曾同意，以营利为目的的出售该复制品，侵害了范曾的著作权，盛林虎应承担侵权的民事责任。根据该案情况，其案由以定著作权纠纷为宜。

以上意见，供参考。

权威案例

指导案例113号：迈克尔·杰弗里·乔丹与国家工商行政管理总局商标评审委员会、乔丹体育股份有限公司“乔丹”商标争议行政纠纷案

裁判要点：1. 姓名权是自然人对其姓名享有的人身权，姓名权可以构成商标法规定的在先权利。外国自然人外文姓名的中文译名符合条件的，可以依法主张作为特定名称按照姓名权的有关规定予以保护。

2. 外国自然人就特定名称主张姓名权保护的，该特定名称应当符合以下三项条件：（1）该特定名称在我国具有一定的知名度，为相关公众所知悉；（2）相关公众使用该特定名称指代该自然人；（3）该特定名称已经与该自然人之间建立了稳定的对应关系。

3. 使用是姓名权人享有的权利内容之一，并非姓名权人主张保护其姓名权的法定前提条件。特定名称按照姓名权受法律保护的，即使自然人并未主动使用，也不影响姓名权人按照商标法关于在先权利的规定主张权利。

4. 违反诚实信用原则，恶意申请注册商标，侵犯他人现有在先权利的“商标权人”，以该商标的宣传、使用、获奖、被保护等情况形成了“市场秩序”或者“商业成功”为由，主张该注册商标合法有效的，人民法院不予支持。

第一千零一十三条　【名称权】法人、非法人组织享有名称权，有权依法决定、使用、变更、转让或者许可他人使用自己的名称。

条文对比

《民法典人格权编》	《民法通则》
第一千零一十三条　法人、非法人组织享有名称权，有权**依法决定**、使用、**变更**、转让**或者许可他人使用**自己的名称。	**第九十九条第二款**　法人、个体工商户、个人合伙享有名称权。~~企业法人、个体工商户、个人合伙~~有权使用、~~依法~~转让自己的名称。

关联法规

《民法典总则编》

第五十四条 自然人从事工商业经营，经依法登记，为个体工商户。个体工商户可以起字号。

第一百一十条 自然人享有生命权、身体权、健康权、姓名权、肖像权、名誉权、荣誉权、隐私权、婚姻自主权等权利。

法人、非法人组织享有名称权、名誉权和荣誉权。

《企业名称登记管理规定》

第二条 本规定适用于中国境内具备法人条件的企业及其他依法需要办理登记注册的企业。

第二十二条 企业名称经核准登记注册后，无特殊原因在1年内不得申请变更。

第二十三条 企业名称可以随企业或者企业的一部分一并转让。

企业名称只能转让给一户企业。企业名称的转让方与受让方应当签订书面合同或者协议，报原登记主管机关核准。

企业名称转让后，转让方不得继续使用已转让的企业名称。

第二十六条 违反本规定的下列行为，由登记主管机关区别情节，予以处罚：

（一）使用未经核准登记注册的企业名称从事生产经营活动的，责令停止经营活动，没收非法所得或者处以2000元以上、2万元以下罚款，情节严重的，可以并处；

（二）擅自改变企业名称的，予以警告或者处以1000元以上、1万元以下罚款，并限期办理变更登记；

（三）擅自转让或者出租自己的企业名称的，没收非法所得并处以1000元以上、1万元以下罚款；

（四）使用保留期内的企业名称从事生产经营活动或者保留期届满不按期将《企业名称登记证书》交回登记主管机关的，予以警告或者处以500元以上、5000元以下罚款；

（五）违反本规定第二十条规定的，予以警告并处以500元以上、5000元以下罚款。

第二十九条 外国（地区）企业可以在中国境内申请企业名称登记注册。

外国（地区）企业应当向国家工商行政管理局提出企业名称登记注册的申请，并提交外国（地区）企业法定代表人签署的申请书、外国（地区）企业章程和企业所在国（地区）主管当局出具的合法开业证明。登记主管机关应当在收到外国（地区）企业申请名称登记注册的全部材料之日起30日内作出初步审查，通过初审的，予以公告。外国（地区）企业名称的公告期为6个月，在此期间无异议或者异议不成立的，予以核准登记注册，企业名称保留期为5年。登记主管机关核准登记注册外国（地区）企业名称后，应当核发《企业名称登记证书》。外国（地区）企业名称登记注册后需要变更或者保留期届满要求续展的，应当重新申请登记注册。

权威案例

指导案例58号：成都同德福合川桃片有限公司诉重庆市合川区同德福桃片有限公司、余晓华侵害商标权及不正当竞争纠纷案

裁判要点：1. 与“老字号”无历史渊源的个人或企业将“老字号”或与其近似的字号注册为商标后，以“老字号”的历史进行宣传的，应认定为虚假宣传，构成不正当竞争。

2. 与“老字号”具有历史渊源的个人或企业在未违反诚实信用原则的前提下，将“老字号”注册为个体工商户字号或企业名称，未引人误认且未突出使用该字号的，不构成不正当竞争或侵犯注册商标专用权。

第一千零一十四条　【禁止侵害他人的姓名或名称】任何组织或者个人不得以干涉、盗用、假冒等方式侵害他人的姓名权或者名称权。

条文对比

《民法典人格权编》	新增条文
第一千零一十四条　任何组织或者个人不得以干涉、盗用、假冒等方式侵害他人的姓名权或者名称权。	

关联法规

▶《英雄烈士保护法》

第二十二条 禁止歪曲、丑化、亵渎、否定英雄烈士事迹和精神。

英雄烈士的姓名、肖像、名誉、荣誉受法律保护。任何组织和个人不得在公共场所、互联网或者利用广播电视、电影、出版物等，以侮辱、诽谤或者其他方式侵害英雄烈士的姓名、肖像、名誉、荣誉。任何组织和个人不得将英雄烈士的姓名、肖像用于或者变相用于商标、商业广告，损害英雄烈士的名誉、荣誉。

公安、文化、新闻出版、广播电视、电影、网信、市场监督管理、负责英雄烈士保护工作的部门发现前款规定行为的，应当依法及时处理。

第二十三条 网信和电信、公安等有关部门在对网络信息进行依法监督管理工作中，发现发布或者传输以侮辱、诽谤或者其他方式侵害英雄烈士的姓名、肖像、名誉、荣誉的信息的，应当要求网络运营者停止传输，采取消除等处置措施和其他必要措施；对来源于中华人民共和国境外的上述信息，应当通知有关机构采取技术措施和其他必要措施阻断传播。

网络运营者发现其用户发布前款规定的信息的，应当立即停止传输该信息，采取消除等处置措施，防止信息扩散，保存有关记录，并向有关主管部门报告。网络运营者未采取停止传输、消除等处置措施的，依照《中华人民共和国网络安全法》的规定处罚。

▶《网络安全法》

第四十一条 网络运营者收集、使用个人信息，应当遵循合法、正当、必要的原则，公开收集、使用规则，明示收集、使用信息的目的、方式和范围，并经被收集者同意。

网络运营者不得收集与其提供的服务无关的个人信息，不得违反法律、行政法规的规定和双方的约定收集、使用个人信息，并应当依照法律、行政法规的规定和与用户的约定，处理其保存的个人信息。

第四十二条 网络运营者不得泄露、篡改、毁损其收集的个人信息；未经被收集者同意，不得向他人提供个人信息。但是，经过处理无法识别特定个人且不能复原的除外。

网络运营者应当采取技术措施和其他必要措施，确保其收集的个人信息安全，防止信息泄露、毁损、丢失。在发生或者可能发生个人信息泄露、毁损、丢失的情况时，应当立即采取补救措施，按照规定及时告知用户并向有关主管部门报告。

第四十三条 个人发现网络运营者违反法律、行政法规的规定或者双方的约定收集、使用其个人信息的，有权要求网络运营者删除其个人信息；发现网络运营者收集、存储的其个人信息有错误的，有权要求网络运营者予以更正。网络运营者应当采取措施予以删除或者更正。

第四十四条 任何个人和组织不得窃取或者以其他非法方式获取个人信息，不得非法出售或者非法向他人提供个人信息。

第四十五条 依法负有网络安全监督管理职责的部门及其工作人员，必须对在履行职责中知悉的个人信息、隐私和商业秘密严格保密，不得泄露、出售或者非法向他人提供。

第七十六条 本法下列用语的含义：

（一）网络，是指由计算机或者其他信息终端及相关设备组成的按照一定的规则和程序对信息进行收集、存储、传输、交换、处理的系统。

（二）网络安全，是指通过采取必要措施，防范对网络的攻击、侵入、干扰、破坏和非法使用以及意外事故，使网络处于稳定可靠运行的状态，以及保障网络数据的完整性、保密性、可用性的能力。

（三）网络运营者，是指网络的所有者、管理者和网络服务提供者。

（四）网络数据，是指通过网络收集、存储、传输、处理和产生的各种电子数据。

（五）个人信息，是指以电子或者其他方式记录的能够单独或者与其他信息结合识别自然人个人身份的各种信息，包括但不限于自然人的姓名、出生日期、身份证件号码、个人生物识别信息、住址、电话号码等。

《商标授权确权行政案件规定》

第二十条 当事人主张诉争商标损害其姓名权，如果相关公众认为该商标标志指代了该自然人，容易认为标记有该商标的商品系经过该自然人许可或者与该自然人存在特定联系的，人民法院应当认定该商标损害了该自然人的姓名权。

当事人以其笔名、艺名、译名等特定名称主张姓名权，该特定名称具有一定的知名度，与该自然人建立了稳定的对应关系，相关公众以其指代该自然人的，人民法院予以支持。

▶《精神损害赔偿司法解释》

第一条 自然人因下列人格权利遭受非法侵害，向人民法院起诉请求赔偿精神损害的，人民法院应当依法予以受理：

（一）生命权、健康权、身体权；

（二）姓名权、肖像权、名誉权、荣誉权；

（三）人格尊严权、人身自由权。

违反社会公共利益、社会公德侵害他人隐私或者其他人格利益，受害人以侵权为由向人民法院起诉请求赔偿精神损害的，人民法院应当依法予以受理。

▶《民通意见》

150. 公民的姓名权、肖像权、名誉权、荣誉权和法人的名称权、名誉权、荣誉权受到侵害，公民或者法人要求赔偿损失的，人民法院可以根据侵权人的过错程度、侵权行为的具体情节、后果和影响确定其赔偿责任。

151. 侵害他人的姓名权、名称权、肖像权、名誉权、荣誉权而获利的，侵权人除依法赔偿受害人的损失外，其非法所得应当予以收缴。

第一千零一十五条 【自然人姓氏的选取】 自然人应当随父姓或者母姓，但是有下列情形之一的，可以在父姓和母姓之外选取姓氏：

（一）选取其他直系长辈血亲的姓氏；

（二）因由法定扶养人以外的人扶养而选取扶养人姓氏；

（三）有不违背公序良俗的其他正当理由。

少数民族自然人的姓氏可以遵从本民族的文化传统和风俗习惯。

条文对比

《民法典人格权编》	《婚姻法》
第一千零一十五条 自然人应当随父姓或者母姓，但是有下列情形之一的，可以在父姓和母姓之外选取姓氏： （一）选取其他直系长辈血亲的姓氏； （二）因由法定扶养人以外的人扶养而选取扶养人姓氏； （三）有不违背公序良俗的其他正当理由。 少数民族自然人的姓氏可以遵从本民族的文化传统和风俗习惯。	**第二十二条** 子女可以随父姓，可以随母姓。

关联法规

▶《民法典婚姻家庭编》

第一千一百一十二条 养子女可以随养父或者养母的姓氏，经当事人协商一致，也可以保留原姓氏。

权威案例

指导案例89号：“北雁云依”诉济南市公安局历下区分局燕山派出所公安行政登记案

裁判要点：公民选取或创设姓氏应当符合中华传统文化和伦理观念。仅凭个人喜好和愿望在父姓、母姓之外选取其他姓氏或者创设新的姓氏，不属于《全国人民代表大会常务委员会关于〈中华人民共和国民法通则〉第九十九条第一款、〈中华人民共和国婚姻法〉第二十二条的解释》第二款第三项规定的“有不违反公序良俗的其他正当理由”。

第一千零一十六条　【变更姓名、名称或者转让名称的登记义务；变更姓名、名称前实施民事法律行为的法律约束力】自然人决定、变更姓名，或者法人、非法人组织决定、变更、转让名称的，应当依法向有关机关办理登记手续，但是法律另有规定的除外。

民事主体变更姓名、名称的，变更前实施的民事法律行为对其具有法律约束力。

条文对比

《民法典人格权编》	新增条文
第一千零一十六条　自然人决定、变更姓名，或者法人、非法人组织决定、变更、转让名称的，应当依法向有关机关办理登记手续，但是法律另有规定的除外。 民事主体变更姓名、名称的，变更前实施的民事法律行为对其具有法律约束力。	

关联法规

《高等教育法》

第二十九条　设立实施本科及以上教育的高等学校，由国务院教育行政部门审批；设立实施专科教育的高等学校，由省、自治区、直辖市人民政府审批，报国务院教育行政部门备案；设立其他高等教育机构，由省、自治区、直辖市人民政府教育行政部门审批。审批设立高等学校和其他高等教育机构应当遵守国家有关规定。

审批设立高等学校，应当委托由专家组成的评议机构评议。

高等学校和其他高等教育机构分立、合并、终止，变更名称、类别和其他重要事项，由本条第一款规定的审批机关审批；修改章程，应当根据管理权限，报国务院教育行政部门或者省、自治区、直辖市人民政府教育行政部门核准。

《律师法》

第二十一条 律师事务所变更名称、负责人、章程、合伙协议的，应当报原审核部门批准。

律师事务所变更住所、合伙人的，应当自变更之日起十五日内报原审核部门备案。

《商业银行法》

第二十四条 商业银行有下列变更事项之一的，应当经国务院银行业监督管理机构批准：

（一）变更名称；

（二）变更注册资本；

（三）变更总行或者分支行所在地；

（四）调整业务范围；

（五）变更持有资本总额或者股份总额百分之五以上的股东；

（六）修改章程；

（七）国务院银行业监督管理机构规定的其他变更事项。

更换董事、高级管理人员时，应当报经国务院银行业监督管理机构审查其任职资格。

《保险法》

第八十四条 保险公司有下列情形之一的，应当经保险监督管理机构批准：

（一）变更名称；

（二）变更注册资本；

（三）变更公司或者分支机构的营业场所；

（四）撤销分支机构；

（五）公司分立或者合并；

（六）修改公司章程；

（七）变更出资额占有限责任公司资本总额百分之五以上的股东，或者变更持有股份有限公司股份百分之五以上的股东；

（八）国务院保险监督管理机构规定的其他情形。

《劳动合同法》

第三十三条 用人单位变更名称、法定代表人、主要负责人或者投资人等事项，不影响劳动合同的履行。

《外资保险公司管理条例》

第二十二条 外国保险公司分公司的总公司有下列情形之一的，该分公司应当自各该情形发生之日起10日内，将有关情况向国务院保险监督管理机构提交书面报告：

（一）变更名称、主要负责人或者注册地；

（二）变更资本金；

（三）变更持有资本总额或者股份总额10%以上的股东；

（四）调整业务范围；

（五）受到所在国家或者地区有关主管当局处罚；

（六）发生重大亏损；

（七）分立、合并、解散、依法被撤销或者被宣告破产；

（八）国务院保险监督管理机构规定的其他情形。

《互联网上网服务营业场所管理条例》

第十三条 互联网上网服务营业场所经营单位变更营业场所地址或者对营业场所进行改建、扩建，变更计算机数量或者其他重要事项的，应当经原审核机关同意。

互联网上网服务营业场所经营单位变更名称、住所、法定代表人或者主要负责人、注册资本、网络地址或者终止经营活动的，应当依法到工商行政管理部门办理变更登记或者注销登记，并到文化行政部门、公安机关办理有关手续或者备案。

《人力资源市场暂行条例》

第二十一条 经营性人力资源服务机构变更名称、住所、法定代表人或者终止经营活动的，应当自工商变更登记或者注销登记办理完毕之日起15日内，书面报告人力资源社会保障行政部门。

《融资担保公司监督管理条例》

第九条 融资担保公司合并、分立或者减少注册资本，应当经监督管理部门批准。

融资担保公司在住所地所在省、自治区、直辖市范围内设立分支机构，变更名称，变更持有5%以上股权的股东或者变更董事、监事、高级管理人员，应当自分支机构设立之日起或者变更相关事项之日起30日内向监督管理部门备案；变更后的相关事项应当符合本条例第六条第二款、第七条的规定。

《旅行社条例》

第五十条 违反本条例的规定，旅行社有下列情形之一的，由旅游行政管理部门责令改正；拒不改正的，处1万元以下的罚款：

（一）变更名称、经营场所、法定代表人等登记事项或者终止经营，未在规定期限内向原许可的旅游行政管理部门备案，换领或者交回旅行社业务经营许可证的；

（二）设立分社未在规定期限内向分社所在地旅游行政管理部门备案的；

（三）不按照国家有关规定向旅游行政管理部门报送经营和财务信息等统计资料的。

《印刷业管理条例》

第十二条 印刷业经营者申请兼营或者变更从事出版物、包装装潢印刷品或者其他印刷品印刷经营活动，或者兼并其他印刷业经营者，或者因合并、分立而设立新的印刷业经营者，应当依照本条例第九条的规定办理手续。

印刷业经营者变更名称、法定代表人或者负责人、住所或者经营场所等主要登记事项，或者终止印刷经营活动，应当报原批准设立的出版行政部门备案。

《出版管理条例》

第十七条 出版单位变更名称、主办单位或者其主管机关、业务范围、资本结构，合并或者分立，设立分支机构，出版新的报纸、期刊，或者报纸、期刊变更名称的，应当依照本条例第十二条、第十三条的规定办理审批手续。出版单位属于事业单位法人的，还应当持批准文件到事业单位登记管理机关办理相应的登记手续；属于企业法人的，还应当持批准文件到工商行政管理部门办理相应的登记手续。

出版单位除前款所列变更事项外的其他事项的变更，应当经主办单位及其主管机关审查同意，向所在地省、自治区、直辖市人民政府出版行政主管部门申请变更登记，并报国务院出版行政主管部门备案。出版单位属于事业单位法人的，还应当持批准文件到事业单位登记管理机关办理变更登记；属于企业法人的，还应当持批准文件到工商行政管理部门办理变更登记。

第四十四条 出版物进口经营单位变更名称、业务范围、资本结构、主办单位或者其主管机关，合并或者分立，设立分支机构，应当依照本条例第四十二条、第四十三条的规定办理审批手续，并持批准文件到工商行政管理部门办理相应的登记手续。

《营业性演出管理条例》

第八条 文艺表演团体变更名称、住所、法定代表人或者主要负责人、营业性演出经营项目，应当向原发证机关申请换发营业性演出许可证，并依法到工商行政管理部门办理变更登记。

演出场所经营单位变更名称、住所、法定代表人或者主要负责人，应当依法到工商行政管理部门办理变更登记，并向原备案机关重新备案。

《音像制品管理条例》

第十八条 音像制作单位变更名称、业务范围，或者兼并其他音像制作单位，或者因合并、分立而设立新的音像制作单位的，应当依照本条例第十七条的规定办理审批手续。

音像制作单位变更地址、法定代表人或者主要负责人，或者终止制作经营活动的，应当向所在地省、自治区、直辖市人民政府出版行政主管部门备案。

第三十三条 音像制品批发、零售单位变更名称、业务范围，或者兼并其他音像制品批发、零售单位，或者因合并、分立而设立新的音像制品批发、零售单位的，应当依照本条例第三十二条的规定办理审批手续。

音像制品批发、零售单位变更地址、法定代表人或者主要负责人或者终止经营活动，从事音像制品零售经营活动的个体工商户变更业务范围、地址或者终止经营活动的，应当向原批准的出版行政主管部门备案。

《公司登记管理条例》

第二十八条 公司变更名称的，应当自变更决议或者决定作出之日起30日内申请变更登记。

第四十八条 分公司变更登记事项的，应当向公司登记机关申请变更登记。

申请变更登记，应当提交公司法定代表人签署的变更登记申请书。变更名称、经营范围的，应当提交加盖公司印章的《企业法人营业执照》复印件，分公司经营范围中属于法律、行政法规或者国务院决定规定在登记前须经批准的项目的，还应当提交有关批准文件。变更营业场所的，应当提交新的营业场所使用证明。变更负责人的，应当提交公司的任免文件以及其身份证明。

公司登记机关准予变更登记的，换发《营业执照》。

《征信业管理条例》

第九条 经营个人征信业务的征信机构设立分支机构、合并或者分立、变更注册资本、变更出资额占公司资本总额5%以上或者持股占公司股份5%以上的股东的，应当经国务院征信业监督管理部门批准。

经营个人征信业务的征信机构变更名称的，应当向国务院征信业监督管理部门办理备案。

▶《使用有毒物品作业场所劳动保护条例》

第十五条 用人单位变更名称、法定代表人或者负责人的，应当向原受理申报的卫生行政部门备案。

▶《电影管理条例》

第三十九条 电影发行单位、电影放映单位变更业务范围，或者兼并其他电影发行单位、电影放映单位，或者因合并、分立而设立新的电影发行单位、电影放映单位的，应当依照本条例第三十七条或者第三十八条的规定办理审批手续，并到工商行政管理部门办理相应的登记手续。

电影发行单位、电影放映单位变更名称、地址、法定代表人或者主要负责人，或者终止电影发行、放映经营活动的，应当到原登记的工商行政管理部门办理变更登记或者注销登记，并向原审批的电影行政部门备案。

▶《户口登记条例》

第十八条 公民变更姓名，依照下列规定办理：

一、未满十八周岁的人需要变更姓名的时候，由本人或者父母、收养人向户口登记机关申请变更登记；

二、十八周岁以上的人需要变更姓名的时候，由本人向户口登记机关申请变更登记。

第一千零一十七条　【姓名与名称的扩展保护】具有一定社会知名度，被他人使用足以造成公众混淆的笔名、艺名、网名、译名、字号、姓名和名称的简称等，参照适用姓名权和名称权保护的有关规定。

条文对比

《民法典人格权编》	新增条文
第一千零一十七条　具有一定社会知名度，被他人使用足以造成公众混淆的笔名、艺名、网名、译名、字号、姓名和名称的简称等，参照适用姓名权和名称权保护的有关规定。	

关联法规

《反不正当竞争法》

第六条　经营者不得实施下列混淆行为，引人误认为是他人商品或者与他人存在特定联系：

（一）擅自使用与他人有一定影响的商品名称、包装、装潢等相同或者近似的标识；

（二）擅自使用他人有一定影响的企业名称（包括简称、字号等）、社会组织名称（包括简称等）、姓名（包括笔名、艺名、译名等）；

（三）擅自使用他人有一定影响的域名主体部分、网站名称、网页等；

（四）其他足以引人误认为是他人商品或者与他人存在特定联系的混淆行为。

《商标授权确权行政案件规定》

第二十条　当事人主张诉争商标损害其姓名权，如果相关公众认为该商标标志指代了该自然人，容易认为标记有该商标的商品系经过该自然人许可或者与该自然人存在特定联系的，人民法院应当认定该商标损害了该自然人的姓名权。

当事人以其笔名、艺名、译名等特定名称主张姓名权，该特定名称具有一定的知名度，与该自然人建立了稳定的对应关系，相关公众以其指代该自然人的，人民法院予以支持。

《不正当竞争案件司法解释》

第六条　企业登记主管机关依法登记注册的企业名称，以及在中国境内进行商业使用的外国（地区）企业名称，应当认定为反不正当竞争法第五条第（三）项规定的“企业名称”。具有一定的市场知名度、为相关公众所知悉的企业名称中的字号，可以认定为反不正当竞争法第五条第（三）项规定的“企业名称”。

在商品经营中使用的自然人的姓名，应当认定为反不正当竞争法第五条第（三）项规定的“姓名”。具有一定的市场知名度、为相关公众所知悉的自然人的笔名、艺名等，可以认定为反不正当竞争法第五条第（三）项规定的“姓名”。

权威案例

指导案例 29 号：天津中国青年旅行社诉天津国青国际旅行社擅自使用他人企业名称纠纷案

裁判要点：1. 对于企业长期、广泛对外使用，具有一定市场知名度、为相关公众所知悉，已实际具有商号作用的企业名称简称，可以视为企业名称予以保护。

2. 擅自将他人已实际具有商号作用的企业名称简称作为商业活动中互联网竞价排名关键词，使相关公众产生混淆误认的，属于不正当竞争行为。

《山东起重机有限公司与山东山起重工有限公司侵犯企业名称权纠纷案》，《最高人民法院公报》2010 年第 3 期

裁判摘要：企业名称的简称源于语言交流的方便。企业简称的形成与两个过程有关：一是企业自身使用简称代替其正式名称；二是社会公众对于企业简称的认同，即认可企业简称与其正式名称所指代对象为同一企业。由于简称省略了正式名称中某些具有限定作用的要素，可能会不适当地扩大正式名称所指代的对象范围。因此，企业简称能否特指该企业，取决于该企业简称是否为相关社会公众所认可，并在相关社会公众中建立起与该企业的稳定的关联关系。对于具有一定的市场知名度、为相关社会公众所熟知并已经实际具有商号作用的企业或者企业名称的简称，可以视为企业名称。如果经过使用和社会公众认同，企业的特定简称已经在特定地域内为相关社会公众所认可，具有相应的市场知名度，与该企业建立了稳定的关联关系，具有识别经营主体的商业标识意义，他人在后擅自使用该知名企业简称，足以使特定地域内的相关社会公众对在后使用者和在先企业之间发生市场主体的混淆、误认，在后使用者就会不恰当地利用在先企业的商誉，侵害在先企业的合法权益。具有此种情形的，应当将在先企业的特定简称视为企业名称，并根据《中华人民共和国反不正当竞争法》第五条第（三）项的规定加以保护。

第四章　肖像权

第一千零一十八条　【肖像权；肖像】自然人享有肖像权，有权依法制作、使用、公开或者许可他人使用自己的肖像。

肖像是通过影像、雕塑、绘画等方式在一定载体上所反映的特定自然人可以被识别的外部形象。

条文对比

《民法典人格权编》	《民法通则》
第一千零一十八条　自然人享有肖像权，有权依法制作、使用、公开或者许可他人使用自己的肖像。 肖像是通过影像、雕塑、绘画等方式在一定载体上所反映的特定自然人可以被识别的外部形象。	第一百条　公民享有肖像权，~~未经本人同意，不得以营利为目的使用公民的肖像~~。

关联法规

▶《民法典总则编》

第一百一十条　自然人享有生命权、身体权、健康权、姓名权、肖像权、名誉权、荣誉权、隐私权、婚姻自主权等权利。

法人、非法人组织享有名称权、名誉权和荣誉权。

权威案例

《迈克尔·杰弗里·乔丹与国家工商行政管理总局商标评审委员会、第三人乔丹体育股份有限公司商标争议行政纠纷案》，《最高人民法院公报》2018 年第 9 期

裁判摘要：肖像权所保护的“肖像”应当具有可识别性，其中应当包含足以使社会公众识别其所对应的权利主体，即特定自然人的个人特征，从而能够明确指代其所对应的权利主体。

如果请求肖像权保护的标识不具有可识别性，不能明确指代特定自然人，则难以在该标识上形成依法应予保护，且归属于特定自然人的人格尊严或人格利益。

如果当事人主张肖像权保护的标识并不具有足以识别的面部特征，则应当提供充分的证据，证明该标识包含了其他足以反映其所对应的自然人的个人特征，具有可识别性，使得社会公众能够认识到该标识能够明确指代该自然人。

第一千零一十九条　【肖像权的保护；未经肖像权人同意不得使用或者公开肖像】任何组织或者个人不得以丑化、污损，或者利用信息技术手段伪造等方式侵害他人的肖像权。未经肖像权人同意，不得制作、使用、公开肖像权人的肖像，但是法律另有规定的除外。

未经肖像权人同意，肖像作品权利人不得以发表、复制、发行、出租、展览等方式使用或者公开肖像权人的肖像。

条文对比

《民法典人格权编》	新增条文
第一千零一十九条　任何组织或者个人不得以丑化、污损，或者利用信息技术手段伪造等方式侵害他人的肖像权。未经肖像权人同意，不得制作、使用、公开肖像权人的肖像，但是法律另有规定的除外。	

《民法典人格权编》	新增条文
未经肖像权人同意，肖像作品权利人不得以发表、复制、发行、出租、展览等方式使用或者公开肖像权人的肖像。	

关联法规

《妇女权益保障法》

第四十二条 妇女的名誉权、荣誉权、隐私权、肖像权等人格权受法律保护。

禁止用侮辱、诽谤等方式损害妇女的人格尊严。禁止通过大众传播媒介或者其他方式贬低损害妇女人格。未经本人同意，不得以营利为目的，通过广告、商标、展览橱窗、报纸、期刊、图书、音像制品、电子出版物、网络等形式使用妇女肖像。

《精神卫生法》

第四条 精神障碍患者的人格尊严、人身和财产安全不受侵犯。

精神障碍患者的教育、劳动、医疗以及从国家和社会获得物质帮助等方面的合法权益受法律保护。

有关单位和个人应当对精神障碍患者的姓名、肖像、住址、工作单位、病历资料以及其他可能推断出其身份的信息予以保密；但是，依法履行职责需要公开的除外。

《英雄烈士保护法》

第二十二条 禁止歪曲、丑化、亵渎、否定英雄烈士事迹和精神。

英雄烈士的姓名、肖像、名誉、荣誉受法律保护。任何组织和个人不得在公共场所、互联网或者利用广播电视、电影、出版物等，以侮辱、诽谤或者其他方式侵害英雄烈士的姓名、肖像、名誉、荣誉。任何组织和个人不得将英雄烈士的姓名、肖像用于或者变相用于商标、商业广告，损害英雄烈士的名誉、荣誉。

公安、文化、新闻出版、广播电视、电影、网信、市场监督管理、负责英雄烈士保护工作的部门发现前款规定行为的，应当依法及时处理。

《艾滋病防治条例》

第三十九条 疾病预防控制机构和出入境检验检疫机构进行艾滋病流行病

学调查时，被调查单位和个人应当如实提供有关情况。

未经本人或者其监护人同意，任何单位或者个人不得公开艾滋病病毒感染者、艾滋病病人及其家属的姓名、住址、工作单位、肖像、病史资料以及其他可能推断出其具体身份的信息。

▶《民通意见》

139. 以营利为目的，未经公民同意利用其肖像做广告、商标、装饰橱窗等，应当认定为侵犯公民肖像权的行为。

▶《民通意见》

150. 公民的姓名权、肖像权、名誉权、荣誉权和法人的名称权、名誉权、荣誉权受到侵害，公民或者法人要求赔偿损失的，人民法院可以根据侵权人的过错程度、侵权行为的具体情节、后果和影响确定其赔偿责任。

151. 侵害他人的姓名权、名称权、肖像权、名誉权、荣誉权而获利的，侵权人除依法赔偿受害人的损失外，其非法所得应当予以收缴。

▶《最高人民法院关于上海科技报社和陈贯一与朱虹侵害肖像权上诉案的函》

上海市高级人民法院：

你院（90）沪高民他字第4号关于“上海科技报社和陈贯一与朱虹侵害肖像权上诉案的请示”收悉。

经研究认为：上海科技报社、陈贯一未经朱虹同意，在上海科技报载文介绍陈贯一对“重症肌无力症”的治疗经验时，使用了朱虹患病时和治愈后的两幅照片，其目的是为了宣传医疗经验，对社会是有益的，且该行为并未造成严重不良后果，尚构不成侵害肖像权。因此，同意你院审判委员会的意见，即该案由二审人民法院撤销一审人民法院原审判决，驳回朱虹的诉讼请求。在处理时，应向上海科技报社和陈贯一指出，今后未经肖像权人同意，不得再使用其肖像。以上意见，供参考。

第一千零二十条　【肖像权的合理使用】合理实施下列行为的，可以不经肖像权人同意：

（一）为个人学习、艺术欣赏、课堂教学或者科学研究，在必要范围内使用肖像权人已经公开的肖像；

（二）为实施新闻报道，不可避免地制作、使用、公开肖像权人的肖像；

（三）为依法履行职责，国家机关在必要范围内制作、使用、公开肖像权人的肖像；

（四）为展示特定公共环境，不可避免地制作、使用、公开肖像权人的肖像；

（五）为维护公共利益或者肖像权人合法权益，制作、使用、公开肖像权人的肖像的其他行为。

条文对比

《民法典人格权编》	新增条文
第一千零二十条　合理实施下列行为的，可以不经肖像权人同意： （一）为个人学习、艺术欣赏、课堂教学或者科学研究，在必要范围内使用肖像权人已经公开的肖像； （二）为实施新闻报道，不可避免地制作、使用、公开肖像权人的肖像； （三）为依法履行职责，国家机关在必要范围内制作、使用、公开肖像权人的肖像； （四）为展示特定公共环境，不可避免地制作、使用、公开肖像权人的肖像； （五）为维护公共利益或者肖像权人合法权益，制作、使用、公开肖像权人的肖像的其他行为。	

第一千零二十一条　【肖像许可使用合同的解释】当事人对肖像许可使用合同中关于肖像使用条款的理解有争议的，应当作出有利于肖像权人的解释。

条文对比

《民法典人格权编》	新增条文
第一千零二十一条　当事人对肖像许可使用合同中关于肖像使用条款的理解有争议的，应当作出有利于肖像权人的解释。	

关联法规

《保险法》

第三十条　采用保险人提供的格式条款订立的保险合同，保险人与投保人、被保险人或者受益人对合同条款有争议的，应当按照通常理解予以解释。对合同条款有两种以上解释的，人民法院或者仲裁机构应当作出有利于被保险人和受益人的解释。

《旅行社条例》

第二十九条　旅行社在与旅游者签订旅游合同时，应当对旅游合同的具体内容作出真实、准确、完整的说明。

旅行社和旅游者签订的旅游合同约定不明确或者对格式条款的理解发生争议的，应当按照通常理解予以解释；对格式条款有两种以上解释的，应当作出有利于旅游者的解释；格式条款和非格式条款不一致的，应当采用非格式条款。

第一千零二十二条　【肖像许可使用合同期限】当事人对肖像许可使用期限没有约定或者约定不明确的，任何一方当事人可以随时解除肖像许可使用合同，但是应当在合理期限之前通知对方。

当事人对肖像许可使用期限有明确约定，肖像权人有正当理由的，可以解除肖像许可使用合同，但是应当在合理期限之前通知对方。因解除合同造成对方损失的，除不可归责于肖像权人的事由外，应当赔偿损失。

条文对比

《民法典人格权编》	新增条文
第一千零二十二条　当事人对肖像许可使用期限没有约定或者约定不明确的，任何一方当事人可以随时解除肖像许可使用合同，但是应当在合理期限之前通知对方。 当事人对肖像许可使用期限有明确约定，肖像权人有正当理由的，可以解除肖像许可使用合同，但是应当在合理期限之前通知对方。因解除合同造成对方损失的，除不可归责于肖像权人的事由外，应当赔偿损失。	

第一千零二十三条　【对姓名等的许可使用参照肖像权；声音权的保护参照肖像权】对姓名等的许可使用，参照适用肖像许可使用的有关规定。

对自然人声音的保护，参照适用肖像权保护的有关规定。

条文对比

《民法典人格权编》	新增条文
第一千零二十三条　对姓名等的许可使用，参照适用肖像许可使用的有关规定。 对自然人声音的保护，参照适用肖像权保护的有关规定。	

第五章 名誉权和荣誉权

第一千零二十四条 【名誉权；名誉】民事主体享有名誉权。任何组织或者个人不得以侮辱、诽谤等方式侵害他人的名誉权。

名誉是对民事主体的品德、声望、才能、信用等的社会评价。

条文对比

《民法典人格权编》	《民法通则》
第一千零二十四条 民事主体享有名誉权。**任何组织或者个人**不得以侮辱、诽谤等方式侵害他人的名誉权。 **名誉是对民事主体的品德、声望、才能、信用等的社会评价。**	**第一百零一条** 公民、法人享有名誉权，公民的人格尊严受法律保护，禁止用侮辱、诽谤等方式损害公民、法人的名誉。

关联法规

《民法典总则编》

第一百一十条 自然人享有生命权、身体权、健康权、姓名权、肖像权、名誉权、荣誉权、隐私权、婚姻自主权等权利。

法人、非法人组织享有名称权、名誉权和荣誉权。

《检察官法》

第六十六条 对检察官处分或者人事处理错误的，应当及时予以纠正；造成名誉损害的，应当恢复名誉、消除影响、赔礼道歉；造成经济损失的，应当赔偿。对打击报复的直接责任人员，应当依法追究其责任。

《法官法》

第六十五条 对法官处分或者人事处理错误的，应当及时予以纠正；造成名誉损害的，应当恢复名誉、消除影响、赔礼道歉；造成经济损失的，应当赔偿。对打击报复的直接责任人员，应当依法追究其责任。

《公务员法》

第一百一十条 机关因错误的人事处理对公务员造成名誉损害的，应当赔礼道歉、恢复名誉、消除影响；造成经济损失的，应当依法给予赔偿。

《妇女权益保障法》

第四十二条 妇女的名誉权、荣誉权、隐私权、肖像权等人格权受法律保护。

禁止用侮辱、诽谤等方式损害妇女的人格尊严。禁止通过大众传播媒介或者其他方式贬低损害妇女人格。未经本人同意，不得以营利为目的，通过广告、商标、展览橱窗、报纸、期刊、图书、音像制品、电子出版物、网络等形式使用妇女肖像。

《英雄烈士保护法》

第二十二条 禁止歪曲、丑化、亵渎、否定英雄烈士事迹和精神。

英雄烈士的姓名、肖像、名誉、荣誉受法律保护。任何组织和个人不得在公共场所、互联网或者利用广播电视、电影、出版物等，以侮辱、诽谤或者其他方式侵害英雄烈士的姓名、肖像、名誉、荣誉。任何组织和个人不得将英雄烈士的姓名、肖像用于或者变相用于商标、商业广告，损害英雄烈士的名誉、荣誉。

公安、文化、新闻出版、广播电视、电影、网信、市场监督管理、负责英雄烈士保护工作的部门发现前款规定行为的，应当依法及时处理。

《红十字会法》

第二十七条 自然人、法人或者其他组织有下列情形之一，造成损害的，依法承担民事责任；构成违反治安管理行为的，依法给予治安管理处罚；构成犯罪的，依法追究刑事责任：

（一）冒用、滥用、篡改红十字标志和名称的；

（二）利用红十字标志和名称牟利的；

（三）制造、发布、传播虚假信息，损害红十字会名誉的；

（四）盗窃、损毁或者以其他方式侵害红十字会财产的；

（五）阻碍红十字会工作人员依法履行救援、救助、救护职责的；

（六）法律、法规规定的其他情形。

红十字会及其工作人员有前款第一项、第二项所列行为的，按照前款规定处罚。

▶《网络安全法》

第十二条 国家保护公民、法人和其他组织依法使用网络的权利，促进网络接入普及，提升网络服务水平，为社会提供安全、便利的网络服务，保障网络信息依法有序自由流动。

任何个人和组织使用网络应当遵守宪法法律，遵守公共秩序，尊重社会公德，不得危害网络安全，不得利用网络从事危害国家安全、荣誉和利益，煽动颠覆国家政权、推翻社会主义制度，煽动分裂国家、破坏国家统一，宣扬恐怖主义、极端主义，宣扬民族仇恨、民族歧视，传播暴力、淫秽色情信息，编造、传播虚假信息扰乱经济秩序和社会秩序，以及侵害他人名誉、隐私、知识产权和其他合法权益等活动。

▶《国家赔偿法》

第三十五条 有本法第三条或者第十七条规定情形之一，致人精神损害的，应当在侵权行为影响的范围内，为受害人消除影响，恢复名誉，赔礼道歉；造成严重后果的，应当支付相应的精神损害抚慰金。

▶《未成年人保护法》

第五十六条 讯问、审判未成年犯罪嫌疑人、被告人，询问未成年证人、被害人，应当依照刑事诉讼法的规定通知其法定代理人或者其他人员到场。

公安机关、人民检察院、人民法院办理未成年人遭受性侵害的刑事案件，应当保护被害人的名誉。

▶《澳门特别行政区基本法》

第三十条 澳门居民的人格尊严不受侵犯。禁止用任何方法对居民进行侮辱、诽谤和诬告陷害。

澳门居民享有个人的名誉权、私人生活和家庭生活的隐私权。

▶《民事、行政诉讼中司法赔偿案件司法解释》

第十一条 人民法院及其工作人员在民事、行政诉讼过程中，具有本解释

第二条、第六条规定情形，侵犯公民人身权的，应当依照国家赔偿法第三十三条、第三十四条的规定计算赔偿金。致人精神损害的，应当依照国家赔偿法第三十五条的规定，在侵权行为影响的范围内，为受害人消除影响、恢复名誉、赔礼道歉；造成严重后果的，还应当支付相应的精神损害抚慰金。

▶《民通意见》

140. 以书面、口头等形式宣扬他人的隐私，或者捏造事实公然丑化他人人格，以及用侮辱、诽谤等方式损害他人名誉，造成一定影响的，应当认定为侵害公民名誉权的行为。

以书面、口头等形式诋毁、诽谤法人名誉，给法人造成损害的，应当认定为侵害法人名誉权的行为。

150. 公民的姓名权、肖像权、名誉权、荣誉权和法人的名称权、名誉权、荣誉权受到侵害，公民或者法人要求赔偿损失的，人民法院可以根据侵权人的过错程度、侵权行为的具体情节、后果和影响确定其赔偿责任。

151. 侵害他人的姓名权、名称权、肖像权、名誉权、荣誉权而获利的，侵权人除依法赔偿受害人的损失外，其非法所得应当予以收缴。

▶《最高人民法院关于中国人民解放军第四医大附属西京医院、樊代明和杨林海名誉权纠纷一案的函》

陕西省高级人民法院：

你院关于中国人民解放军第四军医大学附属西京医院、樊代明与杨林海名誉权纠纷一案的请示报告收悉。经研究，我们认为，西京医院和樊代明的行为是正常的医务活动，没有违反有关法律规定和规章制度，事实上也不存在侵害杨林海名誉权的问题。故同意你院审判委员会的意见，即西京医院和樊代明的行为不构成对杨林海名誉权的侵害。

以上意见，供参考。

▶《最高人民法院关于刊登侵害他人名誉权小说的出版单位在作者已被判刑后还应否承担民事责任问题的复函》

江苏省高级人民法院：

你院（1991）民请字第 10 号《关于刊登侵害他人名誉权小说的出版单位在作者已被判刑后还应否承担民事责任的请示》收悉。经研究认为：出版单位刊登侮辱、诽谤他人的小说，原告多次向出版单位反映，要求其澄清事实、消除影响，出版单位未予置理。在作者为此被以诽谤罪追究刑事责任后，出版单位仍不采取措施，为原告消除影响，致使该小说继续流传于社会，扩大了不良影响，侵害了原告的名誉权。因此，出版单位应当承担民事责任。

此复

权威案例

《陈某某诉莫宝兰、莫兴明、邹丽丽侵犯健康权、名誉权纠纷案》，《最高人民法院公报》2015 年第 5 期

裁判摘要：公民享有名誉权，公民的人格尊严受法律保护，禁止用侮辱、诽谤等方式损害公民的名誉。国家保障未成年人的人身、财产和其他合法权益不受侵犯。行为人以未成年人违法为由对其作出侮辱行为，该行为对未成年人名誉造成一定影响的，属于名誉侵权行为，应依法承担相应责任。

《李忠平诉南京艺术学院、江苏振泽律师事务所名誉权侵权纠纷案》，《最高人民法院公报》2008 年第 11 期

裁判摘要：律师事务所或者律师接受委托人的委托发布律师声明，应当对委托人要求发布的声明内容是否真实、合法进行必要的审查、核实。律师事务所或者律师未尽必要的审查义务，即按照委托人的要求发布署名律师声明，如果该律师声明违背事实，侵犯他人名誉权，律师事务所或者律师应对此承担连带侵权责任。

《徐恺诉上海宝钢冶金建设公司侵犯名誉权纠纷案》，《最高人民法院公报》2006 年第 12 期

裁判摘要：名誉是指根据公民的观点、行为、作用、表现等所形成的关于公民品德、才干及其他素质的总体社会评价，是对公民社会价值的一般认识。公民享有名誉权，法律禁止用侮辱、诽谤等方式损害公民的名誉。用工单位对劳动者的劳动、工作情况作出的评价也是劳动者总体社会评价的重要组成部分。用工单位对劳动者作出不实、不良的评价，足以影响到劳动者今后的就业求职和工作生活的，构成对劳动者名誉权的侵犯。

第一千零二十五条　【新闻报道、舆论监督影响他人名誉不承担民事责任及其例外】行为人为公共利益实施新闻报道、舆论监督等行为，影响他人名誉的，不承担民事责任，但是有下列情形之一的除外：

（一）捏造、歪曲事实；
（二）对他人提供的严重失实内容未尽到合理核实义务；
（三）使用侮辱性言辞等贬损他人名誉。

条文对比

《民法典人格权编》	新增条文
第一千零二十五条　行为人为公共利益实施新闻报道、舆论监督等行为，影响他人名誉的，不承担民事责任，但是有下列情形之一的除外： （一）捏造、歪曲事实； （二）对他人提供的严重失实内容未尽到合理核实义务； （三）使用侮辱性言辞等贬损他人名誉。	

关联法规

▶《利用信息网络侵害人身权益纠纷案件规定》

第十一条　网络用户或者网络服务提供者采取诽谤、诋毁等手段，损害公众对经营主体的信赖，降低其产品或者服务的社会评价，经营主体请求网络用户或者网络服务提供者承担侵权责任的，人民法院应依法予以支持。

▶《名誉权纠纷司法解释》

二、问：有关机关和组织编印的仅供领导部门内部参阅的刊物、资料等刊登来信或者文章引起的名誉权纠纷，以及机关、社会团体、学术机构、企事业单位分发本单位、本系统或者其他一定范围内的一般内部刊物和内部资料所载内容引起的名誉权纠纷，人民法院是否受理？

答：有关机关和组织编印的仅供领导部门内部参阅的刊物、资料等刊登的来信或者文章，当事人以其内容侵害名誉权向人民法院提起诉讼的，人民法院不予受理。

机关、社会团体、学术机构、企事业单位分发本单位、本系统或者其他一定范围内的内部刊物和内部资料，所载内容引起名誉权纠纷的，人民法院应当受理。

六、问：新闻单位报道国家机关的公开的文书和职权行为引起的名誉权纠纷，是否认定为构成侵权？

答：新闻单位根据国家机关依职权制作的公开的文书和实施的公开的职权行为所作的报道，其报道客观准确的，不应当认定为侵害他人名誉权；其报道失实，或者前述文书和职权行为已公开纠正而拒绝更正报道，致使他人名誉受到损害的，应当认定为侵害他人名誉权。

七、问：因提供新闻材料引起的名誉权纠纷，如何认定是否构成侵权？

答：因提供新闻材料引起的名誉权纠纷，认定是否构成侵权，应区分以下两种情况：

（一）主动提供新闻材料，致使他人名誉受到损害的，应当认定为侵害他人名誉权。

（二）因被动采访而提供新闻材料，且未经提供者同意公开，新闻单位擅自发表，致使他人名誉受到损害的，对提供者一般不应当认定为侵害名誉权；虽系被动提供新闻材料，但发表时得到提供者同意或者默许，致使他人名誉受到损害的，应当认定为侵害名誉权。

八、问：因医疗卫生单位公开患者患有淋病、梅毒、麻风病、艾滋病等病情引起的名誉权纠纷，如何认定是否构成侵权？

答：医疗卫生单位的工作人员擅自公开患者患有淋病、麻风病、梅毒、艾滋病等病情，致使患者名誉受到损害的，应当认定为侵害患者名誉权。

医疗卫生单位向患者或其家属通报病情，不应当认定为侵害患者名誉权。

九、问：对产品质量、服务质量进行批评、评论引起的名誉权纠纷，如何认定是否构成侵权？

答：消费者对生产者、经营者、销售者的产品质量或者服务质量进行批评、评论，不应当认定为侵害他人名誉权。但借机诽谤、诋毁，损害其名誉的，应当认定为侵害名誉权。

新闻单位对生产者、经营者、销售者的产品质量或者服务质量进行批评、评论，内容基本属实，没有侮辱内容的，不应当认定为侵害其名誉权；主要内容失实，损害其名誉的，应当认定为侵害名誉权。

▶《最高人民法院关于刘兰祖诉山西日报社、山西省委支部建设杂志社侵害名誉权一案的复函》

山西省高级人民法院：

你院〔1999〕晋民他字第1号《关于刘兰祖诉山西日报社、山西省委支部建设杂志社侵害名誉权一案的请示报告》收悉。经研究，我们认为，贾卯清和刘兰祖合谋侵吞公款的行为已经有关纪检部门予以认定，并给予贾卯清相应的党纪处分，山西日报社和山西省委支部建设杂志社（以下简称支部建设杂志社）将相关事实通过新闻媒体予以报道，没有违反新闻真实性的基本原则，该报道的内容未有失实之处，属于正常的舆论监督。根据最高人民法院有关司法解释的规定精神和本案的具体情况，山西日报社和支部建设杂志社的行为，不构成对刘兰祖名誉权的侵害。

▶《名誉权解答》

七、问：侵害名誉权责任应如何认定？

答：是否构成侵害名誉权的责任，应当根据受害人确有名誉被损害的事实、行为人行为违法、违法行为与损害后果之间有因果关系、行为人主观上有过错来认定。

以书面或者口头形式侮辱或者诽谤他人，损害他人名誉的，应认定为侵害他人名誉权。

对未经他人同意，擅自公布他人的隐私材料或者以书面、口头形式宣扬他人隐私，致他人名誉受到损害的，按照侵害他人名誉权处理。

因新闻报道严重失实，致他人名誉受到损害的，应按照侵害他人名誉权处理。

▶《最高人民法院关于徐良诉上海文化艺术报社等侵害名誉权案件的函》

上海市高级人民法院：

你院（89）沪高民他字第7号《关于处理徐良诉上海文化艺术报社、赵伟昌侵害名誉权案件的请示报告》收悉。经研究，答复如下：

一、被告赵伟昌根据传闻，撰写严重失实的文章“索价三千元带来的震荡”和被告《上海文化艺术报》社未经核实而刊登该文，造成了不良后果，两被告的行为均已构成侵害徐良的名誉权。

二、陈保平不是必要的共同诉讼人，原告徐良亦表示不告，法院可不追加陈保平为被告。

三、根据本案的具体情况，两被告对原告徐良因进行诉讼而支付的合理的、必要的费用，应酌予赔偿。

权威案例

《李海峰等诉叶集公安分局、安徽电视台等侵犯名誉权、肖像权纠纷案》，《最高人民法院公报》2007 年第 2 期

裁判摘要：公安机关在向新闻媒体提供侦破案件的相关资料，供新闻媒体用于新闻报道时，应尽谨慎注意义务以保护他人合法权益。未尽此义务导致他人名誉权受到侵犯的，应承担相应的民事责任。公安机关侦查行为的合法性、配合新闻媒体进行法制宣传的正当性以及新闻媒体自身在新闻报道中的过失，均不构成免除公安机关上述民事责任的法定事由。

第一千零二十六条　【认定是否尽到合理审查义务的考虑因素】认定行为人是否尽到前条第二项规定的合理核实义务，应当考虑下列因素：

（一）内容来源的可信度；

（二）对明显可能引发争议的内容是否进行了必要的调查；

（三）内容的时限性；

（四）内容与公序良俗的关联性；

（五）受害人名誉受贬损的可能性；

（六）核实能力和核实成本。

条文对比

《民法典人格权编》	新增条文
第一千零二十六条　认定行为人是否尽到前条第二项规定的合理核实义务，应当考虑下列因素： （一）内容来源的可信度； （二）对明显可能引发争议的内容是否进行了必要的调查； （三）内容的时限性； （四）内容与公序良俗的关联性；	

《民法典人格权编》	新增条文
（五）受害人名誉受贬损的可能性； （六）核实能力和核实成本。	

第一千零二十七条　【文学、艺术作品侵害名誉权的认定与例外】 行为人发表的文学、艺术作品以真人真事或者特定人为描述对象，含有侮辱、诽谤内容，侵害他人名誉权的，受害人有权依法请求该行为人承担民事责任。

行为人发表的文学、艺术作品不以特定人为描述对象，仅其中的情节与该特定人的情况相似的，不承担民事责任。

条文对比

《民法典人格权编》	《最高人民法院关于审理名誉权案件若干问题的解答》
第一千零二十七条　行为人发表的文学、艺术作品以真人真事或者特定人为描述对象，含有侮辱、诽谤内容，侵害他人名誉权的，受害人有权依法请求该行为人承担民事责任。 行为人发表的文学、艺术作品不以特定人为描述对象，仅其中的情节与该特定人的情况相似的，不承担民事责任。	九、问：因文学作品引起的名誉权纠纷，应如何认定是否构成侵权？ 答：撰写、发表文学作品，不是以生活中特定的人为描写对象，仅是作品的情节与生活中某人的情况相似，不应认定为侵害他人名誉权。 描写真人真事的文学作品，对特定人进行侮辱、诽谤或者披露隐私损害其名誉的；或者虽未写明真实姓名和住址，但事实是以特定人或者特定人的特定事实为描写对象，文中有侮辱、诽谤或者披露隐私的内容，致其名誉受到损害的，应认定为侵害他人名誉权。 编辑出版单位在作品已被认定为侵害他人名誉权或者被告知明显属于侵害他人名誉权后，应刊登声明消除影响或者采取其他补救措施；拒不刊登声明，不采取其他补救措施，或者继续刊登、出版侵权作品的，应认定为侵权。

关联法规

《最高人民法院函（关于都兴久、都兴亚诉高其昌、王大学名誉权纠纷一案的请示报告》

辽宁省高级人民法院：

你院〔1996〕辽民他字第9号《关于都兴久、都兴亚诉高其昌、王大学名誉权纠纷一案的请示报告》收悉。经研究认为，作家高其昌、王大学创作《关东魂》一书的主观动机是弘扬爱国主义精神，在塑造都本德这一反面人物时确有一定的生活素材为依据，作者主观上没有损害都本德名誉的故意，小说中使用都本德真实姓名虽有不妥，但都本德在历史上确实担任伪职，据此情况，以不认定小说《关东魂》损害了都本德的名誉权为宜。请你院责成有关法院在审理本案中多做调解工作。

《最高人民法院关于邵文卿与黄朝星侵害名誉权案的函》

江西省高级人民法院：

你院关于邵文卿与黄朝星侵害名誉权案的请示报告收悉。经研究认为：从本案情况看，被告黄朝星撰写的报告文学作品《红杏枝头——瑞昌市人民医院变迁记》中所虚构的“元老”，未指名道姓，不是指特定的人，其特征描写与原告邵文卿并不相符，原告不应对号入座。据此，我们同意你院审委会多数人的意见，即以认定不构成侵害名誉权为宜。

以上意见，供参考。

《最高人民法院关于胡秋生、娄良英等八人诉彭拜、漓江出版社名誉权纠纷案的复函》

安徽省高级人民法院：

你院（1993）皖法民上字7－14号《关于娄良英等八人诉彭拜及漓江出版社侵害名誉权一案的请示报告》收悉。经研究认为：彭拜撰写的小说《斜阳梦》，虽未写明原告的真实姓名和住址，但在人物特征有了明显指向的情况下，侮辱了原告或披露了有损其名誉的家庭隐私。彭拜应当也能够预见《斜阳梦》的发表会给原告的名誉造成损害，却放任了损害后果的发生，主观上有过错。因此，同意你院审判委员会的倾向性意见，彭拜的行为已构成侵害他人名誉权，应承担民事责任。对漓江出版社，可不认定其构成侵权。

以上意见，供参考。

《名誉权解答》

八、问：因撰写、发表批评文章引起的名誉权纠纷，应如何认定是否构成侵权？

答：因撰写、发表批评文章引起的名誉权纠纷，人民法院应根据不同情况处理：

文章反映的问题基本真实，没有侮辱他人人格的内容的，不应认定为侵害他人名誉权。

文章反映的问题虽基本属实，但有侮辱他人人格的内容，使他人名誉受到损害的，应认定为侵害他人名誉权。

文章的基本内容失实，使他人名誉受到损害的，应认定为侵害他人名誉权。

《最高人民法院关于朱秀琴、朱良发、沈珍珠诉〈青春〉编辑部名誉权纠纷案的函》

江苏省高级人民法院：

你院（1991）民请字第10号关于朱秀琴、朱良发、沈珍珠诉《青春》编辑部名誉权纠纷案的请示报告收悉。经研究认为：1986年，《青春》杂志社刊登唐敏撰写的侮辱、诽谤死者王练忠及原告的《太姥山妖氛》一文，编辑部未尽到审查、核实之责；同年6月，原告及其所在乡、区政府及县委多次向编辑部反映：《太姥山妖氛》系以真实姓名、地点和虚构的事实侮辱、诽谤王练忠及原告，要求其澄清事实、消除影响；1990年1月，作者唐敏为此以诽谤罪被判处有期徒刑后，《青春》编辑部仍不采取措施，为原告消除影响，致使该小说继续流传于社会，扩大了不良影响，侵害了原告的名誉权，故同意你院审判委员会的意见，《青春》编辑部应承担民事责任。

《最高人民法院关于胡骥超、周孔昭、石述成诉刘守忠、遵义晚报社侵害名誉权一案的函》

贵州省高级人民法院：

你院（90）民请字第2号《关于胡骥超、周孔昭、石述成诉刘守忠、遵义晚报社侵害名誉权一案的请示报告》收悉。

经研究认为：本案被告刘守忠因与原告胡骥超、周孔昭、石述成有矛盾，在历史小说创作中故意以影射手法对原告进行丑化和侮辱，使其名誉受到了损害。被告遵义晚报社在已知所发表的历史小说对他人的名誉造成损害的情况下，仍继续连载，放任侵权后果的扩大。依照《中华人民共和国民法通则》第101

条和第120条的规定，上述二被告的行为已构成侵害原告的名誉权，应承担侵权民事责任。

以上意见供参考。

第一千零二十八条 【媒体报道内容失实侵害名誉权】 民事主体有证据证明报刊、网络等媒体报道的内容失实，侵害其名誉权的，有权请求该媒体及时采取更正或者删除等必要措施。

条文对比

《民法典人格权编》	新增条文
第一千零二十八条 民事主体有证据证明报刊、网络等媒体报道的内容失实，侵害其名誉权的，有权请求该媒体及时采取更正或者删除等必要措施。	

关联法规

《英雄烈士保护法》

第二十三条 网信和电信、公安等有关部门在对网络信息进行依法监督管理工作中，发现发布或者传输以侮辱、诽谤或者其他方式侵害英雄烈士的姓名、肖像、名誉、荣誉的信息的，应当要求网络运营者停止传输，采取消除等处置措施和其他必要措施；对来源于中华人民共和国境外的上述信息，应当通知有关机构采取技术措施和其他必要措施阻断传播。

网络运营者发现其用户发布前款规定的信息的，应当立即停止传输该信息，采取消除等处置措施，防止信息扩散，保存有关记录，并向有关主管部门报告。网络运营者未采取停止传输、消除等处置措施的，依照《中华人民共和国网络安全法》的规定处罚。

《名誉权纠纷司法解释》

六、问：新闻单位报道国家机关的公开的文书和职权行为引起的名誉权纠纷，是否认定为构成侵权？

答：新闻单位根据国家机关依职权制作的公开的文书和实施的公开的职权行为所作的报道，其报道客观准确的，不应当认定为侵害他人名誉权；其报道失实，或者前述文书和职权行为已公开纠正而拒绝更正报道，致使他人名誉受到损害的，应当认定为侵害他人名誉权。

▶《最高人民法院关于广西高院请示黄仕冠、黄德信与广西法制报社、范宝忠名誉侵权一案请示的复函》

广西壮族自治区高级人民法院：

你院关于黄仕冠、黄德信与广西法制报社、范宝忠名誉侵权一案的请示收悉。经研究认为，范宝忠供稿、《广西法制报》发表的《法官黄仕冠、黄德信徇私舞弊被逮捕》一文，内容严重失实，且在人民法院判决黄仕冠、黄德信无罪后，范宝忠、广西法制报社拒绝进行更正报道和后续报道，根据我院《关于审理名誉权案件若干问题的解释》的有关规定，其行为侵害了黄仕冠、黄德信的名誉权，范宝忠、广西法制报社依法应承担相应的民事责任。但考虑到本案的具体情况，该案以案外和解的方式处理为宜。故请告知范宝忠和广西法制报社，依照法律规定，其应当承担侵权的民事责任。希望范宝忠和广西法制报社通过赔礼道歉、消除影响以及给黄仕冠、黄德信一定经济补偿等方式争取达成和解，使黄仕冠、黄德信主动撤诉。如果不能达成和解，则依法作出处理。

▶《名誉权解答》

九、问：因文学作品引起的名誉权纠纷，应如何认定是否构成侵权？

答：撰写、发表文学作品，不是以生活中特定的人为描写对象，仅是作品的情节与生活中某人的情况相似，不应认定为侵害他人名誉权。

描写真人真事的文学作品，对特定人进行侮辱、诽谤或者披露隐私损害其名誉的；或者虽未写明真实姓名和住址，但事实是以特定人或者特定人的特定事实为描写对象，文中有侮辱、诽谤或者披露隐私的内容，致其名誉受到损害的，应认定为侵害他人名誉权。

编辑出版单位在作品已被认定为侵害他人名誉权或者被告知明显属于侵害他人名誉权后，应刊登声明消除影响或者采取其他补救措施；拒不刊登声明，不采取其他补救措施，或者继续刊登，出版侵权作品的，应认定为侵权。

第一千零二十九条 【信用权】民事主体可以依法查询自己的信用评价；发现信用评价不当的，有权提出异议并请求采取更正、删除等必要措施。信用评价人应当及时核查，经核查属实的，应当及时采取必要措施。

条文对比

《民法典人格权编》	《征信业管理条例》
第一千零二十九条　民事主体可以依法查询自己的信用评价；发现信用评价不当的，有权提出异议并请求采取更正、删除等必要措施。信用评价人应当及时核查，经核查属实的，应当及时采取必要措施。	**第十七条**　信息主体可以向征信机构查询自身信息。个人信息主体有权每年两次免费获取本人的信用报告。 **第二十五条**　信息主体认为征信机构采集、保存、提供的信息存在错误、遗漏的，有权向征信机构或者信息提供者提出异议，要求更正。 征信机构或者信息提供者收到异议，应当按照国务院征信业监督管理部门的规定对相关信息作出存在异议的标注，自收到异议之日起20日内进行核查和处理，并将结果书面答复异议人。 经核查，确认相关信息确有错误、遗漏的，信息提供者、征信机构应当予以更正；确认不存在错误、遗漏的，应当取消异议标注；经核查仍不能确认的，对核查情况和异议内容应当予以记载。

权威案例

《周雅芳诉中国银行股份有限公司上海市分行名誉权纠纷案》[①]，《最高人民法院公报》2012年第9期

裁判摘要：名义上的信用卡持卡人与银行之间因不良信用记录发生名誉权纠纷，法院应当依据侵权行为的要件进行审查。银行按照国家的相关法律法规

① 建议废止本公报案例，理由：与《民法典人格权编》第1029条规定的信用权冲突。

及监管要求报送相关信息，其报送的信息也都是源于名义持卡人名下信用卡的真实欠款记录，并非捏造，不存在虚构事实或侮辱的行为，故不构成侵害名誉权的行为。名誉权受损害的后果应当是导致名义持卡人的社会评价降低。但是，中国人民银行的征信系统相对封闭，只有本人或者相关政府部门、金融机构因法定事由才能对该系统内的记录进行查询，这些记录并未在不特定的人群中进行传播，不会造成名义持卡人的社会评价降低，故不能认定存在损害名誉权的后果。

《王春生诉张开峰、江苏省南京工程高等职业学校、招商银行股份有限公司南京分行、招商银行股份有限公司信用卡中心侵权纠纷案》，《最高人民法院公报》2008 年第 10 期

裁判摘要：一、根据《中华人民共和国民法通则》第九十九条的规定，姓名权是指公民自由决定、使用和依照规定改变自己的姓名，并禁止他人干涉、盗用、假冒自己姓名的一项民事权利。未经他人同意，盗用他人身份证、以他人的姓名申办信用卡的行为，即属于盗用、假冒他人姓名，侵犯他人姓名权的民事侵权行为。以上述方式办理信用卡后透支消费，导致他人姓名被银行列入不良信用记录，给他人造成名誉损失的，属于侵犯他人姓名权行为造成的损害后果，不属于侵犯他人名誉权的行为。①

二、当事人因他人盗用、冒用自己姓名申办信用卡并透支消费的侵犯姓名权行为，导致其在银行征信系统存有不良信用纪录，对当事人从事商业活动及其他社会、经济活动具有重大不良影响，给当事人实际造成精神痛苦，妨碍其内心安宁，降低其社会评价，当事人就此提出精神损害赔偿诉讼请求的，人民法院应予支持。

第一千零三十条　【信用权准用个人信息保护的规定】民事主体与征信机构等信用信息处理者之间的关系，适用本编有关个人信息保护的规定和其他法律、行政法规的有关规定。

① 建议废止“裁判摘要”第一点，理由：与《民法典人格权编》第 1029 条规定的信用权冲突。

条文对比

《民法典人格权编》	新增条文
第一千零三十条　民事主体与征信机构等信用信息处理者之间的关系，适用本编有关个人信息保护的规定和其他法律、行政法规的有关规定。	

关联法规

《征信业管理条例》

第一章　总　则

第一条　为了规范征信活动，保护当事人合法权益，引导、促进征信业健康发展，推进社会信用体系建设，制定本条例。

第二条　在中国境内从事征信业务及相关活动，适用本条例。

本条例所称征信业务，是指对企业、事业单位等组织（以下统称企业）的信用信息和个人的信用信息进行采集、整理、保存、加工，并向信息使用者提供的活动。

国家设立的金融信用信息基础数据库进行信息的采集、整理、保存、加工和提供，适用本条例第五章规定。

国家机关以及法律、法规授权的具有管理公共事务职能的组织依照法律、行政法规和国务院的规定，为履行职责进行的企业和个人信息的采集、整理、保存、加工和公布，不适用本条例。

第三条　从事征信业务及相关活动，应当遵守法律法规，诚实守信，不得危害国家秘密，不得侵犯商业秘密和个人隐私。

第四条　中国人民银行（以下称国务院征信业监督管理部门）及其派出机构依法对征信业进行监督管理。

县级以上地方人民政府和国务院有关部门依法推进本地区、本行业的社会信用体系建设，培育征信市场，推动征信业发展。

第二章　征信机构

第五条　本条例所称征信机构，是指依法设立，主要经营征信业务的机构。

第六条　设立经营个人征信业务的征信机构，应当符合《中华人民共和国公司法》规定的公司设立条件和下列条件，并经国务院征信业监督管理部门批准：

（一）主要股东信誉良好，最近 3 年无重大违法违规记录；

（二）注册资本不少于人民币 5000 万元；

（三）有符合国务院征信业监督管理部门规定的保障信息安全的设施、设备和制度、措施；

（四）拟任董事、监事和高级管理人员符合本条例第八条规定的任职条件；

（五）国务院征信业监督管理部门规定的其他审慎性条件。

第七条 申请设立经营个人征信业务的征信机构，应当向国务院征信业监督管理部门提交申请书和证明其符合本条例第六条规定条件的材料。

国务院征信业监督管理部门应当依法进行审查，自受理申请之日起 60 日内作出批准或者不予批准的决定。决定批准的，颁发个人征信业务经营许可证；不予批准的，应当书面说明理由。

经批准设立的经营个人征信业务的征信机构，凭个人征信业务经营许可证向公司登记机关办理登记。

未经国务院征信业监督管理部门批准，任何单位和个人不得经营个人征信业务。

第八条 经营个人征信业务的征信机构的董事、监事和高级管理人员，应当熟悉与征信业务相关的法律法规，具有履行职责所需的征信业从业经验和管理能力，最近 3 年无重大违法违规记录，并取得国务院征信业监督管理部门核准的任职资格。

第九条 经营个人征信业务的征信机构设立分支机构、合并或者分立、变更注册资本、变更出资额占公司资本总额 5% 以上或者持股占公司股份 5% 以上的股东的，应当经国务院征信业监督管理部门批准。

经营个人征信业务的征信机构变更名称的，应当向国务院征信业监督管理部门办理备案。

第十条 设立经营企业征信业务的征信机构，应当符合《中华人民共和国公司法》规定的设立条件，并自公司登记机关准予登记之日起 30 日内向所在地的国务院征信业监督管理部门派出机构办理备案，并提供下列材料：

（一）营业执照；

（二）股权结构、组织机构说明；

（三）业务范围、业务规则、业务系统的基本情况；

（四）信息安全和风险防范措施。

备案事项发生变更的，应当自变更之日起30日内向原备案机构办理变更备案。

第十一条 征信机构应当按照国务院征信业监督管理部门的规定，报告上一年度开展征信业务的情况。

国务院征信业监督管理部门应当向社会公告经营个人征信业务和企业征信业务的征信机构名单，并及时更新。

第十二条 征信机构解散或者被依法宣告破产的，应当向国务院征信业监督管理部门报告，并按照下列方式处理信息数据库：

（一）与其他征信机构约定并经国务院征信业监督管理部门同意，转让给其他征信机构；

（二）不能依照前项规定转让的，移交给国务院征信业监督管理部门指定的征信机构；

（三）不能依照前两项规定转让、移交的，在国务院征信业监督管理部门的监督下销毁。

经营个人征信业务的征信机构解散或者被依法宣告破产的，还应当在国务院征信业监督管理部门指定的媒体上公告，并将个人征信业务经营许可证交国务院征信业监督管理部门注销。

第三章 征信业务规则

第十三条 采集个人信息应当经信息主体本人同意，未经本人同意不得采集。但是，依照法律、行政法规规定公开的信息除外。

企业的董事、监事、高级管理人员与其履行职务相关的信息，不作为个人信息。

第十四条 禁止征信机构采集个人的宗教信仰、基因、指纹、血型、疾病和病史信息以及法律、行政法规规定禁止采集的其他个人信息。

征信机构不得采集个人的收入、存款、有价证券、商业保险、不动产的信息和纳税数额信息。但是，征信机构明确告知信息主体提供该信息可能产生的不利后果，并取得其书面同意的除外。

第十五条 信息提供者向征信机构提供个人不良信息，应当事先告知信息主体本人。但是，依照法律、行政法规规定公开的不良信息除外。

第十六条 征信机构对个人不良信息的保存期限，自不良行为或者事件终止之日起为5年；超过5年的，应当予以删除。

在不良信息保存期限内，信息主体可以对不良信息作出说明，征信机构应当予以记载。

第十七条 信息主体可以向征信机构查询自身信息。个人信息主体有权每年两次免费获取本人的信用报告。

第十八条 向征信机构查询个人信息的，应当取得信息主体本人的书面同意并约定用途。但是，法律规定可以不经同意查询的除外。

征信机构不得违反前款规定提供个人信息。

第十九条 征信机构或者信息提供者、信息使用者采用格式合同条款取得个人信息主体同意的，应当在合同中作出足以引起信息主体注意的提示，并按照信息主体的要求作出明确说明。

第二十条 信息使用者应当按照与个人信息主体约定的用途使用个人信息，不得用作约定以外的用途，不得未经个人信息主体同意向第三方提供。

第二十一条 征信机构可以通过信息主体、企业交易对方、行业协会提供信息，政府有关部门依法已公开的信息，人民法院依法公布的判决、裁定等渠道，采集企业信息。

征信机构不得采集法律、行政法规禁止采集的企业信息。

第二十二条 征信机构应当按照国务院征信业监督管理部门的规定，建立健全和严格执行保障信息安全的规章制度，并采取有效技术措施保障信息安全。

经营个人征信业务的征信机构应当对其工作人员查询个人信息的权限和程序作出明确规定，对工作人员查询个人信息的情况进行登记，如实记载查询工作人员的姓名，查询的时间、内容及用途。工作人员不得违反规定的权限和程序查询信息，不得泄露工作中获取的信息。

第二十三条 征信机构应当采取合理措施，保障其提供信息的准确性。

征信机构提供的信息供信息使用者参考。

第二十四条 征信机构在中国境内采集的信息的整理、保存和加工，应当在中国境内进行。

征信机构向境外组织或者个人提供信息，应当遵守法律、行政法规和国务院征信业监督管理部门的有关规定。

第四章 异议和投诉

第二十五条 信息主体认为征信机构采集、保存、提供的信息存在错误、遗漏的，有权向征信机构或者信息提供者提出异议，要求更正。

征信机构或者信息提供者收到异议，应当按照国务院征信业监督管理部门的规定对相关信息作出存在异议的标注，自收到异议之日起20日内进行核查和处理，并将结果书面答复异议人。

经核查，确认相关信息确有错误、遗漏的，信息提供者、征信机构应当予以更正；确认不存在错误、遗漏的，应当取消异议标注；经核查仍不能确认的，对核查情况和异议内容应当予以记载。

第二十六条 信息主体认为征信机构或者信息提供者、信息使用者侵害其合法权益的，可以向所在地的国务院征信业监督管理部门派出机构投诉。

受理投诉的机构应当及时进行核查和处理，自受理之日起30日内书面答复投诉人。

信息主体认为征信机构或者信息提供者、信息使用者侵害其合法权益的，可以直接向人民法院起诉。

第五章 金融信用信息基础数据库

第二十七条 国家设立金融信用信息基础数据库，为防范金融风险、促进金融业发展提供相关信息服务。

金融信用信息基础数据库由专业运行机构建设、运行和维护。该运行机构不以营利为目的，由国务院征信业监督管理部门监督管理。

第二十八条 金融信用信息基础数据库接收从事信贷业务的机构按照规定提供的信贷信息。

金融信用信息基础数据库为信息主体和取得信息主体本人书面同意的信息使用者提供查询服务。国家机关可以依法查询金融信用信息基础数据库的信息。

第二十九条 从事信贷业务的机构应当按照规定向金融信用信息基础数据库提供信贷信息。

从事信贷业务的机构向金融信用信息基础数据库或者其他主体提供信贷信息，应当事先取得信息主体的书面同意，并适用本条例关于信息提供者的规定。

第三十条 不从事信贷业务的金融机构向金融信用信息基础数据库提供、查询信用信息以及金融信用信息基础数据库接收其提供的信用信息的具体办法，由国务院征信业监督管理部门会同国务院有关金融监督管理机构依法制定。

第三十一条 金融信用信息基础数据库运行机构可以按照补偿成本原则收

取查询服务费用，收费标准由国务院价格主管部门规定。

第三十二条 本条例第十四条、第十六条、第十七条、第十八条、第二十二条、第二十三条、第二十四条、第二十五条、第二十六条适用于金融信用信息基础数据库运行机构。

第六章 监督管理

第三十三条 国务院征信业监督管理部门及其派出机构依照法律、行政法规和国务院的规定，履行对征信业和金融信用信息基础数据库运行机构的监督管理职责，可以采取下列监督检查措施：

（一）进入征信机构、金融信用信息基础数据库运行机构进行现场检查，对向金融信用信息基础数据库提供或者查询信息的机构遵守本条例有关规定的情况进行检查；

（二）询问当事人和与被调查事件有关的单位和个人，要求其对与被调查事件有关的事项作出说明；

（三）查阅、复制与被调查事件有关的文件、资料，对可能被转移、销毁、隐匿或者篡改的文件、资料予以封存；

（四）检查相关信息系统。

进行现场检查或者调查的人员不得少于2人，并应当出示合法证件和检查、调查通知书。

被检查、调查的单位和个人应当配合，如实提供有关文件、资料，不得隐瞒、拒绝和阻碍。

第三十四条 经营个人征信业务的征信机构、金融信用信息基础数据库、向金融信用信息基础数据库提供或者查询信息的机构发生重大信息泄露等事件的，国务院征信业监督管理部门可以采取临时接管相关信息系统等必要措施，避免损害扩大。

第三十五条 国务院征信业监督管理部门及其派出机构的工作人员对在工作中知悉的国家秘密和信息主体的信息，应当依法保密。

第七章 法律责任

第三十六条 未经国务院征信业监督管理部门批准，擅自设立经营个人征信业务的征信机构或者从事个人征信业务活动的，由国务院征信业监督管理部门予以取缔，没收违法所得，并处5万元以上50万元以下的罚款；构成犯罪的，依法追究刑事责任。

第三十七条 经营个人征信业务的征信机构违反本条例第九条规定的，由国务院征信业监督管理部门责令限期改正，对单位处2万元以上20万元以下的罚款；对直接负责的主管人员和其他直接责任人员给予警告，处1万元以下的罚款。

经营企业征信业务的征信机构未按照本条例第十条规定办理备案的，由其所在地的国务院征信业监督管理部门派出机构责令限期改正；逾期不改正的，依照前款规定处罚。

第三十八条 征信机构、金融信用信息基础数据库运行机构违反本条例规定，有下列行为之一的，由国务院征信业监督管理部门或者其派出机构责令限期改正，对单位处5万元以上50万元以下的罚款；对直接负责的主管人员和其他直接责任人员处1万元以上10万元以下的罚款；有违法所得的，没收违法所得。给信息主体造成损失的，依法承担民事责任；构成犯罪的，依法追究刑事责任：

（一）窃取或者以其他方式非法获取信息；

（二）采集禁止采集的个人信息或者未经同意采集个人信息；

（三）违法提供或者出售信息；

（四）因过失泄露信息；

（五）逾期不删除个人不良信息；

（六）未按照规定对异议信息进行核查和处理；

（七）拒绝、阻碍国务院征信业监督管理部门或者其派出机构检查、调查或者不如实提供有关文件、资料；

（八）违反征信业务规则，侵害信息主体合法权益的其他行为。

经营个人征信业务的征信机构有前款所列行为之一，情节严重或者造成严重后果的，由国务院征信业监督管理部门吊销其个人征信业务经营许可证。

第三十九条 征信机构违反本条例规定，未按照规定报告其上一年度开展征信业务情况的，由国务院征信业监督管理部门或者其派出机构责令限期改正；逾期不改正的，对单位处2万元以上10万元以下的罚款；对直接负责的主管人员和其他直接责任人员给予警告，处1万元以下的罚款。

第四十条 向金融信用信息基础数据库提供或者查询信息的机构违反本条例规定，有下列行为之一的，由国务院征信业监督管理部门或者其派出机构责令限期改正，对单位处5万元以上50万元以下的罚款；对直接负责的主管人员和其他直接责任人员处1万元以上10万元以下的罚款；有违法所得的，没收违法所得。给信息主体造成损失的，依法承担民事责任；构成犯罪的，依法追究刑事责任：

（一）违法提供或者出售信息；

（二）因过失泄露信息；

（三）未经同意查询个人信息或者企业的信贷信息；

（四）未按照规定处理异议或者对确有错误、遗漏的信息不予更正；

（五）拒绝、阻碍国务院征信业监督管理部门或者其派出机构检查、调查或者不如实提供有关文件、资料。

第四十一条 信息提供者违反本条例规定，向征信机构、金融信用信息基础数据库提供非依法公开的个人不良信息，未事先告知信息主体本人，情节严重或者造成严重后果的，由国务院征信业监督管理部门或者其派出机构对单位处2万元以上20万元以下的罚款；对个人处1万元以上5万元以下的罚款。

第四十二条 信息使用者违反本条例规定，未按照与个人信息主体约定的用途使用个人信息或者未经个人信息主体同意向第三方提供个人信息，情节严重或者造成严重后果的，由国务院征信业监督管理部门或者其派出机构对单位处2万元以上20万元以下的罚款；对个人处1万元以上5万元以下的罚款；有违法所得的，没收违法所得。给信息主体造成损失的，依法承担民事责任；构成犯罪的，依法追究刑事责任。

第四十三条 国务院征信业监督管理部门及其派出机构的工作人员滥用职权、玩忽职守、徇私舞弊，不依法履行监督管理职责，或者泄露国家秘密、信息主体信息的，依法给予处分。给信息主体造成损失的，依法承担民事责任；构成犯罪的，依法追究刑事责任。

第八章　附　则

第四十四条 本条例下列用语的含义：

（一）信息提供者，是指向征信机构提供信息的单位和个人，以及向金融信用信息基础数据库提供信息的单位。

（二）信息使用者，是指从征信机构和金融信用信息基础数据库获取信息的单位和个人。

（三）不良信息，是指对信息主体信用状况构成负面影响的下列信息：信息主体在借贷、赊购、担保、租赁、保险、使用信用卡等活动中未按照合同履行义务的信息，对信息主体的行政处罚信息，人民法院判决或者裁定信息主体履行义务以及强制执行的信息，以及国务院征信业监督管理部门规定的其他不良信息。

第四十五条 外商投资征信机构的设立条件，由国务院征信业监督管理部门会同国务院有关部门制定，报国务院批准。

境外征信机构在境内经营征信业务，应当经国务院征信业监督管理部门批准。

第四十六条 本条例施行前已经经营个人征信业务的机构，应当自本条例施行之日起6个月内，依照本条例的规定申请个人征信业务经营许可证。

本条例施行前已经经营企业征信业务的机构，应当自本条例施行之日起3个月内，依照本条例的规定办理备案。

第四十七条 本条例自2013年3月15日起施行。

第一千零三十一条 【荣誉权；荣誉称号的记载】 民事主体享有荣誉权。任何组织或者个人不得非法剥夺他人的荣誉称号，不得诋毁、贬损他人的荣誉。

获得的荣誉称号应当记载而没有记载的，民事主体可以请求记载；获得的荣誉称号记载错误的，民事主体可以请求更正。

条文对比

《民法典人格权编》	《民法通则》
第一千零三十一条 民事主体享有荣誉权。任何组织或者个人不得非法剥夺他人的荣誉称号，不得诋毁、贬损他人的荣誉。 获得的荣誉称号应当记载而没有记载的，民事主体可以请求记载；获得的荣誉称号记载错误的，民事主体可以请求更正。	**第一百零二条** 公民、法人享有荣誉权，禁止非法剥夺公民、法人的荣誉称号。

关联法规

▶《民法典总则编》

第一百一十条 自然人享有生命权、身体权、健康权、姓名权、肖像权、名誉权、荣誉权、隐私权、婚姻自主权等权利。

法人、非法人组织享有名称权、名誉权和荣誉权。

第一百八十五条 侵害英雄烈士等的姓名、肖像、名誉、荣誉，损害社会公共利益的，应当承担民事责任。

▶《妇女权益保障法》

第四十二条 妇女的名誉权、荣誉权、隐私权、肖像权等人格权受法律保护。

禁止用侮辱、诽谤等方式损害妇女的人格尊严。禁止通过大众传播媒介或者其他方式贬低损害妇女人格。未经本人同意，不得以营利为目的，通过广告、商标、展览橱窗、报纸、期刊、图书、音像制品、电子出版物、网络等形式使用妇女肖像。

▶《英雄烈士保护法》

第二十二条 禁止歪曲、丑化、亵渎、否定英雄烈士事迹和精神。

英雄烈士的姓名、肖像、名誉、荣誉受法律保护。任何组织和个人不得在公共场所、互联网或者利用广播电视、电影、出版物等，以侮辱、诽谤或者其他方式侵害英雄烈士的姓名、肖像、名誉、荣誉。任何组织和个人不得将英雄烈士的姓名、肖像用于或者变相用于商标、商业广告，损害英雄烈士的名誉、荣誉。

公安、文化、新闻出版、广播电视、电影、网信、市场监督管理、负责英雄烈士保护工作的部门发现前款规定行为的，应当依法及时处理。

▶《未成年人保护法》

第四十六条 国家依法保护未成年人的智力成果和荣誉权不受侵犯。

▶《预备役军官法》

第三条 预备役军官是国防后备力量的重要组成部分，是战时补充现役军官的主要来源之一。

预备役军官履行法律赋予的职责，享有与其职责相应的地位和荣誉。国家依法保障预备役军官的合法权益和相应待遇。

第四条 预备役军官按照职务性质分为军事军官、政治军官、后勤军官、装备军官和专业技术军官。

军官预备役按照平时管理和战时动员的需要，分为两类：在预备役部队任职的和预编到现役部队的预备役军官为第一类军官预备役；其他预备役军官为第二类军官预备役。

第十条 对在履行兵役义务过程中做出突出贡献的预备役军官，应当依照中央军事委员会的有关规定给予嘉奖、记功或者授予荣誉称号。

对在预备役军官工作中做出突出成绩的单位和个人，依照有关规定给予表彰或者奖励。

第六十一条 预备役军官退出预备役时，根据其服预备役的时间和贡献，颁发相应的荣誉证章。

▶《教师法》

第三十三条 教师在教育教学、培养人才、科学研究、教学改革、学校建设、社会服务、勤工俭学等方面成绩优异的，由所在学校予以表彰、奖励。

国务院和地方各级人民政府及其有关部门对有突出贡献的教师，应当予以表彰、奖励。

对有重大贡献的教师，依照国家有关规定授予荣誉称号。

▶《最高人民法院〈关于张自修诉横峰县老干部管理局损害赔偿纠纷案的请示〉的函》

江西省高级人民法院：

你院赣高法民请字［1996］01号《关于张自修诉横峰县老干部管理局损害赔偿纠纷案的请示》收悉。经研究认为：被告横峰县老干部局在收集原告张自修所获得的奖章及证书等纪念物后，因遗失不能归还，起诉到人民法院，不应定为荣誉权纠纷，也构不成对原告荣誉权的侵害，但对原告所遭受的损失应予赔偿。至于赔偿的数额，可结合纪念物的价值（包括收藏价值）、质地及纪念物遗失后对原告精神方面造成的损害等各种因素确定。

第六章　隐私权和个人信息保护

第一千零三十二条　【隐私权；隐私】自然人享有隐私权。任何组织或者个人不得以刺探、侵扰、泄露、公开等方式侵害他人的隐私权。

隐私是自然人的私人生活安宁和不愿为他人知晓的私密空间、私密活动、私密信息。

条文对比

《民法典人格权编》	新增条文
第一千零三十二条　自然人享有隐私权。任何组织或者个人不得以刺探、侵扰、泄露、公开等方式侵害他人的隐私权。 隐私是自然人的私人生活安宁和不愿为他人知晓的私密空间、私密活动、私密信息。	

关联法规

▶《民法典总则编》

第一百一十条　自然人享有生命权、身体权、健康权、姓名权、肖像权、名誉权、荣誉权、隐私权、婚姻自主权等权利。

法人、非法人组织享有名称权、名誉权和荣誉权。

▶《检察官法》

第四十七条　检察官有下列行为之一的，应当给予处分；构成犯罪的，依法追究刑事责任：

（一）贪污受贿、徇私枉法、刑讯逼供的；

（二）隐瞒、伪造、变造、故意损毁证据、案件材料的；

（三）泄露国家秘密、检察工作秘密、商业秘密或者个人隐私的；

（四）故意违反法律法规办理案件的；

（五）因重大过失导致案件错误并造成严重后果的；

（六）拖延办案，贻误工作的；

（七）利用职权为自己或者他人谋取私利的；

（八）接受当事人及其代理人利益输送，或者违反有关规定会见当事人及其代理人的；

（九）违反有关规定从事或者参与营利性活动，在企业或者其他营利性组织中兼任职务的；

（十）有其他违纪违法行为的。

检察官的处分按照有关规定办理。

▶《法官法》

第四十六条 法官有下列行为之一的，应当给予处分；构成犯罪的，依法追究刑事责任：

（一）贪污受贿、徇私舞弊、枉法裁判的；

（二）隐瞒、伪造、变造、故意损毁证据、案件材料的；

（三）泄露国家秘密、审判工作秘密、商业秘密或者个人隐私的；

（四）故意违反法律法规办理案件的；

（五）因重大过失导致裁判结果错误并造成严重后果的；

（六）拖延办案，贻误工作的；

（七）利用职权为自己或者他人谋取私利的；

（八）接受当事人及其代理人利益输送，或者违反有关规定会见当事人及其代理人的；

（九）违反有关规定从事或者参与营利性活动，在企业或者其他营利性组织中兼任职务的；

（十）有其他违纪违法行为的。

法官的处分按照有关规定办理。

▶《刑事诉讼法》

第五十四条 人民法院、人民检察院和公安机关有权向有关单位和个人收集、调取证据。有关单位和个人应当如实提供证据。

行政机关在行政执法和查办案件过程中收集的物证、书证、视听资料、电子数据等证据材料，在刑事诉讼中可以作为证据使用。

对涉及国家秘密、商业秘密、个人隐私的证据，应当保密。

凡是伪造证据、隐匿证据或者毁灭证据的，无论属于何方，必须受法律追究。

第一百五十二条 采取技术侦查措施，必须严格按照批准的措施种类、适用对象和期限执行。

侦查人员对采取技术侦查措施过程中知悉的国家秘密、商业秘密和个人隐私，应当保密；对采取技术侦查措施获取的与案件无关的材料，必须及时销毁。

采取技术侦查措施获取的材料，只能用于对犯罪的侦查、起诉和审判，不得用于其他用途。

公安机关依法采取技术侦查措施，有关单位和个人应当配合，并对有关情况予以保密。

第一百八十八条 人民法院审判第一审案件应当公开进行。但是有关国家秘密或者个人隐私的案件，不公开审理；涉及商业秘密的案件，当事人申请不公开审理的，可以不公开审理。

不公开审理的案件，应当当庭宣布不公开审理的理由。

▶《妇女权益保障法》

第四十二条 妇女的名誉权、荣誉权、隐私权、肖像权等人格权受法律保护。

禁止用侮辱、诽谤等方式损害妇女的人格尊严。禁止通过大众传播媒介或者其他方式贬低损害妇女人格。未经本人同意，不得以营利为目的，通过广告、商标、展览橱窗、报纸、期刊、图书、音像制品、电子出版物、网络等形式使用妇女肖像。

▶《广告法》

第九条 广告不得有下列情形：

（一）使用或者变相使用中华人民共和国的国旗、国歌、国徽，军旗、军歌、军徽；

（二）使用或者变相使用国家机关、国家机关工作人员的名义或者形象；

（三）使用“国家级”、“最高级”、“最佳”等用语；

（四）损害国家的尊严或者利益，泄露国家秘密；

（五）妨碍社会安定，损害社会公共利益；

（六）危害人身、财产安全，泄露个人隐私；

（七）妨碍社会公共秩序或者违背社会良好风尚；

（八）含有淫秽、色情、赌博、迷信、恐怖、暴力的内容；

（九）含有民族、种族、宗教、性别歧视的内容；

（十）妨碍环境、自然资源或者文化遗产保护；

（十一）法律、行政法规规定禁止的其他情形。

第四十三条 任何单位或者个人未经当事人同意或者请求，不得向其住宅、交通工具等发送广告，也不得以电子信息方式向其发送广告。

以电子信息方式发送广告的，应当明示发送者的真实身份和联系方式，并向接收者提供拒绝继续接收的方式。

第四十四条 利用互联网从事广告活动，适用本法的各项规定。

利用互联网发布、发送广告，不得影响用户正常使用网络。在互联网页面以弹出等形式发布的广告，应当显著标明关闭标志，确保一键关闭。

▶《公共图书馆法》

第四十三条 公共图书馆应当妥善保护读者的个人信息、借阅信息以及其他可能涉及读者隐私的信息，不得出售或者以其他方式非法向他人提供。

第五十条 公共图书馆及其工作人员有下列行为之一的，由文化主管部门责令改正，没收违法所得：

（一）违规处置文献信息；

（二）出售或者以其他方式非法向他人提供读者的个人信息、借阅信息以及其他可能涉及读者隐私的信息；

（三）向社会公众提供文献信息违反有关法律、行政法规的规定，或者向未成年人提供内容不适宜的文献信息；

（四）将设施设备场地用于与公共图书馆服务无关的商业经营活动；

（五）其他不履行本法规定的公共图书馆服务要求的行为。

公共图书馆及其工作人员对应当免费提供的服务收费或者变相收费的，由价格主管部门依照前款规定给予处罚。

公共图书馆及其工作人员有前两款规定行为的，对直接负责的主管人员和其他直接责任人员依法追究法律责任。

▶《电子商务法》

第二十五条 有关主管部门依照法律、行政法规的规定要求电子商务经营者提供有关电子商务数据信息的，电子商务经营者应当提供。有关主管部门应当采取必要措施保护电子商务经营者提供的数据信息的安全，并对其中的个人信息、隐私和商业秘密严格保密，不得泄露、出售或者非法向他人提供。

▶《精神卫生法》

第二十三条 心理咨询人员应当提高业务素质，遵守执业规范，为社会公众提供专业化的心理咨询服务。

心理咨询人员不得从事心理治疗或者精神障碍的诊断、治疗。

心理咨询人员发现接受咨询的人员可能患有精神障碍的，应当建议其到符合本法规定的医疗机构就诊。

心理咨询人员应当尊重接受咨询人员的隐私，并为其保守秘密。

▶《反恐怖主义法》

第四十八条 反恐怖主义工作领导机构、有关部门和单位、个人应当对履行反恐怖主义工作职责、义务过程中知悉的国家秘密、商业秘密和个人隐私予以保密。

违反规定泄露国家秘密、商业秘密和个人隐私的，依法追究法律责任。

▶《监察法》

第十八条 监察机关行使监督、调查职权，有权依法向有关单位和个人了解情况，收集、调取证据。有关单位和个人应当如实提供。

监察机关及其工作人员对监督、调查过程中知悉的国家秘密、商业秘密、个人隐私，应当保密。

任何单位和个人不得伪造、隐匿或者毁灭证据。

▶《律师法》

第三十八条 律师应当保守在执业活动中知悉的国家秘密、商业秘密，不得泄露当事人的隐私。

律师对在执业活动中知悉的委托人和其他人不愿泄露的有关情况和信息，应当予以保密。但是，委托人或者其他人准备或者正在实施危害国家安全、公共安全以及严重危害他人人身安全的犯罪事实和信息除外。

《行政处罚法》

第四十二条 行政机关作出责令停产停业、吊销许可证或者执照、较大数额罚款等行政处罚决定之前，应当告知当事人有要求举行听证的权利；当事人要求听证的，行政机关应当组织听证。当事人不承担行政机关组织听证的费用。听证依照以下程序组织：

（一）当事人要求听证的，应当在行政机关告知后三日内提出；

（二）行政机关应当在听证的七日前，通知当事人举行听证的时间、地点；

（三）除涉及国家秘密、商业秘密或者个人隐私外，听证公开举行；

（四）听证由行政机关指定的非本案调查人员主持；当事人认为主持人与本案有直接利害关系的，有权申请回避；

（五）当事人可以亲自参加听证，也可以委托一至二人代理；

（六）举行听证时，调查人员提出当事人违法的事实、证据和行政处罚建议；当事人进行申辩和质证；

（七）听证应当制作笔录；笔录应当交当事人审核无误后签字或者盖章。

当事人对限制人身自由的行政处罚有异议的，依照治安管理处罚法有关规定执行。

《公证法》

第十三条 公证机构不得有下列行为：

（一）为不真实、不合法的事项出具公证书；

（二）毁损、篡改公证文书或者公证档案；

（三）以诋毁其他公证机构、公证员或者支付回扣、佣金等不正当手段争揽公证业务；

（四）泄露在执业活动中知悉的国家秘密、商业秘密或者个人隐私；

（五）违反规定的收费标准收取公证费；

（六）法律、法规、国务院司法行政部门规定禁止的其他行为。

第二十三条 公证员不得有下列行为：

（一）同时在二个以上公证机构执业；

（二）从事有报酬的其他职业；

（三）为本人及近亲属办理公证或者办理与本人及近亲属有利害关系的公证；

（四）私自出具公证书；

（五）为不真实、不合法的事项出具公证书；

（六）侵占、挪用公证费或者侵占、盗窃公证专用物品；

（七）毁损、篡改公证文书或者公证档案；

（八）泄露在执业活动中知悉的国家秘密、商业秘密或者个人隐私；

（九）法律、法规、国务院司法行政部门规定禁止的其他行为。

《民事诉讼法》

第六十八条 证据应当在法庭上出示，并由当事人互相质证。对涉及国家秘密、商业秘密和个人隐私的证据应当保密，需要在法庭出示的，不得在公开开庭时出示。

第一百三十四条 人民法院审理民事案件，除涉及国家秘密、个人隐私或者法律另有规定的以外，应当公开进行。

离婚案件，涉及商业秘密的案件，当事人申请不公开审理的，可以不公开审理。

《网络安全法》

第十二条 国家保护公民、法人和其他组织依法使用网络的权利，促进网络接入普及，提升网络服务水平，为社会提供安全、便利的网络服务，保障网络信息依法有序自由流动。

任何个人和组织使用网络应当遵守宪法法律，遵守公共秩序，尊重社会公德，不得危害网络安全，不得利用网络从事危害国家安全、荣誉和利益，煽动颠覆国家政权、推翻社会主义制度，煽动分裂国家、破坏国家统一，宣扬恐怖主义、极端主义，宣扬民族仇恨、民族歧视，传播暴力、淫秽色情信息，编造、传播虚假信息扰乱经济秩序和社会秩序，以及侵害他人名誉、隐私、知识产权和其他合法权益等活动。

第四十五条 依法负有网络安全监督管理职责的部门及其工作人员，必须对在履行职责中知悉的个人信息、隐私和商业秘密严格保密，不得泄露、出售或者非法向他人提供。

《电影产业促进法》

第十六条 电影不得含有下列内容：

（一）违反宪法确定的基本原则，煽动抗拒或者破坏宪法、法律、行政法规实施；

（二）危害国家统一、主权和领土完整，泄露国家秘密，危害国家安全，损害国家尊严、荣誉和利益，宣扬恐怖主义、极端主义；

（三）诋毁民族优秀文化传统，煽动民族仇恨、民族歧视，侵害民族风俗习惯，歪曲民族历史或者民族历史人物，伤害民族感情，破坏民族团结；

（四）煽动破坏国家宗教政策，宣扬邪教、迷信；

（五）危害社会公德，扰乱社会秩序，破坏社会稳定，宣扬淫秽、赌博、吸毒，渲染暴力、恐怖，教唆犯罪或者传授犯罪方法；

（六）侵害未成年人合法权益或者损害未成年人身心健康；

（七）侮辱、诽谤他人或者散布他人隐私，侵害他人合法权益；

（八）法律、行政法规禁止的其他内容。

《慈善法》

第六十二条 开展慈善服务，应当尊重受益人、志愿者的人格尊严，不得侵害受益人、志愿者的隐私。

第七十六条 涉及国家秘密、商业秘密、个人隐私的信息以及捐赠人、慈善信托的委托人不同意公开的姓名、名称、住所、通讯方式等信息，不得公开。

《资产评估法》

第十三条 评估专业人员应当履行下列义务：

（一）诚实守信，依法独立、客观、公正从事业务

（二）遵守评估准则，履行调查职责，独立分析估算，勤勉谨慎从事业务；

（三）完成规定的继续教育，保持和提高专业能力；

（四）对评估活动中使用的有关文件、证明和资料的真实性、准确性、完整性进行核查和验证；

（五）对评估活动中知悉的国家秘密、商业秘密和个人隐私予以保密；

（六）与委托人或者其他相关当事人及评估对象有利害关系的，应当回避；

（七）接受行业协会的自律管理，履行行业协会章程规定的义务；

（八）法律、行政法规规定的其他义务。

《反家庭暴力法》

第五条 反家庭暴力工作遵循预防为主，教育、矫治与惩处相结合原则。

反家庭暴力工作应当尊重受害人真实意愿，保护当事人隐私。

未成年人、老年人、残疾人、孕期和哺乳期的妇女、重病患者遭受家庭暴力的，应当给予特殊保护。

▶《邮政法》

第三条 公民的通信自由和通信秘密受法律保护。除因国家安全或者追查刑事犯罪的需要，由公安机关、国家安全机关或者检察机关依照法律规定的程序对通信进行检查外，任何组织或者个人不得以任何理由侵犯公民的通信自由和通信秘密。

除法律另有规定外，任何组织或者个人不得检查、扣留邮件、汇款。

▶《反间谍法》

第十七条 国家安全机关及其工作人员在工作中，应当严格依法办事，不得超越职权、滥用职权，不得侵犯组织和个人的合法权益。

国家安全机关及其工作人员依法履行反间谍工作职责获取的组织和个人的信息、材料，只能用于反间谍工作。对属于国家秘密、商业秘密和个人隐私的，应当保密。

▶《传染病防治法》

第十二条 在中华人民共和国领域内的一切单位和个人，必须接受疾病预防控制机构、医疗机构有关传染病的调查、检验、采集样本、隔离治疗等预防、控制措施，如实提供有关情况。疾病预防控制机构、医疗机构不得泄露涉及个人隐私的有关信息、资料。

卫生行政部门以及其他有关部门、疾病预防控制机构和医疗机构因违法实施行政管理或者预防、控制措施，侵犯单位和个人合法权益的，有关单位和个人可以依法申请行政复议或者提起诉讼。

▶《未成年人保护法》

第三十九条 任何组织或者个人不得披露未成年人的个人隐私。

对未成年人的信件、日记、电子邮件，任何组织或者个人不得隐匿、毁弃；除因追查犯罪的需要，由公安机关或者人民检察院依法进行检查，或者对无行为能力的未成年人的信件、日记、电子邮件由其父母或者其他监护人代为开拆、查阅外，任何组织或者个人不得开拆、查阅。

▶《治安管理处罚法》

第八十条 公安机关及其人民警察在办理治安案件时，对涉及的国家秘密、商业秘密或者个人隐私，应当予以保密。

《人民调解法》

第十五条 人民调解员在调解工作中有下列行为之一的，由其所在的人民调解委员会给予批评教育、责令改正，情节严重的，由推选或者聘任单位予以罢免或者解聘：

（一）偏袒一方当事人的；

（二）侮辱当事人的；

（三）索取、收受财物或者牟取其他不正当利益的；

（四）泄露当事人的个人隐私、商业秘密的。

《执业医师法》

第二十二条 医师在执业活动中履行下列义务：

（一）遵守法律、法规，遵守技术操作规范；

（二）树立敬业精神，遵守职业道德，履行医师职责，尽职尽责为患者服务；

（三）关心、爱护、尊重患者，保护患者的隐私；

（四）努力钻研业务，更新知识，提高专业技术水平；

（五）宣传卫生保健知识，对患者进行健康教育。

第三十七条 医师在执业活动中，违反本法规定，有下列行为之一的，由县级以上人民政府卫生行政部门给予警告或者责令暂停六个月以上一年以下执业活动；情节严重的，吊销其执业证书；构成犯罪的，依法追究刑事责任：

（一）违反卫生行政规章制度或者技术操作规范，造成严重后果的；

（二）由于不负责任延误急危患者的抢救和诊治，造成严重后果的；

（三）造成医疗责任事故的；

（四）未经亲自诊查、调查，签署诊断、治疗、流行病学等证明文件或者有关出生、死亡等证明文件的；

（五）隐匿、伪造或者擅自销毁医学文书及有关资料的；

（六）使用未经批准使用的药品、消毒药剂和医疗器械的；

（七）不按照规定使用麻醉药品、医疗用毒性药品、精神药品和放射性药品的；

（八）未经患者或者其家属同意，对患者进行实验性临床医疗的；

（九）泄露患者隐私，造成严重后果的；

（十）利用职务之便，索取、非法收受患者财物或者牟取其他不正当利益的；

（十一）发生自然灾害、传染病流行、突发重大伤亡事故以及其他严重威胁人民生命健康的紧急情况时，不服从卫生行政部门调遣的；

（十二）发生医疗事故或者发现传染病疫情，患者涉嫌伤害事件或者非正常死亡，不按照规定报告的。

《农村土地承包经营纠纷调解仲裁法》

第三十条 农村土地承包经营纠纷仲裁应当开庭进行。

开庭可以在纠纷涉及的土地所在地的乡（镇）或者村进行，也可以在农村土地承包仲裁委员会所在地进行。当事人双方要求在乡（镇）或者村开庭的，应当在该乡（镇）或者村开庭。

开庭应当公开，但涉及国家秘密、商业秘密和个人隐私以及当事人约定不公开的除外。

第四十条 证据应当在开庭时出示，但涉及国家秘密、商业秘密和个人隐私的证据不得在公开开庭时出示。

仲裁庭应当依照仲裁规则的规定开庭，给予双方当事人平等陈述、辩论的机会，并组织当事人进行质证。

经仲裁庭查证属实的证据，应当作为认定事实的根据。

《反洗钱法》

第三十条 反洗钱行政主管部门和其他依法负有反洗钱监督管理职责的部门、机构从事反洗钱工作的人员有下列行为之一的，依法给予行政处分：

（一）违反规定进行检查、调查或者采取临时冻结措施的；

（二）泄露因反洗钱知悉的国家秘密、商业秘密或者个人隐私的；

（三）违反规定对有关机构和人员实施行政处罚的；

（四）其他不依法履行职责的行为。

《银行业监督管理法》

第四十三条 银行业监督管理机构从事监督管理工作的人员有下列情形之一的，依法给予行政处分；构成犯罪的，依法追究刑事责任：

（一）违反规定审查批准银行业金融机构的设立、变更、终止，以及业务范围和业务范围内的业务品种的；

（二）违反规定对银行业金融机构进行现场检查的；

（三）未依照本法第二十八条规定报告突发事件的；

（四）违反规定查询账户或者申请冻结资金的；

（五）违反规定对银行业金融机构采取措施或者处罚的；

（六）违反本法第四十二条规定对有关单位或者个人进行调查的；

（七）滥用职权、玩忽职守的其他行为。

银行业监督管理机构从事监督管理工作的人员贪污受贿，泄露国家秘密、商业秘密和个人隐私，构成犯罪的，依法追究刑事责任；尚不构成犯罪的，依法给予行政处分。

《护士条例》

第十八条 护士应当尊重、关心、爱护患者，保护患者的隐私。

第三十一条 护士在执业活动中有下列情形之一的，由县级以上地方人民政府卫生主管部门依据职责分工责令改正，给予警告；情节严重的，暂停其6个月以上1年以下执业活动，直至由原发证部门吊销其护士执业证书：

（一）发现患者病情危急未立即通知医师的；

（二）发现医嘱违反法律、法规、规章或者诊疗技术规范的规定，未依照本条例第十七条的规定提出或者报告的；

（三）泄露患者隐私的；

（四）发生自然灾害、公共卫生事件等严重威胁公众生命健康的突发事件，不服从安排参加医疗救护的。

护士在执业活动中造成医疗事故的，依照医疗事故处理的有关规定承担法律责任。

《人类遗传资源管理条例》

第九条 采集、保藏、利用、对外提供我国人类遗传资源，应当符合伦理原则，并按照国家有关规定进行伦理审查。

采集、保藏、利用、对外提供我国人类遗传资源，应当尊重人类遗传资源提供者的隐私权，取得其事先知情同意，并保护其合法权益。

采集、保藏、利用、对外提供我国人类遗传资源，应当遵守国务院科学技术行政部门制定的技术规范。

《政府信息公开条例》

第十五条 涉及商业秘密、个人隐私等公开会对第三方合法权益造成损害的政府信息，行政机关不得公开。但是，第三方同意公开或者行政机关认为不公开会对公共利益造成重大影响的，予以公开。

▶《国务院关于在线政务服务的若干规定》

第十四条 政务服务机构及其工作人员泄露、出售或者非法向他人提供履行职责过程中知悉的个人信息、隐私和商业秘密，或者不依法履行职责，玩忽职守、滥用职权、徇私舞弊的，依法追究法律责任。

▶《重大行政决策程序暂行条例》

第十九条 对专业性、技术性较强的决策事项，决策承办单位应当组织专家、专业机构论证其必要性、可行性、科学性等，并提供必要保障。

专家、专业机构应当独立开展论证工作，客观、公正、科学地提出论证意见，并对所知悉的国家秘密、商业秘密、个人隐私依法履行保密义务；提供书面论证意见的，应当署名、盖章。

▶《交强险条例》

第三十四条 保险公司、救助基金管理机构的工作人员对当事人的个人隐私应当保密。

▶《残疾预防和残疾人康复条例》

第二十一条 提供残疾人康复服务，应当针对残疾人的健康、日常活动、社会参与等需求进行评估，依据评估结果制定个性化康复方案，并根据实施情况对康复方案进行调整优化。制定、实施康复方案，应当充分听取、尊重残疾人及其家属的意见，告知康复措施的详细信息。

提供残疾人康复服务，应当保护残疾人隐私，不得歧视、侮辱残疾人。

▶《医疗纠纷预防和处理条例》

第四十二条 医疗纠纷人民调解委员会及其人民调解员、卫生主管部门及其工作人员应当对医患双方的个人隐私等事项予以保密。

未经医患双方同意，医疗纠纷人民调解委员会、卫生主管部门不得公开进行调解，也不得公开调解协议的内容。

第五十条 医疗纠纷人民调解员有下列行为之一的，由医疗纠纷人民调解委员会给予批评教育、责令改正；情节严重的，依法予以解聘：

（一）偏袒一方当事人；

（二）侮辱当事人；

（三）索取、收受财物或者牟取其他不正当利益；

（四）泄露医患双方个人隐私等事项。

▶《志愿服务条例》

第二十一条 志愿服务组织、志愿者应当尊重志愿服务对象人格尊严，不得侵害志愿服务对象个人隐私，不得向志愿服务对象收取或者变相收取报酬。

▶《残疾人教育条例》

第二十条 县级人民政府教育行政部门应当会同卫生行政部门、民政部门、残疾人联合会，建立由教育、心理、康复、社会工作等方面专家组成的残疾人教育专家委员会。

残疾人教育专家委员会可以接受教育行政部门的委托，对适龄残疾儿童、少年的身体状况、接受教育的能力和适应学校学习生活的能力进行评估，提出入学、转学建议；对残疾人义务教育问题提供咨询，提出建议。

依照前款规定作出的评估结果属于残疾儿童、少年的隐私，仅可被用于对残疾儿童、少年实施教育、康复。教育行政部门、残疾人教育专家委员会、学校及其工作人员对在工作中了解的残疾儿童、少年评估结果及其他个人信息负有保密义务。

▶《税收征收管理法实施细则》

第五条 税收征管法第八条所称为纳税人、扣缴义务人保密的情况，是指纳税人、扣缴义务人的商业秘密及个人隐私。纳税人、扣缴义务人的税收违法行为不属于保密范围。

▶《征信业管理条例》

第三条 从事征信业务及相关活动，应当遵守法律法规，诚实守信，不得危害国家秘密，不得侵犯商业秘密和个人隐私。

▶《保安服务管理条例》

第二十五条 保安服务中使用的技术防范产品，应当符合有关的产品质量要求。保安服务中安装监控设备应当遵守国家有关技术规范，使用监控设备不得侵犯他人合法权益或者个人隐私。

保安服务中形成的监控影像资料、报警记录，应当至少留存30日备查，保安从业单位和客户单位不得删改或者扩散。

第三十条 保安员不得有下列行为：

（一）限制他人人身自由、搜查他人身体或者侮辱、殴打他人；

（二）扣押、没收他人证件、财物；

（三）阻碍依法执行公务；

（四）参与追索债务、采用暴力或者以暴力相威胁的手段处置纠纷；

（五）删改或者扩散保安服务中形成的监控影像资料、报警记录；

（六）侵犯个人隐私或者泄露在保安服务中获知的国家秘密、商业秘密以及客户单位明确要求保密的信息；

（七）违反法律、行政法规的其他行为。

第四十三条 保安从业单位有下列情形之一的，责令限期改正，处2万元以上10万元以下的罚款；违反治安管理的，依法给予治安管理处罚；构成犯罪的，依法追究直接负责的主管人员和其他直接责任人员的刑事责任：

（一）泄露在保安服务中获知的国家秘密、商业秘密以及客户单位明确要求保密的信息的；

（二）使用监控设备侵犯他人合法权益或者个人隐私的；

（三）删改或者扩散保安服务中形成的监控影像资料、报警记录的；

（四）指使、纵容保安员阻碍依法执行公务、参与追索债务、采用暴力或者以暴力相威胁的手段处置纠纷的；

（五）对保安员疏于管理、教育和培训，发生保安员违法犯罪案件，造成严重后果的。

客户单位删改或者扩散保安服务中形成的监控影像资料、报警记录的，依照前款规定处罚。

第四十五条 保安员有下列行为之一的，由公安机关予以训诫；情节严重的，吊销其保安员证；违反治安管理的，依法给予治安管理处罚；构成犯罪的，依法追究刑事责任：

（一）限制他人人身自由、搜查他人身体或者侮辱、殴打他人的；

（二）扣押、没收他人证件、财物的；

（三）阻碍依法执行公务的；

（四）参与追索债务、采用暴力或者以暴力相威胁的手段处置纠纷的；

（五）删改或者扩散保安服务中形成的监控影像资料、报警记录的；

（六）侵犯个人隐私或者泄露在保安服务中获知的国家秘密、商业秘密以及客户单位明确要求保密的信息的；

（七）有违反法律、行政法规的其他行为的。

从事武装守护押运的保安员违反规定使用枪支的，依照《专职守护押运人员枪支使用管理条例》的规定处罚。

《流动人口计划生育工作条例》

第十八条 地方各级人民政府和政府有关部门以及协助查验婚育证明的村民委员会、居民委员会及其工作人员，应当对涉及公民隐私的流动人口信息予以保密。

《地方志工作条例》

第十一条 县级以上地方人民政府负责地方志工作的机构可以向机关、社会团体、企业事业单位、其他组织以及个人征集有关地方志资料，有关单位和个人应当提供支持。负责地方志工作的机构可以对有关资料进行查阅、摘抄、复制，但涉及国家秘密、商业秘密和个人隐私以及不符合档案开放条件的除外。

地方志资料所有人或者持有人提供有关资料，可以获得适当报酬。地方志资料所有人或者持有人不得故意提供虚假资料。

《海关行政处罚实施条例》

第三十四条 海关立案后，应当全面、客观、公正、及时地进行调查、收集证据。

海关调查、收集证据，应当按照法律、行政法规及其他有关规定的要求办理。

海关调查、收集证据时，海关工作人员不得少于2人，并应当向被调查人出示证件。

调查、收集的证据涉及国家秘密、商业秘密或者个人隐私的，海关应当保守秘密。

《乡村医生从业管理条例》

第二十四条 乡村医生在执业活动中应当履行下列义务：

（一）遵守法律、法规、规章和诊疗护理技术规范、常规；

（二）树立敬业精神，遵守职业道德，履行乡村医生职责，为村民健康服务；

（三）关心、爱护、尊重患者，保护患者的隐私；

（四）努力钻研业务，更新知识，提高专业技术水平；

（五）向村民宣传卫生保健知识，对患者进行健康教育。

▶《外国律师事务所驻华代表机构管理条例》

第十七条 代表机构及其代表在执业活动中，不得有下列行为：

（一）提供虚假证据、隐瞒事实或者威胁、利诱他人提供虚假证据、隐瞒事实以及妨碍对方当事人合法取得证据；

（二）利用法律服务的便利，收受当事人的财物或者其他好处；

（三）泄露当事人的商业秘密或者个人隐私。

第二十七条 代表机构或者代表有下列情形之一的，由省、自治区、直辖市人民政府司法行政部门给予警告，没收违法所得；情节严重的，责令限期停业，并处2万元以上10万元以下的罚款：

（一）同时在两个以上代表机构担任或者兼任代表的；

（二）泄露当事人的商业秘密或者个人隐私的；

（三）利用法律服务的便利，收受当事人财物或者其他好处的。

▶《公布失信被执行人名单信息规定》

第六条 记载和公布的失信被执行人名单信息应当包括：

（一）作为被执行人的法人或者其他组织的名称、统一社会信用代码（或组织机构代码）、法定代表人或者负责人姓名；

（二）作为被执行人的自然人的姓名、性别、年龄、身份证号码；

（三）生效法律文书确定的义务和被执行人的履行情况；

（四）被执行人失信行为的具体情形；

（五）执行依据的制作单位和文号、执行案号、立案时间、执行法院；

（六）人民法院认为应当记载和公布的不涉及国家秘密、商业秘密、个人隐私的其他事项。

▶《民事执行中财产调查规定》

第二十五条 执行人员不得调查与执行案件无关的信息，对调查过程中知悉的国家秘密、商业秘密和个人隐私应当保密。

▶《人民法院在互联网公布裁判文书的规定》

第十条 人民法院在互联网公布裁判文书时，应当删除下列信息：

（一）自然人的家庭住址、通讯方式、身份证号码、银行账号、健康状况、车牌号码、动产或不动产权属证书编号等个人信息；

（二）法人以及其他组织的银行账号、车牌号码、动产或不动产权属证书编号等信息；

（三）涉及商业秘密的信息；

（四）家事、人格权益等纠纷中涉及个人隐私的信息；

（五）涉及技术侦查措施的信息；

（六）人民法院认为不宜公开的其他信息。

按照本条第一款删除信息影响对裁判文书正确理解的，用符号“×”作部分替代。

▶《人民法院赔偿委员会适用质证程序审理国家赔偿案件规定》

第三条 除涉及国家秘密、个人隐私或者法律另有规定的以外，质证应当公开进行。

赔偿请求人或者赔偿义务机关申请不公开质证，对方同意的，赔偿委员会可以不公开质证。

▶《刑事诉讼法司法解释》

第六十八条 公开审理案件时，公诉人、诉讼参与人提出涉及国家秘密、商业秘密或者个人隐私的证据的，法庭应当制止。有关证据确与本案有关的，可以根据具体情况，决定将案件转为不公开审理，或者对相关证据的法庭调查不公开进行。

第一百八十六条 审判案件应当公开进行。

案件涉及国家秘密或者个人隐私的，不公开审理；涉及商业秘密，当事人提出申请的，法庭可以决定不公开审理。

不公开审理的案件，任何人不得旁听，但法律另有规定的除外。

第二百三十五条 审判长宣布法庭辩论终结后，合议庭应当保证被告人充分行使最后陈述的权利。被告人在最后陈述中多次重复自己的意见的，审判长可以制止。陈述内容蔑视法庭、公诉人，损害他人及社会公共利益，或者与本案无关的，应当制止。

在公开审理的案件中，被告人最后陈述的内容涉及国家秘密、个人隐私或者商业秘密的，应当制止。

▶《垄断行为引发民事纠纷案件规定》

第十一条 证据涉及国家秘密、商业秘密、个人隐私或者其他依法应当保密的内容的，人民法院可以依职权或者当事人的申请采取不公开开庭、限制或者禁止复制、仅对代理律师展示、责令签署保密承诺书等保护措施。

▶《政府信息公开行政案件规定》

第六条 人民法院审理政府信息公开行政案件，应当视情采取适当的审理方式，以避免泄露涉及国家秘密、商业秘密、个人隐私或者法律规定的其他应当保密的政府信息。

第八条 政府信息涉及国家秘密、商业秘密、个人隐私的，人民法院应当认定属于不予公开范围。

政府信息涉及商业秘密、个人隐私，但权利人同意公开，或者不公开可能对公共利益造成重大影响的，不受前款规定的限制。

▶《诉讼代理人查阅民事案件材料的规定》

第八条 查阅案件材料中涉及国家秘密、商业秘密和个人隐私的，诉讼代理人应当保密。

▶《精神损害赔偿司法解释》

第一条 自然人因下列人格权利遭受非法侵害，向人民法院起诉请求赔偿精神损害的，人民法院应当依法予以受理：

（一）生命权、健康权、身体权；

（二）姓名权、肖像权、名誉权、荣誉权；

（三）人格尊严权、人身自由权。

违反社会公共利益、社会公德侵害他人隐私或者其他人格利益，受害人以侵权为由向人民法院起诉请求赔偿精神损害的，人民法院应当依法予以受理。

▶《民通意见》

140. 以书面、口头等形式宣扬他人的隐私，或者捏造事实公然丑化他人人格，以及用侮辱、诽谤等方式损害他人名誉，造成一定影响的，应当认定为侵害公民名誉权的行为。

以书面、口头等形式诋毁、诽谤法人名誉，给法人造成损害的，应当认定为侵害法人名誉权的行为。

第一千零三十三条 【侵害隐私权的方式】除法律另有规定或者权利人明确同意外，任何组织或者个人不得实施下列行为：

（一）以电话、短信、即时通讯工具、电子邮件、传单等方式侵扰他人的私人生活安宁；

（二）进入、拍摄、窥视他人的住宅、宾馆房间等私密空间；

（三）拍摄、窥视、窃听、公开他人的私密活动；

（四）拍摄、窥视他人身体的私密部位；

（五）处理他人的私密信息；

（六）以其他方式侵害他人的隐私权。

条文对比

《民法典人格权编》	新增条文
第一千零三十三条　除法律另有规定或者权利人明确同意外，任何组织或者个人不得实施下列行为： （一）以电话、短信、即时通讯工具、电子邮件、传单等方式侵扰他人的私人生活安宁； （二）进入、拍摄、窥视他人的住宅、宾馆房间等私密空间； （三）拍摄、窥视、窃听、公开他人的私密活动； （四）拍摄、窥视他人身体的私密部位； （五）处理他人的私密信息； （六）以其他方式侵害他人的隐私权。	

关联法规

▶ 《宪法》

第三十九条　中华人民共和国公民的住宅不受侵犯。禁止非法搜查或者非法侵入公民的住宅。

▶《刑事诉讼法》

第一百三十六条 为了收集犯罪证据、查获犯罪人，侦查人员可以对犯罪嫌疑人以及可能隐藏罪犯或者犯罪证据的人的身体、物品、住处和其他有关的地方进行搜查。

▶《监察法》

第二十四条 监察机关可以对涉嫌职务犯罪的被调查人以及可能隐藏被调查人或者犯罪证据的人的身体、物品、住处和其他有关地方进行搜查。在搜查时，应当出示搜查证，并有被搜查人或者其家属等见证人在场。

搜查女性身体，应当由女性工作人员进行。

监察机关进行搜查时，可以根据工作需要提请公安机关配合。公安机关应当依法予以协助。

▶《刑法》

第二百四十五条 非法搜查他人身体、住宅，或者非法侵入他人住宅的，处三年以下有期徒刑或者拘役。

司法工作人员滥用职权，犯前款罪的，从重处罚。

▶《反间谍法》

第三十二条 对非法持有属于国家秘密的文件、资料和其他物品的，以及非法持有、使用专用间谍器材的，国家安全机关可以依法对其人身、物品、住处和其他有关的地方进行搜查；对其非法持有的属于国家秘密的文件、资料和其他物品，以及非法持有、使用的专用间谍器材予以没收。非法持有属于国家秘密的文件、资料和其他物品，构成犯罪的，依法追究刑事责任；尚不构成犯罪的，由国家安全机关予以警告或者处十五日以下行政拘留。

▶《治安管理处罚法》

第四十二条 有下列行为之一的，处五日以下拘留或者五百元以下罚款；情节较重的，处五日以上十日以下拘留，可以并处五百元以下罚款：

（一）写恐吓信或者以其他方法威胁他人人身安全的；

（二）公然侮辱他人或者捏造事实诽谤他人的；

（三）捏造事实诬告陷害他人，企图使他人受到刑事追究或者受到治安管理处罚的；

（四）对证人及其近亲属进行威胁、侮辱、殴打或者打击报复的；

（五）多次发送淫秽、侮辱、恐吓或者其他信息，干扰他人正常生活的；

（六）偷窥、偷拍、窃听、散布他人隐私的。

《人民警察法》

第十二条 为侦查犯罪活动的需要，公安机关的人民警察可以依法执行拘留、搜查、逮捕或者其他强制措施。

第二十二条 人民警察不得有下列行为：

（一）散布有损国家声誉的言论，参加非法组织，参加旨在反对国家的集会、游行、示威等活动，参加罢工；

（二）泄露国家秘密、警务工作秘密；

（三）弄虚作假，隐瞒案情，包庇、纵容违法犯罪活动；

（四）刑讯逼供或者体罚、虐待人犯；

（五）非法剥夺、限制他人人身自由，非法搜查他人的身体、物品、住所或者场所；

（六）敲诈勒索或者索取、收受贿赂；

（七）殴打他人或者唆使他人打人；

（八）违法实施处罚或者收取费用；

（九）接受当事人及其代理人的请客送礼；

（十）从事营利性的经营活动或者受雇于任何个人或者组织；

（十一）玩忽职守，不履行法定义务；

（十二）其他违法乱纪的行为。

《人民武装警察法》

第十九条 人民武装警察不得有下列行为：

（一）非法剥夺、限制他人人身自由，非法搜查他人的身体、物品、交通工具、住所、场所；

（二）包庇、纵容违法犯罪活动；

（三）泄露国家秘密、军事秘密；

（四）其他违法违纪行为。

《外交特权与豁免条例》

第四条 使馆馆舍不受侵犯。中国国家工作人员进入使馆馆舍，须经使馆馆长或者其授权人员的同意。中国有关机关应当采取适当措施，保护使馆馆舍免受侵犯或者损害。

使馆的馆舍、设备及馆舍内其他财产和使馆交通工具免受搜查、征用、扣押或者强制执行。

▶《保安服务管理条例》

第二十五条 保安服务中使用的技术防范产品，应当符合有关的产品质量要求。保安服务中安装监控设备应当遵守国家有关技术规范，使用监控设备不得侵犯他人合法权益或者个人隐私。

保安服务中形成的监控影像资料、报警记录，应当至少留存30日备查，保安从业单位和客户单位不得删改或者扩散。

▶《民事执行中财产调查规定》

第十四条 被执行人隐匿财产、会计账簿等资料拒不交出的，人民法院可以依法采取搜查措施。

人民法院依法搜查时，对被执行人可能隐匿财产或者资料的处所、箱柜等，经责令被执行人开启而拒不配合的，可以强制开启。

▶《民事诉讼法司法解释》

第四百九十六条 在执行中，被执行人隐匿财产、会计账簿等资料的，人民法院除可依照民事诉讼法第一百一十一条第一款第六项规定对其处理外，还应责令被执行人交出隐匿的财产、会计账簿等资料。被执行人拒不交出的，人民法院可以采取搜查措施。

第一千零三十四条 【个人信息；个人信息中的私密信息】 自然人的个人信息受法律保护。

个人信息是以电子或者其他方式记录的能够单独或者与其他信息结合识别特定自然人的各种信息，包括自然人的姓名、出生日期、身份证件号码、生物识别信息、住址、电话号码、电子邮箱、健康信息、行踪信息等。

个人信息中的私密信息，适用有关隐私权的规定；没有规定的，适用有关个人信息保护的规定。

条文对比

《民法典人格权编》	《网络安全法》
第一千零三十四条　自然人的个人信息受法律保护。 个人信息是以电子或者其他方式记录的能够单独或者与其他信息结合识别**特定**自然人的各种信息，包括自然人的姓名、出生日期、身份证件号码、生物识别信息、住址、电话号码**、电子邮箱、健康信息、行踪信息**等。 **个人信息中的私密信息，适用有关隐私权的规定；没有规定的，适用有关个人信息保护的规定。**	**第七十六条第五项**　~~本法下列用语的含义：~~ ~~（五）~~个人信息~~，~~是~~指~~以电子或者其他方式记录的能够单独或者与其他信息结合识别自然人~~个人身份~~的各种信息，包括~~但不限于~~自然人的姓名、出生日期、身份证件号码、~~个人~~生物识别信息、住址、电话号码等。

关联法规

《民法典总则编》

第一百一十一条　自然人的个人信息受法律保护。任何组织或者个人需要获取他人个人信息的，应当依法取得并确保信息安全，不得非法收集、使用、加工、传输他人个人信息，不得非法买卖、提供或者公开他人个人信息。

《社会保险法》

第九十二条　社会保险行政部门和其他有关行政部门、社会保险经办机构、社会保险费征收机构及其工作人员泄露用人单位和个人信息的，对直接负责的主管人员和其他直接责任人员依法给予处分；给用人单位或者个人造成损失的，应当承担赔偿责任。

《旅游法》

第五十二条　旅游经营者对其在经营活动中知悉的旅游者个人信息，应当予以保密。

《国际刑事司法协助法》

第十七条　办案机关收到主管机关交办的外国刑事司法协助请求后，应当依法执行，并将执行结果或者妨碍执行的情形及时报告主管机关。

办案机关在执行请求过程中，应当维护当事人和其他相关人员的合法权益，保护个人信息。

▶《电子商务法》

第三十二条 电子商务平台经营者应当遵循公开、公平、公正的原则，制定平台服务协议和交易规则，明确进入和退出平台、商品和服务质量保障、消费者权益保护、个人信息保护等方面的权利和义务。

▶《网络安全法》

第四十四条 任何个人和组织不得窃取或者以其他非法方式获取个人信息，不得非法出售或者非法向他人提供个人信息。

▶《消费者权益保护法》

第十四条 消费者在购买、使用商品和接受服务时，享有人格尊严、民族风俗习惯得到尊重的权利，享有个人信息依法得到保护的权利。

▶《人力资源市场暂行条例》

第二十九条 人力资源服务机构发布人力资源供求信息，应当建立健全信息发布审查和投诉处理机制，确保发布的信息真实、合法、有效。

人力资源服务机构在业务活动中收集用人单位和个人信息的，不得泄露或者违法使用所知悉的商业秘密和个人信息。

▶《彩票管理条例》

第二十七条 彩票发行机构、彩票销售机构、彩票代销者以及其他因职务或者业务便利知悉彩票中奖者个人信息的人员，应当对彩票中奖者个人信息予以保密。

第四十条 彩票发行机构、彩票销售机构有下列行为之一的，由财政部门责令改正；有违法所得的，没收违法所得；对直接负责的主管人员和其他直接责任人员，依法给予处分：

（一）采购不符合标准的彩票设备或者技术服务的；

（二）进行虚假性、误导性宣传的；

（三）以诋毁同业者等手段进行不正当竞争的；

（四）向未成年人销售彩票的；

（五）泄露彩票中奖者个人信息的；

（六）未将逾期未兑奖的奖金纳入彩票公益金的；

（七）未按规定上缴彩票公益金、彩票发行费中的业务费的。

▶《侵犯公民个人信息刑事案件司法解释》

第一条 刑法第二百五十三条之一规定的“公民个人信息”，是指以电子或者其他方式记录的能够单独或者与其他信息结合识别特定自然人身份或者反映特定自然人活动情况的各种信息，包括姓名、身份证件号码、通信通讯联系方式、住址、账号密码、财产状况、行踪轨迹等。

▶《人民法院在互联网公布裁判文书的规定》

第十条 人民法院在互联网公布裁判文书时，应当删除下列信息：

（一）自然人的家庭住址、通讯方式、身份证号码、银行账号、健康状况、车牌号码、动产或不动产权属证书编号等个人信息；

（二）法人以及其他组织的银行账号、车牌号码、动产或不动产权属证书编号等信息

（三）涉及商业秘密的信息；

（四）家事、人格权益等纠纷中涉及个人隐私的信息；

（五）涉及技术侦查措施的信息；

（六）人民法院认为不宜公开的其他信息。

按照本条第一款删除信息影响对裁判文书正确理解的，用符号“×”作部分替代。

▶《旅游纠纷司法解释》

第九条 旅游经营者、旅游辅助服务者泄露旅游者个人信息或者未经旅游者同意公开其个人信息，旅游者请求其承担相应责任的，人民法院应予支持。

第一千零三十五条　【个人信息处理的原则和条件】 处理个人信息的，应当遵循合法、正当、必要原则，不得过度处理，并符合下列条件：

（一）征得该自然人或者其监护人同意，但是法律、行政法规另有规定的除外；

（二）公开处理信息的规则；

（三）明示处理信息的目的、方式和范围；

（四）不违反法律、行政法规的规定和双方的约定。

个人信息的处理包括个人信息的收集、存储、使用、加工、传输、提供、公开等。

条文对比

《民法典人格权编》	《网络安全法》
第一千零三十五条 处理个人信息的，应当遵循合法、正当、必要原则，不得过度处理，并符合下列条件： （一）征得该自然人或者其监护人同意，但是法律、行政法规另有规定的除外； （二）公开处理信息的规则； （三）明示处理信息的目的、方式和范围； （四）不违反法律、行政法规的规定和双方的约定。 个人信息的处理包括个人信息的收集、存储、使用、加工、传输、提供、公开等。	**第四十一条** 网络运营者收集、使用个人信息，应当遵循合法、正当、必要的原则，公开收集、使用规则，明示收集、使用信息的目的、方式和范围，并经被收集者同意。 网络运营者不得收集与其提供的服务无关的个人信息，不得违反法律、行政法规的规定和双方的约定收集、使用个人信息，并应当依照法律、行政法规的规定和与用户的约定，处理其保存的个人信息。

关联法规

▶《电子商务法》

第二十三条 电子商务经营者收集、使用其用户的个人信息，应当遵守法律、行政法规有关个人信息保护的规定。

▶《核安全法》

第六十九条 涉及国家秘密、商业秘密和个人信息的政府信息公开，按照国家有关规定执行。

▶《测绘法》

第四十七条 地理信息生产、保管、利用单位应当对属于国家秘密的地理信息的获取、持有、提供、利用情况进行登记并长期保存，实行可追溯管理。

从事测绘活动涉及获取、持有、提供、利用属于国家秘密的地理信息，应当遵守保密法律、行政法规和国家有关规定。

地理信息生产、利用单位和互联网地图服务提供者收集、使用用户个人信息的，应当遵守法律、行政法规关于个人信息保护的规定。

▶《网络安全法》

第二十二条 网络产品、服务应当符合相关国家标准的强制性要求。网络产品、服务的提供者不得设置恶意程序；发现其网络产品、服务存在安全缺陷、漏洞等风险时，应当立即采取补救措施，按照规定及时告知用户并向有关主管部门报告。

网络产品、服务的提供者应当为其产品、服务持续提供安全维护；在规定或者当事人约定的期限内，不得终止提供安全维护。

网络产品、服务具有收集用户信息功能的，其提供者应当向用户明示并取得同意；涉及用户个人信息的，还应当遵守本法和有关法律、行政法规关于个人信息保护的规定。

第三十七条 关键信息基础设施的运营者在中华人民共和国境内运营中收集和产生的个人信息和重要数据应当在境内存储。因业务需要，确需向境外提供的，应当按照国家网信部门会同国务院有关部门制定的办法进行安全评估；法律、行政法规另有规定的，依照其规定。

第四十条 网络运营者应当对其收集的用户信息严格保密，并建立健全用户信息保护制度。

第四十二条 网络运营者不得泄露、篡改、毁损其收集的个人信息；未经被收集者同意，不得向他人提供个人信息。但是，经过处理无法识别特定个人且不能复原的除外。

网络运营者应当采取技术措施和其他必要措施，确保其收集的个人信息安全，防止信息泄露、毁损、丢失。在发生或者可能发生个人信息泄露、毁损、丢失的情况时，应当立即采取补救措施，按照规定及时告知用户并向有关主管部门报告。

▶《消费者权益保护法》

第二十九条 经营者收集、使用消费者个人信息，应当遵循合法、正当、必要的原则，明示收集、使用信息的目的、方式和范围，并经消费者同意。经营者收集、使用消费者个人信息，应当公开其收集、使用规则，不得违反法律、法规的规定和双方的约定收集、使用信息。

经营者及其工作人员对收集的消费者个人信息必须严格保密，不得泄露、出售或者非法向他人提供。经营者应当采取技术措施和其他必要措施，确保信息安全，防止消费者个人信息泄露、丢失。在发生或者可能发生信息泄露、丢失的情况时，应当立即采取补救措施。

经营者未经消费者同意或者请求，或者消费者明确表示拒绝的，不得向其发送商业性信息。

▶《地图管理条例》

第三十五条 互联网地图服务单位收集、使用用户个人信息的，应当明示收集、使用信息的目的、方式和范围，并经用户同意。

互联网地图服务单位需要收集、使用用户个人信息的，应当公开收集、使用规则，不得泄露、篡改、出售或者非法向他人提供用户的个人信息。

互联网地图服务单位应当采取技术措施和其他必要措施，防止用户的个人信息泄露、丢失。

▶《征信业管理条例》

第十三条 采集个人信息应当经信息主体本人同意，未经本人同意不得采集。但是，依照法律、行政法规规定公开的信息除外。

企业的董事、监事、高级管理人员与其履行职务相关的信息，不作为个人信息。

第十九条 征信机构或者信息提供者、信息使用者采用格式合同条款取得个人信息主体同意的，应当在合同中作出足以引起信息主体注意的提示，并按照信息主体的要求作出明确说明。

第二十条 信息使用者应当按照与个人信息主体约定的用途使用个人信息，不得用作约定以外的用途，不得未经个人信息主体同意向第三方提供。

第一千零三十六条 【处理个人信息不承担责任的特定情形】 处理个人信息，有下列情形之一的，行为人不承担民事责任：

（一）在该自然人或者其监护人同意的范围内合理实施的行为；

（二）合理处理该自然人自行公开的或者其他已经合法公开的信息，但是该自然人明确拒绝或者处理该信息侵害其重大利益的除外；

（三）为维护公共利益或者该自然人合法权益，合理实施的其他行为。

条文对比

《民法典人格权编》	新增条文
第一千零三十六条　处理个人信息，有下列情形之一的，行为人不承担民事责任： （一）在该自然人或者其监护人同意的范围内合理实施的行为； （二）合理处理该自然人自行公开的或者其他已经合法公开的信息，但是该自然人明确拒绝或者处理该信息侵害其重大利益的除外； （三）为维护公共利益或者该自然人合法权益，合理实施的其他行为。	

关联法规

《个人所得税法实施条例》

第三十条　扣缴义务人应当按照纳税人提供的信息计算办理扣缴申报，不得擅自更改纳税人提供的信息。

纳税人发现扣缴义务人提供或者扣缴申报的个人信息、所得、扣缴税款等与实际情况不符的，有权要求扣缴义务人修改。扣缴义务人拒绝修改的，纳税人应当报告税务机关，税务机关应当及时处理。

纳税人、扣缴义务人应当按照规定保存与专项附加扣除相关的资料。税务机关可以对纳税人提供的专项附加扣除信息进行抽查，具体办法由国务院税务主管部门另行规定。税务机关发现纳税人提供虚假信息的，应当责令改正并通知扣缴义务人；情节严重的，有关部门应当依法予以处理，纳入信用信息系统并实施联合惩戒。

▶《征信业管理条例》

第十七条 信息主体可以向征信机构查询自身信息。个人信息主体有权每年两次免费获取本人的信用报告。

第一千零三十七条 【个人信息决定权】 自然人可以依法向信息处理者查阅或者复制其个人信息；发现信息有错误的，有权提出异议并请求及时采取更正等必要措施。

自然人发现信息处理者违反法律、行政法规的规定或者双方的约定处理其个人信息的，有权请求信息处理者及时删除。

条文对比

《民法典人格权编》	《网络安全法》
第一千零三十七条 自然人可以依法向信息处理者查阅或者复制其个人信息；发现信息有错误的，有权提出异议并请求及时采取更正等必要措施。 自然人发现信息处理者违反法律、行政法规的规定或者双方的约定处理其个人信息的，有权请求信息处理者及时删除。	**第四十三条** 个人发现网络运营者违反法律、行政法规的规定或者双方的约定收集、使用其个人信息的，有权要求网络运营者删除其个人信息；发现网络运营者收集、存储的其个人信息有错误的，有权要求网络运营者予以更正。网络运营者应当采取措施予以删除或者更正。

关联法规

▶《利用信息网络侵害人身权益纠纷案件规定》

第十二条 网络用户或者网络服务提供者利用网络公开自然人基因信息、病历资料、健康检查资料、犯罪记录、家庭住址、私人活动等个人隐私和其他个人信息，造成他人损害，被侵权人请求其承担侵权责任的，人民法院应予支持。但下列情形除外：

（一）经自然人书面同意且在约定范围内公开；

（二）为促进社会公共利益且在必要范围内；

（三）学校、科研机构等基于公共利益为学术研究或者统计的目的，经自然人书面同意，且公开的方式不足以识别特定自然人；

（四）自然人自行在网络上公开的信息或者其他已合法公开的个人信息；

（五）以合法渠道获取的个人信息；

（六）法律或者行政法规另有规定。

网络用户或者网络服务提供者以违反社会公共利益、社会公德的方式公开前款第四项、第五项规定的个人信息，或者公开该信息侵害权利人值得保护的重大利益，权利人请求网络用户或者网络服务提供者承担侵权责任的，人民法院应予支持。

国家机关行使职权公开个人信息的，不适用本条规定。

第一千零三十八条　【个人信息安全】信息处理者不得泄露或者篡改其收集、存储的个人信息；未经自然人同意，不得向他人非法提供其个人信息，但是经过加工无法识别特定个人且不能复原的除外。

信息处理者应当采取技术措施和其他必要措施，确保其收集、存储的个人信息安全，防止信息泄露、篡改、丢失；发生或者可能发生个人信息泄露、篡改、丢失的，应当及时采取补救措施，按照规定告知自然人并向有关主管部门报告。

条文对比

《民法典人格权编》	《网络安全法》
第一千零三十八条　信息处理者不得泄露或者篡改其收集、**存储**的个人信息；未经自然人同意，不得向他人**非法**提供**其**个人信息，但是经过加工无法识别特定个人且不能复原的除外。 信息处理者应当采取技术措施和其他必要措施，确保其收集、**存储**的个人信息安全，防止信息泄露、**篡改**、丢失；发生或者可能发生个人信息泄露、**篡改**、丢失的，应当及时采取补救措施，按照规定告知自然人并向有关主管部门报告。	**第四十二条**　网络运营者不得泄露、篡改、~~毁损~~其收集的个人信息；未经被收集者同意，不得向他人提供个人信息。但是~~，~~经过处理无法识别特定个人且不能复原的除外。 网络运营者应当采取技术措施和其他必要措施，确保其收集的个人信息安全，防止信息泄露、~~毁损~~、丢失。在发生或者可能发生个人信息泄露、~~毁损~~、丢失的~~情况时~~，应当立即采取补救措施，按照规定~~及时~~告知用户并向有关主管部门报告。

关联法规

▶《网络安全法》

第四十三条 个人发现网络运营者违反法律、行政法规的规定或者双方的约定收集、使用其个人信息的，有权要求网络运营者删除其个人信息；发现网络运营者收集、存储的其个人信息有错误的，有权要求网络运营者予以更正。网络运营者应当采取措施予以删除或者更正。

▶《消费者权益保护法》

第二十九条 经营者收集、使用消费者个人信息，应当遵循合法、正当、必要的原则，明示收集、使用信息的目的、方式和范围，并经消费者同意。经营者收集、使用消费者个人信息，应当公开其收集、使用规则，不得违反法律、法规的规定和双方的约定收集、使用信息。

经营者及其工作人员对收集的消费者个人信息必须严格保密，不得泄露、出售或者非法向他人提供。经营者应当采取技术措施和其他必要措施，确保信息安全，防止消费者个人信息泄露、丢失。在发生或者可能发生信息泄露、丢失的情况时，应当立即采取补救措施。

经营者未经消费者同意或者请求，或者消费者明确表示拒绝的，不得向其发送商业性信息。

▶《地图管理条例》

第三十五条 互联网地图服务单位收集、使用用户个人信息的，应当明示收集、使用信息的目的、方式和范围，并经用户同意。

互联网地图服务单位需要收集、使用用户个人信息的，应当公开收集、使用规则，不得泄露、篡改、出售或者非法向他人提供用户的个人信息。

互联网地图服务单位应当采取技术措施和其他必要措施，防止用户的个人信息泄露、丢失。

▶《利用信息网络侵害人身权益纠纷案件规定》

第十二条 网络用户或者网络服务提供者利用网络公开自然人基因信息、病历资料、健康检查资料、犯罪记录、家庭住址、私人活动等个人隐私和其他个人信息，造成他人损害，被侵权人请求其承担侵权责任的，人民法院应予支持。但下列情形除外：

（一）经自然人书面同意且在约定范围内公开；

（二）为促进社会公共利益且在必要范围内；

（三）学校、科研机构等基于公共利益为学术研究或者统计的目的，经自然人书面同意，且公开的方式不足以识别特定自然人；

（四）自然人自行在网络上公开的信息或者其他已合法公开的个人信息；

（五）以合法渠道获取的个人信息；

（六）法律或者行政法规另有规定。

网络用户或者网络服务提供者以违反社会公共利益、社会公德的方式公开前款第四项、第五项规定的个人信息，或者公开该信息侵害权利人值得保护的重大利益，权利人请求网络用户或者网络服务提供者承担侵权责任的，人民法院应予支持。

国家机关行使职权公开个人信息的，不适用本条规定。

第一千零三十九条　【国家机关及其工作人员对个人信息的保密义务】国家机关、承担行政职能的法定机构及其工作人员对于履行职责过程中知悉的自然人的隐私和个人信息，应当予以保密，不得泄露或者向他人非法提供。

条文对比

《民法典人格权编》	新增条文
第一千零三十九条　国家机关、承担行政职能的法定机构及其工作人员对于履行职责过程中知悉的自然人的隐私和个人信息，应当予以保密，不得泄露或者向他人非法提供。	

关联法规

▶《社会保险法》

第九十二条　社会保险行政部门和其他有关行政部门、社会保险经办机构、社会保险费征收机构及其工作人员泄露用人单位和个人信息的，对直接负责的主管人员和其他直接责任人员依法给予处分；给用人单位或者个人造成损失的，应当承担赔偿责任。

▶《刑事诉讼法》

第六十四条 对于危害国家安全犯罪、恐怖活动犯罪、黑社会性质的组织犯罪、毒品犯罪等案件，证人、鉴定人、被害人因在诉讼中作证，本人或者其近亲属的人身安全面临危险的，人民法院、人民检察院和公安机关应当采取以下一项或者多项保护措施：

（一）不公开真实姓名、住址和工作单位等个人信息；

（二）采取不暴露外貌、真实声音等出庭作证措施；

（三）禁止特定的人员接触证人、鉴定人、被害人及其近亲属；

（四）对人身和住宅采取专门性保护措施；

（五）其他必要的保护措施。

证人、鉴定人、被害人认为因在诉讼中作证，本人或者其近亲属的人身安全面临危险的，可以向人民法院、人民检察院、公安机关请求予以保护。

人民法院、人民检察院、公安机关依法采取保护措施，有关单位和个人应当配合。

▶《旅游法》

第八十六条 旅游主管部门和有关部门依法实施监督检查，其监督检查人员不得少于二人，并应当出示合法证件。监督检查人员少于二人或者未出示合法证件的，被检查单位和个人有权拒绝。

监督检查人员对在监督检查中知悉的被检查单位的商业秘密和个人信息应当依法保密。

▶《公共图书馆法》

第四十三条 公共图书馆应当妥善保护读者的个人信息、借阅信息以及其他可能涉及读者隐私的信息，不得出售或者以其他方式非法向他人提供。

第五十条 公共图书馆及其工作人员有下列行为之一的，由文化主管部门责令改正，没收违法所得：

（一）违规处置文献信息；

（二）出售或者以其他方式非法向他人提供读者的个人信息、借阅信息以及其他可能涉及读者隐私的信息；

（三）向社会公众提供文献信息违反有关法律、行政法规的规定，或者向未成年人提供内容不适宜的文献信息；

（四）将设施设备场地用于与公共图书馆服务无关的商业经营活动；

（五）其他不履行本法规定的公共图书馆服务要求的行为。

公共图书馆及其工作人员对应当免费提供的服务收费或者变相收费的，由价格主管部门依照前款规定给予处罚。

公共图书馆及其工作人员有前两款规定行为的，对直接负责的主管人员和其他直接责任人员依法追究法律责任。

▶《电子商务法》

第二十五条 有关主管部门依照法律、行政法规的规定要求电子商务经营者提供有关电子商务数据信息的，电子商务经营者应当提供。有关主管部门应当采取必要措施保护电子商务经营者提供的数据信息的安全，并对其中的个人信息、隐私和商业秘密严格保密，不得泄露、出售或者非法向他人提供。

第七十九条 电子商务经营者违反法律、行政法规有关个人信息保护的规定，或者不履行本法第三十条和有关法律、行政法规规定的网络安全保障义务的，依照《中华人民共和国网络安全法》等法律、行政法规的规定处罚。

第八十七条 依法负有电子商务监督管理职责的部门的工作人员，玩忽职守、滥用职权、徇私舞弊，或者泄露、出售或者非法向他人提供在履行职责中所知悉的个人信息、隐私和商业秘密的，依法追究法律责任。

▶《国家情报法》

第十九条 国家情报工作机构及其工作人员应当严格依法办事，不得超越职权、滥用职权，不得侵犯公民和组织的合法权益，不得利用职务便利为自己或者他人谋取私利，不得泄露国家秘密、商业秘密和个人信息。

第三十一条 国家情报工作机构及其工作人员有超越职权、滥用职权，侵犯公民和组织的合法权益，利用职务便利为自己或者他人谋取私利，泄露国家秘密、商业秘密和个人信息等违法违纪行为的，依法给予处分；构成犯罪的，依法追究刑事责任。

▶《反恐怖主义法》

第七十六条 因报告和制止恐怖活动，在恐怖活动犯罪案件中作证，或者从事反恐怖主义工作，本人或者其近亲属的人身安全面临危险的，经本人或者其近亲属提出申请，公安机关、有关部门应当采取下列一项或者多项保护措施：

（一）不公开真实姓名、住址和工作单位等个人信息；

（二）禁止特定的人接触被保护人员；

（三）对人身和住宅采取专门性保护措施；

（四）变更被保护人员的姓名，重新安排住所和工作单位；

（五）其他必要的保护措施。

公安机关、有关部门应当依照前款规定，采取不公开被保护单位的真实名称、地址，禁止特定的人接近被保护单位，对被保护单位办公、经营场所采取专门性保护措施，以及其他必要的保护措施。

《刑法》

第二百五十三条之一 违反国家有关规定，向他人出售或者提供公民个人信息，情节严重的，处三年以下有期徒刑或者拘役，并处或者单处罚金；情节特别严重的，处三年以上七年以下有期徒刑，并处罚金。

违反国家有关规定，将在履行职责或者提供服务过程中获得的公民个人信息，出售或者提供给他人的，依照前款的规定从重处罚。

窃取或者以其他方法非法获取公民个人信息的，依照第一款的规定处罚。

单位犯前三款罪的，对单位判处罚金，并对其直接负责的主管人员和其他直接责任人员，依照各该款的规定处罚。

《核安全法》

第七十四条 核安全监督检查人员应当忠于职守，勤勉尽责，秉公执法。

核安全监督检查人员应当具备与监督检查活动相应的专业知识和业务能力，并定期接受培训。

核安全监督检查人员执行监督检查任务，应当出示有效证件，对获知的国家秘密、商业秘密和个人信息，应当依法予以保密。

第七十五条 违反本法规定，有下列情形之一的，对直接负责的主管人员和其他直接责任人员依法给予处分：

（一）国务院核安全监督管理部门或者其他有关部门未依法对许可申请进行审批的；

（二）国务院有关部门或者核设施所在地省、自治区、直辖市人民政府指定的部门未依法公开核安全相关信息的；

（三）核设施所在地省、自治区、直辖市人民政府未就影响公众利益的重大核安全事项征求利益相关方意见的；

（四）国务院核安全监督管理部门或者其他有关部门未将监督检查情况形成报告，或者未建立档案的；

（五）核安全监督检查人员执行监督检查任务，未出示有效证件，或者对获知的国家秘密、商业秘密、个人信息未依法予以保密的；

（六）国务院核安全监督管理部门或者其他有关部门，省、自治区、直辖市人民政府有关部门有其他滥用职权、玩忽职守、徇私舞弊行为的。

《网络安全法》

第四十四条 任何个人和组织不得窃取或者以其他非法方式获取个人信息，不得非法出售或者非法向他人提供个人信息。

第四十五条 依法负有网络安全监督管理职责的部门及其工作人员，必须对在履行职责中知悉的个人信息、隐私和商业秘密严格保密，不得泄露、出售或者非法向他人提供。

第六十四条 网络运营者、网络产品或者服务的提供者违反本法第二十二条第三款、第四十一条至第四十三条规定，侵害个人信息依法得到保护的权利的，由有关主管部门责令改正，可以根据情节单处或者并处警告、没收违法所得、处违法所得一倍以上十倍以下罚款，没有违法所得的，处一百万元以下罚款，对直接负责的主管人员和其他直接责任人员处一万元以上十万元以下罚款；情节严重的，并可以责令暂停相关业务、停业整顿、关闭网站、吊销相关业务许可证或者吊销营业执照。

违反本法第四十四条规定，窃取或者以其他非法方式获取、非法出售或者非法向他人提供个人信息，尚不构成犯罪的，由公安机关没收违法所得，并处违法所得一倍以上十倍以下罚款，没有违法所得的，处一百万元以下罚款。

《出境入境管理法》

第八十五条 履行出境入境管理职责的工作人员，有下列行为之一的，依法给予处分：

（一）违反法律、行政法规，为不符合规定条件的外国人签发签证、外国人停留居留证件等出境入境证件的；

（二）违反法律、行政法规，审核验放不符合规定条件的人员或者交通运输工具出境入境的；

（三）泄露在出境入境管理工作中知悉的个人信息，侵害当事人合法权益的；

（四）不按照规定将依法收取的费用、收缴的罚款及没收的违法所得、非法财物上缴国库的；

（五）私分、侵占、挪用罚没、扣押的款物或者收取的费用的；

（六）滥用职权、玩忽职守、徇私舞弊，不依法履行法定职责的其他行为。

▶《居民身份证法》

第六条 居民身份证式样由国务院公安部门制定。居民身份证由公安机关统一制作、发放。

居民身份证具备视读与机读两种功能，视读、机读的内容限于本法第三条第一款规定的项目。

公安机关及其人民警察对因制作、发放、查验、扣押居民身份证而知悉的公民的个人信息，应当予以保密。

第十三条 公民从事有关活动，需要证明身份的，有权使用居民身份证证明身份，有关单位及其工作人员不得拒绝。

有关单位及其工作人员对履行职责或者提供服务过程中获得的居民身份证记载的公民个人信息，应当予以保密。

第十九条 国家机关或者金融、电信、交通、教育、医疗等单位的工作人员泄露在履行职责或者提供服务过程中获得的居民身份证记载的公民个人信息，构成犯罪的，依法追究刑事责任；尚不构成犯罪的，由公安机关处十日以上十五日以下拘留，并处五千元罚款，有违法所得的，没收违法所得。

单位有前款行为，构成犯罪的，依法追究刑事责任；尚不构成犯罪的，由公安机关对其直接负责的主管人员和其他直接责任人员，处十日以上十五日以下拘留，并处十万元以上五十万元以下罚款，有违法所得的，没收违法所得。

有前两款行为，对他人造成损害的，依法承担民事责任。

第二十条 人民警察有下列行为之一的，根据情节轻重，依法给予行政处分；构成犯罪的，依法追究刑事责任：

（一）利用制作、发放、查验居民身份证的便利，收受他人财物或者谋取其他利益的；

（二）非法变更公民身份号码，或者在居民身份证上登载本法第三条第一款规定项目以外的信息或者故意登载虚假信息的；

（三）无正当理由不在法定期限内发放居民身份证的；

（四）违反规定查验、扣押居民身份证，侵害公民合法权益的；

（五）泄露因制作、发放、查验、扣押居民身份证而知悉的公民个人信息，侵害公民合法权益的。

▶《统计法》

第九条 统计机构和统计人员对在统计工作中知悉的国家秘密、商业秘密和个人信息，应当予以保密。

第三十九条 县级以上人民政府统计机构或者有关部门有下列行为之一的，对直接负责的主管人员和其他直接责任人员由任免机关或者监察机关依法给予处分：

（一）违法公布统计资料的；

（二）泄露统计调查对象的商业秘密、个人信息或者提供、泄露在统计调查中获得的能够识别或者推断单个统计调查对象身份的资料的；

（三）违反国家有关规定，造成统计资料毁损、灭失的。

统计人员有前款所列行为之一的，依法给予处分。

▶《护照法》

第十二条 护照具备视读与机读两种功能。

护照的防伪性能参照国际技术标准制定。

护照签发机关及其工作人员对因制作、签发护照而知悉的公民个人信息，应当予以保密。

第二十条 护照签发机关工作人员在办理护照过程中有下列行为之一的，依法给予行政处分；构成犯罪的，依法追究刑事责任：

（一）应当受理而不予受理的；

（二）无正当理由不在法定期限内签发的；

（三）超出国家规定标准收取费用的；

（四）向申请人索取或者收受贿赂的；

（五）泄露因制作、签发护照而知悉的公民个人信息，侵害公民合法权益的；

（六）滥用职权、玩忽职守、徇私舞弊的其他行为。

▶《国务院关于在线政务服务的若干规定》

第十四条 政务服务机构及其工作人员泄露、出售或者非法向他人提供履行职责过程中知悉的个人信息、隐私和商业秘密，或者不依法履行职责，玩忽职守、滥用职权、徇私舞弊的，依法追究法律责任。

《缺陷汽车产品召回管理条例》

第七条 产品质量监督部门和有关部门、机构及其工作人员对履行本条例规定职责所知悉的商业秘密和个人信息，不得泄露。

第二十五条 违反本条例规定，从事缺陷汽车产品召回监督管理工作的人员有下列行为之一的，依法给予处分：

（一）将生产者、经营者提供的资料、产品和专用设备用于缺陷调查所需的技术检测和鉴定以外的用途；

（二）泄露当事人商业秘密或者个人信息；

（三）其他玩忽职守、徇私舞弊、滥用职权行为。

《社会救助暂行办法》

第六十一条 履行社会救助职责的工作人员对在社会救助工作中知悉的公民个人信息，除按照规定应当公示的信息外，应当予以保密。

第六十六条 违反本办法规定，有下列情形之一的，由上级行政机关或者监察机关责令改正；对直接负责的主管人员和其他直接责任人员依法给予处分：

（一）对符合申请条件的救助申请不予受理的；

（二）对符合救助条件的救助申请不予批准的；

（三）对不符合救助条件的救助申请予以批准的；

（四）泄露在工作中知悉的公民个人信息，造成后果的；

（五）丢失、篡改接受社会救助款物、服务记录等数据的；

（六）不按照规定发放社会救助资金、物资或者提供相关服务的；

（七）在履行社会救助职责过程中有其他滥用职权、玩忽职守、徇私舞弊行为的。

《戒毒条例》

第七条 戒毒人员在入学、就业、享受社会保障等方面不受歧视。

对戒毒人员戒毒的个人信息应当依法予以保密。对戒断3年未复吸的人员，不再实行动态管控。

第十条 戒毒医疗机构应当与自愿戒毒人员或者其监护人签订自愿戒毒协议，就戒毒方法、戒毒期限、戒毒的个人信息保密、戒毒人员应当遵守的规章制度、终止戒毒治疗的情形等作出约定，并应当载明戒毒疗效、戒毒治疗风险。

第四十三条 公安、司法行政、卫生行政等有关部门工作人员泄露戒毒人员个人信息的，依法给予处分；构成犯罪的，依法追究刑事责任。

▶《全国经济普查条例》

第三十二条 各级经济普查机构及其工作人员对在经济普查中所知悉的国家秘密和经济普查对象的商业秘密、个人信息，应当依法履行保密义务。

▶《残疾人教育条例》

第二十条 县级人民政府教育行政部门应当会同卫生行政部门、民政部门、残疾人联合会，建立由教育、心理、康复、社会工作等方面专家组成的残疾人教育专家委员会。

残疾人教育专家委员会可以接受教育行政部门的委托，对适龄残疾儿童、少年的身体状况、接受教育的能力和适应学校学习生活的能力进行评估，提出入学、转学建议；对残疾人义务教育问题提供咨询，提出建议。

依照前款规定作出的评估结果属于残疾儿童、少年的隐私，仅可被用于对残疾儿童、少年实施教育、康复。教育行政部门、残疾人教育专家委员会、学校及其工作人员对在工作中了解的残疾儿童、少年评估结果及其他个人信息负有保密义务。

▶《居住证暂行条例》

第十七条 国家机关及其工作人员对在工作过程中知悉的居住证持有人个人信息，应当予以保密。

第二十条 国家机关及其工作人员有下列行为之一的，依法给予处分；构成犯罪的，依法追究刑事责任：

（一）符合居住证申领条件但拒绝受理、发放；

（二）违反有关规定收取费用；

（三）利用制作、发放居住证的便利，收受他人财物或者谋取其他利益；

（四）将在工作中知悉的居住证持有人个人信息出售或者非法提供给他人；

（五）篡改居住证信息。

▶《利用信息网络侵害人身权益纠纷案件规定》

第十二条 网络用户或者网络服务提供者利用网络公开自然人基因信息、病历资料、健康检查资料、犯罪记录、家庭住址、私人活动等个人隐私和其他个人信息，造成他人损害，被侵权人请求其承担侵权责任的，人民法院应予支持。但下列情形除外：

（一）经自然人书面同意且在约定范围内公开；

（二）为促进社会公共利益且在必要范围内；

（三）学校、科研机构等基于公共利益为学术研究或者统计的目的，经自然人书面同意，且公开的方式不足以识别特定自然人；

（四）自然人自行在网络上公开的信息或者其他已合法公开的个人信息；

（五）以合法渠道获取的个人信息；

（六）法律或者行政法规另有规定。

网络用户或者网络服务提供者以违反社会公共利益、社会公德的方式公开前款第四项、第五项规定的个人信息，或者公开该信息侵害权利人值得保护的重大利益，权利人请求网络用户或者网络服务提供者承担侵权责任的，人民法院应予支持。

国家机关行使职权公开个人信息的，不适用本条规定。

附　则

第一千二百五十九条　【与期间计算有关的术语】民法所称的“以上”、“以下”、“以内”、“届满”，包括本数；所称的“不满”、“超过”、“以外”，不包括本数。

条文对比

《民法典附则编》	《民法通则》
第一千二百五十九条　民法所称的“以上”、“以下”、“以内”、“届满”，包括本数；所称的“不满”、**“超过”**、“以外”，不包括本数。	**第一百五十五条**　民法所称的“以上”、“以下”、“以内”、“届满”，包括本数；所称的“不满”、“以外”，不包括本数。

关联法规

《公司法》

第五十一条　有限责任公司设监事会，其成员不得少于三人。股东人数较少或者规模较小的有限责任公司，可以设一至二名监事，不设监事会。

监事会应当包括股东代表和适当比例的公司职工代表，其中职工代表的比例不得低于三分之一，具体比例由公司章程规定。监事会中的职工代表由公司职工通过职工代表大会、职工大会或者其他形式民主选举产生。

监事会设主席一人，由全体监事过半数选举产生。监事会主席召集和主持监事会会议；监事会主席不能履行职务或者不履行职务的，由半数以上监事共同推举一名监事召集和主持监事会会议。

董事、高级管理人员不得兼任监事。

第七十条　国有独资公司监事会成员不得少于五人，其中职工代表的比例不得低于三分之一，具体比例由公司章程规定。

监事会成员由国有资产监督管理机构委派；但是，监事会成员中的职工代表由公司职工代表大会选举产生。监事会主席由国有资产监督管理机构从监事会成员中指定。

监事会行使本法第五十三条第（一）项至第（三）项规定的职权和国务院规定的其他职权。

▶《证券投资基金法》

第八十六条 基金份额持有人大会应当有代表二分之一以上基金份额的持有人参加，方可召开。

参加基金份额持有人大会的持有人的基金份额低于前款规定比例的，召集人可以在原公告的基金份额持有人大会召开时间的三个月以后、六个月以内，就原定审议事项重新召集基金份额持有人大会。重新召集的基金份额持有人大会应当有代表三分之一以上基金份额的持有人参加，方可召开。

基金份额持有人大会就审议事项作出决定，应当经参加大会的基金份额持有人所持表决权的二分之一以上通过；但是，转换基金的运作方式、更换基金管理人或者基金托管人、提前终止基金合同、与其他基金合并，应当经参加大会的基金份额持有人所持表决权的三分之二以上通过。

基金份额持有人大会决定的事项，应当依法报国务院证券监督管理机构备案，并予以公告。

▶《专利法》

第二十三条 授予专利权的外观设计，应当不属于现有设计；也没有任何单位或者个人就同样的外观设计在申请日以前向国务院专利行政部门提出过申请，并记载在申请日以后公告的专利文件中。

授予专利权的外观设计与现有设计或者现有设计特征的组合相比，应当具有明显区别。

授予专利权的外观设计不得与他人在申请日以前已经取得的合法权利相冲突。本法所称现有设计，是指申请日以前在国内外为公众所知的设计。

第一千二百六十条 【施行日期】本法自2021年1月1日起施行。《中华人民共和国婚姻法》、《中华人民共和国继承法》、《中华人民共和国民法通则》、《中华人民共和国收养法》、《中华人民共和国担保法》、《中华人民共和国合同法》、《中华人民共和国物权法》、《中华人民共和国侵权责任法》、《中华人民共和国民法总则》同时废止。

条文对比

《民法典附则编》	《民法通则》
第一千二百六十条 本法自2021年1月1日起施行。《中华人民共和国婚姻法》、《中华人民共和国继承法》、《中华人民共和国民法通则》、《中华人民共和国收养法》、《中华人民共和国担保法》、《中华人民共和国合同法》、《中华人民共和国物权法》、《中华人民共和国侵权责任法》、《中华人民共和国民法总则》同时废止。	**第一百五十六条** 本法自1987年1月1日起施行。

关联法规

▶《涉外民事关系法律适用法》

第五十二条 本法自2011年4月1日起施行。

法律法规文件简称—全称对照表*

简称	全称	最后一次公布时间及文号
法 律		
《澳门特别行政区基本法》	《中华人民共和国澳门特别行政区基本法》	1993 年 3 月 31 日 主席令第 3 号
《保险法》	《中华人民共和国保险法》	2015 年 4 月 24 日 主席令第 26 号
《残疾人保障法》	《中华人民共和国残疾人保障法》	2018 年 10 月 26 日 主席令第 16 号
《草原法》	《中华人民共和国草原法》	2013 年 6 月 29 日 主席令第 5 号
《测绘法》	《中华人民共和国测绘法》	2017 年 4 月 27 日 主席令第 67 号
《产品质量法》	《中华人民共和国产品质量法》	2018 年 12 月 29 日 主席令第 22 号
《城市房地产管理法》	《中华人民共和国城市房地产管理法》	2019 年 8 月 26 日 主席令第 32 号
《城市居民委员会组织法》	《中华人民共和国城市居民委员会组织法》	2018 年 12 月 29 日 主席令第 21 号
《出境入境管理法》	《中华人民共和国出境入境管理法》	2012 年 6 月 30 日 主席令第 57 号
《传染病防治法》	《中华人民共和国传染病防治法》	2013 年 6 月 29 日 主席令第 5 号

* 本表以法律、行政法规、司法解释、部门规章及其它归为几大类，并在各类别内以文件简称的首字母音序排列。

简称	全称	最后一次公布时间及文号
《慈善法》	《中华人民共和国慈善法》	2016年3月16日 主席令第43号
《村民委员会组织法》	《中华人民共和国村民委员会组织法》	2018年12月29日 主席令第21号
《大气污染防治法》	《中华人民共和国大气污染防治法》	2018年10月26日 主席令第16号
《道路交通安全法》	《中华人民共和国道路交通安全法》	2011年4月22日 主席令第47号
《电力法》	《中华人民共和国电力法》	2018年12月29日 主席令第23号
《电影产业促进法》	《中华人民共和国电影产业促进法》	2016年11月7日 主席令第54号
《电子签名法》	《中华人民共和国电子签名法》	2019年4月23日 主席令第29号
《电子商务法》	《中华人民共和国电子商务法》	2018年8月31日 主席令第7号
《对外贸易法》	《中华人民共和国对外贸易法》	2016年11月7日 主席令第57号
《法官法》	《中华人民共和国法官法》	2019年4月23日 主席令第27号
《反不正当竞争法》	《中华人民共和国反不正当竞争法》	2019年4月23日 主席令第29号
《反家庭暴力法》	《中华人民共和国反家庭暴力法》	2015年12月27日 主席令第37号
《反间谍法》	《中华人民共和国反间谍法》	2014年11月1日 主席令第16号
《反恐怖主义法》	《中华人民共和国反恐怖主义法》	2018年4月27日 主席令第6号

简称	全称	最后一次公布时间及文号
《反洗钱法》	《中华人民共和国反洗钱法》	2006 年 10 月 31 日 主席令第 56 号
《防洪法》	《中华人民共和国防洪法》	2016 年 7 月 2 日 主席令第 48 号
《防沙治沙法》	《中华人民共和国防沙治沙法》	2018 年 10 月 26 日 主席令第 16 号
《防震减灾法》	《中华人民共和国防震减灾法》	2008 年 12 月 27 日 主席令第 7 号
《妇女权益保障法》	《中华人民共和国妇女权益保障法》	2018 年 10 月 26 日 主席令第 16 号
《高等教育法》	《中华人民共和国高等教育法》	2018 年 12 月 29 日 主席令第 23 号
《个人独资企业法》	《中华人民共和国个人独资企业法》	1999 年 8 月 30 日 主席令第 20 号
《工会法》	《中华人民共和国工会法》	2009 年 8 月 27 日 主席令第 18 号
《公共图书馆法》	《中华人民共和国公共图书馆法》	2018 年 10 月 26 日 主席令第 16 号
《公司法》	《中华人民共和国公司法》	2018 年 10 月 26 日 主席令第 15 号
《公务员法》	《中华人民共和国公务员法》	2018 年 12 月 29 日 主席令第 20 号
《公益事业捐赠法》	《中华人民共和国公益事业捐赠法》	1999 年 6 月 28 日 主席令第 19 号
《公证法》	《中华人民共和国公证法》	2017 年 9 月 1 日 主席令第 76 号
《固体废物污染环境防治法》	《中华人民共和国固体废物污染环境防治法》	2020 年 4 月 29 日 主席令第 43 号

简称	全称	最后一次公布时间及文号
《广告法》	《中华人民共和国广告法》	2018年10月26日主席令第16号
《国防动员法》	《中华人民共和国国防动员法》	2010年2月26日主席令第25号
《国防法》	《中华人民共和国国防法》	2009年8月27日主席令第18号
《国防交通法》	《中华人民共和国国防交通法》	2016年9月3日主席令第50号
《国际刑事司法协助法》	《中华人民共和国国际刑事司法协助法》	2018年10月26日主席令第13号
《国家赔偿法》	《中华人民共和国国家赔偿法》	2012年10月26日主席令第68号
《国家情报法》	《中华人民共和国国家情报法》	2018年4月27日主席令第6号
《海关法》	《中华人民共和国海关法》	2017年11月4日主席令第81号
《海商法》	《中华人民共和国海商法》	1992年11月7日主席令第64号
《海上交通安全法》	《中华人民共和国海上交通安全法》	2016年11月7日主席令第57号
《海事诉讼特别程序法》	《中华人民共和国海事诉讼特别程序法》	1999年12月25日主席令第28号
《海洋环境保护法》	《中华人民共和国海洋环境保护法》	2017年11月4日主席令第81号
《合伙企业法》	《中华人民共和国合伙企业法》	2006年8月27日主席令第55号
《合同法》	《中华人民共和国合同法》	1999年3月15日主席令第15号

简称	全称	最后一次公布时间及文号
《核安全法》	《中华人民共和国核安全法》	2017 年 9 月 1 日 主席令第 73 号
《红十字会法》	《中华人民共和国红十字会法》	2017 年 2 月 24 日 主席令第 63 号
《户口登记条例》	《中华人民共和国户口登记条例》	1958 年 1 月 9 日
《护照法》	《中华人民共和国护照法》	2006 年 4 月 29 日 主席令第 50 号
《环境保护法》	《中华人民共和国环境保护法》	2014 年 4 月 24 日 主席令第 9 号
《环境噪声污染防治法》	《中华人民共和国环境噪声污染防治法》	2018 年 12 月 29 日 主席令第 24 号
《婚姻法》	《中华人民共和国婚姻法》	2001 年 4 月 28 日 主席令第 51 号
《继承法》	《中华人民共和国继承法》	1985 年 4 月 10 日 主席令第 24 号
《加强网络信息保护决定》	《全国人民代表大会常务委员会关于加强网络信息保护的决定》	2012 年 12 月 28 日
《监察法》	《中华人民共和国监察法》	2018 年 3 月 20 日 主席令第 3 号
《监狱法》	《中华人民共和国监狱法》	2012 年 10 月 26 日 主席令第 63 号
《检察官法》	《中华人民共和国检察官法》	2019 年 4 月 23 日 主席令第 28 号
《建筑法》	《中华人民共和国建筑法》	2019 年 4 月 23 日 主席令第 29 号
《教师法》	《中华人民共和国教师法》	2009 年 8 月 27 日 主席令第 18 号

简称	全称	最后一次公布时间及文号
《教育法》	《中华人民共和国教育法》	2015年12月27日主席令第39号
《节约能源法》	《中华人民共和国节约能源法》	2018年10月26日主席令第16号
《精神卫生法》	《中华人民共和国精神卫生法》	2018年4月27日主席令第6号
《境外非政府组织境内活动管理法》	《中华人民共和国境外非政府组织境内活动管理法》	2017年11月4日主席令第81号
《居民身份证法》	《中华人民共和国居民身份证法》	2011年10月29日主席令第51号
《科学技术进步法》	《中华人民共和国科学技术进步法》	2007年12月29日主席令第82号
《矿产资源法》	《中华人民共和国矿产资源法》	2009年8月27日主席令第18号
《劳动法》	《中华人民共和国劳动法》	2018年12月29日主席令第24号
《劳动合同法》	《中华人民共和国劳动合同法》	2012年12月28日主席令第73号
《劳动争议调解仲裁法》	《中华人民共和国劳动争议调解仲裁法》	2007年12月29日主席令第80号
《老年人权益保障法》	《中华人民共和国老年人权益保障法》	2018年12月29日主席令第24号
《立法法》	《中华人民共和国立法法》	2015年3月15日主席令第20号
《旅游法》	《中华人民共和国旅游法》	2018年10月26日主席令第16号
《律师法》	《中华人民共和国律师法》	2017年9月1日主席令第76号

简称	全称	最后一次公布时间及文号
《煤炭法》	《中华人民共和国煤炭法》	2016 年 11 月 7 日 主席令第 57 号
《民办教育促进法》	《中华人民共和国民办教育促进法》	2018 年 12 月 29 日 主席令第 24 号
《民法典合同编》	《中华人民共和国民法典合同编》	2020 年 5 月 28 日 主席令第 45 号
《民法典婚姻家庭编》	《中华人民共和国民法典婚姻家庭编》	2020 年 5 月 28 日 主席令第 45 号
《民法典继承编》	《中华人民共和国民法典继承编》	2020 年 5 月 28 日 主席令第 45 号
《民法典侵权责任编》	《中华人民共和国民法典侵权责任编》	2020 年 5 月 28 日 主席令第 45 号
《民法典人格权编》	《中华人民共和国民法典人格权编》	2020 年 5 月 28 日 主席令第 45 号
《民法典物权编》	《中华人民共和国民法典物权编》	2020 年 5 月 28 日 主席令第 45 号
《民法典总则编》	《中华人民共和国民法典总则编》	2020 年 5 月 28 日 主席令第 45 号
《民法通则》	《中华人民共和国民法通则》	2009 年 8 月 27 日 主席令第 18 号
《民事诉讼法》	《中华人民共和国民事诉讼法》	2017 年 6 月 27 日 主席令第 71 号
《民用航空法》	《中华人民共和国民用航空法》	2018 年 12 月 29 日 主席令第 24 号
《母婴保健法》	《中华人民共和国母婴保健法》	2017 年 11 月 4 日 主席令第 81 号
《农村土地承包法》	《中华人民共和国农村土地承包法》	2018 年 12 月 29 日 主席令第 17 号

简称	全称	最后一次公布时间及文号
《农村土地承包经营纠纷调解仲裁法》	《中华人民共和国农村土地承包经营纠纷调解仲裁法》	2009年6月27日主席令第14号
《农民专业合作社法》	《中华人民共和国农民专业合作社法》	2017年12月27日主席令第83号
《农业法》	《中华人民共和国农业法》	2012年12月28日主席令第74号
《拍卖法》	《中华人民共和国拍卖法》	2015年4月24日主席令第24号
《票据法》	《中华人民共和国票据法》	2004年8月28日主席令第22号
《企业国有资产法》	《中华人民共和国企业国有资产法》	2008年10月28日主席令第5号
《企业破产法》	《中华人民共和国企业破产法》	2006年8月27日主席令第54号
《企业所得税法》	《中华人民共和国企业所得税法》	2018年12月29日主席令第23号
《侵权责任法》	《中华人民共和国侵权责任法》	2009年12月26日主席令第21号
《清洁生产促进法》	《中华人民共和国清洁生产促进法》	2012年2月29日主席令第54号
《全民所有制工业企业法》	《中华人民共和国全民所有制工业企业法》	2009年8月27日主席令第18号
《人民调解法》	《中华人民共和国人民调解法》	2010年8月28日主席令第34号
《人民警察法》	《中华人民共和国人民警察法》	2012年10月26日主席令第69号
《人民武装警察法》	《中华人民共和国人民武装警察法》	2009年8月27日主席令第17号

简称	全称	最后一次公布时间及文号
《森林法》	《中华人民共和国森林法》	2019 年 12 月 28 日主席令第 39 号
《商标法》	《中华人民共和国商标法》	2019 年 4 月 23 日主席令第 29 号
《商业银行法》	《中华人民共和国商业银行法》	2015 年 8 月 29 日主席令第 34 号
《设立烈士纪念日的决定》	《全国人民代表大会常务委员会关于设立烈士纪念日的决定》	2014 年 8 月 31 日
《社会保险法》	《中华人民共和国社会保险法》	2018 年 12 月 29 日主席令第 25 号
《涉外民事关系法律适用法》	《中华人民共和国涉外民事关系法律适用法》	2010 年 10 月 28 日主席令第 36 号
《食品安全法》	《中华人民共和国食品安全法》	2018 年 12 月 29 日主席令第 22 号
《水法》	《中华人民共和国水法》	2016 年 7 月 2 日主席令第 48 号
《水土保持法》	《中华人民共和国水土保持法》	2010 年 12 月 25 日主席令第 39 号
《水污染防治法》	《中华人民共和国水污染防治法》	2017 年 6 月 27 日主席令第 70 号
《税收征收管理法》	《中华人民共和国税收征收管理法》	2015 年 4 月 24 日主席令第 23 号
《特种设备安全法》	《中华人民共和国特种设备安全法》	2013 年 6 月 29 日主席令第 4 号
《铁路法》	《中华人民共和国铁路法》	2015 年 4 月 24 日主席令第 25 号
《统计法》	《中华人民共和国统计法》	2009 年 6 月 27 日主席令第 15 号

简称	全称	最后一次公布时间及文号
《突发事件应对法》	《中华人民共和国突发事件应对法》	2007 年 8 月 30 日 主席令第 69 号
《土地管理法》	《中华人民共和国土地管理法》	2019 年 8 月 26 日 主席令第 32 号
《土壤污染防治法》	《中华人民共和国土壤污染防治法》	2018 年 8 月 31 日 主席令第 8 号
《外交特权与豁免条例》	《中华人民共和国外交特权与豁免条例》	1986 年 9 月 5 日 主席令第 44 号
《网络安全法》	《中华人民共和国网络安全法》	2016 年 11 月 7 日 主席令第 53 号
《未成年人保护法》	《中华人民共和国未成年人保护法》	2012 年 10 月 26 日 主席令第 65 号
《物权法》	《中华人民共和国物权法》	2007 年 3 月 16 日 主席令第 62 号
《宪法》	《中华人民共和国宪法》	2018 年 3 月 11 日 全国人民代表大会公告第 1 号
《乡镇企业法》	《中华人民共和国乡镇企业法》	1996 年 10 月 29 日 主席令第 76 号
《香港特别行政区基本法》	《中华人民共和国香港特别行政区基本法》	1990 年 4 月 4 日 主席令第 26 号
《消防法》	《中华人民共和国消防法》	2019 年 4 月 23 日 主席令第 29 号
《消费者权益保护法》	《中华人民共和国消费者权益保护法》	2013 年 10 月 25 日 主席令第 7 号
《信托法》	《中华人民共和国信托法》	2001 年 4 月 28 日 主席令第 50 号

简称	全称	最后一次公布时间及文号
《刑法》	《中华人民共和国刑法》	2017 年 11 月 4 日主席令第 80 号
《刑事诉讼法》	《中华人民共和国刑事诉讼法》	2018 年 10 月 26 日主席令第 10 号
《行政处罚法》	《中华人民共和国行政处罚法》	2017 年 9 月 1 日主席令第 76 号
《行政复议法》	《中华人民共和国行政复议法》	2017 年 9 月 1 日主席令第 76 号
《行政诉讼法》	《中华人民共和国行政诉讼法》	2017 年 6 月 27 日主席令第 71 号
《行政许可法》	《中华人民共和国行政许可法》	2019 年 4 月 23 日主席令第 29 号
《循环经济促进法》	《中华人民共和国循环经济促进法》	2018 年 10 月 26 日主席令第 16 号
《药品管理法》	《中华人民共和国药品管理法》	2019 年 8 月 26 日主席令第 31 号
《野生动物保护法》	《中华人民共和国野生动物保护法》	2018 年 10 月 26 日主席令第 16 号
《义务教育法》	《中华人民共和国义务教育法》	2018 年 12 月 29 日主席令第 22 号
《疫苗管理法》	《中华人民共和国疫苗管理法》	2019 年 6 月 29 日主席令第 30 号
《银行业监督管理法》	《中华人民共和国银行业监督管理法》	2006 年 10 月 31 日主席令第 58 号
《英雄烈士保护法》	《中华人民共和国英雄烈士保护法》	2018 年 4 月 27 日主席令第 5 号
《邮政法》	《中华人民共和国邮政法》	2015 年 4 月 24 日主席令第 25 号

简称	全称	最后一次公布时间及文号
《渔业法》	《中华人民共和国渔业法》	2013 年 12 月 28 日主席令第 8 号
《预备役军官法》	《中华人民共和国预备役军官法》	2010 年 8 月 28 日主席令第 33 号
《预防未成年人犯罪法》	《中华人民共和国预防未成年人犯罪法》	2012 年 10 月 26 日主席令第 66 号
《证券法》	《中华人民共和国证券法》	2019 年 12 月 28 日主席令第 37 号
《证券投资基金法》	《中华人民共和国证券投资基金法》	2015 年 4 月 24 日主席令第 23 号
《执业医师法》	《中华人民共和国执业医师法》	2009 年 8 月 27 日主席令第 18 号
《职业病防治法》	《中华人民共和国职业病防治法》	2018 年 12 月 29 日主席令第 24 号
《治安管理处罚法》	《中华人民共和国治安管理处罚法》	2012 年 10 月 26 日主席令第 67 号
《种子法》	《中华人民共和国种子法》	2015 年 11 月 4 日主席令第 35 号
《仲裁法》	《中华人民共和国仲裁法》	2017 年 9 月 1 日主席令第 76 号
《注册会计师法》	《中华人民共和国注册会计师法》	2014 年 8 月 31 日主席令第 14 号
《著作权法》	《中华人民共和国著作权法》	2010 年 2 月 26 日主席令第 26 号
《专利法》	《中华人民共和国专利法》	2008 年 12 月 27 日主席令第 8 号
《资产评估法》	《中华人民共和国资产评估法》	2016 年 7 月 2 日主席令第 46 号

简称	全称	最后一次公布时间及文号
行政法规		
《城镇集体所有制企业条例》	《中华人民共和国城镇集体所有制企业条例》	2016年2月6日国务院令第666号
《公司登记管理条例》	《中华人民共和国公司登记管理条例》	2016年2月6日国务院令第666号
《交强险条例》	《机动车交通事故责任强制保险条例》	2019年3月2日国务院令第709号
《商标法实施条例》	《中华人民共和国商标法实施条例》	2014年4月29日国务院令第651号
《外资保险公司管理条例》	《中华人民共和国外资保险公司管理条例》	2019年9月30日国务院令第720号
《外资银行管理条例》	《中华人民共和国外资银行管理条例》	2019年9月30日国务院令第720号
《政府信息公开条例》	《中华人民共和国政府信息公开条例》	2019年4月3日国务院令第711号
《植物新品种保护条例》	《中华人民共和国植物新品种保护条例》	2014年7月29日国务院令第653号
《个人所得税法实施条例》	《中华人民共和国个人所得税法实施条例》	2018年12月18日国务院令第707号
《海关行政处罚实施条例》	《中华人民共和国海关行政处罚实施条例》	2004年9月19日国务院令第420号
《人类遗传资源管理条例》	《中华人民共和国人类遗传资源管理条例》	2019年5月28日国务院令第717号
《税收征收管理法实施细则》	《中华人民共和国税收征收管理法实施细则》	2016年2月6日国务院令第666号
《著作权法实施条例》	《中华人民共和国著作权法实施条例》	2013年1月30日国务院令第633号

简称	全称	最后一次公布时间及文号
《专利法实施细则》	《中华人民共和国专利法实施细则》	2010年1月9日 国务院令第569号
司法解释		
《保险法司法解释三》	《最高人民法院关于适用〈中华人民共和国保险法〉若干问题的解释（三）》	2015年11月25日 法释〔2015〕21号
《不正当竞争案件司法解释》	《最高人民法院关于审理不正当竞争民事案件应用法律若干问题的解释》	2007年1月12日 法释〔2007〕2号
《裁判文书引用法律、法规等规范性法律文件规定》	《最高人民法院关于裁判文书引用法律、法规等规范性法律文件的规定》	2009年10月26日 法释〔2009〕14号
《担保法司法解释》	《最高人民法院关于适用〈中华人民共和国担保法〉若干问题的解释》	2000年12月8日 法释〔2000〕44号
《道路交通事故司法解释》	《最高人民法院关于审理道路交通事故损害赔偿案件适用法律若干问题的解释》	2012年11月27日 法释〔2012〕19号
《公布失信被执行人名单信息规定》	《最高人民法院关于公布失信被执行人名单信息的若干规定》	2017年1月16日 法释〔2017〕7号
《公司法司法解释二》	《最高人民法院关于适用〈中华人民共和国公司法〉若干问题的规定（二）》	2014年2月17日 法释〔2014〕2号
《公司法司法解释三》	《最高人民法院关于适用〈中华人民共和国公司法〉若干问题的规定（三）》	2014年2月17日 法释〔2014〕2号
《公司法司法解释四》	《最高人民法院关于适用〈中华人民共和国公司法〉若干问题的规定（四）》	2017年8月25日 法释〔2017〕16号
《拐卖妇女儿童犯罪案件司法解释》	《最高人民法院关于审理拐卖妇女儿童犯罪案件具体应用法律若干问题的解释》	2016年12月21日 法释〔2016〕28号
《海上保险纠纷规定》	《最高人民法院关于审理海上保险纠纷案件若干问题的规定》	2006年11月23日 法释〔2006〕10号
《合同法司法解释二》	《最高人民法院关于适用〈中华人民共和国合同法〉若干问题的解释（二）》	2009年4月24日 法释〔2009〕5号

简称	全称	最后一次公布时间及文号
《合同法司法解释一》	《最高人民法院关于适用〈中华人民共和国合同法〉若干问题的解释（一）》	1999 年 12 月 19 日 法释〔1999〕19 号
《环境侵权责任纠纷司法解释》	《最高人民法院关于审理环境侵权责任纠纷案件适用法律若干问题的解释》	2015 年 6 月 1 日 法释〔2015〕12 号
《婚姻法司法解释二》	《最高人民法院关于适用〈中华人民共和国婚姻法〉若干问题的解释（二）》	2017 年 2 月 20 日 法释〔2017〕6 号
《婚姻法司法解释三》	《最高人民法院关于适用〈中华人民共和国婚姻法〉若干问题的解释（三）》	2011 年 8 月 9 日 法释〔2011〕18 号
《婚姻法司法解释一》	《最高人民法院关于适用〈中华人民共和国婚姻法〉若干问题的解释（一）》	2001 年 12 月 25 日 法释〔2001〕30 号
《计算机网络域名民事纠纷司法解释》	《最高人民法院关于审理涉及计算机网络域名民事纠纷案件适用法律若干问题的解释》	2001 年 7 月 17 日 法释〔2001〕24 号
《继承法意见》	《最高人民法院关于贯彻执行〈中华人民共和国继承法〉若干问题的意见》	1985 年 9 月 11 日 法（民）发〔1985〕22 号
《精神损害赔偿司法解释》	《最高人民法院关于确定民事侵权精神损害赔偿责任若干问题的解释》	2001 年 3 月 8 日 法释〔2001〕7 号
《军事法院管辖民事案件规定》	《最高人民法院关于军事法院管辖民事案件若干问题的规定》	2012 年 8 月 28 日 法释〔2012〕11 号
《劳动争议案件司法解释二》	《最高人民法院关于审理劳动争议案件适用法律若干问题的解释（二）》	2006 年 8 月 14 日 法释〔2006〕6 号
《劳动争议案件司法解释三》	《最高人民法院关于审理劳动争议案件适用法律若干问题的解释（三）》	2010 年 9 月 13 日 法释〔2010〕12 号
《劳动争议案件司法解释一》	《最高人民法院关于审理劳动争议案件适用法律若干问题的解释》	2001 年 4 月 16 日 法释〔2001〕14 号
《利用信息网络侵害人身权益纠纷案件规定》	《最高人民法院关于审理利用信息网络侵害人身权益民事纠纷案件适用法律若干问题的规定》	2014 年 8 月 21 日 法释〔2014〕11 号

简称	全称	最后一次公布时间及文号
《垄断行为引发民事纠纷案件规定》	《最高人民法院关于审理因垄断行为引发的民事纠纷案件应用法律若干问题的规定》	2012年5月3日 法释〔2012〕5号
《旅游纠纷司法解释》	《最高人民法院关于审理旅游纠纷案件适用法律若干问题的规定》	2010年10月26日 法释〔2010〕13号
《买卖合同司法解释》	《最高人民法院关于审理买卖合同纠纷案件适用法律问题的解释》	2012年5月10日 法释〔2012〕8号
《民间借贷案件规定》	《最高人民法院关于审理民间借贷案件适用法律若干问题的规定》	2015年8月6日 法释〔2015〕18号
《民事、行政诉讼中司法赔偿案件司法解释》	《最高人民法院关于审理民事、行政诉讼中司法赔偿案件适用法律若干问题的解释》	2016年9月7日 法释〔2016〕20号
《民事案件诉讼时效规定》	《最高人民法院关于审理民事案件适用诉讼时效制度若干问题的规定》	2008年8月21日 法释〔2008〕11号
《民事诉讼法司法解释》	《最高人民法院关于适用〈中华人民共和国民事诉讼法〉的解释》	2015年1月30日 法释〔2015〕5号
《民事诉讼法执行程序司法解释》	《最高人民法院关于适用〈中华人民共和国民事诉讼法〉执行程序若干问题的解释》	2008年11月3日 法释〔2008〕13号
《民事执行中变更、追加当事人规定》	《最高人民法院关于民事执行中变更、追加当事人若干问题的规定》	2016年11月7日 法释〔2016〕21号
《民事执行中财产调查规定》	《最高人民法院关于民事执行中财产调查若干问题的规定》	2017年2月28日 法释〔2017〕8号
《民通意见》	《最高人民法院关于贯彻执行〈中华人民共和国民法通则〉若干问题的意见（试行）》	1988年4月2日 法（办）发〔1988〕6号
《名誉权解答》	《最高人民法院关于审理名誉权案件若干问题的解答》	1993年8月7日 法发〔1993〕15号
《名誉权纠纷司法解释》	《最高人民法院关于审理名誉权案件若干问题的解释》	1998年8月31日 法释〔1998〕26号

简称	全称	最后一次公布时间及文号
《农村土地承包经营纠纷调解仲裁案件司法解释》	《最高人民法院关于审理涉及农村土地承包经营纠纷调解仲裁案件适用法律若干问题的解释》	2014 年 1 月 9 日 法释〔2014〕1 号
《票据纠纷案件规定》	《最高人民法院关于审理票据纠纷案件若干问题的规定》	2000 年 11 月 14 日 法释〔2000〕32 号
《企业改制民事纠纷案件规定》	《最高人民法院关于审理与企业改制相关的民事纠纷案件若干问题的规定》	2003 年 1 月 3 日 法释〔2003〕1 号
《企业破产法司法解释二》	《最高人民法院关于适用〈中华人民共和国企业破产法〉若干问题的规定（二）》	2013 年 9 月 5 日 法释〔2013〕22 号
《侵犯公民个人信息刑事案件司法解释》	《最高人民法院、最高人民检察院关于办理侵犯公民个人信息刑事案件适用法律若干问题的解释》	2017 年 5 月 8 日起 法释〔2017〕10 号
《人民法院办理执行异议和复议案件规定》	《最高人民法院关于人民法院办理执行异议和复议案件若干问题的规定》	2015 年 5 月 5 日 法释〔2015〕10 号
《人民法院处理涉台民事案件的几个法律问题》	《最高人民法院副院长马原关于人民法院处理涉台民事案件的几个法律问题》	1988 年 8 月 9 日 法（办）发〔1988〕18 号
《人民法院赔偿委员会适用质证程序审理国家赔偿案件规定》	《最高人民法院关于人民法院赔偿委员会适用质证程序审理国家赔偿案件的规定》	2013 年 12 月 19 日 法释〔2013〕27 号
《人民法院网络司法拍卖规定》	《最高人民法院关于人民法院网络司法拍卖若干问题的规定》	2016 年 8 月 2 日 法释〔2016〕18 号
《人民法院在互联网公布裁判文书的规定》	《最高人民法院关于人民法院在互联网公布裁判文书的规定》	2016 年 8 月 29 日 法释〔2016〕19 号
《人身损害赔偿司法解释》	《最高人民法院关于审理人身损害赔偿案件适用法律若干问题的解释》	2003 年 12 月 26 日 法释〔2003〕20 号
《商标纠纷司法解释》	《最高人民法院关于审理商标民事纠纷案件适用法律若干问题的解释》	2002 年 10 月 12 日 法释〔2002〕32 号

简称	全称	最后一次公布时间及文号
《商标授权确权行政案件规定》	《最高人民法院关于审理商标授权确权行政案件若干问题的规定》	2017年1月10日 法释〔2017〕2号
《商品房买卖合同纠纷司法解释》	《最高人民法院关于审理商品房买卖合同纠纷案件适用法律若干问题的解释》	2003年4月28日 法释〔2003〕7号
《申请人民法院强制执行国有土地上房屋征收补偿决定案件规定》	《最高人民法院关于办理申请人民法院强制执行国有土地上房屋征收补偿决定案件若干问题的决定》	2012年3月26日 法释〔2012〕4号
《食品药品纠纷司法解释》	《最高人民法院关于审理食品药品纠纷案件适用法律若干问题的规定》	2013年12月23日 法释〔2013〕28号
《诉讼代理人查阅民事案件材料的规定》	《最高人民法院关于诉讼代理人查阅民事案件材料的规定》	2002年11月15日 法释〔2002〕39号
《外商投资企业纠纷规定一》	《最高人民法院关于审理外商投资企业纠纷案件若干问题的规定（一）》	2010年8月5日 法释〔2010〕9号
《无正本提单交付货物规定》	《最高人民法院关于审理无正本提单交付货物案件适用法律若干问题的规定》	2009年2月26日 法释〔2009〕1号
《刑事诉讼法司法解释》	《最高人民法院关于适用〈中华人民共和国刑事诉讼法〉的解释》	2012年12月20日 法释〔2012〕21号
《虚假诉讼刑事案件司法解释》	《最高人民法院、最高人民检察院关于办理虚假诉讼刑事案件适用法律若干问题的解释》	2018年9月26日 法释〔2018〕17号
《医疗损害责任纠纷司法解释》	《最高人民法院关于审理医疗损害责任纠纷案件适用法律若干问题的解释》	2017年12月13日 法释〔2017〕20号
《依法处理监护人侵害未成年人权益行为意见》	《最高人民法院、最高人民检察院、公安部、民政部关于依法处理监护人侵害未成年人权益行为若干问题的意见》	2014年12月18日 法发〔2014〕24号
《政府信息公开行政案件规定》	《最高人民法院关于审理政府信息公开行政案件若干问题的规定》	2011年7月29日 法释〔2011〕17号
《植物新品种权纠纷案件规定》	《最高人民法院关于审理侵犯植物新品种权纠纷案件具体应用法律问题的若干规定》	2007年1月12日 法释〔2007〕1号

简称	全称	最后一次公布时间及文号
《著作权纠纷司法解释》	《最高人民法院关于审理著作权民事纠纷案件适用法律若干问题的解释》	2002 年 10 月 12 日 法释〔2002〕31 号
《专利纠纷案件规定》	《最高人民法院关于审理专利纠纷案件适用法律问题的若干规定》	2015 年 1 月 19 日 法释〔2015〕4 号
《专利权纠纷司法解释二》	《最高人民法院关于审理侵犯专利权纠纷案件应用法律若干问题的解释（二）》	2016 年 3 月 21 日 法释〔2016〕1 号
《专利权纠纷司法解释一》	《最高人民法院关于审理侵犯专利权纠纷案件应用法律若干问题的解释》	2009 年 12 月 28 日 法释〔2009〕21 号
部门规章		
《企业法人登记管理条例施行细则》	《中华人民共和国企业法人登记管理条例施行细则》	2019 年 8 月 8 日 国家市场监督管理总局令第 14 号
其他		
《工商总局对浙工商法〔1995〕25 号请示的答复》	《国家工商行政管理局对浙工商法〔1995〕25 号请示的答复》	1995 年 10 月 10 日 工商企字〔1995〕第 255 号

权威案例检索表*

序号	案例名称	案例来源	关联法条	页码
指导案例				
1	迈克尔·杰弗里·乔丹与国家工商行政管理总局商标评审委员会、乔丹体育股份有限公司“乔丹”商标争议行政纠纷案	指导案例113号	《民法典人格权编》第1012条	529
2	中化国际（新加坡）有限公司诉蒂森克虏伯冶金产品有限责任公司国际货物买卖合同纠纷案	指导案例107号	《民法典总则编》第12条	28
3	葛长生诉洪振快名誉权、荣誉权纠纷案	指导案例99号	《民法典总则编》第185条	435
4	张庆福、张殿凯诉朱振彪生命权纠纷案	指导案例98号	《民法典总则编》第183条	429
5	宋文军诉西安市大华餐饮有限公司股东资格确认纠纷案	指导案例96号	《民法典总则编》第79条	161
6	重庆市涪陵志大物业管理有限公司诉重庆市涪陵区人力资源和社会保障局劳动和社会保障行政确认案	指导案例94号	《民法典总则编》第183条	429
7	“北雁云依”诉济南市公安局历下区分局燕山派出所公安行政登记案	指导案例89号	《民法典人格权编》第1015条	535
8	王碎永诉深圳歌力思服饰股份有限公司、杭州银泰世纪百货有限公司侵害商标权纠纷案	指导案例82号	《民法典总则编》第132条	337

* 本表按照指导性案例序号和公报案例发布时间逆序排列。

序号	案例名称	案例来源	关联法条	页码
9	中国生物多样性保护与绿色发展基金会诉宁夏瑞泰科技股份有限公司环境污染公益诉讼案	指导案例 75 号	《民法典总则编》第 9 条	24
10	上海欧宝生物科技有限公司诉辽宁特莱维置业发展有限公司企业借贷纠纷案	指导案例 68 号	《民法典总则编》第 154 条	379
11	上海市虹口区久乐大厦小区业主大会诉上海环亚实业总公司业主共有权纠纷案	指导案例 65 号	《民法典总则编》第 196 条	463
12	成都同德福合川桃片有限公司诉重庆市合川区同德福桃片有限公司、余晓华侵害商标权及不正当竞争纠纷案	指导案例 58 号	《民法典人格权编》第 1013 条	531
13	广东龙正投资发展有限公司与广东景茂拍卖行有限公司委托拍卖执行复议案	指导案例 35 号	《民法典总则编》第 154 条	379
14	瑞士嘉吉国际公司诉福建金石制油有限公司等确认合同无效纠纷案	指导案例 33 号	《民法典总则编》第 154 条	380
15	兰建军、杭州小拇指汽车维修科技股份有限公司诉天津市小拇指汽车维修服务有限公司等侵害商标权及不正当竞争纠纷案	指导案例 30 号	《民法典总则编》第 3 条	7
16	天津中国青年旅行社诉天津国青国际旅行社擅自使用他人企业名称纠纷案	指导案例 29 号	《民法典人格权编》第 1017 条	543
17	孙银山诉南京欧尚超市有限公司江宁店买卖合同纠纷案	指导案例 23 号	《民法典总则编》第 128 条	330
18	张莉诉北京合力华通汽车服务有限公司买卖合同纠纷案	指导案例 17 号	《民法典总则编》第 128 条	331
19	徐工集团工程机械股份有限公司诉成都川交工贸有限责任公司等买卖合同纠纷案	指导案例 15 号	《民法典总则编》第 83 条	168
20	李建军诉上海佳动力环保科技有限公司公司决议撤销纠纷案	指导案例 10 号	《民法典总则编》第 85 条	171

序号	案例名称	案例来源	关联法条	页码
21	上海存亮贸易有限公司诉蒋志东、王卫明等买卖合同纠纷案	指导案例9号	《民法典总则编》第70条	137
22	林方清诉常熟市凯莱实业有限公司、戴小明公司解散纠纷案	指导案例8号	《民法典总则编》第69条	132
公报案例				
23	朱兆龙诉东台市许河安全器材厂侵权责任纠纷案	《最高人民法院公报》2020年第2期	《民法典总则编》第6条	14
24	周星驰诉中建荣真无锡建材科技有限公司肖像权、姓名权纠纷案	《最高人民法院公报》2020年第2期	《民法典人格权编》第998条	504
25	刘智超诉同方知网（北京）技术有限公司买卖合同纠纷案	《最高人民法院公报》2020年第1期	《民法典总则编》第128条	332
26	东京海上日动火灾保险（中国）有限公司上海分公司与新杰物流集团股份有限公司保险人代位求偿权纠纷案	《最高人民法院公报》2019年第12期	《民法典总则编》第186条	437
27	许明宏诉泉州南明置业有限公司、林树哲与公司有关的纠纷案	《最高人民法院公报》2019年第7期	《民法典总则编》第134条	341
28	北京市朝阳区自然之友环境研究所、中华环保联合会与中国石油天然气股份有限公司、中国石油天然气股份有限公司吉林油田分公司环境污染公益诉讼案	《最高人民法院公报》2019年第4期	《民法典总则编》第9条	24
29	颜荷莲、程玉环诉周宜霞、吉林天药科技有限责任公司等侵权责任纠纷案	《最高人民法院公报》2019年第1期	《民法典总则编》第128条	331
30	江苏万丰光伏有限公司诉上海广力投资管理有限公司、丁烜焜等买卖合同纠纷案	《最高人民法院公报》2018年第12期	《民法典总则编》第60条	111
31	邓美华诉上海永达鑫悦汽车销售服务有限公司买卖合同纠纷案	《最高人民法院公报》2018年第11期	《民法典总则编》第128条	332
32	上海美术电影制片厂与电子工业出版社、曲建方著作权权属、侵权纠纷案	《最高人民法院公报》2018年第10期	《民法典总则编》第6条	14

序号	案例名称	案例来源	关联法条	页码
33	程浩诉南京欧尚超市有限公司江宁店等产品生产者、销售者责任案	《最高人民法院公报》2018年第9期	《民法典总则编》第128条	332
34	迈克尔·杰弗里·乔丹与国家工商行政管理总局商标评审委员会、第三人乔丹体育股份有限公司商标争议行政纠纷案	《最高人民法院公报》2018年第9期	《民法典人格权编》第1018条	545
35	上海德力西集团有限公司诉江苏博恩世通高科有限公司、冯军、上海博恩世通光电股份有限公司买卖合同纠纷案	《最高人民法院公报》2017年第11期	《民法典总则编》第60条	111
36	陈雪琴诉重庆商社新世纪百货连锁经营有限公司等产品销售者责任纠纷案	《最高人民法院公报》2017年第8期	《民法典总则编》第128条	332
37	伊立军与中国工商银行股份有限公司盘锦分行银行卡纠纷案	《最高人民法院公报》2017年第8期	《民法典总则编》第128条	332
38	日照港集团有限公司煤炭运销部与山西焦煤集团国际发展股份有限公司借款合同纠纷案	《最高人民法院公报》2017年第6期	《民法典总则编》第146条	360
39	郑传新诉中国电信股份有限公司连云港分公司电信服务合同纠纷案	《最高人民法院公报》2017年第5期	《民法典总则编》第128条	332
40	四川金核矿业有限公司与新疆临钢资源投资股份有限公司特殊区域合作勘查合同纠纷案	《最高人民法院公报》2017年第4期	《民法典总则编》第153条	374
41	邵萍与云南通海昆通工贸有限公司、通海兴通达工贸有限公司民间借贷纠纷案	《最高人民法院公报》2017年第3期	《民法典总则编》第83条	168
42	李建国与孟凡生、长春圣祥建筑工程有限公司等案外人执行异议之诉案	《最高人民法院公报》2017年第2期	《民法典总则编》第74条	153
43	山西省安业集团有限公司诉山西省太原市人民政府收回国有土地使用权决定案	《最高人民法院公报》2017年第1期	《民法典总则编》第117条	245
44	世欣荣和投资管理股份有限公司与长安国际信托股份有限公司等信托合同纠纷案	《最高人民法院公报》2016年第12期	《民法典总则编》第125条	322

序号	案例名称	案例来源	关联法条	页码
45	应高峰诉嘉美德（上海）商贸有限公司、陈惠美其他合同纠纷案	《最高人民法院公报》2016 年第 10 期	《民法典总则编》第 83 条	168
46	黄艺明、苏月弟与周大福代理人有限公司、亨满发展有限公司以及宝宜发展有限公司合同纠纷案	《最高人民法院公报》2016 年第 7 期	《民法典总则编》第 12 条	29
47	云南福运物流有限公司与中国人寿财产保险股份公司曲靖中心支公司财产损失保险合同纠纷案	《最高人民法院公报》2016 年第 7 期	《民法典总则编》第 143 条	356
48	北京福联升鞋业有限公司与国家工商行政管理总局商标评审委员会、北京内联升鞋业有限公司商标异议复审行政纠纷案	《最高人民法院公报》2016 年第 6 期	《民法典总则编》第 7 条	16
49	中国建设银行股份有限公司广州荔湾支行与广东蓝粤能源发展有限公司等信用证开证纠纷案	《最高人民法院公报》2016 年第 5 期	《民法典总则编》第 142 条	352
50	施某某、张某某、桂某某诉徐某某肖像权、名誉权、隐私权纠纷案	《最高人民法院公报》2016 年第 4 期	《民法典总则编》第 128 条	333
51	中国远大集团有限责任公司与中国轻工业对外经济技术合作公司进出口代理合同纠纷案	《最高人民法院公报》2016 年第 2 期	《民法典总则编》第 187 条	440
52	中化国际（新加坡）有限公司与蒂森克虏伯冶金产品有限责任公司国际货物买卖合同纠纷案	《最高人民法院公报》2015 年第 8 期	《民法典总则编》第 12 条	29
53	张琴诉镇江市姚桥镇迎北村村民委员会撤销监护人资格纠纷案	《最高人民法院公报》2015 年第 8 期	《民法典总则编》第 27 条	55
54	陈某某诉莫宝兰、莫兴明、邹丽丽侵犯健康权、名誉权纠纷案	《最高人民法院公报》2015 年第 5 期	《民法典人格权编》第 1024 条	555
55	无锡市掌柜无线网络技术有限公司诉无锡嘉宝置业有限公司网络服务合同纠纷案	《最高人民法院公报》2015 年第 3 期	《民法典总则编》第 128 条	333

序号	案例名称	案例来源	关联法条	页码
56	北京博创英诺威科技有限公司与保利民爆科技集团股份有限公司合同纠纷案	《最高人民法院公报》2015 年第 3 期	《民法典总则编》第 146 条	361
57	中山市隆成日用制品有限公司与湖北童霸儿童用品有限公司侵害实用新型专利权纠纷案	《最高人民法院公报》2015 年第 1 期	《民法典总则编》第 186 条	437
58	苏州工业园区海富投资有限公司与甘肃世恒有色资源再利用有限公司、香港迪亚有限公司、陆波增资纠纷案	《最高人民法院公报》2014 年第 8 期	《民法典总则编》第 5 条	12
59	大拇指环保科技集团（福建）有限公司与中华环保科技集团有限公司股东出资纠纷案	《最高人民法院公报》2014 年第 8 期	《民法典总则编》第 65 条	121
60	重庆建工集团股份有限公司与中铁十九局集团有限公司建设工程合同纠纷案	《最高人民法院公报》2014 年第 4 期	《民法典总则编》第 142 条	353
61	苏向前与徐州百鑫商业有限责任公司百惠超市分公司、徐州百鑫商业有限责任公司侵犯消费者权益纠纷案	《最高人民法院公报》2013 年第 12 期	《民法典总则编》第 128 条	333
62	徐州大舜房地产开发有限公司诉王志强商品房预售合同纠纷案	《最高人民法院公报》2013 年第 12 期	《民法典总则编》第 146 条	361
63	刘向前诉安邦财产保险公司保险合同纠纷案	《最高人民法院公报》2013 年第 8 期	《民法典总则编》第 148 条	364
64	王见刚与王永安、第三人岚县大源采矿厂侵犯出资人权益纠纷案	《最高人民法院公报》2013 年第 5 期	《民法典总则编》第 172 条	407
65	吉林省东润房地产开发有限公司与吉林佳垒房地集团有限公司、第三人大商股份有限公司合资、合作开发房地产合同纠纷案	《最高人民法院公报》2013 年第 4 期	《民法典总则编》第 142 条	353
66	海南康力元药业有限公司、海南通用康力制药有限公司与海口奇力制药股份有限公司技术转让合同纠纷案	《最高人民法院公报》2013 年第 2 期	《民法典总则编》第 153 条	374
67	黄仲华诉刘三明债权人撤销权纠纷案	《最高人民法院公报》2013 年第 1 期	《民法典总则编》第 151 条	369

序号	案例名称	案例来源	关联法条	页码
68	广东龙正投资发展有限公司、广东景茂拍卖行有限公司申请执行复议案	《最高人民法院公报》2012 年第 12 期	《民法典总则编》第 154 条	380
69	中国太平洋保险（集团）股份有限公司与中国东方资产管理公司青岛办事处、王志刚、胡建君船舶保险合同纠纷再审案	《最高人民法院公报》2012 年第 11 期	《民法典总则编》第 154 条	380
70	周雅芳诉中国银行股份有限公司上海市分行名誉权纠纷案	《最高人民法院公报》2012 年第 9 期	《民法典人格权编》第 1029 条	565
71	刘雷诉汪维剑、朱开荣、天安保险盐城中心支公司交通事故人身损害赔偿纠纷案	《最高人民法院公报》2012 年第 3 期	《民法典总则编》第 172 条	408
72	深圳市启迪信息技术有限公司与郑州国华投资有限公司、开封市豫信企业管理咨询有限公司、珠海科美教育投资有限公司股权确认纠纷案	《最高人民法院公报》2012 年第 1 期	《民法典总则编》第 5 条	12
73	莫君飞诉李考兴离婚纠纷案	《最高人民法院公报》2011 年第 12 期	《民法典总则编》第 158 条	387
74	吴国军诉陈晓富、王克祥及德清县中建房地产开发有限公司民间借贷、担保合同纠纷案	《最高人民法院公报》2011 年第 11 期	《民法典总则编》第 187 条	440
75	南通双盈贸易有限公司诉镇江市丹徒区联达机械厂、魏恒聂等六人买卖合同纠纷案	《最高人民法院公报》2011 年第 7 期	《民法典总则编》第 102 条	205
76	绵阳市红日实业有限公司、蒋洋诉绵阳高新区科创实业有限公司股东会决议效力及公司增资纠纷案	《最高人民法院公报》2011 年第 3 期	《民法典总则编》第 199 条	468
77	中建材集团进出口公司诉北京大地恒通经贸有限公司、北京天元盛唐投资有限公司、天宝盛世科技发展（北京）有限公司、江苏银大科技有限公司、四川宜宾俄欧工程发展有限公司进出口代理合同纠纷案	《最高人民法院公报》2011 年第 2 期	《民法典总则编》第 153 条	374

序号	案例名称	案例来源	关联法条	页码
78	梅州市梅江区农村信用合作联社江南信用社诉罗苑玲储蓄合同纠纷案	《最高人民法院公报》2011 年第 1 期	《民法典总则编》第 153 条	375
79	北京公达房地产有限责任公司诉北京市祥和三峡房地产开发公司房地产开发合同纠纷案	《最高人民法院公报》2010 年第 11 期	《民法典总则编》第 65 条	122
80	陈全、皮治勇诉重庆碧波房地产开发有限公司、夏昌均、重庆奥康置业有限公司合同纠纷案	《最高人民法院公报》2010 年第 10 期	《民法典总则编》第 154 条	380
81	韩龙梅等诉阳光人寿保险股份有限公司江苏分公司保险合同纠纷案	《最高人民法院公报》2010 年第 5 期	《民法典总则编》第 7 条	17
82	巴菲特投资有限公司诉上海自来水投资建设有限公司股权转让纠纷案	《最高人民法院公报》2010 年第 4 期	《民法典总则编》第 153 条	375
83	山东起重机有限公司与山东山起重工有限公司侵犯企业名称权纠纷案	《最高人民法院公报》2010 年第 3 期	《民法典人格权编》第 1017 条	543
84	中国光大银行与内蒙包头华达合资卧具装饰厂、中国农业银行包头市青山区支行、包头市青山区人民政府自由路办事处侵权纠纷案	《最高人民法院公报》2010 年第 2 期	《民法典总则编》第 154 条	381
85	上海市弘正律师事务所诉中国船舶及海洋工程设计研究院服务合同纠纷案	《最高人民法院公报》2009 年第 12 期	《民法典总则编》第 153 条	375
86	兴业银行广州分行与深圳市机场股份有限公司借款合同纠纷案	《最高人民法院公报》2009 年第 11 期	《民法典总则编》第 172 条	408
87	安徽省福利彩票发行中心与北京德法利科技发展有限责任公司营销协议纠纷案	《最高人民法院公报》2009 年第 9 期	《民法典总则编》第 153 条	376
88	中国农业银行长沙市先锋支行与湖南金帆投资管理有限公司、长沙金霞开发建设有限公司借款担保合同纠纷案	《最高人民法院公报》2009 年第 1 期	《民法典总则编》第 148 条	364
89	广东黄河实业集团有限公司与北京然自中医药科技发展中心一般股权转让侵权纠纷案	《最高人民法院公报》2009 年第 1 期	《民法典总则编》第 187 条	440

序号	案例名称	案例来源	关联法条	页码
90	李忠平诉南京艺术学院、江苏振泽律师事务所名誉权侵权纠纷案	《最高人民法院公报》2008年第11期	《民法典人格权编》第1024条	555
91	中国信达资产管理公司成都办事处与四川泰来装饰工程有限公司、四川泰来房屋开发有限公司、四川泰来娱乐有限责任公司借款担保合同纠纷案	《最高人民法院公报》2008年第10期	《民法典总则编》第83条	169
92	王春生诉张开峰、江苏省南京工程高等职业学校、招商银行股份有限公司南京分行、招商银行股份有限公司信用卡中心侵权纠纷案	《最高人民法院公报》2008年第10期	《民法典人格权编》第1029条	566
93	中国长城资产管理公司昆明办事处与昆明新人人海鲜酒楼有限责任公司、昆明新人人金实酒楼有限责任公司借款合同纠纷案	《最高人民法院公报》2008年第9期	《民法典总则编》第83条	169
94	浙江省乐清市乐城镇石马村村民委员会与浙江顺益房地产开发有限公司合作开发房地产合同纠纷案	《最高人民法院公报》2008年第9期	《民法典总则编》第101条	203
95	青岛市国土资源和房屋管理局崂山国土资源分局与青岛乾坤木业有限公司土地使用权出让合同纠纷案	《最高人民法院公报》2008年第5期	《民法典总则编》第156条	384
96	泛华工程有限公司西南公司与中国人寿保险（集团）公司商品房预售合同纠纷案	《最高人民法院公报》2008年第2期	《民法典总则编》第74条	154
97	雷远城与厦门王将房地产发展有限公司、远东房地产发展有限公司财产权属纠纷案	《最高人民法院公报》2007年第11期	《民法典总则编》第70条	137
98	中国信达资产管理公司兰州办事处与甘肃亚盛盐化工业（集团）有限责任公司借款合同纠纷案	《最高人民法院公报》2007年第10期	《民法典总则编》第159条	389
99	大庆市振富房地产开发有限公司与大庆市人民政府债务纠纷案	《最高人民法院公报》2007年第4期	《民法典总则编》第2条	5

序号	案例名称	案例来源	关联法条	页码
100	崂山国土局与南太置业公司国有土地使用权出让合同纠纷案	《最高人民法院公报》2007 年第 3 期	《民法典总则编》第 158 条	387
101	家园公司诉森得瑞公司合同纠纷案	《最高人民法院公报》2007 年第 2 期	《民法典总则编》第 151 条	369
102	李海峰等诉叶集公安分局、安徽电视台等侵犯名誉权、肖像权纠纷案	《最高人民法院公报》2007 年第 2 期	《民法典人格权编》第 1025 条	559
103	徐恺诉上海宝钢冶金建设公司侵犯名誉权纠纷案	《最高人民法院公报》2006 年第 12 期	《民法典人格权编》第 1024 条	555
104	张志强诉徐州苏宁电器有限公司侵犯消费者权益纠纷案	《最高人民法院公报》2006 年第 10 期	《民法典总则编》第 128 条	333
105	广西北生集团有限责任公司与北海市威豪房地产开发公司、广西壮族自治区畜产进出口北海公司土地使用权转让合同纠纷案	《最高人民法院公报》2006 年第 9 期	《民法典总则编》第 59 条	108
106	古洞春公司诉怡清源公司等不正当竞争纠纷案	《最高人民法院公报》2006 年第 9 期	《民法典总则编》第 123 条	307
107	西安市商业银行与健桥证券股份有限公司、西部信用担保有限公司借款担保合同纠纷案	《最高人民法院公报》2006 年第 9 期	《民法典总则编》第 153 条	376
108	钱碧芳、华宁公司与祝长春、华宇公司、祝明安及汪贤琛股东权纠纷案	《最高人民法院公报》2006 年第 7 期	《民法典总则编》第 134 条	342
109	世纪证券有限责任公司与天津市住房公积金管理中心、世纪证券有限责任公司天津世纪大道营业部、中国旅游国际信托投资有限公司天津证券交易营业部、中国旅游国际信托投资有限公司侵权纠纷案	《最高人民法院公报》2006 年第 5 期	《民法典总则编》第 186 条	438
110	王德钦诉杨德胜、泸州市汽车二队交通事故损害赔偿纠纷案	《最高人民法院公报》2006 年第 3 期	《民法典总则编》第 16 条	34

序号	案例名称	案例来源	关联法条	页码
111	李金华诉立融典当公司典当纠纷案	《最高人民法院公报》2006 年第 1 期	《民法典总则编》第 10 条	26
112	美国矿产金属有限公司与厦门联合发展（集团）有限公司债务纠纷案	《最高人民法院公报》2005 年第 12 期	《民法典总则编》第 60 条	111
113	江苏外企公司诉上海丰泰保险公司海上货物运输保险合同纠纷案	《最高人民法院公报》2005 年第 11 期	《民法典总则编》第 7 条	17
114	万通实业公司与兰州商业银行借款合同纠纷案	《最高人民法院公报》2005 年第 9 期	《民法典总则编》第 143 条	356
115	吴卫明诉上海花旗银行储蓄合同纠纷案	《最高人民法院公报》2005 年第 9 期	《民法典总则编》第 153 条	376
116	刘雪娟诉乐金公司、苏宁中心消费者权益纠纷案	《最高人民法院公报》2005 年第 6 期	《民法典总则编》第 128 条	334
117	信达公司合肥办事处诉中国医药集团总公司等借款担保合同纠纷案	《最高人民法院公报》2004 年第 12 期	《民法典总则编》第 67 条	127
118	工商银行山东分行诉信诚公司等借款合同纠纷案	《最高人民法院公报》2004 年第 11 期	《民法典总则编》第 67 条	128
119	新疆农村社会养老保险基金管理中心诉中国银行新疆分行存单纠纷案	《最高人民法院公报》2004 年第 11 期	《民法典总则编》第 172 条	408
120	国际华侨公司诉长江影业公司影片发行权许可合同纠纷案	《最高人民法院公报》2004 年第 5 期	《民法典总则编》第 153 条	376
121	勋怡公司诉瑞申公司财产权属纠纷案	《最高人民法院公报》2004 年第 3 期	《民法典总则编》第 7 条	17
122	香港新建业有限公司等诉上海新建业有限公司等欠款担保纠纷案	《最高人民法院公报》2004 年第 1 期	《民法典总则编》第 62 条	116
123	向美琼等人诉张凤霞等人执行遗嘱代理协议纠纷案	《最高人民法院公报》2004 年第 1 期	《民法典总则编》第 168 条	402

图书在版编目（CIP）数据

民法典关联法规与权威案例提要. 总则编、人格权编、附则编 / 王竹主编 . —北京：中国法制出版社，2020

ISBN 978 –7 –5216 –1079 –6

Ⅰ. ①民… Ⅱ. ①王… Ⅲ. ①民法—案例—中国 Ⅳ. ①D923. 05

中国版本图书馆 CIP 数据核字（2020）第 080188 号

责任编辑 刘晓霞 王 彤　　封面设计 李 宁

民法典关联法规与权威案例提要·总则编、人格权编、附则编

MINFADIAN GUANLIAN FAGUI YU QUANWEI ANLI TIYAO · ZONGZEBIAN、RENGEQUANBIAN、FUZEBIAN

主编/王竹

经销/新华书店

印刷/三河市国英印务有限公司

开本/710 毫米 ×1000 毫米 16 开　　印张/ 42 字数/ 533 千

版次/2020 年 6 月第 1 版　　2020 年 6 月第 1 次印刷

中国法制出版社出版

书号 ISBN 978 –7 –5216 –1079 –6　　定价：116. 00 元

北京西单横二条 2 号

邮政编码 100031　　传真：010 –66031119

网址：http：//www. zgfzs. com　　**编辑部电话：010 –66080537**

市场营销部电话：010 –66033393　　**邮购部电话：010 –66033288**

（如有印装质量问题，请与本社印务部联系调换。电话：010 –66032926）